木簡에 반영된 古代 동아시아의 法制와 行政制度

중문

木簡에 반영된 古代 동아시아의 法制와 行政制度

초판 1쇄 발행 _ 2023년 12월 31일

기　획 _ 경북대학교 인문학술원 HK+사업단
편저자 _ 윤재석
편　집 _ 오준석
발행인 _ 장의동
발행처 _ 중문출판사
등　록 _ 1985년 3월 9일 제1-84호
주　소 _ 대구광역시 중구 봉산문화길 70
전　화 _ 053-424-9977
이메일 _ jmpress@daum.net

ⓒ 경북대학교 인문학술원 2023
ISBN 978-89-8080-633-1　93300

* 이 저서는 2019년 대한민국 교육부와 한국연구재단의 지원을 받아 수행된 연구임(NRF-2019S1A6A3A01055801)

발간사

문자와 이를 기록하는 도구와 매체는 인류의 역사를 창의와 혁신의 방향으로 이끌었다. 이를 통하여 인류는 지금껏 자신들이 축적한 경험과 지혜를 지식과 정보로 갈무리하여 역사의 전승물로 남겨왔다. 따라서 인류가 축적한 문명사의 궤적에 대한 복원과 해석은 과거로의 단순한 회귀를 뜻하지 않는다. 호사가의 지적 호기심을 만족시키는 爐邊閑談의 영역에 머무는 일은 더더욱 아닐 터이다. 역사의 時空에 구현된 인간의 본질적 삶에 대한 궁극적이고 진지한 탐색과 이를 통하여 미래로 이어지는 역사의 궤적을 이어가는 작업이어야 할 것이다.

이처럼 거창한(?) 목적하에 경북대학교 인문학술원 HK+사업단은 2019년 5월부터 2026년 4월까지 "동아시아 기록문화의 원류와 지적 네트워크"라는 주제로 고대 동아시아사에 대한 이해의 확장을 꾀하고 있다. 특히 우리 사업단은 고대의 한반도·중국·일본열도에서 공통으로 사용한 木簡의 연구를 통하여 고대 동아시아의 역사상에 대한 새로운 이해의 계기를 만들고자 한다. 이를 위하여 설정한 본 사업단의 4년차(2022.5~2023.4) 연구 주제인 "木簡에 반영된 古代 동아시아의 法制와 行政制度"는 목간의 분석을 통하여 고대 동아시아의 국가 체제를 지탱하고 추동한 율령과 행정제도의 내용과 작동의 기제를 지역별로 탐색하고, 이를 통하여 동아시아의 정치사적 맥락을 유기적으로 이해하는 틀을 다지고자 하였다.

본 연구총서는 바로 이러한 연구의 성과를 집대성한 것으로서, 2023년 2월에 4년차 연구 주제로 진행한 국제학술대회의 발표 논문 중 13편을 엄선하여 엮었다. 이를 통하여 독자들께서 목간이라는 일견 특이한 자료에 대한 이해를 심화하고, 나아가 그간 一國史의 단편적 이해의 영역에서 벗어나 보다 폭넓은 시선으로 동아시아의 역사와 문화를 대면하고 연구하는 계기가 되기를 바라마지 않는다.

본서의 편찬을 위하여 옥고를 보내주신 집필진과 오준석 교수를 비롯하여 본서의 제작에 실무를 맡은 경북대학교 인문학술원 HK+사업단의 연구진, 그리고 오수문·오준석·금재원·김종희·하시모토 시게루(橋本繁)·팡궈화(方國花)·이계호·유창연 등 중국어와 일본어 논문의 한글 번역을 맡은 분들에게 감사드린다. 아울러 HK+연구 사업단의 운영과 본서의 출판을 위해 경제적 지원을 아끼지 않은 한국연구재단과 본서의 출판을 맡은 중문출판사 측에 감사의 마음을 전한다.

경북대학교 인문학술원장
HK+사업단장
윤재석
2023.11

목 차

발간사   3

제1장_ 간독과 진한시대 향리행정 연구 / 부셴췬   7

제2장_ 百濟 王都 出納 文書의 一例 / 이용현   23
　ー 扶餘 東南里49-2 遺蹟 木簡①②의 分析試論 ー

제3장_ 대구 八莒山城 木簡의 재검토 / 하시모토 시게루   99
　ー 신라의 지방지배와 하찰목간 ー

제4장_ 문자자료로 본 신라 역역 동원 행정 / 홍승우   127

제5장_ 일본 고대 文書木簡의 전개 / 이치 히로키   163

제6장_ 목간으로 본 고대일본의 법제와 행정제도 / 구와타 구니야   189
　ー 8세기 후반의 하찰목간을 중심으로 ー

제7장_ 율령제 연구와 목간 연구 / 마루야마 유미코   209
　ー 아스카기요미하라 令과 '前白' 목간을 중심으로 ー

제8장_ 漢初 律典의 律名體系와 刑罰體系의 變化 / 김진우   243
　ー 『胡家草場漢簡』 律令簡을 중심으로 ー

제9장_ 古代 中國 遺址 出土 簡牘文書 정량 분석 시론 / 금재원   279
　ー 里耶秦簡 行政文書를 중심으로 ー

제10장_ "東西對立"에서 '內外有別'로:
　　　　西漢 국가 정치지리 구조의 변천 / 마멍룽   331
　ー 張家山漢簡「秩律」·『漢書·地理志』의 郡級 행정구역
　　서열을 중심으로 ー

제11장_ 居延新簡≪建武三年四月居延都尉吏奉例≫와
≪建武三年十二月候粟君所責寇恩事≫의
해독 요약-漢代의 "從史"를 겸하여 논함 / 리잉춘   371

제12장_ 漢律 九章律과 三國 魏의 新律 편찬 / 미즈마 다이스케   415

제13장_ 새로 발견된 封泥와 秦縣 인장 제도의 변천 / 쑨원보   451

編·著者 소개   493

#01

간독과 진한시대 향리행정 연구[*]

●

부셴췬(卜憲群)

(중국 中國社會科學院 古代史研究所 소장)

    한국 경북대학교 인문학술원 HK+사업단에서 주최하는 "고대 동아시아 목간에 반영된 법제와 행정" 국제학술회의가 제주도에서 성황리에 개최되었다. 나는 중국 사회과학원 고대사연구소와 중국 진한사연구회를 대표하여 회의 개최를 열렬히 축하한다.

    이번 회의의 주제는 "고대 동아시아 목간에 반영된 법제와 행정"으로서, 매우 좋은 의제이다. 이 주제는 동아시아 간독(중국의 학자들은 일반적으로 '木簡'을 '簡牘'이라 이른다)의 가장 의미 있는 부분, 즉 고대 동아시아의 정치 문명을 집중적으로 반영한다. 이번 회의에서 여러 선생님들이 동아시아 간독 속의 '법제'를 논하든 '행정'을 논하든, 혹은 법제와 행정의 관계를 토론하든지 간에 모두 매우 가치 있는 토론 주제가 되리라 생각한다. 오늘 나의 강연제목

---

* 이 글은 『華中師範大學學報』 2023年 第2期 수록 논문이다.

은 ≪간독과 진한시대 향리행정 연구≫로 바로 이번 회의 주제 중 하나이다. 아래에서 나는 향리행정 연구의 몇 가지 문제에 대한 회고와 사유를 통해 진한시대 향리행정 연구를 진전시키는 데 있어 간독의 역할과 존재의 문제 및 앞으로 노력해야 할 방향에 대한 견해를 이야기해 보고자 한다.

I 진한시대 향리행정 연구의 의의와 가치

2022년 12월 30일에 중국의 여러 학술기관은 2022년 중국의 10大 학술 이슈를 선정하였는데, 그중 "秦漢 基層社會 硏究"가 유일한 역사학의 이슈로 선정되었다. 심자자들이 선정한 이유는 다음과 같다 : "2022년의 중국 진한사 학계는 國家治理란 시각에서 진한시대 기층사회를 재조명, 연구하여 이하의 몇 가지 분야에 그 초점을 모았다. 첫째, 기층사회의 변천과 국가치리 방식의 관계를 탐구하는 것이다. 춘추전국시대 이래의 사회변혁은 기층사회 통치에 있어 국가의 적극적인 탐색을 촉진하였고, 국가는 향리사회에 다계통적이고 다원적인 행정 관리망을 구축해서 기층 사회를 강력하게 통제했음이 지적되었다. 둘째, 진한시대 향리사회 통치의 특징을 총결하는 것이다. 향리사회의 구조 변화로 인해 발생한 사회 문제에 대한 국가의 통치와 종족조직의 부상에 대한 통제와 통치 등은 진한시대 향리사회 통치의 주요 특징을 반영한다고 판단되었다. 셋째, 여러 각도에서 진나라와 한나라 두 왕조의 기층사회 통치방식 모델의 차이와 그로 인해 만들어진 영향을 비교해 보는 것이다."[1]

---

[1] 光明日報 理論部, 學術月刊 編輯部, 中國 人民大學 書報資料中心, 「2022年度中國十大學術熱占」, 『光明日報』, 2022年 12月 30日 第11版.

이 선정은 향리를 중심으로 한 진한시대 기층사회와 지방행정제도 연구를 일정 정도 반영하는 것으로, 중국 학자들이 주목하는 핵심 문제 중 하나이다. 물론, 이런 관심은 2022년에 갑자기 나타난 것이 아니라, 장기적인 자료 축적과 학술 발전의 자연스러운 결과이다. 선정 결과는 이러한 장기적인 학술 발전 추세의 반영이면서 또 중간 단계의 총결이기도 하다. 간단하게 회고해봐도, 최근 10년 동안 이 분야의 중요한 논저가 다음과 같이 매우 많다는 것을 알 수 있다.

魯西奇, 『中國古代鄉里制度研究』(北京大學出版社, 2021)
沈剛, 『秦簡所見地方行政制度研究』(中國社會科學出版社, 2021)
吳方基, 『新出秦簡與秦代縣級政務運行機制研究』(中華書局, 2021)
王准, 『戰國秦代的鄉里組織與地方社會: 以簡牘資料爲中心的考察』(武漢大學出版社, 2021)
晉文, 『秦漢土地制度研究 – 以簡牘材料爲中心』(社會科學文獻出版社, 2021)
朱德貴, 『新出簡牘與秦漢賦役制度研究』(中國人民出版社, 2021)
馬新, 『中國古代村落形態研究』(商務印書館, 2020)
張信通, 『秦漢里治研究』(中國社會科學出版社, 2019)
袁延勝, 『秦漢簡牘戶籍資料研究』(人民出版社, 2018)
臧知非, 『秦漢土地賦役制度研究』(中央編譯出版社, 2017)
王彥輝, 『秦漢戶籍管理與賦役制度研究』(中華書局, 2016)
劉敏, 『秦漢編戶民問題研究 – 以與吏民、爵制、皇權關係爲重點』(中華書局, 2014)
鄒水杰 等, 『國家與社會視覺下的秦漢鄉里秩序』(湖南師範大學出版社, 2014)
黎明釗, 『輻輳與秩序: 漢帝國地方社會研究』(香港中文大學出版社, 2013)
王愛淸, 『秦漢鄉里統制研究』(山東大學出版社, 2010) 等等

이밖에도 일일이 열거할 수 없을 정도의 많은 각종 논문들이 있어서, 진한사학계가 향리행정과 기층사회 연구에 큰 관심을 기울이고 있음을 보여 준다.

진한시대 향리행정 연구에 대한 학계의 중시는 중국 고대국가 정치제도 발전과정에서 차지하는 향리의 역사적 지위 및 진한시대 국가행정에서 향리행정의 중요한 역할에 의해 결정된 것이다. 우리는 진한시대 향리행정제도가 전국시대에서 계승된 것이지만, 그 이전에도 매우 오랜 발전과정이 있었음을 알고 있다. 『周禮』의 '鄕遂之制'에 鄕老·鄕師·鄕大夫·鄕土 등의 직관이 있고, 金文에도 이미 '鄕'字가 있어서 '鄕'은 일종의 지역조직 형태로서 서주시대부터 이미 존재했다. '里'는 문헌과 금문에 모두 나온다. 『尙書·酒誥』에 "越在內服, 百僚庶尹, 惟亞惟服, 宗工越百姓里居."라고 하며, 서주 초·중기의 ≪令彝≫, ≪召卣≫, ≪史頌簋≫에도 '里'와 里의 지도자인 '里君'의 기록이 있다. 당연히 서주시대의 향리는 후대의 향리와 달리 행정조직이 아니며, 향리의 거주집단은 종법 혈연관계를 갖춘 동족이지 후대의 편호제민이 아니다.

춘추전국시대는 중국 역사의 대변혁기로, 이때부터 향리는 본래 혈연 공동체에 의존하던 지역조직에서 국가의 기층행정조직으로 전환되기 시작했다. 이 현상은 춘추전국시대 제나라에서 가장 두드러지게 보이는데, 『管子』의 ≪小匡≫·≪立政≫·≪禁藏≫ 및 『國語·齊語』에 관련 기록이 많다. 관련 기록에 근거하면, 향리 십오제는 제나라에 이미 널리 퍼져서 개인·가족과 향리조직은 점점 밀접한 불가분의 관계를 띠게 되었으니 "伍無非其人, 人無非其里, 里無非其家."(≪禁藏≫)라 한다. 이 시기 향리에 거주하는 사람은 이미 종법적 혈연관계에서 벗어난 개인 가정이었다. 제나라의 향리는 국가에 직접 예속된 말단 행정조직이다. ≪小匡≫에서 말하는 "正月之朝, 鄕長復事, 公親問焉"과 ≪立政≫에서 말하는 "三月一复, 六月一計, 十二月一著"는 모두 국가가 鄕을 엄밀하게 관리했음을 설명한다. 이 향관들은 "察能授官, 班祿賜予"(≪權修≫)의 방식으로 선발되어 이미 세습제는 아니었고, 오로지 國君에게만 책임을 지고 鄕 내부의 사무를 관리했다.

향리조직은 제나라만 아니라 다른 여러 나라에도 모두 유사한 기층행정 통치가 세워졌다. 진나라는 武公 10년(B.C 688)에 縣制를 건립하여, 秦獻公 10년(B.C 375)에 이르러 "爲戶籍相伍"(『史記·秦始皇本紀』)하였으니, 약 300년에 걸친 역사를 거쳐서야 비로소 국내 민중들을 통일적 질서에 의거하여 편제하였다. 이는 국가권력이 기층사회에 침투하기 매우 어려웠던 상황을 반영한다. 20여 년 후인 秦 孝公 12년(B.C 350), 상앙은 "并諸小鄕聚, 集爲大縣, 縣一令, 四十一縣."(『史記·秦本紀』) 하였으니, 이는 바로 '戶籍相伍'를 기반으로 완성된 기층사회 행정조직의 건설을 구비한 것이었다. 상앙이 실시한 조치의 중요한 의의는 縣制 자체에 있는 게 아니라, 그 산하 기구에 대한 縣의 관리권력을 확립해서 본래 흩어져 있던 인적 집단들을 조직하고 개조해서 鄕里 什伍 등의 통일된 국가 기층행정기구에 포함시킨 데 있다.

춘추전국시대 향리행정기구의 탄생은 국가가 혈연조직을 타파하고 사회통치를 강화하는 필요이며 또 당시 신흥 군주 전제 중앙집권국가 건설의 필요이기도 했다. 하지만, 그 역사 과정은 반드시 일방향은 아니었다. 즉, 국가가 기층에 향리행정기구를 세운 것은 향리사회 자체의 발전·변화와도 관련이 있다. 양자는 상호작용하는 역사 과정이다. 엥겔스는 일찍이 "모든 정치권력은 처음에는 항상 어떤 경제적·사회적 직능에 기초한다"[2]고 언급한 바 있다. 향리사회의 심각한 변화, 특히 경제적 변화로 인해 향리 기층사회의 사무가 복잡하고 다원화되면서, 기층정치권력의 출현도 피할 수 없는 추세가 된다. 우리는 춘추전국시대의 향리행정이 경제·정치·사회 직능을 막론하고 모두 당시 기층사회 자체의 변화와 밀접한 관련이 있음을 알 수 있다. 환언하자면, 사회변화가 행정관리 방식의 변화를 이끌어내는 것이지 그 반대는 아니다.

또 다른 중요한 문제는 바로 춘추전국시대부터 형성되기 시작한 향리행정방식의 권력 내원이 일원적이냐 다원적이냐는 질문이다. 즉, 향리의 통치권

---

2 『馬克思恩格斯全集』第20卷 ≪反杜林論≫, 北京: 人民出版社, 1971, pp.198-199.

력은 전적으로 군주에게서 나오는가, 아니면 향리의 三老와 父老에서 나오는가? 우리는 많은 자료에서 춘추전국시대 국가 법률이 말단 행정조직의 책임자가 가지는 직책과 법률 지위에 대해 명확히 규정하고, 鄕官은 "國君之所是, 必皆是之; 國君之所非, 必皆非之."(『墨子·尚同上』)란 원칙을 준수하도록 했음을 알고 있다. 이는 향관의 권력 내원이 일원적이고 위에서 아래로 설계되었음을 설명한다. 三老와 里父老가 국가의 기층사회 관리에 참여할 때에는 주로 국가 권력의 지배를 받았으니, 그들의 선임은 자신의 평판에 의거하여 국가의 인정을 받아야만 했고, 鄕里의 민중들이 자체적으로 선출할 수 없었다. 그들이 鄕里의 교화와 행정관리에 참여하는 직능은 국가가 부여한 것이었다. 즉, 이 시기부터 향리 기층사회의 권력체계는 일원화 되었으며, 국가정권을 분할하는 별도의 권력체계는 아직 등장하지 않았다.

　　나는 다소 많은 지면을 할애해서라도 춘추전국시대의 향리 문제를 상세히 논술하여 진한시대 향리행정에는 유구한 역사 연원이 있었음을 설명하고자 했다. 향리제도는 진한대의 대일통 이후로 이전의 제도를 계승함과 동시에 더욱 치밀하고 완전해졌고, 향리는 진한 국가의 정치·경제·사회·문화 기반이 되었다. 진한시대에는 향리사회를 떠나 살 수 있는 사람이 거의 없었다. 따라서, 진한사 연구에 있어 향리제도는 매우 중요한 부분이며, 향리행정의 이해는 진한대 국가의 정치운영을 이해하는 기초이다.

Ⅱ 진한시대 향리행정연구를 촉진하는 간독의 역할

　　향리행정은 중국 전통사학에서 매우 중시하는 중요 내용 중 하나이다. 『周禮』『漢書·百官公卿表』『續漢書·百官志』『春秋公羊傳』『通典』에는 향리 구조와 관련있는 기록이 매우 많고, 고염무의 『日知錄』에는 卷8 「鄕亭之職」조목 및 卷22의 '鄕里' '亭' '社'조목이 있으며, 조익의 『廿二史札記』에는 "三老孝弟力田皆鄕官名"조목이 있고 또 『二十五史補編』의 관련 기록 등등이 있다. 근대사학의 탄생 후 진한시대 향리연구도 학자들이 주목하는 대상이었는데, 당연히 嚴耕望의 『中國地方行政制度史·秦漢地方行政制度』가 가장 대표적인 성과이다. 다만 1980년대 이전까지 진한시대의 향리연구는 주로 전세 문헌 사료에 근거하였다. 20세기 후반에서 21세기에 수많은 간독자료의 발굴·정리와 공표에 따라 향리와 관련된 자료가 급격히 증가하여 향리행정 연구도 정말 많은 중요한 진전을 맞이하였으니, 주로 향리기구와 吏員의 설치·직능, 문서와 행정, 사회변화와 통치방식의 변화 등등의 분야에서 발휘되어 과거 우리의 향리행정에 대한 인식을 매우 확장시켰다. 관련 연구성과가 매우 많은 탓에 일일이 열거할 수도 없고 시간의 제한도 있기 때문에, 나는 여기서 세 가지의 인식에 집중하고자 한다.

1. 향리행정조직의 성격과 직능

진한시대 향리행정 조직기구의 성격에 대해서는 다양한 견해가 있다. 예를 들어, 일부 학자들은 그들이 郡縣의 파견기관일 뿐이라 판단하며, 일부 학자들은 향리사회를 지배하는 존재는 기층 행정조직이 아니라 종법적 혈연조직이라 생각하기도 하며, 또 다른 혹자는 향리행정조직과 민간조직이 협력해야만 기층사회에 대한 국가의 통치를 함께 완성할 수 있었다고 보며, 심지어 일부 학자는 완전한 향리자치를 이야기하기도 한다. 나는 이런 다양한 견해들의 주된 원인이 진한시대 향리조직의 직능을 분명히 이해하지 못했기 때문이라 생각된다. 사실 秦漢 국가가 전국시대 이래의 향리제도를 계승한 근본 이유는 정치가의 설계나 향리교화의 실현을 위해서가 아니라, 군주전제 중앙집권국가의 경제기능을 실현하기 위함이었다. 『漢書·百官公卿表』와 『續漢書·百官志』에서는 진한시대 鄕官의 경제적 기능을 "皆主知民善惡, 爲役先後, 知民貧富, 爲賦多少, 平其差品." "收賦稅" "主民收賦稅"라 하였다. 이는 경제기능이 鄕官의 핵심 업무였으며, 이른 바 '知民善惡'의 기준은 아마도 향리의 편호제민이 부세·요역을 완수했는지의 여부였음을 설명한다. 향리의 부세와 요역이 잘 거둬지면 '善'이라 하고, 잘 거둬지지 않았다면 '惡'이라 한 것이지, 그들의 도덕 수준의 고저를 가리키는 것이 아니다. 鄕有秩·鄕嗇夫·鄕佐의 주요 직책은 부세를 징수하고 요역을 징발하는 것으로서, 鄕官의 최우선 임무는 국가의 경제 기능을 실현하는 것이었다. 간독자료는 이 문제를 더욱 분명히 설명해준다. 예를 들어, 里耶秦簡 16-9簡(正)은 都鄕守 '嘉'가 啟陵鄕에서 都鄕으로 이사해 온 17戶 소속 民의 年籍을 都鄕으로 이첩하라고 啟陵鄕에 요구한 내용인데, 이는 "年籍"이 부세 징수와 요역 징발의 관리와 매우 깊은 관련이 있었기 때문이다.

【廿】六年五月辛巳朔庚子, 啟陵鄕庫敢言之. 都鄕守嘉言：渚里不𠭊劾等十七戶徙都鄕, 皆不移年籍∠。令曰：移言. ●今問之：劾等徙𠭊書, 告都鄕曰：啟陵鄕未有牒(牒), 毋以智(知)劾等初産至今年數. 𠭊【皆自占】, 謁令都鄕自問劾等年數. 敢言之. 𠭊[3]

漢代 '年籍'은 鄕에서 관리하되 副本을 縣廷에 보관하며, 매년 8월에 검사를 실시하였다. 만약 鄕民이 주거지를 이동할 경우, 鄕은 규정된 기간 내에 戶

---

3 湖南省文物考古研究所、湘西土家族苗族自治州文物处、龙山县文物管理所, 「湖南龍山里耶戰國-秦代古城一號井發掘簡報」, 『文物』 2003-1; 湖南省文物考古研究所、湘西土家族苗族自治州文物处, 「湘書里耶秦代簡牘選釋」, 『中國歷史文物』 2003-1; 里耶秦簡博物館、出土文獻與中國古代文明研究協同創新中心中國人民大學中心, 『里耶秦簡博物館藏秦簡』, 中西書局, 2016, p.208.

籍과 年籍을 새로 옮겨간 鄕으로 이첩할 책임이 있었다. 만약 기간 내 이첩하지 않을 경우, 鄕部嗇夫·里正·典 및 실무 책임자는 벌금형으로 처벌되었다. 이는 張家山漢簡에 명확히 기록되어 있다.[4] 비록 戶籍과 年籍의 관계에 대한 우리의 인식이 아직 충분하지는 않지만, 이렇게 엄격한 戶籍·年籍의 관리는 향리의 경제기능과 관련이 있었다. 鄕嗇夫와 鄕吏가 부세 징수·요역 관리를 맡았다는 사실은 문헌과 간독의 수많은 내용이 실증한다. 江陵 鳳凰山漢簡은 鄕佐를 비롯한 鄕里의 관리들이 부세를 징수했다는 1차 증빙자료로, 『續漢書·百官志』에서 鄕佐가 "主民收賦稅"했다는 말이 틀리지 않았음을 증명해준다. 전세문헌과 출토자료에는 국가가 향리의 기층행정조직을 설치하여 부세를 징수함에 있어, 鄕吏가 부세를 징수할 때에 혹여 공적인 이름을 빌어 사리사욕을 챙긴다거나 매우 잔인하고 포악하게 굴었다는 내용이 기록되어 있다. 이러한 내용은 바로 鄕官 본연이 가지고 있는 경제적 기능을 반영한다. 里는 鄕 아래의 행정조직으로서 국가의 기층사회 속 경제기능을 담당하고 있다. 里耶秦簡은 里吏의 설치도 반드시 縣廷의 비준을 받아야 했음을 증명하는데, 이는 里吏의 縣에 대한 책임을 설명하는데, 이러한 임명방식은 우리가 이전에 알지 못했던 내용이기도 하다. 그래서, 里吏는 국가를 대표하는 존재이지 里 속의 민간사회를 대변하는 존재는 아니다. 향리행정조직은 국가의 수다한 경제시책을 집행하며, 소농경제의 보호를 포함해서 향리사회의 복잡한 경제사무 문제를 해결하였다. 간독자료에서 이에 대한 매우 풍부한 자료들을 찾을 수 있다. 향리행정의 핵심은 경제기능이며, 정치 기능과 교화 기능은 이를 기반으로 진화해 나간 것이다.

---

4 ≪二年律令·戶律≫ "恒以八月令鄕部嗇夫·吏·令史相襍案戶籍, 副臧(藏)其廷. 有移徙者, 輒移戶及年籍爵細徙所, 並封. 留弗移, 移不並封, 及實不徙數盈十日, 皆罰金四兩; 數在所正·典弗告, 與同罪; 鄕部嗇夫·吏主及案戶者弗得, 罰金各一兩." 도 鄕里의 吏員이 戶籍·年籍을 관리했다는 증거이다.

2. 향리의 문서행정 문제

후한대 王充은 『論衡』에서 "以文書御天下"란 말을 하였다. 이는 문서가 진한시대 행정 시스템에서 중요한 위치를 차지한다는 것을 보여준다. 그러나, 1990년대 이전까지 진한시대 문서 관련 연구는 기본적으로 공백과 다름없었기에, 문서와 향리행정의 관계도 전혀 다루어지지 않았다. 간독자료가 나날이 풍부해짐에 따라 향리행정과 문서의 관계는 점점 명확해져서 매우 큰 진전이 있었다. 예를 들어, 鄕은 진한 국가의 문서행정에서 매우 중요한 기관이었다. 鄕은 각종 행정문서를 보관하였는데, 거연한간의 "戶籍臧鄕"과 장가산한간의 "戶籍副臧其廷"이란 기록은 모두 鄕이 호적 원본의 소재지임을 확인해 준다. 鄕에는 호적·年籍·爵細 등의 각종 문서를 작성, 보존, 이전할 책임이 있었다는 점은 里耶秦簡을 통해 검증되었다. 이는 漢代의 제도들이 분명히 秦으로부터 계승되었음을 설명한다. 향의 문서는 호적·年籍·爵細만이 아니라 기타 다른 종류의 籍書도 있었다. 張家山漢簡 ≪二年律令·戶律≫의 "民宅園戶籍、年細籍、田比地籍、田名籍、田租籍" 등도 반드시 "謹副上縣廷"하고 그 원본은 응당 鄕에 소장해야 했으니, 이들은 '鄕文書'의 종류 중 하나를 구성한다. 우리는 이러한 문서들의 상세한 내용과 성격을 아직 그다지 잘 모르지만, 향리행정의 중요한 근거임은 틀림없다. 鄕文書의 복잡성은 호북성 형주시 紀南 출토 ≪松柏漢墓木牘≫에서도 재차 증명되었다. 「發掘簡報」에 근거하면, 이 묘지의 묘주는 江陵 西鄕의 有秩嗇夫 '周偃'으로, 출토된 각종 簿册에는 南郡과 江陵 西鄕 등지의 戶口簿·正里簿·免老簿·新傅簿·复事算簿 등의 각종 文簿가 포함되어 있으며[5], 이 簿籍 중 일부는 응당 鄕文書에 속한다. 물론, 이 문서들 모두 鄕에서 제작된 것이다.

鄕은 반드시 문서행정에 의거해야 했다는 사실은 우리가 밝혀 낸 중요한

---

5 荊州博物館, 「湖北荊州紀南松柏漢墓發掘簡報」, 『文物』 2008-4.

인식이다. 수호지진간에 근거하면, 전국시대 秦에는 "有事請殴(也), 必以書, 毋口請, 毋羈請."이란 행정원칙이 이미 확립되어 있었다. 예를 들어『睡虎地秦墓竹簡·封診式』의 "黥妾"爰書에는 縣丞이 鄉에서 里 내부의 안건을 조사한 후에 그 정황을 "以書言"하라고 요구하고 있으며, "告臣"爰書에서는 鄉이 "到以書言"하라고 요구하고 있다. 이러한 기록 모두 鄉과 縣의 행정관계는 반드시 문서로써 이루어져야 했다는 증거이다. 문헌사료도 鄉文書는 鄉의 모든 방면과 관계가 있음을 반영하고 있다. 예를 들어 향리에서 각종 안건이 발생했을 경우, 鄉吏는 현정의 지시에 따라 수시로 사건 조사와 증거 수집을 하여 이를 법률 爰書로 정리해야 했는데, 이는『睡虎地秦墓竹簡·封診式』에서도 많은 사례를 찾을 수 있다.『漢書·百官公卿表』는 "嗇夫職聽訟"이라 하며, 張家山漢簡 ≪二年律令·具律≫에서는 "諸欲告罪人, 及有罪先自告而遠其縣廷者, 皆得告所在鄉, 鄉官謹聽, 書其告, 上縣道官. 廷士吏亦得聽告."이라 한다. 이에 근거하면, 鄉은 법률문서를 작성하는 업무가 필수적이었다. 작금의 사료에 근거해 보면, 진한시대 什伍와 里, 里와 里, 里와 鄉·縣 간의 일상행정에는 里民과 상기한 기구들 간의 행정적 왕래가 문서형식으로 이루어지지 않은 상황도 포함되어 있다. 그 원인은 대개 里의 공간 범위가 제한적이기 때문이었지, 里 내부에 어떠한 형식의 문서도 존재하지 않았기 때문은 절대 아니다. 중국 호북성 江陵 출토『鳳凰山漢簡』의 ≪鄭里廩簿≫는 里와 鄉 간의 부세 납부 이후의 문서기록을 반영하고 있기 때문에, 里에서도 부세를 납부한 후에 관련 문서를 보관하였는지의 여부는 연구할만한 가치가 있다. 전세문헌과 간독에는 또한 향·리로 전달된 詔書 및 州郡縣 문서 관련 기록들도 정말 많으므로, 이 또한 향·리에서 문서행정이 이루어진 확실한 증거이다.

3. 향리의 사회 유동과 사회 통치 문제

오랜 시간에 걸쳐, 진한시대의 향리 기구와 吏員의 설치, 사회구조의 변화와 국가통치 방식 모두 고정적이지 않고 끊임없이 변화하였다. 사회적 유동성도 그중 하나였다. 춘추전국시대부터 진한시대에 이르는 역사 변혁 속에서, 선진시대의 고착화 된 사회구조가 타파되면서, 이전 시대의 사람들이 가지고 있었을 고착화 된 신분이나 지리 공간분포와 직업선택도 모두 중대한 변화를 맞이하였다. 하지만 사람들의 지리 공간상에서의 유동은 반드시 사회적 지위와 신분 및 직업의 변화만큼 빠르지는 않았다. 풍부한 간독자료는 진한 통일왕조가 여전히 인간의 이동을 매우 엄격하게 통제하고 있었음을 보여준다. 예를 들어, 백성의 주거지 이전은 절대로 자유롭지 않아, 반드시 縣·鄕에서 관련 수속을 끝마친 후에만 이동할 수 있었다. 상앙변법 이래로 "使民無得擅徙"(『商君書·墾令』)라는 정책과 법령은 여전히 변화하지 않았다. 睡虎地秦簡 ≪封診式≫의 "亡自出"조목에서 작위가 없는 어떤 남자는 일찍이 세 번이나 도망을 쳐서 한 차례의 노역을 피한 것 외에는 다른 잘못을 하지 않았지만 그럼에도 향에 가서 자수해야만 했다. 이는 멋대로 외부로 나가는 것이 위법이었음을 보여준다. 岳麓秦簡 ≪亡律≫의 발견은 진에는 인구 유동을 엄격히 통제하는 법률이 있었고, 아울러 이러한 통제의 구체적 임무는 주로 향리의 什伍 등 기층조직이 담당했다는 것을 다시 증명해주었다. 전한은 진나라의 제도를 계승하였으니, 張家山漢簡 ≪二年律令·亡律≫도 기본적으로는 秦律에서 발전하였다. 그중 "吏民亡" 등의 조문은 각종 도망자와 도망자를 숨겨 준 사람을 동일하게 처벌하는 상세한 규정들이다. 전세문헌과 출토자료에서 우리는 진한시대 국가가 인구를 통제하는 수많은 구체적 시책을 볼 수 있다. 예를 들어, 里에는 門이 있다는 기록은 里가 비교적 폐쇄적인 하나의 지역공동체였음을 보여준다. 里의 사방에 垣(담장)이 있었음은 ≪二年律令·雜律≫의 "越邑里、官市院垣, 若故坏決道出入, 及盜啓門戶, 皆贖黥"이란 기록으로 증명된다. 里에는 監門(문지기)이 있는데, 문헌사료에서 진한시대의 많은 사람들이 이 임무를 수행했음을 볼 수 있다. 張家山漢簡 ≪二年律令·戶律≫의 "田典更挾里門籥(鑰), 以時開；伏閉門, 止行及作田者"란 기록도 里門의 개폐시간이 법률적으로 규정되어 있었음을 보여준다. 里는 什伍로 조직되어 "居處相察, 出入相司"했다고 하니, 什伍 조직이 인구 통제의 가장 직접적인 기층 단위였음을 알 수 있다. 진한시대의 모든 백성들이 里 내부에 거주했던 것은 아니다. 문헌에는 鄕里를 벗어나 山中이나 野澤에 숨어 사는 개인이나 집단도 간혹 보인다. 하지만 의심의 여지 없이 절대 대부분의 백성은 모두 里에서 거주하고 있었다. 이러한 향리 백성의 이동과 관리에 관한 세밀한 자료도 모두 간독의 발견으로 인해 밝혀진 것이다.

　　이상 나는 간략하게 열거한 세 가지를 통해, 진한시대 향리행정 연구의 추진에 간독이 매우 큰 역할을 했다는 것을 설명하고자 했다. 물론 실제 연구 현황은 이보다 훨씬 방대하다.

Ⅲ　진한시대 향리행정 연구의 미래에 대한 전망

　　진한시대 향리행정은 진한이란 大一統 중앙집권국가 행정의 주요 대상이자 중요한 기반이다. 이른 바 "주요 대상"이란 진한 국가행정의 수많은 정책조치를 가리키는 것으로, 사실상 모두 향리를 겨냥하거나 향리를 필요로 해서 관철되어 실현된 것이다. 이른 바 "중요한 기반"은 진한시대 향리행정의 좋고 나쁨을 가리키는데, 진한 왕조의 정치 안정 및 왕조의 흥망성쇠까지도 직결되었다. 따라서 향리행정 연구는 그 중요성이나 문헌·간독 자료의 풍부함이란 측면에서 이후 진한사연구의 중점이 될 것이다. 다만 나는 진한시대 향리행정

연구에서 과도한 '파편화' 현상을 최대한 피해야 하며, 각 시기 마다 향리연구가 가졌던 한계를 돌파해서 일관적 인식을 형성하는 데 주의를 기울여야 하고, 또 이론적 사고와 현실적 관심을 겸비하여 사학의 경세치용의 역할을 발휘해야 한다고 생각한다. 이하로는 간단히 세 가지 전망을 제시하고자 한다.

첫째는 진한 왕조가 어떻게 국가권력과 향리질서를 서로 결합시켰는가의 문제이다. 전국 이래 중앙집권화 발전의 길은 향리행정제도와 통치체계의 급속한 발전을 촉진하였고 국가권력은 향리로 확장되었다. 그러나, 향리 자체는 절대로 국가권력의 산물이 아니라 자연스러운 존재이다. 진대에서 양한시대까지 국가권력과 향리질서는 부적응(예를 들어 진의 폭정과 그로 인한 향리와의 대립)에서 조정(한대 향리의 三老・里父老를 흡수하여 통치에 참여시키고 民本을 중시함)에 이르렀고, 한말 다시 대립 국면(향리 豪强大族의 중앙집권에 대한 반항)으로 나아가는 역사 과정을 거쳤다. 나는 이러한 과정이 어떻게 변천하는 것인지 더욱 활발한 연구 토론을 할 수 있으리라 생각한다.

둘째는 진한 왕조가 어떻게 국가권력을 운용하여 향리사회를 개조했는가의 문제이다. 문헌사료와 간독자료를 막론하고, 진한 왕조는 단순히 행정력을 사용하여 향리사회를 통제하는 것이 아니라, 향리사회를 적극적으로 개조하는데 초점을 맞추고 있었음을 볼 수 있다. 예를 들어, 정치적으로는 향리를 어지럽히는 사회세력을 억제하고 경제적으로는 토지겸병을 예방・통제하여 자작농의 생산 활동을 지원하였으며, 의식형태상으로는 유교사상으로 향리사회의 기풍을 바꾸고자 하였으며, 사회통치적으로는 백성의 德化를 중시하는 등등 모두 일정한 시기, 일정한 단계에서는 적극적인 역할을 발휘했다. 특히 찰거제도는 관리의 선발과 임용을 유가사상 및 민간여론과 서로 결합시켜 향리사회의 질서를 재구축했다는 중대한 의의가 있다. 이러한 문제도 더욱 심화해서 연구할 필요가 있다.

셋째는 향리사회질서의 파괴와 왕조의 흥망 순환법칙의 문제이다. 역사는 강대한 중앙집권이 진한시대 향리통치의 관건임을 증명한다. 중앙집권이 강할수록 향리는 잘 다스려지며, 중앙집권이 약해질수록 향리의 통치가 혼란스러워지는 것은 하나의 역사적 경험이다. 역사가 증명하기를, 진한시대 중앙집권이 파괴되었을 때 향리 통치는 바로 끊임없이 부패한 정치와 急政·暴政과 탐관오리와 호강종족 등등의 교란을 받았어야만 했다. 이러한 상황에서 중앙집권체제는 실제로 느슨하고 무력한 지경에 처하여 국가통치의 중임을 담당할 수 없게 된다. 바로 이러한 시점에서 지배계급 내부의 자기 혁신이 실현되거나 민중의 봉기가 일어났다. 전·후한은 비록 중국 역사에서 비교적 오래 지속된 왕조에 속하지만, 결국 역사 순환 법칙의 함정에 빠지는 것을 피할 수 없었다. 이는 의심의 여지 없이 심각한 역사의 교훈이다. 중앙집권과 향리행정의 관계를 어떻게 총결할 것인지도 앞으로 심도 있게 연구해야 하는 문제이다.

【번역】

유창연 (경북대학교 대학원 박사과정)

#02

百濟 王都 出納 文書의 一例*
― 扶餘 東南里 49-2 遺跡 木簡1,2의 分析 ―

•

이용현(李鎔賢)

(전 경북대학교 인문학술원 HK연구교수)

I 序言

2022년 3월과 4월 (재)울산문화재연구원의 발굴을 통해 부여 동남리(49-2) 공공주택 신축부지 내 유적(이하 동남리 유적) 백제 문화층에서 백제 목간 5점의 출토되었다. 이들은 정확히 제2문화층에서 출토됐으며, 건물지 거주 생활자에 의해 발생된 쓰레기·폐기물이라고 한다.[1] (그림 1,2 참조) 문화재청 국립

---

* 이 글은 경북대 인문학술원 주최 〈제5회 국제학술회의: 목간에 반영된 고대 동아시아의 법제와 행정제도〉(2023년 1월 30일)에 발표한 원고를 저본으로 한다. 이후 정선하여 『백제학보』 43(2023년 2월)에 간행하였으며, 그것을 다시 수정보완한 것이다.

그림 1. 목간 출토지 ▲ (Google Earth 활용)

문화재연구원 국립부여문화재연구소(이하 본고에서 〈부연〉으로 약칭)는 2022년 4월부터 목간의 보존처리와 적외선촬영을 실시하고, 4차에 걸친 자문회의와 문자판독회를 통해 중요한 정보를 확인하고 이를 2022년 11월 10일에 목간 2점 관련 정보를 전면 공개하였다. 우선은 자문회의의 결과물로서 목간 2점의 판독문, 그리고 해당 목간의 근적외선초분광촬영본 편집본 등 기본 주요 정보를 공개하였다.[2] 보도자료에 의해 공개된 내용을

그림 2. 동남리 목간출토지와 주변의 기존 목간출토지 (보도자료 가공)

---

1 고상혁, 2023, 「부여 동남리 49-2번지 신출토 목간 소개」『목간과 문자』 30.

2 국립문화재연구원 국립부여문화재연구소, 2022, 「문화재청 보도자료 〈백제 행정부의 물자 출납상황과 무게단위 단서 확인 -국립부여문화재연구소 올3~4월 출토된 부여 동남리유적 목간 5점 보존처리 및 판독-〉(2022.11.10.)」: 이하 본고에서는 〈보도자료〉로 약칭한다.

요약하면 다음과 같다.

1. 목간1과 목간2는 문서용이다. 백제 중앙의 행정상 복원과 더불어 도량형을 파악하는 데에도 많은 도움이 될 것으로 기대된다.

2. 목간1 관련 : (1) 날짜, 金, 중량(重)을 뜻하는 글자와 더불어 출납[內], 이동[送 : 보내는(送) 혹은 맞이하는(逆)으로 해석], 재고 상황[已] 등으로 해석할 수 있는 글자가 확인되었다. (2) 이는 행정 관부의 출납을 담당하던 관리가 기록한 문서나 장부의 용도였던 것으로 보인다. (3) 세로로 표기한 행간의 빈 공간에 이음표(丶)를 써서 문자를 거꾸로 써내려가는 흥미로운 사서방법도 확인하였다. (4) 무령왕릉 출토 유물인 다리작명 은제 팔찌에 새겨진 글자이자 기존에 백제의 무게단위로 알려져 있던 '주(主)'가 여러 번 등장하는 '중(重)'의 이체자로 사용되었을 가능성에 대한 연구자들의 의견이 제기되는 등 백제의 무게단위를 새롭게 해석할 수 있는 단서도 확인하였다.

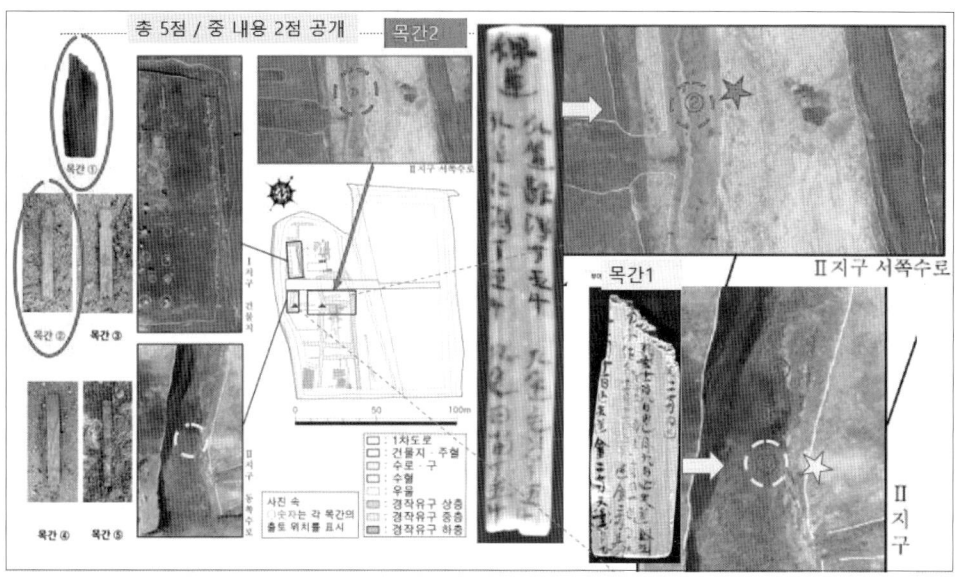

그림 3. 동남리 목간1과 목간2 출토지 상세 (보도자료 가공)

3. 목간2 관련 : (1) 곡물 중 하나인 피[稗]와 함께 이동[逰], 연령 등급[丁], 사람 이름, 용량 단위[斗] 등으로 볼 수 있는 글자가 확인되어 이 목간 역시 곡물의 출납과 관련된 기록으로 파악되었다. (2) 피는 함안 성산산성 출토 목간에서도 확인된 글자로, 고대 식량에서 중요한 곡물이었음을 알 수 있다.

보도자료에서 목간이 출납문서라는 것, 무게 단위로서 重의 존재를 강조하였다. 부연를 중심으로 하여 목간 수습이래 7~8개월간, 4차의 자문회의와 1차의 세미나를 거쳐 판독과 기초연구가 이뤄졌다고 하며, 그 결과가 축약정리된 것이 보도자료 형식으로 세간과 학계에 공개된 것이다.(그림 3 참조) 관계기관과 관계학자의 노고에 경의를 표한다. 공개 후 필자는 2022년 12월 16일 연구소의 배려 속에 목간 5점을 실물 관찰할 수 있었다.[3] 보도자료에 사진, 보도자료에 응축된 자문위원들의 귀중한 성과를 바탕으로 하되 필자의 사견을 제시한 바 있다. 보도자료에서 논란 중이던 逰을 逆으로 파악하고 受領이란 뜻으로 이해하고 이를 토대로, 목간1은 국가의 금공품 제작과 관련한 금의 出入 장부이고, 목간2는 瓦 즉 기와 供進에 대한 대가로서 丁들에게 지급된 곡물 稗 5斗씩을 수령 기록이라고 보았다.[4] 즈음하여 발굴자 측에 의해 유적의 정보도 공개되었다.[5] 이어 같은 해 6월에 윤선태, 8월에 손환일, 9월에 김창석

---

[3] 2022년 12월 16일(금) 10시 30분에서 12시에 걸쳐 목간 실물의 관찰과 함께 보도자료에서 공개된 수준의 사진을 모니터 열람할 수 있었다. 백제학회와 경북대 HK+사업단의 참가자는 아래와 같다. 김기섭, 김도영, 김영심, 박현숙, 방국화, 오수문, 윤용구, 이동주, 이영호, 이용현, 정동준, 정재윤.(이상 가나다순).

[4] 이용현, 2023, 「백제왕도 출납문서의 일례 -부여 동남리49-2유적 목간1,2의 분석시론-」(경북대 인문학술원 주최 〈제5회 국제학술회의: 목간에 반영된 고대 동아시아의 법제와 행정제도〉(2023년 1월 30일)이는 다시 수정보완되어 공간되었다. 이용현, 2023, 「백제왕도 출납문서의 일례 -부여 동남리49-2유적 목간1,2의 분석시론-」『백제학보』43, 백제학회(2023년 2월 간) pp.117-158.

선생에 의해 관련논문 3편이 공간되었다. 윤선태 교수는 逆을 거슬러 올라가는 하역작업으로 파악하고, 목간2는 稗의 하역작업자에게 곡식을 지급한 장부고, 세세한 내역의 지출은 곡식 등 현물화폐를 이뤄졌는데, 목간1은 이를 최종정리한 것이고 지출내역이 금으로 환산되어 정리되었다고 하였다. 손환일 소장은 목간1에서 甲戌을 읽어내고 이를 年간지로 파악하여 554년으로 특정하였다. 이를 토대로 관산성 전투에서 순국한 원혼을 무마하기 위해 국가 주도로 金寫經 등 불교행사를 준비한 기록으로 金의 출납을 기록한 것이고, 목간2는 瓦役後 지급한 급료 稗에 대한 기록으로 보았다. 이외에 목간3·4·5 자료도 공개하고 그 판독도 제시하였다. 또 김창석 교수는 逆을 수령과 지급의 의미로 파악하고 목간1은 금의 入出 내용으로 언제 들어와 언제 나갔다는 것이며 금 재고량 유지를 위한 보고 청구의 기록으로 보았다. 또 목간2는 내용 미상의 "凡進"이란 國役種에 대한 대가로 稗를 지급한 장부로 보았다.[6]

필자는 논고 이후, 2023년 11월 26일 울산문화재연구원으로부터 관련 목간의 사진자료를 제공받게 되었다. 이에 후행 논고에서 제기된 異見을 추가 검토하면서, 前稿를 수정보완하고자 한다. 목간1의 1면에서 "卄"으로 읽었던

---

[5] 울산문화재연구원은 2023년 2월 7일 한국목간학회에서 「부여 동남리 49-2번지 유적 출토 목간의 소개」를 발표하고 이어 같은 내용을 公開하였다. 고상혁, 2023년 「부여 동남리 49-2번지 유적 출토 목간의 의의」『목간과 문자』30, 한국목간학회(2023년 6월 간) pp.377-391 ; 목간 내용의 판독은 이전 보도자료와 크게 다르지 않으나, 유적 설명과 관련하여 중요하다.

[6] 윤선태, 2023, 「부여 동남리49-2번지 출토 백제 목간의 재검토」『목간과 문자』30, 한국목간학회(2023년 6월 간) pp.69-91 ; 손환일, 2023, 「扶餘 東南里 遺跡出土 木簡의 書體와 內容 -관산성전투와 백제 급료지급 기록과 관련하여-」『백제연구』78, 충남대백제연구소(2023년 8월 간) pp.65-96 ; 김창석, 2023, 「부여 동남리49-2번지 출토 백제 목간의 내용과 용도」『한국고대사연구』111, 한국고대사학회(2023년 9월 간) pp.303-330.

곳을 윤선태 교수의 의견에 따라[7] "十九"로 수정하고, 이를 토대로 하여 연동된 서술부분을 수정 보완하고자 한다. 지금까지 일련의 논고들을 통해 주요 논쟁점은 逆에 대한 해석인 듯하다. 제 견해의 논거를 검토 비판하면서, 종래 필자의 논거를 재확인하고자 한다.

Ⅱ 稗의 수령과 瓦進 집단 – 목간2

최대 논쟁점인 逆과 관련하여, 우선적으로 그 문장 구조가 간단한 목간2를 선행적으로 검토하여 그 의미를 확인할 필요가 있다.

1. 글자와 서식

관련하여 부연 주관 자문회의를 토대로 해 보도자료로 공개된 목간2의 판독문은 아래와 같다.[8] (그림 4)

凡□鵲得丁五斗　／　凡□[毛/宅]若丁五斗
「 稗[迲/送/逆]　　　　　　　　　　　　 」
凡□仁得丁五斗　／　凡□日苗丁五斗

---

[7] 윤선태, 2023, 앞의 논문, p.76.

[8] 보도자료(2022.11.10) : 연구소 내에서 이뤄졌다는 4차례의 전문가 회의 및 1차례의 세미나에서 어떤 의견이 개진되었는지는 공개되지 않아 구체적 알려진 바 없다. 다만 윤선태 교수 논고에서 일부 알려진 것은 있다.(윤선태, 2023, p.75주8, p.78주14)

부연 주관 판독안은 판독상 표제어와도 같은 稗□에서 □를 정하지 않고 迻/送/逆의 3가지 판독을 병기한 채로 그쳤다. 아울러, 본문에 보이는 4개소의 유사한 글자를 모두 凡□로 정리하였다. 해당목간은 3단쓰기로 되어 있는데, 제1단은 1행, 제2단과 제3단은 각각 2행으로 구성되었다. 해당판독에서 제1단의 제2자(이하는 3가지 후보안을, 또 제3단 제1행의 제3자는 2가지 후보안을 동시에 제시하였다. 선학의 판독안을 존중하면서 아래와 같이 발전시켜 필자

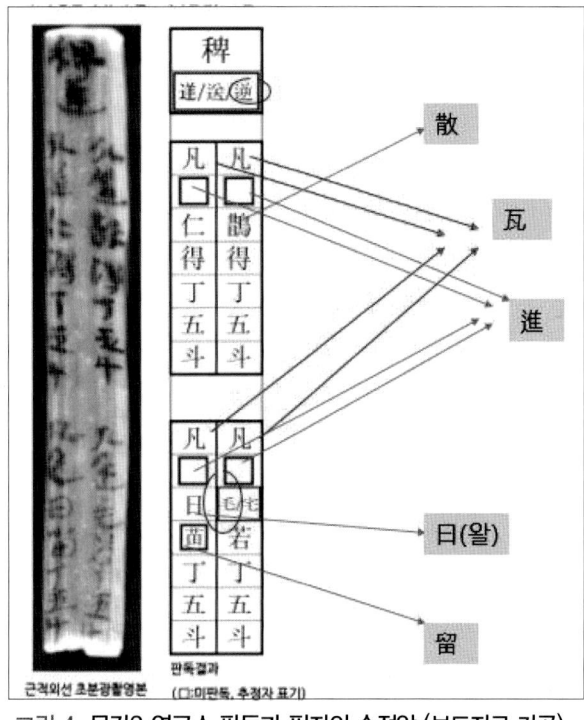

그림 4. 목간2 연구소 판독과 필자의 수정안 (보도자료 가공)

의 판독안은 정리한다.9 전고와 같으나 1개소 若을 答으로 수정하였다.

                瓦進散得丁五斗   瓦進毛答丁五斗

1면 「 稗逆

                瓦進仁得丁五斗   瓦進曰留丁五斗   」

                                                길이 16.5 × 폭1.9 × 두께 0.9cm[10]

---

9 이는 고해상도 사진 확보 후에서도 재확인할 수 있다.

10 제원은 부여 남상원 선생께 확인하여 제공받은 것이다.

　　　　　　　　□□ □□ □ □□□　[　　　　　]
2면「[　]　　　　　　　　　　　　　　　　　　　斗」
　　　　　[瓦進]□□ 丁 五□　　□□ □□ 丁 五

　　　제1면 제1단 제2자(1-2)는 逆으로 이는 逆의 이체 혹은 예서체며[11], 送으로 보기는 어렵다.(그림 5) 제3단 제1행 제3자(3-1-3)는 毛로 보인다. 부여 가탑리 인각와 중에 "甲 -毛"가 있는데, 甲은 제작년 간지로, 毛는 제작자 즉 인명으로 추정되고 있다.[12] 한편 복암리 3호목간에도 지명 毛羅가 보인다.[13] 2-1-2(제2단 제1행 제2자 : 이하 같은 약칭), 2-2-2, 3-1-2, 3-2-2는 모두 "瓦進"

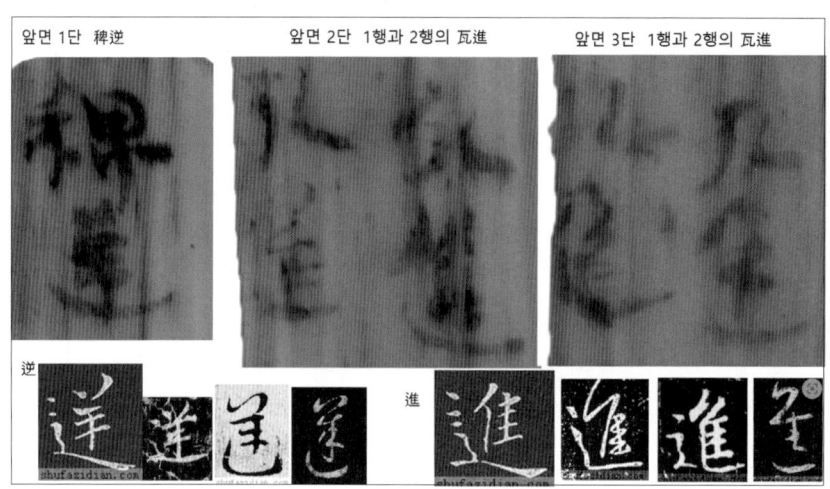

그림 5. 목간2의 稗逆, 瓦進

11　이 같은 이체자 혹 서체는 이미 張家山漢簡, 走馬樓吳簡 등 고대 중국은 물론 平城京의 長屋王邸 목간 등 고대 일본에도 사례가 적지 않다.

12　한편, 『新撰姓氏錄』에는 백제인 인명으로 '毛甲'이 있음이 지적되었다.(齋藤忠, 1939, 「百濟平瓦に見られる刻印銘について」, 『考古學雜誌』 29-5, pp.34-35. ; 최경선, 2014, 「扶餘 지역 출토 印刻瓦와 기타 명문자료」 『목간과 문자』 12, p.264)

13　이용현, 2013, 「나주 복암리 목간 연구 현황과 전망」 『목간과 문자』 10, pp67-69.

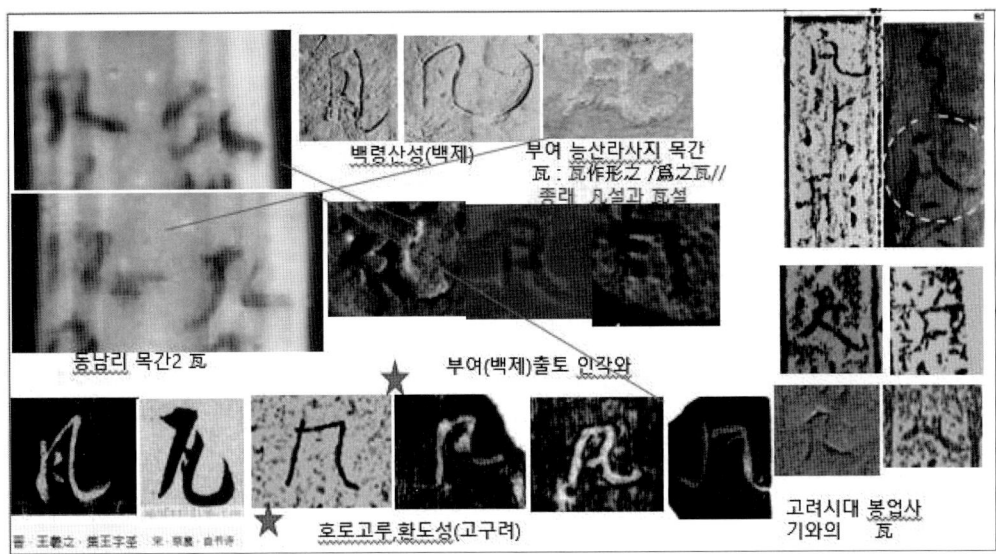

그림 6. 동남리 목간의 "瓦"와 고구려, 백제, 고려 기와 명문의 "瓦"

으로 판독했다. 4곳은 서체에 약간씩 同異가 있지만 모두 같은 글자로 판단된다. 중요한 것은 凡로 읽었으나 瓦로 보인다. 기와의 문자 용례에 자주 보이는 사례로, 백제 것으로는 금산 백령산성 암키와의 "上水瓦", 부여 각 곳에서의 印刻瓦의 여러 "瓦"를 참조할 수 있다. 특히 고구려 기와 명문 중 환도산성 기와의 "瓦"는 字體가 "凡""几"에 가깝다. 실제 瓦銘에서 "瓦"자를 "凡"으로 오독하는 일이 종종 일어날 정도로 "凡"과 유사한 서체의 瓦다.(그림 6 참조) 瓦 다음 글자는 책받침은 확실한데, 그 위 글자 모습에 대한 판단에 따라 갈릴 수 있다. 분명한 것은 표제어에 보인 逆과 다르며, "進"에 가장 가까운 것으로 판단된다. 서체로 볼 때, 부연안의 鵲(2-1-3), 日(3-2-3), 苗(3-2-4)는 각각 散, 曰, 留로 수정 판독해둔다.(그림 7 참조) 백제 인명을 비롯한 고유명사의 글자 가운데 散, 曰, 留가 보인다.[14] 得이나 仁, 答 역시 백제 인명에 쓰인 글자다.[15] 이

---

14 留는 백제 인명이나 지명에 쓰이는 글자이며[周留城(백제지명: 삼국사기)/都々岐留

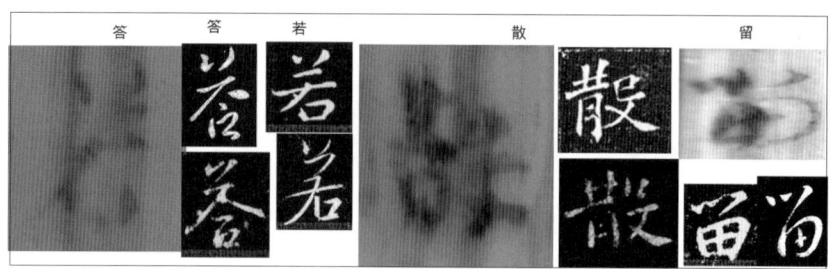

그림 7. 목간2의 荅, 散, 留

처럼 목간2는 백제 인명의 사례를 추가 확보할 수 있는 점과, 용어를 확인할 수 있는 점에서 의미있다. 제2면 역시 적외선 사진을 통해 글자를 추가로 읽어 냈다.[16] 이를 토대로 하여 목간1의 서식을 아래와 같이 정리할 수 있다.

(제1면) 稗逆
   瓦進 散得 丁 五斗
   瓦進 仁得 丁 五斗
   瓦進 毛荅 丁 五斗
   瓦進 日留 丁 五斗

山(백제지명): 일본서기 齊明/踈留城(백제지명), 憶禮福留(백제인명): 일본서기 天智天皇) 고구려 자료에도 보인다.[儒留, 大朱留(고구려인명: 광개토왕비)於畀留, 榮留王(고구려인명: 삼국사기)] 散은 백제계 사료의 고유명사 용법에 보인다.[散半奚(백제계 사료에 보이는 가야 국명: 일본서기)] 曰과 日은 백제 인명에 모두 쓰였다.[曰佐分屋(백제인명: 일본서기 흠명기), 日羅(백제인명: 일본서기 민달기)] 曰과 日은 자형상 미묘하지만, 가로획이 긴 것을 근거로 曰로 판독해둔다.

15 得은 阿毛得文(백제인명: 일본서기 흠명기), 得安城(백제지명: 나주 복암리 목간1호), 등의 사례가 있다. 仁은 仁守(백제인명: 삼국사기)의 사례가 있다. 荅은 荅㶱春初(백제인명: 일본서기 천지기)의 사례가 있다. 종래 필자의 판독을 荅을 若으로 판독했었던 바, 본고에서 주정한다. 若자가 백제 인명이나 지명으로 쓰인 사례는 찾을 수 없다.

16 이용현, 2023, 앞의 논문, pp.120-122.

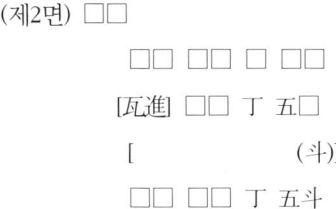

　　제1면은 稗逆이란 표제어 아래, 2단 쓰기로 단 혹 행마다 2인씩 한 면에 4인씩 모두 인을 기재하였다. 〈瓦進＋인명＋丁＋수량(五斗)〉의 서식이다. 제2면은 글자가 잘 보이지 않는데, 제3단 마지막 글자에서 丁五가 보이며, 3단 1행과 2행 사이에 斗를 볼 수 있다. 이것이 2행에만 걸리는 것인지 1행에까지도 연결되는지는 3단 1행의 판독이 어려워 결정하기 어렵다. 글자 내용으로 보아 제2행에 걸리는 것은 확실해보이는데, 위치로 보아 제1행에도 걸릴수 있어 보인다.

　　표제어 부분에도 글자의 흔적을 확인할 수 있으며, 2단 2행 제1자는 瓦의 틀이, 제2자는 책받침이 보여 進으로 추독해 볼 수 있다. 제2면은 제1면과 같은 서식의 기재가 있었던 것으로 보인다. 다만 제1면과 제2면 어느 쪽이 앞면인지는 알기 어렵다.(그림 8 참조)

　　목간2는 표제어 포함 3段 쓰기 형식이다. 이와 같은 分段서법은 백제 목간에 왕도 부여의 쌍북리 佐官貸食記, 능산리사지 능299 목간[17], 지방에서는 나주 복암리 3호목간[18] 등에 보이며, 특히 인명을 쓸 때 두드러진다.[19] 이들은 모두 문서 목간으로, 사비시대 문서 서식으로 정착된 서법이어서, 동남리 목

17　이용현, 『(소장품조사자료집)백제목간』, 2008, 국립부여박물관, p.63. pp.22-23.

18　이용현, 2013, 앞의 논문, pp.67-69.

19　「[三貴/女牟/台丁‖至文/至久/□貴‖今母/安貴/□■‖欠只/□文‖」(능산리사지 299호목간).

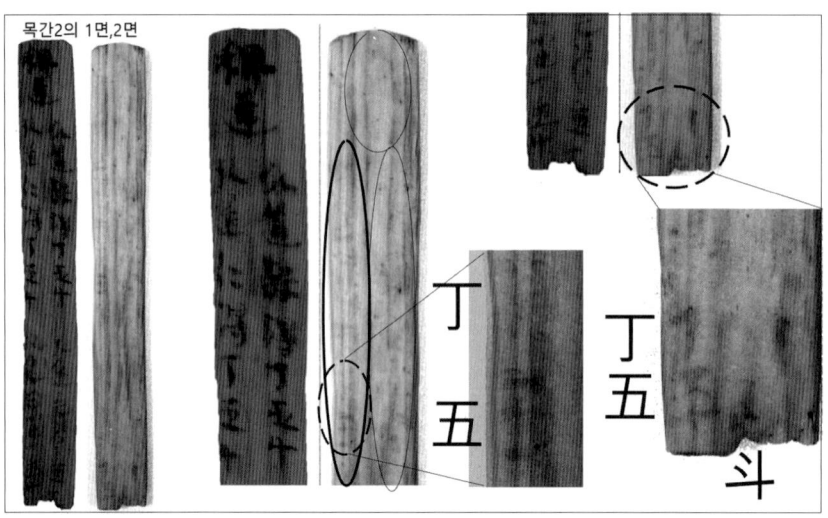

그림 8. 목간2 제2면의 글자 흔적

간2 역시 크게 백제 문서기록 문화의 범주임을 알 수 있다.

2. "瓦進" 즉 瓦 供進 직역과 "稗逆" 즉 稗의 수령

표제어 아래는 다음과 같은 기재가 반복되며, 제1면, 제2면 모두 8인이 기재된 것으로 보인다.

職役 +이름+丁+곡물량
瓦進 散得 丁 五斗 :   瓦進 散得 丁이 五斗.

8인 중 판독이 온전한 제1면 4인은 이름 2자 앞에 2자 즉 *瓦進*이 공통적으로 붙어 있다. 판독이 불완전한 제2면 4인 중 1인 역시 *瓦進*일 가능성이 높다. 추정컨대 8인이 모두 *瓦進*이자 丁이요, 五斗일 가능성을 점쳐둔다.

瓦進은 "瓦를 進하다" 정도로 생각해볼 수 있다. 進은 여러 뜻이 있는데, 여기서는 奉獻, 進獻으로 보이므로,[20] 즉 기와의 進上, 進貢 행위를 일컫는다. 瓦進의 뜻과 관련해서는 (1)운반에 한정된 행위,(2)제작 및 납품 등 조달행위, 등을 상정할 수 있다. 進이란 고대 중국이나 일본의 목간 사례에서도 '올리다/올림'[21], 進納[22], 進送 즉 보낸다는 뜻으로 쓰였는데, 특히 朝庭에 보낼 때 사용되었다.[23] 요컨대 瓦進이란 瓦를 進納, 進送한 행위를 가리키는 것으로 보인다. 글자 내용으로 볼 때, 또 같은 시기 백성들 중 성씨 소지자가 거의 없었던 정황을 볼 때, 瓦進을 姓氏일 가능성은 거의 배제해도 좋을 듯하다.

---

20 群臣進諫。《戰國策·齊策》：進盡忠言。諸葛亮《出師表》

21 [고대중국 죽간]進書李季□足《里耶秦簡(壹), 8-206B》《里耶秦簡(壹)(2012)》

22 [고대일본 목간]·進納錢一貫·八年八月一日少直《城29-14上(74)》··飛鳥戶大蟲進納錢九百文·□□［天平?］八年二月〈〉日《城31-13上(113)》··内進納□五斗 附大□· 天平八年七月十七日《城31-13上(114)》··「皮」殘十二文□［追?］進納□·〈〉《城11-11上(71)》：·進出／煮汗鮏十二口／鮒十五口∥右二種物進納·□□□□□□［萬呂?］三日附仕丁吾□＼ 令史《平城宮3-2866(城5-6上(40))》

23 [고대일본 목간]·□〈〉□□〈〉／〈〉∥「〈〉三斗 直稻三束§持夫一人功食三束」＼「§豊村宮進送稻§」\§六年十二月＊八［×一］日~日春京上米一石五斗 穎卅三束 駄賃十束 同~年~十~二~月~十~八~日~京~上~米~三~石~ 穎~六十七束加~春~功~駄~賃~廿~束~\ §同年十二月廿八日京上米□［一?］石□穎廿三束 駄賃□［七?］束／東~□［殿?］~内~稻~□［七?］~□~二~□~束～／□§§.『□［櫃?］□＼□五＼〈〉料』《藤原宮4-1807(木研5-25頁-(2)·飛7-11(2))》：←日之内 必々□［進?］上進送到：《城28-46上(城25-5下(21))》： · 政所 牒岡本宅司 ／毛瓜□［廿?］顆 最∥·／知此狀依數進送故牒／付使酒刀自女∥ 天平八年七月→(削片에墨痕 약간있음)《平城京3-4514(城24-6上(9)·木研12-14頁-1(48))》··瓦屋司 進送□［荒?］切黑木四荷／負各十一□∥榾三荷／□［負?]〈〉∥右·□□［如前?］以解□□□［天平八?］〈〉《平城京3-4530(城29-12上(49))》：·右京〈〉○·進送如前 六月六日少屬大網君智萬呂 ○《城22-10上(41)》

지금까지 출토된 백제 목간의 사례에 의하면, 위 좌관대식기에서와 같이 〈상납하다, 납입하다, 바치다〉혹은 〈償還하다〉는 의미의 동사 上이 있다.24 또 그에 대한 미이행의 의미로 〈아직 상환하지 못하다〉는 부정형 동사 未가 있다. 또 지출, 지급하다는 동사 支, 보낸다는 送이 보이는데, 목간2에서 進은 유사한 의미의 또 다른 용어가 되는 셈이다. 이처럼 이름 바로 위에 기재 예로서 부여 쌍북리 출토 佐官貸食記의 〈佃+인명+곡물 수량〉의 예를 참조할 수 있다.

· 「… 佃麻那 二石/ 佃目之 二石上二[石][末]一石 /· 佃首行 一石三斗半上 石末石甲 …≪신성전기-1호≫ ≪부여 쌍북리 280-5≫

이 부분의 인명 표기서식이 동남리 목간2의 그것과 유사하다. 佐官貸食記 인명 앞의 佃은 佃戶, 佃農이라는 용어도 있듯 자기토지가 없어 지주로부터 땅을 빌려 경작하는 소작농을 가리킨다.25 이와 마찬가지로 瓦進은 좌관대식기의 佃에 대응되는 직역 혹 신분명일 것이다. 직역이 신분을 규제했을 것이며, 고착되면 동시에 신분이 되버린다. 다만 같은 시기 백성들 중 성씨 소지자가 거의 없었던 사정에 비춰볼 때, 瓦進을 姓氏로까지 보기는 어렵다. 즉 왕도에서 佃, 瓦進과 같이 직능에 따른 직역의 구분이 이뤄져 관련 산업 분야에 인원 배치가 이뤄지고 있었던 것이다. 瓦進 직역자 4인 내지 8인의 丁에 대한 일정기간 혹 단위작업에 대한 급료 혹 식료 稗 5斗씩의 지급 기록으로 볼 수 있다.

고대 일본의 법식인 『延喜式』에 보면 관영 空房의 조직은 工과 夫로 이

---

24 佃目之二石上二[石][末]一石 ≪신성전기-1호≫ ≪부여 쌍북리 280-5번지≫ : 「●上去 三石」≪나주복암-8호≫ ≪나주 복암리유적≫

25 又廣開水田, 募貧民佃之。≪晋書·食貨誌≫

뤄져 있었다. 工은 工人 즉 기술자고, 夫는 仕丁(우리의 丁)에 해당하는 인원으로 工人에 부속편재되어 組를 이루었다. 工과 夫의 인원 비율은 업종에 따라 달랐는데, 瓦工의 경우는 1:2였다. 이렇게 工에 夫가 부속되어 조합을 이루는 체제는 7세기에서 10세기까지 이어졌다. 이들 夫는 工人의 보조작업에 종사했을 것으로 추정은 되는데, 工人과 夫(仕丁, 丁)간의 작업이 완전히 분화되어 있지 않았던 것으로 보아, 夫 역시 工人과 그다지 다르지 않은 기술을 가지고 작업에 종사했다고 볼 수 있다.26 목간2의 丁은『延喜式』에서의 夫에 상당하는 인원이 아닐까 한다. 백제에서 瓦進 관련 작업에서 瓦博士와 같은 고급기술자 아래, 실무 工人들이 있고, 丁은 이들 工人과 組를 이루어 생산 등 조달에 종사하고 있던 인원이었다고 상정해둔다.

목간2에서 인명을 표기하는 서식은 〈瓦進＋인명＋丁〉의 서식을 보인다. 여기서 瓦進은 앞서 부여 쌍북리 출토 좌관대식기 목간에 보이는 貸食 인명 표기 중 〈佃＋인명〉에서 佃의 위치에 상당함을 지적했다. 佃이 타인토지 專業 小作耕作의 職役을 가리키는 것이라면, 瓦進 역시 職役에 해당할 것이다. 요컨대 이 瓦進이란 직역은 "瓦를 進(上)하는" 것으로, 瓦의 제작과 조달의 업무 종사로 상정된다. 이들이 특별히 丁으로 표기된 것은, 국가의 편제 속에 國役 담당의 중심이었던 丁 즉 男性成人이고 그것이 의식된 것이다. 즉 이를의 瓦進이란 職役이 國役의 범주에서 운용된 것임을 시사한다고 본다.

기와는 사비백제에서 궁실,사원,관청 등 권위건물에만 사용되었던 건축부재였다. 사비시기 백제의 造瓦기술은 신라와 倭에 영향을 줄 정도로 국제적이었다.27 사비백제의 기와조달은 왕도 내외의 생산지에서 이뤄졌다. 나성 바

---

26 市大樹, 2010,『飛鳥藤原京木簡の研究』, 塙書房, 168면.

27 金有植, 2009,「5~6世紀 新羅와 周邊諸國의 기와」『古代東アジアにおける造瓦技術の変遷と伝播』科學硏究費補助金(基盤硏究A) 硏究成果報告書 : 硏究代表者 毛利光俊彦(2005年度) 山崎信二(2006~2008年度), 103면 : 花谷 浩, 2009,「飛鳥の瓦と百済の

로 바깥쪽에 위치한 정동리 가마는 사비 천도 이전부터 웅진도성에까지 기와를 공급했다. 사비도성 내에서는 정림사지, 능산리사지, 왕흥사지 등 조영시 지근거리에 가마를 만들어 현장조달했다. 또 그외 원거리로는 청양 왕진리와 본의리, 서천 등에서도 도성내외부에 공급되었다.[28] 즉 현장조달은 사업완료와 함께 종료되는데, 보수는 지속되야 했고 수요처가 많으므로 항상적 조달처도 병존하며, 이원적 조달체계를 통해 瓦 공급체계를 구축하였다. 항상적 조달처로서는 官窯인 부여 정암리가마와 쌍북리 가마를 들 수 있다.[29] 또 瓦工의 출장과 瓦范과 이동을 통한 생산도 이뤄지고 있었다.[30] 총체적으로 사비기 백제의 기와 수급체계는 생산지와 소비지 양측 모두 '복수생산·복수공급' 관계였고 국가 주도 아래 철저히 관리되고 있었다.[31]

  목간에 보이는 瓦進에서 그 조달처와 사용처를 특정할 수는 없지만, 목간 출토지 인근의 가마터나 기와 소비지들이 고려에 참작될 수 있다. 목간출토지에서 가장 가까운 가마터로는 서북쪽 약 500m지점 동남리 288-2번지에 기와가마가 있다.[32] 官窯였던 정암리 가마터에서 생산된 기와가 소비된 곳 가운데

 瓦」 앞 보고서, 115,118,120면 : 龜田脩一, 2009, 「朝鮮半島における造瓦技術の変遷」 앞 보고서, p.137.

28 정훈진, 2022, 「도성의 수공업 생산」『사비백제사1』, 부여군, pp.485-486.

29 최경환, 2010, 「금강유역 백제 토기요지의 구조와 생산체제에 대한 일고찰」, 『韓國考古學報』 76. : 김종만, 2002, 「사비시대 瓦에 나타난 사회상」, 『國立公州博物館紀要』 2, p.54.

30 淸水昭博, 2003, 「백제 대통사식 수막새의 성립과 전개」, 『百濟研究』 38: 2012, 『古代日韓造瓦技術の交渉史』(재수록), p.214. : 이병호, 2022, 「백제 사비기 왕궁과 사원의 기와 수급 방식과 와공의 동향」『마한백제문화』 40, 원광대학교 마한백제문화연구소, pp.64-65.

31 박원지, 2012, 「백제 사비기 기와의 유통체계」『백제 사비기 기와 연구Ⅳ』, 국립부여문화재연구소, p.142.

목간출토지와 비교적 가까운 곳으로, 동남리사지, 화지산유적, 궁남지와 군수리사지가 있고, 범위를 넓혀 보면, 관북리, 능산리사지, 임강사지도 있다.[33] 왕도 내로 광범하게 또 활발하게 瓦의 운송과 조달이 이뤄지고 있었다.

목간2를 통해서도, 기와의 조달체계가 국가를 축으로 해서 가동되고 있었으며, 이러한 瓦 생산 현장에 역역동원 인원을 기반으로 한 瓦進 職役의 집단이 있었음을 알 수 있다.

3. "稗逆"즉 稗의 受領

곡물 稗는 이제까지 삼국시대 자료 중 신라자료인 함안 성산산성 목간, 경주 월성해자 목간[34] 등 6세기 후반에서 7세기에 걸치는 자료에서 목격된 바 있었는데, 백제 자료에서는 初出이다. 592년으로 여겨지는 함안 성산산성 목간에서 꼬리표 목간의 곡물 중 稗가 가장 많은데, 이에 대해 초기 말사료라는 설도 있었으나,[35] 신라 왕경 월성해자 목간에 이어 금번 부여왕도 동남리 목간에서의 사례로 인해, 그것이 人丁의 식량, 급료로 쓰인 것임에 거의 틀림없게 되었다.[36] 6~7세기에 米는 아직 일반 人民의 식량에서 차지하는 비중이

---

32 이병호, 2022, 「백제 사비기 왕궁과 사원의 기와 수급방식과 와공의 동향」『마한백제문화』 40.

33 清水昭博, 2008, 「百濟泗沘時代の瓦生産」, 『帝塚山大學考古學研究所研究報告』 X : 2012, 『古代日韓造瓦技術の交渉史』(재수록), pp.286-289.

34 이용현, 2021, 「城山山城 木簡에 보이는 신라의 지방경영과 곡물·인력 관리」『동서인문』 17, 경북대인문학술원, pp.31-33.

35 이 자료로 인해 종래 稗가 인간의 식량이 아니라 말사료였다는 논쟁도 종지부를 찍게 되었다. 말사료 설은 아래 논고 참조.(윤선태, 1999, 「咸安 城山山城 出土 新羅木簡의 用度」『震檀學報』 88, 震檀學會, p.19)

매우 적었던 것이며, 사비시대 백제에서도 역시 稗가 주요 식량 곡물의 하나로 활용되었다고 할 수 있다.37 6~7세기 米는 아직 일반 인민의 식량에서 차지하는 비중이 매우 적었으며, 사비 시대 역시 稗가 주요 식량 곡물의 하나로 활용되었던 것이다.

稗逆의 逆은 곡물의 이동 혹 授受방향의 열쇠가 된다. 逆에는 여러 뜻이 있는데, 중국 秦漢 대 죽간에서는 "거스르다"라는 뜻38 외에 "쫓다, 조사하다, 추적하다"39와 "맞아, 맞이하다"는 뜻의 용례가 있다.40 說文解字에서는 逆은 迎이라고 하였으니,41 "迎接, 迎候"의 뜻이다.42 목간2에 보이는 稗逆의 逆은

---

36 율령 口分田의 法, 水田 면적의 경작불가분, 재해 손실분, 稅制와 種子의 확보 등에 의한 마이너스 요소를 감안하여 1日 米食 8홉[合]으로 이상적 추정을 토대로 한 것이다. 물론 장소, 토지의 질, 가정의 구성과 그 해의 기후 등 여러 요소에 따라 해마다 稻의 생산이 달라지는 변수를 전제로 한다. 稗는 고대 일본에서도 인간의 식량 중 하나였다. 8~9세기 고대 일본에서 1年중 米食은 평균 가정이 30%, 부유한 가정이 50%, 가난한 가정은 13%정도였다.(シャルロッテ・フォン・ヴェアシュア* 古代日本人は米をどれぐらい食べていたか？ 比較日本教育研究センター研究年報 第5号 ≪第10回国際日本学シンポジウム報告4≫, 57면)

37 다만 稗가 "피"만을 가리키는 지, 粟米, 黍 등을 포괄하는지는 금후 자료를 기다려 판단해야 할 것이다.

38 爲五行, 順者王, 逆者亡, 此天之時也。≪張家山漢墓竹簡(247號墓), 개려10≫ ≪張家山漢墓竹簡(247號墓)(釋文修訂本)(2006)≫

39 謹逆踵迹馬≪居延新簡集釋(1), EPT27:30≫ ≪居延新簡集釋(1)(2016)≫

40 丹騎驛馬一匹馳往逆辟, 未到木中隊里所, 胡虜四步人 ≪居延新簡集釋(6), EPT68:87≫ ≪居延新簡集釋(6)(2016)≫

41 說文解字【卷二】【辵部】逆, 宜戟切(nì): 迎也。從辵屰聲。關東曰逆, 關西曰迎

42 ≪尚書・顧命≫: "虎賁百人, 逆子釗於南門之外。": 荀悅≪漢紀・景帝紀≫: "梁王來朝, 上使乘輿馳駟馬逆梁王於闕下。"

대체로 중국 죽간의 용례 중에서는 "迎"의 뜻이 가장 가까워 보인다. 나아가 좀 더 좁혀보면, 康熙字典에 정리된 용례 중 "受"[43]에 더 가깝다. 환언하면 이는 "迎受, 承受"의 뜻으로[44], "받는다, 수령하다"는 뜻이고, 이것이 가장 적합해보인다. 요컨대, 稗逆는 "稗의 受領"관련, "稗(피)를 受領케 함/케 한 것"으로 풀이해둘 수 있다.

稗逆 즉 [稗를 逆하다, 수령하다는 주체를 어떻게 설정하는지에 따라, 稗를 수령한 주체가 官이거나 丁이 된다. 稗의 이동 방향을 官에서 丁으로 보면, 官이 丁에게 지급한 것, 丁에게 수령케한 것이 되고, 丁에서 官으로 보면, 丁이 官에게 납입한 것, 官이 수령한 것이 된다. [稗逆은 표제어이자 8인의 丁관련 기록을 규제하는 것으로 보이는데, 아무래도 瓦進이란 특별 직역자인 丁들에게 관에서 稗를 지급하여 수령케 한 것으로 보는 것이 더 어울린다. 이에 이 목간의 내용은 稗를 수령한 사람과 수령한 수량에 관한 기록으로 판단해둔다. 즉 다음과 같은 이해다.

[稗 逆 : <u>瓦進　散得　丁</u>　五斗]
　O1　V　　　S　　　　O2　　　S주어, V동사, O목적어

⇒　<u>瓦進　散得　丁</u>　逆　　稗　五斗
　　　　　　S　　　　V　　　O

瓦進 散得 丁이 稗 五斗를 逆함(수령함)
[稗를 逆(=수령)함 : 瓦進　散得　丁이　五斗(를)]
[稗를 逆(=수령)케함 : 瓦進　散得　丁에게　五斗(를)]

43　《儀禮·聘禮》: 衆介皆逆命不辭。注: 逆猶受也。《周禮·天官·司書》: 以逆羣吏之徵令。注: 逆 受而鉤考之。

44　《尚書·呂刑》: "爾尚敬逆天命, 以奉我一人。"

즉 丁의 관점이라면 瓦進직역의 丁이 관으로부터 稗 얼마씩을 수령한 것이고, 官을 주체로 보면, 丁에게 稗 얼마씩을 수령케 한 것이 된다. 이렇게 이해한다면 표제어 [稗逆는 [피의 수령(피를 수령케 함)]정도의 해석이 적합할 듯 하다. 丁이 5斗인 것이 원칙이었다면, 연령 등급이 곡물 稗 수령과 지급의 원칙이었던 듯 하다.

백제 목간에 보이는 기왕의 자료에서도 〈인명＋丁〉의 서식이 보인다. 인명 앞에는 거주지가 오거나 관등이 오거나 혹은 姻戚관계가 표기되기도 했다. 동시기 신라에도, 고대일본에도 보인다.[45] 부여 궁남지 목간과 나주 복암리 목간 등에 의하면, 백제 인구는 남녀별 또 연령별로 구분되어 편제되어 있었다.[46] 남성은 나이순으로 小(口)－中(口)－丁－老(公)－除(公) 등으로 구분되어 있었다. 중국 唐令에서는 黃(3세 이하)－小(16세 이하)－中(20세 이하)－丁(21세 이상)－老(60세)로 구분되었고(唐令拾遺), 고대 일본에서도 같은데 耆(66세)가 더 있다.[47] 목간에 보이는 丁은 성년 남자로 부역과 조세 부담의 중심층

---

45 [백제]「西卩後巷巳達巳斯丁 依活□□烟丁 …」《궁남지-1호》《부여 궁남지》:「奈率牟氏丁□ × 寂信不丁一 × □□酒丁一 ×《현내들-1호》《부여 쌍북리 현내들》: …恍時予丁《농업시설-1호》《부여 쌍북리 201-5》:「三貴 至丈 今毋 土牟 至父 女貴 欠久 市丁 大貴 □文 □」《능산리사지-5호》《능사》: …兄習利丁《농업시설-2호》《부여 쌍북리 201-5》:「□□□□兄將除公丁 …《나주복암-2호》《나주 복암리유적》:「丁－中 □□ 大祀●村□弥首□作□□ □丁－牛一」《나주복암-5호》《나주 복암리유적》:「丁十一□□」《사비한옥-5호》《부여 쌍북리 56》:「□丁卅四《119안전센터-4호》《부여 쌍북리 119》: [신라「∨ 丁十二益丁四 村… × ·「∨ □二丁十一 村… ×《함안성산-75호》《함안 성산산성》: [일본]·駿河国志太郡正丁作物布乃理一籠→·○天平勝寶六年十月 (平城宮内裏北外郭東北部出土, 木研5-11頁-1(8)(城16-6上(18)·日本古代木簡選)

46 이용현, 1999,「부여 궁남지 출토 목간의 연대와 성격」『궁남지 발굴조사보고서(도판편)』(국립부여문화재연구소 학술연구총서 제21집), 국립부여문화재연구소, 327-328면.

47 이용현, 1999, 위의 책, p.327.

이다. 연동하여 中口는 이 보다 액수가 적었을 것이다. 職役이 기재요소의 하나였다는 것은 稗 지급에 직분도 고려 요소였음을 시사한다. 직역에 따른 급료 혹은 식료 지급으로 이해해 볼 수 있다.

표제어, 제목이 있는 것으로는 또 부여 능산리사지 支藥兒食米記 목간도 있는데, 알려진 기왕의 목간 속 표제어는 문서 본문 내용에 공통되는 내용을 갖는다.

```
표제어 :        문서 본문
 표제어
(O목적어/V행위)     S주체     O 授受물품 수량
 稗逆     :    瓦進 散得 工     五斗
                            (동남리 목간2)
(佐官)貸食(記):    佃  首行      一石三斗半
                       (쌍북리 좌관대식기 목간)
支藥兒食米(記):          (初日)食米  四斗
                     (능산리사지 지약아식미기 목간)
```

위 3예를 보면, 표제어는 본문과 함께 SVO 즉 〈누가 무엇을 어떻게 한다〉는 내용으로 구성되어 있다. 좌관대식기의 경우는 佃 누구에게 食 얼마를 貸(대여)한다는 것이고, 지약아식미기는 藥兒에게 食米 얼마를 支(지급)하였다는 것이다. 이를 참조하면, 동남리 목간2 역시 같은 구조로, 瓦進누구에게 稗 얼마를 逆(수령)케하다는 맥락이 됨을 확인할 수 있다. 환언하면, 위 표제어의 3예는 모두 동사[V]와 목적어[O]를 포함하고 있으며, 이들은 모두 문서 본문 내용을 규제하고 있다. 佐官貸食記에서 〈"食 一石三斗半"을 "貸"하다〉, 支藥兒食米記에서 〈"食米 四斗"를 "支"하다〉인 것처럼, 동남리 목간2에서도 〈"(稗)五斗"를 "逆"하다/케하다〉가 된다.

稗를 逆(=受領)함/케함: 瓦進 散得 丁이/에게　　　五斗를
　　　　　　　　　　　　　　　　　　　　(동남리 목간2)
食을 貸함(=빌림)/케함(빌리게 함): 佃 首行이/에게 一石三斗半을
　　　　　　　　　　　　　　　　　　　　(쌍북리 좌관대식기)
藥兒에게 (食米)를 支(=지출)함: 初日 食米 四斗를
　　　　　　　　　　　　　　　　　　　　(능산리사지 지약아식미기)

　　공통적인 것은 3개 자료 모두 官문서이지만 官은 생략되었다. 동남리 목간의 서식에서 좌관대식기의 해당 서식 역시 같은 이해가 가능해보인다.

　　佃　首行　〈貸　食〉一石三斗半　　(1)
　　S　　　　　V　　　O
　　　　　　　　上　　石　　　　　　(2)
　　　　　　　　未　　石甲　　　　　(3)

　　(1)에서는 표제어, 제목에 보이는 貸(동사)食(목적어)이 생략된 기재양식이다. (2)와 (3)은 食(목적어)가 생략된 기재양식이다. 좌관대식기의 경우는 貸食은 [V(貸)+O(食)]인데, 동남리 목간은 稗逆은 [稗(O)+逆(V)]으로, 稗를 강조한 서식, 혹은 한국어순 식의 기재로 이해된다.
　　이들 丁 8인에 각각 링크된 五斗란 급료 혹 식료의 성격으로 추정해둔다. 斗는 동아시아 도량형의 하나로 백제에서도 사용되었다. 백제 목간에만도 자주 보인다.48 백제에서는 佐官貸食記에서 人別 貸食량은 三石(3인: 与1인포

---

48 ・「□斗之末[ ]」《능산리사지-11호》《능사》: ・×支藥兒食米記初日食四斗[ ]二日食四斗小升一[ ] 三日食米四斗×《능산리사지-26호》《능사》: 去背□卄斗□□×《119안전센터-3호》《부여 쌍북리 119》: 習利一石五斗上一石未一石×・「素麻一石五斗上一石五斗未七斗半: 《신성전기-1호》《부여 쌍북리 280-5번지》

함), 二石(3인), 一石五斗(2인), 一石三斗半(2인)이었다. 支藥兒食米記에서 매일 藥兒에게 지급한 食의 양이 初日에서 八日까지가, 四斗(初日), 四斗小升一(二日), 四斗＋a(三日), 三斗大升一(五日), 三斗大升二(六日), 三斗大升二(七日), 四斗＋a(八日)이어서 대략 日別 三斗大升一에서 四斗小升一 사이를 오르내려서, 대략 四斗내외였다. 동남리 목간2에서 보이는 개인별 五斗는 지약아식미기의 일별 四斗보다 1.25배다. 동남리 목간2에서 8인의 총량 4石은 좌관대식기의 최고 대식량 三石보다 많다. 백제는 賦稅를 米등으로 수령하였다.[49] 백제에는 관련자료는 없으나 고구려에서는 下戶의 租가 五斗였다.[50] 고대 일본 율령에서는 五斗가 公私불문 米운반의 기본 표준 단위였다. 실상에 있어서도 平城宮 등 출토 목간의 白米(年料舂米)付札에서도 五斗가 대다수다.[51] 중국고대에서도 五斗가 하나의 계량 단위였다.[52] 자료가 많은 고대 일본의 사례를 보면, 우리의 丁에 해당하는 仕丁들에게 지급하는 日當(米)은 2升이었는데, 大月은 30日分, 小月은 29日分을 1俵로 하였다. 俵는 우리의 가마니 정도로, 쌀같은 곡물이나 소금,木炭 등 수송과 보존을 위해 사용하였다. 5斗는 50升이 되므로, 2升을 日當으로 보면 25日分 정도에 해당한다. 비록 대상곡물, 시기와 국적이 다르지만 동남리목간②의 五斗를 이해하는 참조할 수

49　賦稅以布絹絲麻及米等 量歲豊儉差等輸之(주서 권49, 열전제41 異域 上 백제전).

50　人稅布五匹穀五石 遊人則三年一稅 十人共細布一匹 租戶一石 次七斗 下五斗(수서 권81, 열전제46, 동이 고려).

51　·己亥年十二月二方評波多里·大豆五斗中 (藤原宮3-1173(荷札集成-161·日本古代木簡選·木研3-18頁-(20)·飛6-13下(132)))：備中国下道郡矢田部里春税五斗(藤原宮3-1185(木研2-16頁-(17)·飛5-10下(75)))：丁丑年十二月三野国刀支評次米·恵奈五十戸造○阿利麻 \ 舂人服部枚布五斗俵(飛鳥藤原京1-721(荷札集成-107·木研21-19頁-(13)·飛13-13下(44))) 등 다수.

52　……五斗項一『居延新簡集釋(5), EPT59:340B』『居延新簡集釋(5)(2016)』 楊聯陞, 1962, 論東亜日南朝豚令俸旅的標準一陶潛不矯五斗米折腰新稗質疑 東洋史研究21(2).

있다. 丁別 五斗라는 금액은 瓦進 즉 瓦의 제작과 조달납품이란 직역에 대한 일정기간의 代價로 상정해둔다.53

마지막으로 외형적 특성에 대해 서술한다. 두께가 두터운 이런 외형과 유사한 목간으로 능산리사지 출토 宿世結業목간(혹 시가목간)이 있다. 양자를 비교하면 다음과 같다.

능산리사지 宿世結業 목간 길이 12.8 × 폭3.1 × 두께 1.2cm, 장방형
동남리 목간2 길이 16.5 × 폭1.9 × 두께 0.9cm, 장방형

두께는 양 목간이 1cm내외로 같은 범주다. 세로:가로 비율이 능산리사지 목간은 4:1, 동남리 목간은 8:1이어서 동남리 목간 쪽이 배나 더 홀쭉하다. 동남리 목간 쪽이 더 홀쭉하게 제작된 이유는 서식에 따라 기재해야 하는 수령자 정보 글자수가 더 많았기 때문으로 보인다. 즉 기재내용을 감안하여 제작된 것이다. 혹여 수령자 수가 8인이었다는 것은 8인이 작업이나 지급 상 하나의 단위였을 가능성도 상정해볼 수 있다.

목간2의 길이를 완형으로 보지 않고 아랫면으로 더 이어져 나간다는 상정이 있다.54 그런데 앞서 뒷면의 적외선 사진에 의하면, 마지막 글자 斗가 1

---

53 제작된 瓦의 운송납품만을 가리키는 것을 상정할 수도 있을 것이다. 다만, 기와와 관련된 직역으로서는 기와의 생산, 납품 조달, 또 건물에 장착 등 제반 작업 등을 상정해 볼 수 있는데, 제작완료된 瓦의 운송 조달만을 담당하는 특수직역이 독립되어 있었다고 보기는 어렵지 않는가 하는 생각이다. 그런고로 생산과 조달을 일괄로 상정해두고자 한다. 왕경에서의 瓦 생산 자체가 국가에 의한 官營手工業으로 운영되었다면, 丁은 職役 "瓦進"은 기와의 제작 및 조달을 의미하고, 五斗란 이들의 丁別 급료에 해당한다.

54 "잘려진 하반부에도 유사한 형식과 내용의 기재가 있을 것이다." 김창석, 2023, 앞의 논문, p.308.

행과 2행 사이 중간에 작게 쓰여져 있다. 나아가 앞면 1행의 마지막 글자 斗 역시 비스듬하게 왼쪽으로 기울여져 있다. 이러한 양상으로 보아 아랫면은 거의 완형에 가깝다고 판단해두고자 한다.

4. 稗逆과 瓦進에 관한 異見에 대한 논평

필자가 逆을 受領으로 해석한 이후[55], 逆에 대해 윤선태 교수는 〈거슬러 올라가 조운하역〉이란 설[56], 손환일 소장은 〈役 즉 노역〉으로 보는 설[57], 김창석 교수는 〈지급,지출했다〉〈수령했다〉는 설[58]을 제시하였다. 윤선태 교수는 逆이 "〈거슬러 올라가〉 조운하역"이라는 의미로 보는 근거로서 아래 자료를 들었다.

小塔料木事
合九十物
七十六物先進上畢〈但不足者道間留在、知桴領物部眞玉等申〉
十八物是度漕下於葛野井津
塔心柱二根〈一長三丈六尺一長三丈八尺〉幡桙庄柱二根〈長二丈三尺〉
戶板十四枚〈長一丈廣三尺〉
右件木之、可逆曳狀、足万呂正身、以月十六日参上申送、今付在
嶋申送以解、

---

55 이용현, 2023, 앞의 논문, p.126.
56 윤선태, 2023, 앞의 논문, pp.78-79.
57 손환일, 2023, 앞의 논문, pp.86-87.
58 김창석, 2023, 앞의 논문, pp.310-312.

領調足万呂

(天平宝字四年(『大日本古文書』25—303)/(正倉院文書 正集６断簡(6)25 / 302~302)

　이어 "〈漕下와 逆曳의 대응 관계로 볼 때, 逆은 소탑의 재료인 목재를 〈강물을 거슬러〉 조운하역한 것으로 해석된다"고 하고 逆을 운송과 관련된 뜻으로 인식하였다.59

　760년경을 그 시기로 하는 이 문서는 아마도 東大寺와 관계된 小塔의 芯柱 運送 관련이다. 葛野井津은 現在의 桂川(당시 葛野川)과 木津川의 合流点 부근으로, 거기서부터 문서에 열거된 물자 즉 사원에 사용할 목재들을 「逆曳」하는 것이었다. 材木은 丹波山 작업장에서 뗏목으로 保津川을 내려왔다가, 교차점에서 다시 木津川를 거슬러 올라가 東大寺에 운반하였던 것이다. 調足万呂는 그 桴領 즉 뗏목의 책임자였다.60

　여기서 문제의 「逆曳」란 "거슬러/거꾸로 끌다"는 의미다. 이 단어의 연원은 중국의 『史記』屈原賈生列傳: "賢聖逆曳兮, 方正倒植."에서 찾을 수 있다. 이는 賈誼의 弔屈原賦로도 널리 알려진 대목으로 "현인과 성인이 거꾸로 끌려 다니고 바른 이들이 뒤집혀 세워졌구나"정도로 번역된다. 逆曳는 倒植에 호응하는 것으로, 逆은 倒와 호응된다. 司馬貞의 索隱에서 인용된 胡廣에 따르면 逆曳는 "走邪路, 不走正路." 즉 "잘못된 길을 달리고, 바른 길을 가지 않는다"로 해설되었다. 요컨대 曳는 "끌다/끌리다/끌어당기다"란 동사고 逆은

59　윤선태, 2023, 앞의 논문, p.86.
60　富田林市史編集委員会 編, 1998, 「第二章 律令制下の富田林地方 / 第五節 交通と氏族・文化 / 三 天平の氏族」『富田林市史』第一巻(本文編Ⅰ)/古代編 : 富田林市史-第一巻-調日佐足麻呂など(富田林市文化財dgital achive) https://adeac.jp/tondabayashi-city/text-list/d000010/ht000580

"거꾸로/거슬러"란 부사로 방향,방향성을 나타낼 뿐이다. 정창원문서에서는 逆曳 2자 成語로 〈하류에서 상류쪽으로 뗏목을 "거꾸로 끌어당기다"〉는 의미로 쓰인 정황을 확대해석하여 逆 1자를 逆曳 2자 성어의 의미로 확대해석하는 것은 문제가 있다. "逆曳"는 〈거꾸로 끌다/끌리다〉는 뜻으로, 여기서 "逆" 자체는 "거꾸로/거슬러"란 부사적 의미일 뿐 그것만으로 "올라가다"는 물론 "조운하역"을 의미한다고 보기 어렵다.

한편, 손환일 소장은 逆을 役으로 인식하였지만, 그 근거가 제시되지 않았다. 김창석 교수는 "수령하다"와 함께 "지급하다"는 의미가 있다고 인식하였으나, 역시 "지급하다"는 부분에 대한 근거가 제시된 바 없고 정황론에 의거한 것이다. 이에 여러 다른 견해들이 설득력을 가졌다고 보기 어렵다. 필자가 瓦進으로 읽은 4개소의 부분을, 손환일은 瓦逆으로[61], 김창석은 凡進으로 읽었으며[62], 윤선태는 각각 순서대로 凡進, 凡運, 凡逆, 凡送으로 달리 읽었다.[63] 瓦를 凡으로 읽는 견해는 앞서 기술한 문자자료의 사례로 보아 동조하기 어렵다. 瓦자의 판독 대안으로 제시한 凡에 대한 해석에 대해서다. 김창석은 凡進으로 읽고 이것이 役種을 가리키는 것이라고 하면서도 凡에 대해 구체적 설명을 하지 않았다.[64] 문제는 凡進으로 볼 때, 이것은 무엇에 대한 役인지 목간문서에 그 기재가 결여 된 셈이고 그 부분에 대한 서술이 불분명하다. 윤선태는 역시 凡進, 凡運, 凡逆, 凡送으로 읽었으나 凡의 판독에 집중하였지 그 뜻에 대한 구체적 서술이 없고, 글자 판독에서 미뤄보면 役種으로 보는 듯 하다. 이는 稗逆에 대한 독특한 해석과 연계하여 稗과 관련된 여러 종류의 운송 방식

---

61 손환일, 2023, 앞의 논문, p.86.

62 김창석, 2023, 앞의 논문, p.309

63 윤선태, 2023, 앞의 논문, pp.78-79.

64 김창석, 2023, 앞의 논문, p.309.

의 役으로 보는 듯하다.65 凡進, 凡運, 凡逆, 凡送로 읽게 될 경우, 표제어인 稗逆과 전체적 설명에는 모순이 생긴다. 윤 교수설을 전제로 하면, 稗를 逆 즉 〈거슬러 올라가 운송〉하는 것인데, 稗를 운송하는 방법이 進, 運, 逆, 送의 4개의 영역으로 나뉘어 있다는 셈이다. 逆이 〈강물을 거슬러 올라가 조운하역〉하는 것이라는 해석이라면, 稗를 〈거슬러 올러가 조운하역〉하는 데 있어, 다시 그 운송의 분야가 세부적으로 다시 逆과 함께 進, 運, 送의 4가지가 있었던 것이 된다. 세부 파트에서도 逆이 있으니 進, 運, 送은 병렬된 逆(凡逆)과는 다른 유형의 운송방법이어야 한다. 그런데, 이들 逆, 進, 運, 送은 동시에 표제어의 逆(稗逆)에 포괄된 영역이기도 해서, 進, 運, 送이 逆에 포괄되는 개념이면서 동시에 逆과는 다른 개념이 되어야 하는 지점이 모순적이다. 과연 稗가 운송방법을 4가지로 분류 관리하면서 관리해야할 곡물이었는지 납득이 어렵다. 더군다나, 逆을 〈거슬러 올라가는 조운하역〉의 영역 안으로 고착시켜 버려서, 다시 그 안에서 다른 운송의 개념을 설정해야 하는 것이 궁색해진다. 일반적으로 운반하는 運, 보내는 送, 나아가게 한다는 進이 〈거슬러 올라가 조운하역〉하는 逆과 어떻게 다른 개념이면서, 다시 그 속에 포괄되는 개념인지를 설명하기란 지난해 보인다.66

　　김창석 교수는 逆에 대해 "지급, 지출했다"와 "수령했다"는 의미가 모두 있는 것으로 보는 듯 하다.67 "피(稗)를 누가 수령해갔다"는 해석은 필자와 同

65　윤선태, 2023, 앞의 논문, p.78.

66　이와 맥을 같이 하는 비판이 있다. "4개의 역명 중 하나를 凡逆이라고 읽고 逆을 하류를 거슬러 운송하는 하역이라고 해석할 경우, 표제로 稗逆이 있음에도 다시 凡逆이 나오는 이유, 이것과 凡進, 凡運 등과의 차이가 무엇인지에 대한 설명이 필요하다." (일부편집 필자) : 김창석, 2023, 앞의 논문, p.309의 주(14)

67　"지급, 지출했다", "누구에게 지급했다"(김창석, 2023, 앞의 논문, p.310. p.312), "누가 수령해갔다"(p.312)

功이지만, 동시에 逆이 易과 비슷한 의미였다는 상정하기도 했다.[68] 이 부분 字意적으로 설득력이 결여된 자의적 해석으로 보인다. 稗가 官에서 丁에게 지급된 것임은 필자와 인식을 같이 하는데, 逆의 字意에서 "지급"을 유추하는 것은 설득력이 적어 보인다. 물론 수령과 지급은 동전의 앞뒷면과 같아서 授受 주체에 따라 결정되며, 관이 지급한 것이고, 丁에게 지급된 것인 것은 정황상 문제없지만 逆 자체가 수령의 의미인 것은 움직일 수 없지 않나 한다. 이는 주체를 바꿔 정황적으로 〈官이 稗를 丁에게 지급했다〉는 것은 별반 문제없으나, 자전적, 恣意的으로까지 逆을 지급했다고 보기는 어려우며 〈丁으로 하여금 稗를 逆=수령케 했다 / 丁이 관으로부터 稗를 逆=수령했다〉로 봐야할 것이다. 손환일 소장은 逆을 役 즉 노역으로 해석했다.[69] 역시 字意적, 字典적으로 동의하기가 꺼려진다.

Ⅲ 일자별 숲의 출납 관리 – 목간1의 1면

1. 판독과 표점

목간1과 관련해서 부연의 판독은 다음과 같다. 양면에 글자가 쓰여 있는데 부연자료에서는 아래와 같이 1면, 2면이라 칭했다. 그 명명법에 따른다.

---

68 김창석, 2023, 앞의 논문, pp.310-312.
69 손환일, 2023, 앞의 논문, pp.86-87.

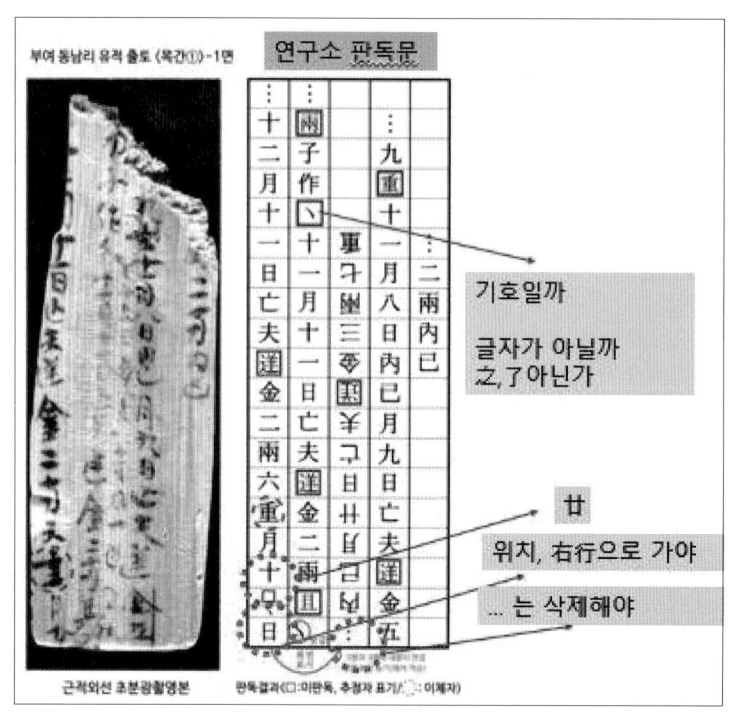

그림 9. 목간1 1면 연구소 판독과 필자의 수정안 (보도자료 가공)

목간1　　　1면　연구소 판독안

1행 …[ ]二兩內巳

2행 …九[重]十一月八日內巳月九日亡夫[送]金五

5행 　…內巳月卄日亡夫[送]金三兩七重 (거꾸로)

3행 …[兩]子作・十一月十一日亡夫[送]金二兩且・

4행 …十二月十一日亡夫[送]金二兩六重月十□・日

목간1　　　　2면　연구소 판독안

1행 …□甲[叩]子[作]用三重又巳涱木末水作□ 」　　〈金〉은 비틀어 씀
2행 ×　　　　　　　　　　　　　　　　〈五重〉 3행과 2행이 연결됨,
　　　　　　　　　　　　　　　　　　　　〈위아래 거꾸로 씀〉

52　木簡에 반영된 古代 동아시아의 法制와 行政制度

3행　…□因湮用金三重又□來尓牟尓作因 」
4행　×　　　□作八重[不/分]速/繩金 」

　　연구소 판독안은 시사점이 풍부하며 학적 공헌도가 높다. 이를 바탕으로 하여 일부 수정을 가한 필자의 판독안은 다음과 같다.(그림 9 참조) 특히 연구소 안 판독의 重은 공주무녕왕릉 왕비 팔지의 사례를 참조하여 主로 수정한다.(그림 10 참조) 또 종래 4행 말미부분을, 보도자료(연구소판독안)에서는 〈十□日기호〉로 보았고, 이에 필자는 전고에서 〈卄日(기호없음)〉으로 보았는데,[70] 이후 윤선태 교수가 〈十九日(기호없음)〉을 제시한 바,[71] 그것이 옳다고 생각되어 수정한다. 전형적 회전서법이며 종래 주장되었던 기호는 설정할 수 없다. (그림 11 참조)

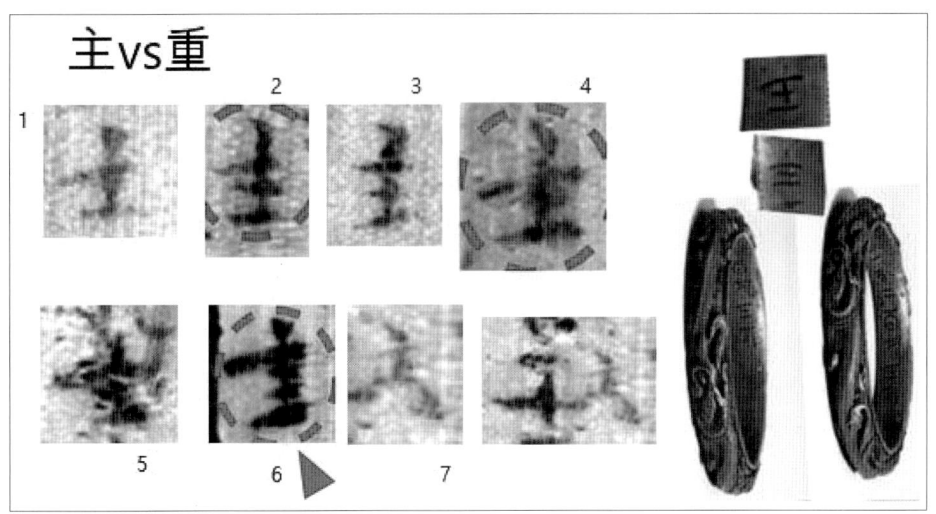

그림 10. 동남리 목간의 "主"(일설 "重")와 공주 무녕왕릉 왕비 팔지의 "主"

70　이용현, 2023, 앞의 논고, p.131.
71　윤선태, 2023, 앞의 논고, p.76.

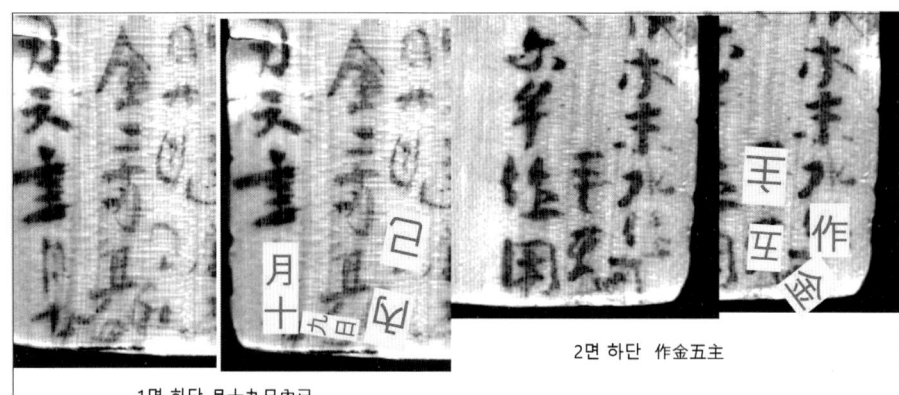

그림 11. 1면과 2면 하단 逆書/回轉書法

목간1	1면 이용현 판독안
1행	×［ ］二兩内巳」
2행	× 九主十一月八日内巳月九日亡夫逆金五」
6행ud	「内巳月卄日亡夫逆金三兩七主 ×
3행//5행ud	×［刀子作之十一月十一日亡夫逆金二兩且 //九日」
4행	× 十二月十一日亡夫逆金二兩六主月十」[72]

× 망손,」行末,「行初, ＿ 위 아래 글자방향 거꾸로, 즉 逆書, ～ 축이 왼쪽으로 90도 轉倒, ～ 축이 오른쪽으로 45도 비틀어짐, ud : upside down, 행 순서는 읽은 순서를 반영

---

[72] 제4행의 마지막 글자는 전고에서 필자는 卄으로 읽었으나, 이후 제시된 윤선태 설에 따라 十九로 수정한다.(윤선태, 2023, 앞의 논문, p.76.) 한편 제3행에서 종래 판독 可子를 필자가 刀子로 수정한 이후, 윤선태, 김창석 두 교수 모두 이에 따르고 있다.(윤선태, 2023, 앞의 논문, p.76 : 김창석, 2023, 앞의 논문, p.312). 다만 손환일 소장은 兩不로 판독하였다.(손환일, 2023, 앞의 논문, p.76)

목간1   2면 이용현 판독안

1행   × □甲刀子作用三主又己張木末水作金」   金 축이 45도 왼쪽
                                                         으로 비틀어 씀

2행ud   「五主   ×
3행   × [次]因經用金三主又載來尒牟尒作用」
4행   × [尒]作八主不鏈金   」

본 장과 다음장에 걸쳐 목간1의 1면과 2면을 장을 나누어 설명하고자 한다.(그림 12 참조) 목간1의 1면과 관련, 필자의 판독과 필자가 파악한 서사순서을 토대로 내용판독 정리와 표점, 항목을 분류해보면 다음과 같다.

목간1 1면

순번   / 기재 내용   /구성(추정포함)
(1) … [ ]二兩   內已.」   [11월(8-a-a)일 …] 2량 납입 완료.
(2)   … 九主.
                              [11월(8-a)일 …] 9주 亡出 즉 내어줌
(3) 十一月八日   內已.   11월8일   상동품 및 수량 納入 완료.
(4)   月九日 亡 夫逆 金 五」…   11월9일 부역 금 5[ ] 망출
(5)   … 刀子作之.
                              [11월 10일   상동품 및 수량 납입완료].
                                          용처는 도자 제작
(6) 十一月十一日 亡 夫逆 金 二兩.   11월11일 부역 금 2량 망출
(7) 且 …   [11월(11+a)일 부역 금 몇냥 망출]
                    [11월(11+a+a)일 상동품 및 수량 납입완료.]*
(8) 十二月十一日 亡 [夫逆 金 二兩六主
                              12월11일 [부역] 금 2량6주 망출
(9)   月十」九日「內已.   12월19일 상동품 및 수량 납입완료.

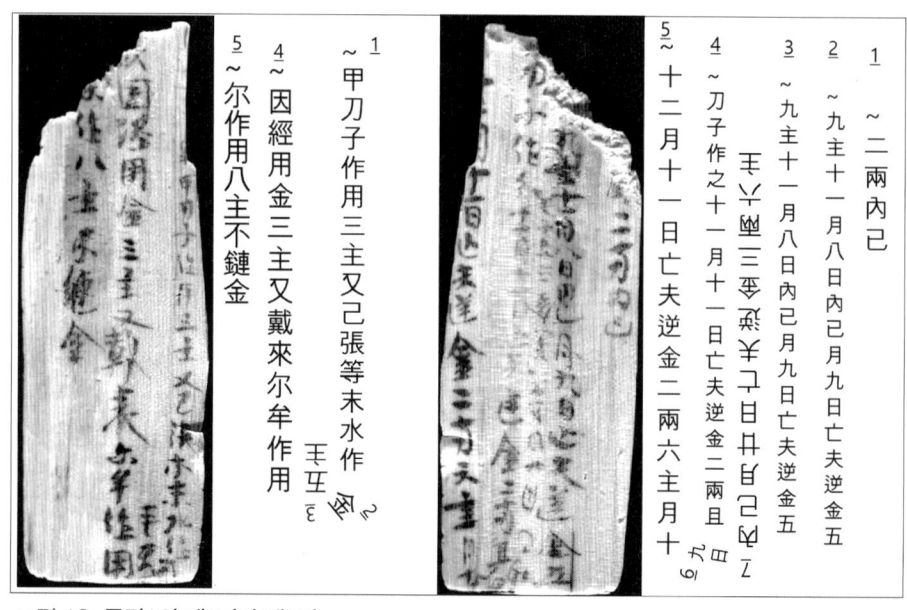

그림 12. 목간1의 제1면과 제2면

(10) <u>月卄日</u> <u>亡</u> <u>夫逆</u> <u>金</u> <u>三兩七主</u>.

　　　　　　　　12월20일 부역 금 3량7주 망출

」: 행 말미, [ ]:추정부분, *〜〜: 불분명, .:완료종결

(9) "<u>月十</u><u>九日</u>「<u>內已</u>」."은 글자 방향은 <u>月十</u>이 행말미 正書, 「<u>內已</u>」는 행초두 逆書, <u>九日</u>은 <u>月十</u>과 「<u>內已</u>」사이에 축을 왼쪽으로 90도 기울여 傾書(그림 11 참조)

2. 서식의 검출과 亡·內의 의미

위의 판독과 표점을 토대로 〈날자 + 內 혹 亡〉라는 일정한 서식을 검출해낼 수 있다. 날자 아래 內가 오느냐 亡이 오느냐에 따라 內형(혹은 A형), 亡

형(혹은 B형)으로 편의상 이름할 수 있다. 〈月日＋亡 夫逆 金＋수량〉의 亡형 (혹은 B형)은 (4), (6), (8), (10)의 4예과 〈月日＋內已〉의 內형(혹은 A형)은 (3), (9)의 2예다. 亡형은 金의 수량이 기재되었는데, 內형은 金의 수량 기재가 없다. 內가 있으면서 수량이 보이는 것으로 (1)이 있다. 이로 보아 (3)(9)는 수량이 생략된 것으로 볼 수 있다. 亡형에서 수량이 동사인 亡 뒤에 온 반면, 예외적인 (1)에서는 동사 內 앞에 수량이 있다. 이와는 전혀 다른 형태가 (5)이며, 內 혹 亡형에는 물품 관련은 기재가 없기 때문이다. 〈刀子(물품)＋作〉이므로 물품을 만들었다는 내용이다.

亡은 逃亡(run away)이나 死(die), 滅亡(perish) 등의 뜻이 일반적이나[73] 여기서는 그 보다는 无와도 같은 의미로 "없다, 없어지다, 亡失, 亡損"(lose)의 의미로 보인다.[74] 亡은 无와 같은 뜻으로, 망실/lose, 없어짐(갖고 있지 않음)/not have의 의미다. 목간1에서 內는 納, 즉 "들이다, 收納"의 의미로 보인다. 이미 알려진 신라 월상해자 목간에 쓰인 內의 용례는 納의 의미로 사용되고 있다. x|合十五石上內之 所白人 登彼礼智一尺 文尺智重一尺 ≪월성해자

---

73 [일본사례]・○日向久湯評人□＼○漆部佐俾支治奉牛卅＼○又別平群部美支□・故是以○皆者亡賜而○偲(까닭에 이로써 모두 죽었다고 생각하여)飛鳥藤原京2-1497(木研25-26頁-(46)・飛17-39上・飛16-13上(55))藤原京左京七条一坊西南坪: /□五斗八升‖塩弐斗參升漆合捌夕＼□□人 / 逃亡七人‖□□□□人(城23-7上(29) 平城京左京三条二坊一・二・七・八坪長屋王邸): [중국사례]☑□亡人命者綏≪居延新簡集釋(5), EPT59:613≫ ≪居延新簡集釋(5)(2016)≫ : 이들은 기본적으로 국가의 규정인 호적에서 이탈하는 범죄행위, 도망하는 것을 일컫는다. 한편 아래와 같이 망실하다,잃어버리다는 용례도 있다. 아래의 亡印은 관인을 잃어버린 것을 가리킨다. : 亡印, 罰金四兩, 而布告縣官, 毋聽亡印.≪張家山漢墓竹簡(247號墓)(釋文修訂本)・二年律令, 51간≫ ≪張家山漢墓竹簡(247號墓)(釋文修訂本)(2006)≫, 官行者走, 亡印以私名姓封.≪居延新簡集釋(4), EPT56:56≫ ≪居延新簡集釋(4)(2016)≫

74 ≪莊子・駢拇≫: 臧與穀二人相與牧羊, 而俱亡其羊。: ≪史記・司馬穰苴列傳≫:「穰苴於是追擊之, 遂取所亡封內故境而引兵歸。:≪左傳・僖公五年≫唇亡齒寒.

(신)-8호≫ 백제 능산리사지 출토 목간에도 內가 보인다. ·「∨三月仲椋內上丑」≪능산리사지-6호≫ 여기서 종래 內에 대해 결정적 해석이 이뤄지지 않았는데, 上에 대해서는 "貢進,貢上하다" 혹은 "上等"의 가능성이, 丑에 대해서는 "刃,籾" 즉 搗精한 것, 혹은 "田"이란 견해가 제기되고 있었다.75 이에 능산리사지-6목간의 內 역시 納의 의미로 볼 여지가 충분하다. 已는 完結되었음을 의미하는데76 內 뒤에 已를 붙여 納入 혹 格納을 완료했음을 명시했다. 이렇게 보면, 內와 亡은 서로 상대되는 개념으로 사용된 것이다. 內가 [in/入/납입/(＋)]이라면, 亡은 [out/出/亡失 혹 亡損/(－)]에 해당한다. 요컨대 위 문서에서 기재의 핵심은, 內와 亡이다. 납입처 혹 출납처 관리 측의 입장에서 보유물품의 出納, 혹 入出 기록이다. 일자는 "11월 8일, 같은달 9일, 11월 11일, 12월 11일, 같은달 19일, 같은달 20일"이어서, 내림차 순 즉 시간순이다. 즉 시간대별 물품 아마도 金의 "亡""內" 즉 出入을 기록한 것이다. 그런데, 內형에서 첫머리 (1)을 제외하고 나머지 즉 (3), (9)에서는 품목과 수량의 기재가 없다. 출납문서에서 수량과 품목이 가장 중요한 요소이며, 그것이 출납문서의 존재 이유임에도 불구하고 內已 즉 납입, 격납 완료 사실과 일자만을 기록된 것이다. 이는 품목과 수량을 기재하지 않은 것이라고 보기보다는, 생략해도 그 수량이 共知의 내용이었던 것으로 보인다.77 같은 문서기록 내에서 그 단서를 찾아야 할 것이며, 이는 후행기록보다는 선행기록에서 찾아야 마땅할 것이다. 이 점

---

75 이용현 등, 2022, 『한국목간총람』, 경북대인문학술원.

76 漢 張衡 ≪東京賦≫: "千品萬官, 已事而踆。". : ≪國語·齊語≫ : "有司已於事而竣。(注 : "畢也。")". : 唐 李白 ≪春夜宴從弟桃花園序≫ : "幽賞未已, 高談轉清。". : 杜甫 ≪石壕吏≫ : "存者且偸生,死者長已矣。".

77 수량이 생략된 것임은 이미 전고에서 언급한 바 있다.(이용현, 2023, 앞의 논문, p.132.) 수량 생략에 대해서는 현재까지 이견은 없다.(윤선태, 2023, 앞의 논문, p.81. 김창석, 2023, 앞의 논문, p.316.)

후술한다.

3. 回轉書法과 省略書法

목간1의 1면은 기재상의 특성을 보이는데, 위 아래를 180도 돌려쓴 혹은 倒置된 逆書다.(그림 11 참조) 아울러 필체와 먹의 농담에 차이가 다양하다. 아울러 日字順의 기재 사실을 조합하면, 이 문서는 단번에 기재된 것이 아니고, 日字順으로 일정기간에 걸쳐 별건 기재가 축적된 것으로 판단된다. 즉 최초의 기재 이후에 시간을 두고 여러 차례에 걸쳐 追記 즉 추가기재가 이뤄진 것이다. 追記가 가장 두드러지게 보이는 것은 마지막 부분 아래쪽 즉 (9)와 (10)으로 이 부분은 逆書다. 追記와 逆書가 이뤄진 사례는 고대 일본 飛鳥藤原京 목간에서 보인다.(그림 13 참조) 이 목간의 추기 역서의 방향은 왼쪽에서 오른쪽으로 흘러간 데 비해, 동남리 목간의 경우는, 오른쪽에서 왼쪽으로 진행되어, 漢文 고유의 방향을 지킨 경향이 짙다. 먼저 위 서법은 十二月의 十二를 생략한 것이다. 앞서 (8)에서 十二月十一日이 나왔기 때문이다. 이 같은 사례는 (3)과

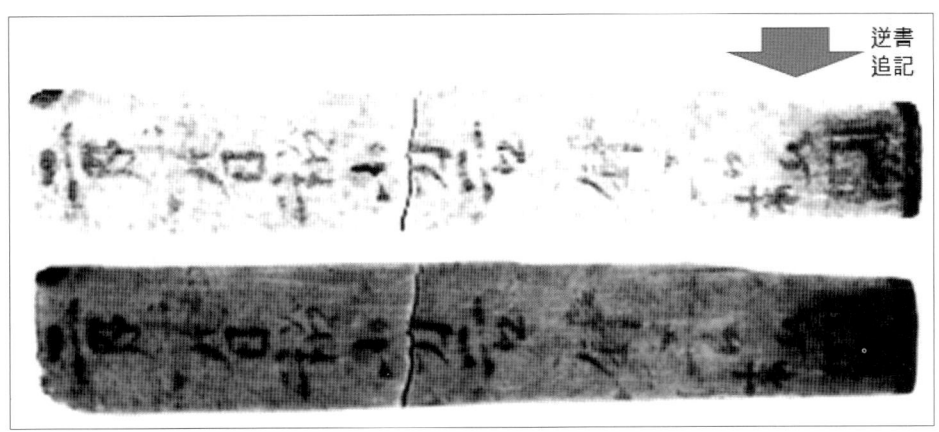

그림 13. 飛鳥藤原京1-63(飛11-13上(21) 목간 追記 逆書의 사례 「口斤半」

(4)에서도 보인다. (3)(9)에서 內형의 생략된 수량은 각각 그 앞에서 찾아야 할 것이다. (1)에서 보듯 內형에도 수량이 명기되어 있는 것을 보면, 內형 역시 수량 기재가 필수였던 것으로 보인다. 出入 문서 기록에서 품명과 수량이 결여된다는 것은 생각하기 어려운데, 더군다나 金과 같은 고가품일 경우는 말할 필요도 없을 것이다. 고로 內형에서 생략된 수량 나아가 품목은 해당기재의 앞뒤 어딘가에서 실마리를 찾아야 할 것이다. (9)의 內형이 후행하는 (10)의 亡형과 연결짓는 것은 무리가 있어 보인다. 하루뒤 亡出할 품목과 수량를 전제로 해서 하루전 內入할 때 그 품목과 수량을 생략했다고 생각하는 것은 무리가 있다. 같은 논리로 (3)과 (4)를 엮어 1조로 생각하는 것 역시 마찬가지다. 후일 지급하여 수령케할 물품의 수량을 미리 예측하여 전일 격납시 그 물품과 수량을 생략한다고는 보기 어렵다. 선행하는 기록에 품목과 수량이 있고 후행기재에서 그것과 같을 경우 생략했다고 보는 것이 합리적일 것이다.

4. 종결사 已와 〈亡-內〉組合의 구성

이렇게 볼 때, 〈(8) 十二月十一日 亡 [夫逆 金 二兩六主〉과 〈(9)月十九日 內已.〉가 조합관계로, (9)의 12월18일에 격납·수입된 것은, (8)의 12월11일에 망출, 즉 지출된 금 2량6주를 우선적으로 지목할 수 있다. 亡은 出이고, 內는 入이므로, 이는 [亡형:出－內형:入)]이 1組가 되는 구조로 파악할 수 있다. 즉 일정기간 적어도 1건 이상의 亡(出)이 이뤄지고, 그것에 대해 추후에 단건 혹 일괄적으로 內(入)로 매듭지어지는 상황이다. 즉 [〈亡-內〉已 혹 [〈亡1-亡2…-內〉已의 패턴이다. 적어도 1회 이상의 亡이 이뤄지고 그것에 대해 일정기간 내 內가 이뤄지는 구조다.[78] 한편, 已가 일단락을 표시하는 점을 중시하면,

---

78 이 부분 卄을 十九로 판독 수정 과정에서 연동하여 전고의 서술을 일부 수정하였다.

[內已-亡]조합 쪽 보다 [亡-內已] 조합 쪽이 문장구조면에서도 완결성이 보인다. 요컨대 亡은 內로서 종결되었던 것이다. 나아가 이는 [(亡-內)已]로도 이해해볼 수 있다. 즉 종결사 已는 內는 물론 조합관계의 亡을 포함한 일련의 (亡-內)를 일괄 완료했던 것으로 이해할 수도 있다. 몇가지 고려를 통해 당연 內已에서 미기재된 金의 수량은, 그 앞 亡에서의 기재된 金 수량 바로 그것이 된다.

결국 金의 亡을 통한 出이 이뤄지고, 다시 그와 같은 양의 內가 진행된 것이다. 그리고 亡 즉 出된 金은 (5)와 같이 뭔가의 "作" 즉 제작에 사용된 것이다. 이는 같은 목간1의 2면에서도 입증된다. 다음장에서 후술하겠지만 2면은 제작물품과 투입된 금의 수량이 기재되어 있다. 즉 물품제작과 관련하여 일정량의 金이 亡/出되고, 다시 동일량의 金이 內/入되는 상황을 기록한 것이다. 이는 단순히 동일량의 금이 출입이 아니고, 원재료로서 금이 亡/出되고, 그를 재료로 삼아 제작된 물품, 즉 금공품이 內/入된 것에 다름아니다.

종결사의 일종인 已가 亡이 아닌 內 뒤에만 붙어 있다는 점도 ⟨(內)-(亡+수량)⟩이 아니라 ⟨[(亡+수량)-(內)]已⟩의 구조로 판단하는 중요 근거 중 하나다. 즉 ⟨(9) 月十九日 內已.⟩에서 생략된 품목과 수량은 그 앞 즉 ⟨(8)十二月十一日 亡 [夫逆] 金 二兩六主⟩에서 찾아야 하므로, 內入된 것은 "金 二兩六主"된다. 또, ⟨(3)十一月八日 內已.⟩에서 생략된 품목과 수량 역시 그 앞 즉 ⟨(2)…九主⟩에서 찾을 수 있을 것이다.[79]

일부 서술은 변동하였으나, ⟨亡(품목+수량)-內⟩가 1조로 內에서 생략된 품목과 수량은 앞의 亡에서 구해야 한다는 취지는 동일하다.(이용현, 2023, 앞의 논문, p.133.)

[79] 김창석, 2023, 앞의 논문, p.316.

5. 金의 출납과 용처: 물품제작

이러한 〈亡-內已〉구조를 적용해 보면, 〈(4) 月九日 亡 夫逆 金 五 … 〉다음 부분에는 〈月(九+a)日 內已〉가 상정된다. 〈(6)十一月十一日 亡 夫逆 金 二兩 (7)且 …〉 다음 부분에도 역시 〈十一月(十一+a)日 內已〉가 상정되는데, 〈且〉가 있으므로 〈亡+품목+수량〉이 1건 더 있었을 가능성도 있다. 즉 〈(6)十一月十一日 亡 夫逆 金 二兩 (7)且 月(十一+a)日 亡 [夫逆 金] 몇兩, 月(十一+a+a)日 內已.〉를 상정할 수 있다.

〈(5) … 刀子作之.〉는 出入된 金의 용처를 기록한 것이다. 즉 도자를 만들었다는 것인데, 도자의 향방이 문장 아래 (6)등과 관련된 것인지, 문장 위 (4)등과 관련된 것인지.

(3) 十一月八日　內已.
(4) 　　月九日　亡　夫逆 金 五 」…
(5) 　　　　　　　　　　… 刀子作之.
(6) 十一月十一日 亡　　夫逆 金 二兩.

같은 〈十一月〉임에도 (4)에서는 〈十一〉이 생략된 데 반해, (6)에서는 생략되지 않은 점으로 보아, 또 之라는 종결사가 있는 점으로 보아, 〈(5) … 刀子作之.〉는 위 부분과 연결되는 것으로 보인다.

이렇게 보면 亡(出)의 대상물은 밝혀진 것 만으로는 (4)(6)(8)(10)에서 보이는 바와 같이 金 몇 兩(혹 主)다. 아울러 위의 추정에 의거하면, 亡(出)과 조합 관계에 있는 內(入)의 대상물 역시 같은 것이 되므로, 그와 연계되는 (5)(9) 역시 金일 것이다. 요컨대 목간1의 1면에 보이는 亡出-內入의 대상물은 주로 거의 金으로 보이며 그 수량은 2량, 2량6주, 3량7주란 양을 중심으로 그 전후가 되는 것으로 보인다. 사비시기 금 1량은 익산 미륵사지 서석탑의 金丁 등을 기준으로 할 때 대략 14g남짓(14.233g)이고, 금 2량~3량은 어림으로 28g~32g 남짓이다. 1主가 1/24兩이라면 이는 0.59g이 된다.[80]

그 용처의 일부는 도자 제작이었다. 용처로 보이는 대목은 2면에 상세하게 보이는데, 그 중 도자와 관련하여 다음과 같이 보인다.

…[ ]甲刀子 作 用 三主

제Ⅲ장에서 상술하겠지만, 1면과 2면은 상호 밀접한 관련을 갖고 있으며, 1면을 일자별 출납기록, 2면은 물품별 금 소요 수량 기록이다.

(4) 月九日　亡　夫逆 金 五」…　　　　　11월9일 부역 금 5[ ] 망출
(5) 　　　… 刀子作之.　[11월 10일　상동품 및 수량　납입완료].

1면 (4)에서 "金 五…"의 "…"는 "主"혹"兩"이 될 것이므로, "금 5량+a주"거나 "금 5주"가 될 것이다. 이것이 (5)와 연동된다면, 그 수량의 금 혹 그 일부가 도자 제작에 소요된 것이 된다. 한편 2면에서는 도자 제작에 3主가 소요된 것으로 기록되었다. 제Ⅲ장에서 상술하겠지만, 3主의 금속은 목간의 기재양식으로 볼 때 金일 가능성이 크다. 1면의 도자가 2면의 도자와 같은 것으로 상정할 경우, 도자의 제작 원료가 金임은 (4)로 보아 다시금 방증된다. 이 경우, 도자에 쓰인 금의 양은 3主가 되는데, 이는 연동되는 (4)에 보이는 11월9일 망출된 금의 양 5主(혹은 5兩몇主)보다 작은 양이다. 해당기간에 도자 1개를 만

---

[80] 이상은 손환일의 정리를 바탕으로 필자가 개략 환산한 것이다. 상세는 다음 (손환일, 2023, 앞의 논문, pp.77-78.) 참조, 참고로 금 1g의 현재 시세가 112,000원이므로 1량 즉 14g은 현시세로 156만8천원(159만4천원)가량이고, 2량은 3백13만6천원 남짓, 3량은 4백70만4천원 남짓이다.

들었다면, 금5주 등을 가지고 제작된 물품에는 3主가 들어간 도자 외에 나머지 2主를 소비했을 다른 제작물품이 있었을 것이고, (5)"…刀子作之."에서 "…"쪽 어딘가에 그 물품명이 기재되었을 수 있다.

이러한 점들로 미뤄볼 때, 제1면의 몇량몇주는 거의 모두가 金을 대상으로 하는 것일 가능성이 크다. 1면 상부 결실된 부분, 즉

(1) … [ ]二兩　內已」

의 2량의 소재 역시 銀 등 다른 귀금속일 가능성을 전혀 배제할 수는 없지만, 주로 金일 가능성이 커보인다. 금 3주(개략 추정 1.77g)라는 소량이라, 이로 만들 수 있는 도자는 초소형이거나, 혹은 통상의 도자 일부분에 가미되는 금상감을 비롯한 금장식 등이 연상된다.[81] 이렇게 보면, 일자별도 亡出과 內入이 기록된 1면은 도자를 비롯한 금공품 제작에 소요되는 金 관련 기록장부다.

물품제작에 소용되는 金의 亡出 즉 지급, 금공품의 제작과 내어준 것의 內入의 기록이라고 한다면, 반복컨대 이는 특정 금공품 제작을 위해 그 원료가 되는 金을 내어주고 제작 후 다시 회수하는 과정의 기록이었다고 볼 수 있다. 즉 내어준 금을 활용한 완성품 형태로 납품, 금의 회수가 이뤄진 것이다. 요컨대 1면은 金工品 제작에 필요한 金을 지급하고 물품제작 완성 후 이를 회수납입받는 과정에서, 金의 出納을 기록한 기록이다. 금공품의 품목보다는 금의 드나듦을 기록의 핵심으로 삼았다.

---

81 김창석, 2023, 앞의 논문, p.323.

6. 기록의 간소화와 효율화

한편 문서 제일 앞머리는 기재는 內형임에도 다른 內형과 달리 수량이 기재되어 있다.

(1) …[ ]二兩 內已.

이는 재차 강조컨대 內入 즉 격납 혹 회수 시에도 반드시 수량 확인이 중요한 점검사항이었음을 말해준다. 다만 (3)(9)과 달리 內入 즉 격납, 入庫 시에 수량(아마도 물품과 수량)이 기록되어 있는 사실은. (1)이 그들과 사정이 달랐던 데서 찾아야 할 것이다. 즉 통상 內형에서 內入한 金과 그 수량이 생략될 수 있었던 것은 앞서 설명한 바와 같이 그 앞에 기재된 亡형의 亡出 기재에서 수량이 기록되어 있었기 때문인데, 그 앞에 亡의 기재가 없다면, 당연히 內라도 수량이 기재되었음을 말한다. 거기서 하나 더 주목할 것은 (1)의 기재가 아마도 목간 첫머리로 보이는 점이다. 즉 "亡얼마-內已"로 이뤄지는 기재 서식에서, 새로이 목간을 바꾸어 이어 기록할 경우, 첫 머리에 內형을 이어 기재할 때는, 수량 등을 생략할 수 없었을 것이다. 목간 머리쪽이 內형임에도 불구하고 수량을 생략하지 않고 "얼마內已"라는 기재로 시작한 연유는 거기에 있었을 것이다. 바꿔말하면 (1)"…[ ]二兩 內已."에서 內형임에도 후행하는 다른 기록과 달리 수량을 생략할 수 없었던 것은, 목간 그 앞부분에 중복되는 물품 및 수량, 예를 들면 "亡 金 二兩"같은 기재 즉 亡형 기재가 없었기 때문일 것이다. 그렇게 보면, 망실된 부분은 (1)"…[ ]"에는 "일자＋물품(아마도 金)"의 기록이 있었을 가능성이 크다.

(3)"十一月八日 內已."이므로 그 앞에 오는 (2)"…九主"의 망실 부분은 11월8일보다 이전이 되어야 하고 亡出동사와 소재, 수량은 "亡 夫逆 金 (몇 兩)"이었을 것이다. 그러므로 (1)"…[ ]二兩 內已."의 일자는 (2)의 추정치 ⟨11월 8

일보다 이전) 보다 이전이 되며, 품명 역시 "夫逆 金"같은 金일 것이다. 이리하여 (1) "[十一月(8-a-a)日 夫逆 金] 二兩 內已.]"로 추정복원할 수 있다. 일자는 11월초이므로 경우에 따라서는 10월말일 가능성도 배제할 수 없다. 혹여, 月의 생략유무에 착안하면, (1)(2)의 月은 (3)十一月八日으로 보아, 十月 혹 그 전이 될 가능성이 크다.[82]

  이 경우, 목간1은 12월초에서 20일까지, 혹은 10월에서 12월20일까지 거의 50일간 전후 혹은 60일간 전후의 기록일 가능성도 점쳐볼 수 있다. 同形의 목간 1점은 대략 두달간 혹 그 남짓기간의 기록에 해당하고, 기간별로 목간의 改備가 이뤄졌을 것이다. 1년이면 모두 대략 6개전후의 목간이 작성된 것이 된다. (1)은 목간의 기재가 차고 넘쳐 다음 목간으로 이동해서 기재를 계속할 때, 이뤄진 축약형 및 冒頭形 기재였다고 판단된다. 그 이전 목간에서 亡과 수량이 기록된 수량이 기재되어있는 亡형으로 종결되고, 새로운 목간에서 기재를 이어갈 때 內형으로 기재가 시작되지만, 수량을 생략할 수 없으므로 內형 서식에 수량을 추가하여, 굳이 앞서의 목간을 함께 대조않아도 內의 수량을 바로 알 수 있게 된다. 즉 행정업무의 효율화를 기해 고안된 서식이다. 즉 수량이 문서상 중요함에도 불구하고 중복될 때는 〈以下同量〉 혹 〈이상과 같음〉이란 의미로의 과감히 생략하여 기재간소화를 꾀하면서도, 생략이 불가할 때는 內형이라도 수량(나아가 아마도 품목)까지 기록하여 기록의 정확성을 기한 것이다.

---

[82] 月수가 같을 때는 이후의 것에서는 생략하는 서법이 관철되고 있다. (3)十一月 이후 (4)에서 月로만 기재되었으며, (8)十二月 이후 (9)(10)에서 十二는 생략하고 月로만 기재했다. 단 (3)에 이어 (6)에서 十一月로 써서 생략하지 않은 것은 바로 위에 종결사 之와 관련된 것으로 이해하고자 한다.

7. 夫逆의 의미

逆에 대한 이해는 이 목간을 해석하는 중요한 기준이 된다. 夫逆은 목간1 안에서 모두 4회 보인다. 逆은 앞서 목간1에서 검토한 제 I 장에서 검토된 결과와 같이 受領하다는 의미다. 夫에는 여러 가지 뜻이 있지만, 성인 남성이란 뜻이 가장 일반적이다. 특정인으로서 인명을 명기하지 않고 단지 夫라고 기록한 것은 특정인을 기록하지 않아도 되는 상황, 혹은 주는 쪽에서 이미 알고 있는 共知의 "夫"인 셈이 된다. 이에 夫逆이란 "夫를 逆(受領)하다"거나 "夫가 逆(受領)하다"가 될텐데, 대상품 "金얼마"가 공반되므로 "夫가 〈金얼마를〉 逆(受領)하다"로 봄이 적합해 보인다. 정작 지급받은 주체에 대해서는 (4)(6)(8)(10) 4예가 모두 예외없이 夫逆 즉 夫가 수령했다는 간략한 기재를 취하고 있을 뿐이다. 이는 夫가 이미 旣定, 共知의 대상자였으며, 이름을 기재하지 않아도 되는 혹은 할 필요가 없는 특정인들이었음을 말해준다. 즉 제한된 범위의 夫, 共知의 통제가능 범위의 夫에게 지속, 반복적으로 金의 지급이 이뤄지고 있었던 것이 된다. "亡 : 夫逆 : 金 얼마"란 결국, 〈[金의)亡損(상황) ; 夫가 수령해감(사유) : 金 얼마(수량)〉을 기재한 것이다. 亡의 사유가 모두 〈夫逆〉으로 같은 것, 극히 축약된 핵심어 중심으로 간략기재된 것, 혹은 투식화되어 있다는 것은, 그 사유가 일상적인 것이며 規定된 것이요 반복되는 것임을 시사한다.

夫의 의미는 포괄적이며, 성년남자(man),[83] 부부 중 남성 즉 남편(husband),[84] 인부(working man)[85] 등이다. 뿐만아니라 官의 長을 가리키기도 한다.[86] 또 지시대명사로 "그(사람)" "그것"과 같이 제3자를 가리키기도 한

---

83 ≪孟子·萬章下≫ : "故聞伯夷之風者, 頑夫廉, 懦夫有立志."

84 唐·韓愈≪平淮西碑≫ : "夫耕不食, 婦織不裳."

85 ≪左傳·哀公元年≫ : "夫屯晝夜九日."

다.87 여기서 남편은 상정하기 어렵고 다른 뜻 중에서 골라야 할 듯하다. 지금까지 백제 목간에서 夫의 사례는 쌍북리 280-5 목간 1건이 있는데, 인명으로 해석되고 있으므로 직접 연결이 어렵다.88 고대 일본 8~10세기에 관영 공방은 工과 夫로 구성되어 있었고 夫는 工아래 편제되어 있으면서 그와 함께 생산활동을 하고 있었다. 이들은 仕丁 즉 丁이었다. 동남리 목간①에 보이는 "夫"는 바로 신라비석에 보이는 "功夫"나 고대 일본에 "工"과 함께 보이는 "夫"와 실체가 거의 유사한 존재였다고 추정된다. 고대일본 延喜式에 夫가 보이는데, 仕丁 즉 丁으로서 工 즉 工人에 부속되어 있는 존재였다. 夫는 工人의 組를 이뤘을 것인데, 工과 夫(丁)간의 작업이 완전히 분화되어 있지 않았던 것으로 보기도 해서 夫 역시 工人과 그다지 다르지 않은 기술을 가지고 작업에 종사했다고 보기도 한다.89

　　金의 출납이 이뤄지고, 그 목적이 물품의 제작이었으며, 그와 관련하여

86　≪禮記・郊特牲≫:"夫也者, 以知帥人者也。"

87　左傳・襄公二十六年≫:"子木曰:'夫獨無族姻?'"杜預注:"夫, 謂晉。"≪孟子・公孫醜下≫:"(孟子)曰:'夫既或治之, 予何言哉?'"夫, 指蓋大夫王驩。≪漢書・賈誼傳≫:"夫將為我危, 故吾得與之皆安。"≪左傳・昭公七年≫:"日君以夫公孫段為能任其事, 而賜之州田。"唐・柳宗元≪捕蛇者說≫:"故為之說, 以俟夫觀人風者得焉。"

88　・上夫三石上四石 比至二石上一石末二石≪신성전기-1호≫ ≪부여 쌍북리 280-5≫ 여기서 보이는 上夫는 인명에 해당하는데, 직역명이거나 직역명에서 비롯된 인명이었을 가능성도 생각해볼 필요가 생겼다고 본다. 신라 목간에서는 이와 달리 夫의 용례가 함안 성산산성 목간에서 여러 예가 보이는데 모두 인명 혹 지명의 고유명사의 일부로서 사용되어 백제와는 양상이 달라보인다. ・「殆利夫稗□」 ∨ × ≪함안성산-100호≫ ≪함안 성산산성≫ : ・「巾夫支城夫酒只」 ∨ × ≪함안성산-117호≫ ≪함안 성산산성≫ 등 다수.

89　市大樹, 2010, 『飛鳥藤原京木簡の研究』, 塙書房, p.168.

金의 受領과 관련된 대상자는 노출된 자료는 모두 예외없이 매번 夫로 명기되어 있으며, 물품(이를테면 刀子 등)을 제작과 관련된 인물이라면, 그는 제작자거나 제작관리자가 될 것이다. 일반적으로 夫란 고위직 신분이라 보기는 어려운데, 역시 제작 실무자측이지 않나 한다. 즉 이들은 기술 혹 勞力 인원이고 金工 관련 종사 人夫를 가리키는 것이 아닐까 한다. 이 夫는 金工 工人 외에, 金工集團에서 金 수령을 담당, 혹은 금공집단에게 금을 수령하여 전달하는 인원일 수도 있다. 종합하여 이를 광범하게 포괄적으로 金工 관련자로 칭해둔다.[90]

고대 일본에서 飛鳥池工房·飛鳥寺등의 초기 金工 기술인은 百濟와 특수관계였던 蘇我씨와 밀접한 관련을 갖고 있었고, 그 점에서 백제에서 일본으로의 영향이 지적되고 있음이 일반적이다.[91] 해당 고대 일본 자료를 참작하여 자료가 영성한 百濟의 金工 관련 조직, 체제 등을 유추해볼 수 있을 것이다. 목간1의 夫가 바로 고대 일본 자료에 보이는 工과 관련된 夫와 用字가 같다는 것, 8~10세기 일본자료보다 동남리 자료가 6~7세기 전반으로 선행한다는 점에서, 金工을 비롯 工人관련 용어의 선구 역시 백제였다는 점을 상기할 필요가 있다.[92] 이상의 검토를 통해 夫는 "남자"라는 의미에서 시작된 범칭으로,

---

90 이를 亡夫로 붙여 해석할 수 있을까 하는 점이다. 亡夫는 죽은 남성, 죽은 남편 정도의 의미가 된다. 이어 보면, 亡夫 逆 혹 亡夫 逆金이란, "亡夫가 수령하다,수령한 것", "亡夫가 수령한 金"이 된다. 이는 뭔가로 인해 사망한 夫가 수령했던 것, 또 그가 수령했던 金이 된다. 이렇게는 해당 부분의 설명이 어렵다.

91 市大樹, 2010, 『飛鳥藤原京木簡の研究』, 塙書房, pp.167-168.

92 受領과 관련하여 受와 같은 용어를 쓰지 않고 逆을 쓴 것은 무엇 때문일까. 逆을 써서 受의 의미로 사용한 예가 백제나 신라에서 보이지 않기 때문이다. 逆에는 거스르다, 돌아가다는 뜻이 있다. 혹여 返還을 전제로 하거나 오고가는 것, 交換을 전제로 한 受領의 경우 逆을 썼을지도 모르겠다. 이 건은 금후 사례의 증가를 기다려보는 수밖에 없다.

구체적으로는 관청 소속의 기술 인원으로 특정할 수 있다. 한편 이 夫를 "대저"라는 발어사라거나 "포괄적"이라는 의미라는 의견이 있는데, 문서의 주요 항목에 해당하는 "夫逆"을 실사가 아닌 허사나 구체적이지 않게 규정하였다고는 보기 어렵다.93

문서에서 亡 관련 기록과 공반되서는 반드시, "夫逆金얼마"가 기재된다. 결론적으로 亡은 출납상황에서 出의 상황을 표기하는 용어이고, 夫逆은 夫 아마도 工人 조직의 일원인 共知의 인원, 환원해서 金工 관련자가 逆 즉 受領하였다는 것으로, 지급관청의 支出 혹 支給 상황을 기재한 것이다. 이는 "亡: 夫逆, 金 얼마"로 표점할 수 있다. 夫逆金으로 붙여도 의미나 상황은 달라지지 않는다.94 즉 金이 亡될 때, 경위와 사유, 金의 量은 반드시 기재되어야 하는

---

93 夫를 "대저,무릇" 혹은 "포괄적"이란 의미로 해석하는 견해가 있다. 출납의 중요항목을 구체적이지 않은 애매한 표현을 사용했다고 볼 수 있을지 의문이다. 役夫 즉 金工 관련 인부로 보는 필자의 견해에 대해, 김창석 교수는 "夫가 얼마를 가져갔다"는 의미가 되어 목간2의 稗逆의 해석과 상충된다고 지적하였다. 이는 夫逆을 稗逆과 같은 구조로 해석한 데서 비롯 된다. 즉 稗逆이 "稗를 逆(수령)하다"와 같이 夫逆도 같은 구조 즉 <목적어＋동사>로 해석해야 한다는 논리다.(김창석, 2023, 앞의 논문, pp.314-315.) 그런데 김창석 교수처럼 夫를 발어사,부사로 해석해도 夫逆이 稗逆과 같은 구조가 되지는 않는다. 아울러 夫逆을 "여러 가지 용처로 지출된 금"으로 해석하였는데, 夫를 "대저, 무릇"으로 보게 되면 발어사가 되는 셈이다. 여기서 "여러가지"를 유추하기는 어렵다. 더구나 夫逆은 3회 이상 사용이 보이는 관용어화된 字句가 된 항목으로 夫가 실질적 의미를 갖지 않는 虛辭로 사용했다고 보기 어렵다. 더불어 逆이란 字意에서 "지출"을 상정하기도 어렵다. 여러 고려점으로 볼 때, "夫가 逆(수령)하다" 즉 <주어＋동사>로 해석해서 크게 모순이 없지 않을까 한다. 한편 윤선태 교수는 "夫逆(항목)＋金＋수량"으로 구분하는 필자의 해석과 같은 의견을 표명하면서도 夫逆을 稗逆을 포함하여 다양한 물품을 왕포천 운하를 이용해 하역한 작업을 포괄적(夫)으로 표현한 것이라고 하였다. 즉 夫를 "포괄적"으로 본 듯하다.(윤선태, 2023, 앞의 논문, pp.82-85, p.88) 夫란 字意에 "포괄적"이란 의미를 구할 수 있을지도 의문이다.

94 한편 亡夫를 붙여서 호적에서 이탈한 자, 도망자 혹은 죽은자로 이해할 수 있는가 인

필수기재사항이었다. 다만 지급 시 용어가 亡으로 다른 용어를 쓰지 않은 것은, 기재의 핵심이 有無여서 지급처 보유 金의 없어진 것(즉 亡)과 들어온 것(즉 內)의 확인이었기 때문일 것이다. 이러한 용어 즉 亡과 內는 공간적으로, 나(me), 이곳(here)을 기준으로 한다. 여기서 내가 보유하고 있는 金의 出과 納 즉 드나듦이 기록의 觀點이다. 官署에서 金의 출납을 관리하며 기록한 간이장부다.

佐官貸食記에는 〈貸 빌리다, 上 올리다/갚다, 未 못갚다, 与(무상으로)주다〉를 썼고, 支藥兒食米記에서는 〈支 지급하다〉를 썼다. 〈內 들이다〉는 능산리사지 목간에서도 보이는데(椋內上丑(혹은 田) : 椋에 上丑을 들이다.) 지출, 지급, 나가는 것을 亡으로 표기한 사례는 여지껏 없었다. 앞서 언급했듯 亡은 문맥상 "없어지다"의 뜻이다.[95] 이런 관점에서 (1)의 "二兩內已"는 앞서와 같은 추정에 더하여, 실물 원자재 형태의 金의 격납 혹 납입도 상정할 수 있다.

전체적으로 金工 관련자 "夫"가 "逆" 즉 수령하는 현상과 "內" 즉 納入,格納하는 행위가 일상적, 반복적으로 組合을 이뤄 진행된 것이 된다. 해당 기재

데, 이들이 금을 수령했다는 전제가 돌출적이고, "亡夫"의 생성 과정에 대한 설명이 보이지 않고, 그것이 회복되는 것 역시 맥락적 설명이 불가하므로 채택하기 어렵다. 일례를 들어 신라의 단양적성비에서 보이는 전쟁희생자같은 공로자로서 죽은이에 대한 은전이라면, 亡夫 자신이 아니라 그 유가족이 수령해야 마땅하다. 한편 손환일 소장은 亡夫로 인식하고 544년 관산성 전투에서 순국한 전사자를 가리킨다고 보았다. (손환일, 2023, 앞의 논문, p.80, p.84.)

95 소재 金이 화학적 혹 물리적 변화를 일으켜 金工品化한 것이, 일면 計量된 원소재인 金의 양태가 "없어지다, 사리지다"로 인식되어 마땅하다. 게다가 격납하는 內의 경우는 다시 살펴보면 "金 얼마"라는 내용이 없다. 金이 제품과 결합하여 金工品이 되어, 정확한 계량이 불가했다면, 납득가는 일이다. 그런 연유로 亡이란 글자를 선택했다고 생각되며, "없어졌다"로 풀이함이 적절해 보인다.

에서의 가장 중요한 핵심은 그러한 행위를 통해 亡된 金의 量이다. 누가 가져 갔는지나 가져왔는지는 공지의 반복되는 건이고, 그로 인해 亡된 金의 亡量 기록이 핵심이었다. 内에서는 문서 제일 앞의 예를 제외하고는 모두 量을 기재하지 않았다. 이는 量의 생략이며, 그것은 內 앞에 기재된 亡에서 표기된 양 그것에 다름아니다. 그리고 이러한 행위는 제작 물건이 발주되고 그와 관련된 소재 金의 지급 혹 수령, 물건 제작 완료 후 물건의 납품으로 이해할 수 있다.

    금의 授受와 出納이 이뤄질 때, 주는 곳과 받는 곳 모두에서 기록이 이뤄졌을 것이다. 逆은 受領의 의미인데, 한편, 夫逆을 수령해왔다로 해석하느냐 수령해갔다로 해석하느냐에 따라 문서작성자측이 금을 받은 것인지 준 것인지가 결정된다. 内는 즉 納인데, 통상 "受納, 納入, 받아들이다, 들이다(accept, collect)"[96]는 뜻이어서 in의 의미지만, 동시에 "交納 ; 進獻, 납입하다(pay)[97]"는 의미도 있어서, 바치는 것 out 과 받는 것 in 양방의 의미가 모두 있다. 이러한 조합에 따라서 逆-内는 in-out이거나 out-in이 될 것이다. in-out이라면 다른 기관으로부터 금을 받아와 가공,제작을 거쳐 그것을 납품 반납하는 것이고, out-in이라면 금을 수령케하여 가져가게 하였다가 가공, 제작된 물품을 납품받아들인 것이 된다. 결국 금을 받아 가공제작을 책임졌던 기관이든, 금을 내어주고 가공제작품을 납품받는 기관이든, 그 기관에서 금의 출납을 관리하는 관리가 금의 출입을 기록한 목간이다. 주로 일자별 출납 수량을 기재하였다.

---

96 ≪孟子・萬章上≫ : "思天下之民, 匹夫匹婦, 有不被堯舜之澤者, 若己推而內之溝中。"

97 ≪史記・秦始皇本紀≫ : "百姓內粟千石, 拜爵一級."
    ≪漢書・王商傳≫ : "及商以闈門事見考, 自知爲風所中, 惶怖, 更欲內女爲援."

8. 金의 출납기록과 金工品 제작 발주·납품

　이상의 추정분석을 전제로 아래와 같이 金의 受領과 제작 물품 형태로 회수 격납 상황을 복원해 볼 수 있다. 먼저 11월 8일 보다 이전 시점에서 2兩(아마도 金)이 格納入庫되었다. 이것이 격납된 (金)2兩이 원소재인지 가공품인지는 결락으로 확언할 수 없다. 그 보다 이후 11월 8일 이전의 시점에 9主 혹 몇兩9주(아마도 金)이 亡 즉 出된 것으로 추정된다. 이들은 다시 11월 8일 回收入庫되었다. 11월 9일에 夫逆 金 5(아마도 主[98])가 亡出되었다. 이들은 추정컨대 11월 10일 회수격납되었을 것이다.[99] 다시 11월 11일 金 2량이 亡出되었다. 이어 결락부분이 있고, 12월 11일에 다시 金 2兩6主가 亡 즉 [出]된다. 위 결락부분 바로 다음에는 대략 6자 전후의 선에서 亡형이나 內형의 문장이 왔을 것이다.[100] 이어 12월 19일에 內 즉 [入]하였다. 고로 12월 19일에 內入한 것은 적어도 같은달 11일에 亡出된 金 2兩6主를 포함한다. 또 12월 20일 金 3

98　양사는 兩인지 主인지 미상 : 5兩, 5兩몇主 혹 5主 중 하나일 것인데, 노출된 兩수가 2,3인 점, 主수가 3,5,6,8,9인 점으로 볼 때 主가 유력해 보이는 것으로 판단해 둔다.

99　"月九日 亡 夫逆 金五+다음행 상부 결락+刀子作之,十一月十一日亡夫逆金二兩"이므로, 다음행 상부 결락 부분에는 月九某日內巳가 올 확률이 크고, 某日은 9일 이후 11일 이전이므로, 10일이 될 가능성이 크다. 즉 "月九十日內巳"로 복원할 수 있다.

100　"十一月十一日 亡 夫逆 金二兩 且+다음행 상부 결락+十二月十一日 亡 夫逆 金 二兩"인데, 바로 다음에 內형이라면, "月某日內巳"나 "十二月某日內巳"이, 亡형이라면 "十二月某日亡夫逆金얼마"나 "月某日亡夫逆金얼마"가 올 것이다. 보통 문구와 달리 且가 보이고 이것이 특별한 의미가 있다면 통상 뒤따라와야할 內형보다는 亡형일 가능성이 있다. 그런데 목간의 상부 결실부는 기준이 될 수 있는 4행 복원치인 "主月十日內巳"을 참조하면 6자 전후가 되야 하므로, 날자가 생략되지 않는 한에는 "月某日內巳"나 "十二月某日內巳"이 더 적합하다. 날이 생략되었다면, "亡夫逆金얼마"이 올 수 있을텐데, '얼마'에는 '몇兩'이나 '몇主'의 2자가 '몇兩몇主'의 4자보다는 적합해 보인다.

兩7主가 亡出되었다. 11월 11일 이전 제작품 중에는 刀子가 포함되어 있었다.

月日	亡出	內入	製作品	亡內조합	목간에서 기록된 부분
(…)					
11월(8-a-a)일		(金)2兩		內	
11월(8-a)일	(金)9主			亡	
11월 8일		〈(金)9主〉		內	
11월 9일	(金)5(主)			亡	
결락부분추정〈11월10일〉		〈(金)5(主)〉	刀子등	內	
11월 11일	金2兩			亡	
且결락부분추정〈11월11+a일〉		〈金2兩〉		內	
(…)					
12월 11일	金2兩6主			亡	
12월 19일		〈金2兩6主〉		內	
12월 20일	金3兩7主			亡	
12월 20일 이후		金3兩7主		內	

　이렇게 대략 두 달간에 걸쳐 금공품 제작을 위한 金의 지출 및 수령은 적어도 4차례 확인되고, 그를 활용한 제작품의 회수격납은 3회 이상 확인된다. 出에 반드시 入이 공반하는 出入1組였다면, 出入은 최소 4회 반복된 것이 된다. 2개월간 4회라면 한 달에 개략 평균 2회의 出納이 이뤄졌던 셈이다. 內入은 납품을 의미하고, 늦어도 亡出시점 이전에 발주가 이뤄진 것이다.
　목간1의 1면은 일자별로 金의 亡 즉 [出][-]분을 기재하고, 다시 후에 그것에 대한 內 즉 [入][+]분에 대한 기록의 연속이다. 이는 金을 내주었다가 다시 반환받아 격납받는 행위와 수량에 대한 기록의 연속이었다. 金을 내주거나 내어받은 행위, 혹 그러한 상황을 亡, 이를 회수받아 격납하거나 납입반납하여 입고하는 행위를 內로 기록한 것이 된다. 이렇게 出入이 반복되어 이뤄지고 있던 金의 용처와 관련하여 "…刀子作之"가 보이는 바,[101] 金工品 제작으로 여겨진다.

백제에서 金工品은 공주 무령왕릉, 부여 왕흥사지, 익산 왕궁리와 미륵사지 등에서 볼 수 있는데, 이들 유적은 모두 國王과 관련되어 있다. 즉 國家 혹 王室 관련 유적들이다. 요컨대 목간의 시간적 공간이 되는 泗沘시대에 金을 관리하고 金工品을 제작하던 주체는 국가를 빼고는 생각할 수 없다. 고로 金工品을 제작했던 주체는 국가 소속 혹 왕실 직속 官營 工房이었을 것이며, 문서는 여기에 관여한 출납 관리 관서의 入出 장부기록이다. 官營 工房에서 주문생산되는 金工 물품에 소요되는 金을, 첫째, 금을 내어주는 관청에서 제작처에 金을 지급하고, 이를 활용해 제작된 물품을 다시 납입받은 것을 기록한 것이거나, 둘째, 금을 받아 물품을 제작하는 공방을 관장하는 관청 혹 기관에서 金을 받아 금공품을 제작한 후 납품반환한 것을 기록한 것이다.

9. 기록의 時點 – 두 달에 걸친 逐次的 기록

이 기록은 한 시점에서 이뤄진 것이 아니고 日誌처럼 축차적으로 出入 내역을 써내려가, 追加를 거듭한 것이다. 글을 써내려가는 서식은 한문 일반 서식인 行마다 오른쪽에서 왼쪽으로, 각 行은 위에서 아래로 하는 것을 기본으

---

[101] 연구소 판독안에서는 이곳 "…刀子"를 "…[兩]子"로 추독하였는데, 필자가 "刀子"로 수정하였다.(이용현, 2023, 앞의 논문, p.130) 이래 동의하는 의견이 많다.(윤선태, 2023, 앞의 논문, p.80. 김창석, 2023, 앞의 논문, p.322) 물론 이견도 있다.(손환일, 2023, 앞의 논문, p.76)

로 하고 있는데, 거기에 약간의 변형 혹 특징이 보인다.(그림 14 참조)

　　行과 行 간에 글자를 바짝 붙여쓰지 않고 1행 내지 0.5행 정도의 폭을 두고 써내려갔다. 이렇게 모두 4行을 썼다. 시작 行인 제1행은 오른쪽 면에 바짝 붙여썼으며, 마지막 行인 제4행은 왼쪽에 바짝 붙여썼다. 제2행과 제3행은 중앙부에, 제1행과 제4행 사이에 썼다. 제1행과 제2행 간의 간격이나, 제3행과 제4행 간의 간격보다 제2행과 제3행 간의 간격이 조금 좁은 편이다. 제4행 제일 아래쪽까지 글자를 가득 쓰고 이어지는 부분은 제3행의 아래부분에[제5행], 이어 제3행과 제2행의 사이 공간에[제6행] 天地 逆 방향으로 썼다. 본고에서는 구분의 편의상 이들을 제5행, 제6행으로 불러둔다. 제1행에서 제6행 사이에 異筆이 존재하는데, 비교적 뚜렷하게 구분할 수 있는 것은, 제4행 아랫부분 이후다. 즉 제4행 아랫부분, 제5행과 제6행의 서체는 그에 앞서 기록된 제4행의 글자와 확연히 서체의 크기가 작고 먹의 濃淡이 흐려서 서로 간에 뚜렷이 구분된다. 후자가 전자와 다른 異筆이요 追記였음을 단정할 수 있다. 이것

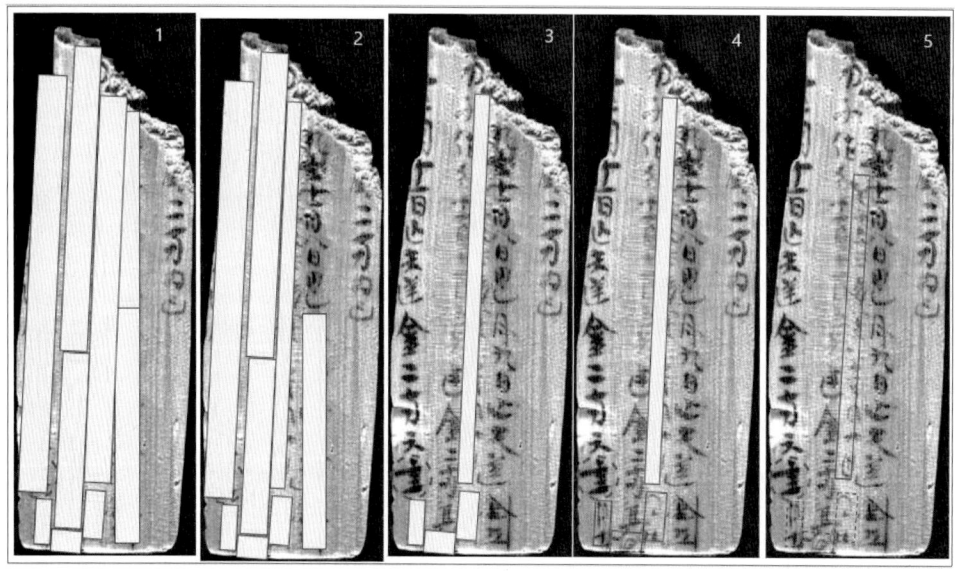

그림 14. 목간1 1면 서사 순서와 단계 상정안

은 日字別로 그 때 그 때 기록되었다고 판단할 수 있는 근거가 된다.

요컨대 목간1 해당면은 일자별로 그 시점에 기록되었고, 그것이 거듭되어 축적된 기록이다. 제1행은 마지막 列 아래에 빈 공간이 있음에도 글자를 쓰지 않고 남겨둔 채로 제2행으로 갔다. 이 점은, 제2행과 제3행, 제4행이 아래 부분까지 공백없이 가득 채워 쓴 것과 다른 양상이다. 이는 제1행의 기록의 성격을 규정하는 데 중요한 착안점이 된다. 제4행을 아래면 공백없이 가득 채우고 제5행과 제6행으로 옮겨가면서 글자의 방향을 바꾼 건에 관해서다. 제4행의 마지막 글자 十[102]에 이은 글자 九와 日은 글자 방향을 左로 90도 틀었다. 이어 오는 글자 內부터는 天地를 逆으로, 즉 글자 방향을 180도 바꾸었다. 이러한 書法은 나름의 궁리와 원칙이 있었던 것으로 판단된다. 그렇게 하는 것이 기왕에 쓴 제3행 및 제2행 등과도 구분되고, 글자를 위에서 아래로 그리고 오른쪽에서 왼쪽으로 써내려가는 한문의 기본 원칙에도 들어맞게 된다. 九 日을 左로 90도 틀어 쓰게 됨으로 日 앞의 글자가 十이고, 그 다음 글자가 자연히 內가 되게 된다. 이렇게 함으로써, 3행에 원래부터 있던 글자와 새롭게 나중에 추가한 글자[소위 제5행] 간의 혼동이나, 새로 추가된 우려에 대한 것이다. 이와 관련하여 부호로 인정할 수 있는 획이 보인다. 제3행의 마지막 글자 且로 보면 그 아래 왼쪽에, 또 소위 제5행의 한 글자 日(천지 逆)로 보면 그 오른쪽에 위치한다.(그림 13 참조)

金을 내주는 곳은 당연 이를 관리하는 관서였을 것이고, 金을 일시적으로 받았다가 반환하는 주체내지는 대상은 "夫逆"이란 용어에서 찾을 수 있다. 逆은 앞서 목간2에서 살펴본 바와 같이 受領, 領收로 풀이할 수 있고 이에 夫逆이란 夫가 逆 즉 受領한 것이 된다. 관청에서 金이라는 당대 최고가품을 일정 기간 지급했다가 다시 회수하거나, 수령했다가 다시 반납하는 상황이 반복되

---

102 이전 원고에서는 이를 卄으로 판독했으나, 윤선태 교수안에 따라 十九로 수정한다.
(윤선태, 2023, 앞의 논고, p.보완요)

는 정황이다. 더군다나 지급일 혹은 수령일, 회수일 혹은 반납일과 수량이 기재에서 가장 중시된 기록방식이다. 요컨대 이 면의 내용은 金工관련 작업을 위한 金의 出入기재 기록 장부다. 이 문서는 일자별로, 出과 入시에 건건별로 각각 축차적으로 기록되어 겹겹 누적된 것이다. 그런 면에서 정식 최종 문서라고는 할 수 없겠지만, 金의 출납을 담당하는 국가관서 담당 일선의 현장 기록장부로 볼 수 있다. 단 追記나 逆書 즉 回轉書法 등으로 볼 때, 최종단계의 것은 아니고 현장에서의 1차 기록인 것으로 보인다.

10. [內-亡]組合說에 대한 논평

윤선태 교수는 [亡-內]가 아니라 [內-亡]을 1組로 상정하였다. 內-亡의 의미, 內-亡의 구조에 대한 인식은 필자와 같으나, 재구성에서 의견을 달리하고 있다. 즉 금이 먼저 들어오고 이후에 망출(소진)되었다는 해석이다. 구체적으로 某日에 夫逆 金을 內 즉 內入하고 그 다음날 그것을 亡 즉 消盡했다는 것이다. 내입 후 翌日 망출이 이뤄졌다는 가정은, (3)의 內가 8일, (4)의 亡이 9일, (9)의 內가 19일, (10)의 亡이 20일인 점에 착안 것이다. 〈某日[內+품목 수량 생략] － 翌日[亡+품목 수량 기재]〉의 형식이라면, 內-亡 행위 간 1일 term(間隙)說은 해당 품목과 수량 즉 夫逆 金 얼마는 하루 뒤의 지출을 전제로 내입된 것이 되며, 품목과 수량의 생략 역시 하루 뒤의 지출을 전제로 생략된 것이 된다.

사후에 망출될 품목과 수량을 사전에 생략기록하였다는 설명은, 품목과 수량을 기록의 생명으로 하는 행정 기록에서는 납득하기 어려워 보인다. 內를 기록하는 〈某日〉의 시점에서는, 문서적으로는 생략된 기재의 내용을 유추할 근거가 전혀 없기 때문이다. 동남리 목간1의 1면이 月日을 순차적으로 기록한 것이며 日字별로 逐次的으로 기록을 거듭한 메모다. 11월 8일 기록 시점에서는 (1)(2)(3)까지만 기록되어 있었을 것인데, (3)의 기록을 보고 아직 기록되지 않은 미래에 기록될 (4)에 기록된 항목과 수량을 유추하는 것은 불가능이다. 이는 (9)와 (10) 사이에도 마찬가지다. 본문서에서 생략서법은 앞서 설명한 바와 같이 月數에서도 볼 수 있는데, (3)과 (4), (8)과 (9)(10) 사이에 보듯, 선행 기재를 전제로 후행 생략이 원칙이다. 즉 생략한 기재의 내용은 후행하는 문장이 아닌 선행하는 문장에서 찾을 수 있다. 요컨대 생략기재란 뒤의 것이 아니라 앞의 것을 전제로 하는 것이다.

한편, 윤선태 교수설처럼 [內-亡]組合으로 볼 경우, 목간 앞머리 (1) 즉 "…[ ]二兩 內已."의 기재는 고립되게 되어 설명이 용이하지 않다. 이에 대해 윤선태 교수는 內入액의 총량을 머리에 집계기록한 것이며, 제일 나중에 기록한 것이라고 설명하였다.[103] 문서 제일앞머리에 총액을 집계해 기록했다는 것은, 이 기록이 완결체였음을 전제로 한다. 즉 일정기간의 納出을 계상 총집계해서 머리에 기록하고, 그 세부사항을 그 아래 일자별로 기록한 것이 된다. 그런데, 본목간은 追記와 回轉書法 등이 이뤄지고 있는 일자별 기록이어서, 기록도중의 장부다. 총집계는 이런 목간들을 모아 집계하여 정식문서에서 이뤄졌을 가능성이 크지 않나 싶다. 또 총집계가 이뤄졌다라도 머리가 아니라 말미에서 이뤄지는 것이 집계순서상 자연스럽고, 실제 좌관대식기의 사례에서도 말미에서 집계가 이뤄지고 있다.[104] 가장 나중에 기록했다는 근거로 삭도로 깎아내었을 것이라는 추정 역시 논증이 어렵다. 아울러 (1)"… [ ]二兩 內

---

103 윤선태 교수는 이 부분이 목간1이 대상으로 하는 일정 기간 즉 11월 12월 전체의 金의 총수량이 정리기재되었을 것이라 하였다. 기왕의 기재분을 깎아내버리고 거기에 새롭게 기재했다는 것이다. 목간1의 두께가 매우 얇은 것은, 정식문서에 옮겨적은 이후에는 계속해서 깎아내고 다시 재활용을 거듭했기 때문이라고 추정하였다. (윤선태, 2023, 앞의 논문, pp.82-83.)

104 戊寅年六月中 佐官貸食記, 固淳多 三石 … 幷十九石, 得十一石.

已."로는 廾이나 合같은 용어를 확인할 수 있는 것도 아니어서 집계로 단정하는 것은 무리다.

또 [內-亡]組合이며, 內와 亡의 간격은 하루 사이라는 주장에 대해서다. (3)과 (4).(9)와 (10) 기간 간격이 하루인 것처럼, (7)과 (8) 사이도 하루 간격이어야 하고, 그렇다면, 결락되어 알 수 없는 (7)부분에는 "十二月十日 內已"가 와야 한다. 그런데, 생략법 상 그러한 상정이 어렵다. (7)"十二月十日 內已"이었다면, (8)에서 "十二月"은 생략형인 "月"로만 기록되어야 하기 때문이다.[105]

하룻사이로 금의 일정량이 들어왔다가 나가는 상황의 기록이라는 전제아래서 이를 바탕으로 금이 국가 기축 화폐로서 활용되었다고 주장되었지만[106] 논리의 비약이다.[107] 內-亡 간에 하루 사이였다는 것은, 亡-內조합설에서 보면, 제작품을 격납받고 난 다음날에 다시 亡出 즉 금을 내어주어 다음작업을 시작케 한 것이 된다.

IV 제작 금공품과 품별 金 소요량 장부 – 목간2의 2면

본 장에서는 앞 장에 이어 목간1의 제2면에 대해 검토한다.

---

105 혹여 (3)과 (6)을 지적할지 모르나, (6)앞은 之라는 종결어로 일단락되었기에 (6)에서 十一月을 月이란 생략어를 쓰지 않았을 것이다.

106 윤선태, 2023, 앞의 논문, p.85.

107 김창석, 2023, 앞의 논문, pp.327-328.

1. 판독과 서식

2면에 대한 연구소의 판독은 아래와 같다.

1행 ×　　　[ ]甲[可]子作用三重又己漲ホ末水作　」
3행 ×　　　　　　　　　　　　　〈五主〉
　　　　　　　　　　　　〈2행에서 이어짐: 위아래 거꾸로씀〉

2행 ×　　　[ ]因涇用金三重又□來尒牟尒作用　」
4행 ×　　　[ ]作八重[不/分][練/縺]金　　　　　」

이에 대한 필자의 의견은 다음과 같다. 可란 판독은 불분명한데 刀로 보고자 한다. 또 漲, 涇을 張, 經으로 고쳐본다. [不/分]은 不로 [練/縺]은 鏈/縺으로 보아둔다. 重은 主로 읽어둔다.

逆書된 〈五主〉를 그 다음 행 즉 尒牟尒作用에 이어지는 것으로 파악하였으나, 이는 1행 즉 又己張ホ末水作〈金〉에 이어지는 것이다. 1행 하단에서서 2행 하단에 걸쳐 〈金五主〉를 비틀어 쓰고 거꾸로 쓴 건에 관한 건이다. 문장의 진행 순서를 확실히 보여주기 위한 궁리다.

이에 연구소 판독을 수정한 필자의 판독은 아래와 같다.(그림 15 참조)

1행 ×　　　甲刀子作用三主又己張ホ末水作〈金〉　」
　　　　　　　　　　　　　〈金〉은 우로 45도 비틀어씀

2행 ×　　　　　　　　　　　〈五主〉
　　　　　　　　　　　　〈위아래 거꾸로씀〉

3행 ×　　　囚因經用金三主又載來尒牟尒作用　」
3행 ×　　　囚作八主不鏈金　　　　　　　」

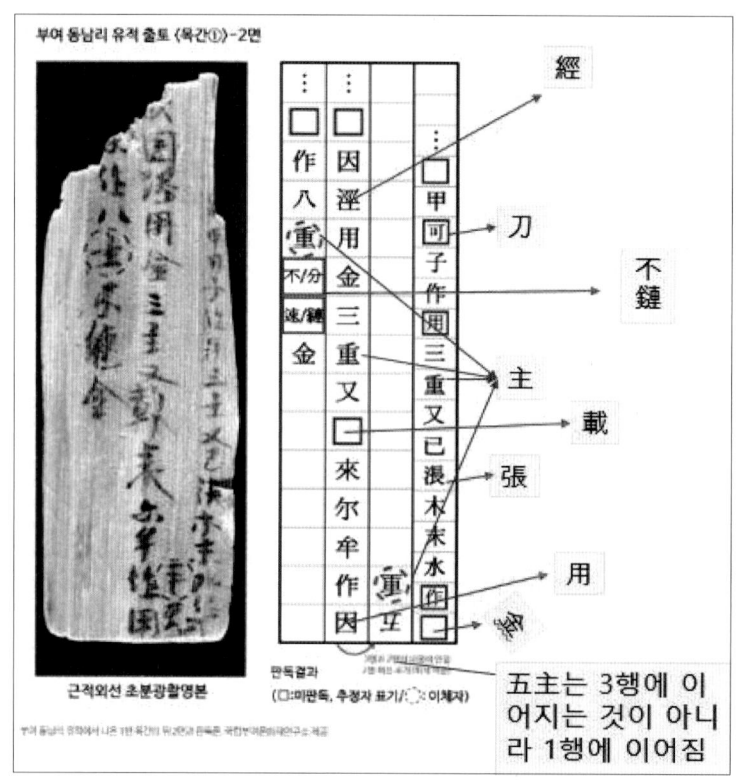

그림 15. 동남리 목간1의 2면 연구소 판독과 필자의 수정안 (보도자료 가공)

　… 甲刀子作用三主.
　　又 己張尒末水作金五主.
…囚因經用金 三主
　　又 載來尒牟尒作用 …
… 囚作八主. 不鏈金

필자의 刀子 판독 이후 관련 판독이 동의를 얻고 있는 듯하다.108 다만

---

108 필자가 刀子라고 판독한 이래(이용현, 2023, 앞의 논문, p.140) 윤선태와 김창석 교

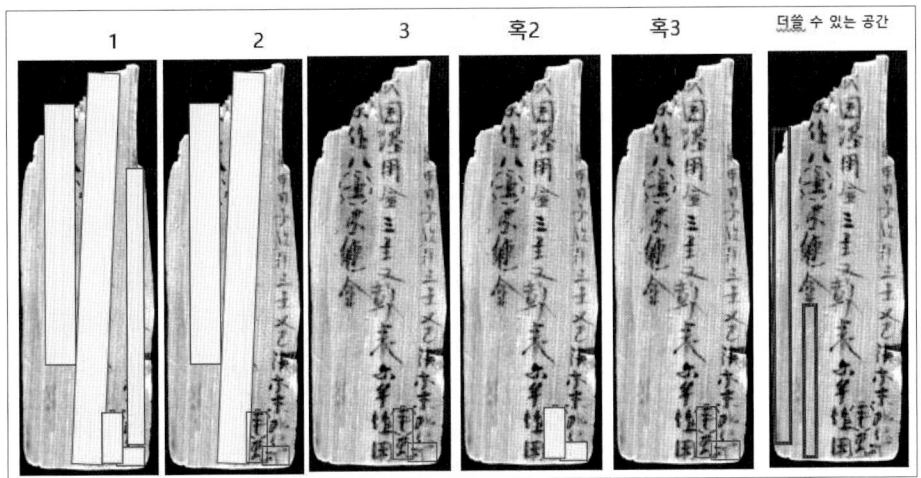

그림 16. 동남리 목간1의 2면 서사 순서와 단계 설정안

판독에는 이견도 있는데 대표적으로 經을 泾, 載來를 戴耒로 읽는 이견도 있다.109 아울러 추기와 회전서법을 감안하여 서사 순서를 추정해볼 수 있다.(그림 16 참조) 한편, 목간1의 2면에 대한 서식은 다음과 같이 분석해 볼 수 있다.

물품	+ 作 用 金 + 수량		
………[ ]甲刀子	作 用	三主.	(1)
又 己張朩末水	作 金	五主.	(2)
………[次因經	用 金	三主.	(3)
又 載來尓牟尓	作 用	…	(4)
………………尓	作	八主. 不鏈 金.	(5)

수 모두 이에 동의하였다. (윤선태, 2023, 앞의 논문, p.83. 김창석, 2023, 앞의 논문, p.321)

109 윤선태, 2023, 앞의 논문 : 김창석, 2023, 앞의 논문.

이상의 판독을 토대로 상세히 분석하기로 한다.

2. "作用"·"金"과 "又"

作은 삼국시대에 폭넓게 사용되었다. 고구려, 신라에서는 城이나 음식조리, 기와 제작 등에 쓰였다.110 백제에서는 作은 5~6세기 鏡, 전돌, 기와, 팔찌 등의 제작에 쓰였다. 作과 관련해서는 백제에서 주목할 몇 개의 자료가 보인다. "作"(군수리사지 塼片)과 "上水瓦作五十九」 夫瓦 九十五」 作那魯城移文"(상수와를 만든 것이 59개, 부와(를 만든 것)는 95개, 만든 이는 나노성의 이문: 금산백령산성 기와)111가 있다.

    上水瓦 作 五十九 -a
    夫瓦 九十五 -b

위 충남 금산 백령산성 기와는 [물품 + 作 + 숫자]의 서식으로 "물품을

---

110 [고구려] 十谷民造(지안 기와, 338년), 願作.(지안 기와, 4세기), 作食人(덕흥리 고분 묵서, 408~409년 추정, 남포), 小兄相夫若牟利造作.(평양성 석각1, 569년 혹 589년), 物苟小兄俳湏百頭作節矣.(평양성 석각2, 589년), 造盖墓瓦, 又作民四千…(지안 丁巳명 와당, 357년)[6세기 신라] 作民沙干支(중성리비, 501년), 書石谷字 作之 食人, 作功人(울주 서석곡 원명, 525년)作善(단양 적성비, 6세기 중엽), 作人七千人(영천청제비, 536년 혹 596년), 作城也.(명활성비, 551년), 文作人(대구 무술오작비, 578년), 南山新城作節, 如法以作(경주 남산신성비, 591년), 作人 居丁次 及伐(수력지명 각석, 삼국말) : 4세기 刀 제작에는 "造"가 사용되었다. : 造百練鐵七支刀, 爲倭王旨造 (칠지도, 396년 추정).

111 부여박물관, 2007, 『그리운 것들은 땅 속에 있다』.

만든 것이 몇 개 /(혹은) 물품을 몇 개 만듦"이다. 같은 서식이 연속되면서 이어 나오는 b에서는 作이 생략되었다.112 공주 무녕왕릉 왕비팔찌 명문에도 물품제작과 관련 "作"을 사용하였다. 이밖에 무녕왕릉 鏡이나 塼의 제작에도 "作"이 쓰였다.113 이처럼 백제 웅진시대와 사비시대에 제작관련 용어로 "作"이 頻用되고 있었다. 한편 백제와 깊게 관련지워지는 일본 아스카이케 공방 유적 가운데, 목간에서도 금공품 못 제작과 관련하여 "二斤三(兩)으로 卅六釘을 만들었다[作]"고 할 때 作을 썼다.114 후대인 고려시대에 "作"은 제작 관련 용어로 계승되고 있었다.115

作用에서 用은 쓰다는 뜻 외에 다른 것을 생각하기 어렵다. 用은 "經中入

---

112 "上水瓦作五十九」. 夫瓦 九十五」作. 那魯城移文"으로 끊어읽고 (상수와를 만든 것이 59개, 부와는 95개를 만듦. 나노성의 이문)이라는 해석도 가능은 할 것이다. 다만, 3행으로 문장을 나누어 쓴 것에 의미가 있다면, 본문처럼 생략형으로 보는 인식이 좀더 자연스럽다. : 作은 신라의 사례에서는 요리를 만들거나, 축성작업을 하거나, 어떤 물건을 만들거나 하는 경우 등 다양하게 사용되었다. 안압지(월지) 목간에서는 대체로 〈년월일+作+동물가공 음식품(+이 담긴 용기)〉(언제 만든 무슨 음식물)의 서식이 많고, 남산신성비, 대구무술오작비 등의 사례와, 삼국사기 직관지 관아 중 例作府와 같이, 作이 짓는 것, 조영하는 뜻으로 많이 쓰였다. 월성해자 목간 등에서는 〈제작자 + 作(누가 만듦)〉의 사례 등 다양하다. 또 함안 성산산성 목간에서는 米十斗酒作, 米四斗 幷十四斗瓮(쌀 10斗로 술을 만들고, 쌀 4斗로/술을 만들어), 합하여 14斗 항아리)여서 만들다, 빚다, 주조하다의 뜻으로도 쓰였다.

113 □土 壬辰年作□(공주 무녕왕릉 전, 6세기), 尚方作竟 (공주 무녕왕릉 경, 6세기), 遣開中費直穢人今州利二人等 取白上同二百旱 作此竟(隅田八幡神社人物畵像鏡, 5세기후반).

114 ·□是卅六釘○三寸/□ ·以二斤三(兩)作 (飛藤1-75호: SX1222 粗炭層).

115 고려시대 사찰 봉업사 명문 토기에 제작과 관련 "作"이란 용어를 쓰고 있다. 瓦草作伯士(이남규 등, 2017, 『고려시대 역연대 자료집』 세종문화재연구원 엮음, 학연문화사).

用思(經에 넣어 쓰려고 생각하여)" "公取□用在之(「公이 取□하여 쓰셨다"
(모두 경주 월성해자 목간) 등 신라 자료 중에 빈출하였는 바, 백제 자료에서
도 "广淸麥靑耳□用□□麻□□"(능산리사지 능사7호 목간), "官內用"(나주
복암리 토기 刻書) 에 이어 관련 용례가 추가된 것으로, 백제에서도 신라와 마
찬가지로 用이 쓰다는 의미로 자주 사용되었음을 짐작할 수 있다. 연천 호루
고루성 기와폐기장에서 출토된 명문와에 쓰다는 의미의 用이 보인다.[116] 그
가운데 가장 주목되는 것은 연수명 은합 명문의 用이다.

延壽六年 太歲在卯三月中, 太王 敬造 合杅 用 三斤六兩 : 연수명 은합 뚜껑면
延壽六年 太歲在辛三月中, 太王 敬造 合杅 用 三斤 : 연수명 은합 바닥면

즉 "만든[造] 물품에 쓰인[用] (금속량이)얼마"라는 용법이다. 여기서 造
用과 목간1의 2면의 作用이 정확히 대응되며, "만드는 데 쓰인"이 된다. "作用"
앞에 오는 것들은 缺字가 많고, 내용 未詳이어서 그 실체를 정확히 파악할 수
는 없지만, 연수명 은합의 사례를 참조하면 제작된 물품에 대한 내용이 어딘
가 있어 마땅하다. 앞서 말한 바와 같이, "-經"(3), "-水"(2)나 "-刀子"(1)로
볼 수 있다면, 물품일 가능성이 높다. 금산 백령산성 기와의 용례 a,b나 연수
명 은합의 예를 참조하면, 목간1의 2면에서 (1)(2)(3)은 〈[물품을]만드는 데 쓴
금이 얼마〉란 내용이 걸맞는다. (4)尒牟尒나 (5)의 [ ]尒는 音借로 보이는데,
그 실체를 단정할 수는 없으며, 인명이나 지명같은 고유명사, 혹은 물품명 등
의 기타 백제 고유어를 상정해볼 수도 있다.[117] (4)尒牟尒앞의 載來는 수식어
일 가능성이 크다. "가져오다, 가져온"으로 試釋해둘 수 있다.[118] 인명이라면,

---

116 "小瓦七百十, 大瓦…百八十, 用大四百卅, 合千… : 작은 기와 780, 큰 기와… (몇)백 80, 쓴 큰 것 430, 합 1천….

117 주서 백제전에 보이는 王號로 於羅瑕, 鞬吉支는 백제어 중 대표적인 音借표기다.

〈누가 만드는 데 사용한 금이 얼마〉가 된다. 그렇게 되면, 물품 별 사용된 金의 양과, 사람 아마도 工人 등 제작부서의 인원 별로 사용된 金의 양을 함께 적은 것이 된다.[119] 모두 물품이라면 당연, 모두 물품 별 金 소요량을 기록한 것이 된다. 즉 목간의 이 면은 金 사용처에 대한 기록장부다. 그런데 又는 같은 단어 유사한 문장의 연속 시에 쓰이며, 덧셈을 할 때도 사용된다.[120] 이미 백제 목간에 다음과 같은 사례가 있다.

[Ⅳ : ● ×又十二石又十二石又□□石十二石又十□石又十二石□□二石 」
(…又十二石, 又十二石, 又□□石, 十二石, 又十□石, 又十二石, □□二石.)](부여 능산리사지 지약아식미기),
…前巷 奈率 烏胡留, 非頭 扞率 麻進, 又 德率 □… (나주 복암리목간 보고서3호)[121]

又 앞 뒤의 단어는 서로 등가성 용어가 대응 나열되었다. 이 목간을 그 점

---

118 백제계 사료를 참작했다고 보이는 일본서기 부분, 또 백제계 인물이 편찬에 관여했던 것으로 여겨지고 있는 일본서기에는 將來(데려오다)란 표현 즉 〈동사+來〉란 표기가 있어 참조된다.(其方軍士、攻函山城。有至臣所將來民筑斯物部莫奇委沙奇、能射火箭。: 일본서기 흠명기)

119 (3)(4)의 앞 부분이 물건명이 아니고 사람이름 즉 工人이라면, (1)(2)(3)이 완성된 물건 혹 제작 중인 물건이라면, (4)(5)는 제작에 아직 들어가지 않은, 혹은 물건의 형태를 규정할 수 없는 상황에서의 工人 보유분이 된다.

120 又의 용법에 대해서는, 이용현, 2007, 「목간」『백제의 문화와 생활』(백제문화사대계 12), 충청남도역사문화연구원.

121 관련 목간의 연구사는, 이용현, 2022, 「목간, 당대인이 전한 사비백제의 기록」『사비백제사1』, 부여군, pp.510-511 : 이용현, 2013, 「복암리 목간 연구 현황과 전망」『목간과 문자』10, pp.67-69.

에 유의해 살펴볼 필요가 있다.

> ………甲刀子 作用 三主. 又(1) 己張朩末水 作金 五主. ……次因經 用金 三主. 又(2) 載來尒牟尒 作用 ………………尒 作 八主. 不鏈 金.

又(1) 앞의 刀子는 물품이고, 뒤의 水 역시 물품이다. 又(2) 앞의 經도 물품으로 볼 수 있으므로, 뒤의 載來尒牟尒 역시 물품일 가능성이 크다. 又는 [물건+作用金 얼마]와 [물건+作用金 얼마] 사이를 연결하고 있다. 결실된 … 부분의 [물건+作用金 얼마] 앞 뒤에도 又가 있었을 가능성이 있다. 요컨대 又로 연결된 앞 뒤 간의 문장은 같은 성격의 반복이었을 가능성이 높고 이에 作用 앞의 것들은 "~經" 등은 물론, "載來尒牟尒" 나 "~尒"도 역시 물품일 가능성이 높다고 판단해둔다. 요컨대 해당면은 [물품 + 作用 + 金 얼마] 물품을 만드는 데 사용한 金이 얼마의 서식과 그 반복이었다고 판단한다. 又의 성격으로 미뤄보아 동시에 件別 소요 金의 양의 기록과 집계로도 보인다. 목간1의 2면은 〈물품 + 作用 金 + 얼마〉의 연속이었을 가능성이 크다. 이러한 문장과 문장은 又로 이어졌을 가능성이 크다. 作用 金 중에 作 하나, 또 用 하나, 金 하나가 생략되기도 했다. 생략되더라도 모두 같은 뜻이었다고 보인다. 이상의 이해를 전제로 하여, 해당면의 내용은 [제작물품+제작행위+금의 사용량(금의 종류)]의 열거로 판단된다. 이는 [무엇을 만드는데 사용한 것(금)이 얼마다. 이들 물품은 金을 소재로 해서 제작되는 것은 金工品이다. 이 면은 제작 금공품들의 목록이며 각각 金의 소비량(소요량)이 부기되어 있는 리스트다. 시간이 기재되어 있지 않아, 이 기재 순이 제작 順인지, 보관고에 보관되어 있는 공간별인지 어림잡기 어렵다. 여기에 등장하는 金에 대해서는 그 수량이 몇 主와 같이 兩의 하위 단위로 量이 미세한 점, 그리고 물품 제작 재료로 쓰인 점에서, 금속의 金gold로 보인다. 백제에서 익산 미륵사지 金丁과 능산리사지 목간에서 金의 용례를 찾을 수 있다.

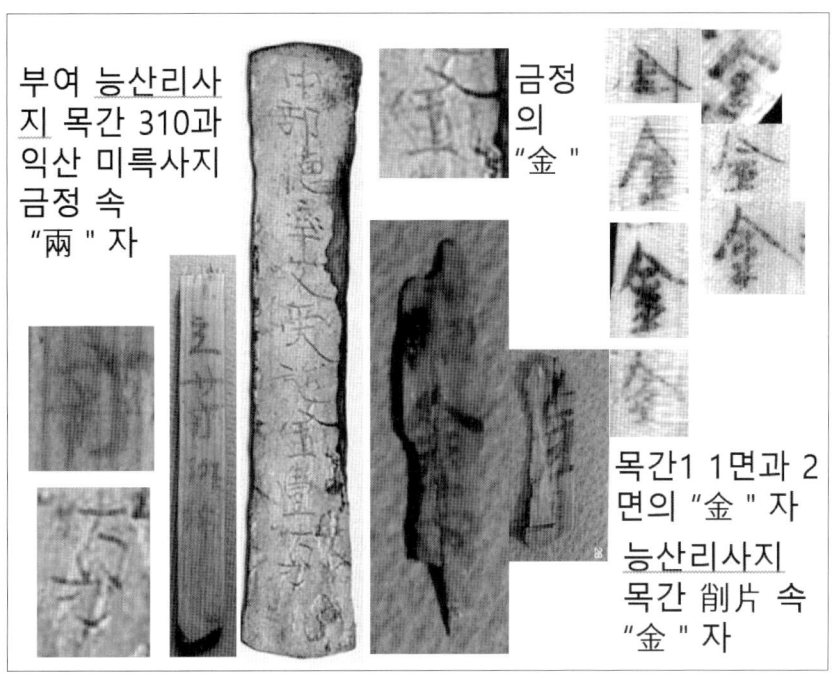

그림 17. 능산리사지 목간과 미륵사지 금정의 "金""兩"

- 中部德率支受施 金壹兩 (익산 미륵사지 金丁) 중부 덕솔(4등) 지수가 보시한 금1량

×□金□× (능16 : 국립부여박물관, 2008, 〈백제목간〉 p.47)

×金× (능17-28 : 국립부여박물관, 2008, 〈백제목간〉 p.50) (그림 17 참조)

이들의 서체 역시 목간1의 金과 유사하다. 또 익산 미륵사지 金丁 실물의 무게를 환산하면 당대 1량을 짐작할 수 있다.[122] 목간1의 1면에 보이는 兩의 서체 역시 백제 자료에 빈출한다. 위의 익산 미륵사지 金丁, 능산리사지 목간,

---

[122] 상세한 기존연구는 손환일, 2009, 「百濟 彌勒寺址 西院 石塔 金製舍利奉安記와 金丁銘文의 書體」 『신라사학보』 16, p.84.

쌍북리 목간 등에 있다.

사비시대 금공품으로는 王興寺址와 陵山里寺址 출토품에서, 또 각종 금동불상에서, 그 면모를 볼 수 있다. 앞서 웅진시대 공주 무령왕릉에서도 이미 유사한 제품의 생산이 이뤄지고 있었다. 본 목간과 동일시대인 사비시대 금공품 중 王興寺址의 것을 들어보면, 금제사리병·금제목거리장식·금실·금제구슬·탄목금구·금판·금제모자장식·금제귀걸이·운모장식 중 마름모형 금 등이 있다.[123] 물론 은제품, 동제품, 철제품과 옥제품, 瓦제품 등도 있다. 이들의 공통점은 모두 王室用 물품이란 점이다. 즉 백제에서 금공품은 대부분 왕실 전용이며 일부 고위 귀족에게 공급되고 있었다. 해당 목간의 금공품 제작 역시 궁정과 사찰 등 왕실과 고위귀족의 소비품이었을 것이며, 국가 관영 공방을 지휘하는 국가 부서에서 관리 제작되었음에 틀림없다. 금속 중 최고가의 金이 철저하게 관리되었을 것임은 의심의 여지가 없는데, 동남리 목간1은 바로 그러한 백제 사비시대 왕도에서 국가의 金 관리의 실태를 여실없이 보여준다.

사비시대에 앞선 웅진시대 銀工品에 또, 사비시대 익산 金工品에 각각 소재 금속의 용량을 표시한 사례가 보인다.(무녕왕릉 왕비팔찌 "(銀)百卅主", 미륵사지 金丁 "金壹兩") 금속제품에 소요 금속의 용량을 기재하는 사례는 백제에 앞서 고구려 금속제품에 보이는 바다.(앞서 인용한 연수은합명 "敬造 合杆 用 三斤六兩"). 이러한 사례는 이미 선진 중국의 사례에서 목격되는 바고, 그로부터의 영향받은 것임은 물론일 것인데, 이러한 소재금속 용량에 대한 주목과 표시는, 해당 금속 용량의 정밀한 관리를 전제로 하는 것이다. 공주 무녕왕릉 금공품의 화려함을 보건대, 이같은 金 관리 체계와 출납 문서행정은 늦어도 웅진시대 6세기 초까지 소급될 것이다. "作用金"은 金의 종류가 아니라

---

123 국립부여박물관 국립부여문화재연구소, 2008, 『百濟王興寺』(특별전도록), p.23, pp. 26-29, p.37.

앞서 밝힌 바와 같이, 어디에 쓴 金이란 관용구였다. 이에 비해 "不鍊(鍊)金"이란 金의 속성을 이르는 것으로 추정된다. 사비기 금공방은 익산 왕궁리 유적에서 확인되었는데, 금연꽃구슬, 瓔珞, 연결고리, 구슬, 돋을새긴 금판, 금못, 금막대, 金絲, 金箔 등 금제품을 제작하기 위한 도구와 공정상의 유물이 출토되어, 이곳에서 금세공이 이뤄졌음을 알 수 있게 되었다. 금 가공기술은 鑄造, 鍛造, 鍍金, 금알만들기, 鏤金 등 다양하다.[124] 이미 알려진 출토 백제 금공품의 성분분석에 따르면 금의 순도에 차이가 있다.[125] 순도를 높이기 위해 정련작업의 정도가 세분화되어 있었던 것이 아닌가 한다.

3. 목간1의 성격

목간의 하면은 완형이나 상면은 파손된 상태다. 목간1의 양면 중 어느 면을 제1면으로 삼을지 단정이 어렵다. 하단 단면은 ∩형태로 볼록모양이며 "…二兩內已"로 시작하여 "二兩六主月卄"로 끝나는 면(연구소 명명 제1면,앞면)이 볼록면에 기록된 것이고, "…[末]甲[刀子作用三主"로 시작 "作八主不鍊金"로 끝나는 면(연구소 명명 제2면,뒷면)이 오목면의 기록이다. 오목면과 볼록면의 상태는 당대 제작 상태를 충실히 반영하는 것이라면 외형면으로는 "…二兩內已"로 시작하여 "二兩六主月卄"로 끝나는 면(연구소 명명 제1면)이 앞면일 가능성이 크다. 앞면은 금공품의 제작에 따른 일자별 기록이고, 뒷면은 제작품별 기록이다. 다만 내용으로 볼 때, 앞면(연구소 1면)을 다 채워쓰고,

---

124 노태천, 2007, 「과학과 기술」『백제문화사대계 연구총서11-백제의 사회경제와 과학기술』, 충청남도역사문화연구원, p.397, pp.419-411.

125 이귀영, 2011, 「백제 금속공예 기술사 연구」, 고려대 박사논문.
신용비, 2021, 「신라 금제품의 화학조성과 누금기술」, 공주대 박사논문.

뒷면(연구소 2면)을 썼을 수도 있지만, 앞면과 뒷면을 건이 발생할 때마다 동시에 발생시점별로 기록하였을 가능성도 있어 보인다.126

한편으로 목간1의 1면이 시간대별 金의 出納 기록이라면, 목간1의 2면은 물건별 金 소비량의 기록이다. 1면은 2兩 內 : 9主 亡 = 內 : 5主 刀子作之 2兩, 2兩6主 亡 = 內 : 이어서 모두 3兩7主이상이 된다. 2면은 21(=3＋5＋3＋8)主 ＋a가 된다. 목간 상부 결실 부분에 더 기재가 있음을 감안하더라도 대량의 金이라 볼 수는 없다. 이는 綿류가 10兩, 20兩 혹은 곡물이 斤단위로 계량 기록 관리되는 것과 차이가 크다.

立卄兩綿班,「◎代綿十兩」(쌍북리280-5번지 신성전기창고부지 유적, 309호)
・×]□四斤一兩 /] □七斤四兩 (쌍북리173-8유적 233호)127

결론적으로 목간1은 축차적으로 시간대별, 제작건별로 기록되었을 가능성이 커보인다. 그리고 A면과 B면의 先後관계다. 어느 쪽을 먼저 쓴 것인지다. 1면을 먼저 써서 다채우고 다음 2면으로 넘어간 것이라는 가설을 생각해 볼 수 있다. 또 하나는 애초 1면과 2면의 기록 내용이 달라, 1면과 2면을 동시에 사건발생 별로 축차적으로 써내려가기를 거듭했다고 볼 수도 있다. 혹은 양면을 동시에 기재해 갔다고 볼 수도 있다.

일본 고대 飛鳥池 공방 유적에는 금속공예품의 가공과 관련된 목간이 남아 있다. 금속못 제작 생산과 관련하여, 국가에서 공방에 금속을 지급하고 가공품을 생산케 하였는데, 목간에는 금속의 지급분, 제작과정에서의 망실분, 회수분을 상세하게 기재하였다.128 즉 금속공예품 제작과정에서 소요되는 금

---

126 2022년 12월 16일(금) 백제학회, 경북대 인문학술원 목간사업단 공동 동남리 출토 목간 실물 조사(5점) 시, 관찰한 필자의 소견에 의한다.

127 李浩炯, 2013,「扶餘雙北里173-8番地遺蹟木簡의 出土現況 및 檢討」『木簡과 文字』 11, 한국목간학회.

속의 양을 상세하고 철저하게 관리하고 있었음을 말해준다. 사비시대에 앞선 웅진시대 은제품 명문에 "庚子年 二月 多利作, 大夫人分, 二百卅主耳.：경자년(520) 2월, 다리가 만듬, 대부인의 것, (은 소요량)2백40주"는, 제작년월과 제작자, 소유자, 소요 금속 은의 양이 기재되었다. 이들자료는 백제의 금속공예, 특히 금공품 제작과정의 행정을 유추하는 데 참고가 될 것이다. 金은 최고 가치의 금속이자 귀중품이었으므로, 국가가 보유하고 있던 金의 출입관련 관리는 가장 철저했을 것이다. 목간1은 바로 그러한 金관련 물품제작상 사용 관련 출납 리스트다. 말하자면 金은 最高價品으로 미세한 용량까지 철저하게 국가의 관리대상이었으며, 이 목간은 현장에서 그 관리 과정에서 생성성된 관리대장류의 문서였다.

　　사비기 왕도의 금속 공방은 정림사지, 능산리사지, 부소산폐사지 등 사원 부속의 것이 있고, 관북리 나지구 유적, 쌍북리 56번지와 178-3번지, 두시럭 유적, 석목리 143-16유적, 궁남지 유적, 화지산 유적이 있는데, 이들은 왕실 등 수요처에 공급했다. 사비기 왕도의 금속 공방은 관북리→금성산 북록 쌍북리→대향로로터리부근 쌍북리→석목리의 순서로 변화하였으며 이들은 관영공방일가능성에 주목되고 있다.[129] 목간 발굴지 인근인 화지산 유적과 궁남지 유적에 금속공방이 있었던 것이 흥미롭다.

128　관련 자료는 여럿이지만 본고에서는 1예만 소개한다. ·受古釘六隻重十二斤 / 損二斤八両 / □九斤八両∥○□ [作力] 五寸打合釘·五十一隻○四月廿二日刑部麻呂 (平城宮7-11914(城12-7上(1))：平城宮中央区朝堂院東部)：古釘 六隻을 만들기 위해 重 十二斤을 수령[受] / 손실분[損] 二斤八両 / □이 九斤八両∥○□만든 것 [作] 이 五寸打合釘·五十一隻임 ○四月廿二日 刑部麻呂：

129　윤용희, 2009,「백제의 가마와 공방」『백제는 하이테크 국가였다』, 부여군, 2009.
　　정훈진, 2022,「도성의 수공업 생산」『사비백제사1』, 부여군, pp.486-487.

Ⅴ 結語

百濟 王都의 出納行政을 알 수 있는 文書로는 陵山里寺址의 支藥兒食米記, 雙北里의 佐官貸食記 등이 있다. 이들은 왕도 扶餘의 東北部에 위치한다. 능산리사지는 王室 古墳群에 위치한 陵寺이며, 쌍북리는 백제 官衙地區다. 扶餘 南部 花枝山 동쪽 기슭 아래 東南里 遺蹟에서 出納관련 백제 목간이 발견, 공개되었다. 王都 남부에서 처음 출토된 出納 資料라는 점에서 지역의 성격을 규정하는 데 중요지표다. 출토 목간 5점 중 2점 즉 목간1과 목간2의 분석을 토대로 왕도 출납 행정의 一端을 복원해볼 수 있었다. 목간2는 穀物 稗의 支給과 受領 기록이다. 목간 兩面을 각각 3段으로 나누어 墨書하였는데, 前面은 稗逆이라는 標題語 아래 〈瓦進+人名+丁+五斗〉 書式으로 前面 4人, 後面 4人 計 8人을 기록하였다. 丁은 百濟戶籍制에서 成人男性을 稱한다. 逆은 受領이란 뜻으로, 이들 8人이 각각 稗 五斗씩을 수령하였음을 기재한 것이다. 雙北里 佐官貸食記 목간에서 보이는 인명 앞에 붙은 佃은 小作農耕이란 職役을 표시한다. 瓦進 또한 그와 같이 職役이며, 瓦를 貢進하는 부문으로 추정된다. 稗는 6~7세기 新羅 왕경과 지방 목간에서 2等 穀物로서 民間의 食糧 중 하나였다. 百濟에서도 같은 시기 食料였음을 알게 해준다. 왕도 사비의 개발과 경영 과정에서, 王宮・佛教寺院・官衙에서 瓦의 需要가 있었고 이에 대한 調達體系가 組織되었을 것인데, 徭役의 대상인 丁을 동원배정하여 瓦博士・瓦工같은 기술자 아래 補助役으로서 配定하여 官營調達되고 있었던 것으로 추정된다. 人丁 1人当 稗五斗는 職役 瓦進에 대한 代價 즉 給料 혹 食料로 추정된다. 목간1은 金의 出納과 用處를 기록한 문서다. 상단이 파손되긴 했지만, 前後面 兩面에 左右 一定幅을 按配한 대략 판단된다. 단면은 凹凸(오목볼록)形狀인데 凸面이 前面, 凹面이 後面으로 設定해두고자 한다. 前面은 〈月日+亡+夫逆+金+數量〉와 〈月日+內已〉 書式이 조합을 이뤄 記載되었다.

이들은 金의 出納관련 기록으로, 內는 納이며, 已는 金이 納入, 格納이 完了되었음을 표시한다. 亡은 无로 金이 出納되어 없어졌음(亡損, 亡失)을 나태내는 用語로 보인다. 夫逆는 夫가 受領하였다는 뜻으로, 金 亡損 즉 支出 經緯 혹 要因, 受領狀況을 기록한 常套語 慣用語였던 것으로 보인다. 金의 數量은 주로 兩과 主가 사용되었다. 主는 앞선 6世紀初 熊津時代 公州武寧王陵 出土 王妃 銀釧 銘文"大夫人分二百卅主耳"에도 보이는 金銀의 數量詞였다. 後面은 〈物品名 或 人名 + 作 用 金 + 數量〉 書式으로 連續으로 記載되었다. "作用"은 "만드는 데 쓰다"는 의미여서, 〈어떤 物品을 만드는데 쓴 金이 얼마〉라는 내용이 된다. 作用과 金 3字 가운데 1字가 생략되기도 했다. 〈어떤 物品〉 부분의 일부는 〈누가 (즉 사람)〉일수도 있다. 金의 所用 단위는 主였다. 物品은 金이 活用되었으므로 金工品이다. 金工品이 제작되고, 金을 내어주었다가 다시 回收하여 格納되는 상황이 기록된 것이다. 이는 金工品 제작에 所要되는 金을 내어주고 완성된 製作品을 納品받는 과정을 반영한 기록으로 해석된다. 發注가 이뤄지고 所定期間 制作을 거쳐 納品되 는 과정, 그리고 그 과정에서 金의 出納과 納品品目을 細細하게 기록한 帳簿文書다. 夫逆 즉 金을 週期的으로 受領한 夫는 工과 함께 組를 이뤄 金工에 관여한 從仕者로 보인다. 受領者의 姓名을 쓰는 대신 一般名辭인 夫로 대신한 것은 共知의 反復되는 慣用的 日常的 狀況이었기 때문이고, 取扱者가 限定的이었기 때문일 것이다. 文書 末尾까지 記載가 完了된 後에는, 위 아래를 거꾸로 돌려 빈공간을 찾아 기재를 계속하였다. 또 문서는 일시에 모두 기록이 완료된 것이 아니라, 月日別로 金의 支給, 또 製品의 回收時에 그 때 마다 기록이 거듭된 것이다. 즉 追記가 時間順으로 件別로 蓄積된 것이다. 문서의 使用 期限은 대략 2個月 前後였으며, 1면에 4行을 原則으로 했던 것으로 보인다. 같은 규격과 종류의 문서가 릴레이식으로 기간별로 목간을 달리해가며 생성되었을 것으로 추정된다. 새로운 목간 장부를 쓰기 시작할 때는 1行에 이전 목간 帳簿의 기재사항을 縮約整理해 기재했다. 이 목간은 最終 報告 文書라기 보다는 現場에서의 관리 文書,

實務 帳簿의 성격이 강하다. 기재사항의 핵심은 金의 出納과 數量, 日時 그리고 制作된 物品의 目錄이었다. 문서 制作의 主體는 金工品을 제작하고 관리하는 副署로 보인다.

해당자료는 泗沘時代 즉 6세기에서 7세기 前半에 이르는 시기, 백제 왕도에서 稗, 瓦와 金, 金工品의 出納과 함께, 規格의 書式이 確立된 정밀한 管理 文書 作成을 중심으로 出納 文書行政이 技能하고 있었음을 보여준다. 한편 해당 자료는 瓦와 金工제작 관련 手工業 體制를 추정하는 데도 의미있다. 목간1과 목간2는 東南里 유적 楚石建物 東과 西의 排水路에서 出土된 것이므로, 建物址를 중심으로 한 유적 혹 그 주변이 瓦의 貢進 집단에 대한 稗의 支給과 受領, 金工品의 제작 담당과 관리를 담당하는 官署였을 것으로 추정된다. 金工品 제작 工房의 모습이 최고가품인 金의 出納 관리 및 金工品 制作 관리가 統制되는 閉鎖的 空簡이었을 가능성을 시사해준다. 그러한 金工工房이나 稗 등 穀物 倉庫가 유적 근처에 있었는지 여부에 따라, 遺蹟址가 창고 및 공방이라는 現場과 그 管理部門이 공반된 시설이었는지, 아니면 現場과는 별개의 문서정리 중심 장소였는지 판단할 수 있다. 본 목간출토 유적은 花支山 동북 자락에 걸쳐 위치한다. 화지산의 서쪽 자락에는 백제 기와 건물지 유적이 확인된 바 있다.[130] 그 바로 서편 궁남지에서는 호적목간이 출토된 바 있다.[131] 궁남지 북편에서는 동서방향의 도로유구가 발견되었는데, 그 동쪽은 화지산을 향한다.[132] 화지산 서편 유적에 대해서는 離宮으로서 주목되고 있으며[133], 특

---

[130] 국립부여문화재연구소, 2002, 『화지산 유적발굴조사보고서』: 부여군, 백제고도문화재단, 2018, : 심상육, 2019, 「사비도성 발굴의 최신성과 -화지산 유적을 중심으로-」『백제왕도, 동아시아 도성 경관의 상징』, 문화재청.

[131] 국립부여문화재연구소, 1999, 『궁남지』: 목간 연구사에 대해서는 이용현, 2022, 「목간, 당대인이 전한 사비백제의 기록」『사비백제사1』, 부여군, pp.511-512.

[132] 국립부여문화재연구소, 2001, 『궁남지Ⅱ -현 궁남지 서북편 일대-』.

그림 18. 목간 출토지와 인근 와요 및 정암리와요 생산 기와 소비처 (구글어스 활용)

히 630년대 宮南池 조성과 望海樓 행사 등 사비도성의 재정비와 관련지어 주목받고 있다.134 화지산 동편 동남리49-2유적 출토 출납목간은, 화지산 서편 궁남지 출토 호적목간도 시야에 넣어보면, 종래 이궁으로 지목되던 화지산과 그 주변이 궁궐 및 부속 관아일 가능성을 시사해준다.(그림 18 참조)

---

133 김대영, 2022, 「왕궁과 이궁, 후원은 어디에」『사비백제사1』 부여군, p.251.

134 김낙중, 2021, 「백제의 익산 경영방식의 전환과 사비의 재정비」『문화재』 54-2.

#03

대구 八莒山城 木簡의 재검토[*]
― 신라의 지방지배와 하찰목간 ―

•

하시모토 시게루(橋本繁)

(경북대학교 인문학술원 HK연구교수)

I 머리말

본고는 대구 八莒山城 목간을 재검토하여 신라 지방 지배의 실태에 접근

---

[*] 이 논문은 『동서인문』 22호(경북대학교 인문학술원 발간, 2023.8월) 수록 논문이다.
이 논문은 2023년 1월 29일~2월 2일에 개최된 경북대학교 인문학술원 HK＋사업단 제5회 국제학술회의 『목간에 반영된 고대 동아시아의 법제와 행정제도』에서 「新羅의 地方支配와 木簡-大邱 八莒山城木簡의 基礎的 檢討를 中心으로」라는 제목으로 발표한 내용을 수정, 보완한 것이다. 토론을 맡아주신 전덕재 교수님을 비롯하여 의견을 주신 여러 선생님들에게 감사드린다.

하는 것을 목적으로 한다. 팔거산성 목간은 2021년 4월에 처음 11점이 발표되었다. 함안 城山山城 목간과 같은 하찰로 추정되었고 또 '王私'(城)下麥'이라는 공통된 말이 있는 것이 주목되었다. 그 후의 발굴로 목간 5점이 추가로 출토되었고 현장설명회, 심포지엄, 학회 등에서 여러 차례 보고된 뒤 2022년 6월에 전경효 논문이 간행되었다.[1]

필자는 성산산성 목간을 중심으로 목간에 보이는 '王私' '城下麥'을 검토한 글을 2022년 4월에 발표하였다(이하 '전고').[2] '王私'를 왕·왕실 직할지와 관련된 말로 추정하였는데 아직 전경효 논문이 나오기 이전이었기 때문에 팔거산성 목간을 다루지 못하였다. 전고가 나온 후에 팔거산성 목간을 포함해서 '王私'에 대해 언급한 논문이 잇따라 발표되었다. 특히 '王私' 이외에 왕이 없는 '私'도 목간에 있다는 점이 지적되었다. 윤선태는 팔거산성이나 성산산성 목간에 보이는 '私'를 "공동체 해체과정에서 생출된 노비 이외의 다양한 경제적 예속관계 중의 하나"라고 하여 '私屬關係' '私屬人'을 뜻하는 것으로 보았다.[3] 홍승우도 '私的 隸屬人'의 뜻이라고 하였고,[4] 또 사람이나, 물품, 기관 등에 붙어서 '사적 관계'임을 나타내는 말이라고 하였다.[5] 박남수는 왕에 예속된 '王私', 개인에 예속된 사속인, 그리고 '某人이 소유한 私糧'이란 세 가지 의미

---

1 전경효, 「대구 팔거산성 출토 목간 소개」 『목간과 문자』 28 (한국목간학회, 2022).

2 하시모토 시게루, 「함안 성산산성 목간의 '王私'와 '城下麥'」 『신라사학보』 54 (신라사학회, 2022).

3 윤선태, 「대구 팔거산성 출토 신라 지방목간」 『신라학레뷰』 창간호 (동국대학교 신라문화연구소, 2022), p.50.

4 홍승우a, 「「신라촌락문서」의 기재 내용과 수취제도-戶口 관련 기재 내용을 중심으로」 『한국고대사탐구』 42 (한국고대사탐구학회, 2022), pp.281-286.

5 홍승우b, 「대구 팔거산성 출토 신라 목간 검토」 『대구사학』 149 (대구사학회, 2022), pp.28-31.

로 사용되었다고 하였다.[6]

이와 같이 짧은 기간 동안에 팔거산성 목간에 언급하는 연구가 잇따라 나온 것은 비록 점수는 적다고 하더라도 유사한 사료가 없어 고립되었던 성산산성 목간 그리고 신라촌락문서와 비교할 수 있기 때문일 것이다. 그런 비교 검토를 통해서 목간, 고문서 연구가 진전되고 나아가서는 신라의 세금 부담 체제나 지방 지배 등을 구체적으로 구명할 수 있을 것으로 기대된다.

그런데 그동안에 나왔던 연구는 불확실한 판독문에 의거하여 논리가 전개되었다는 문제가 있다. 전고가 성산산성 목간에서 새로 '왕사'를 판독해서 그 의미를 밝혔듯이 목간 연구에서는 정확한 판독, 그리고 그에 바탕을 둔 내용 이해가 무엇보다 중요하다. 본고는 먼저 팔거산성 목간의 재판독을 시도하고 내용의 특징을 지적한다. 그 다음에 성산산성 목간 등 다른 지방 하찰 목간과 비교하면서 신라 지방 지배의 일단을 밝히려고 한다.

II 팔거산성 목간 판독문의 재검토

먼저 목간 번호 순으로 판독문을 검토한다.[7] 보고된 16점의 목간 가운데 글자가 확인되지 않는 목간 6점은 생략하고 10점만을 대상으로 한다.[8] 판독문

---

6 박남수, 「「신라촌락문서」의 연령구분과 촌락사회」 『한국고대사탐구』 42 (한국고대사탐구학회, 2022).

7 이 절에서 인용하는 전경효의 견해는 다 전경효, 앞의 논문 (2022).

8 판독은 주로 국립경주문화재연구소가 촬영한 사진을 이용하였고 2022년 11월 22일에 목간을 실견 조사한 성과도 반영하였다. 사진 제공 및 조사를 허락하여 주신 국립경

표기법과 기호는 일본 목간학회 방식을 따랐다. 본고에서는 이하 팔거산성 목간을 '1호'처럼 목간 번호만으로 제시한다.

1호
「壬戌年安居礼甘麻谷×

(16.2)*5.5*1.0

하단이 파손되었다.
묵흔이 선명하여 판독에 문제가 없다.

2호
「䩵伐　　　∨」

22.0*2.3*1.1

파손된 부분이 없다. 하단에 홈이 있다.
글자가 선명해서 판독에 문제가 없다.

3호
□年王私所利□習□□麦石∨」

(22.8)*2.5*0.4

상단이 파손되었다. 하단에 홈이 있다.
전경효는 첫째 글자를 '卯'자로 추측하여 '乙卯' 또는 '丁卯'일 가능성을 지적하였다. 그러나 글자 일부밖에 남아 있지 않아 '卯'자로 볼 수 있을지 의문이다. 7번째를 전경효는 '琢'으로 판독하였지만 확인하기 어렵다. 9번째는 '走' 또는 '吏'의 가능성이 지적되고 있는데 '夫'로도 보인다. 10번째를 '伐' 또는 '氏'일 가능성이 지적되었지만 역시 판독하기 어렵다.

주문화재연구소 전경효 선생님께 감사드린다.

4호

「奈□□積作稻石戊辰年∨」

15.2*3.6*0.7

파손된 부분이 거의 없고 하단에 홈이 있다.

전경효는 2, 3번째를 '[奴][宛]'로 했다. 2번째는 '代', 3번째는 '思' 같은 자형으로도 보이지만 판독하기 어렵다.

8~10번째를 전경효는 '伐[食]軍'으로 판독하였는데 이 부분을 새로 '戊辰年'으로 판독하고 싶다. 먼저 전경효가 10번째 글자를 '軍'자로 판독한 것은 상부에 '冖'가 보이기 때문일 것이다. 그런데 '年'자 제1, 2획을 이렇게 쓰는 사례가 있다. 하부 자획도 '年'자로 보아 문제없다고 판단된다. 1호 목간의 '年'과 비슷한 자형이다.(그림 1)[9]

그림 1. 팔거산성 4호 10번째(적외선 사진, 모사), 1호 3번째, '年'의 자형

10번째가 '年'자이면 그 앞의 8·9번째는 간지일 것으로 예상된다. 8번째를 보면 전경효가 판독했듯이 자형은 명백하게 '伐'자이다. 그런데 대구 무술오작비(578년)에 '戊'자를 이와 같은 자형으로 쓴 사례가 있다.(그림 2)

---

9 이하 제시하는 팔거산성 목간 사진은 국립경주문화재연구소가 촬영한 것이다.

그림 2. 팔거산성 4호 8번째(적외선, 모사)와 무술오작비의 '戊'(사진, 탁본, 모사)

다음 9번째 글자를 전경효는 '[食]'으로 판독하였지만 '辰'으로 판독하고 싶다. 제2획이 제1획보다 위에 올라가는데 이러한 사례는 울진 봉평리비 제1행 '甲辰年'의 '辰'자에도 보인다. 그리고 봉평리비 '辰'자도 그렇듯이 제3획을 꺾어서 'ㄱ'처럼 쓰고 제5획을 위까지 써서 제3~7획을 마치 '民'과 같은 자형으로 쓰는 사례가 있다. 제6획을 아주 길게 쓰는 한편 제7획은 잘 안 보이는데 생략되었거나 표면 파손으로 묵흔이 확인되지 않은 것으로 보인다.(그림 3)

그림 3. 팔거산성 4호 9번째(적외선, 모사). 봉평리비 '辰'(사진, 탁본, 모사). '辰'자형

이 '戊辰年' 판독이 옳다면 1호 목간 '壬戌年'의 6년 뒤, 6·7호 목간의 '丙寅年'의 2년 뒤이고 548 또는 608년으로 추정된다. 팔거산성 목간에는 3가지 간지년이 있는 것이 되는데 그 의의에 대해서는 후술한다.[10]

---

10 국제학술회의에서 토론을 맡아주신 전덕재 교수님이 연대를 목간 뒷부분에 표기한 사례가 지금까지 신라 목간에 하나도 없는 점을 문제로 지적하셨다. 연대가 뒤에 있는 이유에 대해서는 전반부의 판독도 어려워 현재로서는 설명하기 어렵지만, 7번째까지의 글자에 비해 '戊辰年'의 묵흔이 짙어 보이기 때문에 나중에 추기한 것일 수도 있다. 또한, '積作' 판독이 옳고 이를 동사로 해석할 수 있다면 다른 하찰 목간과 성격이 달랐을 가능성도 있다. 앞으로 비슷한 사례가 나오는 것을 기다려 검토하고 싶다.

6호

「丙寅年王私□[   ]休   ∨」

18.1*3.3*0.9

상하 양단이 남아 있지만 상부 왼쪽 부분이 파손되었다. 하단에 홈이 있다.

4·5번째 '王私'는 글자 왼쪽이 파손되어 있어 전경효는 의문이 남는 글자로 하였지만 확정해도 될 것이다(뒤의 그림 10). 6번째 이하는 표면 상태가 좋지 않아서 판독하기 어렵다. 전경효는 마지막 글자를 '休' 밑에 기호가 있는 것으로 보았지만, 비석 등에서 신라 인명으로 자주 쓰이는 '烋'자로 보는 것이 좋을 것이다.[11]

7호

「丙寅年次谷鄒□下麦昜□石   ∨」

23.3*2.4*0.8

상하단이 일부 파손되었지만 거의 완전한 형태다. 하단에 홈이 있다.

7번째를 전경효는 중복부호로 봤지만 주에서는 '乙'자로 읽을 여지도 있다고 하였다.[12] 11번째를 '大[豆]'로 판독한 것은 합자로 본 것 같지만 확실하지 않다.[13]

9호

[本城?]

□□□琜□□ ∨」

(18.7)*3.5*1.3

---

11 윤선태, 앞의 논문 (2022), p.44 주13도 '烋'자 가능성을 지적한다.

12 전경효, 앞의 논문 (2022), p.257 주29.

13 이 목간의 판독 및 해석에 관해서는 3절 2)에서 검토한다.

상단이 파손되었다. 하단에 홈이 있다.

전경효는 "×卒[城]□[珎]□□."로 판독했다. 묵흔 잔존 상태가 좋지 않아서 판독하기 어렵다.

14호
- 「本□□[　　　]∨」
- 「米一石□　　　∨」
  　　　[稻?]

　　　　　　　　　　　　　　　　18.1*1.3*0.7

파손된 부분이 없다. 하단에 홈이 있다.

앞면을 전경효는 "卒波部 □□村□□□□"로 판독하였고 윤선태는 "'部'와 '村'의 묵서는 매우 선명해 판독에 애로가 없다"라고 하였다.[14] 그런데 사진으로는 확인하기가 어려워 미판독자로 한다(그림 4).

뒷면 4번째 글자를 전경효는 '私'자로 판독하였다. 그것을 근거로 "私屬人의 貢進物이라는 뜻"[15] "某人이 소유한 私糧"[16] "개인 물품"[17] 등으로 해석되었다. 하지만 '私'로 판독하기에는 오른쪽 부분이 맞지 않는 것 같다. 특히 전경효도 지적했듯이 측면에도 묵흔이 있고 글자의 일부였을 것이다.[18](그림 5)

그림 4. 14호 앞면 일부

14　윤선태, 앞의 논문 (2022), p.46.

15　윤선태, 앞의 논문 (2022), p.50.

16　박남수, 앞의 논문 (2022), pp.378-379.

17　홍승우b, 앞의 논문 (2022), pp.30-31.

18　전경효, 앞의 논문 (2022), p.257 주32는 "마지막 획이 우측면으로 넘어가서 아래로 그어짐"이라고 하였다.

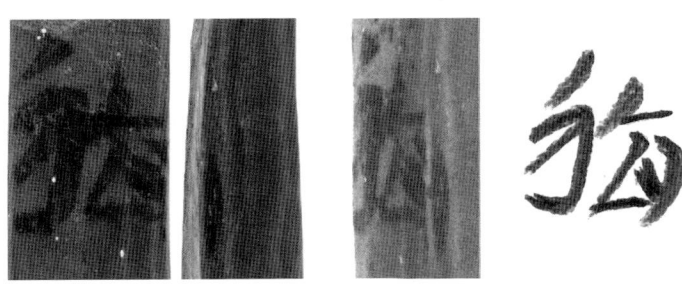

그림 5. 14호 뒷면 4번째, 측면, 뒷면과 측면, 모사

　단정하기는 어렵지만 하나의 가능성으로 4호 목간에도 보이는 '稻'자로 판독하고 싶다. 월성해자나 팔거산성 4호와 같이 오른쪽의 '爫'를 'ノ+一'로, '臼'를 '日'처럼 쓴 것이 아닐까.(그림 6) '米一石' 다음에 '稻'자가 오는 이유에 대해서는 후술한다.

그림 6. 신출토 월성해자 삼면목간, 팔거산성 4호(적외선, 모사)와 '稻' 자형

15호

　□王私尒[　　　]

(19.2)*3.2*0.9

상하 양단이 파손되었다.
　전경효는 "×□村王私禾□□□[之]×"로 판독하였지만 '王私' 위의 '村'자는 확실하지 않다. '禾'로 판독된 글자도 전경효 논문의 주에서도 지적되듯이 '尒'자로 보인다.(그림 7)

그림 7. 15호 '□王私尒'

16호

　　　　　　　[男?另?]　　[石?]
「安居利干支加□谷村麦□∨」

27.5*2.9*1.1

파손된 부분이 없다. 하단에 홈이 있다.

전경효는 "安居利干支私男谷村支之"로 파독하였고 이에 바탕하여 그 동안 "安居利 干支에게 私屬된 男谷村의 支之(인명)"처럼 해석되었다.[19] 하지만 6번째 글자는 '私'자로 보기에는 제1획 '丿'에 해당하는 묵흔이 확인되지 않고 오른쪽도 성산산성 목간이나 팔거산성 목간의 '私'자에서 확인되는 'ㄥ' 위에 자획이 하나 더 있는 자형(그림 10~12 참조)으로는 보기 어렵고 '口'로 보인다. 그래서 이 글자는 '加'로 판독되어 촌명의 일부일 가능성이 크다. 다음 7번째를 전경효는 '男'으로 판독하였고 주에서 '日刀'로 볼 가능성을 지적하였는데 신라 비석 등에 자주 쓰이는 '另'자일 가능성도 있다.[20] (그림 8)

그림 8. 16호 6·7번째

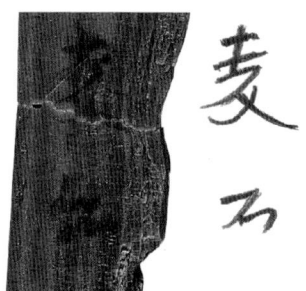

그림 9. 16호 10·11번째

10·11번째를 전경효는 '支之'로 판독하였다. 10번째는 목간이 파손된 부분에 위치해서 글자 하부가 갈려져 있는데 사진을 접속해 본 결과 '麦'자로 판독하는 것이 타당하다고 판단된다. 다음 11번째는 '口' 아래쪽 부분의 묵흔이 파손되었다고 보고 '石'자로 판독할 수 있을 것 같다. (그림 9)

19　윤선태, 앞의 논문 (2022), p.49. ; 박남수, 앞의 논문(2022), pp.378. ; 홍승우b, 앞의 논문(2022), pp.31-32.

20　윤선태, 앞의 논문 (2022), p.44 주16.

Ⅲ. '王私' '私'와 '城下麥'

1. '王私'와 '私'

이상의 판독을 바탕으로 '王私' '私' 및 '城下麥'에 대해 검토한다.

팔거산성 목간에서 3점의 '왕사' 목간이 확인되었다. '왕사'가 당시 신라에서 적지 않게 사용된 말임을 확인할 수 있다. 앞으로 다른 목간 등에서도 발견될 것으로 기대된다.

다음 〈표 1〉은 성산산성 목간과 함께 '왕사'가 나오는 내용을 정리한 것이다. 〈그림 10, 11〉은 각각 팔거산성과 성산산성 목간의 '王私' 자형이고 순서는 〈표 1〉과 같다. 〈그림 12〉는 이들과 비슷한 私 자형의 사례들이다.

그림 10. 팔거산성 목간 '王私'

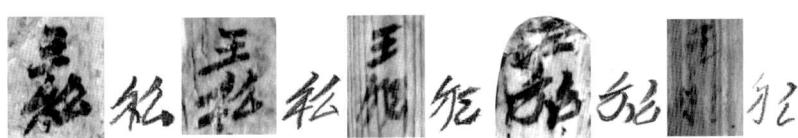

그림 11. 성산산성 목간 '王私'

그림 12. 私의 자형

표 1. 팔거산성과 성산산성의 '王私' 목간

번호	연월	城下麦		王私	촌명	인명	양
팔거산성 목간							
3호	×□年			王私	所利□習□□		麦石」
6호	「丙寅年			王私	□[　]烋		
15호	×□			王私	尒[　　]		
성산산성 목간							
가야1614 (81)				「王私	烏多伊伐支	卜烋」	
김해1269 (226)				「王私	烏多伊伐支	□負支」	
가야2025 (133)		「夷津支城下麦		王私	巴珎兮村/	弥次	二石」
가야4686 (190)	「三月中	鐵山 下麦十五斗/		王私	□阿礼村	波利足	
진주1279 (236)		「甘文城 下麦	甘文本波	王私/	新村	□利兮□」	

아쉽게도 팔거산성에서 왕사가 나오는 3점이 다 판독하기 쉽지 않아서 왕사 자체에 대한 새로운 정보를 얻기 어렵다. 여기서는 몇 가지만 지적하고 싶다.

먼저 〈표 1〉에서 알 수 있듯이 성산산성 목간에서는 왕사 다음에는 촌명과 인명이 나온다. 팔거산성에서는 '촌'자가 확인되지는 않지만 글자 수가 많으니 촌명이 있었을 가능성은 있다.

차이점으로는 첫째, 팔거산성 목간에는 '왕사' 앞에 '성하맥'이 나오는 것이 없다. 둘째, 3점 가운데 '왕사' 앞이 남아 있는 2점에서 모두 간지년이 있다. 이는 성산산성 목간에서 가야4686(190)에만 '三月中'이 있고 간지년이 하나도 없는 것과 비교된다. 이 점에 대해서는 뒤에서 다시 검토한다. 셋째, 3호 목간만 물품명이 마지막에 나온다.

그런데 전고에서 '王私'의 '私'만으로 왕·왕실과 관련되는 말로 추정하였다.[21] 이에 대해 머리말에서 언급했듯이 팔거산성과 성산산성 목간에 王 없이 '私'만 나오는 것은 왕·왕실 관계로 볼 수 없고 '私的 隸屬人' '사적 관계' 등으로 보아야 한다고 지적되었다. 하지만 '私'가 단독으로 나온다고 지적된 목간들은 판독에 문제가 있는 것이 많다. 앞 절에서 지적하였듯이 14호의 '私'자는 '稻'자일 가능성이 있고 16호도 '加'로 보인다. 팔거산성 목간에는 '왕사'가 아닌 '사'가 단독으로 나오는 사례가 없다고 생각한다.

또 박남수는 성산산성 가야4697(200) 목간을 『한국의 고대목간Ⅱ』[22] (이하 『고대목간Ⅱ』)가 "□那只施米"로 판독한 것을 "□那只私米"로 새로 판독하여 "'…□那只의 개인 쌀(米)'이란 의미로서, 성산산성 목간의 곡물이 축성에 징발된 입역자들의 私糧임을 다시 확인"하여주는 내용이라고 하였다.[23] 그런데 〈그림 10, 11〉의 '私'자와 비교해 보면 마지막 획을 쓰는 방법이 다르게 보이고, 점도 있는 것 같다.(그림 13) 자형으로 봐서 이 글자는 〈그림 6〉에서 봤던 '稻'자와

그림 13. 가야4697(200) '□(稻?)米' (가시광, 적외선, 모사)

---

21 하시모토 시게루, 앞의 논문 (2022), pp.207-209.

22 국립가야문화재연구소, 『한국의 고대목간Ⅱ』 (창원: 국립가야문화재연구소, 2017).

23 박남수, 앞의 논문 (2022), p.379.

비슷하다고 판단된다.

그리고 다음 가야2026(134)도 이와 같은 '稻米'일 가능성이 있다.

「甘文城下□米十一斗石喙大村卜只次持□∨」

34.4*2.9*1.3

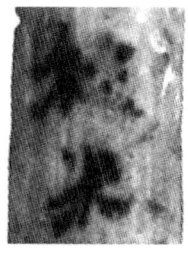

그림 14. 가야2026(134) (『고대목간Ⅱ』, 성산산성 제12차 현정설명회 자료)

'성하' 다음에 나오니 '□米'가 물품명임이 확실하다. '米' 위의 글자는 『고대목간Ⅱ』 사진으로는 오른쪽 부분이 거의 안 보이지만 형장설명회 자료에 실린 사진에는 희미하게 묵흔이 있다.24 이 글자에 대해 전에 '租'일 가능성을 제시한 적이 있는데25 '稻'자일 가능성을 새로 지적하고 싶다.(그림 14)

이들 성산산성 가야4697(200)과 가야2026(134)의 '稻米'는 팔거산성 4호의 '稻'와 같은 뜻으로 생각된다. '稻(米)'와 '米'에 어떤 차이가 있었는지 정확히 알기는 어렵지만 탈곡하지 않은 것을 '稻(米)', 탈곡한 것을 '米'라고 하였을 가능성이 있다.26

그리고 '稻米'라는 말이 있었다고 하면 14호 '米一石稻'는 다음과 같이 설명할 수 있지 않을까. "처음에 하찰에 '米一石'으로만 썼다. 그런데 짐 내용을

---

24 국립가야화문재연구소, 『함안 성산산성 제12차 발굴조사 현장설명회 자료집』(창원: 국립가야문화재연구소, 2007), p.23.

25 橋本繁, 『韓國古代木簡の研究』(東京: 吉川弘文館, 2014), p.109.

26 좌파리가반부속문서에서는 탈곡하기 전의 벼를 '丑(=籾)', 탈곡한 것을 '米'로 썼다고 생각된다. 平川南, 「正倉院佐波理加盤付屬文書の再檢討—韓國木簡調査から」『日本歷史』750(日本歷史學會, 2010). 그렇다면 '稻'와 '丑'이 둘 다 탈곡하기 전의 쌀을 뜻하게 되는데 어떠한 차이가 있었는지 아니면 삼국시기에는 '稻', 통일기에는 '丑'이라고 하였다는 시기적인 차이인지는 알기 어렵다.

확인해 보니 아직 탈곡되지 않은 쌀이었다. 그래서 '稻'를 추기해야 하는데 '米' 위에 쓸 공간이 없어 할 수 없이 아래쪽에 썼다..." 어디까지나 상상에 불과하지만 하나의 가능성으로 지적해둔다.

결국 '王私' 말고 단독으로 '私'가 나오는 확실한 목간은 성산산성 가야 56(30) "厄蜜日智私/勿利乃文茂支稗"가 유일하다.[27] 그런데 성산산성 목간에는 '사' 이외에도 두 인명 사이에 '奴人'이나 '子' 같은 말이 있는 것들이 있다.[28] 이 '노인' 등에 대해 여러 견해가 있는데 "앞뒤 사람의 관계를 나타내는 용어"로 본 홍승우 견해[29]가 타당할 것이다. 그렇다면 '私'와 '노인' 등에 어떤 차이가 있는지, 그런 관계를 왜 목간에 써야 했는지 등 해결해야 할 문제가 많다. 이에 대해서는 다른 기회에 다루기로 하고 싶다.

2. '城下麥'

7호 목간에 '하맥'이 확인되었음으로 '성하맥'에 관한 새로운 자료가 추가되었다. 성산산성 목간과 같이 정리하면 〈표 2〉와 같다.

27　가야2028(136) "琢得智□仇以稗石"의 판독되지 않은 글자도 '私'일 가능성이 있다. 홍승우b, 앞의 논문 (2022), p.30.

28　성산산성 목간의 복수인명 표기에 관해서는 하시모토 시게루, 「동아시아세계 속 한국목간의 위상-신라〈율령〉과 함안 성산산성목간」 (慶北大學校史學科BK事業團・武漢大學簡帛研究中心・香港中文大學歷史系中國歷史研究中心주최 『簡牘자료를 통해 본 고대 동아시아사 연구 국제학술회의』 발표논문집 2018년 12월 17~20일, pp.63-65)에서 검토한 적이 있다.

29　홍승우a, 앞의 논문 (2022), p.285. 홍승우, 「함안 성산산성 출토 부찰목간의 지명 및 인명 기재방식과 서식」『목간과 문자』 22 (한국목간학회, 2019), p.91에서 "뒤의 인명이 짐과 관련하여 중심적 정보가 되는 사람이며, 앞의 인명은 그 사람에 대한 정보로서 기재된 것"이라고 설명하였다.

표 2. 팔거산성과 성산산성의 '城下麥' 목간

번호	연월	城下麦	양		王私	촌명	인명	양
팔거산성 목간								
7호	「丙寅年	次谷鄒□下麦					易□石」	
성산산성 목간								
가야1590 (64)		「甘文 城下 麦		本波		大村	毛利只/	一石」
가야2026 (134)		「甘文 城下□米	十一斗石	喙		大村	卜只次持□」	
가야4687 (191)		「甘文 城下 麦	十五 石	甘文/本波		加本斯□□之」		
가야5595 (215)		「甘文 城下 麦	十五 石	甘文 本波/		伊次只去之		
진주1279 (236)		「甘文 城下 麦		甘文 本波	王私/	新村	□利兮□」	
가야57 (31)		「巴珎兮城下 □×	/			巴珎兮村	×	
가야2025 (133)		「夷津支城下 麦			王私	巴珎兮村/	弥次	二石」
가야2058 (163)		「夷津支城下 麦					鳥□支巴/□□	二石」
가야4686 (190)	「三月中	鐵山 下麦	十五斗/		王私	□阿礼村	波利足」	
가야5596 (216)		「小南□城 麦	十五斗石			大村	×	
가야4692 (195)		×□□[下麦?]	十五斗					

전고에서 성산산성의 '성하맥' 목간의 특징으로 세 가지를 지적했다. 첫째 기재양식이 [지명(성하) + 물품명(맥) + 지명 + 인명]으로 물품명이 앞에 나오는 점, 둘째 물품명이 麥이나 米이고 稗가 없는 점, 셋째 수량으로 斗가 나온다는 점이다.[30]

7호 목간도 물품명이 맥이라는 점은 공통된다. 기재양식에 관해서 성산산성 목간에서는 '성하맥' 앞에 '성'이 오고 유일하게 성이 없는 가야4686(190)의 '철산'도 지명으로 생각된다. 한편, 7호 목간은 '次谷'까지가 지명이고 '鄒□'는 인명이라는 추정이 있어[31] 성산산성과 기재 내용이 다를 수 있다. 하지만 '次谷鄒□' 전체가 지명일 가능성도 완전히 배제할 수 없다.

그리고 성산산성 목간에서는 '성하맥' 다음에 [촌명 + 인명]이 온다고 생각된다. 촌명이 확인되지 않은 목간도 기재 내용이 길기 때문에 지명이 있었을 가능성이 크다. 전고에서 이들은 곡물을 받는 수신자로 추정했다. 한편 7호 목간에서는 '성하맥' 다음에 '易□石'만 나와서 똑같이 생각하기 어렵다. 이 '易□石'에 관해서 몇 가지 해석 가능성을 상정할 수 있다.(그림 15)

첫째 '易大豆石'으로 판독하여 보리와 콩을 교환한 것으로 보는 것이다.[32] 이 해석은 먼저 '大豆'로 볼 수 있느냐는 판독의 문제가 있다. 또 "세금의 납부나 식량 지급시 다른 대체품으로 납부 혹은 출급이 가능"하였다는 것을 전제로 하는데, 한 목간에 두 가지 곡물명이 있다고 해서 이 주장의 근거가 된 가야4687(191)에 대해서는 이

그림 15. 7호 '易□石'

---

30 하시모토 시게루, 앞의 논문 (2022), pp.209-210.
31 홍승우b, 앞의 논문 (2022), p.33.
32 홍승우b, 앞의 논문 (2022), pp.33-34.

미 판독과 해석에 문제가 있다는 비판이 있다.33

　　둘째 '昜□'을 인명으로 보고 곡물을 받는 사람으로 해석하는 것이다. 전고의 '성하맥' 이해를 그대로 적용시키면 '次谷鄒□'가 보리를 '昜□'에게 준 것이 된다. 그런데 무슨 이유로 준 것인지, 팔거산성에서 이 목간이 출토된 것을 어떻게 해석할 수 있는지 등 이 목간만으로는 설명하기 어려운 문제가 남게 된다.

　　셋째 '昜大石'로 판독하는 해석이다. '大石'이라는 말은 지금까지 확인되지 않았으나 김해 양동산성 2호 목간 "麥六十수石"34의 '수'를 '大'로 볼 여지가 있다35. 그리고 '大石'은 아니지만 신출토 월성해자 임098(2017) 목간에 "安□三斗大刀八中刀一"이 있다. '刀'를 글자 그대로 칼로 보는 주장도 있지만36 앞에 '三斗'가 나오니 '되'의 뜻으로 보는 것이 타당할 것이다. 그렇다면 목간 내용은 '3斗(30되) = 大刀8 + 中刀1'이라는 뜻으로 해석되어 '大刀' = 3.5되, '中刀' = 2되일 것이다. 여기서 '大刀' '中刀'는 정식 단위라기보다는 편의를 위해 사용한 것으로 추측된다. '大石'도 정식 단위는 아니었을 것이고, 石을 짚으로 엮어 만든 용기로 해석할 수 있다면37 '큰 섬'이라는 뜻으로 이해할 수 있지 않을까. 그리고 '성하맥' 목간에 보이는 '十五斗石'이 15두 들어간 섬을 뜻한다고

33　이재환, 「함안 성산산성 출토 신라 荷札의 성격에 대한 새로운 접근」 『한국사연구』 182 (한국사연구회, 2018), p.37 주24. 하시모토 시게루, 앞의 논문 (2022), p.212. 홍승우 자신도 홍승우b, 앞의 논문 (2022), p.34에서 판독이 불명확하다는 것을 인정하고 있다.

34　이수훈, 「김해 양동산성 출토 목간의 검토」 『역사와 세계』 58 (효원사학회, 2020).

35　'수'로 판독된 글자의 세로획처럼 보이는 부분을 묵흔이 아닌 나뭇결이나 이물질로 보는 것이다. 물론 그렇게 결론 내리기 위해서는 실물 조사가 필요하니 현단계로서는 하나의 가설이다.

36　윤선태, 「월성 해자 목간의 연구 성고와 신 출토 목간의 판독」 『목간과 문자』 20 (한국목간학회, 2018), p.99.

생각되는데[38] 일반적인 섬보다 크다고 해서 그것을 '큰 섬=大石'이라고 불렀던 것이 아닐까. 그렇다면 7호는 보리를 15두 들어가는 큰 섬에 넣었다는 뜻이 될 것이다.

현재로서는 어느 해석이 타당할지 결론 내리기 어렵고 또 다른 해석이 가능할지도 모르겠다. 판독을 포함해서 앞으로 더 검토가 필요하다.

Ⅳ 성산산성 목간과 팔거산성 목간의 비교

1. 목간 내용의 차이

다음에 성산산성 목간과 팔거산성 목간을 비교하는데 김해 양동산성 목간도 같이 언급한다. 양동산성에서 목간 3점이 출토되었고 1, 2호만 판독문을 제시하면 다음과 같다.[39]

1호
癸卯年七月栗村百刀公磚日除麥石

26.8*2.5*0.7

---

37 이수훈, 「城山山城 木簡의 '城下麥'과 輸送體系」『지역과 역사』 30 (부경역사연구소, 2012), p.151 주10. ; 이수훈, 앞의 논문 (2020), pp.277-279.

38 하시모토 시게루, 앞의 논문 (2022), pp.214-215.

39 이수훈, 앞의 논문 (2020). 이수훈은 3호 목간을 "(干)形室背此其知村"으로 판독하였는데 사진으로는 1~5번째 글자가 1호와 비슷한 '癸卯年某月'일 가능성이 있어 보인다. 양동산성 목간에 대해서는 앞으로 따로 검토할 생각이다.

2호

麥六十个石

11.7*2.2*1.4

이수훈은 1호를 "癸卯年 7월에 栗村의 百刀公과 磚日除가 발송(운송 또는 수령)한 보리의 섬(石)", 2호를 "보리 60개 섬(石)"으로 해석하였다. 2호 '个'는 앞에서 언급했듯이 '大'일 가능성이 있고 판독과 해석에는 재검토의 여지도 있다.[40] 하지만 1호 목간이 [간지년+지명+인명+물품명+수량]이라는 기재 양식의 하찰로 봐도 문제 없을 것이다.

그럼 성산산성 목간과 팔거산성·양동산성 목간의 차이점을 지적하고 싶다.

첫째 간지년 표기의 유무이다. 기존에 팔거산성 1호 목간 '壬戌年', 6·7호 목간 '丙寅年'이 확인되었고 본고는 이에 더해 4호 목간 '戊辰年'을 새로 지적하였다. 글자가 있는 10점 중 5점에서 간지년이 확인된 셈이다. 성산산성 목간에서는 245점 목간 중 단 1점에서만 간지년 '壬子年'이 확인되어 하찰에는 연기를 안 쓰는 것이 일반적이었다고 생각할 수도 있었다. 그러나 팔거산성 그리고 양동산성 목간에 간지년이 명기되어 있어 오히려 하찰에는 연도를 쓰는 것이 일반적이었을 가능성이 있다. 그동안 출토 점수가 많은 성산산성 목간을 중심으로 연구가 진행되었으니 성산산성 목간이 신라의 일반적인 하찰 양식이라고 생각되어 왔다. 그러나 앞으로 반드시 그렇지 않았을 가능성도 염두에 두어야 할 것이다.

둘째 팔거산성·양동산성 목간에는 물품명으로 稗가 하나도 없다는 점이다.

---

40 이수훈이 1호 목간에서 두 명의 인명으로 본 "百刀公磚日除"는 "爲刀兮破日除"로 판독할 수 있을 것 같다. '破日'은 외위 '彼日'의 이표기일 가능성이 있다. '除'는 혹 성산산성 가야2639(183) "前除酒四斗"와 관련되지 않을까.

성산산성 목간 245점 중 물품명이 나오는 목간이 114점이고 그 85%에 해당하는 96점이 稗, 나머지 18점이 麥·米·酒이다.[41] 麥·米가 나오는 목간도 그 중 9점은 '성하맥' 목간이니 성산산성 목간에서 일반적인 하찰에 麥·米가 나오는 것이 매우 예외적이라고 할 수 있다. 이에 대해 팔거산성은 3·7·14호 '麥', 4호 '稻', 14호 '米', 양동산성은 1·2호 모두 '麥'이며 稗가 한 점도 확인되지 않았다.

물론 신출토 월성 해자 삼면목간에 "稻參石 粟壹石 稗參石 大豆捌石"으로 稗가 나온다.[42] 이 목간은 '□□村在幢主'가 중앙의 稟主의 전대등으로 추측되는 '稟典太□'에게 곡물을 보낸 문서목간이며[43] 당시 신라에서 피도 널리 이용된 것은 확실하다. 하지만 신라에서 곡물을 어떻게 이용했는지를 생각할 때 성산산성 목간만을 근거로 해서는 당시 실태를 오해할 수 있다는 것을 강조하고 싶다.

셋째 성산산성 목간에 없었던 기재양식이 팔거산성에서 확인되었다. '성하맥' 목간의 내용에 차이가 있는 것에 대해서는 앞에서 지적하였다. 더 주목되는 것이 1·16호 목간의 인명 다음에 지명이 오는 기재양식이다. 다음 〈표 3〉과 같이 '안거례', '안거리'라는 인명 다음에 촌명이 나오는 공통된 기재양식으로 이해된다.[44] 이러한 기재양식은 성산산성 목간에 없었던 것이다.

---

41 『고대목간Ⅱ』, p.27. 다만 가야2017(125)를 "栗(米)稗石"으로 판독하여 米의 사례로 봤는데 "栗村稗石"으로 판독하여 稗의 사례로 봐야 할 것이다. 이수훈, 앞의 논문 (2020), pp.272-273 주18.

42 전경효, 「2018년 출토 경주 월성 해자 삼면목간에 대한 기초적 검토」 『목간과 문자』 27 (한국목간학회, 2021).

43 하시모토 시게루, 「신라 문서목간의 기초적 검토 -신 출토 월성해자 목간을 중심으로」 『영남학』 77 (경북대학교 영남문화연구원·퇴계연구소, 2021), pp.194-198.

44 인명으로 추정되는 1호 목간 '安居礼'와 16호 목간 '安居利'는 동일인일 가능성이 있

표 3. 1·16호 목간의 기재양식

호수	간지년	인명	지명	물품?
1	「壬戌年	安居礼	甘麻谷×	
16		「安居利 干支	加□谷村	□□ [麥石?] 」

다. 전경효는 다른 인물로 추정하였는데 그 근거는 "安과 居의 획을 쓴 방식이 조금씩 다르다", "1호 목간의 경우 획의 강약을 조절했지만 16호 목간은 그렇지 않다", "甘麻谷과 男谷村이라는 별개의 지명과 함께 등장한다", "干支의 유무" 등이다. 전경효, 앞의 논문 (2022), pp.261-262.

'安'과 '居'를 쓴 방식이 다르다고 한 것에 관해서 '安'자는 제4획의 마무리 부분이 약간 다르지만 제1획을 쓰는 방법이나 전체적인 자형이 비슷하다. '居'자도 길게 쓴 제4획이 유사하다.(그림 참조) 글자 획의 강약에 관해서도 전경효 스스로 주에서 언급하듯이 나뭇결로 인한 차이일 가능성이 있다. 그런데 한 사람에 관한 목간을 다른 사람이 썼을 가능성도 있으니 목간을 쓴 사람이 같은지 아닌지는 실은 별로 중요한 문제가 아닐 것이다.

다른 지명이 나오는 점도 동일인이 아니라는 증거가 되지 않는다. 이 시기 신라 금석문이나 목간에서 인명 앞에 나오는 촌명은 그 사람의 출신지일 것이니 지명이 다르면 당연히 다른 인물로 봐야 한다. 그러나 여기서는 인명 다음으로 지명이 오기 때문에 이를 출신지로 보기 어려울 것이고, 그렇다면 지명이 다르다고 해서 다른 인물로 볼 근거가 되지 않는다.

마지막으로 1호에 외위 '간지'가 없는 것은 생략되었을 가능성이 있다. 진흥왕순수비처럼 왕명으로 세운 비석은 인명 표기를 생략하지 않았겠지만, 하찰 목간에서는 생략할 수도 있었을 것이다. 예를 들어 성산산성 가야2005(113) "及伐城 文尸伊 急伐尺"이 가야2004(112)에서는 "及伐城 文尸伊"으로 표기되는 것이 외위 '急伐尺'이 생략된 사례라고 할 수 있다.

이상 안거례와 안거리가 동일인이 아니라는 근거를 검토한 결과 다 설득력이 없었다. 물론 그렇다고 해서 동일인이라고 단정할 수도 없지만, 남산신성비 제2비에 나오는 '仇利城'은 『삼국사기』 권3 신라본기3 자비마립간 17년(474)조에 나오는 '仇禮'에 비

2. 목간 성격의 차이

팔거산성과 성산산성 하찰목간의 차이점을 지적하였다. 성산산성 목간과 팔거산성 목간, 양동산성 목간은 같은 하찰 목간이라고 해도 이러한 차이가 나는 이유에 대해서 구체적인 용도에 차이가 있었기 때문이라는 가설을 제기하고 싶다.

성산산성 목간에 연도 표기가 없는 점에 대해서는 일찍이 이용현이 "표기할 필요가 없었던 것을 의미"하며 "성산산성으로의 하물의 유입은 어느 일정 시기에 집중적으로 이루어졌다고 볼 수 있다"라는 지적[45]에 주목하고 싶다. 異論도 있지만 성산산성 목간은 산성을 축성할 때 동원된 사람들의 식량으로 보내온 것으로 보인다. 전고에서 '성하맥'을 성이 내렸다, 지급하였다는 뜻으로 이해한 것도 역역동원된 사람들에 대한 지급으로 생각한 것이다.[46] 그렇다면 성산산성 목간은 축성시에 소비되는 식량의 하찰이라고 할 수 있다.

한편 팔거산성 목간에 보이는 간지년을 다시 정리하면 임술년은 542/602년, 병인년은 546/606년, 무진년은 548/608년에 해당하니 적어도 6년 차이가 난다. 당연히 각 해에 보리나 쌀이 납입된 것으로 생각된다.

그리고 팔거산성과 양동산성 목간에 稗가 한 점도 없고 麥, 米, 稻만 있는 점은 성산산성 목간의 '성하맥' 목간과 공통된 특징이다. '성하맥' 목간이 지방 거점성 창고에 저장된 곡물을 지급할 때에 쓴 목간이라는 해석이 맞는다면, 팔거산성 목간은 반대로 성에 곡물을 납부할 때 사용된 하찰이 아니었을까.

정되고 있는 것처럼 '礼'와 '利'는 음이 통하였을 것이니 동일인일 가능성은 충분히 상정할 수 있다.

45 이용현, 「함안 성산산성 출토 목간의 성격론 −2차 보고분을 중심으로」『고고학지』 14 (한국고고미술연구소, 2005); 『한국목간기초연구』 (서울 : 신서원, 2006), p.372.

46 하시모토 시게루, 앞의 논문 (2022), pp.213-216.

다시 말하면 성에서 저장된 곡물은 稗가 아니라 麥나 米이었고, 팔거산성과 양동산성 목간은 주변 지역에서 성에 납부하였을 때의 하찰이고, 성산산성 '성하맥' 목간은 축성이라는 특정 목적을 위해 성에서 지출되었을 때의 하찰이 아니었을까.[47]

만약 이러한 추측이 타당하다면 1·16호 [인명＋지명] 목간은 어떻게 해석할 수 있을까. 안거리는 '간지'를 가지고 있으니 지방 유력자였을 것이다. 그 다음에 촌명이 나오는 것은 안거리가 촌의 곡물을 납부하는 책임을 졌기 때문이 아니었을까. 이러한 추정의 참고가 되는 것이 명활산성비이다.[48] 명활산성비에는 다음과 같이 외위를 가지는 사람들이 같은 수작거리를 담당해서 공사하였다고 나온다.

표 4. 명활산성비의 수작집단

인명	외위		수작거리
抽兮	下干支	徒	作受長四步五尺一寸
文叱兮	一伐	徒	作受長四步五尺一寸
爲尖利	波日	徒	受長四步五尺一寸

남산신성비처럼 군-성·촌이라는 지방 행정 단위를 통해서 동원된 것이 아니라 '抽兮 下干支' 같은 재지 유력자가 역역동원의 책임을 진 것이다. 그렇다면 보리나 쌀 같은 곡물을 성에 납입하는 과정에도 지방 유력자가 담당하는

---

47 성산산성 목간에서 유일하게 간지년이 있는 가야5599(219) 임자년 목간은 쌀의 하찰이다. 이 목간의 성격은 다른 성산산성 목간과는 차이가 나고 팔거산성이나 양동산성과 공통되었을 가능성이 있다.

48 명활산성비에 관해서는 하시모토 시게루, 「中古期 新羅 築城碑의 연구」『동국사학』 55 (동국대학교 동국역사문화연구소, 2013) 참조.

경우가 있었던 것이 아닐까. 팔거산성 1·16호 목간을 지방 유력자인 안거리 간지가 감마곡 등의 보리를 팔거산성으로 납입하는 것을 탐당하였던 것으로 해석하고 싶다.

V 맺음말

본고는 먼저 팔거산성 목간 판독문을 재검토하였다. 그 결과 4호 목간에 새로 간지년 '戊辰年'을 판독하였다. 그리고 그동안 '私'로 판독되었던 글자 가운데 14호는 '稻', 16호는 '加'로 판독하여 팔거산성 목간에는 '私'가 단독으로 나오는 사례가 없다고 생각하였다. 성산산성 가야4697(200) 목간도 최근에 '私米'로 판독하여 '입역자들의 私糧'으로 보는 견해가 있지만 '稻米'로 판독되는 가능성을 지적하였다.

그리고 성산산성 목간과 팔거산성 목간 및 김해 良洞山城 목간을 비교한 결과 다음 세 가지 차이점을 지적하였다.

첫째 간지년 표기의 유무이다. 팔거산성 목간에서는 10점 중 5점, 양동산성 목간 1점에도 간지년이 있는데 성산산성 목간에서는 245점 중 1점에만 있다. 둘째 하찰에 나오는 곡물의 차이로 성산산성 목간 245점 중 물품명이 나오는 목간이 114점인데 그 대부분이 '稗'이다. 한편 팔거산성 목간은 '麥' '稻' '米', 양동산성 목간은 '麥'만 나오고 '稗'가 하나도 없다. 셋째 특이한 記載樣式이며 팔거산성 1·16호 목간은 '安居礼(利) 干支'라는 외위를 가진 인명 다음에 촌명이 오는데 이러한 기재양식은 성산산성 목간에 안 보이던 것이다.

이러한 차이가 나는 이유로 성산산성 목간과 팔거산성 목간, 양동산성 목간은 같은 하찰 목간이라고 해도 구체적인 용도가 달랐기 때문이라고 추측했다. 성산산성 목간은 산성을 축성할 때 동원된 사람들이 소비한 식량의 하찰인 한편 팔거산성과 양동산성 목간은 성에 곡물을 납부하였을 때 사용된 하찰로 추정하였다. 여러 해의 간지년이 보이는 것은 각 해에 납입됨을 뜻할 것이고, 팔거산성 1·16호 [안거리+지명] 목간은 이러한 곡물 납입에 지방 유력자가 책임을 지는 경우가 있었던 것을 보여 주는 것으로 이해된다.

팔거산성 목간은 본고에서 지적했듯이 판독문을 비롯해어 검토해야 할 과제가 많다. 성산산성 목간을 비롯한 지방 목간, 그리고 촌락문서나 비석 등과 비교 검토하는 것을 통해서 신라사를 밝히기 위한 중요한 자료인 것은 틀림없다.

참고문헌

1. 단행본

국립가야문화개연구소, 「함안 성산산성 제12차 발굴조사 현장설명회 자료집」, 창원: 국립가야문화재연구소, 2007.

국립가야문화재연구소, 『한국의 고대목간Ⅱ』, 창원: 국립가야문화재연구소, 2017.

이용현, 『한국목간기초연구』, 서울: 신서원, 2006.

橋本繁, 『韓國古代木簡の研究』, 東京: 吉川弘文館, 2014.

2. 논문

박남수, 「「신라촌락문서」의 연령구분과 촌락사회」, 『한국고대사탐구』 42, 한국고대사탐구학회, 2022.

윤선태, 「월성 해자 목간의 연구 성고와 신 출토 목간의 판독」, 『목간과 문자』 20, 한국목간학회, 2018.

윤선태, 「대구 팔거산성 출토 신라 지방목간」, 『신라학레뷰』 창간호, 동국대학교 신라문화연구소, 2022.

이수훈, 「城山山城 木簡의 '城下麥'과 輸送體系」, 『지역과 역사』 30, 부경역사연구소, 2012.

이수훈, 「김해 양동산성 출토 목간의 검토」, 『역사와 세계』 58, 효원사학회, 2020.

이재환, 「함안 성산산성 출토 신라 荷札의 성격에 대한 새로운 접근」, 『한국사연구』 182, 한국사연구회, 2018.

전경효, 「2018년 출토 경주 월성 해자 삼면목간에 대한 기초적 검토」, 『목간과 문자』 27, 한국목간학회, 2021.

전경효, 「대구 팔거산성 출토 목간 소개」, 『목간과 문자』 28, 한국목간학회, 2022.

하시모토 시게루, 「中古期 新羅 築城碑의 연구」, 『동국사학』 55, 동국대학교 동국역사문화연구소, 2013.

하시모토 시게루, 「동아시아세계 속 한국 목간의 위상-신라〈율령〉과 함안 성산산성 목간」, 慶北大學校史學科BK事業團·武漢大學簡帛研究中心·香港中文大學歷史系中國歷史研究中心주최 『簡牘자료를 통해 본 고대 동아시아사 연구 국제학술회의』 발표논문집, 2018.

하시모토 시게루, 「신라 문서목간의 기초적 검토-신 출토 월성해자 목간을 중심으로」, 『영남학』 77, 경북대학교 영남문화연구원·퇴계연구소, 2021.

하시모토 시게루, 「함안 성산산성 목간의 '王私'와 '城下麥'」, 『신라사학보』 54, 신라사학회, 2022.

홍승우, 「함안 성산산성 출토 부찰목간의 지명 및 인명 기재방식과 서식」, 『목간과 문자』 22, 한국목간학회, 2019.

홍승우a, 「「신라촌락문서」의 기재 내용과 수취제도-戶口 관련 기재 내용을 중심으로」, 『한국고대사탐구』 42, 한국고대사탐구학회, 2022.

홍승우b, 「대구 팔거산성 출토 신라 목간 검토」, 『대구사학』 149, 대구사학회, 2022.

平川南, 「正倉院佐波理加盤付屬文書の再檢討-韓国木簡調査から」, 『日本歷史』 750, 日本歷史學會, 2010.

#04

문자자료로 본 신라 역역 동원 행정[*]

●

홍 승 우

(경북대학교 역사교육과)

I 머리말

力役 동원은 국가 재정의 근간인 수취제도의 일환으로, 동아시아 고대 국가 행정에서 가장 중요하게 여겼던 것 중 하나라고 해도 과언이 아니다. 국가의 유지와 운영을 위한 수취제도는 곡물이나 직물과 같은 물적 자원을 징발하여 국가 재정 운용에 활용하는 것과 함께 인적 자원을 파악·편제하여 국가 유지와 재생산에 필요한 군사·생산·건설·보수·운송 등의 제반 업무에 종사하게 하는 역역 동원을 큰 축으로 성립하여, 법제(律令)로서 명문화되어 그

---

[*] 이 글은 『역사교육논집』 제84집에 게재된 동명의 논문(역사교육학회 발간, 2023.10)을 수정, 보완한 것이다.

에 입각하여 운영되었다.

　이에 동아시아 고대국가의 역역 동원 행정에 대한 관심과 연구는 활발히 이루어져 왔고, 적지 않은 연구 성과가 축적되었다고 할 수 있다. 고대 율령에 역역 동원 관련 규정들이 적시되었던 만큼 고대 중국이나 일본에 대한 관련 연구는 율령의 조문 내용이나 그와 관련이 있는 문헌 기록을 중심으로 이루어질 수 있었고, 일본 율령의 원형이라고 추정되었던 唐의 경우도 마찬가지다.[1] 그러나 秦漢代 이전 중국이나 삼국시대 한국 고대 국가들에서는 율령 조문 자체가 전하지 않았기에 연구에 한계가 있었다.

　그러나 근래 목간(간독) 자료와 같은 출토 문자자료 중에 수취제도와 관련한 행정 과정 중에 작성되어 사용되었던 것이 발견되면서, 관련 연구들에서 큰 진전이 이루어질 수 있는 계기가 마련되었다고 할 수 있다.[2] 본고에서는 신라의 역역 동원 행정과 관련이 있는 문자자료를 정리·검토하여 6세기~7세기 초의 역역 동원 행정의 구체적 모습을 복원해 보는 시도를 하려 한다.

　먼저 6세기 전반에서 말에 이르는 시기에 축제나 축성 공사에 인력을 동원하는 행정 과정에서 세워진 석비들인 「永川 菁堤碑(丙辰銘)」(536), 「慶州 明活城碑」(551), 「大邱 戊戌塢作碑」(578), 「慶州 南山新城碑」(591) 등에 보이는 역역 동원의 양상을 정리해 볼 것이다. 이어 6세기 후반 정도로 편년이 되는 「咸安 城山山城 出土 新羅木簡」(이하 성산산성목간), 「大邱 八莒山城 出土 新羅木簡」(이하 팔거산성목간)과 같은 신라 지방 산성 출토 목간들을 통

1　장진번 주편·한기종 외 옮김, 『중국법제사』, 소나무, 2006 ; 村尾次郎, 『律令財政史の研究』, 吉川弘文館, 1961 등 참조.

2　李周炫, 「中國 古代 帝國의 人力 資源 편제와 운용」, 서울대 박사학위논문, 2020 ; 戴衛紅, 「간독과 문서로 본 중국 中古 시기 지방 징세 체계」, 『木簡과 文字』 21, 2018 ; 畑中彩子, 「목간군으로서의 성산산성 목간」, 『木簡과 文字』 21, 2018 ; 바바 하지메 지음·김도영 옮김, 『일본 고대 목간론』, 주류성, 2021 참조.

해 6세기 후반~7세기 초 시기 역역 동원 행정의 구체적 모습을 추출해 보려한다.

Ⅱ 金石文과 城山山城木簡에 보이는 6世紀 新羅 力役動員

역역 동원과 관련한 법제 규정이 전하지 않는 한국 고대 국가 신라의 경우 인력을 동원한 공사와 관련하여 건립된 석비의 비문들이 일찍부터 주목받아 왔다. 대표적으로 수리시설[堤·塢] 축조 공사에 대한 청제비와 무술오작비, 그리고 축성 사업 과정에서 작성된 명활성비와 신성비가 있다. 수리시설 축조와 축성은 그 성격에서 차이가 있다고 볼 수도 있지만, 두 가지 사례 모두 중앙 권력이 지방인들을 동원하여 공사를 하였다는 점에서 역역 동원과 관련하여 같이 활용할 수 있을 것이다.

이들 비문을 활용하여 신라 역역 동원 체계에 대한 연구는 많이 이루어져 왔다.[3] 먼저 기존 연구 성과들을 참조하여 6세기 신라 역역 동원 행정의 양상을 정리해 보겠다.

---

[3] 여기에서 기존의 방대한 연구 성과를 일일이 열거하기는 힘들다. 최근에 이를 정리한 이미란, 「신라 중고기 국가 조영사업 연구」, 부경대 박사학위논문, 2022를 참고할 수 있다. 또 李旼馨, 「新羅 眞興王代 新宮 垈地造成 硏究」, 경주대 박사학위논문, 2022도 참고된다.

「永川 菁堤碑(丙辰銘)」[4] (이하 청제비)

연월일	丙辰年二月八日
지역·축조 대상	另邑谷大塢
축조 대상 규모	弘六十一得 鄧九十二得 澤廣卅二得 高八得上三得
동원 인력·작업 규모	作人七千人 ▨二百八十方
공사 책임자1	使人 喙-灾尺斯知-大舍第 ▨▨次-小舍第 述利-大烏第 尸支-小烏 末次兮-小烏一支
공사 책임자2	▨人 次斯尒利 乃利 內丁兮
공사 책임자3	使作人 只珎巴 伊卽刀
공사 관련자	衆祀村 只尸利-干支 徙尒利

536년(법흥왕 23)으로 추정되는 병진년에 청제(大塢)의 축조에 대한 정보를 담고 있는 이 비문에 의하면, 공사에 대한 최고 책임자로 '사인' 역명 집단으로 왕경 喙部의 경위 소지자들이 나오고 있다. 이어 나오는 '▨人', '使作人' 역시 喙部 출신 기술자들로 추정된다. 이들 직역자들이 책임자로 명시된 것은 중앙 정부 차원에서의 인력 동원 공사였음을 짐작하게 한다. 다만 공사 책임자 명단의 마지막에 衆祀村 只尸利干支와 徙尒利가 제시되어 있는데, 이들은 직역명이 기재되지 않았던 점을 고려하면, 해당 촌에서 동원된 인력의 관리·감독을 담당했던 것으로 추정된다.

즉 국가 혹은 중앙 정부 차원에서의 역역 동원 사업이었던 청제 축조에 지방 행정의 말단인 촌 단위까지 중앙이 인력을 파악·편제하고 동원하였던 점을 알 수 있다. 동원된 인력 규모가 7,000명이었으므로, 동원된 인력이 중사촌과 같이 청제 주변에 한정되었던 것으로 볼 수 없으며, 왕경을 포함한 전국이 동원 대상이었을 것으로 여겨지는데, 520년 신라 율령 반포 이후 전국적인

---

4 『국사편찬위원회 한국사데이터베이스』「영천 청제비 병진명」(http://db.history.go.kr/id/gskh_003_0010_0100_0020)(검색일: 2023.11.01)

인력 동원 행정 체계가 구축되어가고 있었음 알 수 있다.

　578년(진지왕 3)으로 파악되고 있는 「大邱 戊戌塢作碑」(이하 무술오작비)에서는 행정 체계가 보다 정비된 양상이 보인다.

「大邱 戊戌塢作碑」[5]

연월일	戊戌年十一月朔十四日
지역·축조 대상	另冬里村 且只 塢 作記之
공사 책임자1	此成在▨人者 都唯那 寶藏-沙尺干 都唯那 慧藏-阿尼
공사 책임자2	大工尺 仇利支村-壹利刀兮-貴干
공사 책임자3	工尺 上▨豆▨亦利兮
공사 책임자4	道尺 辰▨生之
공사 책임자5	▨▨村 ▨(丘)
공사 책임자6	夫作村 毛令-一伐 奈生-一伐
공사 책임자7	居毛村 代丁-一伐
공사 책임자8	另冬里村 沙木乙-一伐
공사 책임자9	珎淂所利村 也淂失利-一伐
공사 책임자10	鳥珎叱只村 內迊尒-一尺 久玄-一尺 另所兮-一伐 伊叱亦利-一尺 伊助只-彼日
축조 대상 규모	此塢 本 廣卄步 高五步四尺 長五十步
동원 인력·작업일수	此作起數者 三百十二人 功夫如 十三日了作事之
비문 작성자	文作人 壹利兮-一尺

　최고 책임자로 중앙에서 파견된 것으로 보이는 2인의 都維那를 관칭하는 僧尼가 나온다. 이중 한 명은 '沙尺干'이라는 경위를 소지하고 있었기에, 이 2인은 수리시설 축조에 지식이 있는 승려로서 신라 정부에 의해 파견된 관인적 성격이 있었다고 할 수 있겠다. 그리고 이어서 '大工尺-工尺'이라는 서열화된

5　정재영·최강선, 「무술오작비 3D스캔 판독」, 『구결학회 발표회 자료집』, 2019.

기술직역명이 보이고, 문서 행정과 관련이 있는 것으로 보이는 '道尺'이라는 직역도 있다. '~인'이라는 역명적 성격이 강한 이름에서 기술직으로서의 성격이 강한 것으로 보이는 '~尺'이라는 직역명으로의 전환과 공사 책임자 내지 관리·감독자 직역의 체계성이 강화된 것으로 보아도 좋을 것이다.

그런데 청제비와 비교할 때 뚜렷이 보이는 차이점은, 기술직역자들이 지방 촌 출신이라는 점이다. 이는 역역이 징발되는 곳이 왕경 중심이냐 지방 중심이냐는 차이에 기인한 것일 것이다. 그리고 지방에서 이루어진 역역 동원 공사에 다른 여러 지역의 백성들을 징발하여 종사하게 하는 역역 동원 행정 체계가 갖추어짐을 짐작할 수 있다.

한편 청제비 비문보다는 지방 촌 출신 외위 소지자들이 다수 나오고 있는데, 이들은 실제 공역을 담당한 인력들이 동원된 촌들의 유력자들로서, 해당 촌에서 징발된 인력들의 지휘·감독 역할을 하였을 것으로 추정된다. 비문에는 외위 소지자인 유력자 개인의 이름만이 적시되어 있지만, 이들은 개인이 아니라 그가 관리·감독하는 인력들과 일체화된 작업 집단이라고 할 수 있다. 해당 촌의 인력 징발과 관리·감독이 각 촌 단위별로 이루어지고 있었음을 알 수 있는데 이는 인력 자원의 파악과 편제 및 동원이 지방 행정제도와 유기적으로 연계되어 이루어졌음을 보여주는 것이라고 할 수 있다.

다만 이들 수리시설 축조 공사와 관련이 있는 비문들의 내용에서는 지방 행정단위와의 연계성이 분명히 드러나지 않는다. 청제비의 경우 왕경 출신 관인이, 무술오작비의 경우 승니가 최고 책임자이기 때문인지, 역역 동원 행정이 어느 급의 행정 단위에서 이루어지는가가 확인되지 않으며, 각 촌들의 동원이 지방 행정 체계 속에서 어떠한 방식으로 이루어지는지도 분명히 보이지 않는 것이다.

이러한 양상은 수리시설 축조와 관련한 역역 동원의 규모가 상대적으로 작았기 때문에 제한적인 지역의 사람들을 동원했기 때문일 수도 있겠다. 상대적으로 보다 대규모이고 광범위하게 역역 징발이 이루어졌을 것으로 생각되는 축성비들에서는 행정단위와의 연계성이 분명히 보이고 있다.

「慶州 明活城碑」[6] (이하 명활성비)

연월일	辛未年十一月中 作城也
공사 총책임자	上人 邏頭-本波部-伊皮尒利-吉之
공사 군 책임자	郡中上人 烏大谷-仇智支-下干支
동원 인력-1	匠人 比智休-波日 幷工人 抽兮-下干支 徒
축조 대상 규모	作受長四步五尺一寸
동원 인력-2	文叱兮--伐 徒
축조 대상 규모	作受長四步五尺一寸
동원 인력-3	▨▨利-波日 徒
축조 대상 규모	受長四步五尺一寸
총 규모	合高十步 長十四步三尺三寸
석비 위치	此記者 古他門中西南回行 其作石立記
작업일수	衆人至 十一月十五日作始 十二月卄日了 積卅五日也
비문 작성자	書寫人 源欣利阿尺

551년(진흥왕 12)에 작성된 것으로 보이는 이 비문에서, 축성 사업 책임자는 크게 3등급으로 나뉘어 있다. '上人-郡中上人-匠人(工人)'이 그것인데, 상인은 왕경인으로서 파견된 지방관, 군중상인은 역역징발이 이루어진 烏大谷(村)의 下干支이며, 장인(공인)은 역시 오대곡(촌)에 있는 지방 유력자 4인데, 지방 유력자별로 3개의 작업 집단 徒 단위로 징발이 이루어졌음을 보여주고 있다. '외위 소지자 인명+徒'로 기재된 것은 장척·공척이 단순히 기술직 역자 개인에 머무르지 않고, 촌에서 징발된 인력 전체인 작업 집단 그 자체임을 보여준다.

---

6 『국사편찬위원회 한국사데이터베이스』「경주 명활성비」(http://db.history.go.kr/id/gskh_003_0010_0030_0020)(검색일: 2023.11.01)

하나의 촌에 3명의 비간군 외위 소지자가 이끄는 3개의 작업 집단이 편성되었던 것은, 이러한 역역 징발이 개별 가호 단위로 이루어지지 않았음을 보여주는 사례로 널리 주목받았다. 그러나 과도기적이고 제한적인 양상이기는 해도 이 역역 징발이 지방 행정제도와 연계되었음은 명확하게 보인다. 실제 역역 징발은 하위의 오대곡(촌)의 작업 집단별로 이루어졌지만, 그 책임자의 역명이 '군중상인'이어서 군급 단위에서 역역 징발 행정이 이루어졌음이 분명하다고 할 수 있는 것이다.

실제 역역 징발은 촌(통일기의 현) 단위와 그 아래 비간군 외위 소지자를 대표로 하는 하위 단위(작업 집단, 통일기 촌)별로 이루어지지만, 행정 과정은 바로 상위 행정단위 '군' 단위가 총괄하여 집행하였다고 짐작할 수 있는 것이다.

이러한 양상은 591년(진평왕 13)에 작성된 「경주 남산신성비」(이하 신성비)들에서 보다 자세하게 찾아볼 수 있다.

「신성비 제1비」[7]

연월일	辛亥年二月卄六日
축조 대상 · 법 규정	南山新城作節 如法以作後三年崩破者 罪教事 爲聞教令 誓事之
(A)공사 총 책임자	阿良邏頭-沙喙-音乃古-大舍 奴舍道使-沙喙-合親-大舍 營沽道使-沙喙-▨▨▨知-大舍
(B)공사 군 책임자	郡上 村主-阿良村-今知-撰干 柒吐▨-▨知尒利-上干
(B)공사 직역자1-1	匠尺 阿良村-末丁次-干 奴舍村-次▨▨礼-干
(B)공사 직역자1-2	文尺 什文知-阿尺
(C)공사 직역자2-1	城使上 阿良-沒奈生-上干

7 『국사편찬위원회 한국사데이터베이스』「경주 남산신성비 제1비」(http://db.history.go.kr/id/gskh_003_0010_0020_0010_0020)(검색일: 2023.11.01)

(C)공사 직역자2-2	工尺 阿叱丁次-干
(C)공사 직역자2-3	文尺 竹生次-一伐
(C)공사 직역자2-4	面捉上 珎巾▨
(C)공사 직역자2-5	▨捉上 知礼次
(C)공사 직역자2-6	▨捉上 首尒次
(C)공사 직역자2-7	小石捉上 辱▨次▨▨▨
축조 대상 규모	受十一步三尺八寸

「신성비 제2비」[8]

행정단위명	阿大兮村
연월일	辛亥年二月卄六日
축조 대상·법 규정	南山新城作節 如法以作後三年崩破者 罪教事 爲聞教令 誓事之
(A)공사 총 책임자	阿且兮村道使-沙喙-勿生次-小舍 仇利城道使-沙喙-級知-小舍 荅大支村道使-牟喙-所叱孔知-▨▨
(B)공사 군 책임자	郡中上人 沙刀城-平西利之-貴干 久利城-首什利之-撰干
(B)공사 직역자1-1	匠尺 沙戶城-可沙里知-上干
(B)공사 직역자1-2	文尺 美叱利之-一伐
(C)공사 직역자2-1	阿大兮村作上人 所平之-上干
(C)공사 직역자2-2	匠尺 可尸利之-一伐
(C)공사 직역자2-3	文尺 得毛▨之-一尺
(C)공사 직역자2-4	面石捉人 行尒之-一伐
(C)공사 직역자2-5	▨石捉人 首叱兮之-一尺
(C)공사 직역자2-6	▨石捉人 乙安尒之-彼日
(C)공사 직역자2-7	小石捉人 丁利之-彼日
축조 대상 규모	受作七步四尺

---

8 『국사편찬위원회 한국사데이터베이스』「경주 남산신성비 제2비」(http://db.history.go.kr/id/gskh_003_0010_0020_0020_0020)(검색일: 2023.11.01)

「신성비 제3비」[9]

연월일	辛亥年二月廿六日
축조 대상 · 법 규정	南山新城作節 如法以作後三年崩破者 罪教事 爲聞教令 誓事之
행정단위명 · 축조 대상 규모	喙部-主刀里 受作廿一步一寸
(A)공사 총 책임자	部監 ▨▨▨次-大舍 仇生次-大舍 文尺仇▨▨-小舍
(B)공사 里 책임자	里作上人 只冬-大舍 文同知-小舍
(B)공사 직역자1	文尺 久匠-吉士
(C)공사 직역자2-1	面石捉上人 ▨▨▨▨
(C)공사 직역자2-2	▨▨▨大烏
(C)공사 직역자2-3	▨石捉人 ▨下次-大烏
(C)공사 직역자2-4	小石捉上人 ▨▨-小烏

「신성비 제9비」[10]

연월일	辛亥年二月廿六日
축조 대상 · 법 규정	南山新城作節 如法以作後三年崩破者 罪教事 爲聞教令 誓事之
행정단위명 · 축조 대상 규모	伋伐郡中伊同城徒 受六步
(A)공사 총 책임자	
(B) 공사 군 책임자	郡上人 曳安知-撰干 生伐-▨文-上干
(B)공사 직역자1-1	匠尺 同村-內丁-上干 ▨谷村-另利支-一尺
(B)공사 직역자1-2	文尺 生伐-只次▨-一伐
(C)공사 직역자2-1	城促上人 伊同村-▨尸丁-上干

---

9 『국사편찬위원회 한국사데이터베이스』「경주 남산신성비 제3비」(http://db.history.go.kr/id/gskh_003_0010_0020_0030_0020)(검색일: 2023.11.01)

10 『국사편찬위원회 한국사데이터베이스』「경주 남산신성비 제9비」(http://db.history.go.kr/id/gskh_003_0010_0020_0090_0020)(검색일: 2023.11.01)

(C)공사 직역자2-2	工尺 指大▨村-入夫▨-一伐
(C)공사 직역자2-3	文尺 伊同村-▨次兮-阿尺
(C)공사 직역자2-4	面促 伯干支村-支刀-一尺
(C)공사 직역자2-5	▨捉 同村-西▨-阿尺
(C)공사 직역자2-6	▨捉人 伊同村-▨▨
(C)공사 직역자2-7	小石捉人 伯干支村-戊七▨▨

널리 지적된 바와 같이 신성비에서 공사 책임자 및 직역자는 (A)지방관[공사 총 책임자]-(B)郡 재지세력[공사 군 책임자 및 공사 직역자1]-(C)작업 집단의 책임자 겸 하급기술자[공사 직역자2]의 3등급으로 나뉘어져 있다.[11] 신성비 제3비의 경우 왕경 喙部 主刀里라는 행정단위에서 징발이 이루어져 다른 비문들과 차이가 보이지만, 오히려 이 제3비를 통해 상위 행정단위-하위 행정단위라는 체계 안에서 역역 동원 행정이 이루어지고 있음을 분명히 확인할 수 있다. 제9비의 경우 (A) 집단이 존재하지 않지만, (B)의 존재를 통해 역시 '군'이 역역 동원 행정의 중심이었음을 분명히 알 수 있다.

다만 군이 여러 성·촌(후대의 현)을 총괄하는 상위의 행정단위로서 기능했다고 보기 힘든 측면이 있다. 이른바 (A) 집단에서 군의 존재가 확인되지 않기 때문이다. 일정한 권역의 중심 성·촌에 파견되었던 지방관 邏頭나 道使 약 3명으로 구성된 (A) 집단은 군이 하위 성·촌을 행정적으로 총괄·관리·감독하는 단일 상위 행정단위로서 완전히 자리 잡지 못했을 가능성을 상정하게 한다. 3개 정도의 지방관이 파견된 중심 성·촌과 재지세력이 행정을 담당하는 그 예하 몇 개의 성·촌이 일정한 역역을 포함한 수취 행정이 이루어지는 범위로서의 군 권역을 형성했다고 여겨지는 것이다.

또 (A)와 (B), 그리고 (B)와 (C)에 나오는 지명들을 보면, 체계적인 행정

---

11 홍기승, 「6세기 신라 지방지배 방식의 변화와 '村'」, 『韓國古代史硏究』 55, 2009 참조.

영속 관계를 상정하기 어려운 측면도 보이고 있다. 제1비의 경우 (A)에 보이는 阿良村, 奴舍村이 (B)에서도 확인되며, (C) 역시 아량촌의 재지인으로 구성되었다고 보인다. 그런데 (A)에 (B)·(C)에 보이지 않는 營沽(村) 道使의 존재가 보이며, (B)에 (A)·(C)에는 없는 '柒吐▨'이 있는데 이는 촌명으로 볼 여지가 있다. 즉 실제 동원된 인력 자원의 출신지로 여겨지는 아량촌의 상위 행정단위로서 군의 실체가 분명하지 않으며, 아량촌과 노함촌, 칠토▨의 관계가 어떠한지 알기 힘든 부분이 있다.

제2비의 경우 (A)·(B)·(C) 모두 다른 성·촌명이 보이고 있어, 더욱 행정적 영속 관계를 설정하기 힘들다. 제9비도 (A)가 존재하지 않는 특이한 면모가 있어서 상위 행정단위가 가지는 역할에 의문이 있으며, (B)에 이동촌의 상위 단위로 보기 힘든 '生伐'이 보이는 등 역역을 포함한 수취 행정이 집행되는 상하 영속 관계의 행정단위로서 '군'을 설정하기는 힘들다.

즉 이 신성비를 통해 왕경의 경우 6부에서 하위 里의 인력 자원을 징발하여 필요한 곳으로 보내고, 지방의 경우 몇 개의 성·촌이 결합된 범위에 해당하는 군 단위에서 인력을 편제·징발하여 공사 현장에 투입하는 행정 체계가 정립되어 있었다는 정도의 파악만이 가능하고, 군이 역역 동원과 관련이 있는 행정의 주체인 단일 단위로 보기는 어렵다고 하겠다. 결국 권역으로서의 군을 상정하고 그 안에 있는 몇 개의 중심 성·촌이 역역과 수취 행정을 수행하는 상위·중심 행정 단위로 기능하였다고 파악되는 것이다.

이러한 추정을 뒷받침하는 자료가 바로 성산산성목간이다. 6세기 후반에 제작되어 사용되었던 성산산성목간은 신성비 등의 금석문에 반영된 역역 동원 행정의 구체적인 모습을 그릴 수 있게 하였다. 245점에 달하는 성산산성목간 중 문서목간으로 분류되는 5점 정도를 제외하고는 모두 부찰(하찰)목간이었다. 이는 성산산성에 있던 물품이 담겨진 짐에 대한 정보가 적혀져 그 짐에 매달려 있던 것이다. 즉 외부에서 성산산성의 축조와 운영에 필요한 물품이 유입될 때, 혹은 유입된 물품을 관리·사용하는 과정에서 제작·사용된 것

이다.12

　기재 내용과 순서를 보면, 분류가 힘들 정도로 매우 다양한 서식을 가지고 있지만, 필자는 대체로 다음과 같은 서식이었다고 파악하고 있다.13 다만 매우 정형화된 물품이었기에 굳이 정보를 적지 않아도 알 수 있는 경우 생략할 수 있었고, 또 생략을 하는 것이 일반적이었다.

[날짜-]상위 행정단위(城)[-下-물품명-계량기준]-하위 행정단위(村)-인명-[負·發]-물품명-양-[행위+之]
(* [ ]는 생략된 경우가 많음)

　이들 성산산성목간은 성산산성의 축조나 운용과 관련하여 작성된 것이 분명하다. 서식을 보면 '상위 행정단위-하위 행정단위-인명' 형식이 자주 확인된다. 언뜻 보기에는 '주소-인명'에서 주소를 '상위-하위'로 자세하게 적은 것처럼 보이기도 한다. 그런데 이 '상위 행정단위(城·伐)'별로 묵서의 서체가 같아서, 이들 목간은 상위 행정단위별로 제작되었던 것으로 파악되고 있다.14 그렇다면 이 상위 행정단위는 단순히 인명의 주소 정보라 보기는 힘들며, 바로 역역 동원 행정이 수행되는 행정단위로서의 의미를 가진다고 하겠다. 즉 상위 행정단위는 성산산성목간의 제작처이면서 목간들이 부착되었던 짐들의 발송처, 더 나아가 짐에 담긴 물품의 집적지였을 것이다.15

12　윤재석 편, 『한국 목간 총람』, 주류성, 2021 참조.
13　홍승우, 「함안 성산산성 목간의 물품 기재방식과 성하목간의 서식」 『木簡과 文字』 21, 2018. ; 홍승우, 「함안 성산산성 출토 부찰목간의 지명 및 인명 기재방식과 서식」 『木簡과 文字』 22, 2019 참조.
14　국립가야문화재연구소, 『韓國의 古代木簡 Ⅱ』, 2017, 480쪽.
15　신성비의 (B) 집단 중 文尺의 존재가 보이는데, 그 직역명을 볼 때 문서 행정을 담당

목간들이 매여있던 짐들에 담긴 물품의 대부분이 피[稗]를 중심으로 한 곡물이었으므로, 성산산성에서 역역이나 산성 수비를 위한 군역에 동원된 사람들에게 지급된 식량으로 활용되었을 것으로 추정된다. 상위 행정단위에서 집적된 짐들이 성산산성에 운반되어 식량으로 사용되었을 것은 분명하나, 목간에 기재된 인명이 어떤 성격이었을까에 대해서는 크게 두 가지 입장이 있다. 하나는 적혀있는 인명이 해당 짐을 세물로 납부한 사람이라는 것이고,[16] 다른 하나는 그 짐의 주인 내지 사용자라는 것이다.[17]

전자는 목간이 매여있던 짐 자체를 개인이 납부한 丁租로 파악하는 견해라 할 수 있을 것이다. 중국의 사례를 보면 北魏에서는 혼인한 부부 한쌍당 帛 1匹과 粟 2석을 調로 수취하였고,[18] 당에서는 丁 1인당 粟 2斛의 租를 거두었다.[19] 물론 두 나라는 丁 마다 일정한 규모의 농지를 지급하는 소위 均田制를

하였던 것으로 보인다. (B) 집단은 군급 단위의 직역자들인데, 이 군급 단위가 성산산성목간의 상위 행정단위와 연결될 수 있을 것이다. 성산산성목간이 상위 행정단위별로 같은 서체였던 것은, 바로 신성비 (B) 집단의 '문척'이 작성했기 때문이 아닐까 한다.

16 윤선태, 「함안 城山山城 出土 新羅 荷札의 再檢討」, 『史林』 41, 2012 ; 김창석, 「함안 성산산성 木簡을 통해 본 新羅의 지방사회 구조와 수취」 『百濟文化』 54, 2016 ; 李京燮, 「금석문과 목간으로 본 6세기 신라의 촌락 구조」, 『사학연구』 132, 2018 ; 전덕재, 「7세기 백제·신라 지배체제와 수취제도의 변동」, 『新羅史學報』 42 2018 등 대다수의 연구가 이 입장에 있다.

17 박남수, 「신라 법흥왕대 '及伐尺'과 성산산성 출토 목간의 '役法'」 『新羅史學報』 40, 2017 ; 이재환, 「함안 성산산성 출토 신라 荷札의 성격에 대한 새로운 접근」 『韓國史研究』 182, 2018.

18 『魏書』 卷110, 食貨志.

19 「천성령 복원 당부역령 2」(天一閣博物館·中國社會科學院歷史研究所天聖令整理課題組, 『天一閣藏明鈔本天聖令校證 下册』, 中華書局, 2006, 474쪽).

시행하였기에, 丁 개인을 기준으로 정량의 곡물을 수취할 수 있었다. 신라가 이들처럼 정을 기준으로 정량의 곡물을 수취했는가는 분명하지 않지만, 만약 丁 개인을 기준으로 1석의 稗 등 곡물을 수취하는 세제가 있었다면, 그것을 자신이 속한 상위 행정단위인 성의 창고에 납입할 때, 납부자의 이름을 적시한 이러한 부찰(하찰)목간을 사용했을 것이다. 그리고 각 성의 창고에서 성산산성으로 이들이 운반된 이후 그대로 창고에 들어갔다가, 사용을 위해 짐들이 반출되면서 폐기되었다고 상정하고 있는 것이다.

후자는 각 성·촌의 창고에서, 입역 등의 이유로 성산산성에 있는 사람들에게 지급하는 공적인 식량이라는 입장으로 연결될 수 있다.[20] 목간의 인명은 식량을 지급받을 사람, 다시 말해 역역에 동원된 사람인 것이다. 상위 행정단위에 있는 창고에서 피와 같은 곡물을 1석 단위로 포장하여, 지급대상자의 인명을 적시한 목간을 제작하여 짐에 단 후 성산산성으로 운반했고, 성산산성에서 지급대상자가 수령하면서 목간의 용도가 다하여 폐기되었다고 생각할 수 있다.

이 두 가지 모두 가능성이 있는데, 필자는 일단 다음의 몇 가지 이유로 후자 쪽에 무게를 두고 있다.

첫째, 만약 이 목간이 납부된 세물에 대한 정보라면, 적힌 날짜 정보가 일관적이어야 할 것인데 그렇지 않으며, 통상적인 조의 납부 시점과도 맞지 않다. 특히 (가야4686)[21]에 '三月中'이라는 날짜 정보가 있는데, 해당 곡물이 麥이어서 3월이 수확시기일 수 없기 때문에,[22] 이 시점에 보리를 租로 납부하는

---

20 박남수, 앞의 논문, 2017과 이재환, 앞의 논문, 2018에서는 목간이 적힌 인명이 물품의 주인 내지는 사용자라고 보고 있지만, 공적인 식량이 아니라 사적인 물품으로 파악하고 있다. 그러나 행정단위에서 제작되었던 점을 고려하면 공적인 물품으로 보는 것이 타당할 것이다.

21 이하 성산산성목간의 일련번호는 국립가야문화재연구소, 앞의 책, 2017의 것임.

것을 상정하기는 힘들다. 이미 납입되어 있던 것이 반출되는 시점일 가능성이 크다.

둘째, 상위 행정단위는 납입된 곡물이 보관을 위해 집결된 곳이기도 하지만, 성산산성으로 보내는 주체이자 출발지임이 분명하다. 성산산성목간들이 대부분 상위 행정단위에서 한 두 사람의 관리에 의해 작성되었다는 점을 고려할 때, 상위 행정단위의 창고로 납입 당시에 목간을 제작했다고 보기는 힘들며, 상위 행정단위 창고에 납입된 이후에도 그대로 짐에 부착되어 있을 필요성이 없기 때문에, 나중에 성산산성에 운반될 때까지 계속 짐에 부착되어 있었을 개연성이 부족하다. 성산산성으로 반출할 때, 지급 대상자 개인별로 구분하여 짐을 꾸리면서 목간을 만들었다고 보는 것이 보다 합리적인 것 같다.

셋째, 성산산성목간의 마지막에 去之, 持之 등의 표현이 나오는 경우가 있다. 이는 짐을 가지고 갔다는 의미로 해석되므로, 창고 납입 과정에서 작성되었다고 보기는 힘들 듯하다. 후술하는 문서목간인 (가야5598)에 나오는 '食去'라는 표현을 '식량을 먹어버렸다' 혹은 '식량을 가져갔다' 정도로 할 수 있으므로, 성산산성목간이 식량의 지급 및 소비와 관련이 있다고 보는 것이 합리적이라 하겠다. 이러한 표현이 있는 성산산성목간을 창고에 납입하는 과정과 관련이 있다고 보기는 힘들다고 판단된다.

넷째, (가야2640)[「∨▨皀(冠)村」「∨此負刀寧負盜人有」]은 짐의 내용물이 도둑맞은 현재 상황을 적은 것으로, 원래 목간을 대체하여 부착된 것이다. 만약 이 목간이 납입되는 세물에 부착된 것이라면 刀寧은 납부자가 될 것인데, 성산산성으로 운송 중에 도둑맞은 것에 원 납입자의 이름을 적을 이유

---

22 『三國史記』卷1 新羅本紀1 婆娑尼師今 5년(84) 5월조에 "南新縣麥連歧"라 되어 있고, 祇摩尼師今 3년(114) 3월, 奈解尼師今 27년(222) 4월, 訥祗麻立干 41년(457) 4월, 元聖王 2년(786) 4월 등에 우박이나 서리 등으로 麥이 피해를 봤다고 기록되어 있다. 또 哀莊王 4년(803) 4월에 왕이 南郊에서 麥을 살폈다는 기사도 참고 된다.

가 없다. 발송 이전 단계에서 도둑맞았다면 짐 자체를 굳이 성산산성으로 운반해올 이유가 없을 것이다. 그렇다면 다른 부찰목간들과 다르게 성산산성에서 만든 것일 가능성이 높다. 이렇게 볼 때, 도령은 납부자라기보다 이 負를 지급받아야 하는 대상자로 이해하는 것이 합리적일 것 같다.

한편 發이라는 다른 표현이기는 하지만, 가야5601「「此發▨德(石)莫杖之」」 역시 짐의 상태를 설명한 내용으로 보인다. 發 다음이 인명으로 추정되므로, 가야2640과 거의 동일한 문장구조이며, 성하목간의 '~之' 표현과 통한다. '이 짐[發]은 ▨德의 (1)石인데 가지고 가지 않았다' 정도로 해석하면, 이 짐이 원래 ▨德에게 주어야 하는 것인데, 어떤 이유에서인지 가지고 가지 않아서, 새로이 이 목간을 해당 짐에 달아 놓은 것으로 볼 수 있겠다.[23] 이 경우 ▨德을 납부자로 볼 수 없으며, 짐의 주인이나 수신자로 보는 것이 타당할 것이다.

이상과 같은 검토를 염두에 둘 때, 성산산성목간의 짐은 성산산성의 축조나 운영에 동원된 사람들에게 지급된 식량으로 파악하는 것이 타당하지 않을까 생각된다. 그리고 그렇게 본다면, 성산산성목간을 통해 당시 역역 동원 행정에서 상위 행정단위인 거점(중심) 성·촌, 신성비 (A)·(B)의 郡이 어떤 성격 혹은 기능을 했는지 추정해 볼 수 있다.

신성비의 (C) 집단의 촌이 실제 인력이 징발된 곳이고, (A)·(B)는 그 행정을 담당한 곳이 될 것이다. 아마 (C)에서 징발된 사람들이 상위 행정단위(신성비의 군 거점 성·촌)에 집결하여 실제로 역역에 종사할 곳으로 이동하였을 것이다. (C)에 기재된 기술직역명을 관칭하는 재지 유력자가 실제로 인력을

---

23 이와 관련하여 다음이 참고가 된다. 「睡虎地秦墓竹簡 秦律 倉律」(윤재석 옮김, 2010, 『수호지진묘죽간 역주』, 소명출판, 109쪽), "有米委賜 禀不稼公 盡九月 其人弗取之 勿鼠"; 「천성령 복원 당창고령」(天一閣博物館·中國社會科學院歷史研究所天聖令整理課題組, 2006, 『天一閣藏明鈔本天聖令校證 下冊』, 中華書局, 494쪽), "諸應給公糧者 每月一給 若無故經百日不請者 不却給 勅賜及有故者 不在此例 若有故者 所司按實却給"

지휘·관리·감독하였을 것이지만, 그들이 일단 (A)·(B)의 군 거점 성·촌에 집결하여 출발하였던 것은 물론 그들이 역역에 종사하면서 필요한 식량 역시 거점 성·촌에서 마련하여 성산산성으로 보냈다고 할 수 있는 것이다. 상위 행정단위은 그러한 기능을 하면서 역역 동원 행정의 중심에 있었던 것이라 하겠다.

이상의 검토를 통해 6세기 단계 신라의 역역 동원은 개별 촌락 단위에서 어느 정도 공동체적 역역 징발이 이루어지는 듯하지만, 군의 거점 성·촌 단위에 1차적으로 집결하고 더하여 식량까지 마련하여 역역 종사지로 이동하는 방식이었음을 확인할 수 있었다.

이제 장을 바꾸어 신라 지방 산성 출토 목간들을 종합적으로 검토하여, 좀 더 구체적인 역역 동원 행정의 모습을 그려보도록 하자.

Ⅲ 新羅 地方 山城 木簡을 통해 본 力役 動員 行政

성산산성목간은 현재까지 한국 고대 목간으로서 가장 많은 수가 출토된 것으로 고대 목간 나아가 고대 수취제도 연구의 가장 중요한 자료라고 해도 과언이 아니다. 이 글의 주제인 역역 동원 행정에 대해서도 역시 마찬가지이다. 그런데 성산산성목간과 같이 다수는 아니지만 다른 신라 지방 산성에서도 유사한 내용을 가진 목간들이 출토되어 보고되면서, 성산산성목간을 중심으로 한 수취제도 및 그와 관련이 있는 법제 및 행정에 대한 연구 역시 심화될 수 있는 계기를 맞이하고 있다.[24]

---

24 홍승우, 「대구 팔거산성 출토 신라 목간 검토」, 『大丘史學』 149, 2022.

지금까지 발견된 신라 지방 산성 출토 목간은 다음과 같다.

신라 지방 산성 출토 목간 일람

출토지점	시기	숫자	유형	출토 시기
하남 이성산성	7세기 초	14	문서	1986
함안 성산산성	6~7세기	245	부찰, 문서	1991~2016
창녕 화왕산성	7세기 말 이후	4	주술	2002~2005
인천 계양산성	7세기 말 이후	2	전적(논어)	2003~2005
안성 죽주산성	6~7세기	2	미상	2006~2010
서울 아차산성	6~7세기	1	미상	2015
장수 침령산성	7세기 말 이후	1	문서	2016~2017
부산 배산성	6~7세기	2	문서	2017
김해 양동산성	6~7세기	3	부찰	2018
남원 아막성	6~7세기	1	부찰	2020
대구 팔거산성	6세기 말~7세기 초	16(10)	문서, 부찰	2021

이중 부산 배산성지 출토 목간(이하 배산성목간)과 김해 양동산성 출토 목간(이하 양동산성목간), 그리고 팔거산성목간이 중요한 자료라 할 수 있다. 특히 최근 보고되어 많은 주목을 받았던 팔거산성목간은 묵서가 확인되는 목간이 10점에 달하며, 성산산성목간 이해를 한 단계 진전시킬 수 있는 내용을 가진 것으로 평가되고 있다. 이제 이들 신라 지방산성목간들을 함께 검토하여 보다 구체적인 역역 동원 행정의 모습을 그려보자.

논의의 편의를 위해 세 산성목간의 판독문을 먼저 제시한다.[25]

---

25 각 목간의 판독문은 다음 출전의 것을 따랐다. (양동산성목간) 이수훈, 「김해 양동산성 출토 목간의 검토」, 『역사와 세계』 58, 2020. (배산성목간) 하시모토 시게루, 「釜山 盃山城木簡의 기초적 검토 —佐波理加盤付屬文書와의 비교를 중심으로—」, 『新羅史學報』 52, 2021. (팔거산성목간) 전경효, 「대구 팔거산성 출토 목간 소개」, 『木簡과

(양동) 癸卯年七月栗村百刀公磚日除麦石

(배산) 本波舍村 失受…四乙亥年二月一日値三　×
　　　朔…日三斗　三月一日受一石三斗　三月…　×
　　　……受　四月一日　上法同……　　　　　　×

(팔거1) 「壬戌年安居礼甘廯谷 ×
(팔거2) 「䟸伐」
(팔거3) × (卯)年王私所利(珎)習⊠⊠麦石」
(팔거4) × 奈(奴)(宽)積作稻石伐(食)軍」
(팔거6) 「丙寅年(王)(私)⊠(分)⊠⊠休.」
(팔거7) × 丙寅年次谷鄒ヾ下麦易大(豆)石」
(팔거9) × 夲(城)(珎)⊠⊠.」
(팔거14) 「夲波部　⊠⊠村⊠⊠⊠」/「米一石私」
(팔거15) × ⊠村王私禾⊠⊠⊠(之) ×
(팔거16) 「安居利干支　私　男谷村支之」

　　6세기 후반에서 7세기 초로 편년이 되는 양동산성의 집수지에서 출토된 양동산성목간(1호)은,[26] 성산산성목간과 비슷한 내용 구성을 가지고 있다. 583년 정도로 추정되는 계묘년 7월에 栗村의 어떤 인물이 납부한 혹은 받아야 하는 보리 1석이라는 내용으로 파악된다. 상위 행정단위, 곧 城이 확인되지 않는데, 이러한 생략은 성산산성목간에서도 다수 보인다. 아마 같이 있는 다른 물품에 기재되어 있어 생략했거나 양동산성 예하 촌이어서 생략되었을 가능성이 있다. 栗村이라는 하위지명은 성산산성 목간 중 (가야2017)에서도

文字』28, 2022.

26　대성동고분박물관,『김해 양동산성 집수지 유적』, 2020.

확인되고 있어서,27 현재로서는 상위지명이 생략되었다고 보는 것이 일반적이다.

이 율촌의 정확한 위치를 파악하기는 힘들지만 성산산성이나 양동산성 인근이 아니라고 보는 편인데, 먼 곳의 거점 성들에서 예하 촌으로부터 징발한 인적·물적 자원을 낙동강 수운을 통해 두 산성으로 운반하여, 현지에서 이 물자들을 활용하였다 파악되고 있다. 신라는 각 거점 지역에 축조된 산성을 중심으로 물자를 집적하고 있다가, 필요한 곳에 바로 운반하여 활용하는 행정 체계를 갖추고 있었다고 이해되고 있는 것이다.28

팔거산성목간들에서도 역시 비슷한 행정 과정의 면모를 엿볼 수 있다. 우선 (팔거1)「壬戌年安居礼甘麻谷 ×」, (팔거3)[× (卯)年王私所利(珎)習▨▨麦石」], (팔거6)「丙寅年(王)(私)▨(分)▨▨休.」] 등은, 성산산성목간이나 양동산성목간의 앞에 年干支가 나오고 이어 상위 행정단위＋하위 행정단위＋인명＋물품＋양이 기재되는 서식과 유사하다. 다른 지역에서 인력과 함께 그 식량이 운반되어 사용되었음을 짐작할 수 있다.

이렇게 신라 지방 산성 출토 목간들은 여러 지역에서 징발된 인력 내지 물자가 산성으로 운반되어 활용되었던 것을 반영한다고 이해되어 왔다. 축성과 관련한 역역 동원과 함께 주로 산성의 주된 용도라고 할 수 있는 군사 활동과 관련한 물자, 특히 군역을 지고 있던 사람들의 식량과도 관련이 있을 것이다. 이와 관련하여 (팔거4)[× 奈(奴)(兜)積作稻石伐(食)軍」]가 주목된다. 이 목간의 경우 판독이 어려운 글자가 있고 파손으로 전체 글자를 알기 힘들어

---

27 국립가야문화재연구소, 『韓國의 古代木簡 Ⅱ』, 2017, 248쪽에서는 '栗米'로 판독하였지만, 이수훈, 앞의 논문, 2020, 271쪽에서는 '栗村'이 확실하다고 하였다. 일단 여기에서는 '栗村'설을 따른다.

28 다만 팔거산성목간의 사례를 통해 후술하겠지만 상위 행정단위가 없는 경우를 다르게 해석해 볼 여지가 있다.

아직 정확한 내용을 파악하기는 어렵지만, 軍과 관련하여 벼[稻]가 납입되어 사용되었음을 보여주는 사례일 수 있다.

그런데 팔거산성목간의 경우 상위 행정단위가 나오는 사례가 드물다. (팔거2)[「夲伐」]이나 (팔거14)[「夲波部 ▨▨村▨▨▨▨」/「米一石私」]의 본 파부는 상위 행정단위로 볼 수 있지만, 그 외에는 상위 행정단위가 확인되지 않는 것이 일반적이다. 성산산성목간 연구에서는 앞서 보았듯이 상위 행정단위의 생략으로 이해하였다. 그런데 양동산성목간과 팔거산성목간까지도 상위 행정단위가 보이지 않는 사례가 많은 것을 보면, 다르게 보아야 할지도 모르겠다.

(팔거9)[× 夲(城)▨(珎)▨▨.」]에서 다르게 해석할 여지가 발견된다. 상부가 파손되어 단정하기는 힘들지만, 상위 행정단위가 '本(城)'이고 하위 행정단위가 '▨(珎)'으로 추정된다.29 만약 상부에 글자가 없다면, '본성'은 팔거산성일 가능성이 있다. 즉 상위 행정단위가 없는 사례는 본성 예하의 행정단위일 가능성이 있는 것이다. (팔거16)[「安居利干支 私 男谷村支之」]에서 앞에 상위지명이 나오지 않고 지방 수장의 이름만 나오고 있는데, 이 역시 팔거산성 인근의 재지 수장이기 때문일 가능성이 있다. 결국 상위 행정단위가 없는 것은 단순한 생략이 아니라, 해당 거점 성 예하의 촌락들에서 징발된 인력과 관련이 있었기 때문일 수 있는 것이다.

이와 관련하여 배산성목간이 주목된다. 2017년부터 2020년까지의 부산 배산성지에 대한 발굴조사 결과, 배산성은 6세기 중반 축조된 신라 석축 산성으로 거칠산군(동래군)의 치소성이 되었고, 이 산성의 축조를 통해 신라가 직접 지배를 실현한 것이 밝혀졌다.30 배산성 역시 성산산성이나 팔거산성과 같

---

29 보다 후대의 자료이기는 하지만, 「新羅村落文書」에 보이는 '當縣 沙害漸村'와 유사한 표기라고 할 수 있겠다.

30 이미란, 「부산 배산성지에 대한 연구현황과 논점」, 『지역과 역사』 50, 2022.

이 군 단위 지방 거점 산성이었다고 할 수 있는데, 그러한 성의 위상과 기능을 잘 보여주는 목간이 2호 집수지에서 발견되었다.

이 목간은 글자를 읽기 힘든 부분이 많아 판독에 이견들이 있는 편인데, 필자가 독자적인 견해를 가지고 있지 않아서 여기에서는 일단 판독과 구체적 내용에 대한 검토를 하지는 않고, 목간의 성격과 용도에만 초점을 맞추고자 한다. 이 목간은 배산성을 치소로 하는 거칠산군에 속한 '本波舍村'에서 상급 행정단위인 거칠산군에 납입해야 할 곡물로 추정되는 수취물의 수납 기록으로 추정된다. 전체적으로 납부되지 않은 양이 앞에 나오고, 이후 날짜별로 배산성의 창고로 납입된 곡물의 양을 기록한 장부로 여겨진다.

왕경의 사례이지만 「경주 월성해자 목간 9호」이 유사한 성격의 것으로 여겨진다.[31] 이 목간은 신라 왕경의 (習比)部(상위 행정단위) 단위에서 작성된 것으로 보이며, 부 예하 里 단위(하위 행정단위)들이 나열되어 있고 각 里 名 옆에는 작은 글씨로 受, 수受, 不, 不有 등이 적혀있는데, 각 하위 행정단위별 賦役의 부과 내지는 受納 여부를 기재한 것으로 추정된다. 신성비 제3비에서 보이는 部-里라는 상위-하위 행정 체계와 일치하는 것으로, 배산성목간 역시 유사하게 거점 산성에서 하위 행정단위에 대한 수취물의 수납 여부를 기재했다고 볼 수 있겠다.

앞으로 추가적인 자료가 나오면 더 확실해지겠지만, 행정 거점인 배산성에서 하위 행정단위들로부터 세금과 같은 물자를 거두어 그 창고에 보관하였음을 짐작해 볼 수 있을 것이다. 그리고 이러한 주요 거점에 집적된 물자는 일부는 왕경으로 옮겨지기도 했지만, 상당 부분 자체에서 보관하고 있다가, 성산산성이나 양동산성, 팔거산성과 같이 필요한 곳으로 바로 옮겨졌을 것이다.

---

31 국립경주문화재연구소, 『月城垓子 發掘調査報告書 Ⅱ-고찰-』, 2006, 291~295쪽 ; 윤선태, 「월성 해자 목간의 연구 성과와 신 출토 목간의 판독」, 『木簡과 文字』 20, 2018, 87쪽.

『三國遺事』「孝昭王代竹旨郎」조32 기사에 나오는 '推火郡 能節租 30石'이 문헌에서 확인되는 유사한 사례라고 생각된다. 죽지랑의 낭도 得烏가 幢典의 牟梁部 阿干 益宣에게 차출되어 왕경의 서쪽 관문성이자 창고로 기능했던 富山城의 倉直으로 일하게 되었는데, 죽지랑이 그를 만나러 가자 실제로는 '例에 따라 익선의 田에서 역에 종사'하고 있었고, 죽지는 익선에게 득오의 역을 그만두게 할 것을 청했지만, 익선이 거부하였다. 이때 推火郡에서 '能節租' 30석을 성의 창고로 나르고 있던 使吏 侃珍이 자신이 운반하던 능절조 '30石'을 익선에게 주고 회유하려 하였는데, 이 능절조는 간진이 익선에게 임의로 선물할 수 있었다는 점에서 사적 물품의 성격이 강했던 것 같다.33

그렇다면 통해 추화군(추화산성)에서 수납받은 租를 집적하고 있다가 역역 동원과 관련하여 지급할 식량과 같은 공적 수요를 위해 혹은 賜與나 歲租 등의 지급 대상품과 같은 용도로 필요한 일이 생기면, 필요한 곳으로 운송하여 사용하는 시스템이 있었을 것으로 짐작할 수 있다.34 왕경에서의 사례이기는 하지만, 문무왕 대 強首나 智炤夫人에게 각각 남산신성의 조 100석과 1,000석을 매년 주도록 하였는데,35 역시 거점 산성의 창고가 물자의 수납, 보관, 반출이 이루어지던 곳임을 짐작하게 한다. 이제 상위 행정단위가 없는 부찰(하찰)목간이 해당 거점 성·촌에서 예하 행정단위에서 부역을 징발하는 행정 과정에서 제작·사용되었을 가능성도 열어두어야 할 것이다.

한편 팔거산성목간에서는 역역 부과의 단위와 방식에 대한 새로운 단서

---

32 『三國遺事』卷2, 紀異2 孝昭王代竹旨郎條.
33 아마 (팔거산성14)에 보이는 '米一石私'가 이 '능절조'와 유사한 성격이 아니었을까 한다.
34 『삼국사기』에 나오는 신라의 여러 진휼 기사들에 '창고를 열어[發倉]'이라는 표현이 사용되는데, 이때 창고는 각지의 거점 산성에 있는 창고일 것이다.
35 『삼국사기』 권46, 열전6 강수전 ; 『삼국사기』 권43, 열전3 김유신전(하).

가 나왔다. 바로 (팔거3), (팔거6), (팔거15)에 보이는 '(王)私'이다. 사실 '王私'는 성산산성목간에도 확인되는 것이었는데, 뒷글자를 私가 아니라 松으로 잘못 판독해 왔다. 그런데 팔거산성목간에서 '王私'가 확인되면서, 성산산성목간 역시 판독을 '王私'로 수정할 수 있었다.36

수정해야 하는 것은 (가야1614)[「王私鳥多伊伐支卜烋◎」], (김해1269)[「王私鳥多伊伐支乞負支∨」]인데, 추가로 (진주1279)[「甘文城下麦甘文本波王私∨」 / 「(文)利村(知)利(兮)負∨」], (가야2025)[「夷津支城下麦王私巴珎兮村∨」 / 「弥次二石∨」], (가야4686)[「三月中鐵山下麦十五斗∨」 / 「王私𠃍河礼村波利足∨」] 역시 '王私'로 판독을 수정해야 한다는 견해가 제기되기도 하였다.37

이제 새로운 판독인 '王私'에 입각하여 성산산성목간까지 다시 검토할 필요가 생긴 것이다. 팔거산성목간의 판독을 근거로 성산산성목간을 재판독한 연구에서는 '왕사'를 왕이나 왕실의 직할지임을 나타내는 것으로 보았다.38 '王私'를 왕·왕실과 관련 있는 것으로 본 것은 타당하지만, '왕사'가 왕·왕실의 직할지를 의미하는 용어라고 보기는 어렵다. 성산산성목간과 달리 팔거산성 목간에는 '왕사'가 '촌' 다음에 나오는 (팔거15)[× 𠃍村王私禾𠃍𠃍𠃍(之) ×]의 사례가 있으며,39 또 (팔거14)[「夲波部 𠃍𠃍村𠃍𠃍𠃍」 / 「米一石私」], (팔거16)[「安居利干支 私 男谷村支之」]와 같이 '왕사' 이외 '사'의 사용 사례도 있기 때문이다. 사실 성산산성목간에도 '왕사' 이외 '사'의 용례가 보이는데,

---

36 전경효, 앞의 논문, 2022, 259쪽.

37 하시모토 시게루, 하시모토 시게루, 「함안 성산산성 목간의 '王私'와 '城下麥'」, 『新羅史學報』 54, 2022, 204~206쪽.

38 하시모토 시게루, 위의 논문, 2022, 209쪽.

39 '왕사' 뒤에 '禾'가 나오는데, 이것이 촌명의 일부일 수도 있겠지만, 곡물일 가능성이 있다.

(가야56)[「石蜜日智私×/「勿利乃(旡)花支稗×]이 그것이다.

(팔거14)의 경우 물품 뒤에 나오고 있으며, (팔거16)은 '안거리간지'라는 지방 수장의 다음에 기재되어 있다. (가야56) 역시 '石蜜日智'라는 인명 혹은 '물품명(혹은 지명)+인명' 뒤에 나오고 있다. 물론 이들 '사'가 '왕사'와는 상관없는 별개의 용어일 가능성도 없지는 않겠지만,[40] 같은 산성 출토 목간에서 나온 두 가지가 완전히 다른 용어로 사용되었다고 하기는 힘들 것이다.

또한 (가야2028)[「珎淂智(私)(仇)以稗石」] 역시 인명과 인명 사이에 '私'가 들어간 사례로 추정된다. 그간 판독불능자로 이해되었던 글자는, 새롭게 확인된 '王私' 사례를 참고할 때, 자형상 '사'일 가능성이 커서, '인명+사+인명+곡물+양珎淂智(私)(仇)以稗石' 형식으로 볼 수 있다. 더하여 (가야4697)[× ▨那只㔿米 ×]의 '㔿' 역시 '私'자로 보아야 한다는 견해도 있다.[41] 이 역시 자형상 가능성이 있다. 그렇다면 (가야4697)은, '사'자의 위치는 다르지만, (팔거14)나 (팔거15)와 같이 물품의 성격을 의미하는 '사'의 용례로 볼 여지도 있겠다.[42]

이상과 같이 볼 때, '왕사'라는 고정된 용어만 있었다기보다는, '사'가 사람이나 물품, 기관 등에 붙어서 광범위하게 '사적 관계'임을 나타내는 것으로 보는 것이 합리적일 것 같다. 즉 '왕사'는 뒤에 나오는 것이 왕·왕실과 사적

---

40 윤선태는 하시모토 시게루의 주장을 비판하는 입장에서 '사가 사적 예속인[私屬人]이라는 의미도 가진다고 보았다. 그러나 왕사는 왕·왕실의 직할지가 맞다고 보아 '사'가 두 가지 의미로 사용되었다고 보았다(윤선태, 「대구 팔거산성 출토 신라 지방목간」, 『신라학리뷰』 1, 2022, 48~50쪽).

41 박남수, 「「신라촌락문서」의 연령구분과 촌락사회」, 『한국고대사탐구』 42, 2022, 377쪽.

42 그러나 (가야4697)의 경우 다른 글자들과 비교해 모양이 다른 점이 있어 단정하기는 힘들다.

관계임을 나타내며, (팔거16)의 '안거리간지사'나 (가야56)의 '석밀일제사'는 뒤에 나오는 것이 앞의 인물과 사적 관계를 가지고 있음을 보여주는 용어로 보아야 할 것 같다. 그리고 그 사적 관계를 가지고 있는 실체는 반드시 村과 같은 행정단위에 한정되지 않는다고 여겨진다. 지방 수장으로 보이는 안거리간지가 직할지를 가지고 있다고 보기 힘들기 때문이다. 석밀일지 역시 마찬가지이다.

그렇다면 '사'가 성격을 규정하는 실체는 지명이 아니라 그 뒤에 나오는 사람일 것이다. 왕사 역시 뒤에 나오는 촌이 직할지라는 의미로 사용되었다기보다, 촌은 뒤에 나오는 사람에 대한 정보이며 사람이 '사'에 해당하는 존재, 사적 예속인이라고 보아야 할 것이다.[43]

이상과 같은 추정이 타당하다면 '사'가 있는 목간들은 다음과 같이 해석할 수 있을 것이다.

(팔거3) ▨묘년분 왕(실)의 사적 예속인인 所利珎 거주 習▨▨의 麦 1석
(팔거6) 병인년분 왕(실)의 사적 예속인인 ▨分▨ 거주 ▨休(의 집)
(팔거14) 본파부 ▨▨▨ 거주 ▨▨▨▨의 米 1석, 개인 물품
(팔거15) …村의 왕(실)의 사적 물품 禾 …
(팔거16) 안거리간지의 사적 예속인인 남곡촌 거주 支之(의 집)
(가야56) 石蜜日智의 사적 예속인인 勿利乃 거주 亢花支의 피
(김해1269) 왕(실)의 사적 예속인인 鳥多伊伐支 거주 乞負支(의 집)

---

43 '사' 자체가 사적 예속인을 의미한다고 보는 것은 아니다. 다만 대부분의 경우 '사'가 뒤에 나오는 인명과 연결되는데 이러한 경우 사적 예속인의 뜻으로 사용되는 것이다. 이 '사'가 어떠한 성격인지는 분명히 알 수 없다. 다만 노비와 같이 주인에게 완전히 예속된 존재는 아닌 것으로 보인다. 성산산성목간이나 (팔거4)에 '노(인)'이라는 표현이 별도로 나오기 때문이다. 죽지랑 일화에서 익선에게 부역하고 있던 득오가 이 '사'에 해당하는 사례가 아닐까 조심스레 추정해 본다. 또 眞定法師가 종사하였다는 部役이나, 「포항 중성리 신라비」에 나오는 作民들도 '사'와 관련 있을지 모르겠다.

(진주1279) 甘文城의 麦으로 甘文本波의 왕(실)의 사적 예속인인 文利村 거주 知利兮의 집

(가야1614) 왕(실)의 사적 예속인인 鳥多伊伐支 거주 卜烋(의 집)

(가야2025) 夷津支城의 麦으로 왕(실)의 사적 예속인인 巳珎兮村 거주 弥次(의 것) 2石

(가야2028) 珎淂智의 사적 예속인인 (仇)以의 稗 1石

(가야4686) 3월분 鐵山의 15두가 1석인 麦으로 왕(실)의 사적 예속인인 ☒ 河礼村 거주 波利足(의 집)

(가야4697) … ☒那只의 사적 물품 米

    이러한 목간의 '사' 용례는 그간 성격이 불분명하였던「신라촌락문서」(이하 촌락문서)의 '法私'의 의미 이해 진전에도 기여할 것으로 기대된다. 그간 촌락문서의 '當縣 薩下知村'에 속한 下下烟 하나의 속성으로서 기재된 '법사'를 법당 군단에 징발된 것을 나타내는 것으로 보는 것이 일반적이었다.[44] 그러나 새롭게 '사'의 의미를 알게 되었고, 이를 촌락문서의 '법사'에도 적용할 수 있을 것이다. 즉 촌락문서의 '법사'는 특정한 군역에 징발된 호를 나타내는 것이 아니라, 그 호에 속한 개인이 사적 예속인이어서 이 호에 일상적인 역역을 부과를 하지 않아야 한다는 표기로 보아야 할 것이다.[45]

    이러한 사적 예속인들 역시 역역 동원 행정 과정에서 철저히 파악되고 관리 되었음을 알 수 있는데, 그러한 행정이 바로 거점 성·촌 단위에서 수행되었던 것이다. 결국 개별 촌 단위에서 역역 징발이 이루어졌지만, 실제 징발된 인력을 파악·편제하고 그들에게 지급할 식량을 마련하는 행정이 군급의 거점 성·촌에서 이루어지는 체계는 정립되어 있었던 것이다. 군이 단일 행정

---

44 전덕재,「中古期 新羅의 租稅收取와 力役動員」,『韓國古代史研究』98, 2020 참조.

45 홍승우,「「신라촌락문서」의 기재 내용과 수취제도 -戶口 관련 기재 내용을 중심으로-」,『한국고대사탐구』42, 2022b.

단위로서 기능하지 않았던 것은 맞지만, 이 군을 중심으로 한 행정 체계가 갖추어지지 않았다고 볼 수는 없는 것이다.

신성비의 (B) 집단이 실제 역역 동원 대상지까지 가서 행정에 참여했다는 것을 보여주는 자료가 성산산성목간 중 문서목간인 (가야5598)[三月中 眞乃滅村主 憹怖白 / ▨城在弥卽尒智大舍下智前去白之 / 卽白先節(六十)日代法稚然 / 伊毛羅及伐尺(寀)言▨法卅代告今卅日食去白之]이다.[46] 이 문서목간의 판독과 내용 파악과 관련해서는 여러 연구자들이 다양한 의견을 개진하였고 아직 의견이 모아지지 않고 있지만, 부찰(하찰)목간과 연동되는 내용을 가진 것, 곧 성산산성에서의 역역이나 군역에 동원된 사람들의 관리 및 그들에게 지급되는 식량과 관련한 것이라는 데에는 대부분 동의하고 있다. 이 문서목간 역시 부찰목간과 같이 역역 동원의 행정과정에서 생산된 것으로 보아도 무방할 것이다.

이 문서목간은 성산산성 현지에서 사용되었던 것으로 보이는데, 여기에 하위 행정단위의 長인 眞乃滅村主 그리고 그와 함께 役夫들의 지휘·관리를 담당했던 것으로 보이는 '▨▨智一伐'과 '伊毛羅及伐尺'의 존재가 확인된다. 이러한 재지 유력자들이 역역과 관련하여 현지에 일정한 역할을 수행하고 있었다고 볼 수 있는데, 진내멸촌주는 신성비 제1비 (B) 집단에 보이는 촌주에, '▨▨智一伐'과 '伊毛羅及伐尺'은 (C) 집단의 기술직역자에 각각 대응한다.

그리고 촌주가 30일과 60일이라는 일정한 일수를 언급하고 있는데, 이는 역역 동원과 관련하여 일정한 계량적 부담이 있었음을 짐작하게 한다. 신성비 등 역역과 관련한 금석문들에는 일정한 '受作 거리'가 적시되어 있으며, 비슷한 양상이 또 다른 성산산성 출토 문서목간 (가야2645)에도 나타나고 있다. 이는 신라에서 역역을 동원할 때, 인력 규모에 따른 일정한 부담량이 규정되

---

[46] 이 목간에 대한 일반적인 내용과 연구 경향은 이재환, 「함안 성산산성 출토 문서목간과 力役 동원의 문서 행정」, 『木簡과 文字』 22, 2019 참조.

어 있었음을 보여준다.47 그리고 (B) 집단이 현지에서 그러한 규정에 따라 역역이 이루어지도록 관리·감독하는 역할을 수행했음을 알 수 있다. 금석문에 보이는 역역 동원 행정 양상과 지방산성목간이 잘 부합한다고 하겠다.

한편 (팔거7)[× 丙寅年次谷鄒ᐞ下麦易大(豆)石」] 역시 산성목간들이 해당 산성의 창고에서 물품의 반출과 관련한 정보임을 뒷받침하는 자료라고 할 수 있다. 이 목간은 '연(丙寅年)+지명(次谷)+인명(鄒ᐞ)+下麦+易+곡물(大豆)+양(石)'의 서식을 가지고 있는데, 성산산성목간에서 특수한 서식을 가진 것으로 분류하였던 소위 '城下木簡'이라고 할 수 있다.

그간 '~城+下麦' 형식을 가지는 일부 성산산성 목간에서 '下'가 어떤 의미인가에 대해서 견해가 엇갈렸는데,48 이 (팔거7)을 통해 소위 '성하목간'이 특수한 서식을 가진 것이 아니라는 점이 분명해졌다.49 그리고 더 나아가 '하맥'이라는 표현이 상위 행정단위와만 결합된 것이 아니라 목간에 기재된 인명 개인과 직접 연결될 수도 있다는 것이 새롭게 밝혀졌다. 이는 그간 일부 성산산성목간들에서 확인되는 '去(之)' 등의 표현이, 행정단위 사이의 운반이 아니라 개인이 해당 산성의 창고에서 물품을 반출하는 행위와 관련한 것이라는 점을 밝히는 단서가 된다.

그리고 '하맥' 뒤에 나오는 '역'도 중요한 표현이다. 이른바 '성하목간'에는 '十五斗', '十五斗石', '十五石', '十一斗石' 등의 곡물양이 기재되어 있었고, 이것이 다른 부찰목간들의 일반적인 곡물양인 1석과 달라서, 이 목간의 특징적인 면모라고 인식되어왔다. 그러나 중국이나 일본의 사례를 볼 때, 세금의 납부나 식량 지급시 다른 대체품으로 납부 혹은 출급이 가능한 데, 이때 법에 정

---

47 이미란, 앞의 박사논문, 2022 참조. 작업 집단마다 일정한 작업량이 설정되어 있었음은 고고학적으로도 확인된다고 한다(이민형, 앞의 박사논문, 2022).

48 홍승우, 앞의 논문, 2018, 86~88쪽 참조.

49 홍승우, 앞의 논문, 2022a.

해진 환산 비율이 있는 점에 착안하여 '15(11)두를 1석으로 하는'의 의미일 것이라는 가설 제기가 있었다.[50] 이 설이 현재 비교적 유력하게 받아들여지고 있는 편이다.

그러나 신라에서 실제 그런 교환비가 존재했거나 그에 맞게 교환했다는 것을 입증할 수 있는 직접적인 증거는 없었다. 그런데 이 목간은, 현재의 판독이 정확하다면, 실제 그러한 교환 관련 규정이 있었고, 그 규정에 따라 공식적으로 교환이나 대체가 이루어졌음을 보여주는 증거라고 할 수 있다. 더하여 성산산성 목간 중 일부 '성하목간'에서 下麦 뒤에 다른 곡물 稗가 나오는 사례인 (가야4687)[「甘文城下麦十五石甘文∨」/「本波加本斯(稗)一石之∨」] 역시 이 목간처럼 '易'이 생략되었을 가능성을 상정해 볼 수 있겠다.[51]

기본적으로 성산산성목간과 팔거산성목간이 상위 행정단위에서 작성되어 물품의 사용처로 보내지는 행정 과정과 관련이 있다고 한다면, 이른바 '성하목간' 역시 운송이라는 특수한 용도에 따른 별도 양식이 아니라, 다른 곡물로 대체·환산하여 출납되는 과정에서 추가적인 정보를 기재한 것이라고 할 수 있을 것이다.

Ⅳ 맺음말

이상과 같은 검토를 종합해 보면, 6세기 후반 단계의 신라 역역 동원 행

---

50 홍승우, 앞의 논문, 2018, 88~89쪽 참조.
51 다만 (가야4687)의 경우 2면의 '(稗)' 판독이 불명확하여, 바로 이러한 추정의 타당성을 확인하기는 어렵다. 이에 대해 추후 보다 정밀한 검토가 필요하다.

정의 양상을 어느 정도 복원해 볼 수 있을 것이다. 이제 맺음말로서 그 모습을 정리해 보면서 이 글을 마무리하겠다.

6세기 후반 신라의 지방 행정제도는 道使가 파견된 거점이 되는 성을 중심으로 그 인근의 재지 유력자(수장)를 중심으로 한 공동체적 질서를 유지한 몇 개의 촌이 결합된 형태였다. 역역은 재지 수장층을 매개로 개별 촌에 부과되어 징발되었고, 재지 수장은 역역 집단의 관리직이나 기술직역자로서 징발된 촌의 인력을 지휘·감독하였다.

거점 성에 파견된 지방관은 이러한 행정을 총괄하였지만, 실질적으로 역역 행정은 재지 유력자들이 담당하였다. 다만 재지 유력자 집단도 몇 개 성·촌이 결합되어 있는 권역으로서의 군과 개별 촌이라는 이원적 구성을 가지고 있었다. 단, 군은 단일의 행정 단위로서 기능했던 것은 아니며, 3개 정도의 거점 성이 그 기능을 수행하였다.

신라 지방산성목간에 기재된 상위 행정단위는 바로 그 거점 성(·촌)이며, 역역 징발을 포함한 수취 행정이 이 거점 성 단위에서 수행되었다. 지방산성목간들이 상위 행정단위별로 작성되었던 것이 이를 뒷받침한다.

개별 촌에서 징발된 인력 자원은 재지 유력자의 지휘 아래 거점 성에 집결하였다가, 공사가 이루어지는 지역으로 이동하였다. 이때 거점 성에 있는 창고에서 이들이 필요한 식량을 산정하여 인적 자원과 함께 발송하였다.

이 과정을 총괄했던 것은 도사 등의 지방관이었지만 이들이 실제 인력들을 데리고 공사에 참여한 것은 아니며, 거점 성에 계속 있으면서 식량 발송을 포함한 역역 동원 행정이 잘 이루어지도록 관리하는 책임자로서의 역할만을 수행했던 것으로 보인다.

실제 인력들을 데리고 공사 현장에서 지휘한 것은 신성비에 보이는 (B)·(C) 집단의 재지 유력자들이다. (B)의 文尺이 실질적으로 부찰 및 문서 목간을 작성한 행정 담당자였다고 보이며, 도난과 관련한 부찰목간이나 역역 동원과 관련하여 발생한 문제가 담겨있는 문서목간이 성산산성에서 발견된 것은 이들 (B) 집단이 역역이 이루어진 지역까지 인력과 함께 이동하여 행정을 담당하였기 때문이다.

　　신라 지방산성목간들은 이러한 역역 동원 행정이 수행되는 과정에서 작성·사용된 것으로서, 인적·물적 자원이 그 사용처로의 이동은 물론 사용처에 도착한 이후 실제 사용되는 과정까지의 전체 과정에서 활용되었고, 이후 역역 동원 행정이 종료되면 현지에서 폐기되었다.

　　이상에서 金石文과 木簡 資料를 통해 6~7世紀 新羅 力役 動員 行政의 전체적인 모습을 그려보았다. 제한된 자료에 입각한 것이어서 推定이 많다는 한계를 인정하지 않을 수 없다. 추후 보다 많은 문자 자료가 나와 그 한계를 극복할 수 있기를 기대한다.

참고문헌

『三國史記』『三國遺事』

국립가야문화재연구소, 『韓國의 古代木簡Ⅱ』, 2017.

국립경주문화재연구소, 『月城垓子 發掘調査報告書Ⅱ-고찰-』, 2006.

국사편찬위원회, 『한국사데이터베이스』.

대성동고분박물관, 『김해 양동산성 집수지 유적』, 2020.

바바 하지메 지음·김도영 옮김, 『일본 고대 목간론』, 주류성, 2021.

윤재석 옮김, 『수호지진묘죽간 역주』, 소명출판, 2010.

윤재석 편, 『한국 목간 총람』, 주류성, 2021.

이미란, 「신라 중고기 국가 조영사업 연구」, 부경대 박사학위논문, 2022.

李旼馨, 「新羅 眞興王代 新宮 垈地造成 硏究」, 경주대 박사학위논문, 2022.

李周炫, 「中國 古代 帝國의 人力 資源 편제와 운용」, 서울대 박사학위논문, 2020.

天一閣博物館·中國社會科學院歷史研究所天聖令整理課題組, 『天一閣藏明鈔本天聖令校證 下册』, 中華書局, 2006.

김창석, 「함안 성산산성 木簡을 통해 본 新羅의 지방사회 구조와 수취」, 『百濟文化』 54, 2016.

戴衛紅, 「간독과 문서로 본 중국 中古 시기 지방 징세 체계」, 『木簡과 文字』 21, 2018.

박남수, 「신라 법흥왕대 '及伐尺'과 성산산성 출토 목간의 '役法'」, 『新羅史學報』 40, 2017.

박남수, 「「신라촌락문서」의 연령구분과 촌락사회」, 『한국고대사탐구』 42, 2022.

윤선태, 「함안 城山山城 出土 新羅 荷札의 再檢討」, 『史林』 41, 2012.

윤선태, 「월성 해자 목간의 연구 성과와 신 출토 목간의 판독」, 『木簡과 文字』 20, 2018.

윤선태, 「대구 팔거산성 출토 신라 지방목간」, 『신라학리뷰』 1, 2022.

李京燮, 「금석문과 목간으로 본 6세기 신라의 촌락 구조」, 『사학연구』 132, 2018.

이동주, 「밀양지역 고대 치소성(治所城)에 대한 검토 -推火山城과 佳山里山城을 중심으로-」, 『石堂論叢』 41, 2008.

이미란, 「부산 배산성지에 대한 연구현황과 논점」, 『지역과 역사』 50, 2022.

이수훈, 「김해 양동산성 출토 목간의 검토」, 『역사와 세계』 58, 2020.

이재환, 「함안 성산산성 출토 신라 荷札의 성격에 대한 새로운 접근」, 『韓國史硏究』 182, 2018.

이재환, 「함안 성산산성 출토 문서목간과 力役 동원의 문서 행정」, 『木簡과 文字』 22, 2019.

전경효, 「대구 팔거산성 출토 목간 소개」, 『木簡과 文字』 28, 2022.

전덕재, 「7세기 백제·신라 지배체제와 수취제도의 변동」, 『新羅史學報』 42, 2018.

전덕재, 「中古期 新羅의 租稅收取와 力役動員」, 『韓國古代史硏究』 98, 2020.

畑中彩子, 「목간군으로서의 성산산성 목간」, 『木簡과 文字』 21, 2018.

정재영·최강선, 「무술오작비 3D스캔 판독」, 『구결학회 발표회 자료집』, 2019.

하시모토 시게루, 「釜山 盃山城木簡의 기초적 검토 -佐波理加盤付屬文書와의 비교를 중심으로-」, 『新羅史學報』 52, 2021.

하시모토 시게루, 「함안 성산산성 목간의 '王私'와 '城下麥'」, 『新羅史學報』 54, 2022.

홍기승, 「6세기 신라 지방지배 방식의 변화와 '村'」, 『韓國古代史硏究』 55, 2009.

홍승우, 「함안 성산산성 목간의 물품 기재방식과 성하목간의 서식」, 『木簡과 文字』 21, 2018.

홍승우, 「함안 성산산성 출토 부찰목간의 지명 및 인명 기재방식과 서식」, 『木簡과 文字』 22, 2019.

홍승우, 「대구 팔거산성 출토 신라 목간 검토」, 『大丘史學』 149, 2022a.

홍승우, 「「신라촌락문서」의 기재 내용과 수취제도 -戶口 관련 기재 내용을 중심으로-」, 『한국고대사탐구』 42, 2022b.

#05

일본 고대 文書木簡의 전개*

이치 히로키(市大樹)

(일본 大阪大学 교수)

I 머리말

일본 열도에서는 작은 단편과 부스러기를 포함해서 50만 점에 가까운 목간이 출토되었다. 그 중 70% 이상이 고대 목간이며 특히 7세기 후반부터 8세기 말까지의 시기에 집중된다. 이들 목간은 (1) 文書, (2) 附札, (3) 기타로 분류하는 것이 일반적이다. 문서(광의)는 서식 상 어떤 식으로든 授受 관계가 표시되는 문서(협의)와 수수 관계가 표시되지 않는 記錄(傳票, 帳簿)으로 세분된다. 부찰(광의)은 調・庸・中男作物・贄・舂米 등 공진물에 매달린 荷札과

---

* 이 글은 『동서인문』 22호(경북대학교 인문학술원 발간, 2023.8) 수록 논문이다.

물품 관리・정리용으로 매달린 부찰(협의)로 세분된다. 기타는 習書・落書나 기재내용이 불분명한 것이 주로 상정된다.

　　당시 서사 재료로 종이도 있었지만 나무(목간)의 장점으로는 ① 값이 싸고 입수하기 쉽다, ② 튼튼하기 때문에 운반해도 쉽게 부서지지 않는다, ③ 정렬하기 쉽고 정보 처리하기 편하다, ④ 표면을 깎으면 반복적으로 이용할 수 있다는 점을 들 수 있다. 반면에 ⑤ 서사 면적이 한정된다, ⑥ 도장을 찍어 권위를 부여할 수 없다, ⑦ 개찬당하기 쉽다는 단점도 있다. 그 때문에 중요한 일이나 조금 복잡한 내용일 때, 또는 집계 기록을 작성할 때는 주로 종이가 선택되었다. 다만 나무와 종이의 사용 구분은 엄밀한 것은 아니었고 문서(광의)나 습서에서 잘 알 수 있듯이 둘 다 사용되는 경우도 있었다. 이는 거꾸로 말하면 후세에는 종이를 사용하는 경우에도 고대에는 목간이 선택되는 경우가 적지 않았다는 것을 뜻한다. 일본 고대 목간의 약 80%가 부스러기인데 이는 목간이 반복적으로 사용되었음을 웅변하다.

　　일본에서 목간이 활발하게 사용된 7세기 후반부터 8세기 말까지의 약 100년 간은 율령제를 바탕으로 국가제도가 정비되어 전성기를 맞이한 시대에 해당된다. 율령국가는 철저한 문서주의를 특징으로 하였으며 각종 문서(광의)를 작성하는 것을 강력히 요구하였다. 이들은 종이 문서를 정식적인 것으로 간주하였으나 그것을 뒷받침하기 위해 목간도 많이 사용되었다. 다만 철저한 문서주의가 실시되었다고 하더라도 모든 일이 文字化된 것이 아니라 구두전달(口頭傳達)도 일정한 비중을 차지한 것을 간과해서는 안 된다.

　　이 글에서는 이상을 바탕으로 협의의 문서목간의 전개 과정을 개관하고자 한다.

Ⅱ 획기로서 大寶의 公式令

협의의 문서목간을 생각할 때 701년에 시행된 大寶令의 公式令을 염두에 두어야 한다. 公式令에는 각종 문서 양식이 규정되어 있는데 다음과 같이 분류할 수 있다(早川 1990).

제1류 天皇과 신하 또는 관사, 천황에 준하는 자와 신하 또는 관사와의 관계에서 작성된 문서. 詔書(1조), 勅旨(2조), 論奏(3조), 奏事(4조), 便奏(5조), 令旨(6조), 啓(7조), 奏彈(8조), 飛驛(9·10조). 이에 준하는 것으로 勅授位記(16조), 奏授位記(17조), 判授位記(18조)가 있다.
제2류 관사와 관사, 관사와 관인 사이에서 주고받는 공문서. 解(11조), 移(12조), 符(13조), 牒(14조), 辭(15조).
제3류 율령의 공문서 제도를 유지하기 위해 관사가 작성하는 공문서. 計會帳(19·20·21조). 이에 준하는 것으로 過所(22조)가 있다.

이 가운데 제2류 '解' '移' '符'에 관해서는 관사 사이의 통속 관계를 바탕으로 하여 작성되는 점이 큰 특징이다. 하급관사에서 상급관사로 上申할 때는 解, 상급관사에서 하급관사로 下達할 때는 符, 직접적인 통속 관계가 없는 관사끼리 전달할 때는 移가 사용된다. 해·이·부를 엄밀하게 구분하여 쓰기 위해서는 관사끼리의 관계가 명확해야 한다. 실제로 대보령의 官員令 등에서는 각 관사의 급을 명시하기 위하여 표기를 '官·省·臺·府·職·寮·司·坊·監·署' 10가지로 자세히 구분한다.

한편 선행하는 아스카키요미하라령(飛鳥淨御原令)의 제도에서는 在京 관사로 말하면 '官'을 기본으로 하고 그 이외에 '職'이 일부 있었을 뿐이었다.

때로는 같은 관사이면서도 '官'·'職'이 다 사용되는 사례도 있어 엄밀하게 구분해서 사용되었다고 말하기 어렵다. 그 때문에 관사 사이의 통속 관계가 명백하지 않아 해·이·부를 엄밀하게 사용하기 어렵다. 실제로 대보령 시행 이전의 7세기 목간을 봐도 다음에 제시하는 후지와라궁(藤原宮)터(나라현(奈良縣) 가시와라시(橿原市))에서 출토된 2점(B는 이차적 습서 부분을 생략)을 제외하면 해·이·부의 사례를 볼 수 없다.

A 膳職白主果餅申解解
(166)×(9)×5 081 후지와라궁터『藤原宮』20호

B 符處〃塞職等受
(138)×34×2 019 후지와라궁터『藤原宮木簡1』12호

A는 글자 배치로 보아 '膳職' 위에 '大'자 등이 들어가지 않는다. 기요미하라령(浄御原令) 제도에서는 후대의 大膳職·內膳司가 분화되지 않은 상태였고 단독의 '膳職'이었다고 추정된다. 표기는 다르지만 아스카궁(飛鳥宮)터(나라현(奈良縣) 아스카촌(明日香村))의 苑池 유구에서도 '干官'(가시와데노쓰카사(옮긴이: 膳職과 같은 뜻))이 적힌 목간이 출토되었다.(『飛鳥宮跡出土木簡』143-19호) B의 '塞職'은 '세키노쓰카사(옮긴이: 세키는 關을 뜻함)'이며 뒤에서 언급하듯이 '勢岐官'이라는 다른 표기가 알려져 있어 '關司'의 전신 관사에 해당한다. 상신과 하달에 관해서는 상호의 상하 관계가 어느 정도 정해져 있으면 일반적으로 있을 수 있는 일이기 때문에 그런 의미에서는 해·부가 7세기 말에 사용되었을 가능성도 충분히 있다.

다만 A에 대해 기요미하라령(浄御原令) 제도에서 '구다모노노쓰카사(옮긴이: '구다모노'는 과일을 뜻함)'를 '主果餅'이라고 표기할 수 있었는지 의문시되기도 한다.(早川 1985) 또한, 상신에 관한 어구로 '해'자 이외에 '白'자가 사용되었고 공식령이 정한 해 문서라고 할 수 없는 것도 사실이다. 그

리고 '해'자가 반복되어 있어서 잘못 쓴 것이 아니었다면 습서목간으로 이해된다. B에 대해서도 공식령이 정한 被管 관사에 대한 명령으로서의 부가 아니라 단순히 '명하다'라는 뜻으로 생각된다. 현재로서는 A·B를 제외하면 7세기에 해·부라고 쓴 목간이 확인되지 않아 앞으로 신중하게 검토해야 할 것이다.

그 후 8세기가 되자 해·부는 물론 이 목간도 다수 등장하는데 이들은 분명히 대보 공식령의 영향을 받은 것이다. 또한, 대보 공식령에서는 각종 문서 말미에 날짜를 쓰는 것으로 규정되었다. 날짜가 있는 목간을 보면 7세기에는 모두에 있었던 것이 8세기에는 일부 예외를 제외하면 말미에 있다(岸 1980). 후술하듯이 8세기 문서목간을 대보 공식령의 관점만으로 설명하는 것은 잘못이지만 큰 영향을 받은 것은 틀림없고 7세기 목간과 8세기 목간을 구별해서 검토해야 한다.

Ⅲ 7세기 문서목간

1. 많이 사용된 前白木簡

7세기 전반의 일본 목간은 소수밖에 알려져 있지 않지만, 7세기 후반이 되자 폭발적으로 늘어나고 도성만이 아니라 지방에서도 출토되기 시작한다. 그 중에는 '○○前白'(○○ 앞에 아뢰다)이라는 서식으로 쓰인 상신을 위한 '前白木簡'이 자주 등장한다(東野 1983, 早川 1985, 鐘江 2006 등).

```
                        [僕?]
C ・大夫前恐万段頓首白 □眞乎今日國
 ・下行故道間米无寵命坐整賜
```
　　　293×31×6 011 아스카궁(飛鳥宮)터 『飛鳥宮跡出土木簡』 143-4호

이는 "大夫 앞에 삼가 万段 頓首하여 아뢴다. 저 眞乎는 今日 國으로 下行하는 故로, 道間의 쌀이 없다. 寵命으로 整하여 주시기를"이라고 해석할 수 있다. '寵命'은 천황의 명령이라는 뜻도 있지만 여기서는 상신하는 상대의 명령으로 생각된다. 마지막의 '賜'는 존경의 보조동사이다. 급히 지방으로 내려가게 된 眞乎라는 자가 상신하는 대상의 명령을 받아 가는 길에 필요한 식료미를 준비해 주도록 요청한 것이다.

```
        [智?]
D ・□照師前謹白昔日所
           [苑賜?]
 ・白法華經本借而□□
```
　　　223×20×3 011 아스카이케(飛鳥池)유적 『飛鳥藤原京木簡1』 705호

이는 "智照師 앞에 삼가 아뢴다. 昔日 아뢴 바인 法華經本, 빌려 苑(宛) 주시기를"이라고 해석할 수 있다. '苑'은 '宛'을 잘못 쓴 것으로 생각된다. 승려인 智照에 대해 이전에 빌리는 것을 부탁한 法華經本을 빌려주는 것을 요청한 것이다.

　　전백목간은 ① 수신처를 모두에 쓴 것이 많다. ② 수신처는 지위・존칭・관직이 일반적이며 특히 '大夫' 같은 보통 명사가 많다. ③ 발신처는 자주 생략된다(발신처가 내용 중에 일인칭으로 나타나는 경우는 있다). ④ 날짜는 거의 명기되지 않다는 특징이 있어(D는 ②만 해당되지 않는다) 구두 전달과 깊이 관련된다고 지적한다.
　　실제로 C를 봐도 眞乎가 어느 국으로 내려가는지, 어느 정도의 쌀을 필

요로 하는지 명기되어 있지 않고, D를 봐도 法華經本을 빌리려고 하는 사람이 누구인지, 언제까지 빌리려고 하는지 명기되어 있지 않다. C・D의 내용만으로 충분히 의사소통을 할 수 있었는지 의문이 남는다. 그렇지만 전달하고자 하는 내용은 분형히 쓰여 있다. 상신자가 C・D를 가지고 상신처까지 가서 구두로 약간의 내용을 보태면 바로 의사를 전달할 수 있었을 것이다.

다른 사례를 포함해서 필요 최소한의 내용만 기재한 다음에 구두로 요청할 때 사용된 것이 전백목간이었다고 생각한다. 구두로 쉽게 의뢰할 수 있는 가벼운 내용이 대부분인데 그 요점을 일부러 文字化하였다. 상신할 때는 일정한 동작이 따랐을 것이며, 예를 들어 꿇어앉은 상신자가 전백목간을 받들고 삼가면서 상신하는 장면도 상상된다. 전백목간을 상신할 때 쓴 소도구로 보는 것도 불가능하지 않다(市 2014a).

그런데 '○○前白'이라는 말이 神에게 올리는 祝詞에도 보이기 때문에 일본의 독자적인 것이라고 보는 설도 있지만 그건 잘못이다. 그 연원은 중국 六朝時代 문서 형식에 있고(東野 1983), 직접적으로는 한반도로부터 강한 영향을 받은 것이다.(李 1996, 市 2010・2019a・2021) 전백목간에 대해 구두로 전달한 내용을 그대로 쓴 것이라는 견해도 있었지만, 중국・한반도에 유래된 정형화된 표현이 많이 사용되어 있어 성립하기 어려울 것이다.

2. 전백목간 이외의 상신목간

목간을 사용하여 상신할 때 전백 이외의 형식으로 문장을 쓰는 경우도 있었다.

E ・謹啓
　［初?］
　・□然而

(57)×(25)×2 081 나니와궁(難波宮)터 『木簡研究 21』 59쪽-2호

　이는 7세기 중엽의 목간으로 A·B나 뒤에 언급할 목간보다 오래된 것이다. 또한, 아스카이케(飛鳥池)유적(나라현(奈良縣) 아스카촌(明日香村))의 북지구(아스카사(飛鳥寺) 관계)에서도 7세기 후반의 '□□(恐〃?)謹啓'라고 쓴 작은 단편이 출토되었다(『飛鳥藤原京木簡 1』 708호). 공식령 7조에 규정된 啓는 東宮坊이 황태자로, 中宮職이 三后로 상신할 때 사용되지만, 이들 목간은 書狀으로서의 啓이며 공식령과는 직접 관련되지 않는다. '謹' '恐〃'은 서장에서 일반적으로 쓰는 표현으로 전백목간에서도 자주 사용된다.

　7세기 후반의 전백목간 중에는 후자와라궁(藤原宮)터 하층 운하 터에서 출토된 '法恩師前 小僧吾白 啓者我尻坐'(『藤原宮木簡 2』 525호)나 이시가미(石神)유적(나라현(奈良縣) 아스카촌(明日香村))에서 출토된 '大夫等前謹啓'(『飛鳥・藤原宮発掘調査出土木簡概報 18』 169호)처럼 계를 의식해서 쓴 것도 있어 전백목간과 계는 가까운 관계에 있었다는 것을 알 수 있다.

　역시 전백목간과 가까운 관계에 있었던 것은 牒이다. 이시가미(石神)유적에서는 '前牒吾'라고 쓴 작은 단편이 출토되었다(『飛鳥・藤原宮発掘調査出土木簡概報 18』 112호). 또 니시가와라(西河原)유적군의 유노베(湯ノ部)유적(시가현(滋賀縣) 야수시(野洲市))에서는 전백 형식이 아닌 첩목간(牒木簡)이 출토되었다. 폭이 넓고 두터워 오른쪽 측면에 '丙子年十一月作文記'라고 쓰고 (丙子年는 天武 5년⟨676⟩), 앞뒤 6행에 걸쳐 '牒'으로 시작되고 '謹牒也'로 끝나는 문장이다(『木簡研究 14』 93쪽-1호). 목간 형태로 보아 종이 문서의 부본 또는 문례집의 일부였다고 생각한다. 이 목간 자체로 의사를 전달한 것은 아니었을 것이다. 판독할 수 없는 부분도 많지만 玄逸이라는 사람이 蔭에 관해

서 아뢴 내용인 것은 틀림없다. 공식령 14조에는 내외 관인의 主典 이상이 여러 관사에 상신하기 위한 첩이 규정되어 있어 이와 관련될 가능성이 크다.

또한, 전백(前白)・계(啓)・첩(牒)과는 직접 관련되지 않은 상신목간도 적지 않다. 4점을 예시한다.

F ・己卯年八月十七日白奉經
 ・觀世音經十卷記白也
　　　　　　　　　　　　186×23×4 011 이시가미(石神)유적
　　　　　　　　　　　『飛鳥・藤原宮発掘調査出土木簡概報 21』1호

己卯年는 天武 8년(679). 이 목간은 여러 해석이 가능한데 가장 유력한 것은 "己卯年 八月十七日에 아뢴다. 奉하는 經은 觀世音經 十卷을 記한다고 아뢴다."이며 觀世音經 사경을 명한 인물에게 그것을 담당하는 부하가 진척상황을 寫經者에 보고하도록 하고 그것을 상신한 것으로 추정된다(東野 2008). 전백목간에 자주 보이는 '白'을 쓰는데 수신처를 명기하지 않은 것과 날짜를 쓰는 점이 전백목간과 크게 다르다.

G ・恐〃敬申 院堂童子大人身病得侍
　　　　　　　　　　　　　　　　　　願惠
 ・故万病膏神明膏右□一受給申
　　　　　　　　　　　　　知事
　　　　　309×31×3 011 아스카이케(飛鳥池)유적『飛鳥藤原京木簡 1』939호

이는 "恐〃히 敬하여 아뢴다. 院의 堂童子大人이 身에 병을 얻었다. 故로 万病膏・神明膏 右□一 받으려고 아뢴다."라고 해석할 수 있다. 院의 堂童子인 大人이 병에 걸렸으니 万病膏・神明膏를 주도록 知事인 願惠(또는 願惠와 知事)가 요청한 것이다. 이것도 전백목간과는 달리 상신처는 명시되지 않고 있다.

H　南　請葛城明日沙弥一人

　　(252)×25×3 061 아스카이케(飛鳥池)유적『飛鳥藤原京木簡1』1418호

이 목간은 사용된 후에 鉇(옮긴이: 대패의 일종)의 규격으로 이차적으로 가공되고 다시 습서되었는데 습서 부분은 생략하였다. '南'이라고 불리던 시설이 葛城(葛城 지역의 절?)에 대해 내일 사미(沙弥) 한 명을 파견해 달라고 요청한 목간으로 보인다.

I　九月卅六日薗職進大豆卅□

　　(223)×(45)×7 081 후지와라궁(藤原宮)터『藤原宮木簡1』1호

이 목간은 薗職이 콩을 바칠 때 사용한 목간이다.
F의 '白'과 G의 '申'은 '아뢰다', H의 '請'은 '청구하다'(또는 '받다')를 뜻하는 일반 어구로 바로 상신에 알맞다고 할 수 있다. I의 '進'도 상위자에게 물품을 바치는 것을 뜻하여 광의의 상신에 관한 것이라고 이해할 수 있다.

3. 한정된 하달목간

7세기 후반의 상신목간의 사례가 다수 남아 있는 한편, 7세기 후반의 하달목간은 실례가 그다지 많지 않다(渡辺 2008, 市 2015). 그렇게 얼마 안 되는 사례를 검토해 보자.

J　二月卅九日詔小刀二口　針二口「　屮□
　　　　　　　　　　　　　　　　　未　」

　　182×29×3 011 아스카이케(飛鳥池)유적『飛鳥藤原京木簡1』63호

이는 아스카이케(飛鳥池)유적 공방지구에서 출토된 목간이다. 이 유적에서는 J와 별도로 '詔'자가 있는 부스러기도 출토되었다(『飛鳥藤原京木簡1』 669호). '詔'는 天武 천황 또는 持統 천황의 명령으로 생각된다. J는 '詔' 다음에 작은 칼('小刀')과 바늘('針')의 숫자만 있어 공식령 1조에 규정된 詔書 같은 엄격함은 전혀 안 보인다. J에 관해서는 공방지구에서 출토되었기 때문에 작은 칼과 바늘의 제작을 명령한 것으로 추측되는데(추기 부분에는 중량이 천지 역방향으로 적혀 있어 제작에 필요했던 철 중량으로 추정된다) 그것이 직접 적혀 있는 것이 아니다. J의 '詔'에 대해 8·9세기의 '勅旨'처럼 '천황 또는 王家의 御料(옮긴이: 천황 등의 소유물, 사용물)'라는 견해도 있는데(吉川 2001) 그렇다면 하달목간이 아니다.

           [直?]
K ・椋□伝之我持往稻者馬不得故我者反來之故是汝卜部
   ・自舟人率而可行也 其稻在處者衣知評平留五十戸旦波博士家
       410×35×2 011 모리노우치(森ノ内)유적 『木簡研究33』149쪽-2호

이는 유노베(湯ノ部)유적을 포함하는 니시가와라(西河原)유적군에서 출토된 목간이다. 사토(옮긴이: 國-郡 밑의 최하단 지방 행정단위. 시기에 따라 五十戸, 里, 鄕으로 표기되었다)의 '五十戸' 표기로 天武 10년(681) 이전의 목간으로 판단된다. "椋直이 伝한다. 我가 持往하는 稻는 馬를 得하지 못한 故로 我는 돌아왔다(反來). 故로 是에 너(汝) 우라베(卜部) 스스로 舟人을 이끌고 가라. 그 稻의 在處는 衣知評 平留五十戸의 旦波博士 家다."라고 이해할 수 있다(犬飼 2011). 椋直이 衣知評 平留五十戸에 있는 旦波博士의 집에서 벼를 가져오려고 했지만 말을 조달하지 못하여 스스로 뱃사람을 이끌고 (安評까지) 나르도록 우라베에게 전한 것이다. 椋直은 倭漢 씨의 일족, 旦波博士(大友但波史)는 그 부하인 志賀漢人의 일족이다. 2명의 상하관계로 봐서 K는 하

달문서이다. 다만, 하달문서인 것이 서식상에 명시되어 있지 않아서 양자의 관계를 바탕으로 문장을 자세히 읽어내지 않으면 하달문서임을 알 수 없다.

L 陶官召人
(127)×32×3 019 후지와라궁(藤原宮)터 『藤原宮木簡 2』 523호

이는 후지와라궁·경(藤原宮·京)을 조영할 때의 운하 터에서 출토된 소환을 위한 목간(召文)이며 680년대의 것이다. 召喚木簡은 상위의 사람이나 기관이 하위 사람을 불러낼 때 쓰는 것으로 하달문서의 일종으로 볼 수 있다. '召'는 소환 행위를 뜻하는 일반어구이며 8세기 목간에도 많이 볼 수 있다. 7세기 후반의 소환목간도 L 이외에 몇 점 알려져 있는데 8세기 단계와 비교해 보면 전체 중에 차지하는 비율은 낮은 것 같다.

이처럼 7세기 후반의 상신문서는 많이 있는데 하달목간은 적다. 목간에는 경미한 내용이 기록되는 경향이 있는 점을 전제로 하면 다음과 같은 것을 뜻할 것이다. 즉, 상신할 사항에 관해서는 경미한 사항이라도 문자화하는 한편, 하달 사항의 경우 경미한 내용이면 일부러 문자화하지 않고 구두로만 전달하는 것이 일반적이었다는 것이다. 이러한 현상이 생긴 것은 음성의 성격과 관련되는 것 같다. 杉本一樹 씨는 "〈소리〉에는 위에서 아래로 향하는 방향성이 있"기 때문에 "소리는 말하는 측이 상위, 듣는 측이 하위, 그리고 말하는 순서로 따지만 상위자가 먼저 소리를 내는 것이 자연"스럽고 "거꾸로 아래에서 위로 중력에 거슬러 〈소리〉를 내는 것에는 강한 저항이 느껴져" "거리가 있는 상대에게 자발적으로 말을 거는 것, 특히 〈소리〉를 직접 상대방에게 '던지는' 것은 무례하고 상대 '앞(前)'이나 '가까이(邊)'에게 아뢰는 것이 예의이고, 서장문자 안에 있는 것조차 '頓首頓首死罪死罪'라는 최대한으로 삼가 두려워하는 표현이 일반적으로 사용되었다."라고 지적하였다(杉本 1998). 매우 시사적인 견해이다.

Ⅳ 8세기 문서목간

1. 대보령 시행 직후의 門膀木簡

701년에 대보령이 시행되자 '해' '이' '부' 서식으로 작성된 문서목간이 다수 등장한다. 많은 사례가 있는데 먼저 대보령 시행 직후의 목간을 검토한다.

M ・内蔵寮解 ^{門傍} 紵二□　　　銀五両二文布三尋分　…　o
　　　　　　　　　　　　　布十一端

・羅二匹直 銀十一両分糸廿二□　…蔵忌寸相茂　o佐伯門
　　　　　「中務省□」

(155＋102)×21×5 011 후자와라경(藤原京)터『飛鳥藤原京木簡 2』1480호

이것은 후지와라경(藤原京)터 좌경 7조1방에서 출토된 목간이다. 여기서는 목간 약 13,000점이 일괄 폐기된 상태로 발견되었다. 연대는 대보 원년(701)・2년이 많아 바로 대보령 시행 직후의 목간군이라고 할 수 있다. 출토된 목간을 종합적으로 분석한 결과 궁성문의 경비 등을 職掌으로 한 衛門府의 本司가 여기에 있었다는 것을 알 수 있다(市 2010).

M은 상하 두개의 파편으로 이루어져 있는데 중간부가 약간 결실되어 있어서 직접 이어지지 않는다(결실된 문자 정보는 거의 추정할 수 있다). '門傍'이라는 말로도 알 수 있듯이 門牓(門傍)木簡이다. 宮衛令 18・25조에 의하면 儀仗・軍器 10개 이상을 궁 안으로 반입하거나 일반 물자 한 개 이상(儀仗・軍器 포함)을 궁 밖으로 반출할 때 궁성문 통행 허가증으로 門牓이 필요했다. 문방은 출입할 때마다 작성되어 中務省이 衛府(衛門府)・門司(宮城門마다 있는 衛門府의 대기소)에 보내는 것으로 되어 있었다. 이 궁위령의 규정에 따르

면 門牓은 중무성이 독자적으로 작성한 것처럼 보일지도 모른다. 그런데 실제로는 다음에 설명하듯이 문방을 필요로 하는 관사가 중무성으로 신청하고, 그 문방 신청 목간에 중무성이 判文을 쓰면 그것이 문방목간으로 전화되는 것이었다.

먼저 M 모두 '內藏寮解'를 통해서 內藏寮이 中務省에게 상신한 것임을 알 수 있다. 공식령 11조에 규정된 解는 하급 관사가 이를 소관하는 상급 관사에게 보낼 때 사용되고, 수신처는 명백하기 때문에 쓰지 않는 것이 원칙이다. 실제로 일련의 문방목간에서도 중무성의 被管 관사는 다 解를 사용하였다. 전백목간이 반드시 수신처를 쓰는 것과는 결정적으로 차이가 난다. 한편 중무성과 상하 관계가 없는 궁내성은 '宮內省移'라고 썼다. 후자는 공식령 12조에 규정된 이의 용법과 일치하는데 이의 수신처는 생략되었다. 이 사례에 한정되지 않으나 목간은 종이 문서에 비해 발신처·수신처가 생략되는 경향이 있다.

그리고 문방 신청 목간을 받은 중무성은 통행을 허가한 증거로 목간 뒷면 여백에 판문을 추기하였다. M의 판문은 '中務省□'인데 다른 문방목간을 보면 '中務省移如令勘□(宜?)耳'(『飛鳥藤原京木簡2』1489호), '中務省移 [ ] 宜耳'(같은 책 1482호), '中務省□出'(같은 책 1479호), '中務省移'(같은 책 1487호), '中務省出'(같은 책 1476호), '中務省□'(같은 책 1480호), '中務省'(같은 책 1488호)이 있고 '中務省移'가 기본이었다고 할 수 있다. 이것도 이의 수신처(衛門府. 구체적으로는 衛門府의 門司)가 다 생략되었다.

그리고 글자 배치에도 주목해 보자. M은 문장 구성을 의식하여 오른쪽에 치우쳐 쓰거나 나누어 쓰고 글자를 작게 쓰는 등 읽기 쉽도록 썼다. 또한, 중무성 판문이 들어가도록 미리 여백도 만들었다. 이에 반해 7세기 문서목간은 1행으로 쓰고 더 이상 쓸 수 없게 되면 문장 구성과는 상관없이 뒷면에 이어 썼으므로 읽기 불편하였다(鐘江 1998).

그다지 글자 수가 많지 않으면 1행으로 써도 별로 문제가 없다. 하지만 글자 수가 늘어나면 글자 배치를 생각하지 않으면 충분히 쓰지 못하는 사태가 생길 수 있다. 대보 공식령에 따르면 공문서에는 발신자나 수신자(해의 경우 수신자는 쓰지 않는다) 이외에 날짜나 서명까지 쓰는 것이 원칙이었다. 이들을 기재하는 것이 목간에서는 생략되기 쉬었는데 명기한 것도 적지 않다. 8세기가 되어 상대적으로 써야 할 정보량이 늘어난 결과 글자 배치에도 신경을 써야 했던 것이다.

자세히 검토할 여유는 없지만 M을 비롯한 일련의 문방목간은 문사(門司)에서 회수된 후에 이차적으로 구멍이 뚫렸고 같은 종류의 목간과 다발로 묶어서 통행 기록으로 이용되었던 것이고, 그 후에 위문부(衛門府) 본사로 회송되어 照合하기 위해 사용하는 原簿로 이용된 것을 알 수 있다. 문서목간의 '일생'과 관련하여 매우 흥미로운 사례이다(市 2010).

2. 거대한 군부목간(郡符木簡)

다음에 8세기 符 목간에 주목하고 싶다. 이들 사례도 많은데 대보 공식령 시행 후 얼마 안 된 시기에 지방사회에서 郡符木簡이 쓰이기 시작된 점에 주목하고 싶다.

```
N ・符春部里長等　竹田里六人部　　□□　□依而□
　・春部君廣橋　神直与□　[部?]　[弟足?]　　　　四月廿五日　碁万侶
　　春部鷹麻呂　右三人　　　□里長□□木参出來　　　　少領
　　　　　　　　　　　　　　　　　今日莫不過急〃　　　　□
619×52×7 011 야마가키(山垣)유적『木簡研究 20』228쪽-2호
```

이것은 단바국(丹波國) 히카미군(氷上郡)의 郡家別院으로 추정되는 야마가키(山垣)유적(효고현(兵庫縣) 단바시(丹波市))에서 출토된 郡里制下(701

~717년)의 목간이다. '符'로 쓰기 시작하는데 발신자인 少領 碁万侶의 서명이 있고 '郡(司)符'의 생략임을 알 수 있다. 碁万侶는 성씨가 생략되었는데 지방 호족급의 사람일 경우 이처럼 성씨가 생략된 사례가 다수 알려져 있다(이 목간의 '弟足'도 개인명만 있다). 지역사회에서 호족급 인물의 성씨는 다 알고 있으니 생략한 것으로 이해된다(市 2019b). 날짜가 문장 끝에 있는 것은 대보 공식령의 영향을 받은 것이다. 다만, 공식령 13조에 따르면 부의 경우 해·이와는 달리 서명 다음에 날짜가 와야 하는데 N은 먼저 날짜가 적혀 있다.

N은 충분히 판독할 수 없는 부분도 있지만, 春部里長 등에 대해 春部君廣橋 등 3명의 召喚을 명한 내용으로 볼 수 있다. 春部里長 등을 수신자로 하면서 바로 밑에 竹田里의 기재가 있는 것은 좀 이해하기 어려우나 '依而' 위에 六人部某가 出仕하지 못하는 이유가 있고 그 대신에 상기 3명을 소환하였다는 설명이 가능할 것이다. 뒷면 말미에 대해서도 '木'의 뜻을 알기 어렵지만, ('不'의 가능성도 있을까) 전체 뜻을 추측하면 春部里長인 弟足에 대해 오늘 안에 郡家別院으로 參上, 出來하도록 지시하는 것으로 추측된다.

郡符木簡은 郡司가 사람을 소환하거나 물품을 진상하게 할 때에도 사용되는데 바로 N이 그렇듯이 길이 2척(약 60cm)이나 되는 거대한 것이 많았다(平川 1995). 단순히 소환 등 명령을 전달만 한다면 이렇게 큰 목간을 사용하지 않아도 된다. 이에 대해서는 이미 지적되듯이 군사의 권위를 시각적으로 보여주는 의도가 있었다고 생각된다.

이와 관련하여 『日本靈異記』 中卷 제10연에 흥미로운 이야기가 있다(鐘江 2003). 이즈미국(和泉國) 이즈미군(和泉郡) 下痛村에 사는 中男에게 모르는 병사가 와서 "國司가 소환한다."라고 전하였다. 병사의 허리를 보니 '四尺札'(길이 약 120cm의 목간)을 지니고 있었다. 중남은 병사를 따라가 보니 갑자기 불난 보리밭에 처박혀 발이 헐어버렸다고 한다. 이 중남은 성격이 邪見하고 因果를 믿지 않는 사람이었는데 4척의 찰이 병사 허리에 매달려 있는 것을 일견하는 것만으로 병사가 전한 국사의 소환 명령에 순순히 따라갔다. 중

남은 4척 찰의 존재를 확인만 하고 그 내용까지 읽지는 않았다. 소환 명령은 구두로 전달되는데 그것을 뒷받침하는 증거물로 목간이 있었고, 거대한 목간은 명령 주체의 권위를 감득하게 하고 위압하는 역할을 한 것이다.

소환 목간은 都城에서도 다수 출토되는데 이렇게 큰 것은 없다. 그 요인의 하나로 식자율의 차이를 지적할 수 있을 것이다. 다 증거물로 기능하지만 식자율이 높은 도성에서는 묵서 내용에 의존하는 부분이 큰 한편, 식자율이 낮은 지방사회에서는 그것을 기대하기 어렵기 때문에 목간을 크게 만들었다고 생각할 수 있다.

그리고 N을 비롯한 군부목간은 사람을 소환한 곳이나 물품이 진상된 곳까지 가져와서 목간의 효력을 없애도록 깎거나 칼질하는 등 폐기 처분을 하는 경우가 많았다.

3. 대형 過所木簡

8세기 초의 대형 목간을 1점 더 검토한다.

```
                                          [伎?]
○ ・關〃司前解近江國蒲生郡阿伎里人大初上阿□勝足石許田作人
              大宅女右二人左京小治町大初上笠阿曽弥安戸人右二
  ・同伊刀古麻呂 送行乎我都 鹿毛牡馬歳七     里長尾治都留伎
         656×36×10 011 헤이조궁(平城宮)터『平城宮木簡 2』1926호
```

이는 헤이조궁(平城宮)터 하층 시모쓰미치(下ツ道) 측구에서 출토된 過所(관문 통행증)목간이다. 오오미국(近江國) 가모군(蒲生郡) 아기리(阿伎里)의 阿伎勝足石에게 田作人으로 간 阿伎勝伊刀古麻呂와 大宅女의 2명이 후지와라경(藤原京) 左京 小治町 笠阿曽弥安 집으로 돌아갈 때 사용되었다. '送行

乎我都에 대해 "我의 都로 送行한다."라는 해석안도 있지만 '乎我都'는 종자인 노의 이름으로 보는 설에 따르고 싶다. 오오미국(近江國)에서 후지와라경(藤原京) 小治町으로 가는 도중에 야마시로(山背)·야마토(大倭)의 경계인 平城山을 조금 넘은 곳에서 회수되어 인위적으로 절단된 뒤에 폐기되었다.

O는 길이 60cm 이상으로 이를 들고 다니기에는 불합리하다고 생각되지만 그 이동이 정당한 이유에 따른 것(불법한 이동이 아니다)이라는 것을 시각적으로 보여주기 위해서도 이렇게 큰 목간을 일부러 사용했을 것이다.

그런데 공식령 22조 및 關市令 1조에 따르면 과소는 다음과 같은 절차로 작성·발급된다. 먼저 신청자가 이동의 이유, 통과할 관문의 이름과 목적지인 국의 이름을 모두에 쓰고, 본인의 관위와 성명, 동행하는 資人·종인, 휴대하는 짐, 교통수단인 우마 수를 쓴 신청문서를 2부 작성한다. 신청자가 관인이면 본사(소속 관사)에게, 관인이 아닌 경우는 본부(본관)에게 제출한다. 그 다음에 소속 관사나 군은 신청 내용을 심사한다. 그리고 신청자가 경의 사람이면 京職이, 경외의 사람이면 국사가 날짜와 판서를 쓴다. 이렇게 해서 과소가 완성되면 1부는 발급 관사에서 보존되고 또 1부는 신청자에 判給된다. 이처럼 과소는 과소신청문서에 판을 더한 것이었다(石田 2000). 이는 M에서 본문방목간과 비슷하다.

위 규정에 따르면 O는 국사의 날짜와 판서가 있어야 하는데 이들 기재는 없다. 그것은 O가 정식 과소가 아니라 간이형 통행증으로 작성되었기 때문일 것이다. 간이형 통행증으로 보이는 목간은 O 이외에도 다수 출토되었고 본관지(본무지)로의 귀환, 본국 안에서의 이동, 이웃 국과 왕래할 때 이용되었다(市 2014b). 이들은 율령이 정하는 정식 과소와는 구별해야 한다고 생각한다.

위와 같이 O를 이해한 다음에 그 서식을 보면 모두에 "關〃司 前에 解한다."라고 적힌 것이 흥미롭다. 언뜻 보아 알 수 있듯이 7세기 후반에 많이 사용된 전백목간의 영향을 받은 것이다. 실제로 이시가미(石神)유적에서는 '□(道?)勢岐官前□'라고 쓴 7세기 후반 목간이 출토되었다(『飛鳥·藤原宮発掘

調査出土木簡槪報 17』 6호). '勢岐官'는 '세키노쓰카사(關司)'가 되어 '道'는 '도중'이라는 뜻이다. 이들은 O의 '關〃司'에 대응되는 표현임과 동시에 B의 '處〃塞職'과도 유사하다.

이처럼 O는 기존의 서식을 이용하면서 한편으로는 대보 공식령에 규정된 '해'자를 새로 채용하였다. 상술하였듯이 '白'자 대신에 '啓' '牒'자를 쓴 전백목간이 있었는데 이와 유사하다고 할 수 있다. 한편 7세기 후반의 사례와 크게 다른 점으로 문장 끝에 문서 작성자의 이름을 쓴 점을 들 수 있다. 날짜는 생략되었지만 공식령을 강하게 의식하였다고 할 수 있다. 그런데 발신자의 관사명이 모두에 명기되지 않은 점은 공식령이 규정한 해와 결정적으로 다르다.

이처럼 O에는 전백과 해의 과도기적인 양상이 보인다. 그것은 바로 대보령 시행 후 얼마 안 된 시기의 목간이었기 때문이다.

그렇다면 그 후에 공식령 원칙에 따른 해만 있었느냐고 하면 결코 그렇지 않다. 가장 중요한 것은 개인의 상신문서로 해가 다수 있다는 사실이다. 공식령 14·15조에 따르면 개인이 관사에게 상신하는 경우 牒 또는 辭를 사용하는 것으로 되어 있었지만, 많은 목간이나 正倉院文書 등의 사례를 보면 해도 사용되었다. 또 첩은 상신·하달·평행 모든 장면에서 사용되었고 공식령 규정을 일탈한다(辭는 실례가 없어 자세한 것을 알 수 없다).

4. 공식령에 규정이 없는 각종 문서

공식령에는 각종 문서 서식이 제시되어 있으니 모든 문서가 망라되었다고 착각하기 쉽다. 그런데 서식을 규정하는 것으로는 書儀(서장 문례집)도 잊어서는 안 된다(丸山 1996). 위에서 본 7세기 후반 목간도 실제로는 서장(書狀)적인 성격이 강한 것이었다. 개인 상신문서도 서장(書狀)이라고 할 수 있다.

```
P  ・秦足人恐〃頓首啓 □□□□侍者   右令□須來月望
     [裏件尊宅?]
   ・□□□□享恩沢                       [日?]
                    神龜元年七月十九□ [    ]
                                 291×(30)×6 011 헤이조경(平城京)터
                                 『平城宮発掘調査出土木簡概報 34』30쪽 上
```

이것은 神龜 원년(724)의 기년이 있는 啓 목간이다. 충분히 판독하지 못하는 부분도 많지만, 秦足人이 한 귀족에 대해 은택을 받을 수 있도록 요청한 것이다. 문중의 '恐〃' '頓首'는 서장에 자주 보이고 '侍者'도 수신자 이름 다음에 붙이는 일반적인 말이다.

그리고 공식령이나 서의에 규정되어 있지 않아도 일정한 서식이 있는 문서도 있다. 목간에 자주 보이는 것으로는 8세기 후반 목간에도 있었던 '召'나 '請' '進上(進)' 등을 들 수 있다. 8세기 목간에 많은 사례가 있는데 여기서는 헤이조경(平城京)터 이조대로 목간을 1점씩 살펴본다. 다 天平 8년(736)의 것이다.

```
           左兵衛出雲佐爲麻呂
Q ・兵部省召   出雲浄麻呂    右今日不過參向省家
           江野麻呂
  ・付□村安万呂
           天平八年十一月廿八日大録田辺史眞立
                                 302×38×5 011 헤이조경(平城京)터
                                 『平城宮発掘調査出土木簡概報 22』8쪽 下
```

兵部省이 左兵衛出雲佐爲麻呂 등 3명에게 오늘 안에 省家(兵部省)까지 출두하도록 명한 것이다. 이 목간은 □村安万呂에게 부탁하여 소환한 것이다.

R 右京職進鼠弐拾伍隻　天平八年十月廿五日正八位上行大屬田辺史「眞上」
　　　　　　　　　　　　　　290×(27)×5 081 헤이조경(平城京)터
　　　　　　　　　　　　　　『平城宮発掘調査出土木簡概報 24』8쪽 下

右京職이 매의 먹이인 쥐를 진상하였을 때의 목간이다. '眞上'은 본인의 서명이다.

S ・岡本宅謹 申請酒五升 右爲水葱撰雇女
　・等給料　　天平八年七月廿五日　六人部諸人
　　　　　　　256×(23)×4 081 平城京跡『平城京木簡 3』4519호

이것은 "岡本宅이 삼가 酒 五升을 申請한다. 右 水葱을 撰하기 위해 雇한 女等에게 給하는 料"라고 해석할 수 있고 水葱(물옥잠)을 선발하기 위해 고용한 여성에 지급하는 술을 岡本宅이 청구한 것이다.

또한, 소환 목간이면 '符' '移', 진상목간과 청구 목간이면 '解'가 붙여지는 것도 있다. 다만 주의해야 할 점은 위에서 봤듯이 '召' '進' '申' '請'이 쓰인 문서목간은 7세기부터 있었다는 사실이다. 이러한 전대부터 사용된 실태 위에 대보 공식령의 용어가 뒤덮이는 경우도 있었다고 평가해야 할 것이다. S의 '申請'에 관해서 '解申請' '解申' 같은 표현이 일반적인데 '請'이면 단독으로 사용되는 사례도 적지 않다. '召'나 '進(上)'도 단독으로 사용하는 것이 많았다.

이 밖에 정식화된 서식에 따르지 않은 것도 소수이지만 존재한다.

T ・當月廿一日御田苅竟大御飯米倉古稻
　・移依而不得収故卿等急下坐宜
　　　　　　　219×14×2 011 헤이조경(平城京)터『平城京木簡 2』1712호

이것은 長屋王邸에서 출토된 8세기 초 목간이며 "當月卅一日 御田의 베기를 끝냈다(苅竟). 大御飯의 米倉은 古稻를 옮기는 까닭에 收하지 못한다. 故로 卿等이 急히 내려가라."라고 해석된다(東野 1991). 御田의 수확 장소에 대해 지시를 얻기 위해 현지까지 내려오는 것을 요구한 것이다. 일견하면 상신·하달 어느 쪽인지 알기 어렵지만 일본어 어순에 가까운 문장을 보면 상신 사항인 것을 알 수 있다. 문장을 잘 읽지 않으면 알 수 없다는 것은 7세기 후반의 K를 상기하게 한다.

V 맺음말

마지막으로 좀 색다른 8세기 문서목간 2점을 소개하고 문서목간의 배후에 사람이 있었다는 것을 확인하고 맺음말로 하고자 한다.

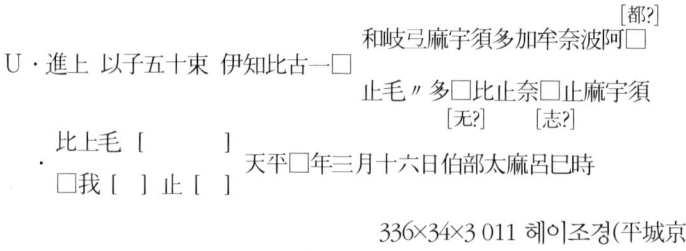

336×34×3 011 헤이조경(平城京)터
『平城宮発掘調査出土木簡概報 22』12쪽 上

이것은 二條大路 목간이며 모두에 '進上'이 나오고 전형적인 물품진상목간이다. 진상품은 以子(이네＝벼)와 伊知比古(이치비코＝딸기)이다. 날짜 서명 밑에는 시간이 적혀 있는데 이는 긴급성이 높았던 것을 뜻한다. 시간까지 명기한 사례는 이 이외에도 다수 알려져 있다. 이것만이면 별로 특별하지도 않은 진상목간이다. 그런데 U는 앞면 하반부에서 뒷면 상반부에 걸쳐 万葉仮名(옮긴이: 일본어를 한자음을 이용해서 표기한 것)으로 좌우 2행으로 쓴 내용이 있다. 뒷면은 충분히 판독할 수 없으니 앞면을 검토한다(犬飼 2020).

먼저 '和岐弖麻宇賀'는 '와키테마우스'가 되어 '따로 아뢰다'라는 뜻이다. 다음에 '多加牟奈波阿□(都?)止毛'는 판독이 '都'가 아니라 '利'였다면 '다카무나하아리토모'가 되어 '죽순은 있지만'이라는 뜻이다. '〃(毛)多□(无?)比止奈□(志?)'는 '모타무히토나시'로 '가져갈 사람이 없다.'라는 뜻이다. '止麻宇賀'는 '도마우스'가 되어 '라고 아뢰다.'라는 뜻이다. 즉, 죽순은 있지만 가져갈 사람이 없어서 진상할 수 없다는 내용을 상신한 것이다. 원래는 벼·딸기 이외에 죽순도 진상해야 하는데 그렇지 못하였다는 것을 변명한 것이다.

이와 같은 변명을 쓴 목간으로 다음도 알려져 있다(馬場 2020).

```
V ・交易進    瓮七口    油坏百冊三口
              奈閇八口

    ・  右五十八物直錢十文  直丁末呂
                         稻積者腹急□在
                         □□□□□□
                         [ ][ ]
```

204×(34)×3 081 헤이조경(平城京)터 『平城京木簡 2』 1723호

이는 長屋王邸터에서 출토된 8세기 초 목간이다. 瓮 7口·奈閇 8口·油坏 143口를 錢10文으로 구입하여 그것을 보낼 때 사용된 것이다. 물론 뒷면의 '五十八'은 '百五十八'이 맞다. 그런데 이 목간에서 주목되는 것은 뒷면 왼쪽 아래 부분이다. 이를 해석하면 "稻積은 배가 急히……였다. 故로 參出하지 못하여……侍한다."가 될 것이다. 원래는 稻積이 이 진상목간을 가지고 와야 하는데 배가 아프다는 이유로 그렇게 못 한다고 변명하는 것이다.

U는 万葉仮名으로 一字一音으로 표기하고, V는 變體漢文이라는 차이

는 있지만 변명을 붙였다는 점으로 공통된다. 목간 배후에는 그것을 사용한 살아있는 사람들이 있다. 목간을 주고받을 때는 구두 전달도 같이 있었다고 생각된다. 목간 내용만으로 의사를 전달하였다고는 생각하지 말아야 할 것이다. 따분한 내용의 목간이어도 실제 상황은 인간미 넘치는 것이었을 가능성이 충분히 있다. U·V 목간은 좀 특수한 사정이 있어 일반적이라면 문자화되지 않는 생생한 목소리를 들을 수 있는 것이다. 이러한 목간은 쉽게 볼 수 없지만, 어떤 목간이라도 그 배후에는 사람들이 있었다는 것을 결코 잊어서는 안 된다.

【번역】

하시모토 시게루 (경북대학교 인문학술원 HK연구교수)

참고문헌

石田実洋 「正倉院文書続修第二十八巻の「過所」についての基礎的考察」『古文書研究』 51, 2000年.

市大樹 『飛鳥藤原木簡の研究』塙書房, 2010年.

市大樹 「日本古代木簡の視覚機能」角谷常子編『東アジア木簡学のために』 汲古書院, 2014年a.

市大樹 「過所木簡に關する一試論」『日本古代都鄙間交通の研究』塙書房, 2017年, 初出2014年b.

市大樹 「黎明期の日本古代木簡」『國立歷史民俗博物館研究報告』194, 2015年.

市大樹 「日本の7世紀木簡からみた韓國木簡」『木簡と文字』22, 2019年a.

市大樹 「石碑からみた日本古代社会」角谷常子編『古代東アジアの文字文化と社会』臨川書店, 2019年b.

市大樹 「日本の7世紀木簡と韓國木簡」『考古学ジャーナル』759, 2021年.

犬飼隆 「森ノ内遺跡出土手紙木簡の書記様態」『木簡による日本語書記史【2011増訂版】』笠間書院, 2011年.

犬飼隆 「日本のことばと漢字との出会い」川尻秋生他編『シリーズ古代史をひらく 文字とことば』岩波書店, 2020年.

鐘江宏之 「七世紀の地方木簡」『木簡研究』20, 1998年.

鐘江宏之 「律令行政と民衆への情報下達」『民衆史研究』65, 2003年.

鐘江宏之 「口頭伝達と文書・記録」上原眞人他編『列島の古代史6 言語と文字』岩波書店, 2006年.

岸俊男 「木簡と大宝令」『日本古代文物の研究』塙書房, 1988年, 初出1980年.

杉本一樹 「古代文書と古文書学」『日本古代文書の研究』吉川弘文館, 2001年, 初出1988年.

東野治之 「木簡に現われた「某の前に申す」という形式の文書について」『日本古代木

簡の硏究』塙書房, 1983年.

東野治之「長屋王家木簡の文体と用語」『長屋王家木簡の硏究』塙書房, 1996年, 初出 1991年.

東野治之「飛鳥時代木簡と上代語」『史料学遍歴』雄山閣, 2017年, 初出2008年.

馬場基「ずる休みの言いわけも木簡で」奈良文化財研究所編『木簡 古代からの便り』 岩波書店, 2020年.

早川庄八「公式様文書と文書木簡」『日本古代の文書と典籍』吉川弘文館, 1997年, 初出1985年.

早川庄八「口頭の世界と文書の世界」『日本古代の文書と典籍』吉川弘文館, 1997年, 初出1990年.

平川南「郡符木簡」『古代地方木簡の硏究』吉川弘文館, 2003年, 初出1995年.

丸山裕美子「書儀の受容について」『正倉院文書研究』4, 1996年.

吉川眞司「飛鳥池木簡の再検討」『木簡研究』23, 2001年.

李成市「新羅と百済の木簡」鈴木靖民編『木簡が語る古代史 上』吉川弘文館, 1996年.

渡辺晃宏「木簡から万葉の世紀を読む」『高岡市萬葉歴史館叢書20奈良時代の歌びと』 2008年.

#06

목간으로 본 고대일본의 법제와 행정제도*
— 8세기 후반의 하찰목간을 중심으로 —

•

구와타 구니야(桑田訓也)

(奈良文化財研究所)

I 서론

본고는 하찰목건을 다룬다. 고대 일본의 목간은 그 내용에 따라 크게 문서, 부찰, 그 외의 세 가지로 분류된다. 그 외에는 습서나 낙서 등이 포함된다. 이 중 부찰은 물건에 붙인 목간의 총칭이다. 부찰은 각 지역에서 도시로 공물로 바치는 세금 물건에 붙인 하찰(공진물 부찰)과 각 관청이 물건의 정리와 보존을 위해 붙인 좁은 의미의 부찰 두 가지로 더 나눌 수 있다.

---

* 이 글은, JSPS 과연비 18H05221 및 20H00022에 의한 연구 성과의 일부를 포함한다.
　이 글은『동서인문』22호(경북대학교 인문학술원 발간, 2023.8) 수록 논문이다.

하찰목간의 기재에는 지방 행정 조직이나 조세에 관련된 법제가 반영되어 있다. 하찰에는 심화된 연구의 축적이 있지만, 여기서는 하찰목간을 부착하는 법적 근거나 하찰에 보이는 지방 행정 조직에 대한 이전 연구를 살핀 후, 과제로 지적된 8세기 후반의 하찰목간에 초점을 맞추어 간단한 검토를 시도하고자 한다.

Ⅱ 하찰목간의 법적근거

1. 하찰목간과 부역령2(賦役令2) 조개수근조(調皆隨近条)

생각해보면 공진물에 하찰을 붙이는 법적 근거는 무엇인가. 일반적으로는 부역령 조개수근조라고 생각되고 있다.

【사료 1】 부역령2 조개수근조 (賦役令2調皆隨近条)(註1)
凡調皆隨近合成. 絹・絁・布両頭及糸・綿嚢, 具注国郡里戸主姓名年月日. 各以国印印之.

실물에 묵서할 수 있는 것은 실물에다 쓰고, 묵서할 수 있는 종이나 봉지로 포장된 것은 포장지에 묵서하고, 그 외의 물건에는 부찰을 사용한 것으로 생각되고 있다(今泉 1998). 그 외의 물건, 즉 조잡물(調雜物)의 철, 쟁기, 소금, 어패류 등에는 직접 쓸 수 없기 때문에 목간을 짐에 붙여서 기록했다(吉川 2022)고 이해할 수 있다. 재료로서 나무가 선택된 이유는 견고하고 입수와 가공이 비교적 용이하기 때문이다.

부역령2 조개수근조에 해당하는 당령(唐令)에 대해서는 오랫동안 단서가 부족했지만, 천성령(天聖令)의 발견으로 구체적인 계승의 모습이 엿보이게 되었다(大津 2006·吉川 2022). 상세한 내용은 여기서는 생략한다.

2. 7세기 하찰목간의 법적근거

이에 대해 【사료 1】은 비단, 깁(絁) 등 섬유제품에 관한 규정으로서, 그 외 물품의 하찰을 규정하는 것이 아니며, 게다가 호주명만을 기재하는 점에서 다른 많은 하찰과 달라서 하찰목간의 표기가 부역령 조항에 준거한다고 말하기 어렵다는 지적이 있다(舘野 1998). 다테노 카즈미(舘野和己)는 도노 하루유키(東野治之)의 연구(東野 1983c) 등을 참고하여, 하찰 목간의 서식의 근원으로서 부역령(賦役令)의 규정뿐만이 아니라 진상을 전하는 문서의 형식도 있는 가능성을 추구하는 다중 시각의 필요성을 지적하였다.

조용묵서명(調庸墨書銘)의 정식화의 획기가 대보령(大宝令)에 있다고 보는(吉川 2022, p.324)에서도 알 수 있듯이, 7세기의 하찰 목간의 존재를 생각할 때 령(令)에 따르지 않은 법적 근거를 고려할 수밖에 없다. 【사료 1】의 규정과 유사한 정돈된 양식의 하찰로서는 현재로서는 나라현 이치즈카유적(奈良県石神遺跡) 출토인 665년의 미노국(三野国)의 하찰(나라문화재연구소 2006, 102호)이 가장 오래된 사례이다. 오미령(近江令) 긍정설을 채택하는 경우에도, 그 시행으로 여겨지는 덴치(天智)10년(671) 정월보다 더 오래되었다. 또 나니와궁터(難波宮跡)에서 출토한 식량품명만의 부찰도 하찰이라는 의견이 있다(樋口 2000).

이제까지 자주 언급되었듯이, 다테노(舘野)가 지적하는 다음의 사료는, 하찰의 존재가 다이카(大化) 전의 시대로 거슬러 올라가는 가능성을 시사함과 동시에, 단행법령의 축적으로 인해 하찰의 운용이 이루어져 온 가능성도 시사한다.

【사료 2】『일본서기』 다이카(大化) 원년(645) 7월 병자조(丙子条)
　　任那所出物者, 天皇之所明覽. 夫自今以後, 可具題国与所出調.

또 한 마디로 법적 근거라 하더라도 하찰 서식의 근거와 하찰을 붙이는 것 자체의 근거는 어느 정도 나누어 생각하는 것이 좋을 것으로 보인다.

Ⅲ 하찰목간과 고대일본의 지방행정조직

1. 評에서 郡으로

고대 일본의 지방행정조직은 기본적으로 구니-고오리-사토의 삼층구조를 이룬다. 지방행정의 골격을 이루는 제도이지만 그 시행이나 폐지를 나타내는 법령은 반드시 잔존하고 있지 않으며, 하찰목간에 의해 귀납적으로 변천이 밝혀진 부분이 크다.

예를 들어 주지하는 바와 같이 과거 7세기 고오리의 표기는 「郡」이냐 「評」이냐 하는 논쟁이 있었고(군평논쟁-郡評論争), 이것을 매듭지은 것이 하찰목간의 표기였다. 하찰목간의 표기는 대보령 시행을 경계로 일변하여 7세기(대보령 시행 이전)에 「郡」을 사용한 사례는 물론 대보령 시행 이후에 「評」을 사용한 사례도 확인되지 않고 있다.

2. 五十戸로부터 里로

마찬가지로 7세기 하찰목간 출토 사례의 축적으로 「사토」는 옛날에는 「五十戸」로 표기되어 있었으나, 그것이 「里」라는 표기로 전환되는 것으로 밝혀졌다. 그 시기는 문헌사료에서는 파악할 수 없으나 하찰목간의 귀납적 검토에 의하면 덴무(天武) 10년(681)부터 동 12년(683)까지의 기간이다.

다만 「五十戸」 표기와 「里」 표기는 「評」에서 「郡」처럼 어느 시점을 경계로 일제히 바뀌는 것은 아니다. 덴무 12~14년(683~685)의 미노(三野) 하찰은 「里」 표기임에 반해, 슈초(朱鳥) 원년(686)의 미카와(三川)·지토(持統) 원년(687) 와카사(若狭)의 하찰은 「五十戸」 표기이다(奈良文化財研究所 2006).

3. 향리제(郷里制) 시행

8세기 전반에는 향리제가 시행되었다. 향리제란 호령(戸令)에서 규정하는 오십호일리제(五十戸一里制)를 개편한 제도로 사토의 표기를 이전의 里에서 郷으로 고치고 사토 밑에 새로운 단위로 2~3개의 리(里-고자토)를 둔 것이다. 향리제 시행에 관한 법령은 전해지고 있지 않다.

과거에는 『이즈모국 풍토기(出雲国風土記)』에 「依靈亀元年式, 改里為郷」이라고 되어 있어 시행은 레기(霊亀) 원년(715)으로 여겨졌으나 현재는 레기 3년(717)설이 유력하다. (鎌田 2001). 그 전환에 중요한 역할을 한 것이 목간이다.

구체적으로는 레기 원년설에 수정을 촉구하는 계기가 된 것이 와도(和銅) 8년(715, 9월에 레기로 변경)의 연기를 가진 야먀토국 시키노카미군 오미와리(大倭国志癸上郡大神里)의 계장봉축(計帳棒軸)이며(『平城宮発掘調査出土木簡概報』23, 20쪽 하단(212), 이하 「城 23-20 下(212)」와 같이 생략한다)

시행을 새롭게 레키 3년으로 보는 근거 중 하나가 된 것이 하찰목간, 특히 레키 3년 6월 연기를 가진 기이국(紀伊国)의 용미(庸米)하찰(城 7-5 下(35))과 요로(養老) 2년 (718) 4월3일의 연기를 가진 시마국(志摩国)의 조의 해조(海藻)목간(『平城宮木簡』2-2248호)이었다.

4. 향리제 하의 하찰 표기 – 하찰을 향한 시선

향리제는 덴표(天平) 12년(740) 무렵에 향제(郷制)로 이행했다. 里=고자토가 폐지되면서 사토가 「향(郷)」 표기 그대로 남은 것이다.

일반적으로 하찰목간은 기재에 생략이 많은 것으로 알려져 있으나, 향리제하의 하찰목간 중에도 국군향리(国郡郷里) 중 里의 기재가 없고 郷에서 끝난 목간이 있다. 아사노 게이스케(浅野啓介)는 망라적으로 사례를 수집해, 里까지 적을지 어떨지는 국마다 경향이 다르다는 것을 지적했다(浅野 2012). 또, 향리제하에서도 「郡—里」라고 기록한 하찰을 7점 제시해, 잘못 쓴 것일지도 모른다면서도, 그 중 3점의 와카사 국(오뉴(遠敷) 군)에 대해서는 향제 하에 里를 계속 사용하고 있는 경우가 있었다고 지적하고 있다.

五十戸에서 里로 이행하는 경우도 그렇지만, 하찰목간에는 공식 용자(用字)의 사용이 가장 첨예하게 나타난다(奈良文化財研究所 2006). 다만 기재 생략은 빈번하게 이루어지고 잘못 쓰는 경우도 적지 않게 발생할 수 있다. 지방 행정조직의 표기라는 한정된 시각에서나마 이것이 현재 하찰 이미지인 것으로 보인다.

Ⅳ 나라시대 후반의 하찰목간

1. 하찰목간의 이미지

고대 일본 하찰목간의 이미지는 나라시대 전반의 자료를 중심으로 형성되어 왔다고 해도 과언이 아니다.

문서·부찰·기타라는 고대 일본의 목간 분류가 확립된 것은 연구사적으로는 1963년에 내리 북외곽 관아(內裏北外郭官衙)의 흙구덩이 SK820에서 출토된 목간 약 1,800점의 검토에 의한 것이다. SK820은 덴표(天平) 17년 (745) 헤이죠쿄 환도 후 재정비에 관한 자재를 투기한 흙구덩이며 덴표 19년 (747) 쯤에 매몰된 것으로 생각된다. 그 후 1988~89년에 나가야왕가목간(長屋王家木簡, 약 35,000점, 와도(和銅) 3년(710)~레기 3년(717)·니조오지목간(二條大路木簡, 약 74,000점·덴표 8년(736) 앞뒤를 중심으로 한다)이 대량 출토되고 이들 목간군의 분석을 통해 하찰목간의 상세한 양상이 밝혀져왔다.

한편, 아스카시대에 대해서는 1990년대 아스카이케(飛鳥池) 유적(약 8,000점), 2000년대 이시가미(石神) 유적에서 (약 3,500점)의 계속적인 조사로 하찰 목간의 출토 사례가 축적되며 7세기 목간의 양상이 밝혀짐과 동시에 나라시대 목간과의 비교검토가 진행되었다.

다만 이런 경우의 나라시대 목간이란 7세기 목간과 연속되는 나라시대 전반의 하찰이 주체이며, 나라시대 후반의 하찰목간의 구체적인 양상에 대해서는 아직 과제로 남아 있다.

2. 하찰목간과 전당국사제(專当国司制)

하찰목간에는 원칙적으로 국사(国司)나 군사(郡司)의 이름은 기재하지 않는다. 그런데 8세기 후반에 이르러 전당국사나 군사의 이름을 적은 하찰목간이 출현한다.

전당이란 어떤 관사(官司) (중앙 관사나 지방의 국·군)에서 특정 관인이 특정 직무를 말 그대로 전문적으로 담당하는 것이다. 하찰목간과 관련된 것으로는 조용(調庸)의 전당국군사가 배정되었다. 그 설치 목적은 일반적으로 조용의 조악성·납품시기·미진(未進) 등에 대한 대응책이라고 생각되고 있다. 전당관(專当官)에 따라서는 배정을 명령한 법령이 남아 있는 경우가 있으나 조용의 전당관에 대해서는 안타깝게도 사료가 남아 있지 않다. 법제사료에서는 『류취삼대격(類聚三代格)』 쇼와(承和) 9년(842) 정월 27일자 태정관부(太政官符)에 있는 호키(宝亀) 6년(775) 6월 27일자 격에「貢調庸使者, 必進 専当国司目已上. 縦不入京, 追坐専当」이라고 있는 것으로 호키 6년(775) 이전에 설치되어 있으며, 이때 국사의 요건이 목이상(目已上)(사생이나 국박사(国博士)·국의사(国医師) 등은 불가)으로 정해졌다는 사실이 알려졌을 뿐이다.

조용 전당국군사의 첫 등장은 덴표 6년(734) 이즈모국(出雲国) 계회장(計会帳)이다. 덴표 5년(733) 8월 19일 대장사(大帳使)가 진상한 공문 중에 「主当調庸国郡司歴名事」「主当調庸国司并郡司帳一紙」가 있고 (『大日本古文書(편년)』 1권, p.597) 이때까지 전당관을 정하여 그 이름을 중앙에 보고하는 것이 이루어졌다고 알려져 있다. 물론 이즈모 한 국만의 특수 사례는 아니며 전국적으로 비슷한 일이 벌어졌을 것으로 추정된다. 덧붙여 주당(主当)과 전당(専当)은 같은 의미이다 (寺崎 1980·俣野 2017 등).

실물자료로는 정창원이나 법륭사에 전해지는 섬유제품 묵서명에 조용 전당국군사의 이름을 기재한 것이 다수 있다. 가장 오래된 것은 덴표 14년

(742) 국군명 미상의 백시복(白絁襆) 잔결, 가장 새로운 것은 덴초(天長) 5년 (828)의 가즈사국(上総国) 이치하라군(市原郡) 아마향(海部郷)의 백포이다. 마타노 요시하루(俣野好治)는 전당국군사 이름이 기록되어 있지 않은 시포 (絁布)와의 비교에서 ① 덴표 14년(742) 이전(덴표 10년대 전반인가)에 조용 시포에 전당국군사 이름을 기재하는 지령이 중앙 정부에서 난 점 ② 한동안은 준수·철저히 시행되지 않았으나 덴표 말년부터 덴표 가쓰호(天平勝宝) 연간 에 걸쳐 점차 정착해 갔음을 지적한다(俣野 2017). 또한 데라사키 야스히로 (寺崎保広)는 국명의 분명한 사례에 대해 검토하고 조용묵서명은 국별로 동 일한 기재형식으로 일관하고 있음을 지적하고 있다(寺崎 1980).

3. 전당국군사 이름을 적은 하찰목간

전당국사와 군사의 이름을 적은 하찰목간은 지금까지 8점이 출토됐다. 그 중 7점에 대해서는 마타노가 검토했다(俣野 2017). 나머지 1점은 마타노 논문 발표 후 출토된 것이다. 여기서는 먼저 7점의 목간과 마타노설을 소개하고, 다음으로 신출토 1점을 소개하며, 그에 따라 기존의 이해가 어떻게 달라질지 생각해보겠다.

우선 마타노가 검토한 7점을 대략 시대순으로 나타내면 다음과 같다.

【사료 3】城19-21上(185) 헤이죠궁 내리 동방동 대구(平城宮内裏東方東
大溝) 지구 SD2700 출토

安房国長狭郡置津郷戸主丈部黒秦戸口丈部第輸凡鮫陸斤　専当　国司目正八位下箭口朝臣大足　天平□□
　　　　　　　　　　　　　　　　　　　　　　　　　　　　　　郡司少領外正八位上丈部□□敷
　　　　　　　　　　　　　　　　　　　　　　　　　　　　　　　　　　　　　　〔臣ヵ〕

496×18×5 051

【사료 4】城42-15上 헤이죠궁 내리 동방동 대구(平城宮内裏東方東大溝)
지구 SD2700 출토

駿河国駿河郡子松郷津守部宮麻呂役荒堅魚拾壱斤拾両　天平寶字二年□□当　国司目從六位下息長丹真人大国
　　　　　　　　　　　　　　　　　　　　　　　　　　　　　　　　　　　　郡司少領正六位下金刺舎人足人

338×26×4 032

【사료 5】『平城宮木簡』5-7901호 헤이죠궁 궁역동남우(平城宮宮城東南隅) 지구 SD4100 출토

・駿河国駿河郡古家郷戸主春日部与麻呂調煮堅魚捌斤伍両
・天平寶字四年十月専当　国司掾従六位下大伴宿祢益人
　　　　　　　　　　　　郡司大領外正六位□生部直□□理
　　　　　　　　　　　　〔上ヵ〕　　　　　　　〔信陀〕

205×33×3 031

【사료 6】城12-13上(94) 헤이죠궁 동원 (平城宮東院) 지구 SD3236B 출토

・上総国夷灊郡廬道郷戸主若□□□…□人部味酒凡鮑調陸斤　条卅一国司員外大目□□正六位上□□
　　　　　　　　　　　　　　　　　　　　　　　　　　　　□当郡司擬少領外大初位上□□□□
・　　　　　寶亀五年

(135+301)×29×8 051

【사료 7】城32-12上(63) 헤이죠궁(平城宮) 추정 조주사(造酒司) 궁내 도로 남측도랑 SD11600 출토

伊豆国那賀郡那珂郷　戸主矢田部人成口　調麁堅魚拾壱斤拾両　延暦元年十月十日
　　　　　　　　　　宇遅部得足　　　　　　　　　　　　　　専当郡司擬領外正七位上膳臣山守

308×32×4 031

【사료 8】『木簡研究』pp.20-59. 나가오카궁터(長岡宮跡) 동변 관아(추정 춘궁방(春宮坊)) SD32901 출토

〔部ヵ〕 〔調 堅ヵ〕 延暦十年十月十六日郡司領外従
伊豆国那賀郡井田郷戸主□□□廣□麻呂□荒□魚拾斤伍両 八位上□□□□□
〔足ヵ〕

440×25×4 031

【사료 9】城42-10上(58) 헤이죠궁(平城宮) 동변 관아 지구 SK19189 출토

□ 国司掾正七位上阿倍朝臣橋麻呂
　郡司少領外正八位上丈部直稲敷

(165)×22×4 039

위 사례에 대해 마타노는 다음과 같이 지적한다. ① 조용 전당국군사 이름이 기록된 하찰목간은 덴표호지(天平宝字) 연간부터 엔랴쿠(延暦) 연간에 걸친 것이다. 시기는 조용시포묵서명과 모순되지 않는다. ② 하찰목간에는 전당국군사 이름을 적은 것이 있다. ③ 전당국군사 이름을 적는 것은 공진물의 크기 등에 규제되어 장대한 하찰을 사용하고 있는 국에 한정된다. 원래 기재 공간이 큰 하찰을 사용하고 있어 새로 전당국군사 이름의 기재가 요구되더라도 다른 국에 비해 대응이 용이하지 않았을까.

이들 지적 중 ①의 덴표호지는 【사료 3】의 연대기 「天平□□」에 대해 같은 지점에서 출토된 목간의 연기를 근거로 덴표호지 연간을 중심으로 한 것이라 추정하였지만, 해당 목간은 1점뿐이며 헤이죠궁 기간배수로 출토유물이라는 성격으로 보아도 그리 단순하지 않다. 목간 자체의 관찰에 따르면, 제원에 결손을 나타내는 ( )는 붙어 있지 않지만, 하단은 이차적 성형으로 보여지고 있어 덴표가쓰호 연간 혹은 덴표 연간으로 거슬러 올라갈 가능성도 충분히 있을 수 있다.

③에 대해서, 확실히 품목 불명인 【사료 9】를 제외하고, 스루가(駿河)·

이즈(伊豆)의 가다랑어와 가즈사(上総)・아와(安房)의 전복에 한정되는 사실은 중요하다고 생각된다. 그러나 그 이유로 지적하는 부분에는 의문이 있다. 공진물 크기에 따른 하찰목간 크기 규제는 중앙에서 전당국군사 이름을 기재하라는 지시보다 더 강력한 것일까. 하찰과 짐의 결합은 법령 준수의 의식보다 강한가. 하찰목간이란 법제에 대해 그 정도의 허술함을 갖는 것이 허용되는 것인가. 이일은 하찰의 이미지, 사료적 성격을 어떻게 파악하는가 하는 점에도 연관된다.

4. 후나바시(船橋) 유적 출토 하찰을 둘러싸고

마타노 논문의 발표 후에, 새롭게 전당관의 기재가 있는 나라 시대 후반의 하찰의 출토 사례가 있었으므로, 간단히 소개한 후에 마타노설에 대해 재검토하고자 한다.

【사료 10】 오사카부 후나바시(大阪府船橋) 유적 출토 목간

英虞郡　心太一籠　〔主当大領嶋水通ヵ〕
　　　　乾海松一籠　□□□□□□□

199×40×5 032

이하 발굴조사보고서(공익재단법인 오사카부 문화재센터 2021) 및 『木簡研究』(井上 2019)에 의거 유적 및 목간의 개요를 쓴다. 유적은 도성이 아니라 고대 가와치국(河內国) 가타노군(交野郡)에 해당한다. 조사지역 주변에서는 이전 조사에서 나라시대 전반기의 대형 굴립 기둥 건물이 여러 개 검출되어 관아와 관련된 유구로 추정되고 있으며, 구체적으로는 나가야왕가목간에 보이는 「肩(片)野津」에 비정하여 고대 가와즈(川津)였다는 설이 있는 상황이

었다.

　고속도로 건설에 따라 2017~2018년 발굴조사를 실시한 결과 나라시대 유구로 굴립 기둥 건물과 우물을 검출하였으며, 목간은 우물에서 1점이 출토되었다. 출토토기의 연대관(대략 平城宮土器編年Ⅳ)으로 보아 우물은 나라시대 후반의 것이며, 목간의 연대도 그 무렵으로 여겨진다.

　목간은 왼쪽 변의 칼집에서 윗부분만 상실되었지만 거의 원형을 유지한다. 「英虞郡」은 시마국(志摩国)에 속한다. 「心太」는 해조의 일종이고 우무의 원료가 되는 우뭇가사리, 「海松」은 해조의 일종인 청각을 가리킨다. 목간의 서식은 조(調)나 용(庸)의 부찰목간과 달라 천황에 대한 공물인 니에(贄)에 붙인 목간일 가능성이 있음을 지적하고 있다.

　이 신출 사례에 따라 지금까지의 이해는 어떻게 달라질까. 우선 연대에 대해서는 나라시대 후반으로 보여 지금까지의 사례 범위에 들어간다. 다음으로 국 이름 및 품목명에 대해 새로운 예가 추가되었다. 지금까지의 스루가·이즈, 가즈사·아와에 더해 시마가, 가다랭이·전복에 더해 우뭇가사리나 청각이라고 하는 해조류가 추가되었다. 세목은 검토를 요하지만 만약 니에의 하찰이라면 조용 외에 새로운 세목이 추가된 셈이다.

　실은 니에에 대해서도 전당국군사가 배정이 되었던 것으로 알려져 있다. 『類聚三代格』 사이코(斉衡) 2년(855) 정월 28일자 태정관부의 연월일 미상인 시마국 해(解) 쇼와 6년(839) 2월 21일자 태정관부에 따르면 이세(伊勢)·오미(近江) 양국에는 니에 전당국사와 이동 길에 주당군사(主当郡司)가 배정되어 있으며, 공납원인 시마국에도 니에 전당국군사가 있었던 것으로 추정된다. 【사료 10】이 니에의 하찰이라면, 확실히 시마에도 니에의 전당국군사가 있고, 그것이 나라 시대로 거슬러 올라가는 사례로서 중요하다.

　아울러 하찰의 크기에 대해 후나바시 유적의 하찰은 길이가 약 20cm이며, 30cm급인 스루가·이즈 가다랑어·아와 전복만큼 크지 않은 점도 유의해야 한다.

그렇다면, 【사료 10】의 하찰은 전당국군사의 이름을 적을 필요가 없었다면, 그 이유는 어떠한 것이었을까. 다음의 세 가지 목간에 주목하고 싶다.

【사료 11】『平城京木簡』1-136호 헤이죠쿄(平城京) 좌경삼조이방일평(左京三条二坊一坪) SK5074 출토

「 心太□□一古
　若海藻一古

(150)×30×5 039

【사료 12】城22-41上(464) 헤이죠쿄(平城京) 좌경삼조이방팔평(左京三条二坊八坪) 니조오지(二条大路) 호상(濠状) 유구(남) SD5100 출토

鯛楚割一籠
海松一籠

165×46×5 032

【사료 13】城31-33下(511) 헤이죠쿄(平城京) 좌경삼조이방팔평(左京三条二坊八坪) 니조오지(二条大路) 호상(濠状) 유구(남) SD5100 출토

堅魚一籠
海松一籠

188×44×5 032

【사료 11】이 출토된 SK5074는 토기의 연대관에서 대략 덴표 원년을 중심으로 그 앞뒤 시기의 유물을 포함할 것으로 보인다. 신키(神亀) 5년(728) 기년명 목간이 1점 출토되었다. 【사료 12】와 【사료 13】은 니조오지 목간이고, SD5100 출토 목간은 덴표 7년~8년(735~736)이 중심이고, 도랑은 덴표 12년(740) 경에 묻혔다고 생각된다.

이들은 군명과 전당국사 이름의 기재가 없는 점을 제외하면 해산물 한 바구니를 두 줄에 걸쳐 적었던 것(게다가 心太나 해송과 같은 품목이 포함

됨), 032 형식인 것이 후나바시 유적 출토 목간과 공통되며 제원도 크게 다르지 않다.

　이들은 국명을 적지 않았지만 시마국의 하찰로 덴표 원년에는 물품명과 「一籠」만을 적었는데, 전당관의 이름을 적어야 되게 되었기 때문에 기존 서식에 군명과 전당군사의 이름을 추가한 것이 후나바시 유적의 목간이 아닐까.

　덧붙여 니조오지 목간 중의 시마국의 하찰에 대해서는 와타나베 아키히로(渡辺晃宏)가 품목과 수량만을 적는 051 형식의 부찰에 대해 시마국의 니에 하찰일 가능성이 있다고 지적하고 있다(渡辺 2001).

　애초 하찰의 원칙으로 따지면 바구니마다 하나의 하찰을 붙이는 것이 자연스럽고, 두 바구니, 게다가 다른 품목의 공납물이 담긴 바구니에 묶어 하나의 하찰을 붙이는 것은 상당히 특징적인 예가 아닐까. 그런 의미에서는 다음 두 가지 예도 참고가 된다.

【사료 14】城40-20下(『平城宮木簡』 2-2776호) 헤이죠궁(平城宮) 동원지구 서변 SD3154 출토

　・志麻国英虞郡船越郷　戸主大伴部□□〔氏ヵ〕
　　　　　　　　　　　海松六斤
　・志麻国英虞郡船越郷　〔証ヵ〕〔戸口同部ヵ〕
　　　　　　　　　　　戸主□直在在□□□□小足
　　　　　　　　　　　御調熬海鼠八斤十□□

　　　　　　　　　　　　　　　　　255×38×7 031

【사료 15】『藤原宮木簡』 2-653호 후지와라궁터(藤原宮跡) 동방 관아 북지구 SD170 출토

　・志麻国嶋郡塔志里戸主大伴部嶋□
　・志麻□　　　　　　　　　　　□

　　　　　　　　　　　　　　　(189)×(17)×4 039

【사료 14】는 앞뒤 양면에 기재되어 있고, 게다가 내용이 다르다는 희귀한 사례이다. 어느 한 쪽에 기재된 하찰로 작성한 것을 다른 한쪽에 기재한 하찰로 전용한 것으로 상하 양 끝에 칼집이 있어 짐에 고정할 수 있는 형상이므로 뒷면은 보이지 않고 이것으로도 지장없다고 할 수 있으나, 후나바시 유적 출토 목간이나【사료 11~13】을 보면 순순히 두 짐에 대한 하찰로 생각해도 무방하다. 품목명뿐 아니라 국군이나 공납자명 등을 제대로 쓰면 이렇게 될 것이다.【사료 15】는 반으로 절단되고 뒷면은「시마(志摩)」보다 아래가 삭제되어 있지만, 원래는【사료 14】와 같이 앞면에 다른 물품의 기재가 있었을 가능성이 있다. 두 짐에 1개의 하찰를 붙인다는 것은 시마국에 특징적인 방법인지도 모른다.

또한 목간의 연대는 간략하게 기재한【사료 10】이 나라 시대 후반이고【사료 11~13】가 향리제하인 덴표 원년부터 덴표 8년 경, 상세하게 기록하는 쪽은【사료 14】가 향제하(덴표 12년(740)경 이후)이며【사료 15】가 후지와라 궁 시대의 대보령제하(701~710). 두 가지 기재 유형은 앞뒤 관계가 아니라 병행해서 존재했을 가능성이 높다.

우회적으로 설명해 왔지만【사료 10】의 후나바시 유적 출토 목간은 나라 시대 전반부터 같은 서식으로 군명이나 국군사 이름을 기재하지 않고 운용하던 것이 조용전당국군사제 전개에 따라 전당군사 이름을 기록하게 된 단계의 목간으로 생각된다.

5. 전당국군사 이름을 하찰에 적는 국

마타노는 하찰목간에 전당국군사 이름을 적는 것은 커다란 하찰를 사용하고 있는 나라에 한정된다고 지적했다. 구체적으로는 스루가·이즈의 가다랑어 하찰, 아와 전복 하찰이다. 새롭게 판명된 시마국에 대해서【사료 10】의 서식은 조용시포(調庸絁布)의 묵서명과는 거리가 멀지만, 【사료 14】와 같이 장대하고 조용시포의 묵서명에 가까운 서식을 취하는 조의 하찰이 일정 수 존재한다. 따라서 하찰의 종류를 일단 도외시하여 국 단위로 보았을 경우, 시마 또한 「장대한 하찰를 사용하고 있는 국」으로 이해할 수 있다.

그렇다면 장대한 하찰을 사용하지 않는 국은 어떨까. 아직 검토가 제대로 이루어지지 않았지만, 조금만 전망을 말해 두고 싶다. 「장대한 하찰을 사용하고 있는 국」은 「조용시포의 묵서명에 매우 가까운 서식의 하찰를 사용하는 국」이라 다시 말할 수 있다. 그러한 국은 정창원의 조용묵서명에 준한 기재 방식으로 전당국군사 이름을 적는다. 「장대한 하찰을 사용하지 않은 국」은 정창원 조용묵서명에 준한 기재를 하면 목간에 다 들어가지 않으므로 나름대로 생략한 방법으로 전당국군사 이름을 적지 않았을까.

예를 들면 와카사국 오뉴군의 조염(調塩)하찰에 대해서 과거 도노 하루유키(東野治之)는 날짜 아래 서명을 쓰는 사례에 주목해 군감검설(郡勘検説)의 근거로 삼았다(東野 1983b). 히가시노가 든 네 가지 예(『平城宮木簡』 2-2592「□人」, 『平城宮木簡』 2-2819「□古万呂」, 『平城宮木簡』 4-4664「□□志」, 城6-8上(91)「量豊嶋」)는 그 자체의 기년명이나 출토 유구에서 모두 나라시대 후반의 하찰이라고 봐도 무방하다. 그 외에도 나가오카궁(長岡宮) 동변 관아(추정 춘궁방(春宮坊))에서 엔랴쿠(延暦) 10년(791) 9월 14일의 연기를 가지며, 날짜 아래 「□知大 [ ] □ [支力] □」라고 적는 예가 있다(『木簡研究』 p.21, p.35-1(10)). 또한 이러한 예는 적어도 분명한 향리제 하의 하찰에서는 보이지 않는다.

날짜 아래 이름은 전당군사 이름으로 이해할 수 없을까. 군사의 역대 이름은 보고되어 있기 때문에 전당이라고 명기하지 않더라도, 혹은 위계나 관직, 우지나(ウジ名-고대사회에서 사용된 씨쪽을 나타내는 이름) 조차 쓰지 않아도 만일의 경우에는 대응 가능했다고 생각한다.

V 맺음말

하찰목간은 행정제도나 세제를 잘 반영하고 있다는 인식과 하찰은 다종다양하다는 상식 사이에는 여전히 정리가 필요한 부분이 많다고 느낀다. 이 글에서는 8세기 후반에 나타나는 조용전당국군사 이름을 적은 하찰에서 실마리를 찾아보았으나 사례의 검토 범위가 좁아 표층적 서술로 일관하고 말았다. 검토가 필요하면서도 못했던 하찰은 수없이 많고, 선학이 논의를 거듭해 온 하찰 작성 과정이나 기능론에 있어서는 한참 못 미친다. 앞으로 검토하기로 약속하면서 원고를 마무리한다.[1]

【번역】

오수문 (경북대학교 인문학술원 HK교수)

---

[1] 본 글에 수록된 조문번호 및 조문명은 井上光貞・関晃・土田直鎮・青木和夫校注 1976 『律令』 岩波書店에 의거한다.

참고문헌

浅野啓介「荷札木簡の年代」奈良文化財研究所『文化財論叢Ⅳ』、2012.

市大樹「黎明期の日本古代木簡」『国立歴史民俗博物館研究報告』第194集、2015.

井上智博「大阪・船橋遺跡」『木簡研究』41、2019.

今泉隆雄「貢進物付札の諸問題」『古代木簡の研究』吉川弘文館、1998(최초발표는 1978).

大津透「唐日賦役令の構造と特質」『日唐律令制の財政構造』岩波書店、2006 (최초발표는 2002).

大津透「律令制的人民支配の特質」『日唐律令制の財政構造』岩波書店、2006 (최초발표는 2003).

鎌田元一「郷里制の施行と霊亀元年式」『律令公民制の研究』塙書房、2001 (최초발표는 1991).

岸俊男「古代村落と郷里制」『日本古代籍帳の研究』塙書房、1973(최초발표는 1951).

公益財団法人大阪府文化財センター『枚方市船橋遺跡』(公益財団法人 大阪府文化財センター調査報告書 第309集)、2021.

栄原永遠男「難波宮跡西北部出土木簡の諸問題」『大阪の歴史』55、2000.

佐藤信「古代安房国とその木簡」『日本古代の宮都と木簡』吉川弘文館、1997 (최초발표는 1993).

舘野和己「律令制の成立と木簡」『木簡研究』20、1998.

寺崎保広「調庸違反と専当官についての管見」『国史談話会雑誌』21、1980.

東野治之「志摩国の木簡と調制の成立」『日本古代木簡の研究』塙書房、1983a (최초발표는 1978).

東野治之「古代税制と荷札木簡」『日本古代木簡の研究』 塙書房、1983b(최초발표는 1980).

東野治之「木簡に現われた「某の前に申す」という型式の文書について」『日本古代　木

簡の研究』塙書房、1983c(최초발표는 1981).

奈良文化財研究所『評制下荷札木簡集成』、2006.

樋口知志 「難波宮跡北西部出土の食料品付札木簡をめぐって」『東アジアの古代 文化』 103、2000.

俣野好治 「調庸制と専当国郡司」『律令財政と荷札木簡』同成社、2017(新稿).

吉川真司 「税の貢進」『律令体制史研究』岩波書店、2022(최초발표는 2005).

渡辺晃宏 「志摩国の贄と二条大路木簡」奈良国立文化財研究所『長屋王家・二条大路木簡を読む』、2001(최초발표는 1996).

#07

율령제 연구와 목간 연구
— 아스카기요미하라 令과 '前白' 목간을 중심으로 —

마루야마 유미코(丸山裕美子)

(일본 愛知縣立大學 교수)

I 머리말

　　율령제 연구와 목간 연구에 친화성이 있다고 하면 오해가 있을 수도 있지만, 진한 시기에 시작된 '율령'은 간독(죽간·목간)에 기록되어 있다. 雲夢 睡虎地 秦墓(湖北省)에서는 秦簡 '秦律 18種' 등이, 里耶古城(湖南省)에서는 秦律에 근거한 행정문서를 적은 간독이 출토되었고, 江陵 張家山 漢墓(湖北省)에서는 漢簡 '二年律令'이 출토되었다. 율령 연구는 秦簡·漢簡 연구로부터

---

* 이 글은 『동서인문』 22호(경북대학교 인문학술원 발간, 2023.8) 수록 논문이다.

시작된다고 할 수 있다.

　　冨谷至는 "漢律도 漢令도 목찰·죽찰에 기록되어 있으며, 법의 형식, 법의 권위 부여뿐만 아니라 법의 條文 정리마저도 간독이라는 서사 재료와 밀접한 관계를 가지고 있다."고 지적했다.[1] 진율·한율은 형벌에만 국한되지 않는 법을 가리키며, 진령·한령은 황제의 王言=詔이며, '制曰可' 문구를 적은 독립된 簡으로 편철했다. 晉나라 시기의 泰始律令(268년)에 이르러서야 처음으로 令法典이 편찬되어, 형벌 법전으로서의 律과 행정 법전으로서의 令이 성립하게 된다. 晉나라 때는 간독에서 종이로 넘어가는 과도기이며, 황제의 詔는 종이에 기록했다. 冨谷至는 종이의 사용이 전적으로서의 令法典의 성립과 관련된다고 추측하고 있다. 그리고 泰始律令의 연장선상에 수나라와 당나라의 율령이 있고, 당나라의 율령을 계승한 일본의 율령이 있다고 한다.

　　율령은 통일 국가=중앙집권체제를 유지하기 위한 통치 시스템이다. 국가 기구를 유지하는 관료들을 위한 법전이라고도 할 수 있다. 7세기 후반, 동아시아의 긴박한 국제 정세 속에서 일본은 강력한 중앙집권체제를 확립하기 위해 당나라의 율령을 도입했다. 7세기 전반, 당나라에서 귀국한 醫師인 惠日 등에 의해 "且其大唐國者法式備定之珍國也, 常須達"(『日本書紀』 推古31년(623) 7월조)이라고 보고된 이래 당나라 법전의 도입이 검토되었지만, 좀처럼 체계적인 율령 법전의 편찬에는 이르지 못했다. 663년에 백강 패전을 경험하고 국가의 존망이 현실로서 실감되었을 때, 그 당시의 위기 상황을 타파하기 위해 방위 체제를 굳건히 하는 동시에 법 정비도 진행했다. 天智천황 10년

---

[1] 冨谷至, 『漢唐法制史研究』, 創文社, 2016, p. 4 . 중국 律令法史에 관해서는 이외에 滋賀秀三 編, 『中國法制史 基本資料の研究』, 東京大學出版會, 1993에 수록된 여러 논문이 참고가 된다. 일본 律令制에 관해서는 일반인을 대상으로 하는 개설서이지만 大津透, 『律令制とはなにか』, 山川出版社〈日本史リブレット〉, 2013에 요점이 잘 정리되어 있다.

(671) 정월조의 注에 "法度冠位之名, 具載於新律令"이라고 적혀 있고(이른바 近江令), 또 같은 해 정월조에 "是月, 以大錦下授佐平餘自信·沙宅紹明(法官大輔)"라는 기록이 보이는 것은 법령 정비가 이루어지고 이 법령 정비에는 백제 유민의 협조가 컸음을 보여준다. 다만, 近江令에 대해서는 單行法令의 집성 단계였다는 설이 유력하다.[2]

그 후, 壬申의 亂을 거쳐, 天武 10년(681) 2월에 다시 '律令'의 편찬 시작이 선언되고, 持統 3년(689)에는 "班賜諸司令一部二十二卷"(『日本書紀』 같은 해 6월조)이라는 기록이 보인다. 이것을 '飛鳥淨御原令'(이하 '淨御原令')이라고 부르지만, 구체적인 편목으로는 '戶令'과 '考仕令'만이 알려져 있다. 그리고 大寶 원년(701)에 율과 령 모두가 갖추어진 '大寶律令'이 완성되어 일본 고대 율령 국가가 성립된다.

최근에 중국 寧波의 天一閣 박물관에서 발견된 북송 天聖令(唐令 포함)[3]

---

[2] 青木和夫, 「淨御原令と古代官僚制」, 『日本律令國家論攷』, 岩波書店, 1992(初出은 1954년). 近江令·淨御原令 및 大寶令의 의의에 관한 研究史는 坂上康俊, 「律令制의 形成」, 『岩波講座日本歷史 古代3』, 岩波書店, 2014 참조. 律令制 형성 과정에 관한 논점이 정리되어 있다.

[3] 天一閣博物館·中國社會科學院歷史研究所天聖令整理課題組, 『天一閣藏明鈔本天聖令校証 附唐令復原研究』上下2冊, 中華書局, 2006. 1999년에 中國 上海師範大學의 戴建國에 의해 寧波 天一閣에 소장된 明나라 시기 鈔本인 『官品令』이 北宋시기의 「天聖令」(1029年에 반포)임이 밝혀졌다. 天聖令은 『宋會要輯稿』 刑法一之四에 天聖7年(1029) 5月18日 詳定編勅所가 刪修令 30卷(天聖令)을 상납했다는 기록과 함께 "凡取唐令爲本, 先擧見行者, 因其旧文參以新制定之. 其今不行者亦隨存焉"이라고 기록되어 있다. 明鈔本 『官品令』을 보면 각 編目의 條文 뒤에 "右並因舊文以新制參訂", "右令不行"이라는 문구가 쓰여 있다. 前者가 宋令이고 後者는 그당시 실행하지 않은 唐令(不行唐令)이다. 4冊 중 1冊(田令卷21~雜令卷30)만 남아있지만, 이실된 唐令(開元二十五年令?)을 포함하고 있어, 唐令 및 唐令을 개정한 宋令으로부터 唐令을 더욱 세밀하게 復元할 수 있게 되었다.

으로 인해 日本令이 기존에 생각했던 것 이상으로 唐令과 유사하다는 사실이 알려지게 되었다. 일본의 大寶令과 養老令은 예상보다 더 唐令에 의존하고 있었던 것이다. 이 북송 天聖令의 발견을 계기로 일본에서 唐令을 이어받은 大寶令에서 본격화된 것이며, 그 전의 淨御原令은 법전으로서는 미성숙하고 近江令과 마찬가지로 단행법령의 집성이었을 가능성이 제기되었다.4 淨御原令의 제도는 한반도의 영향이 강하고, 大寶律令에서 처음으로 중국 당나라 제도를 모방한 율령제가 도입되었다는 견해도 제기되고 있다.5

하지만 북송 天聖令으로부터 복원되는 唐令과 日本令은 편목에 따라 크게 다른 부분도 있다. 당나라와의 차이는 무엇이었는지, 그리고 大寶律令에 비해 淨御原令은 어떤 법전이었는지, 淨御原令의 의의는 무엇이었는지, 淨御原令 조문이 하나도 알려지지 않은 가운데, 7세기 목간을 통해 그 모습을 찾을 수는 없는 것일까.

본고에서는 먼저 淨御原令의 획기성에 대해서 남아있는 문헌자료와 지금까지 출토된 7세기 목간을 통해 고찰한 후, 大寶令과 淨御原令에 큰 차이가 있는 公式令＝문서행정시스템과 관련된 이른바 '前白' 목간에 대해 재검토해 보고자 한다.

---

4 大隅清陽, 「大寶律令の歷史的位相」, 大津透編, 『日唐律令比較研究の新段階』, 山川出版社, 2008; 大隅清陽, 「これからの律令制研究」, 『九州史學』 154, 2010 등.

5 鐘江宏之, 「「日本の七世紀史」再考」, 『學習院史學』 49, 2011 등. 7세기(淨御原令 단계)는 한반도(또는 중국 남조의 國制를 한반도 경유로 전해진 것)의 영향이 컸고, 大寶令 때에 당나라의 國制로 교체되었다고 지적하고 있다.

표 1. 唐日律令의 編目   *淨御原令의 編目은 '戸令', '考仕令' 뿐

唐律	日本律
名例	名例
衛禁	衛禁
職制	職制
戸婚	戸婚
厩庫	厩庫
擅興	擅興
賊盗	賊盗
闘訟	闘訟
詐偽	詐偽
雑	雑
捕亡	捕亡
断獄	断獄

唐開元七年令 三七編 三〇巻	日本大宝令 三八編 一一巻	#	日本養老令 三〇編 一〇巻
官品上	官位	1	官位
官品下	官員	2	職員
三師三公台省職員	後宮官員	3	後宮職員
寺監職員	東宮家令官員	4	東宮職員
衛府職員	神祇	5	家令職員
東宮王府職員	僧尼	6	神祇
諸州鎮戍-職員	戸	7	僧尼
内外命婦職員	田	8	戸
祠	賦役	9	田
戸	学	10	賦役
選挙*学	選任	11	学
考課	継嗣	12	選叙
宮衛	考仕	13	継嗣
軍防	禄	14	考課
衣服	軍防*宮衛	15	禄
儀制	儀制	16	宮衛
鹵簿上	衣服	17	軍防
鹵簿下	公式	18	儀制
公式上	医疾	19	衣服
公式下	仮寧	20	営繕
田	営繕	21	公式
賦役	倉庫	22	倉庫
倉庫	厩牧	23	厩牧
厩牧	関市	24	医疾
関市*捕亡	捕亡	25	仮寧
医疾*仮寧	獄	26	喪葬
獄官	喪葬	27	関市
営繕	雑	28	捕亡
喪葬		29	獄
雑		30	雑

Ⅱ 飛鳥 淨御原令의 획기성

　　大寶律令이 완성된 해인 大寶 원년(701년) 정월 초하루의 의식(元日朝賀)에 관한 『續日本紀』의 기록을 보면 "文物之儀, 於是備矣"라고 적혀 있고, 慶雲 4년(707년)에 매장된 威奈眞人大村의 묘지에는 "以大寶元年律令初定"이라고 적혀 있으며, 承和 7년(840년) 4월 23일의 太政官符에는 "律令之興, 蓋始大寶"라고 적혀 있는 등 大寶律令의 획기성은 의심할 여지가 없다.

　　藤原宮(694~710년) 터에서 출토된 목간을 통해 大寶 원년(701년)에 年號가 전국적으로 사용되기 시작했다는 점, '國' 아래 지방 행정 단위가 '評'에서 '郡'으로 바뀌었다는 점 등이 밝혀졌다. 大寶律令의 시행으로 큰 제도적 전환이 강력하게 추진된 것은 분명하다. 그러나 淨御原令의 획기성에 대해서도 아래에 논술한 바와 같이 결코 경시할 수 없다.[6]

　　율령제의 근간을 이루는 官僚制(官司制와 官人制)에 관해서는 이미 아래와 같은 연구가 있다. 官司制에 대해 靑木和夫는 大寶令의 八省은 天武朝 말년까지는 '六官(法官·理官·民官·兵政官·刑官·大藏)'이었고, 大寶令制의 宮內·中務省 아래의 각 관사는 독립된 존재였으며, 淨御原令 때에 '八官(上記+中官·宮內官)'이 된 것으로 보고 있다.[7] 또 大寶令의 二官八省制는 당나라의 三省六部制를 본떠 三省을 太政官으로 일원화(中務省에도 기능이 포함)하여 수용한 것이며 神祇官을 太政官과 병설한 것에 일본의 독자성이 있

6　淨御原令의 意義에 관해서는 최근의 연구동향을 반영한 三谷芳幸, 「飛鳥淨御原令の法的性格」, 大津透編, 『日本古代律令制と中國文明』, 山川出版社, 2020에 상세한 검토가 되어 있어 참고하길 바란다. 또한 榎本淳一, 「律令制における法と學術」(같은 책에 수록)도 참조.

7　靑木和夫, 앞의 논문; 坂上康俊 앞의 논문.

다. 神祇官의 성립은 西宮秀紀의 고찰에 따르면 淨御原令에 의한 것이라고 한다.8

大寶令 官制에 비해 淨御原令은 官의 독립성이 남아있고 官司·官職의 서열도 불분명했지만, 持統 4년(690) 7월에 太政大臣·右大臣과 八省·百寮, 大宰·國司를 '皆遷任'(『日本書紀』同月條)한 것은 官司制·官人制에 큰 변혁이 있었음을 나타낸다.

官人制에 대해서는 天武 7년(678) 10월에 內外 文武官의 勤務評定(考課)과 位階 승진이 규정되어 있다(『日本書紀』同月條). 관인의 신분을 보장하는 '位記' 제도도 淨御原令에서 처음 도입된 것이 분명하며(『日本書紀』持統 3년 9월조, 같은 해 5년 2월조), 이 '位記'는 당의 '告身'을 참고하여 규정된 것으로 보인다.9 다만 당나라의 '告身'은 任官 시 관직을 증명하는 문서이며, 위계를 증명하는 일본의 '位記'와는 원리가 다르다.10 당나라에서는 관직이 位(등급)를 가지고 있지만 일본에서는 位(淨御原令에서는 '冠位', 등급)가 직접 관원에게 주어진다. 推古 11년(603)의 이른바 '冠位十二階' 제정 후, '冠位' 제도는 여러 번의 개정을 거쳐 정비되었고, 淨御原令에서 位階(冠位) 제도로 명문화되어 '位記'가 수여된 것으로 보인다. 唐制와 크게 다른 位階의 제도는 淨御原令에 의해 정해졌다고 할 수 있다. 관원의 考課와 敍位는 淨御原令의 '考仕令'에 의하여 持統 4년 4월에 실시되었다(『日本書紀』同月條).

율령제에서 또 하나의 근간이라 할 수 있는 인민 지배 제도인 戶籍 제도

---

8 西宮秀紀, 「律令神祇官制の成立について」, 『律令國家と神祇祭祀制度の研究』, 塙書房, 2004(初出은 1981년).

9 黛弘道, 「位記の始用とその意義」, 『律令國家成立史の研究』, 吉川弘文館, 1982(初出은 1957년).

10 宮崎市定, 「日本の官位令と唐の官品令」, 『宮崎市定全集22日中交渉』, 岩波書店, 1992 (初出은 1959년).

에 대해서는 天智 9년(670)의 이른바 '庚午年籍'이 大寶·養老令制 하에서도 성씨의 基本臺帳으로 영구보존이 규정되어 있고, 持統 4년(690)에 작성하도록 명한 호적(庚寅年籍)은 淨御原令의 '戶令'(『日本書紀』 동년 9월조)을 근거로 작성하도록 명시되어 있어 호적 제도가 淨御原令에 규정되어 있다는 것을 알 수 있다. 庚午年籍과 庚寅年籍 사이에는 새로운 호적이 작성되지 않았으며 6년에 한 번씩 이루어지는 호적의 작성은 淨御原令에 의한 것일 가능성이 높다. 西海道諸國의 庚午年籍은 770권이 있었던 것으로 알려져 있는데(『日本書紀』 神龜4년(727) 7월 丁酉條), 西海道에 속하는 國分松本 유적(福岡縣 太宰府市)에서 출토한 7세기말의 '嶋評戶口變動記錄木簡'에 대해 상세한 분석을 한 坂上康俊에 의하면 이 목간은 持統 5년(691년) 또는 文武 원년(697)에 작성된 것으로, 8세기의 戶口損益帳과 동일한 기능을 가지고 있다.[11] 計帳에 관한 제도가 7세기로 거슬러 올라갈 수 있을지 아직 불분명하지만, 적어도 호구의 변동이나 編戶에 관련된 計帳과 같은 기능을 가진 문서가 7세기 말에 작성되었다는 것이 밝혀진 것에 큰 의미가 있다.

租稅 제도에 대해서도 調의 제도가 淨御原令 실시 하에 시행되었다는 것은 그 출토 건수가 증가되고 있는 7세기의 하찰목간을 통해 알 수 있다.[12] '御調', '調'라고 명기하고 공진자의 이름을 적은 天武천황 시기의 목간이 많이 출토되어 개별적인 人身賦課稅로서의 調가 淨御原令 이전에 성립되었다는 것이 확인된다. '贄', '大贄'이 쓰인 評 또는 里 단위의 천황 식자재를 공납한 목간이 보이며, 庸의 전신인 '養米' 하찰 목간도 다수 출토했다.

최초의 班田 역시 庚寅年籍에 의하여 持統 5년(692)에 실시했다. 다만, 淨御原令의 田積法은 大寶令 이후의 町段步制가 아닌 町代制였을 것으로 추

---

11 坂上康俊, 「嶋評戶口變動記錄木簡をめぐる諸問題」, 『木簡硏究』 35, 2013.

12 独立行政法人國立文化財機構奈良文化財硏究所, 『評制下荷札木簡集成』, 東京大學出版會, 2006.

정되고 있다.13 호적 제도와 이에 의한 稅制·班田制에 대해서는 淨御原令 단계에 상당히 정비가 되었던 것이 분명하다.

그 외 神祇祭祀 제도에 관해서는 天武·持統천황 시기가 획기적인 기점이었음을 문헌자료를 통해 알 수 있다. 祈年祭의 전국적 실시는 大寶令에서 시작되었지만,14 당나라의 제사와 다른 '班幣' 제사가 天武천황 시기에 창설되었다는 점, 大忌祭·風神祭가 天武천황 시기에 시작되었다는 점, 相嘗祭·大嘗祭(新嘗祭), 鎭魂祭, 大祓도 天武천황 시기의 기록에 보인다는 점, 鎭花祭·鎭火祭 등이 방형으로 계획된 宮城·京城 성립=藤原宮·京의 성립과 관련되어 있다는 점, 『日本書紀』 持統4년(690) 정월조의 持統 즉위 의식도 踐祚 규정을 시행한 것으로 보이는 점 등을 고려하면 神祇令은 天武천황 시기에 구상되어 淨御原令 작성 시에 문장화된 것으로 보아야 한다.15

의료제도에 관해서도 7세기 후반에는 중국의 本草(藥學書)에 의한 약의 징수, 관리, 조합, 처방이 이루어졌다는 것이 藤原宮 출토 목간과 飛鳥京苑池 출토 목간으로부터 밝혀지고 있으며, 이러한 고도의 의료제도를 실시할 수 있었던 것은 醫疾令과 같은 법 정비에 의한 것으로 생각된다.16

---

13 吉田孝,「町代制と條里制」, 大津透編,『日本古代律令制と中國文明』, 山川出版社, 2020(初出은 1969).

14 早川庄八,「律令制と天皇制」,『日本古代官僚制の研究』, 岩波書店, 1986(初出은 1976년); 西宮秀紀,「律令國家の〈祭祀〉構造とその特質」,『律令國家と神祇祭祀制度の研究』, 塙書房, 2004(初出은 1986년.)

15 丸山裕美子,「唐の祠令と日本の神祇令」, 岡田莊司編,『〈古代文學と隣接諸學〉7 古代の信仰·祭祀』, 竹林舍, 2018; 丸山裕美子,「天皇祭祀の變容」,『〈日本の歷史〉8 古代天皇制を考える』, 講談社, 2001. 이외에 佐々田悠,「律令制祭祀の形成過程—天武朝の意義の再檢討—」,『史學雜誌』111-12, 2002; 佐々田悠,「天皇の親祭計畵をめぐって—神祇令成立前史—」,『ヒストリア』243, 2014도 참조.

16 丸山裕美子,「北宋天聖令による唐日醫疾令の復原試案」, 丸山裕美子·武佩,『本草和

大寶律令의 획기성은 의심할 여지가 없지만, 한편으로 淨御原令의 획기성을 무시할 것이 아니라 오히려 당나라 제도와는 다른 모습을 당나라 이전의 중국 법전이나 한반도의 제도 등을 참조하면서 정비해 나갔을 가능성을 인정해야 하지 않을까 싶다.

7세기 후반의 목간 출토 사례가 늘어남에 따라 淨御原令의 성격이 앞으로 더욱 뚜렷해질 것이지만, 본고에서는 官僚制나 籍帳制度・調庸制 등과 함께 율령제의 특징이라 할 수 있는 문서행정에 대해 淨御原令 시행 시의 양상을 찾아보고자 한다. 7세기 후반의 문서 목간에는 淨御原令과 大寶令 사이의 문서행정 시스템의 "일종의 단절"이 보인다고 지적되고 있다. 이에 대해 선행연구를 바탕으로 재검토해 보고자 한다.

Ⅲ. '前白' 목간에 대한 선행연구와 성과

일본의 율령제와 목간과의 관계에 대한 연구는 1980년의 岸俊男에 의한 연구를 효시로 한다.[17] 岸俊男는 하찰 목간의 연월일을 목간의 서두에 적는

名─影印・翻刻と研究』, 汲古書院, 2021(初出은 2009년); 丸山裕美子, 「延喜典藥式「諸國年料雜藥制」の成立と『出雲國風土記』」, 丸山裕美子・武偙, 『本草和名─影印・翻刻と研究』, 汲古書院, 2021(初出은 2010년). 丸山裕美子, 『日本古代の醫療制度』, 名著刊行會, 1998 참조.

17 岸俊男, 「木簡と大寶令」, 『日本古代文物の研究』, 塙書房, 1988(初出은 『木簡研究』 2号, 1980년). 같은 문제 의식을 갖고 그후에 발표된 사례도 함께 논한 연구로는 舘野和己, 「律令制の成立と木簡─七世紀の木簡をめぐって─」, 『木簡研究』 20, 1998이 있다. 鶴見泰寿, 「七世紀の宮都木簡」, 『木簡研究』 20, 1998에서는 7세기의 '前白' 목

형식에서 목간의 말미에 적는 서식으로 변화하는 점을 지적하고, 이러한 서식의 변화가 大寶 賦役令에 의한 것임을 밝혔다. 문서 목간에 관해서도 마찬가지로 大寶令 전후에 서식이 변화하는 것을 지적하고, 淨御原令 시행 하의 '前白' 형식이 公式令 시행 하에는 '解' 식으로 변했다고 추정했다. 岸俊男의 이러한 견해는 율령제의 특징 중의 하나인 문서행정 시스템이 淨御原令과 大寶令 사이에 큰 차이가 있었다는 것을 시사하고 있다. 다만 岸俊男는 '解' 형식이 大寶令 이전에도 있었을 가능성이 있다고 보고 있다. '前解'라고 적힌 藤原宮 출토 목간을 사례로 '解'를 '아뢰다'(申)로 읽은 것으로 해석하고 있다.

그런데 7세기 문서 목간에 보이는 '前白' 서식에 대해 처음 언급한 것은 1968년에 岸俊男에 의해 작성된 奈良縣敎育委員會編『藤原宮跡出土木簡槪報』의 '解說'이다. 그 후 奈良國立文化財硏究所編『藤原宮木簡』1의 '解說'篇 付章 "藤原宮 목간의 기재 형식에 대하여"(1978년)에 9점의 "수신처 앞에 아뢰다(申)" 서식의 목간이 소개되었고 내용에 대해 상세한 검토를 한 후, 이 서식은 公式令 '解式' 이전에 공적인 상신 문서로 널리 사용된 서식이라고 지적했다.[18]

그리고 '前白' 목간에 관한 주목할 만한 연구로는 東野治之의 「목간에 나타난 '某 前에 아뢰다'라는 형식의 문서에 대하여」(1981)[19]와 早川庄八의 「公

간은 소속 관계가 아닌 官司 사이에 사용되고 8세기의 '解' 형식과 직접 연결되지 않는다고 하며 "7세기와 8세기의 문서목간은 양식이 다른 외에 문서 양식에 대한 개념에도 차이가 있다는 것이 확인 되며, 문서목간의 행정처리에도 차이가 있는 것으로 추정되어 일종의 단절이 있는 것으로 보인다"고 지적하고 있다.

18 奈良國立文化財硏究所編, 「藤原宮木簡の記載形式について」, 『藤原宮木簡一 解說』, 1978. 祝詞와의 관계를 추정하고 있는 점도 흥미롭다. 8세기에 급격히 쇠퇴한 것에 대해서도 지적하고 있다.

19 東野治之, 「木簡に現われた「某の前に申す」という形式の文書について」, 『日本古代木簡の硏究』, 塙書房, 1983(初出은 1981년); 東野治之, 「大寶令成立前後の公文書制度」, 『長屋王家木簡の硏究』, 塙書房, 1996(初出은 1989년).

式樣 文書와 文書木簡」(1985)[20]이 있다. 東野治之는 중앙아시아에 있는 樓蘭에서 출토한 3세기 후반~4세기 초의 木簡·殘紙와 敦煌寫本의 書儀(9·10세기), 『司馬氏書儀』(11세기) 등 자료로부터 '前白' 서식은 書儀 또는 중국 六朝 書狀의 영향을 받았을 가능성이 있다고 지적하였다. 한편, 早川庄八는 公式令 서식을 갖춘 목간에 대해 논한 후, '前白' 서식에 대한 검토를 통해 '前白' 목간을 구두 전달의 문서화로 보는 견해를 제시했다. '解' 형식은 大寶令 公式令에서 처음으로 규정되었다는 점, 大寶令 이전에는 口頭 전달에서 파생한 '前白' 서식과 중국 書狀의 영향을 받은 '啓'와 '狀'을 병용했다는 점, '前白' 서식은 어떤 사람이 다른 사람에게 上申하는 것을 본래의 기능으로 하고 官司·官職의 기능이 미분화 된 상태에서 사용되었다는 점 등 중요한 견해를 제시했다. 특히 고대 사회의 口頭 전달의 중요성에 대한 지적은 그 후의 고대 문서 연구에 큰 영향을 미쳤다.

　　早川 설에 대해 鐘江宏之는 지방에서 출토한 7세기 목간에도 '前白' 목간과 유사한 것이 있다는 점에서 '前白'이 문서 양식으로 확립되어 있었을 것으로 추측하고, 구두 전달 설에 대한 의문을 제기했다.[21] 그리고 한반도 출토 목간에는 '村主前'이라는 표현이 보인다는 점에서 '前白' 서식이 한반도에서 유래했을 가능성을 지적하였다. 실제로 1990년대 후반 이후, 한반도에서는 '○○前'이라고 적힌 문서목간이 출토된 사례가 증가하고 있다(후술).

20　早川庄八, 「公式樣文書と文書木簡」, 『日本古代の文書と典籍』, 吉川弘文館, 1997(初出은 『木簡研究』 7号, 1985년). 이 서식이 사용된 사례가 8세기 중반기까지 보이고 '前', '御前'이 서신의 수신자 이름 밑에 붙여 쓰인다는 점, 年月日을 적지 않는다는 점 등 많은 중요한 지적을 하고 있다.

21　鐘江宏之, 「口頭伝達と文書・記錄」, 『列島の古代史6言語と文字』, 岩波書店, 2006; 鐘江宏之, 「七世紀の地方木簡」, 『木簡研究』 20, 1998; 鐘江宏之, 「文字の定着と古代の社會」, 川尻秋生編, 『文字とことば』, 岩波書店, 2020.

이러한 연구 동향을 바탕으로 市大樹는 '前白' 목간 사례를 집성하고 내용을 재검토한 결과, '前白' 목간은 청구·의뢰할 때 사용된 것이며(上申文書), 중국·한반도 문서를 본떠 일본에서 고안하여 성립된 것으로 결론지었다.[22] 그리고 下達은 구두로 전했을 가능성이 있다고 보고, 한국 출토 목간과의 관계성을 지적하며 早川 설의 구두 전달에 의한 문서화를 부정했다.

또한 三上喜孝는 최근에 출토한 한국 문서 목간 사례를 다수 소개하며 일본 '前白' 목간의 근원을 한반도에서 찾을 수 있다는 점을 강조했다.[23]

이러한 선행연구를 통해 밝혀진 주요 사항을 정리하면 다음과 같다.

(1) '前白' 서식은 大寶 公式令의 문서양식보다 선행하는 문서양식이다(淨御原令에 규정되어 있었는지는 불분명). 즉 '符', '解', '移' 등 율령국가의 대표적인 문서 양식은 모두 大寶 公式令에 의해 규정된 것으로 보인다.
(2) '前白' 서식은 주로 上申할 때 사용되고 官司 간의 공문서로 사용되었으며, 지방에서도 이 서식이 기능했다.
(3) '前白' 서식은 중국 書狀과 한반도 문서 목간의 영향을 받았다. 특히 최근에 출토한 한국 목간에 '○○前' 표기가 보이는 것이 주목되며 이를 직접적인 근원으로 보는 견해가 유력하다.

(1)(2)에 대해서는 藤原宮 터에서 '符', '解', '移' 형식의 문서 목간이 출토되었고 이러한 목간은 大寶令 시행 하의 목간이기에 大寶令에 의해 율령 문서 행정 체계가 성립된 것은 틀림없다고 볼 수 있다. 早川의 口頭 전달의 문서화 설은 후퇴하고(물론 早川의 많은 지적은 여전히 유효하지만) 한반도의 문서목

22　市大樹, 「前白木簡に關する一考察」, 『飛鳥藤原木簡の研究』, 塙書房, 2010; 市大樹, 「일본 7세기 목간에 보이는 한국목간」, 『목간과 문자』 22, 2019; 市大樹, 『飛鳥の木簡―古代史の新たな解明』, 中公新書, 2012.

23　三上喜孝, 「韓國出土の文書木簡」, 『國立歷史民俗博物館研究報告』 224, 2021.

간 영향이 유력시되고 있다고 할 수 있다. 다만, (3)의 내용 중, 한반도 문서 목간이 미친 영향에 대해서는 조금 의문이 남는다.

한반도 출토 목간에서 보이는 '○○前'이라는 표기는 분명 '前白' 목간과의 관계를 짐작하게 하지만, 실제로 '前白'이라고 명확하게 표기된 목간은 아직 확인되지 않는다. '前白' 목간으로 지적되고 있는 대표적인 한국 출토 목간을 3점 소개하면 아래와 같다.24

① 二聖山城(河南市) 출토 木簡   *戊辰年＝608年『韓國의 古代木簡』
  118호 목간
  ・戊辰年正月十二日明南漢城道使
  ・須城道使村主前南漢城城火□□
  ・城上蒲黃去□□□□賜□
② 月城垓子(慶州市) 출토 木簡
  ・分卌宋公前別白作□
  ・米卌斗酒作米四斗幷卅四斗瓮□□
  ・公取□開在之
③ 城山山城(慶尙南道 咸安郡) 출토 木簡
  ・三月中眞乃滅村主憹怖白
  ・□城在弥卽尒智大舍下智前去白之

---

24 三上喜孝, 앞의 논문 참조. ①은 國立昌原文化財硏究所編, 『韓國의 古代木簡』, 國立昌原文化財硏究所, 2004; 李成市, 「韓國出土の木簡について」, 『木簡硏究』19, 1997도 참조. ②는 尹善泰, 「월성 해자 목간의 연구 성과와 신 출토 목간의 판독」, 『목간과 문자』20, 2018; 市大樹, 「일본 7세기 목간에 보이는 한국목간」, 앞의 논문도 참조. 한국 목간에 관해 원고 집필 시 필자는 실견을 하지 못했으며 판독문 및 해독은 모두 이상 선행연구를 참조했다. 그 후, 2023년 9월에 경북대학교 인문학술원 HK+사업단의 신라목간 실견 조사에 동행하여 경주문화재연구소에서 소장하고 있는 월성해자 출토 목간에 관해서는 실물을 관찰할 수 있었다. 여기서 감사의 뜻을 표한다.

· 即白先節本日代法稚然
· 伊毛罹及伐尺采言□法卅代告今卅日食去白之

모두 일본의 '前白' 목간과 달리 한반도 출토 목간의 특징 중 하나인 '觚' 형태의 목간에 쓰여진 것이다. 4면에 기재된 '觚' 형태의 목간은 어떤 순서로 읽어야 하는지에 대한 논의가 있어 정확한 의미를 파악하기 어렵다. ① 목간의 '村主前' 뒤에 '白'이 붙지 않고, ② 목간의 '宋公前'도 여기서 끊어져 '別白'으로 이어지지 않을 가능성이 있다. ③ 목간도 '前' 뒤에 '去'가 붙어 그대로 '前白'이라고 읽을 수 없다. 애초에 '觚' 형태의 목간이라는 점에서도 일본의 '前白' 목간에 직접적인 영향을 끼친 것으로 보기는 어렵다. 시대도 일본의 7세기 후반의 목간보다 더 오래된 것으로 직접적인 영향을 지적하기는 어렵다.

이외에 상기 내용과 관련된 문서 목간으로 지적되고 있는 목간 중에 대표적인 것을 소개하면 아래와 같다.[25]

④ 月城垓子(慶州市) 출토 木簡
  * 7世紀전반? 읽는 순서에 관해서는 여러 설이 있음. 『韓國의 古代木簡』149호 목간
  · 大鳥知郎足下万拜白々
  · 經中入用思買白雛紙一二斤
  · 牒垂賜敎在之 後事者命盡
  · 使內
⑤ 城山山城(慶尙南道 咸安郡) 출토 木簡 * 221호 목간
  · □□ [六月?] 中□□□□村主敬白之□□□城□之
  · □□智□□□□□□大城從人丁卒日

---

25 三上喜孝, 앞의 논문. ③은 『韓國의 古代木簡』, 앞의 책, ④는 橋本繁, 「硏究動向」, 『韓國古代木簡の硏究』, 吉川弘文館, 2014 참조.

- □遣□日来此□丁受来有□□
- 卒日活之人此人嶌□城置不行遣之白

    이 두 점의 목간에는 '前' 표기가 없고, '足下', '万拜白', '敬白' 등 중국 書狀에 사용되는 일반적인 표기를 사용하고 있다. 그리고 수신자 '前'+'白'인 '前白' 목간과 달리 발신자 '白'의 형식으로 되어 있다.

    여기서 주목되는 것은 'OO前'은 중국의 서신에 사용되는 수신자 이름 아래에 적는 敬意 표현으로 사용된다는 東野治之와 早川庄八의 지적이다. 市大樹도 '前白'을 중국의 書狀을 본떠 일본에서 고안하여 성립한 서식으로 보고 있다. 市大樹나 三上喜孝가 지적하는 한반도 문서 목간의 영향보다는 오히려 중국 書狀의 영향이 더 컸을 것이다. 東野治之가 일찍이 언급한 것처럼 중국의 書儀나 書狀의 영향을 고려해야 하지 않을까 싶다.

Ⅳ '前白' 목간의 재검토

    현재까지 확인된 일본의 7세기 '前白' 목간을 정리하면 아래와 같다. 원래는 출토 유구 등 상세한 내용을 면밀히 검토해야 하지만 우선 판독문만 아래에 제시한다.[26]

---

26 목간 자료의 출전은 아래와 같다. 奈良縣立橿原考古學研究所編, 『飛鳥京跡出土木簡』, 吉川弘文館, 2019; 奈良文化財研究所編, 『飛鳥藤原京木簡一―飛鳥池・山田寺木簡―』, 奈良文化財研究所, 2007; 奈良文化財研究所編, 『飛鳥藤原京木簡二―藤原京木簡―』, 奈良文化財研究所, 2009; 奈良文化財研究所編, 『藤原宮木簡一』, 1978; 奈

※ '前白' 木簡 集成 * '前' 표기가 보이는 文書木簡・削屑을 중심으로
  * 市大樹는 難波宮 터에서 출토한 7세기 중엽의 하찰(?) 목간 "王母前□
    [立?]□□ / ……廿□[六?]"를 예로 들고 있다.

Ⅰ 飛鳥京 터 출토 木簡(飛鳥京苑池遺構・飛鳥池遺跡・石神遺跡)
  * 밑줄은 필자에 의함. 또한 한자는 한국에서 통용되는 글자체로 통일.

① ・<u>大夫前</u>恐万段頓首白 □[僕?]眞乎今日國　　『飛鳥宮跡出土木簡』143-4
   ・下行故道間米无寵命坐整賜

② ・□[道?]勢岐<u>官前</u>　　　　　　　　　　　『木簡研究』26(石神遺跡)
   ・代□

③ ……<u>前</u>牒吾　　　　　　　　　　　　　　『木簡研究』27(石神遺跡)

④ □□評<u>大夫等前</u>謹啓　　　　　　　　　　『木簡研究』27(石神遺跡)

　・『[　　]□　　□』
⑤ 　　　　　　　　　□[賜?]□　　　　　　　『木簡研究』29(石神遺跡)
   <u>聖御前</u>白小信法□[謹?]
   ・[　　　　　]

　　　　　　　田□連奴加 加須波□鳥麻呂
⑥ ・官<u>大夫前</u>白　　　　　　　　　　　　　『飛鳥藤原京木簡』1-1
　　　　　　　□田取　小山戶弥乃
   ・以波田戶麻呂 安目 汗乃古
     野西戶首麻呂 大人 阿佐ツ麻人□留黑井　　　　(飛鳥池遺跡)

⑦ □□[和?]<u>道前</u>　　　　　　『飛鳥藤原京木簡』1-316(飛鳥池遺跡)

⑧ ・□[智?]照<u>師前</u>謹白昔日所　『飛鳥藤原京木簡』1-705(飛鳥池遺跡)
   ・白法華經本借而□□[宛賜?]

⑨ ・□[三?]岡等<u>前</u>頓□[首?]　　『飛鳥藤原京木簡』1-706(飛鳥池遺跡)
   ・……□[物?]故上□

良文化財研究所編, 『藤原宮木簡二』, 1981; 奈良文化財研究所編, 『藤原宮木簡三』, 2012; 奈良文化財研究所編, 『藤原宮木簡四』, 2019; 일본 목간학회, 『木簡研究』(각 호).

⑩　· 大德□[前?]…　　　　　　　　　　『飛鳥藤原京木簡』1-707(飛鳥池遺跡)
　　· □用可□
⑪　大德御前頓首□　　　　　　　　　　『飛鳥藤原京木簡』1-940(飛鳥池遺跡)
⑫　· □□[大德?]前白須□用所有□紙二三□　『飛鳥藤原京木簡』1-1295
　　　　　　　　　　　　　　　　　　　　　　　　　　(飛鳥池遺跡)
　　· □□□□□□□□自出「□」思事
⑬　大德前…　　　　　　　　　　　　　『飛鳥藤原京木簡』1-1296(飛鳥池遺跡)
⑭　· □寺主□[前?]　　　　　　　　　　『飛鳥藤原京木簡』1-1426(飛鳥池遺跡)
　　· □□欲賜□

Ⅱ 藤原宮·藤原京跡 출토 木簡 * 大寶令 시행 시의 목간도 포함

⑮　· 卿等前恐々謹解□□…　　　　　　　『藤原宮木簡』1-8
　　· 卿尓受給請欲止申
⑯　· 御門方大夫前白上毛野殿被賜　　　　『藤原宮木簡』1-9
　　· □□□□……□□□□
⑰　□大夫前恐　　　　　　　　　　　　『藤原宮木簡』1-10
⑱　· 恐々受賜申大夫前筆　　　　　　　　『藤原宮木簡』1-11
　　· 曆作一日二赤万呂□
⑲　· □得文申 別戸造□[前?]曰　　　　　『藤原宮木簡』1-414
　　· □古豆 大嶋 十明日木令
⑳　·　　　但鮭者速欲等云□□　　　　　『藤原宮木簡』1-466
　　· 以上博士御前白 宮守官
㉑　· 法恩師前 小僧吾白 啓者我尻坐□止…　『藤原宮木簡』2-525
　　·　僧□者 五百□
㉒　· 御宮若子御前恐々謹…　　　　　　　『藤原宮木簡』2-613
　　· 末□□□命坐而自知何故
　　　　　　　　　　桃子一二升
㉓　彈正台笠吉麻呂請根大夫前　　　　　　奈良縣『藤原宮』77
　　　　　　　　　　奉直丁刀良

㉔ ・□大夫前白今日……　　　　　　　　　『木簡硏究』5(藤原宮)
　　・□可賜哉　使……
㉕ 御前申薪二束受給　　　　　　　　　　『木簡硏究』5(藤原宮)
㉖ □[麻?]呂卿等前朋謹申　□[國?]□　　『飛鳥藤原京木簡』2-1656(藤原京)
　　□[月?]　□□□□　□□
㉗ □等前朋□[申?]　　　　　　　　　　『飛鳥藤原京木簡』2-1661(藤原京)
㉘ 　　等前謹□　　　　　　　　　　　　『飛鳥藤原京木簡』2-1662(藤原京)
㉙ ・少安□前謹申　　　　　　　　　　　『藤原宮木簡』3-1081
　　・「受□□□」
㉚ 夫前□　　　　　　　　　　　　　　　『飛鳥宮跡 출토 木簡』104-2

Ⅲ 地方 출토 木簡
㉛ ・十一月廿一日京大夫御前□謹?]白奴吾……賜□　『木簡硏究』33
　　　　　　　　　　　　　　　　　　　　　　　　(西河原森ノ內遺跡)
　　　　　　　　　　　　　　今日□□
　　・□匹尓□……大籠命坐□
　　　　　　　　　　　　　　□□□□
㉜ 今貴大德若子御前頓首拜白□[之?]　　『木簡硏究』7(小敷田遺跡) ＊呪符

그런데 이렇게 나열해 보면 '前白', '前申' 표기와 함께 특징적인 것은 ①
'恐万段頓首白', ④ '謹啓', ⑧ '謹白', ⑨⑪ '頓首', ⑮㉒ '恐々謹', ⑰ '恐', ⑱
'恐々', ㉜ '頓首拜白' 등 서신과 上申文 특유의 표기이다. 이 점은 그동안 지적
되어 왔던 부분이지만, 좀 더 강조할 필요가 있지 않을까 싶다.

'頓首'는 樓蘭 출토 李伯文書(4세기)와 王羲之의 書狀(4세기), 敦煌寫本
書儀(9~10세기)와 북송의 『司馬氏書儀』(11세기)에도 사용되는 당나라 시기
이전부터 오래 사용되어 온 서신 정형구이다.[27] 그런 관점에서 이른바 '前白'

---

27 書儀에 관해서는 2003年度~2005年度科學硏究費補助金基盤硏究C硏究成果報告書：

목간으로 분류할 수 있다는 서장 형식의 목간을 飛鳥藤原京 출토 목간 중에서 조금 더 찾아보기로 하겠다.

Ⅳ 飛鳥·藤原京 출토 書狀 형식의 文書木簡

㉝ ・師啓奉布一帆　　　　　　　　　『飛鳥藤原京木簡』1-157(飛鳥池遺跡)
・今借賜啓奉「……」

㉞ ・□□[恐々?]謹啓□　　　　　　『飛鳥藤原京木簡』1-708(飛鳥池遺跡)
・……□……

㉟ ・恐々敬申　院堂童子大人身病得侍　『飛鳥藤原京木簡』1-939(飛鳥池遺跡)
・故万病膏神明膏右□一受給申知事願惠

㊱ 恐々□□　　　　　　　　　　　『飛鳥藤原京木簡』1-974(飛鳥池遺跡)

㊲ ・菜採司謹白奴□嶋逃行□　　　　『飛鳥藤原京木簡』2-3597(藤原京)
・別申病女以前如□

㊳ ・謹啓今忽有用處故醬　　　　　　『藤原宮木簡』3-1078
・及末醬欲給恐々謹啓請馬寮

㊴ ・謹□[白?]造酒司正□麻□　　　　『藤原宮木簡』3-1082
・□□□□□□

㊵ ・恐々謹々頓首……　　　　　　　『木簡研究』5(藤原宮)
・受賜味物……

이러한 書狀 형식의 목간 중에는 ㊲ '菜採司', ㊳ '馬寮', ㊴ '造酒司'와 같이 분명히 관사를 대상으로 한 것이 있어, 공적인 문서가 書狀 형식으로 쓰였음을 알 수 있다.

'前' 표기는 平城京 출토 목간에서도 찾아볼 수 있다. '關々司前解'(『平城

丸山裕美子, 「日本古代國家·社會における書儀の受容に關する基礎的硏究」(課題番号15520409, 2006년) 참조. 이하, 본고의 서의에 관한 내용은 모두 이에 의함.

宮木簡』2-1926), '大炊司前謹申'(『木簡硏究』2, 平城宮東院園池), '殿前謹牒'(『平城京木簡』2-1731, 長屋王家木簡), '尾張國造御前謹恐々頓首'(『平城宮木簡』7-12748) 등 사례가 알려져 있는데, 이들 대부분이 8세기 전반의 것인 만큼 7세기의 옛 서식이 남아있다고 볼 수 있다.

'○○前' 표기가 서신에서 수신자 이름 아래에 쓰인다는 것은 이미 많은 선학들이 지적한 바 있다. 東野治之는 樓蘭 출토 晋代 목간(封緘)에 '君前(C-2-117), '坐前'이라는 표기가 확인된다는 것을 소개했다. 그 외에도 예를 들어, 樓蘭에서 출토한 3~4세기 종이 書狀 단간 중에는 아래와 같은 사례도 있다.

正月廿八日具書
尊兄机前   (C-1-18-4)

이외에 '大人坐前'(C-1-21-8) 표기도 보인다.[28] 그리고 C1-9-3은 종이 書狀 앞뒷면에 아래와 같은 글이 쓰여 있다.

「白諱昌悋」
(앞) 大中張君前
(뒤) 二月十四日仁再拜此信
　　累雖表問微情不

따라서 이러한 중국 書狀 형식의 연장선상에 있는 것으로 생각된다.
한편, '白' 표기는 8세기에는 거의 찾아볼 수 없다는 점이 주목된다. '아뢰

---

28 樓蘭에서 출토한 종이나 木牘 書簡에 관해서는 靑山杉雨 등 편, 『樓蘭發見―殘紙·木牘』, 日本書道教育會議, 1988에 의함. 王羲之의 書狀에 대해서는 中田勇次郎, 『王羲之를 中心으로 하는 法帖의 硏究』, 二玄社, 1960 참조.

다'를 '白'으로 표기하는 것은 중국의 오래된 書儀나 書狀에서 찾아볼 수 있다. 樓蘭 출토 書狀과 거의 동일한 3~4세기 索靖의 '月儀帖'에는 서두 부분에 아래와 같은 문구가 사용되었다.

正月具書, 君白, ……君白.

樓蘭 출토 書狀 斷簡과 목간에도 '頓首', '白'이 자주 사용되었다. 또한 長沙 走馬樓 三國吳簡에도 '叩頭死罪白'과 같은 표기가 보인다. 이러한 사례와의 공통점을 고려하면 7세기 문서목간의 특징은 중국적(시대적으로는 수당 이전)인 書狀 형식이라고 할 수 있다.

V 율령 문서행정 시스템에서 '前白' 목간이 차지하는 위치

일본 고대의 율령 문서행정 시스템에 관해서는 당나라의 公式令을 계승한 일본의 公式令에 규정되어 있다. 일본의 '古文書學'에서는 고대의 문서를 '公式樣文書'라고 부르지만, 公式令에 규정된 문서가 고대의 모든 문서가 아님은 正倉院文書 등을 통해 알 수 있다. 애초에 일본 고대 율령국가에서 사용된 문서는 중국의 문서양식을 수용한 것이지만, 서식을 규정하는 것은 公式令만이 아니다. 公文書 및 私文書에 관해서는 '書儀'에도 규정되어 있다. 중국의 문서 체계는 公式令에만 규정되어 있는 것이 아니다.[29]

29　日本의 古文書學에 관해서는 中世 古文書를 중심으로 논해지고 있으며(佐藤進一, 『古文書學入門』), 古代文書에 대해서는 公式令을 중심으로 형식적인 이해에 머물러 있

敦煌寫本의 당나라 公式令 斷簡(P.2819)에는 移式·關式·牒式·符式·制授告身式·奏授告身式의 일부가 남아있다.30 여기서 주목하고 싶은 것은 告身式이 制授告身式에서 시작되었다는 점이다. 告身은 官爵 부여 시 수여하는 공문서로, 辭令書이자 신분증이기도 하다. 그리고 당나라 시기의 官爵 수여는 『通典』 卷15 選擧典 歷代制 등에 의하면 冊授(諸王·職事 正三品 이상, 文武散官 二品 이상, 都督·都護·上州刺史 在京者), 制(詔)授(五品 이상), 勅授(六品 이하 守五品 이상, 視五品 이상), 奏(旨)授(六品 이하의 流內官), 判補(流外官) 등 5종류가 있다. 公式令에는 이 중, 制授告身式과 奏授告身式, 그리고 判授告身式만 규정되어 있고 冊授告身式과 勅授告身式에 대한 규정은 없다.

　　다시 한 번 강조하지만, 당의 公式令은 당나라의 모든 공문서 서식을 규정한 것은 아니다. 지방행정과 관련된 문서양식이 모두 망라되지 않았다는 것은 赤木崇敏에 의한 상세한 고찰과 敦煌·투루판 문서 등을 통해 알 수 있다.31

　　는 듯 하다. 이러한 문제점에 관해 國立歷史民俗博物館의 기획전시인 「日本の中世文書―機能と形と國際比較―」(2018)에서 새로운 견해가 제시되었다. 丸山裕美子, 「日本古代における中國文書樣式の受容と變容」, 小島道裕 등 편, 『古文書の樣式と國際比較』, 勉誠出版, 2020.

30　敦煌寫本인 唐公式令斷簡(P.2819)에 관해서는 坂上康俊, 「唐日公式令の條文排列からみた牒と辞―敦煌発見唐公式令断簡開元二十五年令說の提唱―」, 古瀬奈津子編, 『古代日本の政治と制度―律令制·史料·儀式』, 同成社, 2021에 開元25年令 설이 제기되었다. 唐公式令에 관해서는 中村裕一의 일련의 연구가 참고로 된다(『唐代制勅研究』, 汲古書院, 1991; 『唐代官文書硏究』, 中文出版社, 1991; 『唐代公文書硏究』; 汲古書院, 1996. 告身에 관해서는 大庭脩, 『唐告身と日本古代の位階制』, 皇學館出版部, 2002 참조.

31　赤木崇敏, 「唐代前半期の地方行政文書―トゥルファン文書の檢討を通じて―」, 『史學

『唐六典』권1 尙書都省에는 上申文書의 서식에 관해 '表·狀·牋·啓·牒·辭'가 적혀 있는데, 그중 '表·狀·牋·啓'에 대해서는 '非公文所施'라고 기록되어 있다. 이는 이 네 가지 종류의 문서가 公式令 규정에는 포함되지 않는다는 것을 의미하며, 이러한 문서 양식은 당나라에서도 公式令이 아닌 書儀에 규정되어 있다.

여기서 書儀에 대해 다시 한 번 정리해 보도록 하겠다.32 書儀는 公·私文書 서식과 모범적인 예문을 기록한 전적이다. 敦煌寫本의 書儀는 130여 점이 넘는데, 일반적으로 朋友書儀·吉凶書儀·表狀箋啓書儀(狀啓書儀)의 세 종류로 분류된다. 朋友書儀는 사적인 서신의 모범 예문집이고, 吉凶書儀는 公·私文書에 대한 書札禮를 기록한 것이며, 表狀箋啓書儀는『甘棠集』,『記室備要』,『新集雜別紙』등 서적을 가진 관원을 위한 문집이다.

『甘棠集』은 '上中書門下狀', '賀元日御殿表', '謝冬衣表', '賀崔相公加僕射狀'과 같은 賀表·謝表, 上狀·下狀·賀狀 등 관리 개인이 황제나 재상에게 상신한 문서의 구체적인 예문을 수록하고 있다. 이 문서들은 관리 개인의 사적인 서신의 형태를 띠고 있지만, 수령인이 황제나 재상이라는 점에서 공적인 성격을 띠고 있다고 할 수 있다. 그리고 이러한 表나 狀 역시 당나라의 公式令에는 규정되어 있지 않다.

雜誌』117-11, 2008; 赤木崇敬,「唐代官文書体系とその變遷─牒·帖·狀を中心に─」〈東アジア海域叢書〉, 平田茂樹·遠藤隆俊編,『外交史料から十~十四世紀を探る』, 汲古書院, 2013 등 참조.

32 丸山裕美子, 앞의 보고서. 中國의 書儀 硏究에 관해서는 趙和平,『敦煌寫本書儀硏究』, 新文豊出版公司, 1993; 周一良·超和平,『唐五代書儀硏究』, 中國社會科學出版社, 1995; 趙和平,『敦煌表狀箋啓書儀輯校』, 江蘇古籍出版社, 1997; 趙和平,『敦煌本≪甘棠集≫硏究』, 新文豊出版公司, 2000; 吳麗娛,『唐禮摭遺』, 商務印書館, 2002; 吳麗娛,『敦煌書儀與禮法』, 甘肅教育出版社, 2013; 吳麗娛,『禮俗の間─敦煌書儀散論』, 浙江大學出版社, 2015 등에 의함.

그리고 이 당나라의 公式令을 계승한 일본의 公式令에도 모든 문서의 서식이 규정되어 있는 것은 아니다. 『令集解』公式令 奏事式條의 '穴記'를 보면 아래와 같이 기록되어 있다.

表・奏・上表・上啓等之式, 宜放書儀之体耳

이와 같이 公式令 규정 이외의 문서는 書儀의 서식을 따르는 것이 전제이다. 그런 의미에서 고대의 문서를 '公式樣文書'라는 틀에 가두어 두는 것은 큰 문제가 있다.

일반적으로 일본의 고대 문서에서 中世 문서로의 전환을 "書札禮 문서의 公文書化"로 보고 있는데, 실제로는 공문서에도 書狀 형식의 문서가 존재한다 (수나라와 주고받은 외교문서인 '致書'에서 알 수 있음). 즉, 중국이나 한반도에서 문서행정 시스템을 도입한 시점에는 이미 書狀 형식의 공문서가 존재했고, 그 서식을 기록한 書儀가 사용되었다는 것이다.

『日本書紀』推古 16년(608년) 9월 辛巳條에 기재된 수나라 황제에게 보낸 國書33는 그야말로 중국식 書札禮를 따른 형식이다.

東天皇敬白西皇帝, 使人鴻臚寺掌客裴世淸等至, 久憶方解, 季秋薄冷, 尊如何, 想淸悆, 此卽如常, 今遣大禮蘇因高・大禮乎那利等往謹白不具

'東天皇'의 표기는 '東大王'일 가능성이 있다는 지적도 있지만, 이는 일단

---

33 이 國書에 관해서는 '書儀'가 아니고 王羲之의 書狀 등 六朝의 書(臨書, 法帖 등)의 영향으로 보는 견해가 있다. 徐先堯, 『二王尺牘與日本書紀所載國書之硏究』(增補再版), 芸軒図書出版社, 2003(初版은 1979년). 이외에 東野治之, 「日出處・日本・ワークワーク」, 『遣唐使と正倉院』, 岩波書店, 1992(初出은 1991년) 참조.

접어두고 '敬白'으로 시작해서 '使人…至', '今遣…往'으로 이어지는 표현, '季秋薄冷'이라는 계절 인사, '尊如何'라는 상대의 기분을 묻는 어구, '謹白不具'라는 말미에 사용되는 표현은 모두 중국식 書儀의 격식에 부합한다. 물론 이것은 '國書'이기 때문에 특히 중국의 예의에 맞는 서식이 사용된 것일 수도 있지만, 적어도 이 시기, 즉 7세기 초에는 이러한 중국적인 문서나 書狀의 서식이 일본 열도에 수용되고 있었다고 할 수 있다.

8세기의 正倉院文書 중에는 公式令에 의해 정해진 것이 아닌 書狀 형식의 문서가 많이 남아있다. 그중 和氣伊夜麻呂狀(續修 48, 『大日本古文書』 22-380)을 예로 간단한 소개를 하도록 하겠다.

下民和氣伊夜麻呂誠恐誠惶死罪謹頓首
　請油少々
　　右, 夜之間, 依可檢物在,
　　請如件, 今注狀, 誠恐誠惶
　　死罪謹頓首,
　　　　　二月廿日

이 문서는 기름을 조금(油少々) 청구하는 내용인데도 '下民', '誠恐誠惶死罪謹頓首', '誠恐誠惶死罪謹頓首'와 같은 표현이 사용되었다. 上表文의 서식이지만『文選』권37 '讓開府表' 본주 '中謝(上表文의 敬語 표현)'에 李善 注에는 '裵氏新語'를 인용하여 '言臣誠惶誠惶誠恐死罪頓首'라는 표현을 사용), 3~4세기의 樓蘭 출토 書狀 斷簡에도 '頓首'(C-1-31-2 외 다수), '死罪'(C-21-12) 등이 보인다. 王羲之의 書狀에 '羲之頓首', '羲之頓首頓首', '羲之白'이라고 적혀 있는 것도 참고가 된다. 그리고 書狀의 이러한 공경하는 표현은 그 후의『司馬氏書儀』권1「上尊官手啓」에도 확인된다. 주로 상사에게 보내는 自筆 서신에 사용된다.

某惶恐頓首再拜〈述事云々〉謹奉啓, 不備. 某惶恐頓首再拜.
某位〈座前 執政則云台座〉
月日 謹空

『司馬氏書儀』에는 公式令이나 式에 규정된 공문서의 형식과 書儀에 관련되는 흥미로운 기록이 보인다. 권1 表奏에 아래와 같이 기록되어 있다.

元豊四年(1081)十一月十二日, 中書箚子, 據詳定官制所修到公式令節文

여기에는 '表式', '奏狀式'이 기재되어 있고, 또한 '公文'에는 '申狀式', '牒式'이 기재되어 있다. 表・奏・狀・牒은 '公文'으로 令・式에 규정된 문장은 書儀에 기록되고, 그 외는 '私書', '家書'로 書儀에 상세한 범례가 실려 있다.
그리고 『司馬氏書儀』의 '私書' 중에는 '上尊官問候賀謝大狀'이 수록되어 있는데, 이는 할서 형식으로 되어 있다.

此蓋唐末屬寮上官長公牒, 非私書之禮, 及元豊改式, 士大夫亦相與改之

이 기록으로부터 당나라 시기에는 공문서였던 것이 북송 시기에 私書로 편입되었음을 알 수 있다. '私書'에는 '上尊官時候啓狀'이나 앞서 언급한 '上尊官手啓'의 서식도 수록되어 있으며 이에 해당하는 것으로 『大唐新定吉凶書儀』(S.6537v.)의 '寮屬起居啓', '典吏起居啓'가 있다. 이러한 자료는 모두 중국의 관인들이 상사나 동료에게 보내는 서신의 형식을 규정한 것으로 당나라 시기 관료 사회의 예의를 나타내는 것이다. 그런 의미에서 공적인 부분을 포함하고 있다고 할 수 있다.
『大唐新定吉凶書儀』는 元和 연간(806~820)에 편찬된 것이지만 이러한 書狀의 서식이 시대를 거슬러 올라가 존재했다는 것은 앞서 언급한 樓蘭에서 출토한 3~4세기의 書狀과 王羲之의 書狀을 통해서도 확인할 수 있다. 書狀이라 할지라도 관리들이 주고받은 것이라면 그것은 공적인 문서가 된다.

'前白' 목간이 개개인의 上申을 중심으로 하는 것도 중국 書狀을 생각하면 쉽게 이해할 수 있다. 淨御原令 단계에서는 아직 구체적인 서식이 정해진 것은 아니지만 書儀(書狀 형식)의 서식을 활용했다고 보는 것이 타당할 것 같다. 결론적으로는 東野治之가 이미 지적한 사항을 사례가 늘어난 書狀 형식의 목간에 대한 검토를 통해 다시 한 번 확인한 셈이다.

일본의 고문서학에서는 고대의 公式令 규정을 중시하지만, 그 배경에는 7세기 전반부터 사용된 중국적인 書儀·書狀 형식의 문서 수용이 있었고, 그러한 書狀 형식의 문서 이용이 '前白' 목간으로 나타난 것이며, 그것이 바로 淨御原令 단계의 공식적인 문서의 모습이었다. 大寶 公式令에 의해 符·解·移 등 당나라 公式令을 모방한 문서 양식이 확립되어 보급되지만, 점차 公式令의 규정이 유명무실화되면서 원래부터 존재했던 書狀 형식의 문서가 御敎書나 下知狀과 같은 공식적인 분야에서 널리 쓰이게 되었다. 그러면서 中世 문서와 중세 書札禮가 성립되는 흐름으로 볼 수 있지 않을까 생각한다.

Ⅵ 맺음말

推古 31년(623년) 醫師 惠日 등의 상소는 당나라의 '法式'을 도입할 것을 건의한 것이었다. 遣隋使의 일원으로 중국에 갔다가 수나라가 멸망하고 당 왕조가 성립된 직후에 신라를 거쳐 귀국한 醫師 惠日 등의 제언은 당시의 조정에 큰 무게감을 가지고 받아들여졌을 것으로 보인다. 당나라의 제도 도입을 위한 법전 수집이 적극적으로 진행되었을 것임은 의심할 여지가 없다.

遣唐使 파견은 舒明 2년(630) 이후, 白雉 4년(653)·5년(659), 齊明 5년(659), 天智 4년(665)·8년(665)에 이루어졌으나, 그 후 大寶律令이 성립될 때까지 30여 년 동안, 淨御原令이 편찬·반포된 시기에는 중단되어 있었다. 이 기간에 백강 패전과 고구려 멸망으로 인해 백제와 고구려에서 많은 유민들이 일본으로 이주해 왔으며, 이들이 법전 정비에 참여했을 것임이 분명하다. 또한 이 시기에도 新羅使나 遣新羅使의 왕래가 있었기에 그런 의미에서 한반도의 영향은 부정할 수 없다.

다만, 당시 일본의 고대 국가가 지향했던 것은 아마도 수나라, 당나라의 國制와 문화였을 것이다. 『日本國見在書目錄』에는 당나라의 永徽令, 開元令과 함께 수나라의 '大業令三十卷'(607년 제정)이 보인다. 수양제가 제정한 大業令은 아마도 7세기 전반에 반입된 것으로 大寶律令의 藍本으로 여겨지는 永徽律令(651년 제정)도 淨御原令 이전에 일본에 전해졌을 것으로 추정되고 있다. 大寶令이 永徽令에 의한 것이라면, 大寶令과 여러 면에서 다른 淨御原令은 수나라의 大業令에 의한 것일 가능성도 생각해 볼 수 있을 것이다.[34]

淨御原令에 공식령이 있었는지는 알 수 없으나 적어도 詔·勅 또는 '位記'의 형식은 규정되어 있었을 것이다. 官司 간의 문서 서식이나 관인들의 문서에 대해서는 서식이 규정되어 있었다기보다는 앞서 언급한 『令集解』穴記나 『司馬氏書儀』에서 확인되는 바와 같이 '書儀'에 의한 것으로 생각된다.

【번역】

팡궈화 (경북대학교 인문학술원 HK연구교수)

---

34 榎本淳一, 「中國の法·制度の受容」, 古瀬奈津子編 『古代文學と隣接諸學5律令國家の理想と現実』, 竹林舍, 2018.

참고문헌

자료

國立昌原文化財研究所編,『韓國의 古代木簡』, 國立昌原文化財研究所, 2004.

独立行政法人國立文化財機構奈良文化財研究所,『評制下荷札木簡集成』, 東京大學出版會, 2006.

奈良國立文化財研究所編,『藤原宮木簡一』, 1978.

奈良文化財研究所編,『藤原宮木簡二』, 1981.

奈良文化財研究所編,『藤原宮木簡三』, 2012.

奈良文化財研究所編,『藤原宮木簡四』, 2019.

奈良文化財研究所編,『飛鳥藤原京木簡一―飛鳥池・山田寺木簡―』, 奈良文化財研究所, 2007.

奈良文化財研究所編,『飛鳥藤原京木簡二―藤原京木簡一―』, 奈良文化財研究所, 2009.

奈良縣立橿原考古學研究所編,『飛鳥京跡出土木簡』, 吉川弘文館, 2019.

青山杉雨 등 편,『樓蘭発見―残紙・木牘』, 日本書道教育會議, 1988.

天一閣博物館・中國社會科學院歷史研究所天聖令整理課題組,『天一閣藏明鈔本天聖令校証 附唐令復原研究』上下2冊, 中華書局, 2006.

단행본

中田勇次郞,『王羲之を中心とする法帖の研究』, 二玄社, 1960.

中村裕一,『唐代制勅研究』, 汲古書院, 1991.

中村裕一,『唐代官文書研究』, 中文出版社, 1991.

中村裕一,『唐代公文書研究』; 汲古書院, 1996.

冨谷至,『漢唐法制史研究』, 創文社, 2016.

丸山裕美子, 『日本古代の醫療制度』, 名著刊行會, 1998.

徐先堯, 『二王尺牘與日本書紀所載國書之研究』(增補再版), 芸軒図書出版社, 2003.

吳麗娛, 『唐禮撫遺』, 商務印書館, 2002.

吳麗娛, 『敦煌書儀與禮法』, 甘肅教育出版社, 2013.

吳麗娛, 『禮俗の間―敦煌書儀散論』, 浙江大學出版社, 2015.

大津透, 『律令制とはなにか』, 山川出版社〈日本史リブレット〉, 2013.

大庭脩, 『唐告身と日本古代の位階制』, 皇學館出版部, 2002.

市大樹, 『飛鳥の木簡―古代史の新たな解明』, 中公新書, 2012.

滋賀秀三 編, 『中國法制史 基本資料の研究』, 東京大學出版會, 1993.

趙和平, 『敦煌寫本書儀研究』, 新文豊出版公司, 1993.

趙和平, 『敦煌表狀箋啟書儀輯校』, 江蘇古籍出版社, 1997.

趙和平, 『敦煌本 《甘棠集》 研究』, 新文豊出版公司, 2000.

周一良・超和平, 『唐五代書儀研究』, 中國社會科學出版社, 1995.

논문

鐘江宏之, 「七世紀の地方木簡」, 『木簡研究』 20, 1998.

鐘江宏之, 「口頭伝達と文書・記錄」, 『列島の古代史6言語と文字』, 岩波書店, 2006.

鐘江宏之, 「「日本の七世紀史」再考」, 『學習院史學』 49, 2011.

鐘江宏之, 「文字の定着と古代の社會」, 川尻秋生編, 『文字とことば』, 岩波書店, 2020.

岸俊男, 「木簡と大寶令」, 『日本古代文物の研究』, 塙書房, 1988.

西宮秀紀, 「律令神祇官制の成立について」, 『律令國家と神祇祭祀制度の研究』, 塙書房, 2004.

西宮秀紀, 「律令國家の〈祭祀〉構造とその特質」, 『律令國家と神祇祭祀制度の研究』, 塙書房, 2004.

舘野和己, 「律令制の成立と木簡―七世紀の木簡をめぐって―」, 『木簡研究』 20, 1998.

東野治之, 「木簡に現われた「某の前に申す」という形式の文書について」, 『日本古代木簡の研究』, 塙書房, 1983.

東野治之, 「日出處・日本・ワークワーク」, 『遣唐使と正倉院』, 岩波書店, 1992.

東野治之, 「大寶令成立前後の公文書制度」, 『長屋王家木簡の研究』, 塙書房, 1996.

黛弘道, 「位記の始用とその意義」, 『律令國家成立史の研究』, 吉川弘文館, 1982.

李成市, 「韓國出土の木簡について」, 『木簡研究』19, 1997.

丸山裕美子, 「天皇祭祀の變容」, 『〈日本の歴史〉8 古代天皇制を考える』, 講談社, 2001.

丸山裕美子, 「唐の祠令と日本の神祇令」, 岡田荘司編, 『〈古代文學と隣接諸學〉7 古代の信仰・祭祀』, 竹林舍, 2018.

丸山裕美子, 「日本古代における中國文書樣式の受容と變容」, 小島道裕 등 편, 『古文書の樣式と國際比較』, 勉誠出版, 2020.

丸山裕美子, 「北宋天聖令による唐日醫疾令の復原試案」, 丸山裕美子・武傋, 『本草和名―影印・翻刻と研究』, 汲古書院, 2021.

丸山裕美子, 「延喜典薬式「諸國年料雜薬制」の成立と『出雲國風土記』」, 丸山裕美子・武傋, 『本草和名―影印・翻刻と研究』, 汲古書院, 2021.

三上喜孝, 「韓國出土の文書木簡」, 『國立歷史民俗博物館研究報告』224, 2021.

三谷芳幸, 「飛鳥淨御原令の法的性格」, 大津透編, 『日本古代律令制と中國文明』, 山川出版社, 2020.

宮崎市定, 「日本の官位令と唐の官品令」, 『宮崎市定全集22日中交渉』, 岩波書店, 1992.

赤木崇敬, 「唐代前半期の地方行政文書―トゥルファン文書の檢討を通じて―」, 『史學雜誌』117-11, 2008.

赤木崇敬, 「唐代官文書体系とその變遷―牒・帖・狀を中心に―」〈東アジア海域叢書〉, 平田茂樹・遠藤隆俊編, 『外交史料から十~十四世紀を探る』, 汲古書院, 2013.

青木和夫, 「淨御原令と古代官僚制」, 『日本律令國家論攷』, 岩波書店, 1992.

大隅淸陽, 「大寶律令の歷史的位相」, 大津透編, 『日唐律令比較研究の新段階』, 山川出版社, 2008.

大隅淸陽, 「これからの律令制硏究」, 『九州史學』 154, 2010.

吉田孝, 「町代制と條里制」, 大津透編, 『日本古代律令制と中國文明』, 山川出版社, 2020.

尹善泰, 「월성 해자 목간의 연구 성과와 신 출토 목간의 판독」, 『목간과 문자』 20, 2018.

市大樹, 「前白木簡に關する一考察」, 『飛鳥藤原木簡の硏究』, 塙書房, 2010.

市大樹, 「일본 7세기 목간에 보이는 한국목간」, 『목간과 문자』 22, 2019.

榎本淳一, 「中國の法・制度の受容」, 古瀨奈津子編 『古代文學と隣接諸學5律令國家の理想と現実』, 竹林舍, 2018.

榎本淳一, 「律令制における法と學術」, 大津透編, 『日本古代律令制と中國文明』, 山川出版社, 2020.

坂上康俊, 「律令制の形成」, 『岩波講座日本歷史 古代3』, 岩波書店, 2014.

坂上康俊, 「嶋評戶口變動記錄木簡をめぐる諸問題」, 『木簡硏究』 35, 2013.

坂上康俊, 「唐日公式令の條文排列からみた牒と辞ー敦煌発見唐公式令断簡開元二十五年令說の提唱ー」, 古瀨奈津子編, 『古代日本の政治と制度ー律令制・史料・儀式』, 同成社, 2021.

佐々田悠, 「律令制祭祀の形成過程—天武朝の意義の再檢討—」, 『史學雜誌』 111-12, 2002.

佐々田悠, 「天皇の親祭計画をめぐってー神祇令成立前史—」, 『ヒストリア』 243, 2014.

鶴見泰寿, 「七世紀の宮都木簡」, 『木簡硏究』 20, 1998.

橋本繁, 「硏究動向」, 『韓國古代木簡の硏究』, 吉川弘文館, 2014.

早川庄八, 「律令制と天皇制」, 『日本古代官僚制の硏究』, 岩波書店, 1986.

早川庄八, 「公式樣文書と文書木簡」, 『日本古代の文書と典籍』, 吉川弘文館, 1997.

#08

漢初 律典의 律名體系와 刑罰體系의 變化[*]
— 『胡家草場漢簡』 律令簡을 중심으로 —

•

김 진 우

(경북대학교 인문학술원 HK연구교수)

I 머리말 : 法典化와 法典

    法典化[Law Codification]는 일정 규모 이상의 영역을 통일적으로 지배하는 상위의 정치권력이 하위의 서로 다른 정치·사회·문화·경제 등을 배경으로 오랜 시간에 걸쳐 다양하고 개별적으로 축적되어 온 법조문에 대해, 해당 정치권력이 표방하는 법원칙 즉 법사상 혹은 통치이념에 기준 해서, 특정

---

[*] 이 글은 『동서인문』 제21호에 게재된 「漢初 律典의 律名體系와 刑罰體系의 變化-『胡家草場漢簡』 律令簡을 중심으로-」(경북대학교 인문학술원 발간, 2023.4)를 수정 보완한 것이다.

한 법체계의 범주를 설정하고 각각의 조문들을 그 범주 내로 분류해서 집약하는 일련의 과정이다. 이러한 법조문의 집약 과정에서 이질적이고 다양한 공간을 지배하는 정치권력은 기존의 개별적이고 산재하며 구체적인 각각의 법조문을 전체 통치 영역 내에서 보편적·통일적으로 적용하기 위해 추상화·일반화의 정비 작업을 진행하게 된다. 그리고 추상화·일반화된 법조문에 대해서는 다시 보편 법원칙 및 법체계 범주에 부합하는지 여부, 또 다양하고 구체적인 개개의 사건에 대응해서 보편적으로 적용 가능한 지 여부 등을 검증하는 일종의 법해석이 더해지게 된다. 이러한 과정을 최종적으로 국가권력이 공인하게 되면, 즉 法典[Code of Law]의 편찬과 반포가 이루어지면 비로소 전체 지배 영역에 대한 국가권력의 專一한 법적 지배가 시작되는 것이다.

따라서 이상의 모든 과정을 포괄하는 법전화의 결과로 성립하는 법전 내에는 당연히 정치권력이 표방하는 법사상의 대원칙이 공언되어야 하며, 그 아래에 개별 법조문들을 집약하는 범주를 일정하게 구성하는 통일된 법체계를 갖추고 있어야 한다. 이에 더하여 국가권력의 공인된 법해석이 법적 구속력을 가지고 부기되어 있으면 비로소 통일적인 법전 편찬이 완비되었다고 할 수 있다. 즉 이른바 법전의 성립은 통일적이면서 유기적으로 결합된 법사상과 법체계와 법해석이 단일한 법전 내에 존재하는지 여부에 달려있다고 할 수 있다. 이에 비해 기존 법조문들을 단순히 축적하는 수준의 法令集은 일련의 법전화 과정에서 당연히 거쳐야만 하는 과정이라고 할 수 있지만, 단순한 법조문의 축적으로서 법령집이 존재한다고 법전이 완비되었다고 하기는 어렵다.

전통시대 중국 법제사 방면에서 이상 법전의 성립 조건으로 논한 법사상·법체계·법해석을 명실상부하게 갖춘 최초의 법전은 주지하다시피 당 고종 영휘 4년(653년) 편찬된 『唐律疏議』이다. 『당률소의』에는 恤刑·教戒·以禮入法 등의 유가 법사상이 입법의 대원칙으로, 장손무기가 황제에게 올린 「進律疏議表」와 「名例律·疏」 등에 상세하게 밝혀져 있다. 그리고 유가 법사상에 근거하여 『당률소의』는 總則에 해당하는 名例 및 各律에 해당하는 衛禁·

職制·戶婚·廐庫·擅興·賊盜·鬪訟·詐僞 ·雜律·捕亡·斷獄 등 12편의 범주를 설정해서 그에 부합하는 502조의 율조문을 각각 나누어 배치하고, 여기에 각각의 율조문에 대한 법해석으로 疏議를 덧붙이고 있다.[1] 즉 상기한 법사상·법체계·법해석이 하나의 법전 내에 완비되어 있는 것이다. 따라서 『당률소의』는 전통시대 중국 律法典의 典範으로 삼기에 충분하며, 이에 기준해서 당률 이전 중국 고대의 법전화 과정 및 법전 성립 여부를 따져볼 수 있을 것이다.

당률 이전의 법전 성립 문제에 대해 먼저 『晉書』刑法志 등 전래 문헌 사료의 기록을 살펴보면, 이미 周代부터 '輕典' '重典' '中典'의 三典[2]을 사용했으며 본격적인 성문법전은 전국 초 魏 李悝의 『法經』六篇에서 성립되었다고 한다. 그리고 『법경』을 이어받은 상앙의 六律이 진에서 시행되었으며, 진율을 계승한 한초 소하의 九章律이 제정되고 여기에 叔孫通의 傍章 十八篇과 張湯의 越宮律 二十七篇과 趙禹의 朝律 六篇 등을 더해 漢律의 체계가 만들어졌다고 한다. 이후 單行律令이 계속 축적되면서 방대한 한 율령이 후한대까지 시행되면서, 한율은 九章律에 기반한 正律에 旁章科令 및 單行律을 더해서 구성되었다고 전해진다.[3] 이후 曹魏의 新律 十八篇과 西晋의 泰始律 등 삼국·위진·남북조 역대 왕조의 율령 개정을 거쳐서 수당 율령의 법전 편찬으로까지 이어지니, 적어도 문헌상으로는 중국 고대 체계적인 성문법전의 계통이 전국

---

[1] 『唐律疏議』에 대한 전반적인 내용은 김택민, 『당률총론 총론·명례편』(경인문화사, 2021) 참고.

[2] 『周禮』秋官·大司寇, "刑新國用輕典, 刑平國用中典, 刑亂國用重典"; 『漢書』권23, 刑法志, p.1091, "昔周之法, 建三典以刑邦國, 詰四方. 一曰刑新邦用輕典, 二曰刑平邦用中典, 三曰刑亂邦用重典. 五刑, 墨罪五百, 劓罪五百, 宮罪五百, 刖罪五百, 殺罪五百, 所謂刑平邦用中典者也."

[3] 程樹德, 『九朝律考』(中華書局, 1963) 참고.

시대 『법경』에서 진한율을 거쳐 당률까지 면면히 이어진다고 할 수 있다. 하지만 문헌상 전해지는 성문법전의 계통은 사실 그 이름만 있을 뿐 구체적인 내용이 소략하고, 오히려 문헌이 기록된 후대의 상황을 반영하고 있다는 문제점도 지적되고 있어서 있는 그대로 신뢰하기에는 어렵다고 할 수 있다.[4]

반면 1970년대 운몽 수호지진간의 발견 이래 지금까지 다량으로 출토된 진한 간독 중 다수를 차지하는 법률자료는 법전 성립 여부를 확인할 수 있는 중요한 당대의 1차 자료라고 할 수 있다. 수호지진간 이래 악록진간 등의 진간에서는 단편적이나마 전국에서 통일기의 진율령 편목과 조문이 확인되고 있다. 한초의 경우 장가산한간의 이년율령은 아직 진율령에서 律名을 단순 병렬하는 방식을 그대로 답습하고 있지만, 혜제 시기 토자산한간 및 문제 시기 수호지한간과 호가초장한간 등에서는 律典과 令典을 구분하고 다시 율전도 獄律(正律)과 旁律로 나눈 뒤 그 아래 하위 범주의 律目·令目을 분류해서 율령을 체계적으로 정비하고 있었음이 확인된다. 이처럼 근래 다수의 출토 간독 법률자료가 확보됨으로써, 영세한 문헌사료의 한계로 인해 그동안 추정의 단계에 머물렀던 진한율에서의 법전 성립 문제에 대해서 좀 더 진일보한 연구가 가능하게 되었다.

진한 시기 법전 성립 여부에 대한 연구는 지금까지 여러 논쟁점과 함께 많은 논의가 진전되어 왔지만, 크게 율령 단일 법전 성립설, 율전·영전 병립설, 법전 무성립설-단행 법령집- 등으로 대별할 수 있다.[5] 이와 같은 논의는 대체로 단편적이고 산재하는 출토자료의 성격상, 상기한 법사상·법체계·법해석의 3가지 기준 중에서 법체계, 즉 율조문을 체계적으로 집약하는 범주의 구성 여부에 집중되어 있다고 할 수 있다. 본고 역시 한초 일련의 간독 법률자

---

4 廣瀨薰雅, 『秦漢律令研究』 (汲古書院, 2010) 참고.

5 진한율에서의 법전 성립 문제에 대한 기존 연구는 임중혁, 「秦漢 율령사 연구의 제문제」, 『中國古中世史硏究』 37 (2015), pp.13-15를 참고.

료에 나타나는 율명의 변화를 통해, 일단 외형적으로 법전의 체계적인 형태를 갖추었는지 확인하려는 시도의 일환이다. 아울러 문제 13년 刑制改革의 조치가 반영된 형벌 등급체제의 변화를 형주 호가초장한간 율령간의 내용을 통해서 확인함으로써, 율전의 정비가 형식적인 율명체계와 함께 그 세부 내용까지 구체적으로 개정하고 있었음을 살펴보고자 한다. 이를 통해 먼저 한초의 한율에서 외형적인 법전 체계의 정비가 어떤 모습이었는지 확인하고, 이후 한 걸음 더 나아가 법체계 구성의 대원칙으로서 법사상이 구체적으로 어떻게 공언되고 있는지, 또 개별 법조문에 대한 법해석은 어떤 형태로 존재했는지 등도 앞으로 검토할 수 있다면, 진한시기 율령 법전의 성립 여부에 대해 어느 정도 종합적인 견해를 제시할 수 있을 것으로 기대한다.

Ⅱ 秦·漢初 律典의 律名體系 변화

1. 秦律에서의 律名

수호지진간·악록진간 등 출토 진간독 자료에서 확인되는 진율의 율명은 『晉書』 刑法志 등 문헌에서 전하는 이른바 상앙의 六律을 훨씬 상회하는 수십 종에 이른다. 먼저 전국 중기 진 무왕 2년(기원전 309년)으로 비정되는 청천 학가평 진목독 16호 목독의 '□□更脩爲田律'에서 '田律'이라는 율명이 확인되는데, 이를 통해 일찍이 전국시대부터 진이 지속적인 율령 제정 및 개정 작업을 해왔음을 알 수 있다.[6] 그리고 전국 진에서 통일기 진에 걸쳐있는

---

6 四川省博物館·靑川縣文化館,「靑川縣出土秦更修田律木牘-四川靑川縣戰國墓發掘

수호지진간에는 秦律十八種의 19종, 秦律雜抄의 11종, 모두 30종의 진 율명이 확인된다.[7] 다만 진율십팔종은 18종이 아니라 19종의 율명으로 추산되는데, 이는 진율십팔종이 본래 간독의 표제가 아니라 수호지진간 정리소조가 18종의 진율로 정리하면서 임의로 붙인 제목인데, 徭律 115간[8]의 율조문에 포함되어 있는 '興'자가 실제로는 율의 편명으로 초사자가 興律의 '律'자를 생략한 것으로 볼 수 있기 때문이다.[9] 따라서 진율십팔종은 18종의 율명에 興律을 더하여 모두 19종이라고 할 수 있다.

표 1. 睡虎地秦簡의 律名

秦律 十八種	田律·廐苑律·倉律·金布律·關市·工律·工人程·均工·徭律· (+興律)·司空·軍爵律·置吏律·效·傳食律·行書·內史雜· 尉雜·屬邦	18+1
秦律 雜抄	除吏律·游士律·除弟子律·中勞律·藏律·公車司馬獵律· 牛羊課·傅律·敦表律·捕盜律·戍律	11

이어서 시기가 진 통일 이후인 악록진간의 경우, 현재까지 공간된 율령간 및 「爲獄等狀四種」에서 아래 표와 같이 최소 22종 이상의 율명을 확인할 수

簡報」, 『文物』(1982-1); 李均明·何双全 編, 「四川靑川郝家坪50號秦墓木牘」『散見簡牘合集』(文物出版社, 1990); 陳偉 主編, 『秦簡牘合集 貳 郝家坪秦墓木牘16號木牘』(武漢大學出版社, 2014) 등 참고.

7 睡虎地秦墓竹簡整理小組, 『睡虎地秦墓竹簡』(文物出版社, 1978); 睡虎地秦墓竹簡整理小組, 『睡虎地秦墓竹簡』(文物出版社, 1990/2001 재판); 陳偉 主編, 『秦簡牘合集(壹)』(武漢大學出版社, 2014); 수호지진묘죽간정리소조 엮음/윤재석 옮김, 『수호지진묘죽간 역주』(소명출판, 2010) 등 참고.

8 『睡虎地秦簡』秦律十八種·徭律, 115간, "興徒以爲邑中之紅(功)者, 令結(繲)堵卒歲."

9 王偉, 「〈秦律十八種·徭律〉應析出一條〈興律〉說」 『文物』(2007-10).

있다.[10] 율명이 분명한 것이 22종이고 판독하기 어려운 '□律'이 3곳에 있어서 적어도 22종 이상의 율명으로 추산한 것이다.

표 2. 嶽麓秦簡의 律名 출처

律名	출처(『악록진간』 (3)(4)(5)(6)(7)의 간번호)
戍律	(3)15, (3)22, (4)182, (4)184, (4)188
亡律	(4)5B, (4)40, (4)41, (4)46
尉卒律	(4)132, (4)135, 4(139), (4)140, (4)142
徭律	(4)147, (4)149, (4)151, (4)154, (4)156, (4)244, (4)248, (4)253
倉律	(4)163, (4)165
內史律	(4)302
內史襍律	(4)169, (4)171, (4)175
置吏律	(4)207, (4)210, (4)212, (4)215, (4)220
雜律	(4)242, (6)226A
田律	(4)106, (4)109, (4)111, (4)114, (4)173, 4(280)
金布律	(4)116, (4)117, (4)118, (4)121, (4)124, 4(127), (4)198
傅律	(4)160
司空律	(4)167, (4)257
奔警律	(4)177
行書律	(4)192, (4)194, (4)196, (4)197
賊律	(4)225
具律	(4)228, (4)230, (6)260
獄校律	(4)232, (4)237
興律	(4)238, (4)240, (4)281, (7)4권누락간(1387)
關市律	(4)243
索律	(4)281
盜律	(5)238, (5)242, (5)243, (5)245, (6)176
□律	(4)223, (4)241, (4)278

---

10 嶽麓秦簡의 법률자료 간독은 전부 4권으로 공간된 律令簡(陳松長 主編,『嶽麓書院藏秦簡』(肆)(伍)(陸)(柒), 上海辭書出版社, 2015・2017・2020・2022)과「爲獄等狀四種」(朱漢民・陳松長 主編,『嶽麓書院藏秦簡』(參), 上海辭書出版社, 2013)으로 구분된다.

마찬가지로 진제국 시기의 출토 간독인 龍崗秦簡은 간문의 내용이 주로 禁苑 관련 율문이다. 간독의 잔결이 심해서 구체적인 율명을 확인하기는 어렵지만, 일찍이 馬彪가 盜律·賊律·囚律·捕律·雜律·具律·徭律·廐律·金布律·田律 등 10종의 율명으로 복원한 것을 참고할 수 있다.[11] 용강진간의 복원 율명 10종은 禁苑 관련 율로 한정되지만, 통일기 진의 율명이므로 악록진간의 율명에 더할 수 있다. 마찬가지로 진제국 시기인 里耶秦簡은 대부분 행정 공문서 종류이지만, 工律과 (?)盜律 등 2종의 율명을 확인할 수 있다.[12] 睡虎地秦簡의 工律·捕盜律과 중복되는 것으로, 통일기 진율의 율명으로 여전히 사용되었다고 볼 수 있다.

이상 각 출토자료의 진 율명에서 통일 전 전국시기로 비정할 수 있는 수호지진간의 율명 30종 중, 통일 이후 악록진간·용강진간·이야진간에서도 여전히 확인되는 율명은 우선 이름 그대로 계속 사용되는 것은 田律·倉律·金布律·關市律·工律·徭律·興律·司空·傅律·內史雜·戍律·行書·置吏律 등 13종이 있다. 그리고 동일한 범주이지만 명칭의 변화를 추정할 만한 율명은 廐苑律→廐律(龍崗), 捕盜律→捕律·(?)盜律(龍崗·里耶) 등이 있다.

반면 수호지진간에서만 확인되고 이후 진 통일기의 율명에 나오지 않는 것으로 秦律十八種의 工人程·均工·軍爵律·效·傳食律·尉雜·屬邦 등과 秦律雜抄의 除吏律·游士律·除弟子律·中勞律·藏律·公車司馬獵律·牛羊課·敦表律 등이 있다. 다만 이중 軍爵律(→爵律), 效律, 傳食律 등은 이년

---

11 馬彪, 「第13節 「龍崗秦簡における律名の復元」 『秦帝國の領土經營 雲夢龍崗秦簡と始皇帝の禁苑』(京都大學學術出版會, 2013), pp.239-271.

12 里耶秦簡 8-463간 "今工律曰: 度繕其☒Ⅰ □者佐工爲它□Ⅱ"(陳偉 主編, 『里耶秦簡校釋(壹)』, 武漢大學出版社, 2012, p.160); 里耶秦簡 9-3370간 "☒盜律羣☒"(陳偉 主編, 『里耶秦簡校釋(貳)』, 武漢大學出版社, 2018, p.574).

율령 등 한초의 율명에서 확인되므로 일단 계속 사용되었던 율명으로 간주해도 무방할 것이다. 또 수호지진간에는 나오지 않지만 진 통일기 간독자료에서 확인되는 율명은 亡律・尉卒律・內史律・奔警律・賊律・具律・獄校律・雜律・索律・盜律・囚律 등이 있다. 이들 율명은 대체로 刑法의 성격을 가진다고 볼 수 있는데, 수호지진간의 율들이 대개 非刑法적인 성격을 가진다는 점을 고려한다면,13 통일 이전 전국시기에도 賊・盜律을 위시한 동일한 범주의 刑法 계통 율명은 존재했을 것으로 추정할 수 있다. 여기에 수호지진간 爲吏之道에 부기되어 있는 魏戶律와 魏奔命律을 감안하면, 戶律과 奔命(→警)律도 전국 이래 진의 율명으로 존재했을 것으로 추정해도 무방할 것이다.

이상의 논의를 종합해서, 지금까지의 진간독 법률자료에서 확인할 수 있는 전국 이래 통일기 진의 율명은 다음의 30종으로 정리할 수 있다.

賊律・盜律・囚律・具律・獄校律・索律・捕律・亡律・戍律・
置吏律・尉卒律・行書律・奔警律・傳食律・倉律・興律・徭律・效律・
工律・司空律・廐律・關市律・金布律・戶律・田律・
(軍)爵律・傅律・內史律・內史襍律・雜律

물론 당연히 이 30종의 진 율명이 진율 전체를 아우르지는 않을 것이다. 현재까지의 출토 간독 법률자료는 당시 지방 사법・행정 실무관료가 자신의 업무 필요에 따라 율령의 일부만을 발췌하여 초사했다고도 볼 수 있기 때문에,14 진율에서의 법전 성립 여부 등 진율령의 전모를 헤아리기에는 좀 더 자

---

13 오준석은 秦代부터 正律과 旁律의 개념이 있었다고 추정하면서, 특히 수호지진간의 秦律十八種을 正律에 대한 부가율로서 非刑法적인 旁律모음집의 성격을 가진다고 보고 있다. 오준석, 「秦漢 田律을 통해 본 秦漢代의 律典 체계」『역사와 세계』 60 (2021).

14 楯身智志은 중앙정부의 통일적인 법전 편찬을 부정하는 陶安あんど와 廣瀨薰雄 등의

료의 축적을 기다려야 할 것이다. 다만 본고에서 지금까지 정리한 진율에서의 율명을 살펴보면, 일단 산재한 개별 율조문들을 일정한 범주의 율명 내로 분류하고 정비하는 일련의 과정이 전국 이래 진 통일기까지 지속적으로 진행되었음은 분명해 보인다. 특히 서론에서 언급했던 법조문의 추상화·일반화가 율명의 정비에서도 어느 정도 이루어지고 있는 경향을 읽을 수 있다. 그럼에도 아직 각각의 율명은 단순 병렬되어 있을 뿐, 일정한 기준 아래 체계적인 律典으로 구성되지는 않은 단계로 보여진다. 그리고 이렇게 병렬적인 진 통일기 율명의 범주는 바로 한초의 장가산한간 이년율령으로 계속 이어지고 있다.

2. 漢初 律名의 變化

① 고조~여후시기 이년율령 단계의 율명; 진율의 계승

한초 고조~여후시기에 비정되는 장가산한간의 이년율령에는 28종의 율명과 1종의 令名[津關令]이 나온다.[15] 이년율령의 28종 율명을 상기한 진 통일기 30종 율명과 대조해 보면 다음과 같이 정리할 수 있다.

설을 따르면서, 진한율은 황제 詔文에서 필요 부분만을 해당 관부에서 발췌해서 만든 일종의 '짜깁기의 법령'으로, 율명도 동류의 조문을 보관 열람하기 위해 관부 마다 제각기 붙인 태그에 불과할지도 모른다고 보았다. 楯身智志, 「秦·漢律の条文形成過程に関する一考察-岳麓書院蔵秦簡「秦律令(壹)」尉卒律を手がかりに-」『教育と研究』 38 (2020), p.8.

15 본래 장가산한간 이년율령의 율명은 27종이었지만(張家山二四七號漢墓竹簡整理小組, 『張家山漢墓竹簡二四七號墓(釋文修訂本)』, 文物出版社, 2006), 李均明이 具律에서 囚律 조문을 분리해서 28종으로 제시한 견해에 따랐다.(李均明, 「〈二年律令·具律〉中應分出〈囚律〉條款」『簡牘法制論稿』, 廣西師範大學出版社, 2011)

표 3. 장가산한간·이년율령의 율명과 진 통일기 율명 대조표

공통 율명	賊律·盜律·具律·囚律·捕律·亡律·雜律·置吏律·傳食律·田律·關市律·行書律·戶律·效律·傅律·爵律·興律·徭律·金布律		19종
이년율령에 없는 진 율명	한초 율명에서 확인	尉卒律·奔警律·倉律·廄律·司空律	5종
	한초 율명에서 미확인	獄校律·索律·戍律·工律·內史律·內史襍律	6종
진율에 없는 이년율령 율명	告律·收律·錢律·均收律·復律·賜律·置後律·秩律·史律		9종

〈표 3〉을 보면, 앞서 정리한 진 통일기 율명 30종 중 19종이 한초 장가산한간 이년율령에서도 확인된다. 이년율령의 율명에는 없는 진 통일기의 율명은 11종인데, 이 중 尉卒律·廄律·倉律·奔警(命)律·司空律은 혜제, 문제 시기 토자산한간·수호지한간·호가초장한간 등에서 확인된다. 따라서 이 5종의 율명은 이년율령 28종에 더하여 진율에서 한율로 그대로 계승되었다고 봐도 무방할 것이다. 이에 비해 통일기 진 율명에는 없고 한초 이년율령에 나오는 告律·收律·錢律·均收律·復律·賜律·置後律·秩律·史律 등 9종은 이후의 한초 율명에 계속 나오지만, 그 이전 진율에서도 율명이 존재했는지 여부는 현재로서는 확언하기 어렵다. 율조문의 구체적인 내용을 감안할 때 진 통일기 율명으로도 존재했을 가능성이 크다고 생각하지만, 이 문제는 앞으로 자료가 더 나오기를 기다려 확인해야 할 것이다. 따라서 현재로서는 한초 이년율령 단계에서 진율을 계승한 한율의 율명은 이년율령의 28종에 囚律·尉卒律·廄律·倉律·奔警(命)律·司空律 등 5종을 더한 33종을 설정할 수 있다. 당연히 이 33종도 한초 한율의 율명 전체를 포괄하는 것은 아니겠지만, 고조 이래 여후시기까지 장가산한간 이년율령 단계의 한율은 진율 체계를 계승해서 33종 이상의 律名 범주를 병렬해서 구성하고 있었고, 진율과 마찬가지

圖 1. 兔子山漢簡 律名木牘 7⑦:1과 J7⑦:2 正面 背面
(『歷史研究』 2020-06, 8쪽 轉載)

로 별도의 기준에 따라서 律典 체계를 구성하지는 않았다고 할 수 있다.

② 혜제~문제시기 율명의 변화; 律典의 정비

2013년 湖南省 益陽 兔子山 유지에서 전국시대부터 진한, 삼국 오에 이르는 대량의 간독이 모두 8곳의 古井에서 출토되었다. 그중 7호정에서 2,000여 매의 전한 초 長沙國 益陽縣의 각종 공문서가 나왔는데, 律名 木牘도 그중 하나이다. 율명 목독은 출토 시 두 조각으로 나뉘어 있어서 각각 J7⑦:1과 J7⑦:2로 편호되었는데, 길이 23.5cm 너비 5.4cm 두께 0.4cm로 앞뒤 양면에 獄律 17장, 旁律 27장 모두 44장의 율명이 서사되어 있다.[16]

16　張忠煒·張春龍, 「漢律體系新論-以益陽兔子山遺址所出漢律律名木牘爲中心」 『歷史研究』(2020-06); 湖南省文物考古研究所·中國人民大學歷史系, 「湖南益陽兔子山遺址七號井出土簡牘述略」 『文物』(2021-06); 湖南省文物考古研究所·益陽市文物考古研究所, 「湖南益陽兔子山遺址七號井發掘簡報」 『文物』(2021-06) 등 참고.

〈兔子山漢簡 律名〉
獄律十七章
告律·盜律已·賊律·囚律·亡律已·捕律已·雜律已·具律·
收律已·興律已·效律已·關市·廐律·復律·錢律·遷律·朝律

旁律卄七章
田律·戶律·倉律·金布·市販·司空·繇律·史律·臘律·
祠律·治水·均輸·傳食·工作課·賷律·外樂·秩律·置吏·
置後·爵律已·諸侯秩律·傅律已·尉卒律·奔命律·行書律·
葬律·賜律

    일찍이『晉書』刑法志에서 漢律이 正律과 旁律로 구성된다고 한 이래,[17] 한율의 체계에 대해서는 오랜 논쟁이 있었지만, 한초 혜제시기 토자산한간에서 실제 正-副[旁]의 기준으로 율명을 분류하는 율전이 처음 확인되었다고 할 수 있다. 그리고 문헌사료에서의 正律을 당시 실제로는 獄律이라고 했다는 점도 알 수 있는데, 여기서 正은 獄, 즉 형법적인 율명이고 반면 副[旁]은 비형법적인 행정·제도·의례 방면의 율명을 포괄하는 기준이었음을 짐작케 해준다.[18]
    앞서 이년율령 시기 33종의 율명을 추산했는데, 토자산한간을 보면 獄律에서 遷律·朝律, 旁律에서 市販·臘律·祠律·治水·工作課·賷律·外樂·諸侯秩律·葬律 등 모두 11종의 율명을 더 확인할 수 있다. 그런데, 토자산한간에서는 正律에 해당하는 獄律에 있지만 遷律·朝律은 최종적으로 문제

---

17 『晉書』권30, 刑法志, p.925, "凡所定增十三篇, 就故五篇, 合十八篇, 於正律九篇爲增, 於旁章科令爲省矣."

18 일찍이 徐世虹은 漢律에서 正律과 旁章의 구분은 刑法을 핵심으로 하는 인식의 표출로 보았다. 徐世虹,「說"正律"與"旁章"」『出土文獻研究』 8 (上海古籍出版社, 2007).

시기 호가초장한간에서는 폐지되거나 旁律로 옮겨졌을 것으로 추정되므로, 결국 이년율령 시기의 33종에서 더해지는 혜제시기 토자산한간의 11종 율명은 대부분 비형법적인 행정·제도·의례 방면의 율조문들을 범주화한 것이라고 할 수 있다. 물론 이들 율명, 혹은 이 율명의 범주에 포괄되는 율조문들이 진 이래 한 고조~여후시기에도 존재했을 가능성을 배제할 수는 없다. 그럼에도 이년율령 단계에 비해 혜제 시기 토자산한간에서 추가로 확인되는 11종이 공통되게 비형법적인 행정·제도·의례 방면의 율명이라는 점은 한 건국 초 국가 제도·의례 방면의 정비를 뒷받침하는 법제의 정비가 함께 이루어졌음을 방증해 준다고 할 수 있다.

혜제시기 토자산한간에 이어서 문제시기 율명의 변화를 통해 율전의 정비를 확인할 수 있는 간독 자료로 장가산336호묘한간, 수호지한간, 호가초장한간 등이 있다. 최근 도판 및 석문이 공개된 장가산336호묘한간은 이년율령이 나온 247호묘에서 400여 미터밖에 떨어져 있지 않는 동일 묘군에서 일찍이 1985년 출토된 827매에 달하는 죽간이다.[19] 장가산336호묘 한간은 한 문제 7년(기원전 173년)의 曆日인 「七年質日」을 포함하고 있기 때문에, 시기의 하한은 한 문제 7년이 명백하다. 따라서 장가산336호묘한간 중 「漢律十六章」으로 명명된 375매의 율령간은 혜제 토자산한간에 이은 문제 초의 율령으로 간주해도 무방할 것이다.

장가산336호묘한간의 율령간은 본래 卷題가 없고 또 獄律과 旁律과 같은 구분도 없이 15개의 律名簡 아래 각각 해당 조문들을 배열하는 형태인데, 또 율명간은 없지만 賊律의 조문들은 있어서 본래는 16개의 律名으로 존재했을 것으로 보고 「漢律十六章」으로 명명되었다. 장가산336호묘한간 「한율십육장」의 율명은 賊律·盜律·告律·具律·囚律·捕律·亡律·錢律·效律

---

19 荊州博物館 編·彭浩 主編, 『張家山漢墓竹簡[三三六號墓]』 上·下冊 (文物出版社, 2022) 참고.

·廐律·興律·雜律·復律·畀(遷)律·關市律·朝律 등 모두 16개로 토자산한간의 옥율 17장과 비교하면 收律만 없고 나머지는 동일해서, 獄(正)律의 율명이면서 문제 2년 收律 폐지의 조치20를 분명히 반영하고 있음을 알 수 있다. 즉「한율십육장」은 비록 앞선 토자산한간과 같이 獄律과 旁律로 분명히 구분해서 기재하고 있지는 않지만, 문제 2년(기원전 178년)에서 7년(기원전 173년) 사이에 초사된 한 문제 초의 獄(正)律 율명으로 간주하는 것이 가능하다.

    이어서 2006년 출토된 운몽 수호지 77호 한묘는 묘장의 형태와 출토 유물의 양식, 간독의 기년 등에서 문제 後元7년(기원전 157년)을 하한으로 한다. 22개조 총 2,137매의 죽간이 나왔는데, 그중 율령간은 律典 2권에 850매에 달한다. 2권의 율전에서 각 권의 첫 번째 간 뒷면에는 '□律'과 '旁律'이라고 쓰여 있고, 율명은 해당 율조문의 첫 번째 간 앞면 위쪽 흑색의 방형 또는 원형 표식 아래에 기재되어 있다. 즉 혜제시기 토자산한간에 이어 문제시기 수호지한간에서도 분명히 正[獄]-副의 개념으로 律名을 이원적으로 분류하고 있음을 알 수 있다. V組의 □律은 아마도 토자산한간의 獄律에 해당한다고 볼 수 있는데 15종의 율명이 있다. W組는 旁律 24종으로, 합치면 아래와 같이 모두 39종의 율명이 서사되어 있다.21 즉 수호지한간 39종은 토자산한간의 44종 율명에서 □(獄?)律 부분은 收律과 朝律, 旁律 부분은 外樂·秩律·諸侯秩律이 없고, 장가산336호묘한간「한율십육종」에 비해서는 朝律 하나만 줄어들었다.

〈睡虎地漢簡 律名〉

V組 □律 15종

---

20 『漢書』권23, 刑法志, p.1105, "臣等謹奉詔, 盡除收律、相坐法."

21 湖北省文物考古研究所 等, 「湖北雲夢睡虎地M77發掘簡報」, 『江漢考古』 2008-4; 熊北生·陳偉·蔡丹, 「湖北雲夢睡虎地77號西漢墓出土簡牘槪述」 『文物』 (2018-3).

盜律・告律・具律・賊律・捕律・亡律・雜律・囚律・興律・
關市律・復律・校(效)律・廄律・錢律・遷律

W組 旁律 24종
金布律・均輸律・戶律・田律・徭律・倉律・司空律・尉卒律・
置後律・傅律・爵律・市販律・置吏律・傳食律・賜律・史律・
奮命律・治水律・工作課・臘律・祠律・齋律・行書律・葬律

한편, 2018~2019년 출토 형주 胡家草場 M12호 漢墓는 수호지한간과 비슷한 문제 말로, 출토 유물의 형태와 간독 기년을 통해 늦어도 문제 後元 元年 (기원전 163년) 이후로 비정할 수 있다. 호가초장 M12호 한묘에서 나온 간독은 모두 4,642매인데, 그중 법률자료가 약 3,000여 매에 달하며 각각 律典과 令典으로 구분된다.

율전은 3권으로 제1권은 제목이 없지만 제2권은 "旁律甲" 제3권은 "旁律乙"이라는 卷題가 있다. 3권으로 구분된 호가초장한간의 율전은 매 권이 卷題・目錄・律名 篇題 및 律 正文 등으로 분명하게 구성되어 있다. 3권 모두 律名 목록이 있고 각 권의 율 편수를 합계한 소결로 각각 제1권은 "凡十四律" 제2권은 "凡十八律" 제3권은 "凡十三律"로 기재되어 있다. 2권은 18율로 되어 있지만, 실제 旁律甲의 율목에는 17개의 율명만이 있어서 모두 44종의 율명이 된다. 이에 비해 영전은 2권으로 제1권에만 卷題 '令散甲'이 있으며 각권의 목록 아래 소결로 각각 "凡十一章" "凡卅六章"이라고 되어 있다. 앞서 토자산한간과 수호지한간이 律典을 獄律(□律)과 旁律로 각각 양분하고 있다면, 호가초장한간은 다시 旁律을 甲과 乙의 2권으로 세분하면서 아울러 처음 한대의 令典이 나왔기 때문에 한율령 연구에 새로운 전환점이 되는 중요한 자료의 등장이라고 할 수 있다.[22]

호가초장한간의 44종 율명은 기본적으로는 한초 장가산한간의 이년율령, 혜제시기의 토자산한간 및 문제시기 장가산336호묘한간, 수호지한간 등과 큰 차이가 없다고 할 수도 있지만, 獄律(正律)의 율명에서 이동이 있고 旁律에서는 蠻夷 관련 율명 5종이 새로 확인되고 있어서 주목된다.

〈胡家草場漢簡 律名〉
(?) 14종
告律・捕律・興律・廄(廄)律・盜律・囚律・關市律・效律・
賊(賊)律・具律・襍(雜)律・亡律・復律・錢律

旁律甲 17종
金布・均輸・户・田・䌛・倉・尉卒・置後・傅・爵・市販・
置吏・賜・奔命・行書・朝・秩

旁律乙 13종
臘・祠・司空・治水・工作課・傳食・外樂・葬・蠻夷復除・
蠻夷士・蠻夷・蠻夷雜・上郡蠻夷𨵿

이중 비록 卷題는 없지만 율전 제1권의 14율 율명 목록을 아래 〈표 4〉와 같이 후대 문헌사료에서 확인되는 소하의 '九章律' 및 장가산한간의 '二年律令', 토자산한간의 '獄律', 장가산336호묘한간의 '漢律十六章', 수호지한간의

---

22 李志芳・蔣魯敬,「湖北荊州胡家草場西漢墓出土大批簡牘」(國家文物局 2019.12.12.); 李志芳,「十大考古候選項目 湖北荊州胡家草場西漢墓地發現大量秦漢簡牘」『中國文物報』(2020.1.13.); 荊州博物館,「湖北荊州市胡家草場墓地M12發掘簡報」『考古』(2020 -2); 李志芳・蔣魯敬,「湖北荊州市胡家草場西漢墓M12出土簡牘槪述」『考古』(2020-02). 호가초장한간은 『荊州胡家草場簡牘選粹』(荊州博物館・武漢大學簡帛研究中心 編著, 文物出版社, 2021)에 일부 도판과 석문이 공개되었는데, 본고도 『選粹』의 석문에 따른다.

'□律' 등의 律名과 서로 비교해보면, 고조 이래 문제까지 한초의 율 정비 작업, 그중에서도 이른바 '獄(正)律'의 정비 과정을 어느 정도 파악하는 것이 가능하다.

먼저 후대의 『晉書』刑法志에서 처음 확인되는 九章律[23]은 한초 출토 간독의 律典體系에서는 8종의 律이 獄(正)律에 포함되고 戶律만 旁律에 들어간다. 고조~여후 시기 이년율령은 전부 28종의 율명이 나오지만, 獄(正)律과 旁律의 구분이 없는 상태에서 그중 13종의 율명이 獄(正)律에 해당하고 거의 비슷한 시기인 토자산한간·옥율 17종과 비교하면 朝律·遷律·庶律이 없다.

이에 비해 혜제 시기 토자산한간·옥율의 17종 율명 중에서 이후 문제 시기가 되면 앞서 장가산336호묘한간의 「한율십육장」에서 확인했듯이 문제 즉위 초 收律이 먼저 폐지되었다. 朝律의 경우 아마도 한초 叔孫通이 제정했다고 하는 朝賀儀禮와 관련된 율조문을 모은 것이겠지만,[24] 문제 초 장가산336호묘한간의 「한율십육장」에서는 여전히 獄律에 포함되어 있었다고 간주할 수 있다. 이후 수호지한간에서는 朝律의 율명이 보이지 않지만 호가초장한

---

23 『晉書』권30, 刑法志, p.922, "漢承秦制, 蕭何定律, 除參夷連坐之罪, 增部主見知之條, 益事律興、廐、戶三篇, 合爲九篇."

24 『史記』권99, 劉敬叔孫通列傳, p.2723, "漢七年, 長樂宮成, 諸侯群臣皆朝十月. 儀: 先平明, 謁者治禮, 引以次入殿門, 廷中陳車騎步卒衛宮, 設兵張旗志. 傳言「趨」. 殿下郎中俠陛, 陛數百人. 功臣列侯諸將軍軍吏以次陳西方, 東鄕: 文官丞相以下陳東方, 西鄕. 大行設九賓, 臚傳. 於是皇帝輦出房, 百官執職傳警, 引諸侯王以下至吏六百石以次奉賀. 自諸侯王以下莫不振恐肅敬. 至禮畢, 復置法酒. 諸侍坐殿上皆伏抑首, 以尊卑次起上壽. 觴九行, 謁者言「罷酒」."
『胡家草場漢簡』朝律, 380·379간, "再撵(拜), 反(返)立(位). 郎中舉壁(璧). 典客臚傳: '中二千石進.' 大行撵(拜)如將軍. 典客臚傳曰: '諸侯王380使者進, 至末=賓=(末賓.' 末賓)出, 引使=者=(使者, 使者)趨、隨入, 竝(并)趡(跪)末賓左. 典客復臚傳如初. 大行左出使379."(圖版『選粹』, p.54, 釋文『選粹』p.194)

간에서는 旁律에 있기 때문에, 아마도 刑法의 성격을 가진 율은 獄(正)律, 행정·제도·의례의 성격을 가진 율은 旁律에 넣는다는 원칙에 기준해서 旁律로 옮겨졌다고 추정된다. 遷律은 遷刑과 관련된 율조문을 모아놓은 것으로, 장가산336호묘한간이 공개되면서 그 구체적인 율조문을 확인할 수 있어서 주목된다.25 遷律은 수호지한간의 15율에 여전히 포함되어 있어서, 후술하겠지만 시기적으로 문제 형제개혁 이전의 수호지한간 단계에서는 이미 폐지된 收律과 旁律로 옮긴 朝律을 제외한 15율의 獄(正)律 체계가 일단 확립된 것으로 생각된다. 다만 상기한 호가초장한간의 律典 제1권의 14율이 바로 수호지한간 '□律'의 15율에 대응한다고 할 수 있는데, 호가초장한간에서 遷律이 단순히 누락된 것인지, 아니면 어떤 이유에 의해서 旁律로 옮겨간 것인지, 또는 收律과 마찬가지로 문제 형제개혁의 일환으로 폐지된 것인지 현재로서는 확인하기 어렵다.26 만약 특정한 이유로 遷律이 문제 형제개혁을 전후하여 獄(正)律의 律目에서 제외되었다면, 문제시기 율전의 정비 과정에서 일단 수호지한간 獄(正)律 15율에 이은 호가초장한간 獄(正)律 14율이 최종적인 형태라고 할 수 있을 것이다.

이와 관련해서 후술하겠지만 호가초장한간에서의 형벌체계는 문제 13년(기원전 167년) 형법개혁 즉 육형 폐지 조치가 반영된 것으로, 적어도 문제 13년 이후 시행되었던 율령이 분명하다. 반면 수호지77호 한묘는 묘주인 越人의 사망 시점, 즉 매장 시기는 문제 後元 7년(기원전 157년)으로 호가초장12호

---

25 荊州博物館 編·彭浩 主編, 『張家山漢墓竹簡[三三六號墓]』 上册(文物出版社, 2022), pp.208-209.

26 오준석은 한초 문제시기까지 존재했던 遷律에 대해, 진율에서도 존재했을 가능성이 높으며 문제 형제개혁을 통해 육형이 폐지되고 노역형 형량이 급감되면서 遷刑의 내용이나 형벌등급에서 변화가 발생하여 폐지된 것으로 파악했다. 오준석, 「秦漢 遷律의 성립과 폐지」 『中國史硏究』 141 (2022).

한묘의 문제 後元 元年(기원전 163년)에 비해 7년 정도 늦지만, 출토 간독 내 율조문의 형벌에 '斬左止爲城旦' 등 형법개혁 이전 肉刑 명칭이 그대로 존치되고 있다.27 따라서 수호지한간의 율전은 묘주인 越人이 문제 10년(기원전 170년) 이후 安陸縣의 官佐 및 安陸縣 陽武鄕의 鄕佐를 역임하는 시기에28 사용했던, 형법개혁의 내용이 반영되지 않은 율령이라고도 할 수 있다.29 이렇게 본다면 시기적으로는 크게 차이는 나지 않지만, 수호지한간의 獄(正)律 15율은 문제 13년 이전의 율전이고, 호가초장한간 율전 제1권 14율은 문제 13년 이후의 율전으로 비정하는 것이 가능해진다.

다시 정리하자면, 한초 고조~여후시기는 아직 율전의 정비가 되지 않은 상태로 진율을 계승한 이년율령을 시행했지만, 아울러 율전을 正과 副로 이원화하는, 즉 형법적인 獄律과 행정·예제적인 旁律로 구분해서 정리하는 일련의 작업도 진행되었고, 그 결과는 혜제시기 토자산한간의 獄律 17章, 旁章 27章으로 확인된다. 이후 문제시기에는 비록 獄律과 旁律로 구분하지는 않지만 문제 초 장가산336호묘한간에서는 收律을 폐지한 16章으로, 이어서 수호지한간에서는 朝律이 빠진 '□律' 15율로, 다시 여기서 문제 13년 형제개혁의 육형 폐지 조치가 반영된 호가초장한간에서는 遷律이 빠진 14율 체제로 獄(正)律의 체제가 정비되었다고 할 수 있다. 그 결과 상기한 호가초장한간의 아마도 獄(正)律로 생각되는 律典 제1권 14종의 律目을 확인할 수 있는 것이다.

---

27 熊北生·陳偉·蔡丹, 「湖北雲夢睡虎地77號西漢墓出土簡牘概述」『文物』(2018-03), p.47 참조.

28 郭濤·史亞寧, 「雲夢睡虎地漢簡文帝『(前元)十年質日』中的越人與安陸」『中國史研究』127 (2020).

29 熊北生·陳偉·蔡丹, 앞의 논문, pp.43-44 참조.

표 4. 漢初 獄(正)律의 律名 비교

九章律(『晉書』刑法志)	張家山漢簡·二年律令(高祖~呂后)	兎子山漢簡·獄律17章(惠帝)	張家山336호묘·漢律16章(文帝2년~7년)	睡虎地漢簡·□律15종(文帝13년 이전)	胡家草場漢簡·律甲14종(文帝13년 이후)
	告	告	告	告	告
盜	盜	盜	盜	盜	盜
賊	賊	賊	賊	賊	賊
	亡	亡	亡	亡	亡
捕	捕	捕	捕	捕	捕
囚		囚	囚	囚	囚
具	具	具	具	具	具
	復	復	復	復	復
興	興	興	興	興	興
	□市	關市	關市	關市	關市
雜	雜	雜	雜	雜	雜
	錢	錢	錢	錢	錢
廄		廄	廄	廄	廄
	效	效	效	校(效)	效
		遷	遷	遷	
		朝	朝		
	收	收			

Ⅲ 文帝 刑制改革을 전후한 刑罰體系의 變化

형주 호가초장12호 한묘는 수장품의 형태 및 歲紀·曆·日至 등 시기를 추정할 수 있는 간독의 기록을 통해 시기가 文帝 後元年(기원전 163년) 이후로 추정된다. 이는 호가초장한간·율령간의 율문을 통해서도 입증되는데, 호가초장한간 盜律 1374·1375간을 보면 盜罪에 대한 형벌 체계가 문제 13년(기원전 167년) 刑制改革의 내용을 그대로 반영하고 있다.30

도둑질한 장물의 가치가 600전 이상이면 곤위성단용이다. 500전 미만이면 완위성단용이다. 400전 미만이면 내위귀신백찬이다. 300전 미만이면 내위예신첩이다. 200전 미만이면 내위사구이다. 100전 미만이면 벌금 8량이다. 1전 미만이면 벌금31

진율 이래 한초 장가산한간·이년율령을 거쳐 문제 초 장가산 336호묘한간의 한율십육장까지도 盜罪의 형벌은 贓物의 가치에 따라 660전·220전·110전·22전 등 11진법으로 구성해서 黥城旦春

---

30 아직 일부만 공개되었을 뿐이지만, 胡家草場漢簡·律令簡에 대해 文帝 13년 刑制改革과 관련해서 이미 상당한 연구성과가 나오고 있다. 肉刑 폐지, 三族刑 부활, 司寇 등 형도의 성격 변화, 贖刑·罰金刑의 변화 등 진한 율령사의 중요한 주제에 새로운 견해들을 제출하고 있는데, 대표적이고 종합적인 연구로 陳偉의「胡家草場漢簡律典與漢文帝刑制改革」『武漢大學學報(哲學社會科學版)』75(2) (2022·3), 林炳德의「漢文帝 刑制改革과 刑罰制度의 變化-『荊州胡家草場西漢簡牘』자료를 중심으로-」『동서인문』18 (2022), 水間大輔의「胡家草場漢簡「律令」と文帝刑制改革」『中央學院大學法學論叢』36(1) (2022) 등을 참고할 만하다. 다만, 胡家草場漢簡은 아직 일부만이 공개된 상태이므로, 간독 전부가 공개되면 더욱 활발한 연구가 이루어질 것으로 기대된다.

31 『胡家草場漢簡』盜律, 1374·1375간, "盜臧(贓)直(值)六百錢以上, 髡(髠)爲城旦春. 不盈到五百, 完爲城旦春. 不盈到四百, 耐爲鬼薪白1374粲. 不盈到三百, 耐爲隸臣妾. 不盈到二百, 耐爲司寇. 不盈到百, 罰金八兩. 不盈到一錢, 罰金 1375"(圖版『選粹』, p.16, 釋文『選粹』, p.191)

圖 2. 胡家草場漢簡·盜律, 1374·1375간 (『選粹』16쪽 轉載)

→完城旦舂→隷臣妾 및 110전 이하의 벌금형으로 체계를 이루고 있었다.32 이에 비해 호가초장한간의 盜罪는 600전·500전·400전·300전·200전· 100전·1전 등 10진법을 사용해서 髡城旦舂→完城旦舂→耐鬼薪白粲→耐隷 臣妾→耐司寇 및 100전 이하의 벌금형으로 처벌하고 있다.

이를 보면 장물 가치에 따른 盜罪의 기존 형벌 등급체제가 보다 세분화하면서 鬼薪白粲과 司寇가 추가되고, 장물 가치의 기준액이 변경되면서 11진법에서 10진법으로 등급을 나누고 있다. 아울러 도죄에 가해지는 형벌에서 육형이 폐지되지만, 비교적 경형에 대한 벌금형은 4량에서 8량으로 오히려 가중되고 있다.33 가장 특징적인 것은 문제 13년 육형 폐지의 조서에 따라 肉刑인 黥

---

32 『睡虎地秦簡』法律答問, 33~36간, "士五(伍)甲盜, 以得時直(値)臧(贓), 臧(贓)直(値)過六百六十, 吏弗直(値), 其獄鞫乃直(値)臧(贓), 臧(贓)直(値)百一十, 以論耐, 問甲及吏可(何)論? 甲當黥爲城旦; 吏爲失刑罪, 或端爲, 爲不直. 士五(伍)甲盜, 以得時直(値)臧(贓), 臧(贓)直(値)百一十, 吏弗直(値), 獄鞫乃直(値)臧(贓), 臧(贓)直(値)過六百六十, 黥甲爲城旦, 問甲及吏可(何)論? 甲當耐爲隷臣, 吏爲失刑罪. 甲有罪, 吏智(知)而端重若輕之, 論可(何)殹(也)? 爲不直"; 『龍崗秦簡』40/14/14/273A간, "二百卅錢到百一十錢, 耐爲隷臣妾□Ø"; 『龍崗秦簡』41/13/13/275간, "貲二甲, 不盈廿二錢到一錢, 貲一盾, 不盈一錢, □Ø"; 『張家山漢簡』二年律令·盜律, 55~56간, "盜臧(贓)直(値)過六百六十錢, 黥爲城旦舂. 六百六十到二百卅錢, 完爲城旦舂. 不盈二百卅到百一十錢, 耐爲隷臣妾. 不55盈百一十到廿二錢, 罰金四兩. 不盈廿二錢到一錢罰金一兩.56"; 『張家山漢簡』奏讞書, 72~73간, "律: 盜臧(贓)直(値)過六百六十錢黥爲城旦."; 『張家山336號墓漢簡』漢律十六章·盜律, 68~69간, "盜臧(贓)直(値)過六百六十錢, 黥爲城旦舂; 六百【六十到二】百卅錢, 完爲城旦舂; 不盈二百卅到百一十68錢, 耐爲隷【臣妾; 不盈百一十到廿二錢, 罰】金 四兩; 不盈廿二錢到一錢, 罰金一兩.69"

33 文帝 13년 刑制改革 이후 罰金刑의 변화에 대해서 林炳德은 胡家草場漢簡·律令簡의 사례를 통해서 贖刑이 勞役刑으로 흡수되었다고 보는 冨谷至의 설과 贖刑이 罰金刑으로 흡수되었다고 하는 水間大輔의 설을 비판적으로 검토한 후, 기존 노역형의 일부가 오히려 속형 또는 벌금형으로 변하면서 속형과 벌금형의 비중이 확대되었다고 보고 있다. 그리고 이는 노역형 대신 속형과 벌금형의 비중을 늘림으로써 官有勞動力을

刑은 髡刑으로 바꾸고 完刑은 그대로 유지하는 등의 입법 조치34가 그대로 적용되고 있다는 점이라고 할 수 있다. 髡刑에 대해서는 漢代 이래로 다양한 논의가 있었지만, 剃髮의 의미에서 기본적으로 육형에 포함된다고 할 수 있다. 다만 일단 육형을 받으면 신체를 다시 회복할 수 없다는 점을 명분으로 육형을 폐지하는 것이기 때문에,35 기존의 黥刑을 대신해서 剃髮하더라도 다시 일정 시간이 지나면 정상으로 회복할 수 있는 髡刑으로 대체했다고 볼 수 있다.36 이와 같은 입법 취지에 비추어 볼 때 기존의 육형 체계 내에서 회복할

줄여 국가재정의 확대를 의도한 것으로 분석했다. 林炳德, 「漢文帝 刑制改革과 刑罰制度의 變化 -『荊州胡家草場西漢簡牘』자료를 중심으로-」 『동서인문』 18 (2022).

34 『漢書』권23. 刑法志, p.1099, "臣謹議請定律曰, 諸當完者, 完爲城旦舂. 當黥者, 髡鉗爲城旦舂. 當劓者, 笞三百. 當斬左止者, 笞五百. 當斬右止, 及殺人先自告, 及吏坐受賕枉法, 守縣官財物而卽盜之, 已論命復有笞罪者, 皆棄市. 罪人獄已決, 完爲城旦舂, 滿三歲爲鬼薪白粲. 鬼薪白粲一歲, 爲隸臣妾. 隸臣妾一歲, 免爲庶人. 隸臣妾滿二歲, 爲司寇. 司寇一歲, 及作如司寇二歲, 皆免爲庶人. 其亡逃及有罪耐以上, 不用此令. 前令之刑城旦舂歲而非禁錮者, 如完爲城旦舂歲數以免. 臣昧死請.' 制曰, '可.'"

35 『漢書』권23, 刑法志, p.1098, "今人有過, 教未施而刑已加焉, 或欲改行爲善, 而道亡繇至, 朕甚憐之. 夫刑至斷支體, 刻肌膚, 終身不息, 何其刑之痛而不德也! 豈稱爲民父母之意哉?"

36 黥刑에서 髡刑으로의 대체는 張家山漢簡·二年律令과 胡家草場漢簡의 동일한 賊律 조문에서도 확인되고 있어서, 胡家草場漢簡이 文帝 刑制改革의 육형 폐지를 반영한 것임을 여실히 보여주며 진한 율령에서 髡刑의 존재를 확증해주었다고 할 수 있다. 曹旅寧, 「从胡家草場漢律簡《賊律》條文看秦漢髡刑及漢文帝廢除肉刑」 (簡帛網 2021-10-20).
『張家山漢簡』二年律令·賊律, 4~5간, "賊燔寺舍、民室屋廬舍、積冣(聚)黥城旦舂. 其失火延燔之, 罰金四兩, 責(債)所燔."
『胡家草場漢簡』賊律, 1260간, "賊燔寺舍、民室屋、廬舍積冣(聚), 髡爲城旦舂. 其失火延燔之, 罰金四兩, 責所燔.1260."(圖版『選粹』, p.25, 釋文『選粹』, p.192)

수 없는 신체의 손상이 아닌 完刑은 굳이 폐지할 필요가 없었기 때문에 그대로 유지했다고도 볼 수 있다.

이 밖에 기존 간독의 법률 자료에서는 확인되지 않아서 盜罪의 형벌체계 중 추론으로 설정하기도 하지만,37 耐鬼薪白粲(399~300전)과 耐司寇(199~100전)의 단계가 호가초장한간 도율의 형벌체계에서는 세분화해서 분명한 법정형으로 설정되고 있어서 주목된다. 진율에서 한초 이년율령 단계까지는 종신 신체를 회복할 수 없는 肉刑과 함께 부가되는 城旦舂・鬼薪白粲・司寇・隷臣妾 등의 형벌은 단순한 노역형이 아니라 무기 국가형도라는 일종의 신분형의 성격도 가지고 있었다. 이러한 신분형으로서의 城旦舂 이하 형도가 문제 13년 형제개혁 이후의 호가초장한간에서는 특정한 형벌체계 내의 법정형으로 설정되는데, 여기서 鬼薪白粲・司寇 등은 이제 무기 국가형도라는 종신의 신분이 아니라 문제 형제개혁의 내용을 반영하여 일정한 형기가 있고 복역 후에는 사회로 복귀하는 일반적인 노역형으로 성격이 완전히 바뀌게 된다고 할 수 있다.38

또 진율의 11진법 사용이 이년율령에서는 그대로 답습되고 있지만, 호가초장한간에서는 10진법 사용으로 분명하게 개정되었다는 점도 확인되는데, 이는 장가산한간 주언서 174간에 나오는 춘추 魯法에서도 보이듯이39 진과는 다른 동방 육국의 전통이 반영된 것으로 보기도 한다.40 그리고 盜律 1374・1375간의 "六百錢以上, 髡(髠)爲城旦舂, 不盈到五百, 完爲城旦舂"을 보면 盜

---

37 임중혁,『고대 중국의 통치메커니즘과 그 설계자들 2』(경인문화사, 2021).

38 水間大輔,「胡家草場漢簡「律令」と文帝刑制改革」『中央學院大學法學論叢』36(1) (2022), pp.10-14 참고.

39 『張家山漢簡』奏讞書, 174간, "●異時魯法, 盜一錢到卄, 罰金一兩. 過卄到百, 罰金二兩, 過百到二百, 爲白徒. 過二百到千, 完爲倡"

40 임중혁, 앞의 책 (2021), pp.71-72 참고.

罪 적용의 기준이 되는 贓價에 500~599전 구간이 빠져있다는 것을 알 수 있는데, 이는 문맥상 '五百'은 '六百'의 오기일 가능성이 있다. 또 龍崗秦簡 41/13/13/275간에 "不盈一錢, □☒"이라고 해서 秦律에서부터 1전 미만의 절도도 盜罪로 처벌했음을 알 수 있지만, 간독의 잔결로 인해 그 형량은 확인할 수 없었다.[41] 마찬가지로 호가초장한간에도 "不盈到一錢, 罰金"이라고 해서 1전 미만의 도죄에 대한 벌금형이 있었음을 알 수 있지만, 아쉽게도 '罰金' 이하 부분의 글자를 확인할 수 없어서 여전히 구체적인 형량은 알 수 없다.

이어서 盜律 1387·1389간은 공갈 갈취, 도둑질하다가 사람을 살상하는 경우, 도굴, 인신 약취, 관리를 사칭한 도둑질 등의 범죄는 磔刑으로 처벌하는데, 약취한 것을 알고도 인신매매의 거래를 했다면 같은 죄인 책형으로 처벌하며, 또 부당한 인신매매를 중개하거나 알고도 사는 자는 棄市에 처한다는 내용이다.[42] 앞서 盜律 1374·1375간에서 확인했다시피, 黥城旦舂의 형량을 髡城旦舂으로 변경하여 육형폐지의 효과를 거두는 것이 문제 형제개혁의 주된 원칙이었다. 그런데 이 조문에서는 부당한 인신매매의 중계자 및 구매자의 형량이 동일한 내용의 장가산한간·이년율령·도율 및 장가산336호묘한간·한율십육장·도율 조문에서의 형량인 黥城旦舂[43]보다 더 무거운 棄市로 처벌하고 있다.[44] 이처럼 형량이 더 가중된 것에서 인신매매를 보다 더 강력하게

---

41 陳偉 主編, 『秦簡牘合集 貳 龍崗秦墓簡牘』, 武漢大學出版社, 2014, p.40.

42 『胡家草場漢簡』盜律, 1387·1389간, "猲人以求錢財, 盜殺傷人, 盜發冢, 略賣人若已略未賣, 撟(矯)相以爲吏、自以爲吏以盜, 皆1387磔. 智(知)人略賣人而與賈, 與同罪. 不當賣而和爲人賣_(賣, 賣)者及智(知)其請(情)而買者, 皆棄市1389."(圖版 『選粹』, p.18, 釋文『選粹』, p.191)

43 『張家山漢簡』二年律令·盜律, 67간, "智(知)人略賣人而與賈, 與同罪. 不當賣而和爲人賣, 賣者皆黥爲城旦舂. 買者智(知)其請(情), 與同罪.67"; 『張家山336號墓漢簡』漢律十六章·盜律, 66~67간, "智(知)人略賣人而與賈, 與同罪. 不當賣而和爲人賣, 賣者皆黥爲城旦舂, 買者智(知)其請(情), 66與同罪.67"

처벌하고자 하는 의지를 읽을 수 있을 것이다. 즉 문제 13년 형제개혁의 조치 중에는 斬右止에 해당하는 죄 및 살인 자수자, 뇌물 수수 및 관부의 재물 절도, 도망죄로 논죄된 후 다시 笞罪 이상을 범한 자 등은 棄市로 더 무겁게 처벌하

표 5. 秦漢律에서 盜罪 형벌체계의 변화[45]

春秋 魯法		秦律		張家山漢簡 二年律令		張家山336호묘 漢律十六章		胡家草場漢簡	
贓價	형벌	贓價	형벌	贓價	형벌	贓價	형벌	贓價	형벌
		661전 이상	黥城旦舂	661전 이상	黥城旦舂	661전 이상	黥城旦舂	600전 이상	髡城旦舂
1000~201전	完倡(城旦)	660 미만~220전	完城旦舂	660 미만~220전	完城旦舂	660 미만~220전	完城旦舂	499~400전	完城旦舂
		없음		없음		없음		399~300전	耐鬼薪白粲
200~101전	白徒(隸臣妾)	220전 미만~110전	耐隸臣妾	220전 미만~110전	耐隸臣妾	220전 미만~110전	耐隸臣妾	299~200전	耐隸臣妾
		없음		없음		없음		199~100전	耐司寇
100~21전	罰金二兩	110전 미만~22전	貲二甲	110전 미만~22전	罰金四兩	110전 미만~22전	罰金四兩	99~1전	罰金8兩
20~1전	罰金一兩	22전 미만~1전	貲一盾	22전 미만~1전	罰金一兩	22전 미만~1전	罰金一兩	1전 미만	罰金?

---

44 曹旅寧, 「胡家草場漢簡≪盜律≫與漢文帝廢除肉刑」 (簡帛網 2020-08-19) 참고.

45 〈표 5〉는 임중혁, 『고대 중국의 통치메커니즘과 그 설계자들 2』 (경인문화사, 2021), p.58의 〈표 2〉〈절도금액에 따른 秦律과 이년율령의 형벌〉에 문제 시기 張家山336호묘漢簡과 胡家草場漢簡의 내용을 추가한 것이다.

는 내용이 있는데,46 마찬가지로 부당한 인신매매에 간접적이라도 간여한 경우도 기존 형량인 黥城旦舂을 髡城旦舂으로 바꾸는 것이 아니라 棄市로 형량을 가중하는 쪽에 포함시킨 것이다.47 이는 인신의 회복을 통한 노동력의 사회 복귀가 육형 폐지의 근본 취지라는 점을 감안할 때, 인신매매 가담자는 그러한 취지를 근본적으로 훼손시킨다는 측면에서 오히려 사회 복귀의 가능성을 원천적으로 차단시켜야 한다는 인식이 반영되었다고 생각된다.

Ⅳ 맺음말 : 文帝 13년 刑制改革과 律典의 整備

한의 개국군주 유방의 아들로 동성제후왕인 代王에 분봉되었던 劉恒은 여후 사망 후 정변을 일으켜 여씨정권을 붕괴시킨 공신집단과 동성제후들에 의해 추대되어 文帝로 즉위한다. 이후 문제는 23년 동안 재위하면서 진말한초의 전란으로 피폐해진 民力을 회복시키고 한왕조 황제권력의 기반을 다진 군주로 높게 평가받는데, 특히 『사기』 『한서』 이래 德治와 人政의 군주라는 전형적인 이미지가 만들어졌다. 하지만 문제가 본래 '刑名之言'을 좋아했다는 언급48이나 전한 중후기까지 전해지는 문제 故事가 믿을 수 없다는 유향의 말을 참고하면49, 德治·人政의 理想君主로서 문제의 이미지는 분명 과장되거

---

46 『漢書』권23. 刑法志, p.1099, "當斬右止, 及殺人先自告, 及吏坐受賕枉法, 守縣官財物而卽盜之, 已論命復有笞罪者, 皆棄市."

47 陳偉, 「胡家草場漢簡律典與漢文帝刑制改革」, 『武漢大學學報(哲學社會科學版)』 75 (2) (2022).

48 『史記』권121, 儒林列傳, p.3117, "孝文時頗徵用, 然孝文帝本好刑名之言."

나 잘못 전해진 내용도 적지 않은 전형적인 粉飾의 표상이라고도 할 수 있다.

그럼에도, 문제의 통치시기는 중국사에서 처음 제국질서와 황제제도가 등장하고 정착하는, 진시황에서 한 무제의 가운데에서 그 질서와 제도가 정착되는 매우 중요한 시기였다. 그런 측면에서 문제 재위 23년 동안의 일련의 개혁 조치는 진한제국만이 아닌 중국사 전반을 이해하는 본질적인 의미를 가진다고 할 수 있다. 문제의 개혁 조치는 크게 肉刑 폐지・收帑 폐지 등의 刑制개혁과 田租 폐지・통행증 폐지・관문 및 산림수택 개방 등의 경제개혁으로 구분할 수 있는데,[50] 모두 인적・물적자원의 국가독점을 완화하면서 그 유지비용을 줄이고 민간 경제에 최소한으로 개입하면서 民力의 회복을 의도하는 일관된 방향성을 가지고 있었다.

하지만 인적・물적자원의 민간으로의 이관을 지향하는 경제 조치들은 이후 강력한 전제 황권을 확립해가는 경제~무제시기 국가독점의 흐름 속에서 대부분 취소되고 만다. 반면에 肉刑 폐지・收帑 폐지 등의 刑制개혁은 다시 그 이전으로 복구되지 않고 그대로 지속되었다. 이는 당연히 緩刑과 反酷刑主義를 통한 秦律의 극복[51]과 국가노동력의 감소를 통한 사회 노동력 편성의 재편[52]이라는 한초의 시대적 요구가 반영된 결과일 것이다. 그럼에도 肉刑과 같이 상고 이래 오랜 시간 시행되어 왔던 형벌체계를 일시에 폐지하는 개혁조치

---

49 [漢]應劭, 『風俗通義』第二卷, 正失・孝文帝, "凡此十餘事, 皆俗人所妄傳, 言過其實, 及傅會, 或以爲前皆是非. 如劉向言."

50 김진우, 「前漢 文帝時期 諸改革에 대한 一考察-『張家山漢簡』二年律令과의 비교를 중심으로-」『史叢』 82 (2014) 참고.

51 李成珪, 「秦・漢의 형벌체계의 再檢討-雲夢秦簡과 〈二年律令〉의 司寇를 중심으로-」『東洋史學研究』 85 (2003).

52 宮宅潔, 「「二年律令」研究の射程-新出法制史料と前漢文帝期研究の現狀」『士林』 89 (1) (2006).

를 다시 되돌리지 않기 위해서는 이를 항구불변의 常法으로 고정하는 법률 정비의 과정이 반드시 필요했을 것이다. 그래서 앞서 호가초장한간 율령간에서 확인했듯이 律名을 正-副의 관계인 형법적인 獄律과 행정·예적인 旁律로 범주를 체계화시킨 후, 그 안에 육형 폐지라는 刑制改革의 핵심 조치를 기존 육형 중심 형벌체계의 율문 개정을 통해 명문화하는 실질적이고 항구적인 입법 조치가 진행되었던 것이다.

물론 당연히 한초 律典과 令典, 律典을 다시 獄律과 旁律로 양분하는 외형적인 법체계의 정비는 『당률소의』와 같은 후대의 완비된 법전과 비교했을 때 아직은 단순하고 미성숙한 단계이며 통일된 법전의 편찬이라고 단언하기에는 무리라고 할 수 있다. 동일한 律名 아래에 모아놓은 율조문들도 출토 간독자료 마다 조문의 배치나 내용에서 서로 차이가 존재하며 율조문 자체의 난삽함도 여전하다고 할 수 있다.[53] 그럼에도 적어도 한초 獄(正)律의 율명체계가 혜제 토자산한간에서 문제시기 장가산한간336호묘한간과 수호지한간과 호가초장한간에 이르기까지 17→16→15→14종으로 변화해가는 것은 시기나 지역별로 제각기 존재했던 차이라기 보다는 중앙정부의 체계적인 율령 정비가 형법을 중심으로 진행된 결과라고 이해해도 무방하다고 생각한다. 이는 특히 호가초장한간에서 문제 형제개혁의 조치가 그대로 반영된 형벌체계의 변화를 확인할 수 있다는 점에서도 어느 정도 분명하다고 할 수 있다.

한 문제 시기 刑制改革의 조치를 항구적인 常法으로 지속하기 위한 외형적인 법체계의 정비 과정에는 이를 정당화·합법화하는 명분으로서 상위의

---

53 이러한 진한율령의 미성숙한 면에 대해 오히려 楯身智志는 황제 詔文을 발췌해서 율령을 만들어가는 과정에서 새로운 詔文의 내용을 계속 추가해가는 진한율의 소프트웨어로서의 확장성이 簡牘이라는 당시 서사매체로서의 하드웨어의 확장성과 결합한 것으로 후대 법전과의 우열이 아니라 진한율 그 자체의 특징이라고 이해해야 한다고 했다. 楯身智志, 「秦・漢律の条文形成過程に関する一考察-岳麓書院蔵秦簡「秦律令(壹)」尉卒律を手がかりに-」『教育と研究』38 (2020), pp.11-14.

법사상도 아울러 함께 제시되었을 것으로 생각된다. 이러한 개혁입법의 법사상 또는 입법원칙에 대해서는 향후 수호지진간 · 語書, 악록진간 · 爲吏治官及黔首 등 진의 입법사상을 짐작하게 해주는 진간독 문서와 한대 恤刑의 입법원칙을 제시했다고 하는 문제 13년 詔書 등 여러 자료들을 비교 분석하여, 단순히 법가와 유가의 법사상이라는 이원적인 접근에서 벗어난 좀 더 종합적인 고찰을 진행하고자 한다.

참고문헌

1. 자료

수호지진묘죽간정리소조 엮음/윤재석 옮김,『수호지진묘죽간 역주』, 소명출판, 2010.

『周禮』『史記』『漢書』『晉書』『風俗通義』등.

睡虎地秦墓竹簡整理小組 編,『睡虎地秦墓竹簡』, 文物出版社, 1978.

睡虎地秦墓竹簡整理小組 編,『睡虎地秦墓竹簡』, 文物出版社, 1990/2001 재판.

李均明・何双全 編,『散見簡牘合集』, 文物出版社, 1990.

張家山二四七號漢墓竹簡整理小組 編,『張家山漢墓竹簡[二四七號墓]』(釋文修訂本), 文物出版社, 2006.

朱漢民・陳松長 主編,『嶽麓書院藏秦簡(參)』, 上海辭書出版社, 2013.

陳松長 主編,『嶽麓書院藏秦簡』(肆), 上海辭書出版社, 2015.

陳松長 主編,『嶽麓書院藏秦簡』(伍), 上海辭書出版社, 2017.

陳松長 主編,『嶽麓書院藏秦簡』(陸), 上海辭書出版社, 2020.

陳松長 主編,『嶽麓書院藏秦簡』(柒), 上海辭書出版社, 2022.

陳偉 主編,『里耶秦簡校釋(壹)』, 武漢大學出版社, 2012.

陳偉 主編,『里耶秦簡校釋(貳)』, 武漢大學出版社, 2018.

陳偉 主編,『秦簡牘合集 壹: 睡虎地秦墓竹簡』, 武漢大學出版社, 2014.

陳偉 主編,『秦簡牘合集 貳: 郝家坪秦墓木牘16號木牘』, 武漢大學出版社, 2014.

陳偉 主編,『秦簡牘合集 參; 龍崗秦簡』, 武漢大學出版社, 2014.

荊州博物館・武漢大學簡帛研究中心 編著,『荊州胡家草場簡牘選粹』, 文物出版社, 2021.

荊州博物館 編・彭浩 主編,『張家山漢墓竹簡[三三六號墓]』上・下册, 文物出版社, 2022.

2. 단행본

김택민,『당률총론 총론·명례편』, 경인문화사, 2021.

임중혁,『고대 중국의 통치메커니즘과 그 설계자들 2』, 경인문화사, 2021.

程樹德,『九朝律考』, 中華書局, 1963.

廣瀨薰雅,『秦漢律令研究』, 汲古書院, 2010.

馬彪,『秦帝國の領土經營 雲夢龍崗秦簡と始皇帝の禁苑』, 京都大學學術出版會, 2013.

水間大輔,『秦漢刑法研究』, 知泉書館, 2007.

3. 논문

郭濤·史亞寧,「雲夢睡虎地漢簡文帝『(前元)十年質日』中的越人與安陸」,『中國史研究』127, 2020.

김진우,「前漢 文帝時期 諸改革에 대한 一考察 -『張家山漢簡』二年律令과의 비교를 중심으로-」,『史叢』82, 2014.

오준석,「秦漢 田律을 통해 본 秦漢代의 律典 체계」,『역사와 세계』60, 2021.

오준석,「秦漢 遷律의 성립과 폐지」,『中國史硏究』141, 2022.

이성규,「秦·漢의 형벌체계의 再檢討 -雲夢秦簡과〈二年律令〉의 司寇를 중심으로-」,『東洋史學硏究』85, 2003.

임병덕,「漢文帝 刑制改革과 刑罰制度의 變化 -『荊州胡家草場西漢簡牘』자료를 중심으로-」,『동서인문』18, 2022.

임중혁,「秦漢 율령사 연구의 제문제」,『中國古中世史硏究』37, 2015.

四川省博物館·青川縣文化館,「青川縣出土秦更修田律木牘-四川青川縣戰國墓 發掘簡報」,『文物』, 1982-1.

徐世虹,「說"正律"與"旁章"」,『出土文獻研究』제8집, 上海古籍出版社, 2007.

王偉,「〈秦律十八種·徭律〉應析出一條〈興律〉說」,『文物』, 2007-10.

熊北生·陳偉·蔡丹,「湖北雲夢睡虎地77號西漢墓出土簡牘概述」,『文物』, 2018-03.

李均明, 「〈二年律令·具律〉中應分出〈囚律〉條款」, 『簡牘法制論稿』, 廣西師範大學出版社, 2011.

李志芳, 「十大考古候選項目 湖北荊州胡家草場西漢墓地發現大量秦漢簡牘」, 『中國文物報』, 2020.1.13.

李志芳·蔣魯敬, 「湖北荊州市胡家草場西漢墓M12出土簡牘槪述」, 『考古』, 2020-02.

李志芳·蔣魯敬, 「湖北荊州胡家草場西漢墓出土大批簡牘」, 國家文物局, 2019.12.12.

蔣魯敬·李志芳, 「荊州胡家草場西漢墓M12出土的簡牘」, 『出土文獻研究』18, 2019.

張春龍·張興國, 「湖南益陽兔子山遺址九號井出土簡牘槪述」, 『國學學刊』, 2015-4.

張忠煒·張春龍, 「漢律體系新論-以益陽兔子山遺址所出漢律律名木牘爲中心」, 『歷史研究』, 2020-06.

張忠煒·張春龍, 「新見漢律律名疏證」, 『西域研究』, 2020-3.

曹旅寧, 「从胡家草場漢律簡≪賊律≫條文看秦漢髡刑及漢文帝廢除肉刑」, 簡帛網, 2021-10-20.

曹旅寧, 「胡家草場漢簡≪盜律≫與漢文帝廢除肉刑」, 簡帛網, 2020-08-19.

陳偉, 「秦漢簡牘所見的律典體系」, 『中國社會科學』, 2021-1.

陳偉, 「胡家草場漢簡律典與漢文帝刑制改革」, 『武漢大學學報(哲學社會科學版)』 75(2), 2022·3.

彭浩, 「讀胡家草場漢簡札記兩則」, 簡帛網, 2021-10-17.

荊州博物館, 「湖北荊州市胡家草場墓地M12發掘簡報」, 『考古』, 2020-2.

荊州市區博物館, 「江陵張家山兩座漢墓出土大批竹簡」, 『文物』, 1992-09.

湖南省文物考古研究所·益陽市文物考古研究所, 「湖南益陽兔子山遺址七號井 發掘簡報」, 『文物』, 2021-6.

湖南省文物考古研究所·中國人民大學歷史系, 「湖南益陽兔子山遺址七號井出土 簡牘述略」, 『文物』, 2021-6.

湖北省文物考古研究所 等, 「湖北雲夢睡虎地M77發掘簡報」, 『江漢考古』, 2008-4.

宮宅潔, 「「二年律令」研究の射程-新出法制史料と前漢文帝期研究の現狀」, 『士林』 89

(1), 2006.

水間大輔, 「胡家草場漢簡「律令」と文帝刑制改革」, 『中央學院大學法學論叢』 36(1), 2022.

楯身智志, 「秦・漢律の条文形成過程に関する一考察-岳麓書院蔵秦簡「秦律令(壹)」尉卒律を手がかりに-」, 『教育と研究』 38, 2020.

#09

古代 中國 遺址 出土 簡牘文書 정량 분석 시론*
— 里耶秦簡 行政文書를 중심으로 —

●

금 재 원

(경북대학교 인문학술원 HK연구교수)

I 들어가며: 정량 분석의 목적과 필요성

흔히 지금의 시대를 디지털 시대라 칭한다. 文意로 확정할 수 있는 개념을 선호하는 보수적인 인문학계는 여전히 그것을 학술 언어로 받아들이기를 주저한다. 그러나 학계의 인식에 지각 변동이 일어나고 있는 것만은 분명해 보인다. 2009년과 2010년 미국과 프랑스에서 연이어 발표한 '디지털 인문학 선언'[1]은 수많은 논쟁을 불러일으켰으나, 화제를 선도하는 전략에 있어 성공

---
* 이 글은『동양사학연구』163집(동양사학회 발간, 2023.6) 수록 논문이다.

한 선언이라 평할 수 있다. 이제 인문학에 있어서도 '디지털'은 거부할 수 없는 명제가 되었다.

국내 학계에서도 디지털 인문학은 더 이상 생경한 개념이 아니다. 이로부터 파생된 '디지털 역사학'의 조류는 이미 진행되고 있다. 국내 디지털 인문학의 시초라 할 수 있는 김현의 조선왕조실록 CD롬 제작과 DB화 작업의 성과는 현재 조선왕조실록 연구의 토대 자료로 자리 잡았다.[2] 그로부터 확장하여 한국고대사에서 근현대사까지의 사료를 총괄 분류·수록한 국사편찬위원회의 '한국사데이터베이스',[3] 한국고전번역원의 '한국고전종합DB'[4] 등, 디지털 역사학을 위한 플랫폼은 부단히 발전해 왔다. 2018년에 이르러서는 『역사학보』 240호에 '각국의 디지털 역사학'이라는 제목의 특집이 편성되었다.[5] 이는

---

[1] 디지털 인문학 선언은 디지털 매체에 기반한 저작권 타파와 공공 개방을 지향하는 '선언'의 취지에 따라 저자로의 명확한 귀속 관계를 규정하지 않는다. 일종의 '起點' 혹은 '轉機'로서, 미국의 경우는 토드 프레스너(Todd Presner)와 제프리 슈납(Jeffrey Schnapp)이 초안을 작성하고 UCLA에서 9차례 개최된 멜론 세미나(Mellon Seminar)에서 완성되어 2009년 발표한 '디지털 인문학선언문 2.0'(Digital Humanities Manifesto 2.0)을 대표로 한다(http://manifesto.humanities.ucla.edu/2009/05/29/the-digital-humanities-manifesto-20/). 프랑스의 '디지털 인문학 선언문'(Manifeste des digital humanities)은 2010년 5월21일 파리 댓캠프(THATCamp)에서 발표된 버전을 주로 일컫는다. 관련한 국내 연구는 홍정욱, 「디지털기술 전환 시대의 인문학 - 디지털인문학 선언문을 통한 고찰」, 『인문콘텐츠』 제38호, 2015; 김동윤, 「프랑스 '디지털 인문학'의 인문학적 맥락과 동향」, 『인문콘텐츠』 제34호, 2014를 참고할 수 있다. 김현·임영상·김바로, 『디지털 인문학 입문』, HUEBOOKs, 2016의 부록 pp.471-494에는 각 선언의 번역문을 제공하고 있다.

[2] 조선왕조실록을 비롯한 고전자료 데이터베이스화의 성과와 회고는 김현, 『인문정보학의 모색』, 북코리아, 2012에서 상세히 서술하고 있다.

[3] https://db.history.go.kr/

[4] https://db.itkc.or.kr/

학계의 차원에서 디지털 역사학의 논의를 수용하는 움직임이 구조적으로 진행되고 있음을 시사한다.

본고가 簡牘文書의 정량 분석을 시도하는 첫 번째 목적은 바로 상기한 바와 같은 학계의 신조류, 디지털 인문학의 도래를 맞이하여 간독 연구가 나아가야 할 방향을 재정립하는 것이다. 사실 간독의 '디지털'화라는 말은 상당히 역설적이다. 매체의 특성에 있어 간독과 디지털은 극과 극이라 할 수 있을 정도로 서로 거리가 멀다. 시간상으로 고대 중국 戰國·秦漢 시대에 주로 사용된 간독은 종이 매체로 대체되며 이미 사라진 기록 매체이다. 현재의 디지털 인문학은 종이 텍스트를 대체하기 위한 것으로, 과거의 매체인 간독을 주요 대상으로 하지는 않는다.

그러나 한편으로, 오늘날 우리가 접하는 簡牘 자료는 모두 변화된 매체 환경에 의해 '재생'된 것이다. 출토 단계에서 확보된 실물 간독은 오직 1차 정리자와 관리자만이 접할 수 있고, 외부의 독자는 釋讀을 통해 종이에 옮겨 적은 文字, 사진 혹은 적외선 촬영을 통한 圖像, 그것을 종합한 인쇄물을 통해 정보를 전달 받는다. 또 연구자라면 비공식적이지만 관례상 허용되는 경로를 통해, PDF나 워드프로세서, 엑셀 등으로 전자화된 자료를 활용하여 연구의 편의를 도모한다. 우리가 주목하지 않은 사이에 간독은 이미 매체의 전환을 이루었고, 첨단을 향해 나아가고 있는 중이다. 현재의 간독 텍스트는 단순히 과거의 기록 매체가 아닌, 원시에서 첨단을 아우르는 기록 매체 역사의 總和를 이루고 있다.

簡牘 매체는 비록 과거의 산물이긴 하지만 '디지털' 속성에 부합하는 측면도 있다. 본고에서 중점으로 다룰 遺址 출토 간독 文書(manuscripts)의 경우 대부분이 용도 폐기된 '쓰레기'에 해당 한다.[6] 현대 학자들은 종종 이 버려

---

5 『역사학보』 제240호, 2018, pp.1-190 참조.

6 일상적 형태로 쓰인 출토 문자 자료가 '쓰레기', 즉 폐기물이라는 생각은 기존 일본 목

지고 잊힌 문서 본연의 맥락을 파악하는데 어려움을 겪는다. 대략 里耶秦簡 연구 과정에서 발생한 아래의 오류를 예로 들어 설명하겠다.

里耶秦簡 연구 초기에 간독 문서의 소재지인 洞庭郡 遷陵縣에는 편제상 縣令이 존재하지 않았다는 주장이 제기된 적이 있다.[7] 당시까지 공개된 문서에는 '현령'이 한 차례도 지칭된 바 없었고, 현재까지의 자료에서도 직접 언급되지 않는다. 이는 훗날 于振波, 劉樂賢 등의 연구를 통해 바로잡혔다.[8] 사실 현령은 당시 공문서 관례상 약속된 언어체계로 표기되고 있었다. 즉, 모 행정 소재지의 장관은 관할 지명 혹은 관명과 해당 인물의 이름을 결합하는 방식으로 표기했다. 만약 遷陵縣令의 이름이 '拔'이라면, 그는 문서에서 '遷陵拔'이라고 지칭되었던 것이다. 이 같은 약속체계가 파악되자 실제 이야진간에는 현령이 다수 언급되었음이 밝혀졌다.

상기한 오류는 비교적 간단한 사례에 속했다. 그러나 처음의 오류가 확전되어 '守'의 해석 논쟁으로 번지면서 문제의 해결은 한결 복잡해졌다. 일반적으로 문헌에서 언급되는 '守'는 어느 관직의 代理 혹은 試守를 뜻한다. 그런데 실제 里耶秦簡 문서에 등장하는 '守'는 어느 관서를 대표하여 직무를 수행했고, 다수의 관직에 '守'의 명칭이 부여되어 그것이 마치 일반적인 상황인 것

간 학계에서 보편적으로 수용되어 온 구분법이다(鐘江宏之 지음, 이동주 옮김, 『지하에서 출토된 문자』, 주류성, 2021, pp.29-31). 해당 관점은 현재 중화권 간독 연구자들 사이에도 널리 공유되고 있으며, 특히 遺址 출토 간독의 특성을 인식하는데 곧잘 비유되곤 한다. 馬增榮, 「中國 簡牘時代의 문자 소거와 폐기」, 윤재석 편저, 『나무에서 종이로－고대 동아시아의 기록문화』, 진인진, 2022 참조.

7 湖南省文物考古研究所・湘西土家族苗族自治州文物處, 「湘西里耶秦代簡牘選釋」, 『中國歷史文物』, 2003-1, p.24; 楊宗兵, 「里耶秦簡釋義商榷」, 『中國歷史文物』, 2005-2, pp.51-55.

8 于振波, 「說"縣令"確爲秦制－讀里耶秦簡札記」, 『中國歷史文物』, 2006-3; 劉樂賢, 「里耶秦簡和孔家坡漢簡中的職官省稱」, 『文物』, 2007-9.

처럼 보였다. 이에 따라 秦代 '守'의 의미는 郡太守의 '守'와 같이 그 자체로 장관의 의미를 지닌다는 주장이 제기되었다. 당시까지 공개된 문서 내부의 맥락에서 볼 때 그 논리는 상당한 설득력을 가졌고 다수의 학자들이 이에 동의했다.9 그러나 『이야진간』 2권의 발간으로 정보량이 배로 늘어나자 논리의 허점이 명백히 드러났다. '守'는 특정 인물의 인사이동에 따라 기재되기도 그렇지 않기도 하는데, 그것은 재임 중의 관직이 정규직인지 임시직인지를 나타낸다. 여기에 더해 정규직과 임시직이 서로 전임된 상황을 보여주는 문서10까지 공개되면서 문제는 단번에 해결되었다. '守'는 기존의 해석대로 대리 혹은 시수의 의미였던 것이다. 차후의 과제는 상하·동급 간 '守'의 운용 차이, 상황에 따라 대리·시수, 혹은 겸직의 성격이 다르게 나타나는 이유를 보다 상세히 분석하는 문제가 남아있다.11

---

9 대략 '守'가 대리·시수의 의미를 지닌다는 기존의 설을 견지한 주장으로는 陳治國, 「里耶秦簡之"守"和"守丞"釋義及其他」, 『中國歷史文物』, 2006-3; 孫聞博, 「里耶秦簡"守""守丞"新考 – 兼談秦漢의守官制度」, 『簡帛研究』, 2010; 楊智宇, 「里耶秦簡所見"遷陵守丞"補正」, 『簡帛』 第13輯, 2016 등이 있다. 반면, '守'가 장관의 의미를 지닌다는 새로운 의견을 제시한 축으로, 楊宗兵, 「里耶秦簡縣"守""丞""守丞"同義說」, 『中國歷史文物』, 2005-2; 鄒水傑, 「秦代縣行政主官稱謂考」, 『湖南師範大學社會科學學報』, 2006-2; 李斯, 「里耶秦簡所見縣主官稱謂新考」, 『內蒙古農業大學學報』(社會科學版), 2009-3 등이 있다. 그 외의 의견으로 '守'와 '主'를 일종의 존칭을 뜻하는 문서용어로 파악한 鄔文玲, 「"守""主"稱謂與秦代官文書用語」, 『出土文獻研究』 第12輯, 2013이 있다.

10 9-50호 목독이 그것이다. 여기에는 貳春鄕의 장관 후임으로 온 '平'이 자신을 '貳春鄕守', 전임인 '玆'에 대해 '貳春鄕'이라고 구분하여 칭하고 있다. 나아가 '平'은 "(縣)廷이 平에게 명하여 鄕(嗇夫) 玆를 대신하여 貳春鄕을 守하게 했다(廷令平代鄕玆守貳春鄕)"라고 자신이 '貳春鄕守'가 된 사유를 오독의 여지없이 치밀하게 설명함으로써 모든 의문을 해결해 주었다. 陳偉 主編, 魯家亮·何有祖·凡國棟 著, 『里耶秦簡牘校釋』 第2卷, 武漢大學出版社, 2018, p.54.

11 『里耶秦簡』 2권이 출간된 이래, 필자의 논문 「里耶秦簡所見秦代縣吏의 調動」, 『西北

簡牘文書를 해독할 때 이상과 같은 오류가 발생하는 이유는 문서 송·수신시 사용되는 행정 용어, 즉 약속된 언어체계를 정확히 파악하지 못했기 때문이다. 이러한 상황에서 자료 내부의 字意를 통해 분석을 구체화하는, 기존 종이 매체에 최적화된 '꼼꼼히 읽기'(close reading)는 적절하지 않은 해독 방식이다. 마치 도스(DOS) 명령어처럼 패턴화된 행정 용어의 속성을 찾고 그 관계를 규명할 수 있어야 한다. 여기에는 디지털 인문학에서 강조하는 '멀리서 읽기'(distant reading)[12], 자료의 귀납과 정량 분석이 더욱 유효한 방식이 될 것이다.

그 외에도 현재 簡牘의 발굴 추세를 볼 때, 정량 분석이 날이 갈수록 더욱 필요해 지고 있다는 것을 누구도 부인할 수 없을 것이다. 지금까지 중국 현지에서 출토된 간독의 총량은 미공개 간독을 포함해 약 50여만 매에 이를 것으로 추산된다.[13] 90년대 이전까지만 해도 간독은 약 10여 만 매 정도로 추산되

大學學報』, 2020-1를 비롯해, 靑木俊介, 「秦代縣守官任職者 - 遷陵縣官吏異動狀況」, 『東洋史研究』78-4, 2020; 김동오, 「〈里耶秦簡〉에 보이는 守官의 유형과 假吏의 의미」, 『중국고중세사연구』 제59집, 2021 등, 한·중·일 지역 불문하고 광범하게 공유되는 인식 속에는 '守'의 의미가 장관일 가능성을 배제하고 대리·시수·겸직의 '守'가 가지는 의미 분석을 심화하고 있다. 특히 최근의 연구 李成珪, 「秦帝國의 '新地'統治策 - 縣吏難의 타개책을 중심으로」, 『학술원논문집』 제61집, 2022; 유창연, 「秦代 縣吏의 운용과 '新地'統治」, 『중국고중세사연구』 제65집, 2022 등에서 알 수 있듯이, 관련 이슈는 秦帝國의 거시사로 확장하는 중이다. 이는 분명 용어의 명확한 해석이라는 미시 문제 해결에 바탕을 둔 결과일 것이다.

12 이탈리아 출신 문학이론가 프랑코 모레티(Franco Moretti)가 최초 주창한 '멀리서 읽기'(distant reading)는 기존 텍스트의 字意的 이해에만 치중한 꼼꼼히 읽기(close reading)의 한계를 지양하고, 사회체제의 역사적 조건 속에서 거시 이해를 도모하는 새로운 독서법을 지칭한다(프랑코 모레티 지음, 김용규 옮김, 『멀리서 읽기 - 세계문학과 수량적 형식주의』, 현암사, 2021 참조). 현재는 디지털 인문학 영역에서 정량 분석을 구현하는 방법론의 비유로 널리 쓰인다.

었으나, 湖南省 長沙 走馬樓三國吳簡의 출토를 시작으로 최근 30년 내 30만 매 이상 폭증했다. 그 중 호남성 일대에 집중해서 나타나는 우물과 구덩이에서 출토된 간독, 이른바 井窖 간독의 수량이 압도적인 다수를 차지한다. 지금까지의 간독 수량만으로도 개인이 수용 가능한 사고의 한계치를 이미 초과했다. 게다가 보통 만에서 십만 단위에 이르는 수량이 단번에 출토되는 정교 간독의 발굴 특징, 여전히 끊이지 않는 묘장 출토 간독의 추세를 볼 때, 향후의 총량은 몇 배 더 증가할 것으로 예상된다.

반면 현재의 디지털 환경에서 분석 가능한 정보량은 제타바이트(ZB)를 넘어 빅데이터(big data)까지 이른다. 簡牘의 정보는 그에 비하면 극소량에 불과하므로 한계에 부닥칠 걱정을 할 필요는 없다. 그렇다면 우리가 고민해야 할 문제는 간독 매체에 구성된 원시정보를 디지털 매체에 담을 수 있도록 하는 방법, 그리고 인간이 간독 연구의 여전한 주체가 되도록 매체의 변화에 대응하는 적절한 방법일 것이다.

본고는 簡牘文書, 그 중에서 유지 출토 문서를 중심으로 정량 분석에 필요한 분류 및 분석 체계를 모색하고자 한다. 그 표본으로서, 본고는 里耶秦簡을 대상으로 삼았다. 지금의 상황에서 이야진간은 여러모로 최적의 표본이라 생각된다. 우선 이야진간은 井窖 간독에 해당한다. 정교 간독은 현재의 수량도 압도적이지만 향후의 수량은 더욱 급증할 것으로 예상되어, 관련 분류 체계 마련이 시급하다. 게다가 이야진간은 정교 간독 중에서도 상대적으로 많은 연구 성과가 축적되어 있다. 여기에 더해 하나의 단대를 총괄하면서도 짧은 시간 범위(秦帝國期, 약 15년), 洞庭郡 遷陵縣이라는 제한된 공간 범위로 인해 분석틀의 도출이 용이하다. 뿐 만 아니라, 총 2권까지 발간된 현재의 상황에서 미공개 간독이 아직 다량 남아 있어, 향후 공개될 정보와 비교하며 연구

---

13 윤재석 주편, 김진우·오준석·戴衛紅·금재원 저, 『중국목간총람』(상), 주류성, 2022, p.29.

방법의 적절성을 단계적으로 검증하는 일종의 '실험'을 진행할 수 있다.

본고는 里耶秦簡 행정 문서의 정량 분석을 통해 대략 두 가지의 방향성을 추구한다. 첫째, 고대 중국 簡牘文書 전체에 적용 가능한 일관성을 지향한다. 출토 유형에 있어 이야진간은 비록 정교 간독으로 분류되지만, 문서 유형은 행정 문서에 해당한다. 행정 문서는 우물에서 뿐만 아니라 다양한 遺址에서 발견되므로, 이야진간의 표본은 유지 출토 간독 전체의 특성까지 확장 가능하다. 둘째, 정량 분석의 방법론은 향후 인터넷 기반 디지털 데이터로 나아가기 위한 개방성을 견지한다. 데이터베이스 플랫폼이 마련되지 않은 현재의 단계에서 간독 연구의 완전한 디지털화는 아직 이르다. 사실 본고를 기획하기 이전에, 중국 서북대학 과학사고등연구원의 한 팀이 디지털 인문학의 방법론에 입각해 이야진간을 대상으로 한 텍스트 마이닝(text mining)을 시도한 적이 있다. 그러나 해당 사례는 간독 연구가 디지털 인문학으로 진입하는 길이 얼마나 험난한 지를 증명할 뿐이다.14 현재의 단계에서 간독 연구는 디지털로의 입문을 준비하는 사전 검증이 필요하다. 그 기초 작업으로서 본고는 간독의 정보를 어떻게 기계가독성(machine-readable)을 갖춘 정보로 전환할 수 있는지를 고민할 것이다. 결국 이 문제 또한 간독문서 본연의 체계를 통섭하는 것이 핵심이기 때문에, 고대 중국 행정 제도의 고찰로 이어지는 기존 간독문서 연구의 지향점과 다르지 않을 것이다.

---

14 朱琳·馮慧敏·劉銘·張鵬雷·唐傑·陳鏡文, 「數字人文視域下秦漢簡牘文本挖掘研究 - 以里耶秦簡牘(一·二卷)爲例」, 『渭南師範學院學報』, 2022-6 참조. 디지털인문학 전공 석·박사생 위주로 구성된 이 연구팀의 결과물은 정성분석이 결여된 정량분석의 맹점을 보여주는 반면 사례가 되어버렸다. 도출된 결론 중 타당한 것은 굳이 정량 분석을 할 필요가 없는 기존 연구 성과의 답습일 뿐이고, 나머지의 오류는 연구자의 寡聞에 의한 무분별한 통계가 초래한 것이다.

Ⅱ 범례 및 분류 체계

본문의 시론 대상인 里耶秦簡에 대해 일단은 底本이 될 수 있는 자료를 선별할 필요가 있다. 현재까지 공인된 이야진간 석문자료는 초기의 발굴과 더불어 부분 공개된『里耶發掘報告』본,[15] 책임 정리 기관인 湖南省文物考古硏究所의 정식 공표 자료에 해당하는『里耶秦簡』본,[16] 武漢大學 簡帛硏究中心의 陳偉의 책임 하에 중국 교육부 프로젝트 "秦簡牘的綜合整理與硏究"의 일환으로 출판되고 있는『里耶秦簡牘校釋』본(이하, 校釋本으로 간칭),[17] 그리고 里耶秦簡博物館과 中國人民大學의 出土文獻與中國古代文明硏究協同創新中心이 박물관 전시 자료를 중심으로 선별 정리한『里耶秦簡博物館藏秦簡』본(이하, 館藏本으로 간칭)[18] 등이 있다.

이들 네 가지 판본은 자료의 포함 범위가 다르고, 각각 표기 방식이 같지 않을 뿐 아니라 석문이 같지 않은 경우도 있다. 먼저 가장 초기에 공개된『里耶發掘報告』본의 경우 몇 년에 걸쳐 석문 및 표점의 오류가 여러 연구를 통해 수정되는 과정을 거쳤다. 그것이 후에 정리된 판본에 분산 반영되었다. 그리고『里耶秦簡』본은 표점 작업이 이루어지지 않았고 석문 또한 불완전하다. 이는 차후 연계되어 출판된 校釋本에 의해 표점 작업과 더불어 석문 수정, 잔간의 철합에 이르는 보완이 이루어졌다. 館藏本의 경우 향후『이야진간』본에서

15　湖南省文物考古硏究所 編,『里耶發掘報告』, 嶽麓書社, 2006.

16　湖南省文物考古硏究所,『里耶秦簡』(壹·貳), 文物出版社, 2010·2017.

17　陳偉 主編, 何有祖·魯家亮·凡國棟 撰著,『里耶秦簡牘校釋』(第一·二卷), 武漢大學出版社, 2012·2018.

18　里耶秦簡博物館·出土文獻與中國古代文明硏究協同創新中心中國人民大學中心　編,『里耶秦簡博物館藏秦簡』, 中西書局, 2016.

나올 자료를 선 공개한 것이 포함되어 있고, 도판 촬영과 석문 수준이 상대적으로 높아 일정한 참고 가치가 있다.

이상의 상황을 종합하면, 데이터의 저본은 校釋本을 활용하는 것이 가장 적절하다. 교석본은 정리 기관의 정식 공개 자료인『里耶秦簡』본을 바탕으로 하는 동시에 수정·보완까지 이루어져 현재 대부분의 연구자들이 저본으로 삼고 있기도 하다. 館藏本 또한 수준 높은 석문을 제공하고 있으나, 선별 자료이기 때문에 정량 분석 대상으로 적절하지 않다. 후술하듯이 井窖 簡牘의 특성상 이야진간은 발굴 층위에 따른 분류가 중요한 기준이 될 수 있다. 따라서 기본적으로는 각 층위별 자료를 모두 귀납할 수 있는 자료가 저본이 되어야 한다. 본고의 정량 분석 대상은 현재까지 교석본에 공개된 자료, 제5·6·8·9층 간독으로 하고, 관장본은 그 대상에서 제외한다. 단, 문서 유형의 정성 분석이 필요한 경우에 한해 관장본 및 기타 개별 자료와 비교 검토를 진행할 것이다.

底本을 결정하는 것 외에, 기타 簡牘 자료까지 확장 적용할 수 있는 일관성, 디지털 매체와의 호환성까지 고려해야 한다. 출토 지역을 달리하는 개별 간독은 정리 및 판권의 권한, 석문 표기 방식이 제각각이다. 현재로서는 이러한 세부 사항을 통일하는 것은 불가하며, 오직 문서 유형의 분류에 있어서만 일관성을 부여할 수 있다. 里耶秦簡과 동일 유형으로 수렴할 수 있는 대상은 戰國·秦漢·三國 시대 遺址에서 출토되는 간독 행정문서의 범주에 한정된다. 그 외의 범주는 분석틀에 적용하는 것을 보류한다. 그리고 간독 석문의 전산 처리 프로그램은 마이크로오피스 엑셀(Exel)을 활용할 것이다. 이는 향후 인터넷 기반 데이터베이스로 나아가는 호환성을 고려한 것이다. 엑셀은 파이썬(Python), R 등 코딩 프로그램과의 연동에 있어서도 일종의 로데이터(raw data)로 기능할 수 있다.

簡牘 底本의 공신력, 분류 체계의 일관성, 프로그램과의 호환성 등의 문제를 종합하여 본 장은 일종의 범례를 제시하고자 한다. 그 사항은 아래와 같다.

◎ 간독 행정문서 데이터 정량화 원칙(마이크로오피스 엑셀 기준)
① 하나의 셀은 1건의 문서를 포함한다.
② 여러 매의 간독을 철합, 혹은 편련한 간책의 경우 모두 1건의 문서로 간주한다.
③ 동일 문서 단위 내의 앞·뒷면 서사는 모두 1건의 문서로 간주한다.
④ 정량화의 효율을 위해 석문 표점의 검토는 배제한다. 단, 행을 구분하는 부호(」), 서사면의 앞·뒤를 나타내는 부호(〈A〉〈B〉)는 일관성을 갖추어 표시한다.
⑤ 분석 대상이 되는 모든 의미 단위는 각각의 메타데이터(metadata)에 수렴하는 태그를 부여한다.
⑥ 하나의 태그는 온톨로지(ontology) 설계를 지향하는 부가 기호와 결합할 수 있다.

이 여섯 가지 사항 중, 앞선 네 가지는 일반적인 簡牘 행정문서 유형에 따른 원칙이다. 지금까지의 출토 상황을 종합하면, 다수의 행정문서는 2행 이상의 서사면을 구성하는 木牘의 형식을 갖춘다. 그리고 그 목독이 하나의 문서 단위를 이룬다. 소수의 경우 1행만을 서사면으로 구성하는 竹·木簡을 여러 매 편철한 簡册으로 제작된다. 이러한 서로 다른 형태의 문서를 정량화할 수 있는 일관된 원칙이 필요한 것이다.

우선 ①을 언명하여 簡牘의 형태와 상관없이 하나의 문서 단위는 모두 엑셀의 기본 단위인 하나의 셀과 일치시켰다. ②는 실물 간독의 수량과 관계없이 모두 문서 단위를 기준으로 하나의 셀에 일치됨을 부연한 것이다. 예를 들어 간독은 인위 혹은 비인위적인 충격으로 인해 파손된 상태로 발견되는 경우가 많다. 이들 중 일부는 철합 되어 원형이 어느 정도 복원되기도 한다. 그것은 본래 하나의 문서였기 때문에 하나의 셀과 일치할 수 있다. 그리고 居延漢簡「永元器物簿」[19]나 懸泉漢簡「鷄出入簿」[20]와 같이 수량이나 명단을 기록한 장부, 즉 簿籍類의 간독이 간책의 형태로 구성되는 경우가 많다. 그러나 이들은 간독의 형태만 다를 뿐 하나의 문서 단위로서, 하나의 木牘에 기재되기도 한다.21 간독의 형태는 변용될 수 있지만 문서의 단위는 고정된다는 면에서 하나의 셀에 수렴하는 것이 더욱 일관성을 확보할 수 있다. ③에서의 양면 서사 역시 대부분이 하나의 문서로서 맥락이 서로 연결된다는 것을 고려하여 하나의 셀에 수렴한다. 다만, 서사의 행이 바뀌는 경우 문서 내부 단락의 분리, 문서 형식상의 구분을 뜻할 수 있기 때문에 ④에서 언명한 것과 같이 부호 '」'를 표기한다. 簡册의 경우라면 부호 '」'는 簡이 바뀜을 의미할 것이다. 그리고 앞·뒷면의 구분 역시 행이 바뀌는 때와 유사하게 일정한 구분을 나타낼 수 있으므로 ⟨A⟩⟨B⟩로 명시한다.

⑤⑥은 簡牘 문서 정보의 기계가독성(machine-readable)을 확보하기 위한 원칙이다. ⑤에서 언급한 메타데이터의 의미는 데이터 활용의 효율을 목적

---

19 거연한간 편호 128.1A에 해당하는 「영원기물부」는 총 77매의 목간을 편철한 간책으로 구성, 영원5년부터 7년(A.D.93-95) 사이 약 2년 동안 작성된 병기류 기물에 관한 장부를 집성한 형태로 이루어졌다(中央研究院歷史語言研究所簡牘整理小組 編, 『居延漢簡』(貳), 博創印藝文化事業有限公司, 2015, pp.63-65 참조).

20 현천한간 편호 Ⅰ90DXT0112③:113~131과 Ⅰ90DXT0112③:68의 총 20매의 간을 원래 철합되어 있던 간책으로 판정하며, 내용상으로는 대략 元康4년 正月에서 12월 丁卯까지의 닭고기 출입 상황을 기록한 장부에 해당한다. 그 표제를 따라 일반적으로「鷄出入簿」라고 칭한다(甘肅簡牘博物館·甘肅省文物考古研究所·陝西師範大學人文社會科學高等研究院·淸華大學出土文獻研究與保護中心 編, 『懸泉漢簡』(壹), 中西書局, 2019, p.158, pp.165-168).

21 예를 들어 이야진간에서 주로 발견되는 作徒簿는 하나의 木牘에 다수의 명단을 나열했다. 가장 온전한 형태의 작도부로서 관장본에 수록된 9-2294+9-2305+8-145호 목독의 예를 들면, 정면 4欄, 배면 3欄으로 나눈 총 7개의 칸에 진시황33년 10월 乙亥日 하루에 司空守 圂에 의해 관리된 刑徒 총 125인 노역의 상세 항목을 각각 행을 나누어 서사했다(『里耶秦簡博物館藏秦簡』, p.50). 이러한 表의 형태로 구성된 서사 방식은 재료를 100매 이하의 簡册으로 만드는 것이 오히려 더 효율적일 수 있다.

으로 구조화된 정보이다. 그 구조를 이루는 기본 요소는 문서의 속성을 규정하는 요소이기도 하다. 즉, 메타데이터의 설계는 간독 문서를 통섭하는 과정이라 할 수 있다. 그리고 ⑥에서 언급한 온톨로지는 존재하는 사물간의 관계와 일반 속성을 탐구한다는 의미를 지닌 존재론, 온톨로지아(ontologia)에서 유래하여 인공지능(AI) 연구자들이 최근부터 사용하기 시작한 용어이다. 결국 범주와 속성을 규정하고 관계를 추적한다는 면에서 ⑤와 ⑥은 서로 연결되는 개념이다.

⑤의 메타데이터 아래에 적용되는 태그는 문서 원문으로부터 각 속성에 부합하는 의미 단위를 추출한다. 의미 단위에 태그를 부여하는 목적은 일차적으로 簡牘文書를 디지털 데이터로 검색할 때 발생하는 난점을 해결하기 위해서이다. 간독문서 상에는 동일한 의미 단위가 여러 형태의 記標로 나타나는 경우가 많다. 예를 들어 里耶秦簡에서 문서 행정의 소재지로서 가장 빈번히 명칭이 언급되는 遷陵縣은 석문 표기에 있어 대략 다음의 여러 가지 형태가 나타난다.

遷陵　遷□　□陵　遷……　遷☒　【遷】陵　遷【陵】　遷﹂陵

遷陵縣은 글자 그대로 '遷陵'으로 표기되기도 하지만, 일부 글자가 지워져 있기도('遷□'·'□陵'·'遷……'), 간독의 일부가 잘려나가 글자의 잔결이 발생하기도 하며(遷☒), 그 불완전한 기록은 문맥에 의거해 '遷陵'으로 추론되기도 한다('【遷】陵'·'遷【陵】'). 그 외에 서사 행이 바뀌어 두 글자가 따로 쓰여지는 경우도 있다(遷﹂陵). 里耶秦簡에 기록된 모든 천릉현을 검색하기 위해서는 이상과 같은 모든 형태를 고려해야 한다. 태그(tag)는 정보의 기계 검색을 목적으로 하는 색인, 즉 시소러스(thesaurus) 개념에 따라 동의·유사어를 하나의 키워드로 규격화한 것이다.

본고는 상기한 태그의 기본 성격 외에 한 가지 기능을 더 부여했다. 簡牘

행정 문서에 나타난 정보는 대략 두 가지 성격으로 구분할 수 있다. 하나는 가시적 의미, 즉 문자로 의미가 확실히 기재된 것이다. 그리고 다른 하나는 내재적 의미, 즉 문자로 기재되어 있지 않고 함축된 의미가 있다. 전자는 태그 자체로 구현이 가능하지만, 후자의 경우는 고도의 통섭 능력이 요구된다. 그것을 표현해 내는 문제와 더불어, 체계와 충돌하지 않도록 '비워두는' 것이 난제로 작용한다. 본고는 문서에 제시된 가시적 의미의 경우는 중괄호 { }를 활용하여 표시했다. 예를 들어 천릉현의 의미가 확실히 기재된 경우 {遷陵縣}이라는 태그를 부여한다. 만약 천릉현이 기재되어 있지 않지만 의미가 내재된 상태를 표현한다면 { }를 제외한 遷陵縣의 태그만을 부여한다.

　　이해를 돕기 위해 가시적 의미와 내재적 의미가 혼재된 예를 하나 들면, 里耶秦簡에서 '下里'라는 지명이 다수 나온다. 행정소재 상 縣 아래 鄕에 소속된 里는 방위를 나타내는 東·西·南·北, 혹은 지형의 고저를 나타내는 上·下를 차용하여 명명되는 경우가 많다. 이러한 명칭은 여러 지역에서 중복해서 쓰기도 한다. 만약 여기에 태그를 단독 적용하면 해당 지역의 소속관계를 분명히 인지할 수 없게 된다. 가시적 의미만으로 내재적 의미까지를 모두 포괄할 수 없는 것이다. 이에 대해서는 상위의 행정소재지를 부기해줄 필요가 있다. 이를 태그로 표현하면,

　　　閬中縣{下里}
　　　襄城縣{下里}
　　　陽陵縣{下里}
　　　丹陽縣{下里}

와 같다. 여기서 단지 '下里'라는 명칭의 출현 사례만을 검색하고자 하면 {下里}를 입력하면 된다. 그러나 행정소재별 분류까지 대상을 넓히고자 한다면 현명까지 적용한다. 여기서 중괄호 { }는 기재되어 있는 의미 단위를 표시하

는 필수 기호이다. { }가 없이 부기되는 태그는 필수가 아닌 선택 사항으로 의미가 확실치 않으면 비워둘 수 있다.

보다 복잡한 예를 들면, 秦代 吏員 편제에 있어 職名은 때로는 포괄적으로, 때로는 세부적으로 지칭되기도 한다. 대표적인 사례가 바로 令史일 것이다. 令史는 특정 업무를 담당하는 직명이기도 하지만, 특정 등급의 이원 전반을 총칭하기도 한다. 예를 들어 里耶秦簡에 출현하는 獄史는 넓은 범주에서 令史에 해당한다. 명확하지는 않지만, 令佐 또한 그럴 가능성이 높다. 문제는 이 같은 구분이 시대를 초월한 고정 개념이 아니라 유동적이면서 여전히 밝혀지지 않은 사실 또한 많다는 것이다. 따라서 { } 속에 기입하여 가시적 의미 단위는 분석하되, 불확실하고 확장 가능성이 있는 부분은 선택적으로 부기한다. 즉, 獄史는 令史{獄史}로, 令佐는 令史{令佐}로 표현할 수 있을 것이다.

이상의 태그 원칙을 메타데이터에 공통으로 적용, 다음의 네 가지 속성으로 분류하여 체계를 구성해 보았다.

[속성1]	[속성2]	[속성3]	[속성4]
행정지명	행정편제	인명	기년

각각의 [속성]은 簡牘 행정문서 내에서 언급되는 정보 중 정량 분석이 필요하다고 판단되는 상위(meta) 기준으로 제시된 것이다. 그것은 다른 필요에 따라 기준을 바꾸거나 추가할 수도 있다. 또 본고가 구성한 속성(attribute) 단위는 독립 구분으로, 등차(level)의 의미는 지니지 않는다. 만약 등차의 적용이 필요하다고 생각되면 이 또한 별도의 설정을 더할 수 있다. 요컨대, 본고가 제시한 메타데이터는 일종의 방법론적 예시일 뿐, 간독 행정문서의 모든 특성을 규정하지는 않음을 밝혀둔다. 이하 네 가지 속성에 대한 상세 설명을 부연한다.

[속성1] 행정지명

문서에 기록되어 있거나 문서가 경과한 것으로 추정되는 공간 혹은 특정 장소를 지칭한다. 관방이 정한 기준을 따르는 행정문서의 특성상 그 명칭은 곧 행정기구의 뜻을 함께 가진다. 보다 엄밀하게 규정하여 그것은 행정체계에 따라 분류된 지명, 즉 행정지명이라 할 수 있다. 秦漢 시대를 통틀어 동일하게 적용할 수 있는 기준은 郡縣制의 기본 관할 구역, 郡·縣(혹은 道)·鄕·里일 것이다. 이 기준에 따라 里耶秦簡 문서에 기재된 행정지명을 귀납하여 태그로 정리하면 아래의 표와 같다.

표 1. 이야진간 행정지명 태그 색인

郡	縣·道	鄕	里
{洞庭郡}	{遷陵縣}	{都鄕}	{高里}{陽里}
		{貳春鄕}	{南里}
		{啓陵鄕}	{成里}
			{東成里}{興里}{尙里}{平里}
	{酉陽縣}	{盈夷鄕}	{成里}
	{無陽縣}	{衆陽鄕}	
	{充縣}{零陽縣}{臨沅縣}{門淺縣}{上衍縣}{索縣}{新武陵縣}{沅陵縣}{沅陽縣}{辰陽縣}{鐔成縣}{荊山道}		
{蒼梧郡}	{益陽縣}		
{南郡}	{江陵縣}		{東就里}{慎里}{當道里}{戱里}
	{競陵縣}	{漢陰鄕}	{陽處里}
	{房陵縣}		{咸陰里}
	{鄢縣}		{江里}
	當陽縣	{當陽鄕}	
	中盧縣	{中盧鄕}	
	{銷縣}{州陵縣}{夷陵縣}{臨沮縣}{秭歸縣}{夷道}		

郡	縣·道	鄉	里
{巴郡}	{朐忍縣}		{固陽里} {索秦里} {成都里} {宜利里} {脩仁里} {宜新里} {蘇蒤里}
	{涪陵縣}		{戲里} {新里} {高橋里}
	{宕渠道}		{平邑里}
	{閬中縣}		{下里}
	{江州縣}		
{蜀郡}	{僰道}		{西里}
	{梓潼縣}		{長[辛見]里} {武昌里}
	{資中縣}		{宕登里}
	{江陽縣}		{開陽里}
	{成都縣} {郪縣}		
漢中郡	{旬陽縣}		{州里} {[阝邑]陵里} {乘田里}
	{沮縣}		
	{長利縣}		
北地郡	{陰密縣} {泥陽縣}		
{內史}	{彭陽縣}		{西里}
	{安陵縣}		{昌里}
	{咸陽縣} {高陵縣}		
{參川郡}	{雒陽縣} {陝縣} {宜陽縣} {新城縣}		
潁川郡	{陽翟縣}		{渭陽里} {原里}
	{襄城縣}		{武宜里} {下里}
	{潁陰縣}		
{南陽郡}	{宛縣} {新野縣} {比陽縣} {陽成縣} {雉縣} {鄧縣} {魯陽縣}		
{泰原郡}	{平城縣}		
{淮陽郡}	{城父縣}		{柘里} {繁陽里} {陽翟里} {西中里} {中里} {蒙里} {安秋里} {成里} {西平里} {左里} {西章里}

郡	縣・道	鄕	里
{東海郡} {琅邪郡} {泰山郡}			
미확정	{陽夌縣}		{西就里}{宜居里}{仁陽里} {下里}{孝里}{褆陽里}{逆都里} {叔作里}{谿里}{莘里}
	{丹陽縣}		{下里}
	{臨漢縣}		{都里}
	{岐縣}		{造里}
	{南昌縣}		{平智里}
	{蘩陽縣}{東鄕縣}{陳縣}{啓陽縣} {芒縣}{沂陽縣}{都陽縣}{折江縣}		

앞서 설명했듯이 태그는 실재 기재되어 있는 여러 동의・유사 표기를 하나의 형태로 규격화한 것이다. 확실히 기재된 사례는 { }를 부가한 태그, { }가 없는 태그는 행정지명에 있어 소재지를 지정할 필요가 있을 때 적용한다. 여기서 표에 기재된 漢中郡・北地郡・穎川郡 등의 郡名은 실제 이야진간에 기록된 사례는 없다. 그것은 하부 단위인 縣名으로부터 소속관계를 추론한 것이다. 이 또한 { }를 부여하지 않은 내재적 의미의 태그로 활용할 수 있다.

[속성2] 행정편제

문서에 기록되어 있는 관서 및 직위를 지칭한 것이다. [속성1]은 지리 공간 자체를 지정한 것인 반면, [속성2]는 중앙 및 군현 조직의 보편 구성에 비중을 둔다는 점에 차이가 있다. 행정편제에 속하는 태그를 구성하면 다음의 표와 같다.

표 2. 이야진간 행정편제 태그 색인

中央{朝}廷	郡太守{府}	郡{尉府}	縣{廷}	縣尉	{鄕}·{官}	{亭}
{丞相} {丞相史} {丞相假史} {御史} {御史丞} {少府}	{執灋} 郡{太守} 郡{假守} {郡丞} {郡假丞}	{郡尉} {郡假尉}	縣{令} 縣{守令} 縣{丞} 縣{守丞} 縣{假丞} {縣嗇}夫　　　　　　　　　　　{令史} _{獄史} _{令佐} {假令史}	{尉} {尉官} {尉守} {尉史}	{都}鄕 {貳}春鄕 {啓}陵鄕 {倉}官 {田} {田官} {司}空官 {少}內官 {庫}官 {廐}官 {畜}官 {船}官 {發弩官}	{校長} {假校長} {求盜}　　　　　(기타직명) {邦候守} {牢監} {牢人} {冗佐} {郵人} {走} {里典}
	{郡發弩} {郡發弩丞} {郡發弩守丞} {郡司馬} {郡候丞} {卒史} {假卒史} {屬} 〈曹〉 {中曹} {覆曹} {諫曹} {廐曹} {爵曹}		〈曹〉 {戶曹} {吏曹} {倉曹} {司空曹} {金布曹} {旁曹} {尉曹} {令曹} {輪曹} {車曹} {兵曹} {獄東曹} {獄南曹}		{嗇}夫 {守嗇}夫 {假嗇}夫 {史} {佐}	

　　소위 郡縣制로 대변되는 秦漢帝國 이래의 중앙집권제도는 차원분열도형, 즉 프랙탈(fractal) 구조에 비유할 수 있다. 秦帝國의 경우, 지방의 여러 郡은 모두 수도 咸陽이 소재한 內史로부터 차원을 분열한 것이다. 내사는 縣·

그림 1. 프랙탈 구조의 대표적 예: 중심에서 주변으로 차원 분열하는 눈꽃 문양

道를 관할하는 상위 단위인 동시에, 자체의 실무 기구를 운영했다. 장관 소재의 집행 기구는 '府'라고 칭해졌고, 官과 曹 등의 실무 기구가 이에 속했다. 하위 단위인 縣·道는 내사의 편제를 복제하여 구성된다. 현·도의 집행 기구는 이름을 달리하여 '廷'이라고 칭해졌지만, 아래에 관·조와 같은 실무 기구를 동일하게 두었다. 행정 계통의 이 같은 府-廷 관계는 다시 횡으로 분열하여 군사 계통의 尉 조직을 형성한다. 군 단위의 尉는 행정 계통의 기구와 동일하게 府를 두었다. 현 단위 또한 아마도 廷과 유사한 지위의 기구를 두었을 것이다. 太守와 郡尉, 縣令(혹은 長)과 縣尉가 府-廷의 상하관계를 이루고 각각 官·曹 등의 실무 기구를 구성하는 형태는 내사로부터 시작하여 모든 군현에 동일하게 이식된다. 그 구조의 가운데에 朝廷이 자리하여 가장 높은 차원의 범주를 구성함으로써 중앙집권을 이룬다.

郡縣의 기본 구성은 대략 이와 같이 설명할 수 있지만, 여전히 세부적으로 밝혀지지 않은 난제들이 많이 있다. 이에 태그는 각 차원의 집행 기구를 중심으로 분류하되, 소속 직위를 추가해 가는 방향으로 설계했다. 그리고 의미가 확정적이고 분석할 필요가 있는 경우 약어를 사용함으로써 표기의 효율을 추구했다. 예를 들어 里耶秦簡에서 郡의 집행 기구는 '太守府', 그와 평행 관계의 군사 기구는 '尉府'라고 칭해진다. 그 중 태수부는 약어를 적용하여 {府}, 위부는 그대로 {尉府}라고 태그를 설정했다. 하위 단위의 현정은 '廷'이라고 지칭되므로, 이를 그대로 따라 {廷}으로 하였다. 府와 廷의 지칭은 서북한간을 비롯한 기타 행정문서의 예에서도 동일하게 발견되므로,[22] 이야진간 외의 확장된 데이터까지 일관성을 유지할 수 있을 것이다. 기구에 소속 편제되는 관직은 중복되지 않는 고유의 약어를 태그로 지정했다. 그러나 관서·직위의 편제 상황이 여전히 불확정적인 사항도 많이 있다. 그러한 사례는 약어의 적용을 보류하고 원 기재명을 그대로 태그에 반영했다.

里耶秦簡 행정문서에서 특히 중요한 분석 대상은 遷陵縣 아래 부속 기구의 상황이다. 문서의 대부분은 縣廷과 부속 기구 간에 교신된 내부문서로서, 현 이하 행정 조직의 실태를 가장 여실히 반영한다. 현정 예하의 기구는 대체로 縣 내의 관할지역을 형성하는 鄕, 그와 평행관계를 이루는 실무 기구인 官, 현정 직속으로 편성되어 문서 행정을 보조하는 曹로 나누어 볼 수 있다. 이들은 기재 여부에 따라 모두 세부의 태그를 부여했고, 필요에 따라 약어를 사용했다. 특히 향·관의 이원 편제는 장관인 嗇夫, 속리인 佐·史가 동일하게 구성된다. 이들은 각각의 소속 기구와 합칭된다. 예를 들어 都鄕의 嗇夫는 {都嗇}, 창관의 색부는 {倉嗇}, 대리 색부라면 {倉守嗇}, 창 소속의 좌는 {倉佐}와 같은 형식으로 표기할 수 있다. 여기서도 행정 기구의 체계가 불명확한 경우가 있는데, {田}과 {田官}이 그 예 중 하나이다. 혹자는 이것이 동일한 官이라고 보는 반면, 이것이 각기 다른 관이라고 보는 견해도 있다.[23] 이렇게 논쟁의

---

22 예를 들어, 太守府나 都尉府에서 발신한 문서를 일반적으로 '府書'라 칭하며(『居延漢簡』(壹), 2014, p.1, "……謹以府書驗問……[3.2]"), 군수나 도위에 대해 '府君' 혹은 '府卿'과 같은 존칭으로 부르는 경우가 자주 보인다(張德芳 主編, 孫占宇 著, 『居延新簡集釋』(1), 甘肅文化出版社, 2016, p.62: "育候史恭等前府君行塞增塢禀徒□[EPT6: 92]"; 『居延漢簡』(參), 2016, p.201: "狀報江卿對問府卿記趣言轉事……[276.016]"). 이와 유사하게 현정에서 발급한 문서를 '廷撒'(張德芳, 『敦煌馬圈灣漢簡集釋』, 甘肅文化出版社, 2013, p.249: "廷撒□隊[403]") 혹은 '廷書'(長沙市文物考古研究所·淸華大學出土文獻研究與保護中心·中國文化遺産研究院·湖南大學嶽麓書院 編, 『長沙五一廣場東漢簡牘』(壹), 中西書局, 2018, p.141, "廷書曰言男子吳輔嗣傷……[230]")라 칭한 예를 기타 행정문서 상에서 찾을 수 있다.

23 田과 田官을 동일한 관서로 보는 견해로는 孫聞博, 「秦縣的列曹與諸官 - 從〈洪范五

여지가 있는 사례는 원 기재명을 따라서 모두 태그를 부여한다. 사실 정량 분석을 하는 목적 중 하나는 이러한 논쟁의 여지가 있는 부분을 해결하기 위한 것이다. 미확정의 사항들은 논증을 통해 체계를 보다 명확히 수정해가는 과정을 거치게 될 것이다.

[속성3] 인명

문서에 기재된 사람의 이름을 지칭한다. 시기를 불문하고 간독 행정문서는 관련 직무 담당자의 이름을 기재하는 것이 일반 원칙으로 정해져 있었다. 『里耶秦簡』 1·2권의 경우는 그 원칙에 따라 기재된 인명이 중복 포함 총 558건이 나온다. 이들은 정량 분석의 대상으로서 각 개인에 대한 단일 태그를 모두 부여했다. 인명의 활용도는 앞선 [속성1·2]와 연계할 때 가치가 높다. 문서에 출현하는 다수의 인명은 지명 혹은 관직명과 결합한 언어체계로 표현된다. I장에서 前述한 '遷陵拔'이 '직위가 遷陵縣令인 이름이 拔이라는 자'를 뜻하는 것과 유사하게, '洞庭守禮'는 '직위가 洞庭郡 太守인 이름이 禮라는 자'를 뜻하고, '司空色'은 '직위가 司空官嗇夫인 이름이 色이라는 자'를 뜻한다. 본고는 이러한 언어체계를 해체하여 지명과 관직, 인명의 세 가지 속성으로 분류했다. 여기서 지명 혹은 관직명이 고정된 것과는 달리 인명은 개인의 轉任 상황에 따라 유동적이다. 즉, 인명의 유동은 특정 이원의 인사이동 상황을 나타낼 것이다. 이는 당시 군현 조직의 운영 기제를 추적할 단서가 되며, 나아가 시대별 군현 행정제도 보편 특성의 문제로도 확장할 수 있다.

行傳)一則佚文說起」, 『簡帛』 第11輯, 2015; 鄒水傑, 「秦簡"有秩"新證」, 『中國史研究』, 2017-3, 별도의 관서로 보는 견해는 陳偉, 「里耶秦簡所見的"田"與"田官"」, 『中國典籍與文化』, 2013-4; 單印飛, 「秦至漢初縣行政機構設置辨析」, 『中國史研究』, 2022-1 등이 있다.

[속성4] 기년

　　전체 簡牘 행정문서 중 연대를 비정할 수 있는 기록을 지정한다. 사실 기년 정보는 교신을 요체로 하는 행정문서가 일차적으로 갖추어야 할 조건이다. 그러나 현재 발굴되는 행정문서는 모두 버려진 '쓰레기', 훼손 혹은 문서 본질의 임의적 성격 등으로 인해 기년 정보가 없거나 명확하지 않은 경우가 많다. 里耶秦簡의 경우 현재까지 엑셀 파일로 정리된 문서의 셀 레코드는 총 5672건에 이르지만, 그 중 기년이 확인된 예(추정할 수 있는 사례까지 포함)는 751건으로 전체의 약 13.24%에 불과하다. 비록 소수의 사례이긴 하나, 기년은 앞선 [속성1·2·3]을 시계열에 따라 재분류하기 위한 기준으로서 중요하다. 또한 다른 속성과의 비교 검증을 통해 기록에 없던 기년 정보를 복원할 수도 있다. 이야진간의 기년 속성 태그는 15년 남짓한 秦帝國의 짧은 유지 기간으로 인해 기타 간독 문서에 비해 손쉽게 정리가 가능하다. 아래와 같이 총괄한다.

　　廿五年/前222
　　廿六年/前221
　　廿七年/前220
　　廿八年/前219
　　廿九年/前218
　　卅年/前217
　　卅一年/前216
　　卅二年/前215
　　卅三年/前214
　　卅四年/前213
　　卅五年/前212
　　卅六年/前211
　　卅七年/前210
　　元年/前209

二年/前208

　　태그의 기본 구성은 '원문표기 연도/서력환산 연도'를 조합했다. 里耶秦簡 문서의 기년은 정확히 遷陵縣이 설치된 秦王政25년(B.C.222)부터 秦帝國이 천릉현에 대한 통치력을 상실한 것으로 추정되는 秦二世2년(B.C.208)까지로 한정된다. 그 각각의 연도를 표기한 것과 더불어 기록을 통해 연도를 확정할 수 있는 경우는 [ ]를 부가, 기재되어 있지 않지만 분석을 통해 연도를 추론할 수 있는 경우는 ( )를 부가하여 구분한다. 특정 기년에 관한 문서를 종합 검색할 때는 괄호를 제외한 기본 태그만 입력하면 기년 자료 전체의 추출이 가능하다.

　　⑥의 온톨로지는 앞서 지정한 메타데이터 속성 간의 관계를 설계함으로써 완성된다. 그러나 이를 위해 온톨로지의 기술 언어인 RDF(Resource Description Framework)나 OWL(Web Ontology Language), 온톨로지 편집기(Ontology Editor)를 이용하여 자동화 공정을 진행하기에는 간독의 언어체계가 여기에 최적화되어 있지는 않은 것 같다. 일단은 한자로 표현되는 문서 원문의 용어를 통섭하는 과정을 우선함으로써 온톨로지 설계로 나아갈 수 있는 기초를 마련하고자 한다.

　　簡牘文書의 가장 기본적인 특성이라 하면 바로 이동성을 들 수 있다.[24] 그 송신과 수신, 즉 교신의 과정은 관방이 규정한 원칙에 따라 문서 내에 일관

24　李均明은 간독문서 중 '書檄類'가 가지는 보편 특성으로 '通行性', 즉 이동성을 들었다. 그러나 그가 분류한 書檄의 범위는 교신의 여부에 따라 傳·致 등의 符券類 간독도 해당되는 등 분류 기준이 엄격하지 않다(『秦漢簡牘文書分類輯解』, 文物出版社, 2009, pp.16-144). 간독문서는 서격의 범위를 넘어 발신지와 수신지가 특정되지 않더라도 대부분은 함축되어 있다. 즉, 이동성을 간독문서 전체의 특성으로 보는 것이 더 적절해 보인다(도미야 이타루 지음, 임병덕 역, 『목간과 죽간으로 본 중국 고대 문화사』, 사계절, 2005, p.139 참조).

된 용어로 표현된다. 우선 송신을 전제로 하는 보고 혹은 전달의 의미로 '敢言之', '敢告' 혹은 '告'·'謂'·'下'·'却' 등의 용어가 있다. 용어의 선택은 교신자 간의 위계질서 혹은 전달 내용의 성격 등의 요소에 따라 결정된다. 그것을 대략 세 가지로 분류하면, 상위 기구에서 하위 기구로의 하달, 하위 기구에서 상위 기구로의 상달, 동급 기구 간의 송달로 나눌 수 있을 것이다. 본고는 이들을 각각 '下', '上', '送'의 약어로 지정한다. 그리고 관련 실무의 시행 여부를 표현하는 용어 또한 일관된 체계가 갖추어져 있었다. 예를 들어 문서의 서사 혹은 그와 관련한 서명을 뜻하는 '手', 보내온 문서의 개봉, 즉 수신을 의미하는 '半' 혹은 '發', 문서를 가지고 옴을 의미하는 '以來', 문서를 가지고 감을 의미하는 '行' 혹은 '送移' 등의 용어가 里耶秦簡에서 일관되게 출현한다. 이들은 최대한 원문의 표기를 살려서 '手', '半', '來', '行'으로 지정할 것이다. 이상의 약어 체계를 정리하면 아래의 표와 같다.

표 3. 문서 송·수신 업무 관련 약어

약어	의 미	해당 [속성]
下	상위 기구에서 하위 기구로의 하달	[속성1] [속성2]
上	하위 기구에서 상위 기구로의 상달	
送	동급 혹은 평행 기구로의 송달	
手	문서의 서사 혹은 서명	[속성3]
半	문서의 개봉, 縣廷에서의 문서 수신	
來	문서를 전달하러 옴	
行	문서를 전달하러 감	

여기서 下·上·送은 행정 기구 책임자 간의 내용 보고 및 전달을 가리키며, [속성1]의 행정지명 간의 문서 이동, 혹은 [속성2]의 행정 편제에서의 집행 기구 및 실무 기구 장관 혹은 책임자가 주요 대상이다. 반면, 手·半·來·行은 실물에 대한 물리적 노동에 속하며, 보통 관직의 표기 없이 [속성3]의 인명

과 더불어 부기된다. 메타데이터를 분류한 아래의 이야진간 5-1 문서의 예를 들어 설명하겠다.

석 문	[속성1] (행정지명)	[속성2] (행정편제)	[속성3] (인명)	[속성4] (기년)
元年七月庚子朔丁未倉守陽敢言之獄佐辨平士吏賀具獄縣官食盡甲寅謁告過所縣鄉以次續食雨留不能投宿齎來復傳零陽田能自食當騰期卅日敢言之／七月戊申零陽龏移過所縣鄉／齮手／七月庚子朔癸亥遷陵守丞固告倉嗇夫」以律令從事／嘉手〈A〉遷陵食辨平書己巳旦□□□□遷陵 七月癸亥旦士五(伍)臂以來／嘉發〈B〉	{零陽縣} {遷陵縣}	{倉}{廷} / {倉守嗇} {丞} {守丞} {倉嗇} {獄佐}	{陽}{辨} {平}{賀} {龏}{齮} {固}{嘉} {臂}	{元年/ 前209}

상기한 표는 실제 엑셀에 데이터를 가공한 형태 그대로를 재현한 것이다. 각 속성의 태그를 선별하여 문서 교신 관련 업무를 온톨로지로 설계하면 다음과 같이 표현할 수 있다.

[속성1] {零陽縣}送{遷陵縣}
[속성2] {倉}上{廷}送{廷}下{倉}
[속성3] {齮}手{臂}來{嘉}半手

이 문서는 우선 零陽縣에서 遷陵縣으로 송달된 문서이다([속성1]). 행정 편제의 직책에 있어서는 영양현의 倉守嗇夫가 縣丞에게 상달하고, 또 이것을 전달받은 천릉현 守丞이 예하의 창색부에게 문서를 하달하는 다소 복잡한 과정을 거친다. 이를 행정 기구 간의 이동으로 보다 간략히 倉官에서 縣廷으로 상달, 다른 현정으로의 송달, 현정에서 창관으로의 하달로 표현할 수 있다([속성2]). 여기에 실물 문서의 작성 및 전달 등 실무의 수행([속성3])에 중점을 두고 다음과 같이 보다 정교하게 구성할 수도 있을 것이다.

{繒}手/零陽縣/{臂}來{嘉}半手/遷陵縣/

里耶秦簡 5-1 문서는 크게 영양현에서 작성한 문서와 천릉현에서 작성한 문서의 두 부류로 나누어 볼 수 있다. 이를 /零陽縣/, /遷陵縣/으로 표현했다. "繒가 서사를 담당한 영양현 문서({繒}手/零陽縣/)는 臂가 천릉현에 전달하러 왔으며({臂}來), 嘉는 이것을 개봉한 것에 이어서 천릉현 문서의 서사를 담당했다({嘉}半手/遷陵縣/)".

이상의 메타데이터와 개략적인 온톨로지는 모두 엑셀 내부 기능으로 검색과 재구성이 가능하도록 분류했다. 그 체계에 따라 데이터 세팅을 거치면 간단한 통계 작업까지 진행할 수 있을 것이다. 본고의 기본 취지는 簡牘文書의 기계가독성을 확보하는데 있다. 그것이 충분히 구현될 수 있음을 시연하면 이로서 목적한 바는 달성할 수 있다. 이하 장을 바꾸어, 지금까지 가공한 엑셀 데이터를 바탕으로 里耶秦簡에 관한 몇 가지 문제의 정량 분석을 시론해 보고자 한다.

Ⅲ 데이터로부터의 추론

1. 里耶秦簡 문서 행정의 주체

여러 통계 수치와의 비교 대상 자료로, '遷陵吏志'라고 명명된 里耶秦簡 9-633호 木牘이 있다. 천릉리지는 연도가 불명한 어느 시기 천릉현 이원 편제의 정원 및 현황을 반영한다. 여기에는 대략 천릉현의 이원이 長吏, 校長, 牢監, 官嗇夫, 令史, 官佐의 총 101명으로 구성되었음을 명시했다.[25] 그 중 문서 출현이 거의 전무한 牢監의 사례를 제외하면, 천릉현의 이원 명수는 그 자체로 백분율을 이룬다. 이것을 실제 이야진간의 사례에 대입하여 각 이원별 출현 빈도 및 비율과 비교하면 다음과 같다.

	'천릉리지' 이원구성	문서출현빈도 문건수/백분율
長吏(令+丞+尉)	3	253(18+210+25) / 21.61%
校長	6	15 / 1.28%
官嗇夫	10	428 / **36.55%**
令史	28	295 / **25.19%**
官佐	53	180 / **15.37%**
합계	100	1239 / 100%

여기서 官嗇夫의 경우 향색부를 포함한 최대 범위의 官을 대상으로 했다. 이에 실제 적용되는 관색부 정원은 천릉리지의 10명을 상회한다. 官佐도 동일한 범주를 대상으로 鄕史·官史까지 포함했고, 令史는 그와 동급인 令佐·獄史까지 포함했다. 비교의 기준이 같을 수 없기 때문에, 양자의 수치가 비례하지 않을 것임은 굳이 통계 자료를 보지 않아도 예상할 수 있다. 그럼에도 관련 자료를 제시하는 이유는 이러한 차이가 형성되는 배경을 이해함으로써, 이야진간 문서가 가지는 편중성, 내지 한계점을 파악할 수 있기 때문이다.

특히 遷陵吏志에서 官嗇夫·令史·官佐의 구성비가 有秩·斗食·佐史의 질급 순에 따라 피라미드형을 보이는데 반해, 실제 문서에서의 비율은 역

---

[25] 문서는 총원을 103인으로 적시했지만, 상세 항목의 실제 합은 총 101명으로 구성되어 있다. 『里耶秦簡牘校釋』(第二卷), pp.167-168 참조.

피라미드형의 추세가 나타난다. 그것은 문서 행정의 특성에 따른 편중 현상으로 이해할 수 있다. 색부는 鄕·官 기구의 장관으로서 문서 교신의 책임자이다. 또한 현정이 업무 지시를 하달할 때 직접 지명하는 대상이기도 하다. 즉 관급 문서 행정의 주체로서 실제 이원 구성비보다 더 높은 비율로 언급되고 있는 것이다.

그런데, 이와 동일한 논리를 長吏, 校長의 사례에 대입하면, 또 그와는 상이한 추세가 나타난다. 보다 정밀한 데이터를 산출하기 위해 비교 항목을 문서교신 책임자로 한정하고, "敢言之"·"敢告"·"告"·"謂" 등 문서 교신 용어를 上·下·送의 키워드로 설정한다. 그리고 각 기구의 장관이자 교신 책임자인 장리(縣令·丞·尉)와 교장, 官嗇夫가 주어로 출현한 사례를 상호 비교하면 아래와 같은 결과가 산출된다.

		교신담당문건수	백분율
長吏	令	4	2.60%
	丞	60	**38.96%**
	尉	4	2.60%
官嗇夫		85	**55.19%**
校長		1	0.65%

이를 통해 里耶秦簡 문서 교신 담당자의 약 94% 가량이 縣丞과 官嗇夫에게 편중되어 있음을 알 수 있다. 심지어 校長이 문서 교신을 담당한 사례는 단 한 차례에 불과하다. 그나마도 정식 교장이 아닌 '假校長'이며, 다른 문서에서 출현하지 않는 '司馬丞'이 遷陵縣 내부 문서의 관련자로 출현하는 등, 무언가 특수한 상황을 반영하는 것 같다.26 그렇다면 교장은 일반적으로 문서 교신을 하지 않았던 것일까? 西北漢簡 문서의 경우 교장과 동일한 직무를 수행했던

---

26 『里耶秦簡牘校釋』(第二卷), p.260, 9-1112호 목독 참조.

'亭長'이 문서 교신을 직접 담당한 사례가 적지 않게 확인된다.[27] 이에 따르면 교장이 문서 행정에서 소외되어 있는 것은 직무 자체로 인한 것이기 보다 이야진간 문서 특성에 국한된 문제일 수도 있다.

縣令의 문서 교신의 예가 적은 것은 상위 책임자로서 縣丞에게 현정 문서 행정을 대부분 일임한 것으로 이해할 수 있다. 그러나 현승과 동급인 縣尉의 사례에서 현저히 적게 나오는 현상을 어떻게 이해해야 할까? 실제 縣廷에서 尉로 문서가 이동한 사례가 소수만이 확인될 뿐이다.[28] 이는 아마도 지금까지의 里耶秦簡이 현정과 嗇夫 간에 교신된 문서 위주로 집중 폐기되었기 때문일 것이다. 나아가 亭과 縣廷의 교신이 거의 나오지 않는 것은 亭의 행정 문서가 현정이 아닌 尉와 우선 교신하는 계통으로 구성되었기 때문은 아닐까?

요컨대, 지금까지의 里耶秦簡 교신 문서는 대부분 현정과 鄕·官을 대상으로 한다. 교신 책임자의 절대 다수가 縣丞과 官嗇夫로 이루어진 것에서 그것을 알 수 있다. 이는 이야진간이 縣廷 중심의 행정문서라는 주지의 사실과 다르지 않다. 더 구체적으로 살펴보면, 현정과 향·관 아래에서 문서 서사 및 관련 보조 업무를 담당하는 令史와 官佐 중, 영사가 언급된 비율이 25.19%, 관좌(官史까지 포함)가 15.37%로 영사가 관좌에 비해 10% 가까이 높다. 이는

---

27 거연한간에서 第二亭長 舒(『居延漢簡』(參), p.194: "始元年十月甲辰朔戊辰第二亭長舒劾敢言之 捕(275.10)", 돈황한간에서 止寇亭長 昌(『敦煌馬圈灣漢簡集釋』, p.577: "元始三年四月丙午朔庚午止寇亭長昌敢(772)") 등이 일반 문서 보고 양식의 교신 주체로 출현한 사례를 확인할 수 있다. 게다가 肩水驛北亭長 敵이 候의 일을 겸직하여 문서 발송을 책임 진 사례도 보인다(『居延漢簡』(壹), p.92: "四月丙子肩水驛北亭長敵以私印兼行候事謂關嗇夫吏寫移□/它如律令(29.7)"). 이러한 정황을 통해 추측컨대, 漢代 亭長의 직무에는 문서 교신이 포함되었을 것이다. 이를 미루어 秦代의 校長 또한 그 가능성을 우선 고려할 수 있다.

28 앞서 예로 든 9-1112호 목독을 포함하여, 8-657, 8-2001, 9-453, 9-1088+9-1090+9-1113, 9-1861, 9-2251. 9-2283 등이 縣廷에서 尉로 문서를 전달하고 있다.

본래 이원 구성비에서 관좌가 영사에 비해 두 배 가량 다수 배치된 것과는 상반된 결과이다. 그것은 이야진간 문서의 업무 관련성이 관좌보다는 영사의 직무에 더욱 가까운 사실을 나타낼 것이다. 그 외에 고려할 사항으로, 문서의 서사와 개봉 등 관련 실무를 표기한 용어의 출현 빈도를 비교하면 다음과 같다.

업무 형태	출현문건수
문서의 서사(手)	461
문서의 개봉(半)	97
가지고 감(行)	46
가지고 옴(來)	140
계	744

이 네 가지 용어 중 문서의 서사와 개봉은 보통 인명만을 지정해 부기하기 때문에, 명확히 어떠한 관직에 있는 자가 담당했는지는 보다 정밀한 분석이 필요하다. 대략 문서의 서사(手)와 개봉(半)의 업무는 令史와 官佐가 주요 대상이 되었음은 분명하다. 이러한 문서 실무의 네 가지 요소를 포함하여 각 행정기구의 官職을 망라한 출현 빈도를 워드 클라우드로 가시화하면 아래의 두 그림과 같이 표현할 수 있다.

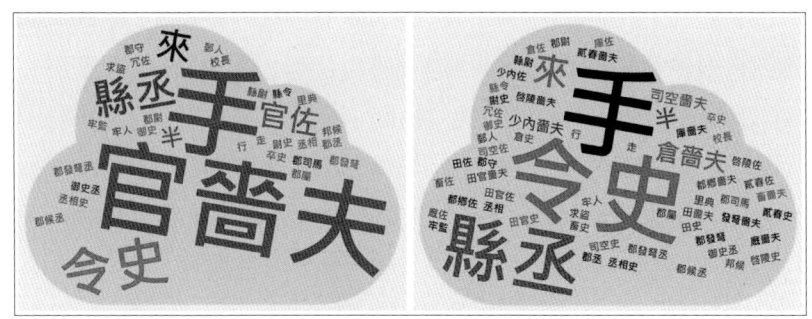

그림 2. 워드클라우드 (左): 官의 職制를 총괄하여 적용한 예
(右): 官의 職制를 세분하여 적용한 예

먼저, 좌측의 그림은 모든 키워드 중 '手'와 '官嗇夫'가 최상위 빈도 그룹에 포함, 가장 큰 글씨로 표현되었다. 그 다음이 '令史', '縣丞', '來', '官佐' 순으로 구성되었다. 그리고 우측의 그림은 '手'와 '令史'가 가장 큰 글씨로 표현되고, 이어서 '縣丞', '來', '倉嗇夫', '半'이 뒤따른다. 이 같이 워드 클라우드가 다르게 구성된 것은 鄕·官 소속 직위 분류의 기준이 다르기 때문이다. 관을 하나의 등급으로 통합하여 郡-縣-官의 단순한 구도로 본다면, 이야진간 문서에서 가장 빈번하게 출현하는 관직은 官嗇夫이다. 반면, 관서의 공간을 세분하면 官은 단수가 아닌 10군데 이상이다. 즉, 郡府-縣廷-諸官으로 보면, 최상위 빈도는 令史로 바뀐다. 만약 里耶秦簡 행정문서가 鄕·官을 주요 대상으로 했음을 보이고 싶다면 좌측이, 현정 예하 令史 주체로 이루어진 서사 업무를 강조하고 싶다면 우측이 보다 적절한 선택이 될 수 있다. 본고는 결과보다 과정을 보이고자 하는 '試論'의 목적에 따라, 이 두 그림을 동등한 비교 자료로 모두 제시한다. 정량 분석 이전에 속성의 분류, 즉 메타데이터의 체계적 구축이 왜 중요한지를 두 자료의 비교를 통해서도 확인할 수 있을 것이다.

2. 행정 문서에 나타난 鄕·官의 비중

令史의 문서 서사 업무와는 별개로, 遷陵縣廷은 예하 기구를 대상으로 어떤 업무를 주로 진행했을까? 里耶秦簡에 언급되는 鄕·官은 바로 현정이 추구한 업무의 필요성을 간접 반영할 것이고, 책임자 간의 교신은 행정력을 투입한 업무의 진행 상황을 보여준다는 면에서 주목할 수 있다. 그와 관련한 통계 자료를 확보할 수 있다면, 천릉현정의 중점 업무와 예속 기구 운영의 추이를 파악할 수 있을 것이다.

먼저 관할 지역인 三鄕의 상황에 대해 알아보자. 단순히 遷陵縣 예하 都鄕, 貳春鄕, 啓陵鄕의 출현 빈도와 비율을 산출하면 다음과 같다.

향명	빈도	비율
都鄕	62	24.51%
貳春鄕	100	39.53%
啓陵鄕	91	35.97%
합계	253	100.00%

이 통계를 따른다면 10% 이상 출현 비율이 낮은 都鄕이 타 현에 비해 업무 비중이 낮은 것처럼 보일 수 있다. 하지만 里耶秦簡에는 실제 鄕 관련 문서이지만 鄕名이 생략된 경우가 다수 나온다. 遷陵縣 예하의 里라면 里名만을 기재해도 소속 향의 자연 인지가 가능하기 때문에 향명을 생략할 수 있다. 이는 실질적으로 향명이 내재되어 있는 것으로 보아야 할 것이다. 이에 각 향의 귀속 관계에 따라 리명의 출현 사례까지 포함하여 통계치를 보정할 수 있다. 그 산출 결과는 다음과 같다.

향명+리명	빈도	비율
都鄕	98 (36↑)	31.01% (6.5%↑)
貳春鄕	115 (15↑)	36.39% (3.14%↓)
啓陵鄕	103 (12↑)	32.59% (3.38%↓)
합계	316	100.00%

이에 따른다면 里耶秦簡 문서에서 다루는 三鄕 관련 업무는 거의 편중됨 없이 고르게 배치된 것으로 판단할 수 있다. 里名은 편호민의 적관 정보로서 기재되는 경우가 많은데, 縣廷은 都鄕에 소재했기 때문에 소속관계의 인지가 보다 용이한 경우가 많아 도향을 더 자주 생략한 것으로 보인다.

동일한 방식으로 官을 살펴볼 수 있는데, 官은 鄕과는 달리 각자 지향하는 업무가 다르다. 이에 편중 현상은 필연적으로 발생할 것으로 예상된다. 이하 각 官名의 출현 빈도와 비율을 산출하면 다음과 같다.

관명	빈도	비율
倉官	205	27.74%
少內官	180	24.36%
司空官	172	23.27%
庫官	73	9.88%
田+田官	61	8.25%
畜官	33	4.47%
發弩官	10	1.35%
廐官	4	0.54%
船官	1	0.14%
합계	739	100.00%

특이한 점은 여러 官 중 倉·少內·司空官의 출현 빈도가 75.37%로 4분의 3 이상을 점유하고 있다는 것이다. 그 뒤로는 庫官, 田·田官이 뒤따르는데, 田의 출현 비율은 8.25%에 불과하다. 이는 토지 제도에 의거한 조세 수취가 縣廷의 핵심 업무라고 보는 일반 상식과 다르다. 里耶秦簡 행정문서에서 보다 두드러진 것은 창관과 사공관에 의해 주도되는 刑徒의 노역이다. 그리고 소내는 현 내 재정 관련 업무 전반을 담당하기 때문에 출현 빈도가 잦은 것 같다.

해당 자료를 보다 정밀하게 선별한 교신 문서의 빈도수에서도 이 같은 추세가 반영될까? 각 官이 문서의 교신 대상으로 지정된 사례만을 선별한 결과 아래와 같은 통계치가 산출되었다.

여기서 주목해 보아야할 점은 대략 두 가지이다. 먼저 少內官은 문서 교신 비율이 단순 출현빈도에 비해 현저히 낮아진다. 아마도 소내의 업무는 메뉴얼이 갖추어진 재정 출입과 관련된 것이기 때문에 縣廷에 대한 별도의 보고 없이 이루어지는 일상 업무가 많았을 것이다. 소내 관련 문서를 보다 세밀하게 살펴보면, 다른 官과는 달리 '少內' 두 글자만 적어 넣은 檢楬류 간독이 39건이나 포함된 것을 발견할 수 있다. 만약 여기서의 '소내'가 문서의 수신지를 지정한 것이라면, 소내를 대상으로 한 교신 문서의 실제 수량은 훨씬 더 많았을 것이다.

관명	빈도	비율
司空官	33	31.73%(8.46%↑)
倉官	29	27.88%(0.14%↑)
少內官	15	14.42%(9.64%↓)
田+田官	11	10.58%(2.33%↑)
庫官	8	7.69%(2.19%↓)
庭官	3	2.88%(2.34%↑)
畜官	2	1.92%(2.55%↓)
發弩官	2	1.92%(0.57%↑)
船官	1	0.96%(0.82%↑)
합계	104	100.00%

단순 출현빈도에서 10% 이하의 낮은 비율을 보였던 田·田官은 10.58%로 소폭 상승하는 보정이 이루어졌다. 그러나 추이로 보았을 때 倉·少內·司空官이 절대 다수를 점하는 상황은 교신 문서의 비율에서도 변함이 없다. 특히 사공관의 비율은 대폭 상승해 31.73%로 가장 높은 점유율을 보였다. 사공관의 경우가 창·소내에 비해 문서의 보고 체계를 더욱 엄밀히 갖출 필요가 많았던 것으로 이해할 수 있다. 이러저러한 변화 상황을 모두 고려하여도 이세 관의 점유 비율은 74.03%로, 단순 출현빈도에서의 75.37%와 거의 차이를 보이지 않는다.

요약하면, 里耶秦簡 행정문서는 예하 관할 지역인 都鄕·貳春鄕·啓陵鄕이 고르게 분포되어 있고, 倉·少內·司空의 업무가 특히 집중되어 있다.

이러한 추이가 遷陵縣廷이 刑徒 관리 및 관련 재정 업무를 중점으로 하고, 토지 생산을 부차 업무로 삼았기 때문일까? 천릉현의 지리 환경과 역사 배경은 이러한 사실을 뒷받침하는 것처럼 보인다. 하지만 그 관계가 성립되기 위해서는 몇 가지 전제가 필요하다. 먼저 지금까지의 이야진간 행정문서가 천릉현정의 업무 전반을 모두 반영한 것임을 확정할 수 있어야 한다. 현재까지의 자료만으로 그것을 확정하기에는 여전히 부정적이다. 이야진간은 체계적으로 정리되지 않은 채 우물에 임의적으로 폐기된 간독이다. 무작위로 선별된 폐기 간독은 특정 업무의 문서가 집중 포함되거나 배제되는 현상이 우연하게 나타날 수 있다.

게다가 지금까지의 里耶秦簡 행정문서는 J1 우물의 5·6·8·9층에 한정되므로, 이를 바탕으로 遷陵縣 업무 전반의 특성을 확증하기는 힘들다. 보다 확장된 추론은 7층을 포함한 그 이하 층위 간독의 정리를 기다린 후 가능해질 것이다. 비록 100%에 이를 수는 없겠지만, 차후 데이터의 양이 많아지고 층위별 분류체계가 정밀해 질수록 행정문서에 나타난 정보는 천릉현의 상황 전반에 보다 근접하게 될 것이다. 지금의 시점에서는 데이터 산출에 관건이 되는 요소들을 파악하고 분류하는 작업을 메타인지의 차원에서 우선한다는데 의미를 두고자 한다.

3. 紀年과 발굴층위에 내포된 함의

里耶秦簡 5·6·8·9층 출토 문서 중 紀年을 확인할 수 있는 문서는 총 751건으로 전체의 약 13.24%에 불과하다. 그러나 모든 簡牘文書는 어느 시기에 서사되었다는 점에서 기년이 함축되어 있다. 즉, 기년이 없는 모든 문서는 잠재적 복원 대상이라 할 수 있다. 기년을 통해 시계열을 최대한 복원할 수 있다면 데이터는 더욱 사실에 근접할 수 있다.

예를 들어 앞서 살펴본 遷陵吏志에 기재된 吏員 수는 사실 遷陵縣 어느 시점의 정원으로 모든 시기 里耶秦簡 문서의 상황을 반영하지 않는다. 보다 정밀한 분석을 위해서는 천릉리지의 기년을 확보할 필요가 있다. 특히 천릉리지에서 지정한 官嗇夫 10인의 문제를 푸는 관건도 기년이 될 것이다. 현재까지 공표된 문서에서 만약 田과 田官이 동일한 관이었다는 것을 전제하면, 鄕嗇夫까지 포함한 이야진간의 관색부는 총 12인, 향색부를 제외하면 총 9인으로 어느 쪽으로 대입해도 10인이 되지 않는다. 그러나 전과 전관을 별도의 관으로 본다면 관색부 10인은 정확히 부합한다. 하지만 이를 전과 전관이 별도의 관이었음을 이해하는 증거로 결론 내리기는 아직 이르다. 우선 떠올려 볼 수 있는 다른 원인으로는 각 관의 설치 및 유지 혹은 폐치의 시점이 달랐을 가능성을 유추해 볼 수 있다. 각 관의 연도별 출현 빈도를 아래와 같이 정리할 수 있다.

	倉	司空	少內	庫	田	田官	畜	發弩	廐	船
秦王政25년	0	0	0	0	0	0	0	0	0	0
秦始皇26년	3	5	1	0	0	0	0	2	1	1
27년	4	6	0	4	0	0	1	0	0	0
28년	4	1	2	1	1	1	2	1	1	0
29년	2	3	6	4	1	1	0	0	0	0
30년	3	10	2	0	0	3	1	2	0	0
31년	53	15	2	2	1	11	0	0	0	0
32년	5	7	5	4	2	2	1	0	1	0
33년	5	17	5	2	2	0	1	1	0	0
34년	11	18	16	2	0	0	1	0	0	0
35년	14	17	15	7	0	1	2	0	0	0
36년	0	0	0	0	0	0	0	0	0	0
37년	0	0	0	2	0	0	0	0	0	0
秦二世 원년	9	3	10	8	0	1	0	0	0	0
2년	0	0	0	1	0	0	0	0	0	0

이상의 표는 田과 田官을 분리하여 10개 官으로 설정했다. 그리고 각 관의 가장 이른 기년과 가장 늦은 기년을 해당 관의 유지 기간으로 상정하여 시

간대의 셀에 음영을 부여해 보았다. 그 결과 어느 연도에도 관색부가 10인이 되는 경우는 없었다.29 이 문제는 여전히 변수가 많다. 鄕의 포함 여부뿐만 아니라 尉의 관소가 '廷'이었는지 '官'이었는지의 문제도 해결해야 한다. 향후 簡牘이 더 공표되기를 기다리는 수밖에 없다.

5·6·8·9층 기년 문서의 총수는 751건, 기년 차수는 총 798건이다. 각 기년별 차수와 층위별 차수를 모두 통계한 결과는 아래와 같다.

	⑤	⑥	⑧	⑨	합계	비율(%)
秦王政 25년	0	2	4	1	7	0.88
秦始皇 26년	0	1	13	24	38	4.77
27년	0	0	9	16	25	3.14
28년	0	0	30	16	46	5.77
29년	0	0	18	14	32	4.02
30년	0	0	27	21	48	6.02
31년	0	1	75	52	128	16.06
32년	0	0	33	36	69	8.66
33년	0	0	29	42	71	8.91
34년	0	0	41	94	135	16.94
35년	0	2	101	27	130	16.31
36년	0	0	5	5	10	1.25
37년	0	0	1	9	10	1.25
秦二世 원년	1	3	4	40	48	5.90
2년	0	0	0	1	1	0.13
합계	1	9	390	398		
비율(%)	0.13	1.13	48.87	49.87		

---

29 김동오는 진시황 29년을 기점으로 癃舍와 厩가 철폐되고 田官이 설치된 것으로 파악하여 3鄕7官의 관색부 10인 체제에 부합하는 遷陵吏志가 작성된 것으로 추론했다(「秦帝國 시기 縣吏 운용과 지방 통치 -〈里耶秦簡〉 遷陵吏志 분석을 중심으로」, 『중국고중세사연구』 제57집, 2020, p.19). 그러나 田 혹은 田官은 사실 진시황 28년부터 출현하기 시작하고 厩는 32년에 이르러서도 한 차례 더 나온다(厩가 언급된 9-756호

보이는 바와 같이 30건 이상의 차수가 출현하는 기년의 분포는 특정 년도 및 층위에 편중되어 있다. 그 편중성을 가시화하면 아래의 그래프와 같다.

5·6·8·9층 간독은 대체로 秦始皇 31년에서 35년까지의 문서가 총 66.88%로 전체 기년 중 3분의 2 이상을 점한다. 그러나 이 통계는 보다 정밀하게 분석할 필요가 있다. 里耶秦簡은 井窖簡牘으로서, 14.3m 심도의 우물 속에 일정한 시간 순차를 두고 폐기된 것이다. J1 우물의 총 17개의 발굴 층위 중 폐기 시점이 가장 늦은 시간대에 해당하는 것이 지금까지 정리된 간독이다. 문제는 8·9층과 5·6층 사이에 위치한 7층 간독의 정리가 아직 이루어지

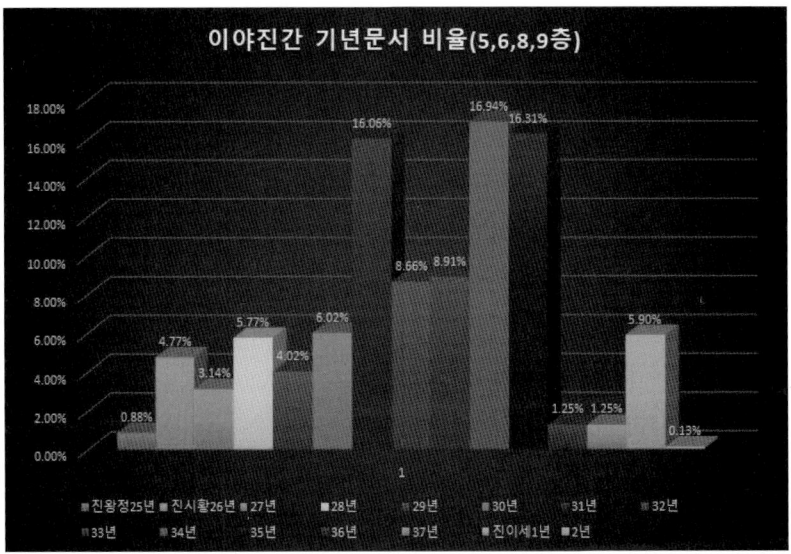

목독(『里耶秦簡牘校釋』(第二卷), p.198)은 기년이 없으나, 나머지의 시간 기록 "八月乙巳朔甲寅"의 역일을 추산하면 진시황32년에 해당한다). 비록 각 官의 기록은 연도별 공백이 존재하나, 기록의 공백이 곧 관의 폐치를 의미하는 것은 아니다. 그 외에도 추론에 추론을 더한 여러 복잡한 설들이 존재하지만, 자료 본연의 불완전함으로 인해 더 이상의 유의미한 결론을 도출하기는 힘들어 보인다.

지 않아 상하 층위 간의 연속성이 확보되지 않았다. 이에 8·9층과 5·6층의 기년 구성은 구분해서 볼 필요가 있다. 특히 간독 수량의 98% 이상을 차지하고 폐기 시기가 더 이른 8·9층 간독을 보다 정밀하게 비교하면 아래의 그래프와 같다.

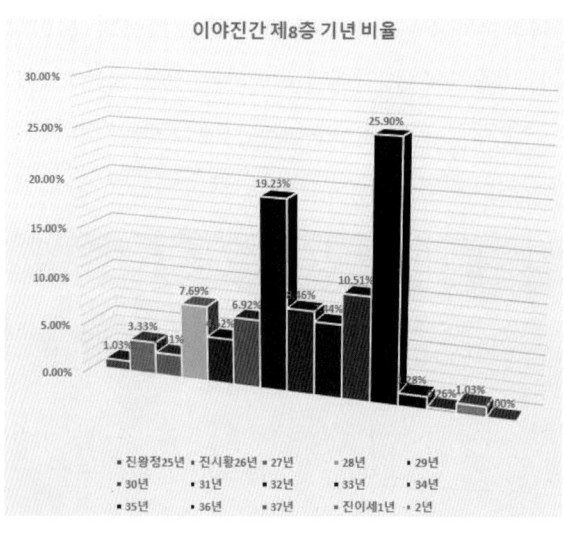

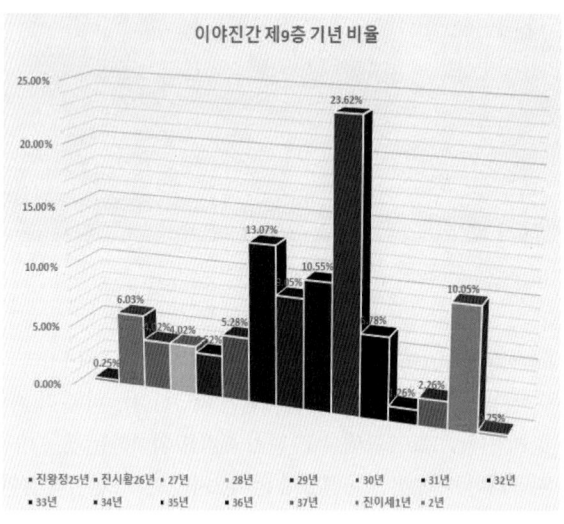

기년의 시간대를 전기(25~30년)·중기(31~35년)·후기(36~秦二世2년)로 나누어 보면 중기, 즉 秦始皇31년에서 35년까지의 비율이 가장 높은 사실에는 두 층위 모두 변함이 없다. 그러나 세부 편차가 존재함을 이상의 그래프를 통해 확인할 수 있을 것이다. 특히 폐기 시간대가 보다 이른 제9층에서 가장 늦은 시간대에 해당하는 秦二世元年 간독이 집중 출현하고 유일하게 진이세2년 간독이 나왔다는 것은 의미심장하다. 진이세2년 간독 문서에 기록된 정확한 시간은 진이세2년 10월 1일이다.[30] 이것이 포함된 제9층 簡牘 폐기의 상한 시간이 곧 진이세2년 10월1일이라 할 수 있다. 나아가 그 상층에 해당하는 5·6·7·8층은 그보다 이른 시간에 폐기되었을 리 없다.

里耶秦簡 발굴 초기에 정리자는 J1 우물의 폐기 연속 시간이 3개월 내 짧은 기간에 이루어졌고[31], 簡牘이 출토된 제16층에서 제5층까지의 층위는 秦末에 폐기되었을 것이라 추측했다.[32] 그것은 아마도 각 층위별 간독의 기년이 순차적이지 않고 무규칙하게 혼재되어 있다는 점에 착안한 결론인 것 같다. 그러나 이에 대해서는 이미 여러 반론이 제기되고 있는 상황이다.[33] 애초의 정리자 의견에 따라 이야진간이 秦末 3개월 내 짧은 기간에 폐기되었던 것이라 할 수 있을까? 이 문제는 기년과 발굴 층위를 종합 분석할 필요가 있다.

---

30 『里耶秦簡牘校釋』(第二卷), p.325: "二年十月己巳朔朔日……[9-1547+9-2041+9-2149]"

31 『里耶發掘報告』, p.44.

32 위의 책, p.46.

33 劉瑞, 「里耶古城J1埋葬過程試探」, 『里耶古城·秦簡與秦文化研究 - 中國里耶古城·秦簡與秦文化國際學術研討會論文集』, 科學出版社, 2009, pp.84-97; 郭偉濤, 「論古井簡的廢置與性質」, 『文史』, 2021-2, pp.32-38 참고.

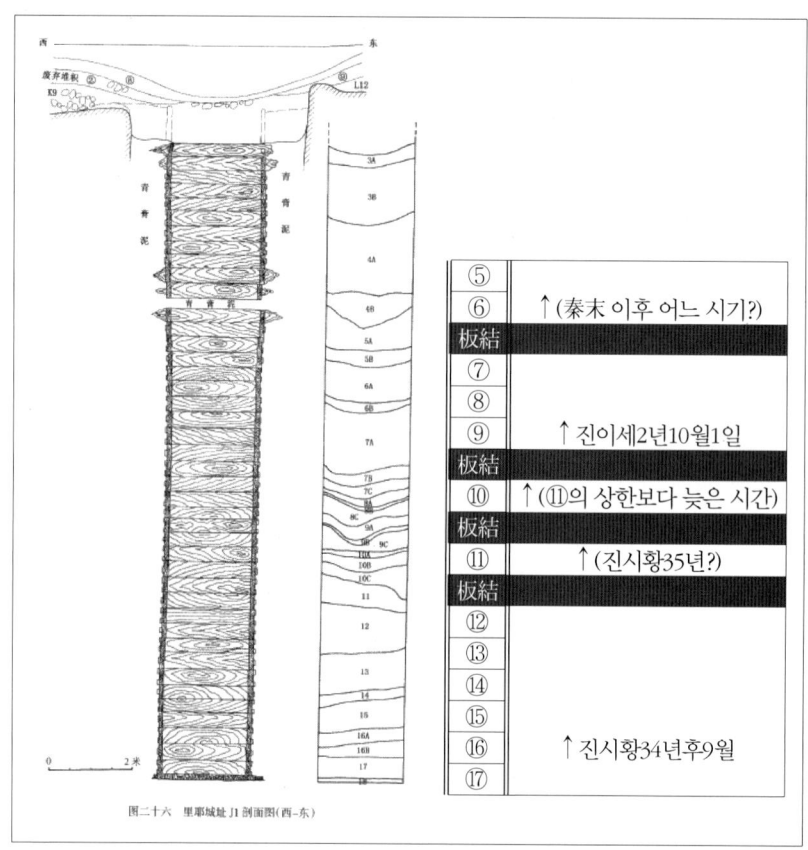

그림 3. 里耶古城 遺址 J1 측면 해부도

『里耶發掘報告』의 발굴 정보에 따르면, 簡牘이 출토된 제5층에서 제17층까지의 층위 간 '板結', 즉 진흙의 수분이 빠지며 경화되어 토층을 이룬 곳이 총 네 개 층에서 확인되었다. 토양 경화가 이루어졌다는 것은 간독이 폐기된 하위 층 위에 진흙이 유입되고 마를 정도의 시간이 지난 뒤 그 상위 층에 다시 간독이 폐기되었음을 의미한다. 그 시간대는 토양 경화를 기준으로 1단계: ⑰~⑫, 2단계:⑪, 3단계:⑩, 4단계:⑨~⑦, 5단계:⑥~⑤로 구분할 수 있다. 이 다섯 단계 사이의 시간 간격도 길고 짧음이 달랐을 것이다. 『이야발굴보고』의 묘사를 그대로 인용하면, 1단계와 2단계 사이의 板結은 '어느 정도', 2단계와 3단계 사이는 '심각', 3단계와 4단계 사이는 '손으로 파내기 곤란', 4단계에서 5단계 사이는 형용 없는 그냥 '판결'이다.34 수치화할 수는 없지만, 적어도 간독이 폐기되고 토양이 경화되는 다섯 번의 반복과정이 단 3개월 내의 짧은 시간에 이루어졌다고 보기는 힘들다.

제9층 이상의 4·5단계 簡牘의 폐기는 상한 시간이 확보되었다(秦二世2년10월1일). 지금까지 공개된 간독 기년에 따르면, 1단계 폐기에서 기년이 가장 늦은 예는 제16층에서 발굴된 秦始皇34년(B.C.214)後9월이다.35 그렇다면 제16층 이상 간독의 폐기가 진시황34년 後9월 이전에 이루어졌을 가능성은 없고 더 늦어질 가능성만 남아 있다. 만약 그것이 1단계 폐기 간독 중 가장 늦은 기년이라면, 그로부터 秦末로 이어지는 5년 정도의 시간 간격을 두고 간독의 폐기가 이루어진 것으로 추측할 수 있다. 그러나 1단계 폐기의 상한이 그보다 늦어지면 늦어질수록(심지어 진이세2년의 간독이 발견된다면), 폐기 종료 시점이 진말이었을 확률은 줄어든다. 지금으로선 反秦·楚漢 전쟁기, 심지어 前漢 시기에 폐기가 이루어졌을 가능성도 열어두어야 할 것이다.36

종합하면, 각 층위별 기년 통계는 秦代에 최초 제작된 簡牘이 언제 최후 폐기되었는지를 보여주는 지표이다. 간독의 유지 기간까지 분석 대상으로 삼는다면, 里耶秦簡의 폐기 시간은 진대의 범위를 돌파하여 漢代의 가능성까지 고려할 여지가 생긴다. 그것은 모든 이야진간의 정리·공개가 완료된 후 결론

---

34 『里耶發掘報告』, p.41.

35 『里耶博物館藏秦簡』, p.73: "卅四年後九月壬辰……[16-2133]"

36 劉瑞는 일찍이 『이야발굴보고』의 견해에 반론을 제기하고, 제17층 이상에 매장된 이야진간 전체가 秦末이 아닌 前漢 시기 몇 차례에 걸쳐 폐기되었다는 다소 대담한 의견을 제기한 바 있다(「里耶古城J1埋葬過程試探」, p.97 참조). 현재로서는 그 가능성까지도 고려할 수 있다.

낼 수 있는 문제이다. 지금의 시점에서 다음의 한 가지 사실은 환기할 필요가 있다. 이야진간은 J1 우물을 발굴하던 중 民工 李紹能에 의해 제5층 위에 묻혀 있던 '楚竹簡'이 우연히 발견[37]되면서 처음으로 실체가 드러났다. 그것을 '楚竹簡'으로 확정한 것은 대나무 재질의 간독 위에 초문자가 적혀 있었기 때문일 것이다. 그러나 우리는 이제 문자로부터 한걸음 물러나 간독을 좀 더 멀리서 읽을 필요가 있다. 초문자 간독은 그 자체로 '楚簡'이라 할 수 있지만, 한편으로는 '秦簡'일 수도, 혹은 '漢簡'일지도 모른다.

Ⅳ 나오며: '디지털 簡牘學'을 위한 提言

본고는 디지털 매체의 발전과 그에 따른 '디지털 인문학'이라는 학계의 신조류를 맞이하여, 簡牘 연구의 새로운 방법론을 모색하고자 했다. 여러 간독 자료의 유형 중 행정문서(manuscripts)로 정의할 수 있는 부류는 문서 용어 본연이 가진 패턴에 따라 디지털 자료로의 전환이 비교적 용이하게 추진될 수 있을 것으로 판단한다. 그 기초 작업으로서, 본고는 里耶秦簡 행정문서를 표본으로 문서 단위를 한정하고 분석 대상을 분류하는 등 일관된 원칙 정립을 위한 범례를 제시했다. 그리고 디지털 자료로 나아가기 위한 기계가독성(machine-readable) 확보의 차원에서 메타데이터(metadata) 설정을 통한 속성 분류, 온톨로지(ontology) 설계를 지향한 속성 간 관계의 추적을 초보적으로 시도해 보았다.

비록 초보 단계이긴 하나, 지금까지의 里耶秦簡 정량 분석을 통해 일정한

---

37 『里耶博物館藏秦簡』, p.38.

성과를 도출할 수 있었다. 통계 데이터에 나타난 수치는 이야진간이 가진 遷陵縣廷 문서 서사 행정의 특성을 더욱 명확히 드러낸다. 또한 倉·司空·少內의 업무에 편중된 官名 및 교신 문서에서의 높은 출현 빈도는 遷陵縣 행정의 특수한 일면을 반영할지도 모른다. 그리고 기년 문서의 총량과 발굴 층위 간의 관계를 추적하며 향후 간독의 제작·유지·폐기 시간에 대한 보다 정밀한 분석이 필요함을 발견할 수 있었다. 이처럼 디지털 방식으로 가공한 데이터의 정량 분석은 簡牘 연구의 지평을 더욱 넓게 확장시킬 수 있을 것으로 기대한다.

현재의 상황에서 簡牘文書의 정량 분석은 한계 또한 분명하다. 특히 본고가 표본으로 삼은 里耶秦簡은 아직은 전체의 5분의 2 정도밖에 공개되지 않은 부분자료이다. 정량 분석은 100%의 정보량에 대입했을 때 성립 가능하므로, 전체 자료가 확보되기 전까지의 분석은 '試論'의 딱지가 붙는 불완전함을 안고 갈 수밖에 없다. 본고가 시도한 정량 분석은 어디까지나 결과보다는 과정, 실험에 중점을 두고 있음을 다시 한 번 강조하는 바이다.

본고가 최종 지향점으로 제시한 簡牘 연구의 디지털화에 이르기까지는 앞으로 수많은 난관이 존재할 것이다. 일단 본 연구 자체도 초보적인 수준에 머물러 있다. 필자 본인부터 디지털 분야의 비전문가이기 때문에 심도 있는 논의를 진행할 여력 없이 기초부터 관련 분야의 전문가에게 자문하고 의지할 수밖에 없는 상황이다. 게다가 간독 연구에 최적화된 데이터베이스를 구축하는 문제는 한편의 논문으로 해결할 수 있는 문제가 아니다. 학계 전체가 문제의식을 공유하며 공동 프로젝트를 추진해 가야 하겠지만, 그 동안 어떠한 현실적인 난관이 도사리고 있을지는 개인의 역량으로 가늠하기 힘들다.

簡牘 연구의 디지털화는 어떠한 기술적 문제보다 석문을 다룰 수 있는 권한, 즉 版權의 문제가 가장 큰 걸림돌이 될 수 있다. 간독 디지털 자료에 대한 판권 적용의 전례가 없어 어떠한 법적 제한이 있을지 현재로서는 알 수 없다. 때문에 필자 자체적으로 里耶秦簡 석문을 엑셀 파일 형태로 모두 전환했음에

도 전면 공개를 주저한 끝에 보류할 수밖에 없었다. 학술 자료의 판권 문제는 공공 개방을 지향하는 것이 바람직하다. 디지털 시대의 도래에 맞게 이제 간독 연구 분야에서도 관련 문제를 공론화할 필요가 있다.

현시점에서 '디지털 簡牘學'을 위해 할 수 있는 일은 간독을 디지털 체계로 이해하는 것이다. 그것은 간독을 연구하는 학자들만이 할 수 있다. 컴퓨터 프로그래머는 간독을 연구해본 적이 없기 때문에 간독의 본질을 이해하지 못한다. 충분하고 적절하게 세팅된 데이터를 기반으로 간독을 학습한 적이 없는 AI 역시 마찬가지이다. 간독 본질의 상실은 간독을 몰이해한 상태에서 디지털 자료로 전환할 때 발생할 것이다. 기록 매체사에 있어 간독이 종이로 전환되고, 종이가 출판물로 재편되는 과정에서 수많은 자료가 상실되고 위작이 형성되었던 것도 과거 매체에 대한 무지와 몰이해에서 비롯된 것이었다. 학계가 디지털 매체의 활용을 부정하고 외면하면 간독은 다시 매체의 전환과 함께 무지의 영역 속으로 매몰될 것이다. 간독 연구의 지속가능성을 위해서라도 디지털 매체를 수용하고 이해하기 위한 衆智를 모아야할 때이다.

본고가 시론을 통해 제시하고자 한 디지털 체계로 簡牘을 이해하는 기초 작업은 다음의 세 가지로 요약 가능하다. 첫째, 용어의 정의, 둘째, 속성의 분류, 셋째, 관계의 구성이다. 그것은 기록 매체로서 간독이 가지는 본질, 보다 구체적으로 간독을 통해 알 수 있는 문서 행정제도를 통섭하는 과정과 다르지 않다. 이는 필자의 독보적 견해가 아닌, 학계의 보편적 방법론이기도 하다. 관련 분야의 권위자가 이미 오래 전에 쓴 다음의 글을 참고할 수 있다.

> 문서는 발신지에서 수신지로 전달된다. 간독에서 문서인지 문서가 아닌지를 판별하고 고찰한다는 말은, 그것이 언제 어디서 쓰여 져 이동해온 것인지를 항상 염두에 두고 읽어야 한다는 사실을 의미한다. …… 문서의 수신지 A와 발신지 B의 확정에 성공하면, 거기서 기관 A와 기관 B의 관계를 알게 된다. 그것이 행정기관의 해명이며, 나아가 그로부터 정치·제도의 실

태, 국가권력의 이해에 대한 전망이 확대되어갈 것이다. 공간좌표의 한 지점에 간독을 두는 것에서 출발한 연구가 공간좌표의 전체적 구성을 해명하는 역사학으로 이어져가는 것을 이 글을 읽는 여러분은 이해하시길 바란다.38

1990년대 도미야 이타루가 개설서에서 쓴 이 글은 용어의 정의, 속성의 분류, 관계의 구성을 통해 簡牘을 이해하는 방법을 설명한 것이다. 그때부터 지금까지도 본질은 변하지 않았다. 정작 이 글을 쓴 본인은 당시 '디스크'의 도래가 문화와 교양의 퇴보를 초래할 것으로 우려했지만39, 현재 '디스크'보다 더한 디지털 매체의 파고 속에서 문화는 어떻게든 지속되고 있다.

디지털 매체로의 전환은 부정하고 외면한다고 해서 바뀌는 문제가 아니다. 그것은 과거 인류가 기록하기 위해 나무를 다듬고 종이를 만들거나, 목판과 활자로 인쇄했던 것과 같은 문제이다. 그로 인해 생활 습관이나 사유 구조가 변하는 것도 불가피하다. 그 변화 속에서 본질을 파악하는 것은 오로지 인간의 몫일 뿐, 매체는 사실 죄가 없다. 지금의 상황에서 반드시 해야 할 일이라면, 디지털 매체를 대하는 보다 긍정적이고 유연한 생각을 가지는 것 정도면 충분할지도 모른다.

---

38 『목간과 죽간으로 본 중국 고대 문화사』, pp.139-140.

39 위의 책, pp.264-268.

참고문헌

1. 간독 자료

湖南省文物考古研究所 編, 『里耶發掘報告』, 嶽麓書社, 2006.

湖南省文物考古研究所, 『里耶秦簡』(壹), 文物出版社, 2010.

湖南省文物考古研究所, 『里耶秦簡』(貳), 文物出版社, 2017.

陳偉 主編, 何有祖·魯家亮·凡國棟 撰著, 『里耶秦簡牘校釋』(第一卷), 武漢大學出版社, 2012.

陳偉 主編, 何有祖·魯家亮·凡國棟 撰著, 『里耶秦簡牘校釋』(第二卷), 武漢大學出版社, 2018.

里耶秦簡博物館·出土文獻與中國古代文明研究協同創新中心中國人民大學中心 編, 『里耶秦簡博物館藏秦簡』, 中西書局, 2016.

張德芳 主編, 『敦煌馬圈灣漢簡集釋』, 甘肅文化出版社, 2013.

中央研究院歷史語言研究所簡牘整理小組 編, 『居延漢簡』(壹), 博創印藝文化事業有限公司, 2014.

中央研究院歷史語言研究所簡牘整理小組 編, 『居延漢簡』(貳), 博創印藝文化事業有限公司, 2015.

中央研究院歷史語言研究所簡牘整理小組 編, 『居延漢簡』(參), 博創印藝文化事業有限公司, 2016.

張德芳 主編, 孫占宇 著, 『居延新簡集釋』(壹), 甘肅文化出版社, 2016.

甘肅簡牘博物館·甘肅省文物考古研究所·陝西師範大學人文社會科學高等研究院·清華大學出土文獻研究與保護中心 編, 『懸泉漢簡』(壹), 中西書局, 2019.

長沙市文物考古研究所·清華大學出土文獻研究與保護中心·中國文化遺産研究院·湖南大學嶽麓書院 編, 『長沙五一廣場東漢簡牘』(壹), 中西書局, 2018.

2. 연구 저서

김현·임영상·김바로, 『디지털 인문학 입문』, HUEBOOKs, 2016.

김현, 『인문정보학의 모색』, 북코리아, 2012.

도미야 이타루 지음, 임병덕 역, 『목간과 죽간으로 본 중국 고대 문화사』, 사계절, 2005.

윤재석 주편, 김진우·오준석·戴衛紅·금재원 저, 『중국목간총람』(상·하), 주류성, 2022.

鐘江宏之 지음, 이동주 옮김, 『지하에서 출토된 문자』, 주류성, 2021.

프랑코 모레티 지음, 김용규 옮김, 『멀리서 읽기 - 세계문학과 수량적 형식주의』, 현암사, 2021.

李均明, 『秦漢簡牘文書分類輯解』, 文物出版社, 2009.

3. 연구 논문

특집Ⅰ: 각국의 디지털 역사학, 『역사학보』 제240호, 2018.

김동오, 「〈里耶秦簡〉에 보이는 守官의 유형과 假吏의 의미」, 『중국고중세사연구』 제59집, 2021.

김동오, 「秦帝國 시기 縣吏 운용과 지방 통치 - 〈里耶秦簡〉 遷陵吏志 분석을 중심으로」, 『중국고중세사연구』 제57집, 2020.

김동윤, 「프랑스 '디지털 인문학'의 인문학적 맥락과 동향」, 『인문콘텐츠』 제34호, 2014.

馬增榮, 「中國 簡牘時代의 문자 소거와 폐기」, 윤재석 편저, 『나무에서 종이로 - 고대 동아시아의 기록문화』, 진인진, 2022.

유창연, 「秦代 縣吏의 운용과 '新地'統治」, 『중국고중세사연구』 제65집, 2022.

이성규, 「秦帝國의 '新地'統治策 - 縣吏難의 타개책을 중심으로」, 『학술원논문집』 제61집, 2022.

홍정욱, 「디지털기술 전환 시대의 인문학 - 디지털인문학 선언문을 통한 고찰」, 『인문콘텐츠』 제38호, 2015.

郭偉濤, 「論古井簡的廢置與性質」, 『文史』, 2021-2.

琴載元, 「里耶秦簡所見秦代縣吏的調動」, 『西北大學學報』, 2020-1.

單印飛, 「秦至漢初縣行政機構設置辨析」, 『中國史研究』, 2022-1.

孫聞博, 「里耶秦簡"守""守丞"新考 – 兼談秦漢的守官制度」, 『簡帛研究』, 2010.

孫聞博, 「秦縣的列曹與諸官 – 從〈洪范五行傳〉一則佚文說起」, 『簡帛』第11輯, 2015.

楊宗兵, 「里耶秦簡釋義商榷」, 『中國歷史文物』, 2005-2.

楊宗兵, 「里耶秦簡縣"守""丞""守丞"同義說」, 『中國歷史文物』, 2005-2.

楊智宇, 「里耶秦簡所見"遷陵守丞"補正」, 『簡帛』第13輯, 2016.

鄔文玲, 「"守""主"稱謂與秦代官文書用語」, 『出土文獻研究』第12輯, 2013.

于振波, 「說"縣令"確爲秦制 – 讀里耶秦簡札記」, 『中國歷史文物』, 2006-3.

劉瑞, 「里耶古城J1埋葬過程試探」, 『里耶古城·秦簡與秦文化研究 – 中國里耶古城·秦簡與秦文化國際學術研討會論文集』, 科學出版社, 2009.

劉樂賢, 「里耶秦簡和孔家坡漢簡中的職官省稱」, 『文物』, 2007-9.

李斯, 「里耶秦簡所見縣主官稱謂新考」, 『內蒙古農業大學學報』(社會科學版), 2009-3.

朱琳·馮慧敏·劉銘·張鵬雷·唐傑·陳鐿文, 「數字人文視域下秦漢簡牘文本挖掘研究 – 以里耶秦簡牘(一·二卷)爲例」, 『渭南師範學院學報』, 2022-6.

陳偉, 「里耶秦簡所見的"田"與"田官"」, 『中國典籍與文化』, 2013-4.

陳治國, 「里耶秦簡之"守"和"守丞"釋義及其他」, 『中國歷史文物』, 2006-3.

鄒水傑, 「秦簡"有秩"新證」, 『中國史研究』, 2017-3.

鄒水傑, 「秦代縣行政主官稱謂考」, 『湖南師範大學社會科學學報』, 2006-2.

湖南省文物考古研究所·湘西土家族苗族自治州文物處, 「湘西里耶秦代簡牘選釋」, 『中國歷史文物』, 2003-1.

靑木俊介, 「秦代縣守官任職者 – 遷陵縣官吏異動狀況」, 『東洋史研究』78-4, 2020.

4. 디지털 자료

디지털인문학선언문: http://manifesto.humanities.ucla.edu

한국사데이터베이스: https://db.history.go.kr

한국고전종합DB: https://db.itkc.or.kr

픽사베이(이미지 활용): https://pixabay.com

易词云3.0(워드 클라우드 생성): https://www.yciyun.com

#10

"東西對立"에서 '內外有別'로 : 西漢 국가 정치지리 구조의 변천

— 張家山漢簡「秩律」·『漢書·地理志』의 郡級 행정구역 서열을 중심으로 —

•

마멍룽(馬孟龍)

(중국 復旦大學 歷史學系 교수)

고대 중국은 大一統의 중앙집권적 정치체로서 그 내부 행정구역의 정치질서 건설은 중국의 역사정치지리를 연구하는 데 있어 논의가 불가피한 문제이다.[1] '행정구역의 정치질서'란 국가 내 행정편제의 정치 지위 상에 존재하는 질서화의 차이이며, 각 행정편제의 정치적 조치와 정치 대우의 차이로 나타날 수 있다. 필자가 생각하기에 '행정구역의 정치질서'를 국가 정치지리 구조 자체라고 하여도 무방할 정도로, 그것은 국가행정구역 건설의 구조적 차이를 반영한다. 고대 왕조의 정치지리 구조는 근년에 이르러 학계의 주목을 받기 시

---

1 安北江,「中國古代的政治地理與地緣政治」,『思想戰線』, 2021-6.

작하여, 관련 연구는 아직 초기 단계에 있다.[2] 특히 西漢 왕조의 경우 사료의 희소로 인해, 학계의 국가 정치지리 구조에 대한 인식은 더욱 모호하다.[3]

사실, 역대 왕조가 편찬한 전국의 '地志'류 문헌에는 행정구역 서열에 있어 일정한 규율이 존재하며, 종종 국가 정치구조를 반영하기도 한다. 예를 들어 역대 전국 地志는 행정구역 서열상 京師 및 京畿를 우선 배치하는데, 이는 바로 경사·경기가 전국의 정치지리 구조 중 가장 숭고한 위치에 있음을 보여준다. 이 논리에 의거하면, 역대 전국 지지에서 경기 이외의 행정구역 서열에도 규율이 있음을 찾을 수 있다. '地志'의 행정편제 서열에 근거하여 한 왕조의 국가 정치지리 구조를 엿보는 것이 가능한 것이다.

『漢書·地理志』(이하『漢志』로 간칭한다)는 전래 문헌 중 유일하게 남아 있는 西漢 전국 地志류 자료로 예로부터 학계에서 중시되어 왔다. 학자들은 이미『한지』의 행정편제에 규칙이 존재한다는 것에 주목했다. 또 금세기 초 공표된 張家山漢簡의 「二年律令·秩律」(이하「秩律」)은 呂后元年(B.C. 187) 조정 직할구역의 행정구역을 보존하고 있는데[4], 그 중에는 군급 편제 배열의 순서도 어렴풋이 드러난다. 이렇게 해서 우리는 서한 초년과 서한 말년의 군급 행정편제 배열 자료를 각각 하나씩 갖게 되었고, 서한 초와 말의 군급 행정구역 배열에 내재된 논리를 조건에 따라 분석할 수 있을 뿐만 아니라, 두 자료를 비교하여 서한 시대 국가 정치지리 구조의 변천을 논할 수 있게 되었다. 이 점을 고려하여 필자는『한지』와「질율」의 군급 행정구역 서열 법칙을 논하고, 서한 시대 국가 정치지리 구조의 변천을 탐구할 것이다.

---

[2] 毋有江,『北魏政治地理硏究』, 北京: 科學出版社, 2018.

[3] 필자가 파악하기에는 오직 辛德勇만이 이 문제에 대한 체계적인 논술을 한 바 있다. 「漢武帝"廣關"與西漢前期地域控制的變遷」,『中國歷史地理論叢』, 2008-2 참조.

[4] 拙文, 「張家山二四七號漢墓〈二年律令·秩律〉抄寫年代硏究—以漢初侯國建置爲中心」,『江漢考古』, 2013-2.

한 가지 설명이 필요한 부분이 있다. 「秩律」은 비록 西漢 초년의 행정구역 자료이지만, 縣·道 장관의 질급에 따라 280여 개 현·도 지명이 배열되어 있을 뿐 군명은 나오지 않았다. 「질율」에 보이는 군급 행정편제 서열에 대한 학자들의 이해는 주로 각 현·도가 군에 속한다는 것을 전제하는 어느 정도 '추측'의 성격을 띠고 있어, 군급 행정구역 서열을 그대로 기록한 『漢志』와 완벽히 대응할 수 없다. 때문에, 본문은 두 자료의 분석 중 『한지』를 우선 분석하는 것으로 시작할 것이다.

I 『漢志』 郡級 행정구역 서열 및 그에 반영된 국가 정치지리 구조

『漢志』는 역대 正史 地理志의 으뜸으로 언제나 학자들에게 중시되어 왔다.[5] 『한지』의 행정구역 서열은 일찍이 학자들의 관심을 끌었다. 淸의 학자 全祖望은 『續漢書·郡國志』의 영향을 받아 『漢志』의 군국 서열도 '州部'에 의거한다고 생각했다. 즉, 『漢置百三郡國序次志疑』에서 "『志』에 기재된 103개의 군국 순서는 13부로 나누어 배열한 것 같다"고 말했다. 그러나 그는 『한지』의 군국 서열이 결코 13刺史部에 완벽히 부합할 수 없다는 것 또한 발견했고, 이에 "益部와 交部는 그 땅을 따랐고, 나머지의 선후는 알 수 없으며, 이를 밝히는 것은 후대의 知者를 기다린다."라고 했다.[6] 譚其驤은 『한지』의 군국 서

---

[5] 譚其驤,「『〈漢書地理志〉選釋』前言」, 中國科學院地理研究所 編輯,『中國古代地理名著選讀(第一輯)』, 北京: 學苑出版社, 2005.

[6] 全祖望,「≪漢書地理志稽疑≫卷四」, 朱鑄禹,『全祖望集匯校集注』, 上海: 上海古籍

열을 논하며 다음과 같이 말했다.

> 全志의 103개 군국 배열은 州部에 의거해 순서를 정한 것이 아니고, 때로는 한 개 部에 2·3개의 郡, 또 때로는 다른 부에 2·3개 군을 속하게 하여, 한 개 部의 소속은 전후가 착종되고 또 지리상으로는 東으로 갔다 西로 가는 등 서로 연속되지 않는 경우가 많으니, 이는 명백한 결함이다. 漢志는 元始 2년의 册籍을 근거로 하는데, 西漢 정부의 책적이 이렇게 뒤죽박죽이었단 말인가? 班固의 원본은 원래 이렇지 않았는데, 오늘날의 『한지』가 이렇게 뒤죽박죽이 된 까닭은 錯簡에 의한 결과가 아닐까? 이는 확실히 의심해 볼 만하다.7

譚其驤 선생은 『漢志』의 군국서열을 '州部'로 설명하기 어렵다는 점은 인정했지만, 이것이 錯簡에 의해 초래된 것인지를 의심했고, 그것은 언외로 『한지』의 군국서열이 여전히 주부와 관련 있다고 생각했음을 의미한다. 侯甬堅은 『한지』의 각 군 서열이 "州域을 아우른" 고려가 존재한다고 생각했지만, 또한 그 관점이 "이상적이지 않다"는 것 또한 인정했다. 예를 들어 『한지』의 서두에는 "司隷校尉"가 배정되었지만, 河東郡과 河内郡 사이에는 오히려 并州刺史部 소속인 太原郡·上黨郡이 삽입되어 있다. 이에 대해 侯 선생은 "이런 문제는 현재로서는 정확히 알기 어렵고, 당시 조건 하에서 특별히 고려된 요소가 있을지도 모르지만, 이 또한 알 수 없다."8라고 의견을 밝혔다. 오랫동안 『한지』 행정편제 서열에 대한 학자들의 이해는 "州部"에 대한 사고방식에서

出版社, 2000年, p.2552.

7　譚其驤,「〈漢書地理志〉選釋」, p.64.

8　侯甬堅,「〈漢書·地理志〉志例的整理與補充」,『歷史地理學探索』, 中國社會科學出版社, 2004, pp.225-234.

벗어날 수 없었다.

　『漢地』 행정편제 서열의 기존 이해에 가장 먼저 돌파를 이끈 이는 李新峰이었다. 그는 '州部' 관념을 완전히 버리고, 군급 편제 서열이 "三輔를 우선한 다음 郡과 國이 따라오고, 여러 군의 배열은 대략 先內後外, 혹은 先西後東이다."9라고 했다. 何慕 역시 동일한 견해를 보였는데, 周振鶴이 제기한 '圈層구조'라는 정치지리 구조에 영감을 받아 『한지』가 三輔-內郡-邊郡의 배열방식으로 일종의 권층 구조를 보인다고 주장했다. 그는 특히 侯甬堅의 견해에 대해 "西漢 후기는 州의 개념이 아직 뿌리 깊게 박혀 있는 정도는 아니었기 때문에, '州를 함께 고려했다'는 『한지』의 서열은 허상에 불과하다 …… 『한지』의 서열은 州의 요소를 고려하지 않은 것이어야 한다"10라고 했다. 이는 淸儒 이래 『한지』의 郡國 서열을 州部로부터 이해하던 사고방식을 완전히 뒤집은 것이다.11

　선학들은 『漢志』의 郡級 행정구역 서열을 둘러싸고 여러 토론을 벌여 탄탄한 학문적 기초를 다졌다. 예를 들어 李新峰·何慕가 밝힌 바와 같이 『한지』의 군국서열이 三輔-郡-王國의 정치지리 구조에 따라 서술되고 군의 서열은 '先內郡後邊郡'이라는 논리가 존재한다. 何慕는 또 內郡이 弘農·河東·上黨·太原을 먼저 나열한 것은 4군이 西漢 말에 關中, 즉 내군 서열에 關中郡을 먼저 나열하고 그 다음에 關外郡을 열거했기 때문이라고 했다.12 이는

9　李新峰, 「試釋〈漢書·地理志〉郡國排序」, 『北京大學學報』(哲學社會科學版), 2005-1.

10　何慕, 『張家山漢簡〈二年律令·秩律〉所見呂后二年政區及相關問題』 第三章第三節 第二小節 「也談〈漢志〉郡國排序」, 武漢大學歷史學院 2006年 碩士學位論文, pp.49-51.

11　渡邊信一郎은 『漢志』의 행정구역 서열에 보이는 三輔-內郡-邊郡의 순서는 일종의 "中心-周邊구조"를 체현한 것이라 지적했다. 이러한 인식은 何慕의 생각과 기본적으로 일치한다. [日]渡邊信一郎 著, 吳明浩·吳承翰 譯, 『中國古代的財政與國家』, 北京: 社會科學文獻出版社, 2023, pp.197-205.

李新峰이 말한 "내지는 또한 先西後東"이라고 말한 것과 같았다. 뿐만 아니라 필자는 『한지』 변군 서열에도 '관중군'(漢中郡-代郡)을 먼저 나열하고, '관외군'(上谷郡-日南郡)을 다시 열거하는 특징이 있다는 것을 발견했다. 이는 『한지』 군급 편제 서열이 삼보-내군-변군-왕국의 순서로 되어 있을 뿐만 아니라, 내군·변군은 관중군을 먼저 배열한 후 관외군을 배열하는 법칙이 존재함을 보여준다(표 1, 그림 1). 班固의 시대에는 '州部'로 천하를 획분하는 지리 관념이 아직 확립되지 않은 것이다.

표 1. 『漢志』 郡國 배열순서

	三輔		京兆尹、左馮翊、右扶風
郡	內郡	關中郡	弘農—上黨
		關外郡	河內—零陵
	邊郡	關中郡	漢中—代
		關外郡	上谷—日南
王國			趙國—長沙國

일본학자 渡邊信一郎은 『漢志』의 군급 행정구역 서열에 대해 다른 관점을 갖고 있었다. 그는 『한지』의 王國은 선 內國(趙國-六安國) 후 邊國(長沙國) 순으로, 한군의 선내군 후변군의 배열 원칙과 일치한다고 보았다. 그리고 『한지』 군급 편제는 三輔-內郡國-邊郡國의 배열 순서를 나타내고 있다고 했다.13 그러나 渡邊 선생의 이러한 이해는 정확하지 않다. 西漢 후기의 모든 왕국은 '內地'에 있었고 '邊國'은 존재하지 않았다(자세한 내용은 후술). 『한지』는 왕국을 漢郡과 다른 종류의 정치조직으로 보았기 때문에, 왕국은 본래 내

---

12 何慕, 『張家山漢簡〈二年律令·秩律〉所見呂后二年政區及相關問題』, p.50.

13 [日]渡邊信一郎 著, 吳明浩·吳承翰 譯, 『中國古代的財政與國家』, pp.200-201.

외 구분이 존재하지 않았다.

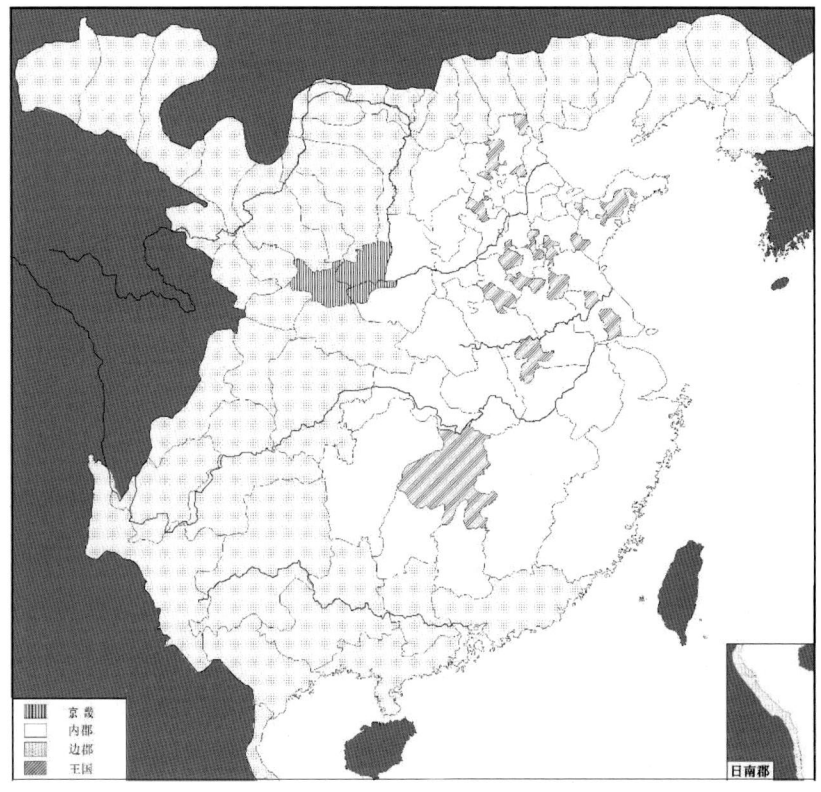

설명:
1. 본 지도의 西漢 강역·郡國경계·지명위치는 復旦大學歷史地理研究中心CHGIS第四期 資料의 자문을 받았고 학계의 최근 연구에 근거해 간단한 수정을 했다.
2. 국가 정치지리 구조를 직관적으로 보이기 위해, 본 지도는 郡國 명칭에 대한 주석을 진행하지 않았다. 군국 대응관계는 『中國歷史地圖集』 第二冊 "西漢政區圖組"를 참고할 수 있다.

그림 1. 『漢書·地理志』 政治地理 구조

『漢志』의 군급 행정구역 서열을 명확히 한 다음, 그 서열과 국가 정치지리 구조 간의 관계를 논해보자. 『한지』가 三輔를 우선 배열한 것은 京畿를 특별히 체현한 것으로, 이는 또한 후대 '地志' 행정 편제 서열의 기본 원칙이 된다. 뒤이어 漢郡은 '先內後外'의 원칙에 따라 內郡을 먼저 배열한 다음 邊郡을 배열하고 마지막으로 왕국을 배열했다. 이는 왕국이 한군을, 변군은 내군을, 내군은 경기를 에워싸는 일종의 '권층 지리구조'를 보여준다. 何慕의 인식은 상당히 정확한 것이다. 이는 『한지』 군국 서열의 가장 두드러지는 특징이다.

이러한 행정구역 서열은 서한 만기의 국가 정치지리가 '內에서 外로'의 권층 구조가 존재함을 보여준다. 즉 皇帝 소재의 長安을 중심으로 그 주변의 三輔가 제1권층, 다시 주변의 內郡이 제2권층, 또 다시 주변의 邊郡이 제3권층, 王國이 제4권층을 이루었다. 이런 구조에서 장안의 행정구역과 가까워질수록 정치적 지위는 더욱 높아진다. 왕국은 '封藩'으로서 국가 정치 지리 구조의 최외곽에 있었다. 요약하면, 『漢志』의 행정편제 서열은 도읍지 장안을 중심으로 하는, 안에서 밖으로 三輔・內郡・邊郡・王國이 차례로 둘러싸는 정치 지리구조를 구축한 것이다.

이와 동시에, 漢郡의 서열에는 關中・關外의 두 층위를 명확하게 볼 수 있다. 內郡・邊郡을 막론하고 관중군을 우선 배열한 것은 관중군의 정치 지위가 관외군보다 높았음을 시사한다. 이것은 三輔-內郡-邊郡-王國의 권층 구조로 하여금 동서 병립의 지리 구조를 삽입하도록 만들었다(그림 2). 이러한 '동서의 차이'는 『漢志』가 보여주는 국가 정치지리 구조의 주목할 만한 지향이기도 하다.

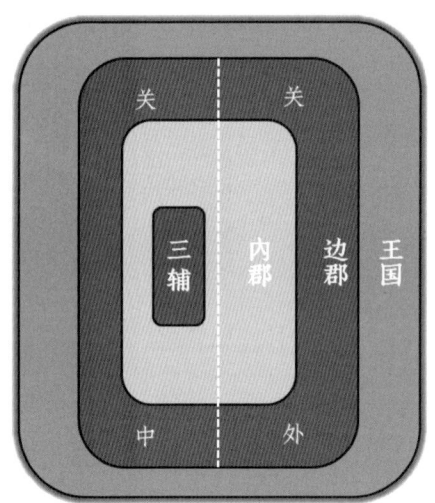

그림 2. 『漢書・地理志』 정치지리 구조 示意圖

Ⅱ 「秩律」에 보이는 漢初 행정구역 서열

「秩律」은 呂后元年 朝廷 직할의 280여 縣·道·邑을 기록한 것으로 한 초 행정구역 설정을 이해하는 데 중요한 자료이다. 그러나 「질율」은 漢 官員의 秩祿 등급을 기록한 법률문서로, 郡級 행정구역 서열은 나오지 않는다. 그러나 일부 학자들은 「질율」의 각 질급에 '同郡 屬縣이 집중 배열되는' 법칙이 있다는 점에 주목했다. 각 질급의 지명을 상위의 소속 군에 따라 분류하면 비교적 고정된 군급 행정편제의 서열을 알 수 있다. 먼저 이러한 취지를 밝힌 학자는 晏昌貴이다. 그는 다음과 같이 말했다.

> (600석 질급 지명) 대략 內史-北地·上郡·隴西-巴·蜀·廣漢·漢中-河東·上黨·河內·河南-南郡·南陽·潁川-雲中의 순으로, 북서쪽에서 시작하여 다시 북서쪽으로 끝난다.
> (1000석 질급 지명) 內史부터 시작하여 雲中에서 끝나는 상술한 법칙에 부합한다.
> (800석 질급 지명) 郡의 배열은 內史-北地-巴·廣漢·漢中-南陽·河內·河東-雲中의 순으로, 內史에서 시작하여 雲中에서 끝내는, 위에서 총결한 법칙과 기본적으로 일치한다.[14]

晏 선생은 먼저 「秩律」의 '同郡屬縣 집중배열' 원칙에 따라 각 질급의 漢郡 서열 복원을 시도하여 비교적 고정된 순서를 발견함으로써, 후속 연구자들이 「질율」의 군급 행정구역 서열 및 그 내재된 논리를 토론할 수 있는 방향을

---

14 晏昌貴,「〈二年律令·秩律〉與漢初政區地理」, 復旦大學歷史地理研究所 編,『歷史地理』第21輯, 上海: 上海人民出版社, 2006, pp.41-51.

제시했다. 그러나 당시의 학문적 인지 수준으로 인해, 晏 선생의 呂后 초 직할 군의 목적에 대한 인식이 결코 정확했던 것은 아니다. 「질율」 일부 지명의 예속관계에 대한 이해에도 편차가 있어, 군급 행정구역의 서열을 복원하기에는 다소 미흡했다. 최근 필자는 「張家山漢簡「秩律」與呂后元年漢政區復原」[15] (이하 「復原」으로 간칭)을 통해 「질율」의 각 질급 지명의 예속관계를 다시 복원하여 본문에서 「질율」 군급 행정구역 서열을 논하는 토대를 마련했다. 이하 「復原」을 이용하여 「질율」의 각 질급별 군 서열을 분석한다.

「秩律」은 600석 질급 지명의 수가 가장 많고, '同郡屬縣 집중배열'의 법칙이 가장 뚜렷하게 나타난다. 「復原」은 600석 질급 지명을 '舊本'과 '후속 보충 律文'으로 구분하고, 600석 질급 율문인 '舊本' 지명을 16개 그룹으로 나누었다. 이 중 16번째 그룹은 蠻夷와 관련된 縣·道를 집중 기록했다. 이를 제외한 나머지 15개 그룹의 지명을 15개 군급 편제로 나누면 內史·北地郡·上郡·隴西郡·蜀郡·巴郡·漢中郡·河東郡·上黨郡·河內郡·河南郡·南郡·南陽郡·潁川郡·雲中郡의 순이었다. 그 외 제16조의 蠻夷 縣·道의 배열에도 규칙이 있는데, 그에 반영된 소속 군 배열은 隴西郡·北地郡·上郡·蜀郡 순이었다. 후속 보충된 600석 질급 지명은 4개의 그룹으로 나뉘며, 內史·河內郡·潁川郡·東郡의 순서로 배열되었다(표 2).

「秩律」의 800석 질급 지명 수는 600석 다음으로 많다. 「復原」은 800석 질급 지명을 13개의 그룹으로 나누고, 앞의 10개 그룹 지명은 '同郡屬縣 집중배열' 원칙에 따라 內史·北地郡·巴郡·蜀郡·漢中郡·南陽郡·河內郡·河東郡·雲中郡·內史의 순으로 배열했다. 「질율」 1000석의 지명은 모두 20개로, 배열 특징이 잘 드러나지 않는다. 각각의 행정 귀속에 따라 郡에 속하지 않는 '湯沐邑'(諸卿 소속)을 제외하면 기본 순서는 內史·蜀郡·河南郡·雲中郡·內史와 같다. 500석 질급 지명은 5개 道에 불과하며 배열순서는 北地郡

---

15 馬孟龍, 「張家山漢簡〈秩律〉與呂后元年漢朝政區復原」, 『出土文獻』, 2021-3.

・蜀郡이다.

800석・1000석 질급 지명은 마지막에 모두 內史 屬縣 그룹에 나타났는데, 그 원인은 불분명하다. 이 두 그룹의 내사 지명을 고려하지 않는다면, 晏 선생이「秩律」의 각 질급 지명 순서가 內史에서 시작해 雲中郡으로 끝나는 법칙이 있다고 말한 것은 기본적으로 믿을 만하다. 그 외에 晏 선생은 東郡의 지명이 800석급과 600석급 율문 최후에 배열되었음을 지적하며 "東郡이 가장 늦게 이 시스템에 편입되었음을 시사한다"라고 했다. 필자는「秩律」의 후속 보충 율문은 呂后元年 초의 관제 변동이며 東郡의 지명은 모두 후속보충 율문에 위치하여, 이는 바로 呂后元年에 한이 다시 동군을 설치했음을 반영하는 것이라 지적했다.16 晏 선생의 말은 틀리지 않았다. 요컨대「질율」질급 지명은 內史에서 시작하여 東郡에서 끝나는 법칙이 존재한다.

內史와 東郡 사이의 漢郡은 어떤 법칙에 따라 배열되었을까? 晏 선생은「秩律」600석・800석 질급에 나타난 군급 편제 서열을 서술할 때, 서열 법칙에 대한 이해를 밝혔다. 그는 각각 '──' 및 '、' 부호를 차용하여 漢郡을 구분하며 일종의 그룹 배열 규칙을 제시했다. 즉, 西北諸郡 그룹(北地郡・上郡・隴西郡), 西南諸郡 그룹(巴郡・蜀郡・廣漢郡・漢中郡), 東部諸郡 그룹(河東郡・上黨郡・河內郡・河南郡), 東南諸郡 그룹(南郡・南陽郡・潁川郡), 최후의 雲中郡이다. 600석・800석 질급의 두 군급 행정구역 서열과 대비하면 이 순서는 대략 일치하며, 유일한 차이는 800석 질급에 南陽郡과 河內郡・河東郡을 두 그룹으로 구분하지 않았다는 것이다.

---

16 拙文,「張家山二四七號漢墓〈二年律令・秩律〉抄寫年代研究─以漢初侯國建置爲中心」,『江漢考古』, 2013-2 참조.

표 2. 「秩律」각 질급 율문의 군급 편제 배열 순서

秩級	文本 구조		京畿	關中郡		關外郡	
				西北諸郡	西南諸郡	郡	增補郡
600石	舊本	15개 그룹	內史	北地·上·隴西	蜀·巴·漢中	河東·上黨·河內 河南·南郡·南陽	潁川·雲中
		16번 그룹		隴西·北地·上	蜀		
	보충 律文		內史			河內	潁川·東郡
800石	9개 그룹		內史	北地	巴·蜀·漢中	南陽·河內·河東	雲中
1000石			內史		蜀	河南	雲中
500石					隴西	蜀	

晏 선생의「秩律」漢郡의 배열 순서에 대한 귀납은 呂后 초년에 존재하지 않았던 廣漢郡을 제외하면17 기본적으로 신뢰할 수 있다. 그룹 형태로 군급 행정구역 배열을 구별한 것도 시사하는 바가 크다. 「질율」의 각 질급 지명은 모두 西北諸郡·西南諸郡을 우선했고, 東部諸郡·東南諸郡·雲中郡이 뒤를 잇는다. 유일하게 토론이 필요한 것은 800석급의 南陽郡이 河內郡·河東郡보다 앞에 배열된 것인데, 關東諸郡을 東部諸郡·東南諸郡으로 구분하는 발상은 적절치 않고 사실상 하나의 그룹으로 묶어야 한다는 점을 알 수 있다. 그 외 600석 질급의 후속 보충 율문의 행정 편제를 보면, 潁川郡은 雲中郡과 함께 각 군의 최후에 고정 배열되었다. 따라서 필자는 晏 선생의 방안에 기초하여, 「질율」漢郡이 西北諸郡(北地郡·上郡·隴西郡)을 먼저 배열하고, 다음으로 西南諸郡(蜀郡·巴郡·漢中郡)을 배열, 다시 關外諸郡(河東郡·上黨

---

17 拙文,「西漢廣漢郡置年考辨—兼談犍爲郡置年」,『四川文物』, 2019-3 참조.

郡·河內郡·河南郡·南陽郡)을 차례로 배열했으며, 穎川郡·雲中郡·東郡은 關外諸郡의 최후에 고정 배열했다. 이 순서는 「질율」의 1000석~500석 질급 '舊本' 율문에 적용될 뿐만 아니라, 600석 질급 후속 보충 율문에도 적용 가능하다. 비록 각 그룹 내부의 한군 서열은 차이가 있지만(서남제군 600석 급이 蜀郡을 먼저 배열하고 다음으로 巴郡을 배열하며, 800석급이 파군을 먼저 배열하고 다음으로 촉군을 배열하는 경우; 관외제군 600석급이 河東郡·河內郡·南陽郡 순으로 배열하고, 800석급 3군의 순서가 남양군·하내군·하동군인 경우), 그룹을 뛰어넘어 배열되는 현상은 나타나지 않았다는 점에서, 안 선생이 그룹 구분 방식으로 「질율」 한군의 서열을 이해한 관점은 합리적이었음을 알 수 있다.

Ⅲ 漢初 행정구역 서열에 반영된 국가 정치지리 구조

「秩律」을 통해 볼 때, 漢初의 행정구역 서열에는 비교적 고정된 순서가 존재한다. 이 순서는 어떤 논리에 근거하고 또 어떤 이념을 반영하는 것일까? 晏 선생은 「질율」의 군급 행정구역 서열의 특징을 "서북에서 시작하여 서북으로 끝나는, 內史를 拱衛하는 구도를 형성한다"라고 칭했다. 「질율」 1000석 지명은 우선 櫟陽·長安을 배열하고 각 秩級 지명이 모두 內史에서 시작해, 의심의 여지없이 京師·京畿의 남다른 위상을 반영한다.18 그렇다면 郡의 배열은 晏 선생의 말대로 漢郡이 '반시계 방향'으로 내사를 에워싸며 호위하는 정

---

18 高帝5년에 劉邦은 關中 정도를 확정했고, 이때에는 長安城이 아직 건설되지 않았던 고로, 櫟陽을 수도로 삼았다. 高帝7년에 정식으로 장안에 천도한다.

치지리 구도를 반영한 것일까? 필자는 실제상황이 그렇지 않았을 수도 있다고 본다.

「秩律」서두에 西北諸郡을 배열하는 방식은 秦漢 교체기의 역사적 배경에서 보면 자연스러운 일이다. 北地郡・上郡・隴西郡은 內史와 인접해 있으며, 모두 秦嶺 북쪽과 黃河 서쪽에 위치하여 지리공간이 가깝고 인적 왕래가 밀접하며 풍습도 거의 동일하다. 『史記・貨殖列傳』은 "天水・隴西・北地・上郡은 關中과 같은 풍속"19이라고 했다. 북지군・상군・농서군은 秦人들이 가장 일찍 점유하고 개발한 지역에 속한다. 농서군 동부의 渭水 유역과 西漢水 유역은 또 진인의 발원지였다. 최근 발표된 嶽麓秦簡「亡律」은 戰國 만기의 진 內史에 훗날 농서군 동부에 속하게 된 위수 유역과 훗날 북지군 남부에 속했던 일부 縣・道까지 포함된다고 밝혔다.20 鄒水傑은 농서군・북지군의 설치는 秦始皇 33년 이후일 것이라 생각했다.21 그의 말이 틀리지 않다면, 농서군・북지군은 처음에는 같은 내사(內史)에 속했을 것이다. 이 세 군은 京畿와의 밀접한 관계로 특수한 정치 지위를 가졌던 까닭에 내사(內史)의 뒤를 이어 배열되었을 것이다.

「秩律」에 이어 배열된 蜀郡・巴郡・漢中郡은 巴蜀 지역에 속했고, 이는 秦人들이 서북 지역에 이어 점진적으로 개척한 지역이었다. 戰國 초기에 진인 세력은 이미 한중 분지에 진입했다.22 秦 惠文王은 한중 분지를 기지로 삼아 남하하여 巴國과 蜀國을 멸망시켰고, 그 전후로 蜀郡・巴郡・漢中郡을 차례

---

19 『史記』(北京: 中華書局, 1959) 卷129 「貨殖列傳」, p.3262: "天水・隴西・北地・上郡 與關中同俗.

20 鄒水傑, 「秦簡"中縣道"小考」, 『第六屆出土文獻靑年學者論壇論文集』, 2017, p.352.

21 鄒水傑, 「秦代屬邦與民族地區的郡縣化」, 『歷史硏究』, 2021-1.

22 『史記・六國年表』에는 秦厲公26年"左庶長城南鄭", 躁公2年"南鄭反"이라고 기재했다. 『史記』 卷15 「六國年表」, p.697・700.

로 설치했는데23, 세 군의 설치시기는 上郡보다 늦었다. 진이 세 군을 세운 후, 다량의 관중이민자들이 유입되었고, 이에 파촉 지역과 故地인 관중 진인의 풍습은 유사하게 되었다. 『史記·項羽本紀』에서는 "(항우가) 이에 음모를 꾸미며 말하길, '巴·蜀의 길이 험하여 秦의 遷人들은 모두 촉에 거주했다'라면서, '파·촉 또한 관중땅이다'라고 했다. 이에 따라 沛公을 漢王으로 세우며, 파·촉·한중 땅에 봉했고 南鄭을 수도로 삼았다."24라고 했다. 項羽가 劉邦을 巴蜀에 봉한 것은 비록 懷王의 약속을 곡해한 것이지만, 한편으로 "파·촉 또한 관중땅이다"라고 한 것은 세인의 공감을 표명한 것이었다. 촉군·파군·한중군은 모두 진 故地의 중요한 구성 부분이었다.

「項羽本紀」에서 "巴·蜀 역시 關中 땅이다"라고 한 것은 秦漢 교체기에 巴蜀지역을 '관중'으로 간주했음을 표명한다. 기존의 진한 지역관념 연구에서도 漢初 관중에 서북·파촉 지역이 포함된다는 것을 일찍이 주목했다. 司馬遷은 "관중은 汧·雍의 동으로부터 河·華까지⋯⋯남으로는 巴蜀⋯⋯天水·隴西·北地·上郡은 관중과 같은 풍속이다⋯⋯고로 관중 땅은 천하의 3분의 1에 인구는 10분의 3에 지나지 않지만, 그 부를 헤아려보면 10분의 6을 차지한다"25라고 했다. 여기서 두 가지 지역 범위의 '관중'을 언급했다. 전자는 지금의 섬서성 관중분지를, 후자는 전국 말기 진의 고지를 가리킨다.26 『사기』는

---

23 晏昌貴의 고증에 따르면, 蜀郡·巴郡은 秦惠文王候元9年(B.C.316)에 설치되었고, 漢中郡은 秦惠文王後元13年(B.C.312)에 설치되었다. 『秦簡牘地理硏究』, 武漢: 武漢大學出版社, 2017, pp.33-40 참조.

24 『史記』卷7「項羽本紀」, p.316: "(項羽)乃陰謀曰: '巴·蜀道險, 秦之遷人皆居蜀.' 乃曰: '巴·蜀亦關中地也.'故立沛公爲漢王, 王巴·蜀·漢中, 都南鄭."

25 『史記』卷129「貨殖列傳」, p.3262: "關中自汧·雍以東至河·華⋯⋯南則巴蜀. ⋯⋯天水·隴西·北地·上郡與關中同俗. ⋯⋯故關中之地, 於天下三分之一, 而人衆不過什三; 然量其富, 什居其六."

넓은 의미의 '관중'(때로는 '關西'라고도 칭했다)을 상당히 보편적으로 사용했는데, 이는 당시 內史·西北諸郡·巴蜀諸郡을 하나의 구성체로 보고 '관중'으로 통칭하는 관념이 있었음을 보여준다.

張家山漢簡 「二年律令·津關令」은 扞關·鄖關·武關·函谷關·臨晉關의 천하강역의 구획 효과를 특별히 강조했다. 漢初에는 五關을 경계로 하여, 關中·關外는 사회적인 통제, 인원관리, 물자 유동에 많은 차이가 존재했다.27 일부 학자들은 한초 관중과 관외를 차별한 정책이 존재했음을 더욱 구체적으로 제시했다.28 「진관령」에는 또한 '關外郡(縣)'·'關中縣'이라는 표현도 있다.

十二: 相國議, 關外郡買計獻馬者, 守各以匹數告買所內史·郡守, 內史·郡守謹籍馬職(識)物·齒·高, 移其守, 及爲致告津關, 津關案閱 (簡509)

十五: 相國·御史請郎騎家在關外, 騎馬節(即)死, 得買馬關中人一匹以補. 郎中爲致告買所縣道, 縣道官聽, 爲質〈致〉告居縣, 受數而籍書 (簡513)······ 不得買及馬老病不可用, 自言郎中, 郎中案視, 爲致告關中縣道官, 賣更買.
●制曰: 可 (簡515)

廿一: 丞相上長信詹事書, 請湯沐邑在諸侯屬長信詹事者, 得買騎·輕車·吏乘·置傳馬關中, 比關外縣. 丞相·御史以聞, ●制 (簡519)29

「津關令」은 자주 '關外'와 '關中'을 대비시킴으로써, '關外郡'·'關外縣'과

26　葛劍雄, 『西漢人口地理』, 北京: 人民出版社, 1986, p.131.

27　楊建, 『西漢初期津關制度研究』, 上海: 上海古籍出版社, 2010.

28　辛德勇, 「漢武帝"廣關"與西漢前期地域控制的變遷」, 『中國歷史地理論叢』, 2008-2; 楊建, 『西漢初期津關制度研究』第七章第二節「强化皇權與"關中政策"」, pp.159-167.

29　彭浩·陳偉·工藤元男 主編, 『二年律令與奏讞書—張家山二四七號漢墓出土法律文獻釋讀』, 上海: 上海古籍出版社, 2007, p.318·322.

'關中郡'·'關中縣'을 자연적으로 대응시킨 것은 漢初 '관중'과 '관외'를 구별함을 체현한 것이다. 長信詹事가 속한 湯沐邑의 마필 구매를 '比關外縣'으로 한다는 것을 보면, 관외는 분명 관중과 구별되는 관리정책이 있었을 것이다. 辛德勇은 한초 관중과 관외를 차별한 것은 '관중'으로 '관외'를 제어한 지역 통제 정책에 의미가 있다고 지적했다.30 이 설은 매우 정확하다. 關中의 정치적 위상이 특별했던 것은 한초 행정구역 서열이 關中諸郡과 關外諸郡을 구분하고, 관중제군이 앞서 배열되었다는 것에 반영되어 있다. 이는 「秩律」의 행정구역 서열에서 가장 두드러진 특징이자, 국가 정치지리 구조의 반영이기도 하다.

우선 배열된 '關中郡'은 그 내부 서열에도 규칙이 있다. 즉, 西北諸郡이 西南諸郡보다 앞서 배열된 것이다. 이는 서북제군들이 秦人이 최초 개척한 지역이기도 하고 또 늦게 內史에서 분리되기도 하여, 정치지위가 서남제군보다 높았기 때문이다. 다시 '關外郡'을 살펴보자. 晏 선생은 「秩律」이 먼저 東部諸郡을 배열한 다음 東南諸郡을 배열했다고 생각했다. 필자가 앞서 지적했듯이, 800석 질급 군의 서열에는 이런 법칙을 찾아볼 수 없고, 단지 穎川郡·雲中郡·東郡만이 최후에 배열되었다. 이는 세 군이 다른 '관외군'과 차별점이 존재함을 시사한다. 漢初 置郡 과정을 분석해보면, 세 군 모두 高帝 5년 이후에 세워진 漢郡이라는 공통점이 있다.

高帝 5년 정월, 劉邦은 定陶에서 정식으로 稱帝했다. 이 때 漢은 이미 關外의 河東郡·上黨君·河內郡·河南郡·南陽郡을 설치했다. 이때 穎川郡·雲中郡은 韓·趙에 각각 속했다. 5년 2월, 유방은 韓王을 代王으로 徙封했고31, 11년 정월, "代의 운중 서쪽을 운중군으로 삼았다"32. 영천군·운중군의

---

30 辛德勇,「漢武帝"廣關"與西漢前期地域控制的變遷」,『中國歷史地理論叢』, 2008-2.
31 『史記』는 韓王 信을 高帝6년에 晉陽으로 사봉하여 국호를 여전히 韓으로 했다고 한다. 그러나 張慶路의 고증에 따르면, 韓王 信은 高帝5년 2월에 사봉하여 국호를 代로 고

설치는 모두 유방이 칭제한 후였고, 영천군이 운중군보다 앞섰기 때문에 앞서 배열된 것이다. 東郡은 呂后元年 초에 다시 세워졌고, 朝廷 체계에 들어온 시간이 가장 늦었던 까닭에 「秩律」의 각 질급 율문 맨 끝에 배열되었다. 이로써 「질율」의 '關外郡' 서열은 유방의 칭제 시간을 기준으로 구분했음을 알 수 있다. 고제 5년에 이미 존재했던 한군(漢郡)이 먼저 배열되고, 그 뒤에 세워진 한군은 조정의 직할 체계에 들어간 시간에 따라 배열한 것이 「질율」 관외군 서열의 기본 법칙이다.

그런데 「秩律」 東郡 서열의 특수성을 지적할 필요가 있다. 劉邦이 칭제할 때 동군은 朝廷이 직할한 한군이었다.[33] 「질율」에서 동군이 맨 끝에 배열된 것은 呂后元年의 행정구역 변동이 보충된 것을 초사한 것이다. 조정의 漢郡 서열 중 동군의 위치는 이렇게 뒤에 배치되어서는 안 된다. 「질율」의 穎川郡 서열에 대한 분석이 이를 뒷받침한다. 高帝 말에 동군과 영천군은 함께 폐치되어 왕국으로 바뀌었다.[34] 영천군은 惠帝元年(B.C.194)에 다시 세워져[35] 雲中郡의 설치시간보다 늦지만, 「질율」의 영천군은 운중군보다 앞서 배열되었다. 이는 한군이 다시 설치되면 그 서열은 여전히 처음 세워진 시점을 기준으로 했다는 것을 알 수 있다. 따라서 필자는 여후 2년과 그 이후의 한군 서열에 있어서는 동군이 영천군보다 앞서서 고제 5년에 세워진 '關外郡'과 함께 배

쳤다. 『代地與兩漢政局研究』, 南開大學歷史學院博士學位論文, 2021, pp.57-64 참조.

32 『漢書』(北京: 中華書局, 1962) 卷2 「高帝紀」, p.70: "代之雲中以西爲雲中郡."

33 周振鶴・李曉傑・張莉, 『中國行政區劃通史・秦漢卷』, 上海: 復旦大學出版社, 2017, p.126.

34 『漢書・高帝紀』 11년3월 "罷東郡, 頗益梁; 罷穎川郡, 頗益淮陽"(『漢書』 卷2, p.72). 필자는 穎川郡・東郡의 폐치 시기가 응당 高帝12년 2월 이후일 것으로 수정했다. 拙著, 『西漢侯國地理』(修訂本), 上海: 上海古籍出版社, 2021, pp.107-109.

35 周振鶴・李曉傑・張莉, 『中國行政區劃通史・秦漢卷』, p.143.

열되었을 것으로 과감히 추측한다.

　이를 보건대, 「秩律」이 內史를 우선 배열하고 漢郡이 '關中郡'(先'西北諸郡', 後'西南諸郡')을 먼저, '關外郡'(先'고제5년전 치군', 後'5년후 치군')을 뒤에 배열했다. 이는 경기의 정치적 위상이 특출나고, '관중군'의 정치지위가 '관외군'보다 더 높은 특징을 나타낸다.

　최근 발표된 張家山 336호 漢墓竹簡 「功令」에는 漢郡 서열을 언급한 令文 세 조항이 있는데, 이를 나열하면 다음과 같다.

五十三　隴西・北地・上郡・雲中郡・雁門・代郡軍吏・軍吏丞・城塞尉・邊縣令・尉, 年長及能不宜其官者, 輒言狀丞相・(簡113) 御史. 徒塞士吏・候長, 郡自調之. 塞尉史・候史縣調之. 有缺當補者, 年五十以上勿用, 用其次. (簡114) 丞尉以上老不能治者, 二千石官免之. 戊 (簡115)

八十七　爲有輕車郡卒長員郡一人, 以誰(推)卒長第高功多者補, 爲劾(刻)印. 車令缺以郡卒長補, 郡卒長 (簡144) 缺以誰(推)卒長補. 郡有車令者, 毋補卒長. 有卒長者, 亦毋補車令. 隴西・北地・上郡・雲中・鴈(雁)門・代郡 (簡145) 節(即)有念(急), 輕車各分詣其守・尉, 請勿爲置車令・卒長. ●制曰: 郡有輕車而毋令者, 皆爲置卒長, 它 (簡146) 如請, 可. (簡147)

百二　丞相・御史請, 隴西・北地・上郡・雲中・雁門・代郡備塞軍吏・令史視事盈十歲, 移功勞居縣. 居縣令史 (簡183) 有秩乘車以上功勞次當補其家居縣缺者, 皆調徙之. (簡184)[36]

　세 令文의 제정 연대는 文帝 원년 10월부터 2년 2월 사이이며[37], 내용은 북부와 匈奴 접경 각 군 관원의 승진 및 공로 통계를 언급한 것이다. 세 조의

36　彭浩 主編, 『張家山漢墓竹簡336號墓』, 北京: 文物出版社, 2022, p.116・120・125.

37　拙文, 「張家山336號漢墓竹簡〈功令〉所見雁門郡・代郡・定襄郡建置沿革」, 『中國文字博物館集刊』第四輯, 鄭州: 中州古籍出版社, 2023.

영문은 북부 6郡의 배열에 고정된 순서를 가지고 있다. 지리 위치로 볼 때 6군은 서에서 동의 순서로 배열되었다.(그림 4) 6군은 왜 동에서 서로 배열되지 않았던 것일까? 영문에 보이는 6군의 서열은 분명 '關中郡'을 우선 중시했기 때문에 隴西·北地·上郡이 앞서 배열된 것이다. 보다 구체적으로 분석하면 雲中·雁門·代의 3군 배열순서가 설치시기와 관련 있다는 점을 발견할 수 있다. 雲中郡은 高帝 11년에 세워졌고 雁門과 代郡은 文帝 元年에 세워졌다. 즉, 6개 군의 배열 또한 '관중군'을 우선한 다음 '關外郡'을 뒤에 배열하는 규칙을 따른다. '관외군'은 건치 시기에 맞춰 순차적으로 배치하는 특징이 존재할 것이다. 이는 「秩律」에 보이는 漢郡 서열 법칙과 일치한다.

漢初 행정구역 서열은 국가 정치지리 구조와 대응 관계에 있다. 辛德勇은 다음과 같이 말했다.

> 秦漢 두 왕조의 이러한 京師 지역과 그 주변지대를 구별하는 지역정책은 동일하게 서부 관중지역에 의존하여 천하를 병합하고 해당 지역에 건도한 데에서 기원한다. 이 정책은 고대 정치지리상 심층적 함의를 가진다. 즉, 『禹貢』등 상고 전적에 기록된 同心圈層식 五服 제도의 구체적인 시행과 구현인 것이다. 경성인 長安을 핵심으로 그 외곽의 三輔 지역, 삼보 외곽을 다시 둘러싸는 關中 지역, 관중 주변의 관동 지역이 위치하는데, 단지 관동 지역만 관중을 둘러싸지 못하며, 경사와 畿輔 지역은 서쪽에 치우쳐 있어 전국의 기하학적 중심에서 비교적 멀리 떨어지게 되었다.[38]

「秩律」행정구역 서열에서 볼 때 辛 선생의 이해는 매우 정확한 것이다. 특히 이러한 서열은 '五服'의 圈層 제도의 구상에 대해, 長安을 핵심으로 주변에 內史를 에워싸고, 다시 漢郡을 에워싸는 것으로 그 권층 구조를 표현했다.

---

38 辛德勇,「漢武帝"廣關"與西漢前期地域控制的變遷」,『中國歷史地理論叢』, 2008-2.

그러나 여전히 고민해야 할 것은 '關中郡'·'關外郡'이라는 두 지리 층차의 함의이다. 辛 선생은 관외군이 관중군을 둘러싸지는 못했지만, 이는 여전히 내사-관중군-관외군의 권층 구조인 것이라 주장했다. 그러나 필자가 생각하기에 한군이 내사를 둘러싸고 있는 공간 배치는 확실히 내외 구조를 보인다. 하지만 한군의 '관중군'과 '관외군'의 획분은 사실 '坐西面東'의 공간 이념을 반영한 것이다. 즉, '관중군'을 기반으로 '관외군'을 병풍삼아 동방의 제후왕국을 방어하고 있는 것이다. 이 공간배치는 秦이 동방 6국을 멸한 역사를 계승할 뿐만 아니라, 漢初 황제가 동방 제후를 방어하기 위한 현실적 필요로서 동쪽을 향해 층층이 방어를 설계한 의도가 매우 분명히 나타난다. 이것은 전체적으로 '동서대립'의 정치 지형을 반영하는, 漢初의 정치지리 구조를 이해하는 관건이 된다.(그림 3·4)

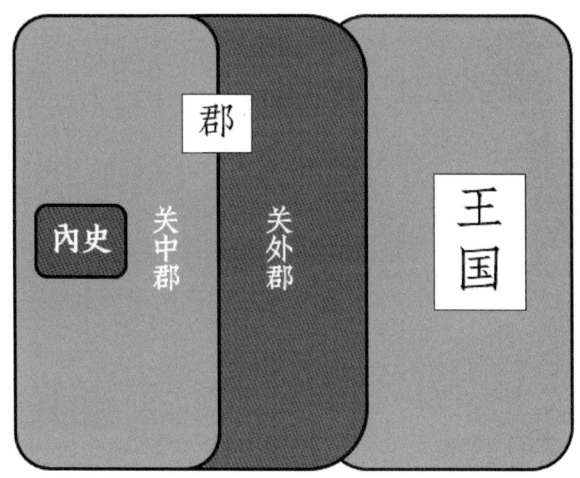

그림 3. 漢初 정치지리 구조 시의도

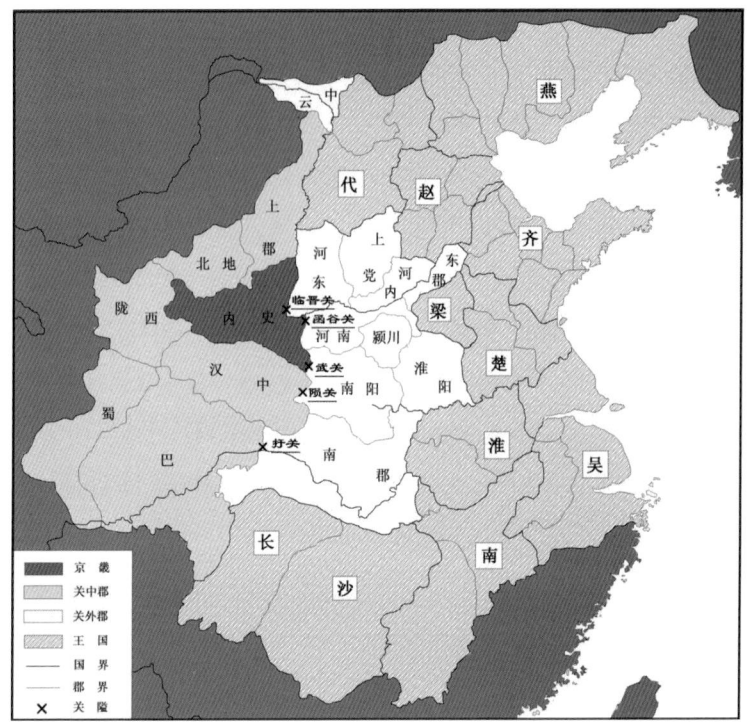

그림 4. 呂后元年 정치지리 구조

Ⅳ 京畿-內郡-邊郡 圈層 정치구조의 형성

『漢志』의 행정구역 서열은 京畿-內郡-邊郡의 정치지리 구조를 나타내는데, 이는 「秩律」 행정구역 서열의 京畿-關中郡-關外郡의 구조와 현저한 차이를 보인다. 이러한 정치지리 구조의 변화는 어떻게 형성된 것일까? 우선 漢初의 정치지리 구조가 언제까지 이어졌는지를 살펴보자.

元鼎 3년, 漢武帝의 '廣關'은 상징적 의미를 가진 정치 사건이었다. '광관'

은 관중·관외의 경계를 漢初 5關에서 太行山諸關·新函谷關·散關·陸渾關·新武關·鄖關·扞關·柱蒲關 라인으로 이동 시킨 것이다.[39] 이때의 '광관'은 景帝 3년 이후 정치지리 국면의 변화와 관련 있다. 吳楚七國의 난 이후, 왕국 '支郡'은 朝廷에게 빼앗기고 일부 왕국은 郡으로 改編하여 설치되며 관외군의 수량이 크게 늘었다. '推恩令'의 시행은 또한 '관외'에서 조정의 통제 범위를 더욱 확대했다. '관외군'이 크게 늘어난 데 비해 '관중군'은 元朔 연간 흉노로부터 탈취한 '河南地'를 제외하면 지역 공간상의 명시적 변화가 없었다. 방대한 수의 關外郡을 맞이하여 한나라 입국의 근간인 關中郡은 상당히 빈약해 보였다. 漢武帝는 '광관'을 통해 관중의 경계 전체를 동쪽으로 이동시켰고, "이 변화된 결과는 西漢의 대흉노 방어작전의 최전선인 朔方·五原·雲中·定襄·雁門·代郡을 일거에 관중 내부에 망라함으로써, 조정이 대외 작전을 수행하는 국방병력을 최대한 직접 통제하고, 관동 지역을 억제하기 위한 힘을 증대시켰음을 의미한다."[40] '광관'은 원정 3년 이전까지 국가 정치지리 구조는 여전히 '경기-관중군-관외군'으로 되어 바뀌지 않았음을 보여준다.

여러 가지 현상을 살펴보면, 西漢 국가 정치지리 구조의 변혁은 元封 연간에 발생했을 것이다. 그 상징적 변화는 弘農郡·河南郡·河東郡·河內郡의 정치 지위 향상이다. 崔在容은 서한 중후기 弘農郡·三河는 三輔와 더불어 기타의 군과 구별되는 정책을 시행했던 고로, 이 4군을 '準京畿'라고 불렀다.[41] 崔 선생의 논지는 타당하다. 서한 중후기의 삼보와 여러 군 장관의 질급 차이는 '삼하' 지위의 특수성을 통해서도 알 수 있다. 예를 들어 宣帝 때 涿郡太守 嚴延年, 元帝 때 南陽太守 召信은 모두 공로에 따라 '遷河南太守'[42] 되었

---

39 崔在容,「西漢京畿制度的特徵」,『歷史硏究』, 1996-4; 辛德勇,「漢武帝"廣關"與西漢前期地域控制的變遷」,『中國歷史地理論叢』, 2008-2.

40 辛德勇,「漢武帝"廣關"與西漢前期地域控制的變遷」,『中國歷史地理論叢』, 2008-2.

41 崔在容,「西漢京畿制度的特徵」,『歷史硏究』, 1996-4.

고, 또 元帝와 成帝 때 京兆尹 甄少公·子泄은 河南太守로 강등된 바 있다.[43] 즉, '삼하' 태수의 질급은 다른 漢郡보다는 높고 삼보보다는 낮았던 것이다. 元帝 建昭 2년 "益三河·大郡太守秩. 戶十二萬爲大郡"[44]이라 하였는데, 이는 '삼하' 태수의 질급이 다른 漢郡보다 높았다는 명확한 기록이다.[45]

崔在容은 元鼎 3년의 '廣關'은 "京畿를 확대"한 것으로, 弘農郡과 '三河'를 경기 범위에 포함시키는 것이 목적이라고 생각했다. 그러나 이 판단은 타당하지 않다. 秦漢의 경기는 '郡'이라 명칭을 정하지 않았기 때문에 홍농군을 "경기를 확대"한 것으로 이해해서는 안 된다. 반면, 홍농군은 원래 內史에 속했던 上雒·商縣·弘農縣·舊函谷關이 포함되어[46] 사실상 경기의 축소를 초래했다. 또 '광관' 이후 하남군·하내군은 새로운 關中 지역 범위에 포함되지 않았다. 앞서 지적했듯이, '광관'의 의도는 '관중군'의 확장이었고, 이는 여전히 漢初 '관중'으로 '관외' 지역을 제어하던 정책의 연속이었다. 따라서 홍농군·삼하의 지위 상승은 원정 3년보다 빠르지 않았을 것이다.

---

42 『漢書』卷90「嚴延年傳」, p.3669; 『漢書』卷89「循吏傳」, pp.3641-3642.

43 『漢書』卷19「百官公卿表」, pp.823-824, p.835.

44 『漢書』卷9「元帝紀」, p.294.

45 陳侃理는 "三河는 大郡 외에 단독으로 나열되었는데, 이는 응당 近畿 要地에 속하는 三輔와 동속으로 司隸校尉에 소재하는 특수지위를 지녔기 때문이다……三河太守의 질급은 大郡太守와 같거나 더욱 높았을 수도 있다."(「漢代二千石秩級的分化──從尹灣漢簡中的"秩大郡太守"談起」, 出土文獻與中國古代文明研究協同創新中心·中國人民大學分中心 編, 『出土文獻的世界: 第六屆出土文獻青年學者論壇論文集』, 上海: 中西書局, 2018, p.142) 지금 검토해볼 때, 元帝 말년에 召信은 南陽太守에서 河南太守로 옮겼는데, 『漢書·地理志』에서 "南陽郡戶三十五萬, 爲大郡"이라 한 것을 보면 三河太守의 질급이 大郡太守보다 높았다는 것을 알 수 있다.

46 「秩律」에 근거하면, 漢初 內史의 관할에는 上雒·商縣이 포함되었다. 拙文, 「張家山漢簡〈秩律〉與呂后元年漢朝政區復原」, 『出土文獻』, 2021-3.

辛德勇은 兩漢 州制의 변천을 논할 때 元封 연간에 '十二州'라는 지역 관념이 나타났고, 이미 左右內史와 弘農郡・三河를 하나의 지리 단위로 결합시켰던 점에 주목했다.47 元封 5년에 설치한 13자사부에 홍농군과 '삼하'가 제외되었던 것을 볼 때, 4군은 이미 좌우내사에 비견되는 정치 지위를 갖추고 있었다. 武帝 말기에 司隸校尉가 단독으로 三輔・弘農・三河를 감찰한 것은 이 4군의 지위가 특별했음을 더 구체적으로 표명한다.48 이로써 元封 연간의 홍농・삼하는 이미 준경기의 특징을 구비했다.

元封 연간 국가 정치지리 구조의 또 다른 중요한 변화는 內郡・邊郡의 분화였다. 郡區를 내군・변군으로 나누어 서로 다른 관리정책을 취한 것은 漢代 정치지리 획분의 중요한 특징이다. 내군・변군의 제도적 구분은 언제부터 시작된 것일까? 기존 학자들은 '邊郡'이라는 단어가 史籍에 등장하는 최초의 기록을 찾아 이 변화를 西漢 초년으로 삼았다. 그러나 서한 초년의 '변군'은 변방을 연한 군을 가리키는 경우가 많아, 정치 지리적 구분의 의미가 없다. 杜曉宇는 생각을 바꿔 '內郡' 개념이 출현한 시점을 의거로 삼는 시도를 했다. 필자는 그의 연구방법에 찬성하는데, '내군'이라는 호칭이 등장한 것은 반드시 정치지리 개념상의 '변군'을 전제하기 때문이다. 杜 선생은 『漢書・景帝紀』後元 2년 "春, 以歲不登, 禁內郡食馬粟, 沒入之"49라는 구절에 주목하여, "(이는) 경제 후기에 이미 '내군'과 '변군'의 차별화 관리 방책이 실행되었음을 나타낸

---

47 辛德勇, 「兩漢州制新考」, 『秦漢政區與邊界地理研究』, 北京: 中華書局, 2009, pp. 134-135.

48 『漢書・百官公卿表』: "司隸校尉, 周官, 武帝征和四年初置. 持節, 從中都官徒千二百人, 捕巫蠱, 督大奸猾. 後罷其兵, 察三輔・三河・弘農"(『漢書』卷19, p.737). 司隸校尉가 初置되었을 때 職能은 병력을 이끌고 盜賊을 체포하는 것이었으며, 三輔・三河・弘農을 감찰한 시간은 명확하지 않아 武帝末年이라고 잠정적으로 추정한다.

49 『漢書』卷5「景帝紀」, p.151.

다"라고 했고, 이는 경제 中元 연간 왕국 제도 개혁의 결과라고 생각했다.50 사실「경제기」의 이 구절은 오류가 있는데,『史記・孝景本紀』에서 "令內史・郡不得食馬粟"51이라고 한 것을 보면『한서』의 '內郡'은 응당 '內史・郡'이었던 것이다. '內史・郡'이 詔令 하달 대상인 것은 秦代 이래의 일관된 전통이었다.52 경제 후원 2년에는 결코 '내군' 개념은 없었다.「경제기」를 제외하면 최초의 '내군' 기록은『漢書・劉屈氂傳』의 征和 2년 詔 "乃以邊爲援, 使內郡自省作車, 又令耕者自轉"53이다. 詔書는 '내군'의 명칭뿐 아니라 '邊'과 상대되어, 내군・변군의 구분이 이미 출현했음을 표명한다. 게다가 원정 3년의 '광관'에는 변군・내군의 구조가 보이지 않는다는 점54, 그리고 司馬遷의 「太史公書」에 '내군' 칭호가 없는 것을 종합하면, 내군・변군의 정치개념 출현은 太初 연간 전후일 것이다.

元鼎・元封 연간 때는 漢의 강역 변화가 가장 격렬한 시기였으며, 閩越・南越・且蘭・夜郞・朝鮮 등 여러 나라를 공멸하고 西南夷가 귀부하며 河

50　杜曉宇,「試論秦漢"邊郡"的範圍・槪念與特徵」,『中國邊疆史地研究』, 2012-4.

51　『史記』卷11, p.448.

52　拙文,「西漢存在"太常郡"嗎?—西漢政區硏究視野下與太常相關的幾個問題」,『中國歷史地理論叢』, 2013-3.

53　『漢書』卷66「劉屈氂傳」, p.2879.

54　『漢書・儒林列傳』에서 "元朔五年夏六月, 公孫弘奏請擇取學業優異之博士弟子出補諸卿・內史・郡卒史"라고 했고, 그 중 "比百石以下補郡太守卒史, 皆各二人, 邊郡一人"라고 한 구절이 있다(『漢書』卷88, p.3594). 기존 학계는 이를 武帝初年에 존재하는 '邊郡' 제도의 증거로 간주했다(謝紹鷁,「秦漢邊郡槪念小考」,『中國歷史地理論叢』, 2009-3). 그러나 실제 상황은 그렇지 않았을 것이다. 奏疏는 "補郡太守卒史, 皆各二人, 邊郡一人"이라고 했다, 여기서 가리키는 바는 모든 郡이나, 변경에 연한 군의 상황이 특수한 고로 卒史1인을 보충한다는 것인데, 여기서의 '邊郡'은 결코 정치지리 의의 상의 명확한 '邊郡'이라 할 수 없다.

西走廊을 군현으로 직할하는 정책이 확정됨에 따라, 武帝는 변강 지역에 대량의 '初郡'을 설치했다. 『史記·平準書』는 元鼎6년 "漢連兵三歲, 誅羌, 滅南越, 番禺以西至蜀南者置初郡十七"[55]라고 했다. 이어서 무제는 河西2군[56], 朝鮮4군을 증설했다. 불과 몇 년 사이 변방에 20여 개의 군이 증설된 것이다. 강역의 확장은 전국 정치지리 형세의 두 가지 중요한 변화를 야기했다. 첫째, 경기 지역은 전국 지리의 중심에서 벗어났다. 둘째, 初郡의 대량 설치는 한제국에 광활한 변강 구역이 출현하도록 만들었다.

元封 연간 弘農郡·'三河'의 지위 상승은 전자의 정치 및 지리적 상황 변화와 관련 있다. 4군의 정치지위 상승으로 점차 경기범위에 편입되어 경기는 동쪽으로 확장됨으로써 전국 강역의 지리 중심에 더 가까워지게 되었다. 辛德勇은 이에 대해 "漢武帝가 河東·河內·河南의 삼하 지역을 京師가 소재하는 中州에 편입함으로써, 형식적으로 帝都 및 경기 지역을 이른바 '天下之中'과 연계시켜 전국 강역의 기하학적 중심에 대체로 가깝도록 만들었고, 五服 제도의 설계와 거의 일치할 수 있었다"라고 치밀하게 분석했다.[57]

후자의 정치·지리 형세 변화의 결과는 內郡·邊郡의 획분이다. 漢武帝는 변방을 개척하여 蠻夷 주거 지역에 군을 설치함으로써 내지와 구별되는 정책을 채택했다. 『史記·平準書』는 다음과 같이 기록했다.

---

55 『史記』卷30, p.1440. 周振鶴은 17개 初郡의 명목을 고증하길, 南海·蒼梧·郁林·合浦·象郡·交趾·九眞·日南·朱崖·儋耳·武都·汶山·沈黎·越巂·犍爲·牂牁·益州라고 했다. 周振鶴·李曉傑·張莉, 『中國行政區劃通史·秦漢卷』, p.184 참조.

56 河西四郡의 설치 연대는 學術界의 큰 난제이다. 그러나 모두는 기본적으로 酒泉·張掖 兩郡의 설치는 敦煌·武威 두 군보다 빨랐다고 인식한다. 酒泉·張掖 두 군의 설치연대에 관해 筆者는 陳夢家의 元鼎6年의 관점을 지지하는 편이다. 「河西四郡的設置年代」, 『漢簡綴述』, 北京: 中華書局, 1980 참조.

57 辛德勇, 「兩漢州制新考」, 『秦漢政區與邊界地理研究』, p.135.

(元鼎六年)番禺以西至蜀南者置初郡十七, 且以其故俗治, 毋賦稅. 南陽·漢中以往郡, 各以地比給初郡吏卒奉食幣物, 傳車馬被具.[58]

元鼎·元封 연간에 20여 郡의 설치와 독특한 관리방식의 추진은 舊郡과 新郡 관리정책의 분리를 초래했고, 실제 정치지리 구조가 차이로 나타나게 되었다. 비록 당시에 內郡·邊郡의 명시적 칭호는 존재하지 않았지만 실질적인 내외 정책은 이미 생겨났다. 뿐만 아니라 내지의 구군과 신군의 상호 보충은 내외 결합의 정치체계를 형성했다. 「平準書」는 신군의 관리방식이 내지와 판이하고 내지가 재정, 물자적 지원을 하는 것이 필요하다고 밝혔는데, 이는 征和 2년 詔에서 "乃以邊爲援, 使內郡自省作車, 又令耕者自轉"이라고 한 취지와 일치한다. 내군으로 변군을 지원하는 것은 바로 西漢 중후기 내군·변군 제도의 주요한 특징이다.[59] 원봉 연간 다량의 '신군' 설치는 한군 내부의 분화를 초래했고, 변군·내군 제도는 이때부터 시작되었다고 할 수 있다.

辛 선생은 元封 연간 弘農郡·'三河'의 정치 지위 변화를 분석할 때 중요한 문제 하나를 지적했는데, 武帝의 '五服制度' 재구축이 바로 그것이다. 漢初 '內史-

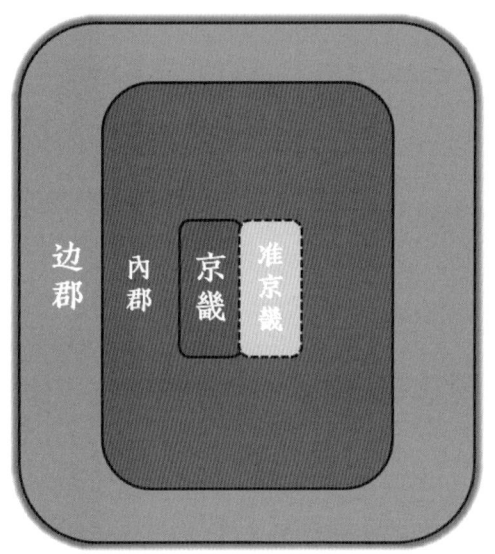

그림 5. 元封 연간 이후 漢 왕조 국가 정치지리 구조

---

58 『史記』卷30, p.1440.

59 孫聞博, 「秦漢帝國"新地"與徙·戍的推行—兼論秦漢時期的內外觀念與內外政策特徵」, 『古代文明』2015-2, 『秦漢軍制演變史稿』, 北京: 中國社會科學出版社, 2016, pp.174-190 수록.

關中郡-關外郡의 국가 정치지리 획분은 엄밀한 의미의 圈層 구조가 아니었다. 원봉 연간 '準京畿'의 건설과 內郡·邊郡의 분화를 거치면서, 三輔·준경기를 핵심으로 외곽에 '內郡'을 둘러싸고, 또 '邊郡'으로 둘러싸는 권층 구조가 새롭게 형성되었다. 이는 『禹貢』에서 묘사한 五服圈層 구조와 맞아떨어진다.(그림 5)

元封 연간에 확립된 새로운 정치지리 구조는 훗날 漢朝 정치 일상에 점차 주도적 지위를 점하게 되었다. 이는 출토문헌·전래문헌에 나타난 행정구역 서열에도 명확하게 체현되었다. 이미 공표된 懸泉漢簡에는 3건의 행정구역 서열 관련 문서가 있다.

> 元康四年五月丁亥朔丁未, 長安令安國·守獄丞左·屬禹敢言之: 謹移髡鉗亡者田勢等三人年·長·物·色, 去時所衣服. 謁移左馮翊·右扶風·大常·弘農·河南·河內·河東·潁川·南陽·天水·隴西·安定·北地·金城·西河·張掖·酒泉·敦煌·武都·漢中·廣漢·蜀郡……(Ⅱ0111④:3)
>
> 黃龍元年四月壬申, 給事廷史刑(邢)壽爲詔獄·有逯(逮)捕弘農·河東·上黨·雲中·北地·安定·金城·張掖·酒泉·敦煌郡, 爲駕一封軺傳. 外二百卅七. 御史大夫萬年謂胃成, 以次爲駕, 當舍傳舍, 如律令. [A] (Ⅱ0114③:447)
>
> 神爵四年十一月癸未, 丞相史李尊, 送獲(護)神爵六年戍卒河東·南陽·潁川·上黨·東郡·濟陰·魏郡·淮陽國詣敦煌郡·酒泉郡. 因迎罷卒送致河東·南陽·潁川·東郡·魏郡·淮陽國並督死卒傳槀(槽). 爲駕一封軺傳. 御史大夫望之謂高陵, 以次爲駕, 當舍傳舍, 如律令. (Ⅰ0309③:237)[60]

---

60 胡平生·張德芳, 『敦煌懸泉漢簡釋粹』, 上海: 上海古籍出版社, 2001, p.21, pp.35-36, p.45.

懸泉置는 敦煌郡에 위치했기 때문에 이곳으로 보내는 공문은 전국의 모든 군급 행정구역을 열거하지는 않는다. 그럼에도 불구하고, 상술한 공문서는 여전히 당시 군급 행정구역 서열의 기본 특징을 반영하고 있다. 元康 4년 朝廷 공문에는 군급 행정구역을 우선 三輔·太常을 경기로 열거하고[61], 이어서 弘農·河南·河內·河東을 準京畿로 배열하고, 다시 潁川·南陽을 內郡으로 배열한 다음, 天水에서 蜀郡까지를 邊郡으로 하는 등, 경기-준경기-내군-변군의 정치지리 구조의 획분이 뚜렷하게 존재한다. 黃龍元年 조정 공문은 비록 경기의 삼보·태상을 언급하지 않았지만, 郡의 서열은 준경기(홍농·하동), 내군(상당군), 변군(운중군-돈황군)의 층차를 구분할 수 있다. 神爵 4년 조정 공문에는 돈황군, 주천군에 수졸을 보낸 내지의 郡國만 일부 열거되어 있으나, 군국 순서는 준경기의 하동군을 우선하고, 내군은 뒤에 열거했다. 세 문서가 보여주는 행정구역 서열에는 이미 경기-준경기-내군-변군의 획분이 존재하는 것이다.

神爵元年에 宣帝는 趙充國과 許延壽에게 명하여 西羌을 치도록 했는데, 史籍은 다음과 같이 기재했다.

> 發三輔·中都官徒弛刑, 及應募佽飛射士·羽林孤兒, 胡·越騎, 三河·潁川·沛郡·淮陽·汝南材官, 金城·隴西·天水·安定·北地·上郡騎士·羌騎, 詣金城. (『漢書·宣帝紀』)
>
> 上已發三輔·太常徒弛刑, 三河·潁川·沛郡·淮陽·汝南材官, 金城·隴西·天水·安定·北地·上郡騎士·羌騎, 與武威·張掖·酒泉太守各屯其郡者, 合六萬人矣. (『漢書·趙充國傳』)

61　漢元帝 永光元年 이전, 太常은 陵邑을 관할했고, 능읍은 모두 長安 주변 三輔 지역에 분포했다. 拙文, 「西漢存在"太常郡"嗎?—西漢政區硏究視野下與太常相關的幾個問題」, 『中國歷史地理論叢』, 2013-3 참조.

두 건의 기재 내용이 일치하는 것으로 보아, 같은 詔書에서 발췌했을 것이다. 조서에는 三輔・太常의 경기, 三河에서 汝南郡에 이르는 內郡, 金城郡에서 上郡에 이르는 邊郡이 명확히 '경기-내군-변군'의 정치지리 획분을 보인다. 게다가 '내군'에 '삼하'를 우선 배열하여 '준경기'의 특수한 정치 지위를 부각시켰다. 이는 당시 '경기-준경기-내군-변군'의 정치지리 구분이 있었을 뿐 아니라 서로 다른 정치지리 단위는 서로 다른 發兵 직책을 담당하는 지역 정책의 차이가 드러난다. 懸泉漢簡의 공문서 3건과 神爵元年 詔書는 모두 宣帝 시기에 속하며, 행정구역의 배열 순서를 보여줌으로써 圈層의 정치지리 구조를 반영한다.

V 西漢 정치지리 구조 중의 '王國' 지위 변화

「秩律」에는 王國의 屬縣이 등장하지 않는데, 이는 漢初 왕국의 독립 지위를 보여주는 것이다. 왕국은 비록 漢朝廷의 직할은 아니지만 天子 주도의 天下 질서에서 유리되었던 것은 아니다. 왕국은 漢 주변을 둘러싸 蠻夷를 차단하여 천자 직할 구역을 보위하는 지리 장벽을 형성했다.[62] 다만 왕국은 한의 일부에 속하지 않아 한의 정치지리 구조에 들어갈 수 없으므로, 漢-王國-蠻夷의 천하질서에 귀속되어야 한다.

景帝 5년의 봉건제도 개혁은 諸侯王의 治國 권한을 박탈했다.[63] 이로써

---

62 拙文,「東郡之置與漢初關東控禦政策」,『歷史研究』, 2021-4.
63 『漢書』卷19「百官公卿表」, p.741.

왕국은 독자적인 정치 지위를 상실하고 漢郡과 동일시되어 점차 한조정의 직할체제에 편입되었다.64 중국 학계에서는 일반적으로 왕국이 '外'에서 '內'로 들어온 것이 이때 시작되었다고 생각한다. 일본 학자 阿部幸信은 왕국의 독립적 정치지위 상실 및 '외'에서 '내'로 들어가는 것이 일종의 점진적인 과정임을 지적했다. 그는 漢代 印制 변화의 시각에서 元狩 2년 제후왕이 사용한 인이 玉印에서 金印으로 바뀌었다는 점을 들어, "제후왕이 기본적으로 자립성을 상실해 '내'로 흡수되었다"라고 밝혔다. 그러나 이러한 변화는 단번에 이루어지지 않았고, 그 변화의 진행은 여전히 계속되었다. 대략 太初에 제도를 개편하여 최종 완성되었는데, 그 상징적 사건은 왕국 경내는 한의 기년을 그대로 따르게 된 것이다.65 阿部 선생은 西漢 왕국이 '외'에서 '내'로 들어오는 정치 과정을 비교적 완전하게 밝혔다. 그러나 필자가 더욱 관심을 가지는 문제는 太初 元年에 왕국이 최종 한의 직할체제에 진입한 후, 이미 건립된 경기-준경기-내군-변군의 정치지리 구조에서 어떤 지위에 놓였는가 하는 점이다.

한의 국가 정치지리구조에 들어간 왕국의 지위에 대해 何慕는 다음과 같은 분석을 한 적이 있다.

> 景帝 시기 吳楚의 난 이후, 왕국의 지위는 점차 漢郡과 동급으로 떨어졌다. 이때부터 중앙의 册籍에는 왕국 지역의 행정구역 연혁이 출현하기 시작했을 것이다. 그러나 왕국의 특수 성경을 고려하여 왕국을 漢郡의 次序에 삽입하지 않고, 漢郡·王國을 분술하는 것으로 서열을 배치하는 방식을 『漢志』의 시대까지 줄곧 사용했다. 한왕조의 정식 건립부터 한말까지, 중앙정부의 책적은 '郡國混列' 시기를 겪지 못했을 것이다.66

---

64 大櫛敦弘, 「秦邦—雲夢睡虎地秦簡より見た「統一前夜」—」, 『論集 中國古代の文字と文化』, 東京: 汲古書院, 1999.

65 阿部幸信, 「西漢時期內外觀的變遷: 印制的視角」, 『浙江學刊』, 2014-3.

何慕는 왕국이 漢의 행정체계에 들어온 후 줄곧 漢郡과 구별되어 "중앙 정부의 책적은 '郡國混列'" 시기를 겪지 못했을 것"이라고 추정했다. 그의 이해에 따르면 한 정치체계에 진입한 왕국은 그 지위가 한군 다음으로, 『漢志』에 나타난 왕국 서열과 일치한다. 그런데 실제 상황은 어떠했을까? 西漢 중후기에 반포된 詔書를 보면, 왕국은 內郡과 유사한 정치 지위를 가졌다.

(本始元年)夏四月庚午, 地震. 詔內郡・國擧文學高弟各一人.
(本始四年四月詔)令三輔・太常・內郡・國擧賢良方正各一人.
(地節三年三月)令內郡・國擧賢良方正可親民者.
(神爵四年四月)令內郡・國擧賢良可親民者各一人. (이상『漢書・宣帝紀』[67])
(永光元年三月詔)令內郡・國擧茂才異等・賢良直言之士各一人.(『漢書・元帝紀』[68])
(建始三年十二月詔)丞相・禦史與將軍・列侯・中二千石及內郡・國擧賢良方正能直言極諫之士各一人, 詣公車, 朕將覽焉.
(元延元年七月詔)內郡・國擧賢良方正能直言極諫者各一人, 北邊二十二郡擧勇猛知兵法者各一人. (이상『漢書・成帝紀』[69])

이상의 災異가 발생한 후 朝廷은 전국에 인재를 추천하라는 詔書를 내렸다. 이 중 王國은 모두 內郡과 병렬되었고, 추천 인재의 수는 정확히 일치했다. 邊郡은 종종 언급되지 않을 때도 있어, 내군・왕국과 차이가 있었음을 설명한다. 元延元年 7월 詔에서는 변군을 언급했지만, 변군이 인재를 천거하는

---

66 何慕,「張家山漢簡〈二年律令・秩律〉所見呂后二年政區及相關問題」, p.51.
67 『漢書』卷8「宣帝紀」, p.242, p.245, p.249, p.264. 原文 말에는 '內郡'・'國'을 나누었다. 本文은 모두 나누었고 이하 동일하다.
68 『漢書』卷9「元帝紀」, p.289.
69 『漢書』卷10「成帝紀」, p.307, p.326.

성격은 내군·왕국과 확연히 달랐다. 또 『漢書·張湯傳』은 "天子從其計, 果起昌陵邑, 後徙內郡·國民"[70]이라 했다. 내군·왕국은 인재 천거, 陵邑遷人 등에서 변군과 뚜렷한 차이를 보여, 내군·왕국의 정치 지위는 비슷하고 변군보다 높았음을 표명한다.

太初 연간 이후의 왕국 지역 분포를 보면 이러한 현상을 어렵지 않게 이해할 수 있다. 元封·太初 연간에 京畿-準京畿-內郡-邊郡의 정치지리구조가 형성된 후에, 한조정은 제후왕국을 분봉하며 모두 內郡에 改置했다. 뿐만 아니라 侯國의 封置도 內郡의 범위에 있었다.[71] '내군'은 사실상 '봉국' 형태로 존재하는 유일한 지리 단위가 되었다. 이러한 지리 분포 형태는 왕국이 '내군'과 유사한 정치지리 지위를 가짐을 결정했다. 이에 따라 太初 개제 후의 국가 정치지리의 圈層 구조는 경기·준경기-내군·왕국-변군이 될 것이다. (그림 6)

이렇게 정치 지리구조를 기초로 행정구역 서열 중의 王國은 응당 內郡과 함께 배열되어야 한다. 앞 절에서 제시한 懸泉漢簡 神爵4년 행정공문에는 '淮陽國'이 출현하는데, 바로 내군과 함께 배열되어 '準京畿'인 河東郡 바로 뒤에 위치했다. 또한 회양국은 元康3년에 설치되었고, 神爵元年에도 여전히 존재했다.[72] 『漢書』가 인용한

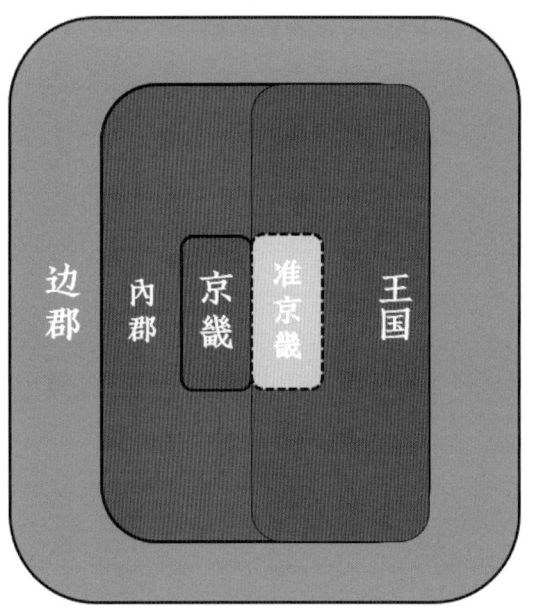

그림 6. 太初 연간 이후 西漢 국가 정치지리 구조 시의도

---

70 『漢書』 卷70, p.3024.
71 拙著, 『西漢侯國地理』(修訂本), p.99.

신작원년 조서의 '회양'은 '國'자를 빠뜨린 것이 분명하다. 신작원년 조서에도 회양국은 내군과 함께 배열되었다. 이러한 행정구역 서열은 필자가 추론한 '京畿·準京畿-內郡·王國-邊郡'의 국가 정치지리 구조가 객관적으로 존재함을 보여준다.

Ⅵ 西漢 後期 현실과 관념 간 국가 정치지리 구조의 차이

이상의 논증을 통해 西漢 후기의 국가 정치지리 구조는 京畿·準京畿-內郡·王國-邊郡의 3층 圈層 구조였음을 알 수 있다. 그런데 『漢志』에 보이는 국가 정치지리 구조는 '京畿-內郡-邊郡-王國'의 4층의 권층 구조이다. 게다가 漢郡의 서열은 관중군과 관외군의 구분에 명확히 존재한다. 양자를 비교하면 두 가지 분명한 차이가 있다. 하나는 서한 후기의 국가 정치지리 구조에 의한 내군의 획분으로, '준경기'와 다른 내군의 구별을 두드러지게 강조했다. 『한지』의 내군 획분은 關中과 關外의 구분을 더욱 강조한다. 다른 하나는 서한 후기의 국가 정치지리 구조에서 왕국은 내군과 동일한 등급에 위치했는데, 『한지』는 왕국을 한군과 구분하고 변군의 외곽에 배치하여 또 다른 층을 구성했다.

먼저 첫 번째 차이를 살펴보자. 西漢 후기 詔書에 나타난 행정구역의 서열을 볼 때, 현실 정치의 조치에서 '準京畿'의 위상이 더욱 두드러진다. 앞서 열거한 출토문헌과 전래문헌에 기록된 조서의 행정구역 서열은 '준경기'와 기타 內郡을 구별하지 않는 것이 없다. 특히 懸泉漢簡 Ⅰ0309③:237에 기재된

---

72 『漢書』卷14 「諸侯王表」, p.420.

조서는 내군을 배열할 때 준경기인 河東郡을 우선 배열했을 뿐 아니라, 關中郡에 속한 上黨郡을 關外郡인 南陽郡·穎川郡의 뒤에 배치하여 관중군의 특별함이 전혀 나타나지 않는다. 그렇다고 해서 서한 후기 관중군·관외군의 구분이 없어진 것은 아니다. 선학들은 『한서』의 아래 두 기록에 주목한 바 있다.[73]

> 大司農中丞耿壽昌以善爲算能商功利得幸於上, 五鳳中奏言: "故事歲漕關東谷四百萬斛以給京師, 用卒六萬人. 宜糴三輔·弘農·河東·上黨·太原諸郡, 足供京師, 可以省關東漕卒過半."[74]
> (陽朔二年)秋, 關東大水, 流民欲入函穀·天井·壺口·五阮關者, 勿苛留.[75]

첫 번째 기록 중 耿壽昌은 關東의 조운량을 줄이고 弘農·河東·上黨·太原 등의 여러 군에서 '糴糧', 즉 양곡을 납입할 것을 제안했는데, 이는 홍농·하동·상당·태원이 關西(關中)의 지역 범위에 속할 뿐 아니라 關東(關外)과 다른 식량 조달 정책을 시행했음을 보여준다. 두 번째 기록은 관외 流民의 관중 진입을 일시적으로 허용하는 것으로, 당시 여전히 관외 인구의 관중 유입을 제한하는 정책이 존재했음을 설명한다. 이러한 기록들은 西漢 후기 관중군·관외군의 구분이 여전히 존재하고 정책 집행 상 차이가 있었음을 보여준다. 『한지』에는 관중·관외의 경계를 가르는 일련의 關隘가 여전히 하나씩 기록되어 있어, 이러한 關隘가 여전히 중요한 역할을 했음을 보여준다. 여기

---

73 邢義田,「〈試釋漢代的關東·關西與山東·山西〉補正」,『治國安邦』, 北京: 中華書局, 2011, pp.205-209; 大櫛敦弘,「關中·三輔·關西 — 關所と秦漢統一國家」,『南海史學』第35號, 1997, pp.1-20.

74 『漢書』卷24「食貨志」, p.1141.

75 『漢書』卷10「成帝紀」, p.313.

에 더해 兩漢의 교체기 때에는 新莽과 更始 정권은 여러 차례 관중·관외의 경계에 군사적 포진을 진행한 바 있다.[76] 서한 후기에 관외 인구의 유입을 제한한 조치는 아마도 이러한 관문과 요새에는 여전히 군대를 주둔시켰음을 보여주는 것 같다. 의심할 여지없이, 서한 후기에는 여전히 '관중'·'관외'를 구분하여 '관중'으로 '관외'를 제어하는 지역 통제 정책이 존재했다. 『한지』의 한군 서열에서 관중군이 수위를 차지한 데는 여전한 현실적 근거가 있었다.

두 번째 차이점을 살펴보자. 西漢 후기의 詔書에 보이는 행정구역 서열과 관련 정책의 집행은 王國이 內郡과 동등한 지위에 있었음을 분명히 나타낸다. 그러나 史籍에는 漢朝廷이 왕국을 구별하여 대한 현상을 여전히 발견할 수 있다. 가장 뚜렷한 특징은 왕국인에 대해 구별하여 대하고 방비한, 이른바 "제후국인은 숙위할 수 없다(諸侯國人不得宿衛)"[77]는 것이다. 이러한 정치적 제약의 영향을 받아 왕국인은 公卿將軍도, 郎官도 될 수 없었다. 조정은 또 漢人이 제후왕의 翁主와 결혼할 수 없도록 규정했는데[78], 이는 분명 한의 관원이 혼인관계로 인해 제후의 이익을 대변하는 것을 막기 위함이었다.[79] 漢成帝 때 東平王 劉宇는 『태사공서』를 요청하는 상서를 올린 적이 있다. 이에 大將軍 王鳳은 "太史公書有戰國從橫權譎之謀, 漢興之初謀臣奇策, 天官災異, 地形阨塞: 皆不宜在諸侯王"[80]이라는 이유를 들어 거절했다. 또, 한은 관원들이 제후왕과 교류하는 것도 금지했다.[81] 이는 모두 왕국을 구분하고 방비하고자 하는 목적을 가진다. 太初 改制 이후 왕국은 비록 '외'에서 '내'로 들어와 '내군'에

---

76 拙文,「漢武帝東徙武關考」, 미게재 논문.

77 『漢書』卷71「彭宣傳」, p.3051;『漢書』卷72「龔勝傳」, p.3080.

78 『漢書·王吉傳』, 曰: "漢家列侯尚公主, 諸侯則國人尚翁主."『漢書』卷72, p.3064.

79 예를 들어, 漢哀帝는 左將軍 彭宣을 사면하는 책서를 내리며, 그 원인에 "子又前取淮陽王女, 婚姻不絕, 非國之制"라는 사유를 들었다. 『漢書』卷71「彭宣傳」, p.3052.

80 『漢書』卷80「東平思王宇傳」, pp.3324-3325.

상당하는 정치조직이 되었지만, 관념상으로 왕국의 '외'적 속성은 여전히 철저하게 사라지지는 않았다.

何慕는 王國이 漢朝廷의 행정체계에 편입된 후에도 中央籍册에 편제될 때에는 왕국이 여전이 漢郡과 '混列'되지 않고, 분별 배치하는 방식을 택했을 것이라 추측했다. 이것이 바로 『漢志』가 한군·왕국을 분별하여 배열한 연원인 것이다. 그의 판단은 일정한 합리성을 가진다. 현재까지 출토된 한대 행정 문서는 전국 단위의 簿籍類 문헌은 없지만, 荊州松柏漢墓 출토 漢武帝 초기 南郡 簿籍, 尹灣漢墓 출토 漢成帝 元延 연간 東海郡 簿籍과 같은 몇몇 군급 단위의 부적문서가 발견되었다. 이들은 관할 현급 행정구역을 열거할 때 모두 縣·邑을 먼저 배열한 뒤 列侯國을 배열했다. 漢代 후국과 왕국은 모두 '封國'에 속했다. 군급 책적에 현읍·봉국을 각각 배열한 현상을 보면, 중앙 책적 또한 군을 먼저 배열하고 왕국을 뒤에 배열하는 규제가 있을 가능성을 배제할 수 없다. 만약 그것이 사실이라면, 서한 후기에 한군과 왕국의 구분이 여전히 존재했다는 것을 의심할 여지가 없어진다. 『漢志』가 왕국을 한군 뒤에 배치하여 국가 정치 지리 구조의 최 외곽에 배치한 것은 아마도 班固 개인에 의해 처리된 방식이 아닌, 서한 후기 정치 관념의 반영일 것이다.

Ⅶ 餘論

이상 「秩律」과 『漢志』의 행정구역 서열 분석을 통해, 西漢代 국가 정치 지리 구조의 변화를 구명해 보았다. 「질율」의 행정구역 서열은 한초 국가 정

81　安作璋·熊鐵基, 『秦漢官制史稿』, 濟南: 齊魯書社, 2007, pp.725-734.

치지리 구조가 長安을 중심으로 주변을 內史로 둘러싸고, 다시 漢郡으로 둘러싸는 圈層 구조였음을 표명한다. 한군 중에는 다시 關中과 關外 두 개의 지리 단위로 나뉘는데, 이 정치지리 구조는 관동 제후왕국을 방비할 필요에서 나왔으며, '東西對立'의 태세를 나타낸다. 이러한 국가 정치지리 구조는 元鼎 연간까지 이어졌다. 元鼎·元封 시기 漢帝國 강역의 급속한 변화와 왕국의 독립적 지위가 최종 상실됨에 따라, 원래의 국가 정치지리 구조는 더 이상 태세 발전에 적응할 수 없게 되었다. 따라서 원봉 시기의 武帝는 국가의 정치지리 구조의 개혁을 진행했다. 太初 연간에 이르러서는 장안을 중심으로 '三輔'·'準京畿'를 둘러싸고, 다시 內郡·王國·邊郡을 다시 둘러싸는 권층구조가 형성되어 '內外有別'의 특징을 나타냈다. 이러한 국가 정치지리 구조는 西漢 말기까지 계속되었다.

그런데, 『漢志』의 행정구역 서열과 비교하면, 그것이 나타내는 국가 정치지리 구조는 서한 말기의 실제 상황과 완전히 부합하지 않는다. 주로 두 가지 면에서 그러한데, 하나는 현실의 국가 정치지리 구조에서 '準京畿'의 위상은 다른 內郡보다 높은 반면, 『한지』는 關中郡의 특수성을 더욱 강조해 上黨·太原 2군을 관중군에 속하게 하여, 지위가 준경기인 河南·河內 2군보다 높게 나타났다. 둘째는 현실의 국가 정치지리 구조에서 王國은 내군에 상당하는 경기와 邊郡 사이의 지리적 층위에 놓여 있는 반면, 『한지』는 왕국을 변군 뒤에 배열하여 국가 정치지리 구조의 최 외곽으로 삼았다. 분석을 통해 서한 후기에는 관중과 관외, 한군과 왕국을 구분하는 관행이 여전히 존재했음을 알 수 있다. 이는 한초에 관중을 중시하고 왕국을 방비하는 등의 이념이 여전히 작용하였고, 이에 국가 정치지리 구조에서 현실과 관념의 괴리가 나타났음을 반영한다. 이는 『한지』의 행정구역 서열에서 경기-내군-변군의 '內外有別'의 권층구조와, 관중군과 관외군 및 한군과 왕국을 구분하는 '東西對立'의 특징이 동시에 출현하는 결과로 나타났을 것이다. 관념이 일단 형성되면 강력한 견고함을 갖추어 사람들이 외부 세계를 이해하는데 암묵적인 영향을 미치는 것을 알 수 있다. 현실 상황이 바뀌어도 전통 관념은 여전히 연속되어 새로운 변화와 낡은 관념의 결합을 시도한 것이 『한지』에 한초와 한말의 국가 정치지리 구조가 '혼합' 상태로 출현하게 되는 원인일지도 모른다.

그 외, 西漢의 국가 정치지리 구조의 변천과정을 밝히면서 주목할 만한 현상도 부각되었다. 그것은 바로 『禹貢』에 보이는 동심원식 五服圈層의 지리구조가 서한의 국가 정치지리 구조에 줄곧 작용을 했다는 것이다. 漢初에 漢郡이 內史를 둘러싼 구조는 渡邊信一郎이 말한 이른바 '中心-周邊'이라는 간단한 권층 구조를 반영하고 있지만, 동방 諸侯王國 방비의 현실적 수요에 의해 국가 정치지리 구조는 관중과 관외의 구분을 더욱 강조하는, 동방을 향해 층층이 방비를 설계한 지리구조가 되었다. 漢武帝의 국가 정치지리 구조 개조는 그 목적이 京畿·準京畿-內郡·王國-邊郡의 권층 구조를 만들어 지리공간상 외부 권층이 내부 권층을 최대한 둘러싸는 것을 실현함으로써, 『우공』이 묘사한 오복권층의 지리구조에 더욱 부합하도록 하는 것이었다. 한초든 한말이든 간에, 국가 정치지리 구조는 모두 『우공』의 오복권층 지리구조와의 유사성을 발견할 수 있다. 보다 거시적인 관점에서 볼 때, 三代 이래 華夏 세계가 형성한 권층 구조로 천하의 정치질서를 보는 사고방식은 漢代에도 매우 중요한 영향을 미쳤다. 지리 공간의 원근(遠近)에 의거하여 親疏를 구별하는 이러한 발상은 행정구역 편제에만 국한되지 않고 서한의 여러 정치 결책과 제도 건설 중에도 그 영향에 의해 드리운 그늘을 발견할 수 있다. 이는 우리가 서한의 국가적 특징과 정치 설계를 재고하는데 새로운 시각을 제공할 수 있을 것이다.

【번역】

금재원 (경북대학교 인문학술원 HK연구교수)

居延新簡≪建武三年四月居延都尉吏奉例≫와 ≪建武三年十二月候粟君所責寇恩事≫의 해독 요약-漢代의 "從史"를 겸하여 논함*

리잉춘(李迎春)

(중국 西北師範大學 簡牘研究院 교수)

1974년 甲渠候官 유적지에서 거의 8,000매의 漢簡이 출토되었다. 갑거후관 유적은 주로 鄣·塢·烽台·塢 동쪽의 잿더미 등으로 구성된다. 그 중 塢의 동쪽 건물인 F22는 면적이 6m² 미만이지만, "王莽 天鳳 연간에서 建武

---

* 이 글은 국가사회과학기금의 중점 프로젝트인 "國家治理視閾中西北漢代官文書簡牘形制研究"(22AZS001)의 단계적 성과이다.

이 글은 ≪簡帛硏究二○二三(春夏卷)≫(中国社会科学院简帛研究中心、中国社会科学院古代史研究所秦汉史研究室主办, 邬文玲·戴卫红主编, 广西师范大学出版社, 2023年 6月) 수록 논문이다.

초기까지 약 40여 책의 완전하거나, 거의 완전한 문서 簡册"이 발견되어 특히 주목을 받았다.1 F22에서 출토된 간독은 거의 900매로, 가장 이른 紀年簡은 建始 3년(EPF22:703)이고, 가장 늦은 것은 永元 10년(EPF22:560)이다. 대부분은 新莽 말기에서 후한 建武 초기까지의 간독이며, 그 중 地皇4년부터 建武 8년까지의 기년은 끊이지 않고 계속되었다. 만약 F25, F16 등의 가옥 유적지 및 관련 지역인 T68, T65 등에서 출토된 간독과 함께 고찰한다면2, 新莽 天鳳

---

1 甘肅居延考古隊: ≪居延漢代遺址的發掘和新出土的簡册文物≫, 『文物』 1978년 第1期, pp.1-11. 이 글에 첨부된 ≪甲渠候官遺址平面圖≫에 따르면, F21-31은 塢 북부의 중앙에서 동쪽으로 치우친 건물이 집중된 지역에 속한다. 그 중 F22는 그 동쪽 F23의 내부 공간인 것으로 보인다.

2 何雙全은 1974년 甲渠候官 유적지의 鄣·塢 내 발굴상황과 간독 편호를 기록할 때에 "가옥 유적지가 발견된 이후에 나온 유물들은 모두 가옥 유적지 계열의 일련번호로 기재하였으며, 가옥 유적지가 없는 경우에는 그대로 탐사 구역을 단위로 기재하였다."라면서, "일부 간독은 탐사 구역에 포함되어 있긴 하지만, 원래는 어떤 가옥 유적지 내에 속한 것들이었다."라고 하였다. 상술한 내용은 塢 내의 탐사 簡과 가옥 유적지 簡의 내재적 관계를 실증한다. 이른바 가옥 유적지 출토간과 鄣塢 내부 탐사구역에서 출토된 간은 발굴 당시에 가옥 유적지 내에서 출토되었는지의 여부에 따라 결정되지만, 고고학적으로 가옥 유적지는 이미 오래 전에 심하게 훼손되어 지면에 남아 있지 않을 정도이고, 이 경우 원래 가옥 유적지에 남아 있던 간독은 장기간의 모래 폭풍으로 인해 유적지 밖으로 유출될 가능성이 높기 때문에, 가옥 유적지 부근의 탐사簡과 인접한 가옥簡은 시대와 내용이 유사한 동일한 간독일 가능성이 매우 크다. 何雙全은 또 "F16은 鄣 남쪽 문에 위치한다. F19는 鄣 내부, F22-25은 鄣문의 북동쪽에 위치하며, 후기의 문서실이었다. F31은 塢院 북쪽 중앙부에 위치하고, F22, F25는 동일선에 배열되어 있다."라며, "T40, T43, T44, T48, T65는 塢의 북서쪽에 있으며, T49와 T68은 鄣의 입구에 위치한다."라고 하였다. 이 설명과 ≪居延漢代遺址的發掘和新出土的簡册文物≫에 첨부된 ≪甲渠候官遺址平面圖≫ 및 甘肅省文物考古研究所·甘肅省博物館·中國文物研究所·中國社會科學院歷史研究所 編 ≪居延新簡: 甲渠候官≫에 첨부된 ≪甲渠候官遺址發掘探方分布圖≫에 따르면 간독이 보다 많이 출토된 F22,

후기부터 후한 建武 8년까지 약 15년 동안에 대하여 갑거후관의 문서 행정·관료 교체·인사 관계, 나아가 당시의 정치경제제도와 사회 상황을 보다 명확하게 이해할 수 있을 것이다. 이들 자료는 서로 관련이 있어서, 실제로 연구할 때 관련 간독의 내재적 연관성과 결합하여 종합적으로 고찰할 수 있다면 더 나은 결과를 얻을 수 있을 것이다.

≪建武三年十二月候粟君所責寇恩事≫ 문서책(이하 ≪寇恩册≫으로 약칭)과 ≪建武三年四月居延都尉吏奉例≫ 문서책(이하 ≪奉例册≫으로 약칭)은 F22에서 출토된 중요한 簡册이다. 두 간책의 내용은 비교적 완전하고, 필적이 명확하며, 시대가 가깝다. 양자 모두 출토 이후 학계의 주목을 받았으며, 册書의 복원 및 구체적인 연구 방면에서 상당한 성과를 거두어 漢代 문서 제도, 소송 제도, 녹봉 제도 및 갑거후관과 竇融의 역사적 사실 연구를 촉진하였다. 그러나 객관적으로 보면, 두 책서 모두 제대로 해결되지 않은 개별 문제가 남아 있다. 필자는 두 간책이 공통적인 제도와 人事 배경을 가지고 있으며, 그 내용과 실제 사용상에서 서로 관련이 있을 수 있다고 생각한다. 따라서 간문에 대한 이해를 높이고, 개별의 구체적인 문제 해결을 촉진하기 위해 양자를 對讀하여 종합적인 연구를 시도하고자 한다.

I ≪寇恩册≫의 관리 사역 문제

≪寇恩册≫은 EPF22:1-36, 36매의 간독으로 구성되어 있으며, 내용은 建

F25는 F2, T68, T49 간독과 밀접한 관련이 있으며, F16은 T44, T43, T65, T48, T45에서 출토된 간독과 밀접한 관련이 있음을 알 수 있다.(何雙全, 『居延漢簡研究』; 何雙全 主編『國際簡牘學會會刊』第2號, pp.3-5 참조)

武 3년 12월 甲渠候인 粟君과 거연의 客民인 寇恩 간의 민사 분쟁과 관련이 있다. 1978년에 석문 및 도판이 발표된 이후3 간책의 구성과 간독의 배열 방식, 석문, 斷句 등의 기초연구는 물론이고, 이 문서에 입각한 漢代의 소송 제도, 竇融 할거 시기의 하서 사회문제 연구는 모두 많은 성과를 거두었으며, 그 중 특히 소송 양식, 爰書, 建武 초기의 물가와 客民에 관한 연구 성과가 많다.4

---

3 甘肅居延考古隊簡册整理小組: 「〈建武三年候粟君所責寇恩事〉釋文」, 『文物』 1978년 第1期.

4 甘肅居延考古隊(初仕賓·任步雲 집필), 「居延漢代遺址的發掘和新出土的簡册文物」, 『文物』 1978년 第1期; 肖亢達, "粟君所責寇恩事"簡册略考」, 『文物』 1978년 第1期; 徐蘋芳, 「居延考古發掘的新收穫」, 『文物』 1978년 第1期; 俞偉超, 「略釋漢代獄辭文例 -一份治獄材料初探」, 『文物』 1978년 第1期; 薛英群, 「新獲居延簡所見竇融」, 『社會科學』 1979년 第1期; 裘錫圭, 「新發現的居延漢簡的幾個問題」, 『中國史研究』 1979년 第4期; 陳仲安, 「關於〈粟君責寇恩簡〉的一處釋文」, 『文史』 第7輯, 北京: 中華書局, 1979; 初仕賓·肖亢達, 「居延新簡〈責寇恩事〉的幾個問題」, 『考古與文物』 1981년 第3期.(이후 李勇鋒 編選 『隴上學人文存·初世賓卷』에 수록, 蘭州: 甘肅人民出版社, 2015); 初師賓·肖亢達, 「〈居延新簡"責寇恩事"的幾個問題〉的訂補」, 『考古與文物』 1982년 第2期; 許倬雲, 「跋居延出土的寇恩册書」, 『求古編』, 臺北: 聯經出版事業股份有限公司, 1982; 楊劍虹, 「從居延漢簡〈建武三年侯粟君所責寇恩事〉看東漢的雇傭勞動」, 『西北史地』 1985년 第2期; 陳祚龍, 「關於居延甲渠候粟君與"客民"寇恩之訴訟及其"具獄"文書」, 『簡牘學報』 第11輯, 1985; 李均明, 「居延漢簡債務文書述略」, 『文物』 1986년 第11期; 高敏, 「釋〈爰書〉」, 『益陽師專學報』 1987년 第2期; [日]大庭脩 著, 姜鎭慶 譯: 「居延新出的〈候粟君所責寇恩事〉簡册-"爰書考"補」, 中國社會科學院戰國秦漢史研究室 編 『簡牘研究論叢』 第2輯, 中國社會科學出版社, 1987; 張俊民, 「〈建武三年候粟君所責寇恩事〉册經濟考略」, 甘肅省文物考古研究所 編 『秦漢簡牘論文集』, 蘭州: 甘肅人民出版社, 1989; 謝桂華, 「"建武三年十二月粟君所責寇恩事"考釋」, 卜憲群·楊振紅 主編 『簡帛研究二〇一二』, 桂林: 廣西師範大學出版社, 2013(이후 謝桂華, 『漢晉簡牘論叢』, 桂林: 廣西師範大學出版社, 2014에 수록, 일본어 판은 吉村昌之가 번역하여 『史泉』 第73號, 1991에 기재); [日]籾山明 著, 謝新平·東山 譯: 「爰書新探-兼論漢代的訴訟」, 中國社會科學院簡帛研究中心 編 『簡帛研究譯叢』 第1輯, 長沙: 湖

간문에 따르면 안건의 대략적인 정황을 복원할 수 있다. 建武 2년 12월에 甲渠候 粟君은 객민인 寇恩을 고용하여 5,000마리의 물고기를 張掖郡의 치소인 觻得으로 운송하여 판매하도록 하였는데, 고용 보수 및 생선을 팔고 받아야 하는 금액은 사전에 약정하였다. 寇恩은 觻得에서 물고기를 팔았으나 실제 물고기를 팔고 얻은 금액은 약정된 수보다 훨씬 적었고, 약정에 따라 갑거후 속군이 돈을 지불하는 과정에서 양측이 분쟁을 겪었다. 쟁점은 운송용 소를 粟君이 빌려준 것인지, 혹은 고용보수에 포함되었는지, 寇恩의 아들이 粟君을 위해 어업노동을 한 것이 보수로 인정되었는지 등이다. 여러 차례의 조사와 심의를 거쳐 간문의 마지막에 직접 사건을 처리한 기관인 居延縣廷은 갑거후에게 패소 판결을 내리고 "政不直者"로 인정하였다.

≪寇恩冊≫은 갑거후인 粟君과 객민인 寇恩이 고용노동을 둘러싸고 빚어진 보수 분쟁이다. 이 분쟁의 전제는 粟君의 寇恩에 대한 고용이다. 粟君은 왜 寇恩을 고용하여 觻得에서 물고기를 팔도록 하였을까? 그 이유는 원래 粟君을 위해 물고기를 팔아야 했던 令史인 華商과 尉史인 周育이 갈 수 없었기 때문이다.

南出版社, 1996(이후 李力 譯『中國古代訴訟制度研究』, 上海古籍出版社, 2009에 수록); 張建國, 「居延新簡"粟君債寇恩"民事訴訟個案研究」, 『中外法學』1996년 第5期; 羅仕傑, 「候粟君與甲渠候張獲關係考辨-兼談建武初期河西地域的政治鬪爭」, 西北師範大學歷史系 等 編『簡牘學研究』第2輯, 蘭州: 甘肅人民出版社, 1998; 邢義田, 「漢代書佐・文書用語"它如某某"及"建武三年十二月候粟君所責寇恩事"簡冊檔案的構成」, 『中硏院』歷史語言研究所集刊』第70本 第3分冊, 1999(邢義田 著, 『治國安邦-法制・行政與軍事』, 北京: 中華書局, 2011에 수록); 張建國, 「粟君責寇恩簡冊新探」, 『考古與文物』2000년 第1期; 孔祥軍, 「居延新簡"建武三年十二月候粟君所責寇恩事"冊書復原與研究」, 『西域研究』2012년 第4期; 王耀輝, 「寇恩冊所見兩漢之交的河西流民社會蠡測」, 『鄂州大學學報』2015년 第12期; 武鑫, 「寶融保據時期河西社會法律糾紛淺探-以〈建武三年候粟君所責寇恩事〉冊爲中心」, 『河西學院學報』2015년 第4期 등 참조.

去年十二月中, 甲渠令史華商·尉史周育當爲候粟君載魚之觻得賣. 商·育
不能行. 商即出牛一頭, 黃·特·齒八歲·平賈直六十石, 與交穀十五石, 爲
七十五石. 育出牛一頭, 黑·特·齒五歲·平賈直六十石, 與交穀卅石, 凡爲
穀百石. 皆予粟君, 以當載魚就直.(EPF22:3-6)[5]

華商과 周育은 갈 수 없었기 때문에 두 사람은 갑거후 속군에게 물자 보상을 해주었고, 그 중 令史인 華商은 穀 60石 가치의 소 1마리와 穀 15석, 합계 穀 75石의 재물을 "載魚就直", 즉 운송비로 지불하였다. 尉史인 周育은 穀 60石 가치의 소 1마리와 穀 40석, 합계 穀 100石의 재물을 "就直"으로 지불하였다. 令史·尉史는 갑거후관의 문서 관리인데, 왜 갑거후 속군의 사적인 판매에 많은 운송비를 제공해야 하였을까? 그들은 장관을 위해 운송 서비스를 제공할 의무가 있었을까? 이러한 문제는 학자들의 마음속을 맴도는 의문이 되었다. 예를 들어 邢義田은 "甲渠의 令史인 華商과 尉史인 周育은 어떤 상황에서 '갑거후 속군을 위해 물고기를 觻得으로 싣고 가서 판매해야 하였을까? 또 무슨 이유로 그들은 재물을 내어 寇恩을 고용하여 대행시켰을까?"[6]라며 의문

---

5 본문은 1970년대 갑거후관에서 출토한 거연신간으로, 편호는 "EPT××:××" 형식이고, 석문은 張德芳 主編『居延新簡集釋(1-7)』, 蘭州: 甘肅文化出版社, 2016을 인용하였다. 1930년대에 출토된 거연한간은 편호가 "×××.××" 형식이고, 석문은 簡牘整理小組 編『居延漢簡』壹-肆)』, 臺北: "中硏院"歷史語言研究所, 2014·2015·2016·2017을 따랐다. 1970년대 肩水金關에서 출토된 한간은 편호가 "73EJT××:××", "73EJD:×××" 등의 형식이고, 도판과 석문은 甘肅簡牘保護研究中心(甘肅簡牘博物館)等編『肩水金關漢簡』(壹-伍), 上海: 中西書局, 2011·2012·2013·2015·2016을 인용하였다. 1999~2002년 額濟納旗에서 출토된 額濟納漢簡은 편호가 "99(또는 2000·2002)ESXXSF (또는 T·H·D)X:XX" 형식이고, 석문은 魏堅 主編『額濟納漢簡』, 桂林: 廣西師範大學出版社, 2005를 따랐다.

6 邢義田:「漢代書佐·文書用語"它如某某"及"建武三年十二月候粟君所責寇恩事"簡册檔案的構成」,『"中硏院"歷史語言研究所集刊』第70本 第3分冊, 1999, 邢義田 著,『治國

을 제기하기도 하였다.

어떤 학자는 ≪寇恩册≫이 漢代의 관리 요역 및 長吏가 小吏에게 관리 요역의 부담을 전가한 상황을 반영한다고 생각하였다. 예를 들어 金秉駿은 일찍이 尹灣漢簡 ≪東海郡長吏不在署·未到官者名籍≫(YM6D5正)에서 縣의 長吏가 郡을 위해 "물고기를 판매"한 자료에 근거하여, 관리 요역 문제를 논의한 바 있다. 즉 그는 ≪寇恩册≫의 갑거후 속군은 관부를 위해 觻得으로 가서 물고기를 판매하는 관리 요역의 부담을 가지고 있었지만, 윤만한간에서 관리 요역을 부담했던 縣의 長吏들이 "徒民과 죄인을 東海郡과 長安에서 멀리 떨어진 上谷 및 敦煌으로 직접 압송할 수 없었던" 것처럼, "수하인 亭長이나 다른 掾史를 파견하여 이런 출장 업무를 맡긴 것이 틀림없다"고 하면서, 권력으로 이러한 관리 요역을 令史 華商과 尉史 周育에게 전가하였을 것으로 생각하였다.[7] 그러나 필자는 현존하는 사료로 보건대, 漢代의 長吏와 屬吏 모두 관리 요역을 담당한 기록이 있고, 장리가 속리를 이끄는 형식으로 관리 요역을 완성한 경우도 있지만, 이른바 장리가 속리에게 관리 요역을 전가하는 상황은 전세문헌이나 출토문헌 모두 명확하게 기록되어 있지 않다고 생각한다. 윤만한간을 보면 관리 요역을 맡은 장리가 직접 부역을 하지 않았다는 사실이 나오지 않을 뿐만 아니라, 오히려 이러한 정보들이 ≪東海郡長吏不在署·未到官者名籍≫에서 나온 것으로 보아 이들 장리가 직접 부역을 하여 제자리에 있지 않았기 때문에 "不在署" 명적에 출현하고 있음을 알 수 있다.

居延新簡 EPT51:15호 간에는

安邦-法制·行政與軍事』, p.528에 수록.

[7] [韓]金秉駿, 「漢代小吏的吏徭及充資」, 中國社會科學院簡帛學國際論壇論文, 北京, 2006.11.

> 制曰: 下丞相·御史. 臣謹案, 令曰: 發卒戍·田, 縣·侯國財令吏將, 二千石
> 官令長吏并將至戍·田所. 罷卒還, 諸將罷卒不與起居, 免·削爵☒

라고 하여, 戍田卒을 변방으로 보내는 것에는 각 縣·侯國에서 파견된 "吏"뿐만 아니라 이천석관이 파견한 "長吏"도 포함한다고 명확히 규정하고 있다. 양자가 함께 戍田卒을 거느리고 屯田所로 갔고, 장리가 "吏"에게 관리 요역을 전가하지 않았다. EPT53:63호 간에는 "今東郡遣利昌侯國相力·白馬司空佐梁將戍卒☒"라 기재되어 있는데, 이 간에서 利昌侯國相은 장리이고 白馬司空佐는 속리이다. 양자는 戍卒의 통솔에 서로 협력하고 있어서, EPT51:15호 간에서 인용한 슈이 집행되었다는 것을 증명하고 있다. 마찬가지로 김병준이 관리 요역을 전가하는 증거로 삼은 것이 『漢書·蓋寬饒傳』의 기록이다.

> 先是時, 衛司馬在部, 見衛尉拜謁, 常爲衛官繇使市買. 寬饒視事, 案舊令, 遂揖官屬以下行衛者. 衛尉私使寬饒出, 寬饒以令詣官府門上謁辭. 尚書責問衛尉, 由是衛官不復私使候·司馬.[8]

김병준은 "이 기록에는 蓋寬饒가 衛尉의 司馬가 되었을 때 衛官을 위해 늘 '繇使市買'의 공무를 맡았으나, 일단 사적인 일을 시키면 거절했다는 내용이 담겨 있다. 여기서 '市買'는 관리 요역에 속한다는 매우 적합한 증거가 된다."라며 '爲衛官繇使市買'를 관리 요역의 공무로 판단하였다.[9] 필자는 김병준이 "爲衛官繇使市買"를 뒤쪽의 "私使"와 대립하여 이해한 것은 정확하지 않다고 본다. 실제 글의 의미, 특히 蓋寬饒가 반항한 후의 효과인 "衛官不復私使候·司馬"를 볼 때, "衛司馬" "爲衛官繇使市買"와 "見衛尉拜謁"은 모두 악습이

---

8 『漢書』卷77, 北京: 中華書局, 1962, pp.3243-3244.

9 [韓]金秉駿, 「漢代小吏的吏徭及充資」, 中國社會科學院簡帛學國際論壇論文, 北京, 2006.11.

며, 그 성격은 공적인 "吏徭"가 아니라 "私使"이다. 蓋寬饒가 반항한 것은 바로 이러한 악습이지, "爲衛官繇使市買"를 받아들이는 것이 아니었다. 해당 인용문은 장관이 속리를 사사로이 부리거나 속리에게 관리 요역을 전가할 수 있다는 것을 증명하지 못할 뿐만 아니라, 오히려 장관이 아랫사람을 사사로이 부린 것이 적법하지 않다는 증거이다. 구체적으로 ≪寇恩冊≫의 간문에서 "甲渠令史華商·尉史周育當爲候粟君載魚之觻得賣"라고 명시하고 있어 華商·周育의 복무 대상이 "候粟君"임은 분명하고, 특히 이 물고기 판매에는 粟君의 처의 참여와 寇恩이 속군의 처를 위해 봉사하였다는 기재가 있는데, 이는 물고기 판매가 관청이 아닌 粟君 개인의 일이며, 그 성격은 공무로서의 관리 요역이 아니고, 더군다나 관리 요역을 전가시킨 것도 아니라는 것을 설명한다.

관리 요역설이 성립될 수 없는 이상, 華商·周育의 행위는 어떻게 이해해야 할까? 많은 학자들은 이 행위의 불법성에 주목하였다. 初仕賓·肖亢達은 甲渠候 粟君이 "정치상의 권세를 구실로 하급관리를 시켜 觻得으로 가서 판매하게 하였다", "속리가 갈 수 없게 되자 소 두 마리, 穀 55석을 갈취하였다", "漢代 관리들의 탐욕스러운 추악한 면모와 노동 인민에 대한 잔혹한 착취가 충분히 드러났다."라며, 이 간책은 "居延의 관리가 상업을 겸업하여 착취하는 것"을 반영한다고 보았다.[10] 謝桂華는 이 간책이 "서북쪽 변방에 위치한 軍吏들이 속리와 한패가 되어 사람을 고용해 물고기를 잡고 장거리 판매를 시켜 폭리를 취했던 역사적 진실을 생생하고 구체적으로 반영한다."고 인식하였다.[11]

---

10 初仕賓·肖亢達:「居延新簡〈責寇恩事〉的幾個問題」,『考古與文物』1981년 第3期. 이후 李勇鋒 編選『隴上學人文存·初世賓卷』, 蘭州: 甘肅人民出版社, 2015, pp.207-209에 수록.

11 謝桂華:「"建武三年十二月粟君所責寇恩事"考釋」, 卜憲群·楊振紅 主編『簡帛研究二○一二』, 桂林: 廣西師範大學出版社, 2013, 이후 謝桂華,『漢晉簡牘論義』, 桂林: 廣西師範大學出版社, 2014, p.170.에 수록.

孔祥軍은 "甲渠令史·尉史는 비록 甲渠候의 지휘에 속하지만, 粟君을 위해 유사한 업무를 하는 것은 그 직무의 범위 내에 있지 않은 것 같다. 하물며 令史·尉史는 본래 변경 방어의 공무가 있는데, 어떻게 관서를 떠나 물고기를 운반할 수 있겠는가? 그래서 두 사람은 어쩔 수 없이 스스로 재물을 내어 이 할당된 임무를 상쇄하고자 한 것이다. 이러한 세세한 사항은 甲渠候의 ≪書≫에서 직접적으로 생략되었지만, 寇恩이 이 일을 상세히 진술하여 자못 그 공을 가장한 사익의 추구를 폭로하려고 했다"라고 하였다.[12] 사실, 이러한 행위의 성격은 "공을 가장한 사익 축구(假公濟私)"의 범위를 넘어선다. 『漢書·景帝紀』의 기록에 따르면, 이와 유사한 행위는 이미 상당히 심각한 위법 행위였다.

> (元年)秋七月, 詔曰: "吏受所監臨, 以飮食免, 重. 受財物, 賤買貴賣, 論輕. 廷尉與丞相更議著令." 廷尉信謹與丞相議曰: "吏及諸有秩受其官屬所監·所治·所行·所將, 其與飮食計償費, 勿論. 它物, 若買故賤, 賣故貴, 皆坐臧爲盜, 没入臧縣官. 吏遷徙免罷, 受其故官屬所將監治送財物, 奪爵爲士伍, 免之. 無爵, 罰金二斤, 令没入所受. 有能捕告, 畀其所受臧."[13]

"관리 및 有秩吏"가 "그 관속의 所監·所治·所行·所將으로부터 받은" 재물의 성격은 "坐臧爲盜"로 명확히 규정하고 있다. 설령 이임할 때 "그 이전 관속의 所將·所監·所治로부터 재물을 받았다"고 하더라도 작위를 박탈하고 면직하며 재물을 몰수하는 등 엄중한 처벌을 받아야 하는데, 하물며 현직 관리가 속관을 부려 물고기를 팔게 하고 고액의 "就直"을 받는다는 말인가? 張建國도 이 점에 주목하여 "粟君에게 甲渠令史 華商·尉史 周育은 바로 그가

---

12 孔祥軍:「居延新簡"建武三年十二月候粟君所責寇恩事"册書復原與研究」,『西域研究』2012년 第4期, p.84.

13 『漢書』권5, p.140.

'所將'하는 인원 범위에 속하고, 그것은 '그 관속의 所將으로부터 받은' 사람에게 준 '它物'과 동등하므로, 법에 따르면 '坐贓爲盜'에 속한다"[14]라고 해서 속군은 확실히 "坐贓爲盜"의 범죄를 저질렀다고 보았다. 거연한간을 보면 이와 유사한 행위로 처벌을 받은 사례가 있다.

元壽二年十二月庚寅朔戊申, 張掖居延都尉博·庫守丞賢兼行丞事, 謂甲渠鄣候: 言候長楊襃私使卒并積
一日·賣羊部吏故貴卅五·不日迹一日以上, 隧長張譚毋狀, 請庠免. 府書:
案襃私使卒并積一日, 隧長張(EPT59:548A)
掾宣·守屬長·書佐并(EPT59:548B)

이 간은 居延都尉府에서 하달한 候長 楊襃와 隧長 張譚의 위법 행위에 대한 처리 문서로, 간책이 불완전하여 도위부의 결정을 확실하게 알 수는 없다. 다만 候長 楊襃의 죄상을 열거하는 데 "私使卒并積一日"이 포함되어 있는 것으로 알 수 있듯이, 적어도 哀帝 元壽 2년까지는 관리가 사사로이 아랫사람을 사역시키는 것은 처벌받아야 할 범죄 행위였다. ≪寇恩册≫ 중 甲渠候 粟君의 행위에는 속관을 사역하는 것만이 아니라, 속관에게 175石 값어치의 곡물을 받는 "就直"도 포함한다. 『景帝紀』의 법률에 의거하든 EPT59:548호 간의 안례를 참조하든지 모두 징치되어야 했다.

그러나 의심스러운 점은 이렇게 심각한 범죄에 대해 粟君이 말하기를 꺼리지 않았다는 것이다. 심지어 12월 乙卯일에 居延縣과 都鄕에서는 이미 그가 속관인 令史와 尉史를 사역한 행위를 완전히 파악한 후, 재차 "奏記"하여 거연도위부에 이 사건의 재심을 요청하고 도위부의 지원을 받았다. 그러나 居延都鄕과 居延縣의 판결문서에는 "속군이 구은의 기물을 훼손하였다."는 세

---

14 張建國:「粟君債寇恩簡册新探」,『考古與文物』 2000년 第1期, p.54.

부 사항까지 연이어 설명하고 있으나, 명백히 속관에게 사역을 시킨 "坐臟爲盜" 행위에 대해서는 묵과하고 조금도 언급하지 않았다. 뿐만 아니라 구은의 진술에 기초해서 居延都鄕에 의해 완성된 정식 사법문서인 乙卯와 戊辰 두 "爰書"에는 뜻밖에도 모두 "甲渠令史 華商·尉史 周育이 마땅히 粟君을 위해 櫟得으로 물고기를 싣고 가 팔았다"고 하였다. 심지어 소송 대상과 재판 기구 모두 華商·周育이 "당연히" 속군을 위해 물고기를 팔았다고 인정하였다. 建武 초기의 거연 지역에서 甲渠候 粟君이 속관인 華商·周育을 사역한 행위가 정말 위법한 행위였는지 의문을 갖지 않을 수 없다. 이러한 행위가 이미 합법이었을 가능성은 없을까? 만약 합법이라면, 언제 어떤 상황에서 합법이었을까? 『漢書·景帝紀』의 "관리 및 有秩이 그 관속의 所監·所治·所行·所將으로부터 받은 것으로" "坐臟爲盜"에 논처되는 율령은 또 언제 법적 효력을 잃었을까? 이러한 문제는 ≪寇恩册≫만으로 답을 얻을 수 없다. 오랫동안 학계에서도 마땅한 해답을 찾지 못하였다. 그러나 저자는 ≪奉例册≫을 분석하던 중, 이들 문제를 해결할 수 있는 몇 가지 단서를 발견하였다.

II ≪奉例册≫ 고증

≪寇恩册≫과 마찬가지로 F22 가옥 유적지에서 나온 ≪奉例册≫은 EPF22:70-79, 총 10매의 간으로 구성된다. 간의 길이는 23cm 정도이고, EPF 22:78·79 2매의 兩行간이 너비 2.6cm인 것을 제외하면 나머지 8매의 너비는 1.3cm이다. 이 간책의 도판은 1978년에 발표되었다.[15] 1982년에 初師賓·任

---

15 甘肅居延考古隊:「居延漢代遺址的發掘和新出土的簡冊文物」에 첨부된 도판6은 "建武

步雲은「建武三年居延都尉吏奉例略考」에서 이 간책에 대해 고증한 바 있는데, EPF22:72-79호 간은 봉록 표준의 본문인 "奉例", EPF22:70호 간은 河西大將軍府에서 奉例를 반포한 공문 명령, EPF22:71호 간은 居延都尉가 이 奉例를 전달한 문서로 行文에 속하는 것으로 보았다. 또한 배열순서는 "奉例"가 우선이고 이후가 行文으로, EPF22:72-79·70·71 순으로 생각하였다. 석문과 표점은 다음과 같다.

居延都尉　　　　奉穀月六十石(EPF22:72)
居延都尉丞　　　奉穀月卅石(EPF22:73)
居延令　　　　　奉穀月卅石(EPF22:74)
居延丞　　　　　奉穀月十五石(EPF22:75)
居延左·右尉　　奉穀月十五石(EPF22:76)
　　　　·右以租脫穀給, 歲竟壹移計(EPF22:77)
居延城司馬·千人·候·倉長·丞·塞尉(EPF22:78)
·右職閒, 都尉以便宜予, 從史令田(EPF22:79)
建武三年四月丁巳朔辛巳, 領河西五郡大將軍·張掖屬國都尉融, 移張掖居延都尉, 今爲
都尉以下奉各如差, 司馬·千人·候·倉長·丞·塞尉職閒. 都尉以便宜財予, 從史田吏[16], 如律令(EPF22:70)
六月壬申, 守張掖居延都尉壙·丞崇, 告司馬·千人官, 謂官縣, 寫移書到, 如大將軍

三年≪居延都尉吏奉穀秩別令≫"으로 명명되었다.『文物』1978년 第1期.

16 "田史"는 初師賓·任步雲이「建武三年居延都尉吏奉例略考」를 저술할 때는 "田史"라고 하였으나, 본문에서 논술할 때는 "田吏"로 썼다. 1990년 甘肅省文物考古研究所等 編『居延新簡·甲渠候官與第四燧』에서는 "田史"라 하였고, 이후 기타 저서에서 모두 "田吏"라 하였다. 도판에 따르면 "吏"자가 분명하고 틀림이 없으므로 따를 만하다.

莫府書律令　　　　　　　　掾陽・守屬恭・書佐豐(EPF22:71A)
已雠(EPF22:71B)17

初師賓과 任步雲은 배열과 단구를 새로이 한 기초에서 "竇融이 하서에서 할거한 전말"과 "한대 관리 봉록제도"를 분석하였는데, 특히 한대의 봉록제도 개혁에서 이 奉例가 차지하는 위치를 논의하여 이후 연구의 토대를 마련하였다.18 이후 袁雅潔은 初師賓과 任步雲의 글을 바탕으로 전한에서 후한 초기까지의 봉록제도 변화와 화폐가치 개혁 문제에 대해 더 논의하였다.19

해당 간책은 비교적 완전하고 필적이 명확하기 때문에, 석문에 큰 논란은 없다. 간책에는 居延都尉・居延都尉丞・居延令・居延丞・居延左右尉의 녹봉 표준이 명확히 규정되어 있다. 그러나 "司馬・千人・候・倉長・丞・塞尉"의 녹봉에 대한 구체적인 기준은 없다. 이러한 관직과 "塞尉"보다 낮은 지위에 있는 관리들의 녹봉이 어떻게 지급되는지에 대해서는 EPF22:79와 70호 간을 어떻게 이해하느냐에 달려 있다.

일반적으로 관리의 녹봉은 주로 관리의 직급과 관련이 있다고 여겨진다. ≪奉例册≫에 따르면 특수한 시기에 봉록을 지급하는 방식은 관리의 구체적

17　初師賓・任步雲: 「建武三年居延都尉吏奉例略考」, 『敦煌學輯刊』 1982년 第3期, pp. 90-105. 이 간책과 관련하여 『中國簡牘集成』 12권도 구두점을 찍었는데, 初師賓・任步雲과 비교하여 구독은 기본적으로 변하지 않았고, 일부 쉼표가 마침표로 변경된 것을 제외하고 큰 변화는 없다. EPF22:70과 79호 간의 "職開"은 初師賓・任步雲의 「建武三年居延都尉吏奉例略考」에서 "職間"이라 하였다. 실제 간문에서는 이 글자를 "開", 즉 "閑"으로 썼다.

18　初師賓・任步雲: 「建武三年居延都尉吏奉例略考」, 『敦煌學輯刊』 1982년 第3期, pp. 90-105.

19　袁雅潔: 「淺析簡册〈建武三年居延都尉吏奉例〉」, 『敦煌研究』 2018년 第5期, pp.108-116.

인 직책과도 관련이 있음을 알 수 있다. 간문은 居延都尉·居延都尉丞·居延令·居延丞·居延左右尉에 관한 봉록 기준의 등급 차이는 직급이 녹봉 지급에 미치는 영향을 반영하고 있다. 그러나 "職閒"의 녹봉 지급 방법에 대해서는 직책 차이의 영향을 반영하고 있다. 建武3년은 新莽 정권이 붕괴되고, 후한 정권이 아직 완전히 수립되지 않은 혼란기에 있었다. 중원의 대란으로 河西 지역에 竇融이 할거하여 정권을 잡아 변경을 지키고 백성을 안정시켰지만, 중원의 물자와 재정적 지원을 받지 못하였으므로, 어려움을 짐작할 수 있을 것이다. 게다가 물가가 치솟았기 때문에 당시 녹봉은 돈 대신 곡물로 지급되는 한편, 都尉府 都尉·都尉丞 및 縣級 민정기구 장리의 녹봉을 제외하고 기타 관리들은 모두 통일된 곡물 봉례 기준이 없어 도위부가 자체적으로 결정하였다. 이 차이는 온전히 직급에만 따른 것이 아니라, 직책도 참고한 것이다. 봉례에 곡물의 녹봉 기준이 명시되어 있는 것은 직급이 비교적 높은 居延都尉와 居延令을 제외하면, 居延都尉丞·居延丞·居延左右尉의 질급은 모두 司馬·千人·候보다 낮았다. 다만 전자에는 봉례가 있고, 후자는 "도위가 더 낮게 줄여서 지급할" 필요가 있었다. 관건이 되는 이유는 후자가 "한가한 직무"로 간주되었기 때문이었다.

"職閒(閑)"은 직무가 한가하고 한산한 것이다. 『後漢書·劉般傳』에 "時五校官顯職閑, 而府寺寬敞, 輿服光麗, 伎巧畢給, 故多以宗室肺腑居之."[20]라 하였고, 같은 책 『孔融傳』에서는 "及退閑職, 賓客日盈其門."[21]이라 하였다. 거연한간에 따르면 정상적인 상황에서 "居延城司馬·千人·候·倉長·丞·塞尉", 특히 "候"가 많이 기록되어 있는데, 모두 직무가 있었으나 여기서는 이들을 직무가 한가한 "職閒"이라고 하였다. 한편으로는 新莽 정권이 무너진 후 변방 요새의 정상적인 통치질서가 영향을 받아 "城司馬·千人·候·倉長·

---

20 『後漢書』 卷39, 北京: 中華書局, 1965, pp.1304-1305.

21 『後漢書』 卷70, 北京: 中華書局, 1965, p.2277.

丞・塞尉"등의 관직이 실제로는 마비 상태에 처해서 업무가 많지 않았을 수 있다. 다른 한편으로, 이른바 "職閒"이라고 하는 것은 상대적인 것으로서 이러한 군사 계통 戍史의 사무가 특별히 적은 것은 아니었지만, 居延都尉와 같이 변새 군사 방어 계통에서 관직을 맡는 것은 居延令丞 등의 민사 계통 縣 長吏에 비하면 "한가한 직무"라고 보았을 수 있다.

≪奉例冊≫에 기재된 녹봉의 지급 방식과 기준에 대해 학계에서는 일반적으로 "한가한 직무"인 "居延城司馬・千人・候・倉長・丞・塞尉"의 녹봉은 居延都尉가 居延都尉・居延都尉丞・居延縣 長吏의 기준을 참고하여 더 낮게 지급하였다고 본다. 동시에 ≪奉例冊≫은 곡물의 녹봉 기준이 명확한 居延都尉・居延都尉丞・居延縣 長吏뿐만 아니라, 앞서 언급한 기준을 참고하여 "더 낮게 줄여서 지급하는" 도위부 관할의 長吏 및 토지를 나누어 경작하게 해서 녹봉으로 삼는 형식의 100석 이하 "從史"류 하급 관리들도 포함한 모든 관리들에 대한 봉례 기준으로 간주한다. 初師賓・任步雲은 從史가 "100石 이하의 나머지 하급 관리를 가리키는 것 같다"면서, "양한교체기에 물자는 부족하고 수송이 단절된 상황에서 정부는 관의 屯田과 황무지를 하급 관리들에게 지급해서 경작하여 봉록에 충당케 했다"고 하였다.22 高恒은 "從史令田"을 해석하길 "從史는 스스로 농사일에 종사하며, 봉록이 없다."고 하였다.23

필자는 이러한 이해에 문제가 있다고 생각한다. 첫째, 토지를 나누어 줘서 경작한 것을 녹봉으로 삼는다는 주장은 지나친 억측으로, 간책에서 확인되지 않는 과도한 해석일 수 있다. 둘째, 전세문헌에 따르면 從史는 "曹에서 근무하지 않는" "史"이며, 100石 이하의 모든 관속 하급 관료로 이해할 수 없다. 셋째, 설령 EPF22:79호 간의 "從史令田"을 관속 하급관리가 국가가 나누어 준

22　初師賓・任步雲: 「建武三年居延都尉吏奉例略考」, 『敦煌學輯刊』 1982년 第3期, p.103.

23　高恒: 「漢簡牘中所見令文輯考」, 李學勤・謝桂華 主編 『簡帛研究』 第3輯, 南寧: 廣西教育出版社, 1998, p.415.

토지를 경작하는 형태로 녹봉을 받는 것이라고 이해하더라도, EPF22:70호 간의 "從史田吏"라는 두 개의 명사가 병렬해서 여기에 있는 것이 무슨 의미인지 설명할 수 없다. "從史田吏" 뒤에는 서술어가 없고 의미가 완전하지 않아 "從史"가 "田"을 경작하여 녹봉을 받는다는 의미를 가질 수 없기 때문에, 이른바 양자가 "글자가 약간 다르거나, 혹은 같은 것을 가리킨다"라는 설명은 성립하기 어렵다. 넷째, EPF22:72-76호 간과 77호 간의 관계에 따르면, "右字簡"은 앞서 기술한 사항에 대한 小結임을 알 수 있다. EPF22:78호 간은 居延縣 長吏를 제외한 居延都尉府 관할하의 기타 長吏 관직을 열거한 것이고, 79호 간은 이에 상응하는 "右字簡"으로서 상술한 관직의 녹봉에 대한 규정만 있을 수 있으며, 100石 이하 관속 하급 관리의 녹봉 규정은 나올 수 없다. "從史令田"을 "從史" 등 하급 관리의 녹봉 지급 방식에 대한 설명으로 간주하는 것은 문서 형식에 부합하지 않는다.

　　이상의 각 점을 감안하여 필자는 ≪奉例冊≫이 居延都尉府의 모든 관리를 대상으로 하는 것은 아니라고 생각한다. 이는 200石 이상의 長吏만을 대상으로 하며, 100石 이하의 관속 하급관리는 포함되지 않으므로 자연스레 관속 하급관리 중 하나인 "從史"도 포함되지 않는다. 이전의 斷句는 잘못되었다. EPF22:79호 간은 "・右職閒, 都尉以便宜予從史, 令田."으로 끊어야 한다. EPF22:70호 간은 "建武三年四月丁巳朔辛巳, 領河西五郡大將軍・張掖屬國都尉融, 移張掖居延都尉, 今爲都尉以下奉各如差: 司馬・千人・候・倉長・丞・塞尉職閒, 都尉以便宜財予從史・田吏. 如律令."으로 끊어야 한다. 즉 "從史"는 司馬・千人・候・倉長・丞・塞尉 등 "한가한 직무"의 장리들에게 할당되었던 것이다. 그들은 장리를 위해 "田"을 포함한 사역 업무에 종사하였고, 이러한 업무로 얻은 소득은 국가가 "한가한 직무"의 장리에게 지급하는 녹봉에 해당하였다.

　　高恒은 일찍이 서북 한간의 "田吏"에 주목하여 "토지를 경영하는 小吏를 가리킨다"[24]고 보았다. 懸泉漢簡에는

入茭百一十六石 閏月丁酉縣泉置佐忠受郡田吏賓賓(Ⅰ90DXT0114①:23)

府削入田吏穀尚粟糜及高誼里張忠入粟券墨石斗如牒敢言之(Ⅱ90DXT0114
④:7B)[25]

    라고 기재되어 있다. 두 간의 "田吏" 모두 관련 기관에 식량을 전달하고 있는데, 그 담당 업무로 볼 때 경작이나 식량 운송의 책임도 있는 듯하다. 이에 따르면 漢代의 관방에는 원래 주로 곡물 생산 및 운송에 관련된 업무에 종사하는 "田吏"가 있었다. 竇融의 명령인 EPF22:70호 간은 도위부에 "從史田吏"를 직무가 한가한 長吏에게 할당해 줄 것을 요구하고 있는데, 여기에는 원래 국가에 봉직하던 田吏의 일부를 직무가 한가한 장리를 위해 복무하도록 전환하는 것뿐만 아니라, 일부 從史를 직무가 한가한 장리에게 할당하여 사역시키는 것도 포함한다. 居延都尉가 제정한 구체적인 봉례기준인 EPF22:79호 간은 "予從史"만을 요구할 뿐 "田吏"는 아니었는데, 아마도 이 봉례는 居延城司馬·千人·候·倉長·丞·塞尉 하에 원래 "田吏"가 없었기 때문에 거연도위는 竇融의 명령을 집행할 때 실제 상황에 맞게 조정했을 것이다.

    국가가 장리에게 사역을 제공할 수 있는 "從史"를 할당하고, 그들의 노동을 봉록으로 충당하는 것이 이 특수한 시기 임시방편의 본질이다.[26] "從史"가

---

24 高恒:「漢簡牘中所見令文輯考」, 李學勤·謝桂華『簡帛研究』第3輯, p.415.

25 본문에서 인용한 현천한간은 특별한 설명이 없으며, 석문은 甘肅簡牘博物館等 編『懸泉漢簡(壹)(貳)(叁)』, 上海: 中西書局, 2019·2020·2023을 따랐다.

26 居延新簡 EPT58:38호 간에 "☑功曹私僕使民及客子田·菱, 不給公土上事者, 案致如法."라고 기재되어 있어, 거연 지역에서 관리가 개인의 "田"·"菱"로 이익을 얻기 위해 사적으로 民과 客子를 사역시켜 국가 수입과 공무에 영향을 미치는 상황이 있었음을 보여준다. 거연 지역은 땅이 넓고 인구가 희박하며 토지 가격이 저렴하므로, 해당 지역 관리들이 토지를 많이 소유하고 있으나 노동력은 부족했던 것이 일반적인 문제였고, 노동 자원을 놓고 국가와 경쟁하는 것도 비교적 흔하였을 것이다. 이러한 상황 하

꼭 "田"의 노동에 종사해야 했는지 여부에 대해 필자는 반드시 그렇지는 않다고 생각한다. "田"은 가장 일반적인 노동형태로 사역을 대표하는 것일 뿐이며, 구체적으로 어떻게 노동을 하고 어떻게 녹봉을 구현해야 하는지에 대해서는 長吏와 從史 간의 조율이 필요할 것이고, 상급 정부도 이에 참여하였을 것이다. "以便宜予從史令田"에 대한 문제를 어떻게 구체적으로 탐구하기 전에 漢代, 특히 서북한간의 從史를 먼저 분석할 필요가 있다.

Ⅲ 漢代의 "從史"

"從史"는 일종의 직관으로, 전세문헌과 출토문헌에 모두 나온다. 그러나 상대적으로 말하면, 지금껏 학계의 관심 대상이 되지는 못하였다. 따라서 從史란 직위의 성격, 직급, 직책 등의 문제에 대해서는 여전히 더 분석할 필요가 있다.

1. 從史의 성격

학계에서는 漢代의 "從史"에 대해 대부분 『漢書·兒寬傳』의 기록을 주요 토론 대상으로 삼는다.

에서 그들에게 "從史"를 합법적으로 할당하고 "田"을 포함한 내적 노동에 종사하도록 하여 이를 봉록으로 삼는 것이 가능했던 것이다.

(兒寬)以射策爲掌故, 功次補廷尉文學卒史. ……時張湯爲廷尉, 廷尉府盡用文史法律之吏, 而寬以儒生在其間, 見謂不習事, 不署曹, 除爲從史, 之北地視畜數年. 還至府, 上畜簿, 會廷尉時有疑奏, 已再見却矣, 掾史莫知所爲. 寬爲言其意, 掾史固使寬爲奏. 奏成, 讀之皆服, 以白廷尉湯. 湯大驚, 召寬與語, 乃奇其材, 以爲掾.

안사고는 魏 張晏의 "관서에서 근무하지 않는다"라는 말을 인용하면서 "從史는 단지 관료를 따를 뿐, 문서를 주관하지 않는다"라고 주를 달아,[27] 從史를 문서를 주관하지 않고, 고정된 업무가 없으며, 관장을 따라 업무를 처리하는 속리의 범칭으로 여겼다. 嚴耕望은 이전에 『漢書·袁盎傳』과 ≪隸釋·益州太守無名碑≫의 "從史"에 주목한 바 있는데, 이를 ≪李翕天井道碑≫·≪郙閣碑≫와 같은 후한 碑刻에 나오는 "從史位"의 약칭으로 추측했었다. 그러나 從史가 정해진 직무가 없는 관리에 속하는지 여부에 대해서는 다소 의문이 있다고 하였다. 한편 "從掾位"·"從史位"가 『漢書·枚乘傳』 梁의 "冗從", ≪史晨後碑≫ 魯의 "冗吏", 『後漢書·胡廣傳』 南郡의 "散吏"와 유사하다고 보면서, 다른 한편으로는 兒寬이 從史로서 "北地로 가서 축산을 살폈다"고 한 사례를 근거로 從史도 업무를 보긴 하였으나 관서에서 근무하지 않았을 뿐이다"고 추측하였다.[28] 安作璋·熊鐵基는 『秦漢官制史稿』에서 從史가 "冗從"와 같은 散吏 또는 散職으로 보면서 "관서에서 근무하지 않으면 從史이고, 문서를 주관하지 않으면 관료만 따를 뿐이며, 맡은 직무가 없으면 散吏이다."라 하였고, 심지어 從史의 "從"을 "冗從의 從"이라 해석하였다.[29] 高恒도 安作璋과

---

27 『漢書』卷58, 北京: 中華書局, 1962, p.2629.

28 嚴耕望: 『中國地方行政制度史·秦漢地方行政制度』, 上海: 上海古籍出版社, 2007, p.116.

29 安作璋·熊鐵基: 『秦漢官制史稿』, 濟南: 齊魯書社, 2007, pp.633-634.

熊鐵基의 말에 동의하면서 從史는 郡縣 諸曹에 포함되지 않는 散吏라고 여겼다.30 李振宏과 孫英民은 從史의 직위가 거연간에서 흔치 않으므로 임시적인 직책에 속해야 한다면서, 尉史나 令史는 候官의 주관 관리가 근무하는 곳을 따라다니며 문서 업무에 충당되었을 가능성이 있다고 보았다.31 이러한 관점은 비슷해 보이지만 실질적으로 상당한 차이가 있어서 "從史"의 성격에 대한 인식이 서로 다르다.

　　安作璋과 熊鐵基, 高恒은 "從史"를 散吏로 이해하였으나, 일반적으로 散吏는 대부분 구체적인 직책을 담당하지 않고 앉아서 논의만 하는 관리들이 많으며, 兒寬은 北地로 가서 "視畜"해야 하였고, 이는 분명히 일반적인 "散吏"와 다르다. 또한 이른바 "散吏"는 후한 중기 이후에 많이 보이는데, 주로 지방장관의 임명과 승진에 따른 속리에 대한 권리 확대와 군현 속리 편제 확충의 산물이었으며32, 전한시기에는 "散吏"가 보편적으로 존재하지 않았던 것 같다. 후한 "從史位"의 "從"은 "從掾位"의 "從"과 마찬가지로 비교한다는 뜻으로, 즉 지위는 掾과 史에 비교되지만 구체적인 직무를 담당하지 않았는데, 관련 散吏들의 지위에 대해 일종의 범주를 확정한 것이고, 전한 "從史"의 "從"과는 의미가 다르다. 安作璋과 熊鐵基가 諸侯王의 "冗從"을 "從史"의 "從"으로 해석한 것도 적절하지 않을 수 있다. 『史記』와 『漢書』에 따르면 이른바 "冗從"은 모두 내관에 속하고 본질적으로 "從官"에 속하며, "臣皇帝"처럼 황제, 제후왕과 개인적 종속관계가 강한 사람이다. ≪枚乘傳≫의 "冗從"은 즉 梁王의 從官이

30　高恒: 「漢簡牘中所見令文輯考」, 李學勤·謝桂華 主編『簡帛研究』第3輯, p.415.

31　李振宏·孫英民: 『居延漢簡人名編年』, 北京: 中國社會科學出版社, 1997.

32　후한시기 지방장관의 임명과 승진에 따른 속리에 대한 권리 확대·군현 속리의 편제 확충 및 散吏에 관하여 졸고 「試論秦漢郡縣長官任免升遷屬吏權的變化」(『浙江學刊』2014년 第3期)와 「秦漢郡縣屬吏制度演變考」(北京師範大學博士學位論文, 2009)를 참고할 수 있다.

다. 그러나 兒寬은 "文學卒史" 출신으로 廷尉府에 배속되어 원래 曹에서 근무해야 하였으나 배제되어 曹에서 근무할 수 없었고, 북지로 가 "視畜"하도록 핍박받은 것이 여러 해였으니, 여러모로 보나 그는 廷尉의 친근하고 시종적인 관리가 아니다. 그에 반해 국가의 공식 관료로서의 속성은 명확해서 그 신분은 "私"가 아닌 "公"이었다. 李振宏과 孫英民이 "散吏"·"冗從"설의 영향에서 벗어나 嚴耕望처럼 "從史"도 "治事"한다고 한 것은 장점이지만, "드물고" "임시적인 직책"이라고 생각하는 것은 그다지 정확하지 않다. 기존 사료를 보면, 中央의 九卿·郡國 守相府와 縣廷을 포함한 진과 전한의 각급 관부에는 보편적으로 從史가 존재하였다. 里耶秦簡 8-1575와 8-2196호 간에 "從史"가 있고, 張家山漢簡의 ≪奏讞書≫ 高祖7년(기원전 200년) "醴陽令恢盜縣官米" 안건에도 "從史石"이 있다. 『史記·袁盎晁錯列傳』에는 文帝 때 袁盎이 吳相이 되었을 때 從史가 있었다고 한다. 『漢書·匡衡傳』에는 成帝 때 승상에게 從史가 있었는 기록이 있다. 서북한간을 보면 즉 將軍從史(72.4)·大守從史(Ⅰ90DXT0114③:29)·都尉從史(73EJT24:503, 73EJT37:207,73EJF1:64)·農都尉從史(73EJT27:50)·都尉丞從史(73EJT26:87)·刺史從史(Ⅰ90DXT0110①:65)·居延司馬從史(73EJT8:54A)·肩水千人從史(73EJT37:528)·居延令從史(73EJT3:108)·居延丞從史(73EJT37:184,73EJT10:153)·武威郡張掖丞從史(73EJT37:1079)·允吾左尉從史(73EJF3：189+421)·居延城倉長從史(73EJT37:749A)·珍北候從史(73EJT10:355B)·卅井候從史(73EJT25:120)·甲渠塞尉從史(73EJT25:43) 등이 있었다. 그 명칭은 대단히 많으며, 장군 막부와 刺史·太守·都尉·千人·司馬·縣·倉·候官 등 각급 관부에 두루 분포하였다.

2. 從史의 등급

漢代에 史로 칭하는 관직은 御史·長史·刺史를 제외하고 주로 장관의 문서처리 업무를 돕는 속리였다. 居延漢簡에는

> 皁單衣, 毋鞌馬, 不文史, 詰責. 駿對曰: 前爲縣校弟子, 未嘗爲吏. 貧困毋以 具皁單衣·冠·鞌馬. 謹案: 尉史給官曹治簿書, 府·官繇使, 乘邊候望, 爲 百姓潘幣. 縣不肯除.(EPT59:58)

라는 간문이 있다. 이를 보면 가장 최하층인 尉史라도 "府官繇使"의 기본 직책은 여전히 "給官曹治簿書"였음을 알 수 있다. 따라서 직급의 고하를 막론하고 문서를 처리하여 정무를 돕고 기밀에 참여하는 것은 史 유형 속리들의 정상적인 직책이었다. 從史는 국가 행정 계열 중 "史"에 속하므로, 성격상 史 유형 속리에 속해야 한다. 당시 2,000石 관부에는 주로 卒史·屬·書佐 등 3개의 史 유형 문서 관리가 있었는데, 구별하면 각각 百石·斗食·佐史의 세 가지 등급(中二千石府卒史秩二百石)에 해당한다. 600石 정도의 縣級 기구에는 주로 令史·尉史 두 가지 등급의 史 유형 문서 관리가 있었으며, 각각 斗食·佐史의 등급에 해당한다. 이러한 卒史·屬·令史·尉史는 모두 曹에서 근무하거나 部吏·門下吏가 되는 방식으로 구체적인 문서 업무를 처리하고 권력을 장악할 수 있었다. 이것이 史 유형 속리가 행정에 참여하는 정도이다. 兒寬은 "文學"으로 廷尉府 卒史로 선임되었는데, 이는 정위부에서 등급이 비교적 높은 史 유형 속리였다. 정상적인 상황이라면 그는 曹에서 근무하면서 정위부 특정 曹의 掾史가 되었을 것이다. 그러나 그는 "업무에 미숙하다"고 여겨져 曹史가 되지 못하였고, 北地郡으로 보내져 "視畜"하게 되었다. "視畜"은 전문적이고 중요한 직책이 아니어서, 정위부에서도 주변부의 역할로 핵심 행정 업무와 거리가 멀기 때문에 "從史"라 불렸다.

兒寬과 같은 "卒史" 출신의 "從史"는 肩水金關漢簡에서도 볼 수 있다.

地節三年正月戊午朔己卯, 將兵護民田官居延都尉章·居延右尉可置行丞
事, 謂過所縣·道·河津·關, 遣從史畢歸取衣用
……(73EJT24:269A)
五月乙亥卒史孫畢以來(73EJT24:269B)[33]

본 간은 居延都尉府의 "從史畢"이 견수금관을 통과할 때 지참한 傳의 사본으로, A면을 보면 좌측이 파손되었고, A와 B 양면의 필적이 분명히 다르므로 동일인이 동시에 서사한 것은 아닐 것이다. 간문을 보면 孫畢이 地節 3년 정월 己卯일에 거연도위부를 떠나 "옷가지를 가지러 집으로 돌아가는" 길에 견수금관을 통과할 때 이 문서를 남겼음을 알 수 있다. 5월 乙亥일, 그가 고향에서 거연 도위부로 돌아올 때 또다시 견수금관을 통과하였다. 관리가 이전에 관문을 통과할 때 남긴 기록을 찾아 그 뒷면에 "五月乙亥卒史孫畢以來"라고 부기하였는데, 이는 孫畢이 직접 傳을 가지고 또다시 관문을 통과하였다는 뜻이다. A면의 "從史畢"과 B면의 "卒史孫畢"은 동일인이다. A면은 베껴 쓴 글로, 이는 거연도위부가 그 예하 직관에 대하여 구체적인 직책의 관점을 따른 호칭이며, B면은 금관의 관리들이 쓴 통관 기록으로, 실제 직위와 신분의 관점에 따른 기록이다. 거연도위부의 "從史"는 二千石 기구의 從史로서, 신분이 "卒史"라는 것은 합리적이다.

兒寬과 孫畢을 보면 "從史"는 "卒史"에서 유래하였으며, 이는 구체적인 직무를 가진 曹史에 상응하는 호칭으로, 완전히 "閒散"한 것은 아니고 일정한 직책을 맡기도 하였음을 알 수 있다. 다만 중요성이 다소 떨어져 官曹 문서를 처리하거나, 主簿를 맡거나, 중책을 담당한 것은 아니었기 때문에 "從史"라고

---

33 "卒史孫畢"는 肩水金關 73EJT25:88호 간에서도 보인다.

불렸다. 일단 장관에게 중시되면 언제든지 본연의 신분에 따라 曹에서 근무할 수 있었고, 이때는 曹史가 되어 더 이상 從史가 아니었다.

從史와 卒史의 관계를 통해 從史와 屬·令史·尉史의 관계를 유추할 수 있다. 從史 자체는 결코 명확한 계급이 아니며, 소속 기구에 따라 100石 또는 200石의 卒史(中二千石府의 고급 속리 등)에서 나올 수도 있고, 斗食인 屬이나 令史에서 나올 수도 있으며, 佐史인 尉史에서 나온 경우도 있었다. 이때도 그 진정한 직명은 卒史·屬·令史·尉史로 남아 있었지만, 구체적으로 관할하는 일은 중요하지 않았기 때문에 "從史"라 불렸다. 令史·尉史 출신의 從史로는 거연한간의 范弘을 주목할 만하다. 일본학자 森鹿三은 「關於令史弘的文書」에서 "令史弘"은 "甲渠尉史"와 "主官令史" 등의 직을 역임하였으며, 기원전 50년 전후에 활동하였다고 논한 바 있다.[34] 실제로 거연신간에는 "從史范弘"(EPT52:410)과 "從史弘"(EPT51:5)이 나오기도 하였다. 范弘은 尉史를 수행하다가 이후에 다시 令史가 되었고, 한때는 甲渠掾이 되어 元帝시기 甲渠候官에서 비교적 중요한 위치를 차지하기도 하였다. 그러나 甲渠候官에서 여러 해 동안 "관이 오랫동안 令史를 지냈기"(127.35) 때문에 그 벼슬길에 곡절을 겪었을 수도 있으며, 초기나 곡절을 겪는 단계에서 한때 권력을 상실하고 겨우 從史가 되었을 수 있다.

3. 從史의 직책

從史의 구체적인 직책과 관련하여 서북한간에는 비교적 많은 자료가 있다. 거연한간에

---

34 [日]森鹿三 著, 姜鎭慶 譯: 「關於令史弘的文書」, 『簡牘硏究譯叢』 第1輯, 北京: 中國社會科學出版社, 1983.

☑遣從史信成視田牧☑(11.20)

라는 간이 있다. 이 간은 A33 地灣 유적지에서 나온 것으로, 위아래가 파손되었다. 이 간독에는 本始원년 기년과 "大河郡"의 지명, "破胡"의 인명 및 비교적 초기의 "出入六寸符"가 포함되어 있다. 전반적으로 宣帝 전기의 특징이 분명하며, 시기가 더 빠를 수 있다. 이 중 "從史"는 肩水都尉府 혹은 肩水候官의 從史일 수 있고, 張掖郡에서 肩水 등지까지 "視田牧"을 위해 從史를 파견했을 가능성도 배제할 수 없다. "視田牧"은 兒寬의 "視畜"과 유사한 부분이 있다. 전한 중기에는 漢과 匈奴 간 전쟁이 빈번하게 일어났고, 漢 정부의 각 부서는 목축에 더 많은 관심을 기울였는데, 목축을 겸업하면서 전문적인 문서 책임이 없는 從史 등에게 맡겼을 수 있다.

· 陽朔三年三月乙未從史霸出奉刺(190.21A)
　與此凡萬四千九百七十(190.21B)

이 간은 甲渠候官에서 나온 것으로, 李均明은 "봉록을 지급한 기록"[35]으로, 따라서 이 간은 응당 갑거후관의 從史 霸가 후관을 대표하여 관리들에게 녹봉을 지급한 증거라고 보았다. 懸泉漢簡에는

初元二年四月庚寅朔辛丑, 敦煌玉門都尉宮·丞得意, 謂過所縣·河津: 遣從史常賢上書, 乘用馬二匹·
軺車一乘, 當舍傳舍·郡邸, 從者如律令 □月己卯西(Ⅰ90DXT0116②:107)

라는 기록이 있다. 이 간은 懸泉置에서 敦煌 玉門都尉府 從史인 常賢의 傳을

---

[35] 李均明: 『秦漢簡牘文書分類輯解』, 北京: 文物出版社, 2009, p.420.

초사한 것이다. 그중 從史 常賢의 출장 목적은 거연도위부를 대표하여 "上書"하는 것이었는데, 이는 고정된 직책이 없는 卒史·屬이 파견 직무를 담당했던 관습에 부합한다. 肩水金關漢簡 73EJD:335호 간에 "☒□□敢言之:遣從吏杜霸從令對大守府, 占所乘用馬一匹、軺車一乘, 與□☒"라는 기록이 있는데, 해당 간은 상하좌측 모두 파손되어 있으며, "從"·"用" 등의 글자로 볼 때 좌측의 글자는 파손된 것 외에 먹물이 떨어진 현상도 있다. 도판(그림 1 참조)에 따르면 이른바 "從史"의 "吏"자는 두 가로 획의 좌우 양측이 모두 깨지고 먹물이 벗겨진 곳에 있어서 원래는 두 개의 짧은 세로가 中일 가능성을 배제할 수 없으며, 게다가 이 글자의 윗부분 세로 획과 아랫부분의 삐침 획이 연결되지 않고, 삐침 획 오른쪽 위에 먹물이 남아 있으므로, 필자는 "史"자일 가능성이 대단히 높다고 본다. "從吏杜霸"는 "從史杜霸"일 가능성이 높으니, 從史가 장관(아마도 居延令)을 따라 張掖郡太守府 櫟得으로 보고하기 위해 가면서 견수금관을 통과할 때 소지했던 傳의 초사본인 것이다.

이외에 肩水金關漢簡에 다음과 같은 기록이 있다.

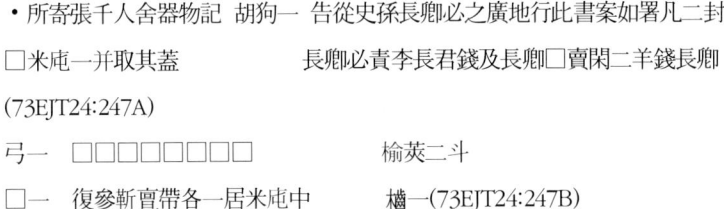

간의 "從史孫長卿"이 구체적으로 어느 부서에 속해 있는지는 분명하지 않으나 "張千人"의 從史일 가능성이 있고, 그 임무는 "之廣地行此書"하는 동시에 채무를 회수하는 것이었으며, 이 역시 파견 업무였다. 동일한 金關에서 나온 73EJT37:1527호 간에는 "遣候從史顏"이라 하였고, 小方盤城 출토 Ⅱ98DYT4:14호 간의 "遣從史"는 비록 파견된 從史의 구체적인 직책은 기록되지 않았지

만, 이 역시 파견·외근 업무를 받은 것은 분명하다.

4. 從史와 장관의 관계

안사고는 "從"이 "관료를 따른다"는 뜻이 있다고 하였다. 필자는 兒寬의 예로 보아 직관의 설정 관점에서 보면 從史는 "관료를 따른다"는 특징이 명확하지 않다고 생각한다. 兒寬은 "從史"라고 해서 일반적인 속리와 장관의 관계를 넘어선 친밀한 관계를 가진 것은 아니었다. 반면 중용되지 않는 "史"는 초기에 장관과 가깝지도 않고, 소원해지기도 한다. 그러나 한편으로는 고대 관료기구의 핵심이 主官에게 있었기 때문에 구체적인 曹職이 없는 從史가 파견된 사무는 복무하는 장관과 관련이 많았을 수도 있고, 또 한편으로 漢代에는 여전히 개인적인 종속관계가 성행했던 시대였기 때문에, "從史"는 장관에게 더 많이 봉사하여 장관과 가까운 관계가 점차 강화되었을 수도 있다. 張家山 漢簡 ≪奏讞書≫ "醴陽令恢盜縣官米" 안건에서 從史 石은 縣令 恢의 舍人과 함께 현령이 官米를 훔치는 것을 도왔다. 『史記·袁盎晁錯列傳』에서 吳相 袁盎의 從史가 원앙의 시녀와 간통할 수 있었던 것은 그의 복무 장소가 "袁盎"과 비교적 가까워야 한다는 것을 보여준다. 직명을 보면 본래 관부의 속리여야 할 "從史"가 어느 구체적인 장관의 "從史"라 불리는 경우도 많다. 예를 들면 앞서 언급한 바와 같이 居延丞從史·武威郡張掖丞從史·允吾左尉從史·居延城倉長從史·殄北候從史·甲渠塞尉從史 등이 있다.

甲渠候官 유적지에서 출토된 거연한간에는 다음과 같은 기록이 있다.

尉史富蓋邑　　調爲尉從史六月更　　今□□□(206.20)
尉史玉幷　　　二月甲辰調尉從史□☑(254.3)

같은 甲渠候官에서 출토된 33.30호 간 "甲渠第十隧四石具弩一永光四年八月

中受故隧長富蓋邑傷一淵"에 따르면 富蓋邑은 이전에 隧長을 지냈는데 아마도 元帝 永光 연간에 활약했다는 것을 알 수 있다. 尉史 玉幷의 생활 시기는 분명하지 않다. 두 간 모두 尉史가 尉의 從史로 옮겨 간 사례이다. 尉史는 비교적 광범한 호칭으로, 史 유형 속리의 성격과 직급을 강조하는 데 중점을 둔다. 尉從史는 구체적인 직책을 반영한 것으로, "尉"에게 복무하는 從史이다. 일반 尉史를 尉從史로 옮긴 것은 아마도 하급 문서 관리의 직책을 바꾸어 이들을 甲渠塞尉를 위해 복무하게 한 것으로 보인다. 206.20호 간은 "六月更"을 강조하였는데, 이는 富蓋邑이 尉從史 직책으로 근무한 기간도 길지 않고, 이후 전근될 수도 있다는 것을 보여주는 듯하다.

견수금관한간의 통관 문서를 보면, 견수금관을 통과하는 "從史"의 업무 내용도 주로 봉사하는 장관의 고향에 가서 衣用 등을 받는 것이었다.

> 建始四年十一月癸卯朔己酉, 令史昌敢言之: 遣丞從史法昌, 爲丞取衣用䥡
> 得, 與葆鉼庭里簪
> ……謁移過所……(73EJD:6)

해당 간은 좌측이 파손되었지만, 丞從史 法昌이 견수금관을 통과할 때 가지고 있던 傳의 초사본이다. 또 같은 지역에서 출토한 다음과 같은 간이 있다.

> 居延丞從史鉼庭里法昌　大車一兩用牛一　同十一月□☑(73EJD:205)

"居延丞"이라는 세 글자는 원 석문에 없었으나, 도판을 근거로 보완하였다.(그림 2 참조) "同十一月□"의 여러 글자는 묵적이 옅고, 필적은 다른 글자와 확연히 다르다. 도판을 보면 좌측의 파손 여부는 확정할 수 없다. 좌측이 파손되었을 경우, 法昌이 반환할 때 맞춰야 할 계약간일 가능성이 있다. 파손되지 않았을 경우, 관문을 출입하는 시간을 표시한 名籍일 수 있다. 어쨌든 관문 통과자의 신분과 이름이 완전히 동일하기 때문에 해당 간은 73EJD:6호 간에 기재된 것과 분명히 같은 것이며, 배합하여 사용하였다. 法昌의 신분은 居延丞從史이며, 금관을 통과한 목적은 "거연승을 위해 해득에서 옷가지를 챙기는 일"이고, "觻得"은 居延丞의 집이 있는 곳이다. 따라서 居延丞從史인 法昌은 거연승의 고향으로 가서 거연승의 개인 의복을 가져오는 것도 그 직책이었다. 이 직책은 어느 정도 장관을 위해 봉사하는 사적인 속성을 가지고 있다. 이외에 73EJT10:15호 간의 "遣丞從史造昌歸隴西取衣用", 73EJT37:749호 간의 "建平三年八月己卯朔乙巳, 居延城倉長護, 移過所縣·道·津·關, 遣從史周武歸武威取衣用, 當舍傳舍, 從者如律令"은 간문에 從史가 隴西나 武威로 돌아간 것이 자신을 위한 것인지 아니면 장관을 위해 의복을 가져온 것인지 명확하게 밝히지 않았지만, 일반적으로 漢代의 속리는 본적을 사용하고, 장관과 佐官은 본적을 기피해야 한다는 원칙에 따르면[36], 두 간에서 從史가 郡을 넘어 옷을 가져오는 것은 모두 장관을 위해 복무하는 것이어야 한다. 773EJT37:528호 간에 "元延元年九月乙丑朔丙戌, 肩水千人宗, 移過所, 遣從史趙放爲私市居延, 當舍傳舍, 從者如律令"라는 기재가 있는데, 그중 從史 趙放이 장관을 위해 한 복무는 옷을 가져오는 것에서 "사사로이 매매하는 것"으로 확대되었다. 『漢書·匡衡傳』에는 成帝시기 丞相 匡衡이 봉지인 僮에 "遣從史"하여 "收取所還田租穀千余石入衡家"하도록 하였다고 기록되어 있다.[37] 같은 책 ≪遊俠傳·陳遵≫에 따르면, 新莽시기 陳遵은 河南太守였는데, "既至官, 當遣從史, 召善書吏十人於前, 治私書謝京師故人."라고 기록되어 있다.[38] 陳遵이 從史를 서쪽의 京師로 파견 보낸 것은 공무가 우선이었지만, 분명히 겸

---

36 嚴耕望:『中國地方行政制度史·秦漢地方行政制度』, 上海: 上海古籍出版社, 2007.

37 『漢書』卷81, p.3346.

38 『漢書』卷92, p.3711.

사겸사 "私書"를 전달하여 "경사의 지인에게 인사"하는 직책도 수행해야 했다.

상술한 여러 간에 따르면, 從史는 본래 曹에서 근무하지 않고 중요하지 않은 직책을 맡은 史로서, 주로 파견 업무를 하다가 전한 후기에 이르러서는 어느 정도 장관을 위해 복무하는 경향이 있었던 것 같다. 이것은 장관이 관료 기구에서 핵심 위치에 있는 것과 관련이 있다. 그 업무에는 비록 사적인 요소가 있으나, 당시에는 주로 공적인 목적에서 나왔을 수도 있다. 예를 들어 장관이 책임이 막중하여 옷을 가지러 가거나 조세를 받으러 고향으로 돌아가는 것이 불편할 경우, 從史가 대행하도록 안배하는 것도 어느 정도 국가 행정 시스템의 정상적인 운영을 위한 복무와 같은 것으로 이해된다. 하지만 이처럼 장관 개인에 대한 복무가 지속적으로 확대되면 점차 사적인 성격이 강화되는데, 앞서 언급한 73EJT37:528호 간에서 從史가 장관을 위해 "거연에서 사사로이 매매한" 예는 전한 후기에 이르러 국가 행정 시스템 내에서 從史와 같은 속리들의 사적 요소가 이미 상당히 강화되었음을 보여준다.

물론 제도적으로 볼 때 이때의 從史는 완전히 장관 개인에 종속된 관리라고 할 수는 없고, 그들은 여전히 국가관료 시스템에 속하며, "卒史" "令史"의 정원을 차지하면서 녹봉을 받았다. 거연한간에는 다음과 같은 기록이 있다.

坐從良家子自給車馬爲私事論, 疑它不然. 書到, 相·二千石以下從吏毋過品, 刺史禁督, 且察毋狀者, 如律令. (40.6)

해당 간의 "從吏"는 본문에서 논의하는 "從史"와 완전히 같을 수는 없지만, 從史는 신분상 "吏"에 속하므로, 일반적인 상황에서는 "從史"를 "從吏"의 구성 요소로 볼 수 있을 듯하다. 본 간은 刺史의 감찰에 "相·二千石以下從吏毋過品"을 요구하고 있으므로, 국가가 장관에게 복무하는 "從史"를 포함한 "從吏"의 정원을 관품의 높낮이에 따라 한정했다는 것을 알 수 있다. 從史 및 從吏의 정원은 국가의 제한을 받았으므로, 장관은 자기 마음대로 "從史"의 수를 늘릴

수는 없었다.

從史는 장관의 "從者" "私從"과는 본질적으로 다르다. "居延都尉從史范宏葆"라고 쓰여있는 肩水金關 73EJF1:64호 간은 아랫부분이 파손된 削衣인데, "肩水都尉屬令狐賞葆屋蘭大昌里孫聖年卄八長七尺五寸黑色"(73EJT14:3), "居延司空佐張黨葆卅井里九百同韶車一乘馬一匹十月壬午北嗇夫豊出"(73EJT 37:1509), "橐他守尉延陵循 葆從者居延☒"(73EJT37:135) 등의 간을 참조하면 "관문 출입자의 보증"은 흔히 재직하는 관원의 권력이었음을 알 수 있다. 거연도위 從史 范宏은 타인을 위해 보증할 수 있어서, 그가 국가 공무원의 성격을 가지고 있었고 절대 다른 사람에게 의부하는 관계인 "從者" 및 "私從"과는 비교할 수 없다는 것을 알 수 있다. 懸泉漢簡Ⅰ 90DXT0114③:29호 간의 "出粟六升 以食大守從史王廣昌從者一人凡二人=一食三升東"에서 懸泉置로부터 식료를 받는 사람은 "大守從史王廣昌"과 王廣昌의 "從者"가 있다. 居延漢簡 303.9호 간 "出麥七石八斗 以食吏=私從者二人六月盡八月"에서 식료를 받는 사람 중에는 관리와 관리의 私從이 있는데, 앞서 언급한 懸泉簡의 "大守從史"는 "吏"이고, 從者는 "吏私從者"이다. 崔寔의 『政論』에는 다음과 같이 기록되어 있다.

> 漢興因循, 未改其制. 夫百里長吏, 荷諸侯之任, 而食監門之禄, 請舉一隅, 以率其餘. 一月之禄, 得粟二十斛·錢二千. 長吏雖欲崇約, 猶當有從者一人. 假令無奴, 當復取客. 客庸一月千, 芻·膏肉五百, 薪炭鹽菜又五百. 二人食粟六斛, 其餘財足給馬, 豈能供多夏衣被·四時祠祀·賓客斗酒之費乎? 況復迎父母·致妻子哉![39]

---

39 [清]嚴可均 輯: 『全後漢文』 卷46 『群書治要』에 인용, 北京: 商務印書館, 1999, pp. 468-469. "客庸一月千, 芻·膏肉五百"은 원서에 "客庸一月千芻, 膏肉五百"라 되어 있으나, 필자가 문의에 따라 고쳤다.

여기서 언급하는 縣 長吏의 "從者" 신분은 일반적으로 노비 또는 고용인일 것이다. 만약 신분이 客이라면, 장리는 그에게 한 달에 1,000전의 보수를 제공해야 한다. 이를 통해 관리의 "從者"는 국가 관료 시스템의 "從史"와는 전혀 다른 것을 알 수 있다. "從者"는 일정한 인신 종속관계를 가지고 있으며, 관리를 따라다니거나 심지어 공무까지 처리할 수 있었는데, 이럴 때는 주인의 권력에 따라 국가로부터 식료를 받고 숙식 서비스를 누릴 수 있었지만, 그 공무를 수행하는 본질은 주인을 섬기는 것이며, 일상적인 비용와 보수는 주인이 부담하기 때문에 국가 관리 서열에 속하면서 녹봉을 수령하는 從史와는 다르다. 간단히 이해하면, 從史의 행위는 비록 사적인 측면이 있지만 본질은 공적인 것이고, 從者의 업무는 이따금 공적인 성격이 있더라도 그 자체 사속의 성격을 바꾸지는 않는다.

Ⅳ 建武 초기 居延 지역의 "予從史令田" 제도

전한 시기의 從史는 散吏·私從과 다르며, 전한의 변천 과정에서 장관과의 사적 관계가 지속적으로 강화되었으나, 공적인 본질은 변하지 않았다. 新莽 정권이 붕괴된 후 지방의 질서가 무너진 점, 특히 재정 긴축은 "從史" 제도에 일정한 영향을 미쳤다.

1. ≪寇恩册≫과 "予從史令田" 제도

전한시기 "從史"는 보편적으로 존재하였고, 변새 방어 계통도 예외는 아니었다. 이들 從史는 핵심 문서 업무와 諸曹를 담당하지 않고, 주로 덜 중요한 파견성 업무를 하였는데, 그중 상당수의 사무는 장관 개인을 위해 복무하는 것이었다. 新莽정권이 붕괴된 후 지방재정은 경색되었는데, 이러한 상황에서 국가는 이러한 "從史"를 지방 장리에게 할당하여 그 노동으로 장리의 녹봉을 충당하도록 하였고 이는 일종의 임시방편이라고 할 수 있다. 어느 정도는 從史 제도가 후한 초기까지 새로운 단계로 발전하였다고 볼 수도 있는데, 즉 공적인 복무에서 전한 말기에는 공적인 명목 하에 사적으로 복무할 수 있었고, 재차 국가의 지원 하에 사적인 복무로 발전하였다. ≪奉例册≫ 중 "都尉以便宜財予從史田吏"와 "都尉以便宜予從史令田"이 이러한 제도의 표현이다. 물론 제도의 발전과 진화에는 그 나름의 법칙이 있다. 우리가 領河西五郡大將軍 竇融이 반포한 ≪奉例册≫을 보았다고 해서, 建武 3년 4월 바로 이런 제도가 시작되었다는 의미는 아니다. 그 이전 新莽 정권 붕괴 후의 길지 않은 혼란 속에서 "財(裁)予從史令田"과 같은 유사한 제도가 이미 시행되었을 수 있다. 우리가 본 ≪奉例册≫은 단지 제도의 지속적인 조정 및 구체적인 녹봉 액수와 사역의 형태를 보충한 규정에 지나지 않을 수 있다. 따라서 필자는 ≪奉例册≫이 建武 3년 4월의 명령이라고 해서 그 이전에 유사한 제도가 있었을 가능성을 부정할 수는 없으며, 이 가능성은 중앙 정권이 붕괴되고 지방이 무질서해진 地皇 4년(更始원년, 23)으로 거슬러 올라갈 수 있다고 생각한다.

  令史인 華商과 尉史인 周育은 일반적인 영사와 위사가 아니라 令史·尉史 중에서 甲渠候에게 "令田"을 "裁予"하는 從史일 가능성이 높다. "令史" "尉史"는 그 직급이고, "從史"는 그들의 구체적인 직책을 나타낸다. 필자는 甲渠候官에서 출토된 수천 매 이상의 후한 초기 거연간에서 華商과 周育이 令史나 尉史의 신분으로 문서 사무를 처리했다는 기록을 볼 수 없었으며, 이 시기에 "令史商"과 "尉史育"의 서명으로 문서를 처리한 흔적도 찾아볼 수 없었다. 李均明의 연구에 따르면 같은 시기 갑거후관의 영사와 위사 정원은 기본적으로 令史 3명과 尉史 4명이었다.[40] 更始에서 建武 초기까지 매우 짧은 몇 년 내에 갑거후관의 영사, 위사를 역임한 수가 많았을 리 없고, 당시의 문서간은 많이 남아 있는데 그중 令史 華商·尉史 周育의 흔적이 전혀 보이지 않는 것도 이들이 "문서를 주관하지 않은" "從史"일 가능성이 높다는 방증이다.

만약 令史 華商과 尉史 周育이 갑거후 粟君에게 할당되어 사역을 제공한 "從史"라면, 《寇恩册》의 해석하기 어려운 문제는 쉽게 해결될 수 있다. 從史는 候를 위해 복무하여 候의 봉록을 충당해야 할 의무가 있기 때문에 甲渠候 粟君은 그들이 스스로 觻得으로 가서 물고기를 팔도록 하였고, 물고기를 팔 수 없을 때 그들에게 일정한 가치의 양식과 소를 제공하도록 요구하였다. 이것은 국가가 甲渠候에게 부여한 권한이므로 합법적이었고, 따라서 소송 중에 양측이 모두 받아들일 수 있었다. 華商과 周育은 從史로서 粟君에게 사적인 복무를 제공할 의무가 있었지만, 粟君이 그들에게 제공하도록 한 것은 "田"이 아니라 운송 및 판매였다. 그들의 복무는 직접적으로 화폐화할 수 있으며, 나아가 "봉록"으로서의 복무에 화폐 표준이 있을 수 있음을 증명한다. 그 중 令史의 등급은 비교적 높아 곡물 75石의 가치에 해당하는 물품을 제공해야 하였다. 尉史의 등급은 비교적 낮았지만 부담 기준은 더 높아서 곡물 100석의 가치가 있는 물품을 제공해야 하였다. 甲渠候 粟君이 얻은 곡물 175石은 당시 한가한 직무의 600石 정도 관리에게 지급하는 1년 녹봉 기준이었을 가능성도 배제할 수 없다. 이러한 기준은 기본적으로 같은 등급의 居延都尉丞과 居延令의 급여보다는 낮지만, 候가 "한가한 직무"라는 점을 고려하면 이정도의 녹봉 금액도 합리적인 듯하다.

令史와 尉史의 경우, 그들은 斗食과 佐史의 봉록 및 양식을 받았고, 지불한 75石과 100石의 곡물 가치가 더 높았다. 그들은 왜 이런 조건을 받아들였을까? 필자는 華商과 周育가 소와 곡물을 쉽게 지불한 것으로 보아 그들은 현

---

40 李均明: 「漢代甲渠候官規模考」, 同著 『初學錄』에 수록, 臺北: 蘭臺出版社, 1999, pp. 268-269.

지의 가정형편이 부유한 계층 출신일 것으로 생각한다. 그들이 벼슬길에 오르는 목적은 봉록이 아니라, 다음 단계의 승진이나 해당 지역 사회의 지위 향상일 수 있다. 후한 초기에는 아직 위진남북조 시기처럼 "吏"를 職役으로 여기거나 심지어 非編戶齊民이라는 신분적 차별이 존재하지 않았고, 비록 하급 관리일지라도 여전히 功次를 통해 승진할 가능성이 있었다. 그리고 지방에서 권력을 가진 "吏"가 되는 것도 가문의 위상을 높이는 데 유리하였을 것이다. 따라서 약간의 용역을 맡거나 일부 재물을 지불함으로써 슈史·尉史라는 신분을 갖게 되었고, 이러한 신분을 향유하면서도 隧長이나 候長처럼 험난한 변새의 척후나 방어 업무에 종사할 필요가 없으며, 서류 작업도 하지 않아도 되었으므로 지역의 유산 계층에게는 매력적이었을 것이다. 국가가 "從史를 할당하여" "한가한 직무"인 장리의 녹봉을 해결하는 방법으로 삼을 수 있었던 것에는 이러한 점도 감안한 것 같다.

거연한간에는 다음과 같은 간문이 있다.

更始二年五月辛未第八隧長九百謁叩頭死罪敢言之乃癸亥餔時塱(EPT48:135A)
箕山隧長華商詣官願見 五月癸巳食時入(EPT48:135B)
居延甲渠箕山隧長居延累山里上造華商年六十 始建國地皇上戊三年正月癸卯除 史(2000ES9S:2)

居延 累山里 사람인 華商은 地皇三年(22) 정월에 佐史의 질급으로 甲渠候官 箕山隧長에 임명되었고, 更始 2년(24) 5월에 箕山隧長의 신분으로 후관으로 가서 늦어도 建武 2년(26) 12월 이전까지 斗食의 질급으로 甲渠슈史를 맡았다. 隧長에서 슈史로 승급하는 과정이 비교적 빨랐고, 중간에 候史·尉史 등의 직책을 거치는 경력도 보이지 않아, 원래 從史로서 장관에게 필요한 서비스와 물자를 제공한 것에 대한 보상으로 등급을 높일 수도 있기에 슈史로

승진했을 가능성을 배제할 수 없다. 다시 周育을 보면 다음과 같다.

故吏開田金城里五土周育年三十二　可補高沙隧長代張意(EPT27:8)
城北候長周育　叄月禄　帛一匹留府
　　　　　　　　　　　餘帛一丈五尺五寸　□□一丈三尺(EPT43:41)
　　　　　　　　　元帛一丈
城北候長周育　隧長淺二十六日　十月禄　十一月己卯自取　□
　　　　　　　　　　　苟二斤十兩半兩(EPT6:79)

"三"·"二十" 등의 숫자를 쓰는 방법과 "開田" 등의 특수한 명칭을 통해 3개의 간은 모두 新莽간임을 알 수 있으며, 구체적인 선후 순서는 알 수 없다. 建武2년 12월에 周育이 佐史의 질급인 尉史에 불과했던 것과 연계하면 有秩 질급인 候長의 지위와는 현격히 다른데, 필자는 EPT43:41과 EPT6:79호 간이 기본적으로 같은 시기이고 EPT27:8호 간보다 이르다고 추측한다. 周育은 이전에 城北候長을 지내다가 이후 모종의 원인으로 퇴직하였기 때문에 EPT27:8호 간에서 "故吏"라고 하였다. 故吏의 신분으로 다시 출사하여 佐史의 질급인 高沙隧長으로 있다가, 建武2년 12월 이전에 佐史와 같은 질급인 尉史로 바뀌었다. 故吏·隧長에서 "從史"인 尉史로 전향한 것도 "從史"를 맡는 것이 비록 경제적 부담은 크지만 구체적으로 척후 업무에 종사하지 않아도 된다는 장점을 고려한 것으로 보인다. 更始와 建武 초기 한과 흉노의 전쟁이 빈번하여 변새의 방어가 긴장되고, 최전선 척후 업무의 위험 계수가 크게 증가했다는 점을 고려하면, 隧長이 동급의 從史로 전환하는 것은 흡인력이 있었을 수 있다.

2. 尉史 陽과 "予從史令田" 제도

建武 초기 "從史" 기능의 이러한 변화는 변방의 부유층이 사회적 지위를 높일 수 있는 더 많은 선택지를 제공하기도 하였으나, 동시에 관리들의 자산에 대한 요구가 비교적 높고 경제적 부담이 컸기 때문에, "從史"가 될 수 있는 일부 변방 하급 속리들에게도 도전이 제기되었다. 거연한간에는 다음과 같은 기록이 있다.

- 甲渠言: 尉史陽貧困・不田・數病,
  欲補隧長. 宜可聽(EPF22:327)

이 간은 문서 표제간이다. 문서는 갑거후관이 도위부에 올린 보고로, 위사 양의 의사에 따라 "貧困・不田・數病"을 이유로 尉史에서 동급인 隧長으로 전임을 요구하는 내용이다. 갑거후관의 尉史 陽은 EPT48:25호 간에도 보이는데, 해당 간은 "甲渠"를 "甲溝"라고 해서 新莽간이다.[41] 그러나 EPF22:327호 간의 "甲溝"는 이미 "甲渠"라 하였으며, 대량의 建武 초기 冊書간이 있는 F22 가옥 유적지에서 출토되었으므로 이는 建武 초기여야 하며, 《寇恩冊》과 《奉例冊》의 시대에 가깝다. "數病"은 차치하고 尉史 陽이 직무를 조정한 이유로 "貧困・不田"이 있는데, 그중 "田"자는 전술한 《奉例冊》의 "予從史令田"과 "財予從史田吏"를 연상케 한다. 尉史 陽은 《寇恩冊》의 華商・周育과 비슷한 등급으로 "尉史"인 "從史"일 가능성이 높고, 그 직책은 본래 장관을 위해 "田"을 하는 것이었으나, 현재 "貧困"하여 직무를 수행할 수 없으므로 隧長으로의 전환을 요구하였다. 만일 이러한 추측이 성립된다면, 이른바 "田"은 하나의 표현일 뿐 실제 이들 "從史"는 진짜로 농사일을 하지 않았고 화폐나 식

---

41 饒宗頤・李均明: 『新莽簡輯證』, 臺北: 新文豐出版公司, 1995, pp.175-176.

량의 형태로 장관에게 지급한 봉록이라는 것이 한층 더 증명된다. 華商·周育과 달리 尉史 陽은 빈곤으로 인해 고액인 장관의 봉록을 감당할 수 없었기 때문에(周育의 경우, 연간 지출은 양식 100石에 달해야 함), 동급의 隧長으로 전임되기를 신청했다. 이 또한 당시 사람들의 눈에는 佐史와 같은 등급인 尉史, 심지어 장관을 위해 "繇使"하는 從史조차 모두 최전선에서 척후를 보는 隧長보다 낫다는 것을 증명한다.

거연한간에는 다음과 같은 기록이 있다.

右部從吏孟倉　建武五年柰月丙申假濟南劍一　今倉徙補甲渠第柰隧長(EPT 59:574+575+576)

해당 간의 "從吏" 孟倉도 從史일 수 있으며, "從吏"에서 隧長으로 옮긴 경력도 있어 "尉史陽"과 유사하다. 建武 초기 갑거후관에서 尉史·隧長 등 하급 관리들은 자신의 필요와 가정 상황에 따라 從史 혹은 隧長을 선택하여 담당할 수 있었고, 둘 사이의 상호 전환 경로도 비교적 원활했을지도 모른다. 이는 모두 建武 초기 변방의 재정난에 대처하기 위한 구체적인 조치였을 것이다.

漢代에는 공직을 맡는 데 일정한 경제적 기초가 있어야 하였고[42], 난세와

---

[42] "寒"과 漢代의 "訾選" 등 임관방식의 관계와 "貧寒罷休"가 漢代의 기층관리 임면에 미치는 영향에 관하여 邢義田, 「從居延漢簡看漢代軍隊的若干人事制度」, 『新史學』 1992년 第1期, 이후 同著 『治國安邦-法制·行政與軍事』, pp.536-567; 李天虹, 「居延漢簡所見漢代候官少吏的任用與罷免」, 『史學集刊』 1996년 第3期; 孟志成, 「候長·燧長的任用和獎懲」, 『簡牘學研究』 第3輯, 蘭州: 甘肅人民出版社, 2002; 韓華, 「從漢簡資料看兩漢基層官吏的選拔和調動」, 『絲綢之路』 2011년 第20期; 王子今, 「漢代西北邊塞吏卒的"寒苦"體驗」, 卜憲群·楊振紅 主編 『簡帛研究二〇一〇』, 桂林: 廣西師範大學出版社, 2012; 趙寵亮, 『行役戍備: 河西漢塞吏卒的屯戍生活』, 北京: 科學出版社, 2012; 鍾良燦, 「〈居延新簡〉所見"寒吏"」, 『南都學壇(人文社會科學學報)』 2015년 第2

국가 재정이 긴축일 때는 관리가 되는 요건으로 재산이 더욱 강화되었을 것이다. 從史와 비교하면 실제로 邊塞를 지키고 척후를 해야 하는 隧長이란 직책은 담당자의 경제적 요구가 다소 낮을 수 있지만[43], 경제 상황이 일정 정도 나빠져 관부에서 인정하는 "貧寒"에 이르렀을 때는 파면되어야 했다. EPF22:651호 간은 "·甲渠候官建武叁年叁月貧隧長及一家二人爲寒吏"라는 문서의 표제로, "貧隧長"과 "一家二人爲寒吏"인 상황을 관부에서 모두 파악하고 있음을 알 수 있다. 張德芳은 일찍이 甲渠候官 F22의 가옥 유적지에서 출토된 "隧長 貧寒罷休" 간에 주목하여 "居延新簡 EPF22:294-303의 10매 간은 필적이 일치하고 내용도 관련이 있으므로 응당 동일한 簡册에 속해서 '甲渠候官隧長貧寒罷休還食'册이라 명명한다. 294호 간과 295호 간은 갑거후관이 都尉府 소속 갑거후관 관할하의 隧貧寒罷休隧長에게 당월 15일까지 1石 5斗를 반환해야 한다는 檄書를 돌린 것이다. 간에서 말하는 '各如牒'은 EPF22:296-303 7매 간의 구체적인 명단을 가리킨다"[44]고 하였다. 그 중 "貧寒罷休"한 "第廿叅隧長 薛隆"은 EPT43:39B호 간에서 "周育"과 동시에 나왔으니, 두 사람은 建武 초기에 기본적으로 동시대에 활동하였음을 알 수 있다. 한 候官에서 "貧寒"으로 인해 한 번에 적어도 7명의 隧長을 파면할 정도로, 관리를 선임하는 데 재산의 중요성이 어느 정도인지 알 수 있다.

期 등을 참조할 수 있다.

[43] 邢義田도 일찍이 "尉史陽"의 예에 주목하여 "尉史가 되는 것은 隧長보다 부담이 조금 더 많은 것 같다."고 추정한 바 있다.(邢義田, 「從居延漢簡看漢代軍隊的若干人事制度」, 『新史學』 1992년 第1期, 同著 『治國安邦-法制·行政與軍事』에 수록, 北京: 中華書局, 2011, p.549)

[44] 張德芳 主編, 張德芳 著:『居延新簡集釋(七)』, 蘭州: 甘肅文化出版社, 2016, p.502.

3. 從史 제도의 소멸과 영향에 관한 추측

일부 학자들은 이전에 거연한간 중 서북 변새 방어 시스템의 기층 관리는 소득이 높지 않고 권력에 제한이 있으며, "役吏"의 속성을 가지고 있다고 지적하였다.45 필자는 건무 초기에 "從史令田" 제도가 도입되면서 변새 從史의 장관들에 대한 사적 속성이 크게 강화되었지만, 이는 주로 변방의 재정난에 대처하기 위한 미봉책이었고, "從史"는 가정 경제의 어려움에 따라 隧長으로 전임될 수 있는 선택권을 가지고 있었으며, 隧長은 "貧寒"하면 "史職"에서 이탈할 수 있었던 것으로 보아 신분의 고착화와 차별을 특징으로 하는 "吏役"은 아직 존재하지 않았다고 생각한다.46 從史는 여전히 부담이 아닌 변방의 유산 계층이 추구하는 목표였을 수 있다.

建武 8년 이후 甲渠候官 유적지에서 출토되는 간독이 크게 감소했기 때문에 "予從史令田" 제도가 언제까지 시행되었는지는 알 수 없다. 하서 지역의 상황이 안정된 후 즉시 폐지되었을 것으로 추측된다. 또 주의해야 할 점은 秦에서 후한 建武 초기까지 전세문헌과 출토 문헌에는 "從史"에 대한 기록이 끊이지 않고 기록되어 있지만, 후한 중기 이후의 전세문헌과 출토 문헌에는 기

---

45 于振波:「居延漢簡中的燧長和候長」,『史學集刊』2000년 第2期.

46 唐長孺는 이전에 ""史'는 漢代에 이미 국가의 징발과 복무를 받는 대상이었다."는 저명한 논단을 제기하였고, 이후 漢代에 "吏役" 존재하였는지, "吏役"이 언제 생겼는지에 대한 문제가 학계의 관심사가 되었다. 高敏은 "吏役" 제도가 후한 말 삼국시대에 형성되었으며, 漢代는 吏役制의 태동 단계라고 생각하였으나, 동시에 漢代에는 아직 후대에 존재했던 복역 "吏"의 전형적인 특징을 볼 수 없다고 지적하였다. 唐長孺,『三至六世紀江南大土地所有制的發展』, 上海: 上海人民出版社, 1957; 高敏,「論漢代"吏"的階級地位和歷史演變」, 同著『秦漢史論集』에 수록, 鄭州: 中州書畫社, 1982; 高敏,「從〈嘉禾吏民田家䣛別〉中的"諸吏"狀況看吏役制的形成與演變」,『鄭州大學學報(哲學社會科學版)』2001년 第1期 참고.

본적으로 "從史"의 흔적이 없다. 앞서 언급한 바와 같이 嚴耕望·安作璋·熊鐵基 등의 학자들은 후한의 碑刻 중 郡縣 관부의 "從掾位" "從史位"에 주목하여, 그것이 전한의 "從史"와 일정한 관련이 있다고 생각하였다. 필자는 전한과 후한 초기 문헌의 "從史"는 職吏에 속하며, 당시 군현에는 卒史·屬·令史·尉史의 정원이 적었기 때문에 史 유형 속리들의 정원을 散吏로 안배하는 것은 불가능하다고 생각한다. 후한에 이르러서는 속리의 정원과 장관이 속리의 승진을 임명하는 권한이 대폭 향상되면서 郡縣의 속리제도에 중대한 변화가 발생하였고, 군현의 속리들과 장관의 사적 관계가 전반적으로 강화되었기 때문에[47] "從史" 제도는 오히려 존재의 필요성을 잃고 역사 무대에서 사라졌다. 군현 속리 정원의 증가와 장관 권력의 증대, 그리고 중앙과 지방의 관계를 유지하려는 장관의 목적은 郡府와 縣廷에 "從掾位" "從史位"와 같은 散吏의 직위를 설정할 수 있는 여건을 조성했을 뿐만 아니라, 군현의 장리들이 "散吏"를 초빙할 수 있도록 동력을 부여하였다. "職吏"로서 후한 초기 이전의 從史는 장관과 사적 속성이 점차 강화되고 있었지만, 후한 중기 이후 "散吏"로서의 "從掾位" "從史位"와는 성격이 다르며, 발생하는 방식과 역사적 조건도 일치하지 않으므로 양자는 직접적인 관련이 없을 것이다.

    從史 제도는 후한 중기 이후에 형성된 군현의 散吏들과 직접적인 관련이 없고, 魏晉의 "吏役制"와의 관계도 명확하지 않다. 그러나 建武 초기 거연 지역에서 시행되었던 "予從史令田"의 관행은 魏晉隋唐 시기의 祿田·職田·公廨錢과 같은 제도의 성격과 유사한 부분이 있는 듯하다. 이들은 모두 관부가 장악하고 있는 공권력이나 자원을 이용하여 관원에게 서비스나 물질적 보조를 제공한다. 建武 초기 거연 지역의 "予從史令田"은 전국적으로 보편성이 있었을까? 그것은 이후의 祿田·職田·公廨 등의 제도에 거울로 삼을만한 관계

---

47 졸고 「秦漢郡縣屬吏與長官關係考論-兼談東漢"君臣之義"的政治實質與作用」, 『社會科學戰綫』 2014년 第5期 참조.

가 있을까? 이러한 문제는 모두 계속해서 주의를 기울일만 하다.

【附記】

　　본문은 이전에 한국 경북대학교에서 개최된 경북대학교 인문학술원 HK+사업단 제5회 국제학술회의 "木簡에 반영된 고대 동아시아의 법제와 행정제도" 회의(2023.1.29~31)에서 일부 낭독한 바 있으며, 鄔文玲·金秉駿 등 학회 참여 학자들의 도움을 받았다. 여기서 삼가 감사의 뜻을 표한다.

【번역】

　　이계호 (경북대학교 대학원 사학과 박사과정 수료)

#12

漢律 九章律과 三國 魏의 新律 편찬[*]

미즈마 다이스케(水間 大輔)

(일본 中央學院大學 교수)

I 서론

『漢書』권23 刑法志에는 "於是相國蕭何攈摭秦法, 取其宜於時者, 作律九章."이라고 하여, 漢初에 相國 蕭何가 秦의 법률을 기초로 하여 「律九章」을 작성하였다고 기록되어 있다. 나아가 『晉書』권30 刑法志에는 "是時承用秦漢舊律, 其文起自魏文侯師李悝. 悝撰次諸國法, 著法經. 以爲王者之政, 莫急於盜賊, 故其律始於盜賊. 盜賊須劾捕, 故著網捕二篇. 其輕狡・越城・博戲・借假不廉・淫侈踰制以爲雜律一篇. 又以具律具其加減. 是故所著六篇而已, 然

---

[*] 이 글은『동서인문』22호(경북대학교 인문학술원 발간, 2023.8) 수록 논문이다.

皆罪名之制也. 商君受之以相秦. 漢承秦制, 蕭何定律, 除參夷連坐之罪, 增部主見知之條, 益事律興·廐·戸三篇, 合爲九篇."이라고 하여, 戰國 魏의 李悝가 「盜律」·「賊律」·「網律」·「捕律」·「雜律」·「具律」로 이루어진 『法經』 6편을 저술하였고, 戰國 秦의 商鞅이 이를 계승하고, 漢나라의 蕭何가 秦制를 이어 律을 정하고 6편에 「戸律」·「興律」·「廐律」의 3편을 더해 모두 9편으로 하였다고 한다. 이외에도 『唐律疏儀』 名例律疏, 『唐六典』 권6 尚書刑部注 등 唐代에 기록된 문헌에는 거의 동일한 기록이 보인다.

그러나 李悝가 『法經』을 편찬한 것은 『史記』 등 漢代 및 그 이전에 기록된 문헌에는 보이지 않고[1] 『晉書』 刑法志 등 唐代 문헌에 이르러 처음 나타난다. 따라서 李悝의 『法經』 편찬에 대해서는 진작부터 사실로서의 신빙성에 의문이 제기되어 왔다[2]. 더욱이 1970년대 이후 睡虎地秦簡을 비롯하여 戰國 秦漢期의 簡牘이 계속 출토되어 당시 법률에 관한 문서가 다수 알려지기에 이르렀고, 秦律이 6편으로 이루어져 있었다는 점과 蕭何가 3편을 더하여 九章律을 편찬한 것에 대해서도 부정적인 견해가 제시되기에 이르렀다. 睡虎地秦簡·嶽麓書院藏秦簡 등 秦 簡牘에는 6편을 훨씬 상회하는 律의 편명이 보이고,

---

1　明·董説 『七國考』 권12 魏刑法 法經이 인용한 桓譚의 『新書』에는 「魏文侯師李悝著法經, 以爲王者之政莫急於盜賊, 故其律始於盜賊. 盜賊須劾捕, 故著囚·捕二篇. 其輕狡·越城·博戲·假借不廉·淫侈踰制爲雜律一篇. 又以具律其加減. 所著六篇而已. 衛鞅受之, 入相於秦, 是以秦·魏二國深文峻法相近」이라고 하는데, 이에 따르면 前漢 말기~後漢 초기의 桓譚이 李悝 『法經』 6편의 편찬과 商鞅에 의한 『法經』의 계승을 기록하고 있는 셈이다. 그러나 이 기술이 桓譚 『新書』의 것이 아님은 포콜라 씨가 논증하고 있다. Timoteus Pokora, "The Canon of Laws by Li K'uei – A Double Falsification?", Archiv Orientálni, 27-1, 1959 ; "Two Answers to Professor Moriya Mitsuo", Archiv Orientálni, 34-4, 1966.

2　李悝 『法經』의 연구 동향에 대해 자세한 내용은 廣瀬薰雄의 『秦漢律令研究』(汲古書院, 2010), pp.42-46. 참조.

또 漢初의 張家山 제247호묘 출토 漢簡 「二年律令」에도 9편을 훨씬 웃도는 편명이 확인된다. 더욱이 秦·漢에서는 애초에 국가에 의한 법전 편찬이 한 번도 이루어지지 않았다는 설도 최근에는 유력해지고 있다[3]. 그리고 九章律은 漢朝에 의해 공식적으로 편찬된 것이 아니라, 前漢 후기에 律學書로 편찬되었다가 後漢에 들어와 蕭何가 그 찬자로 가탁되었다는 설도 있다[4].

만약 九章律이 律學書로 편찬되었다면 다음과 같은 의문이 생긴다. 즉 三國 魏의 明帝期에 편찬된 「新律」 18편은 도대체 무엇을 기초로 한 것이었을까? 『晉書』 刑法志에 인용된 『新律序略』에는 "舊律所難知者, 由於六篇篇少故也. (中略) 舊律因秦法經, 就增三篇, 而具律不移, 因在第六."이라고 하여, 「舊律」 즉 新律 제정 이전 漢律의 상태에 대해 설명하고 있다. 舊律은 「六篇」에 의거했고, 또 「秦法經」에 의거했다고도 기록되어 있으므로, 六篇이란 「秦法經」을 가리키는 것일 것이다. 그리고 舊律은 여기에 三篇을 늘린 것으로 기록되어 있으므로 九篇으로 이루어진 셈이다.

여기서 말하는 秦의 『法經』에 대해 廣瀨薰雄 씨는 三國 魏에서는 『法經』

---

3 陶安あんど, 「法典編纂史再考——漢篇: 再び文獻史料を中心に据えて——」(『東洋文化研究所紀要』 第140册, 2000), 冨谷至, 「晉泰始律令への道」(同氏 『漢唐法制史研究』 創文社, 2016. 2000·01年 原載), 廣瀨薰雄, 「『晉書』 刑法志に見える法典編纂說話について」, 「秦代の令について」, 「秦漢時代の律の基本的特徵について」(『秦漢律令研究』) 등 참조.

4 陶安あんど, 「法典編纂史再考」, 滋賀秀三, 『中國法制史研究 法典と刑罰』 創文社, 2003, pp.35-39, 廣瀨薰雄, 「『晉書』 刑法志に見える法典編纂說話について」, 「九章律佚文考」(『秦漢律令研究』) 참조. 다만 세 사람의 이해 사이에는 약간의 차이도 보인다. 陶安 씨는, 九章律은 前漢 후반부터 後漢 초기에 걸쳐 律學에서 점차 정리되었다고 본다. 또 滋賀 씨는, 前漢의 宣帝期 이래 유가의 한 학파인 「法律家」가 漢律 중 九章을 經書로 규정하여 九章律이 성립되었다고 한다. 廣瀨 씨는, 九章律은 前漢 중후기에 관리의 실무 매뉴얼로서 성립되었으나 後漢 이후에는 經書의 하나로 취급하게 되었다고 한다.

의 찬자가 李悝가 아니라 商鞅에게 가탁된 것으로 해석하고 있다5. 『法經』이 秦의 것으로 되어 있는 점에 있어서는 『晉書』 刑法志 등 唐代의 문헌과 다르지만, 漢이 秦律 六篇을 계승하여 三篇을 더해 九篇으로 했다는 점에서는 唐代의 문헌과 다를 바 없다. 그렇다면 여기서 말하는 舊律이란 九章律을 가리키는 것으로 해석하는 것이 자연스러우며, 실제로 지금까지 그렇게 이해되어 온 듯하다6.

즉 三國 魏의 新律은 九章律에 기초하여 제정되었다고도 볼 수 있다. 그렇다면 後漢 최후기에 실시되었던 漢律을 제쳐두고 律學書에 불과한 九章律을 기초로 하여 新律을 제정하였다는 것일까? 본고는 이러한 의문에서 출발하여 漢律과 九章律의 관계 및 三國 魏의 新律 편찬에 대해 검토한다.

Ⅱ 正律과 旁章

『新律序略』에는 "凡所定增十三篇, 就故五篇, 合十八篇, 於正律九篇爲增, 於旁章科令爲省矣."라고 하여, 三國 魏의 新律에서는 새로 13편을 제정하여 이를 원래의 5편, 즉 漢律 중의 5편을 더하여 총 18편으로 하였는데, 이는 「正律九篇」에 대해서는 늘어난 것이고, 「旁章科令」에 대해서는 줄인 것이라고 기록하고 있다. 「於正律九篇爲增」과 「於旁章科令爲省」은 대구 표현으로 되어 있고, 「正律九篇」에 대해 「旁章科令」으로 기록되어 있다. 여기서 말하

---

5 廣瀨薰雄, 「『晉書』刑法志に見える法典編纂説話について」 참조.

6 예를 들어 堀敏一, 『律令制と東アジア世界——私の中國史學(二)』(汲古書院, 1994), p.35.(1980年 原載) 참조.

는「科令」이란 曹操가 後漢 말기에 내린 법규를 가리키는 것 같다[7].

주목되는 것은 「正律」과 「旁章」의 관계이다. 陶安안도 씨는 『新律序略』의 正律과 旁章에 대해 대체로 다음과 같이 말하고 있다[8]. 즉 正律로 평가되어야 할 훌륭한 漢律이 존재했다면, 三國 魏에서는 그것을 해체하여 新律을 만들 리가 없고, 오히려 이를 遵奉하고 번잡한 旁章에 메스를 들어야 했을 것이다. 魏가 天命을 잃고 晉에 의해 魏의 폭정이 제거되었을 때 비로소 漢代의 제도를 좋은 「古義」에 열거한다는 의미가 있다. 漢律을 正律로 평가할 수 있는 것은 晉代 이후의 사람으로, 「於正律九篇爲增, 於旁章科令爲省矣」은 본래 『新律序略』의 글이 아니라 후세에 덧붙여진 것이라고. 게다가 그는 二年律令에는 다양한 조문이 篇名 마다 나열되어 있을 뿐 正律과 旁章의 구별은 보이지 않는다고 한다.

그런데 근년에 출토된 漢初의 簡牘에서는 律의 篇名이 「旁律」과 非「旁律」로 분류되어 있는 것도 있다. 우선 2013년에 湖南省 益陽市 赫山區 兎子山 遺址 第7號井에서 출토된 1매의 木牘(J7⑦:1,J7⑦:2)에는[9] 양면에 기재되어 있는데, 正面은 6段 구조, 背面은 2段 구조로 기록되어 있다[10].

7　漢代 및 三國 魏의 「科」에 대해서는 法典의 일종으로 이해되어 왔다. 그러나 이것들을 단순히 法規・法令・條文 등의 뜻으로 이용하고 있는 것은 冨谷至, 『漢唐法制史の研究』, pp.82-88.(2001年 原載) 참조.

8　陶安あんど, 「漢魏律目考」(『法制史硏究』 第52號, 2003) 참조.

9　본 木牘은 본래 1매의 목독이었지만 출토 시에는 J7⑦:1과 J7⑦:2의 2片으로 분열되어 있었다. 張忠煒,張春龍, 「漢律體系新論——以益陽兎子山遺址所出漢律律名木牘爲中心」(『歷史硏究』 2020年第6期) 참조.

10　兎子山漢律目錄의 석문은 張忠煒, 張春龍 「漢律體系新論」에 의한 것이다.

[正面]

(第1欄)	(第2欄)	(第3欄)	(第4欄)	(第5欄)	(第6欄)
告律	雜律已	廄律	田律	史律	齎律
盜律已	具律	復律	戶律	臘律	外樂
賊律	收律已	錢律	倉律	祠律	秩律
囚律	與律已	罷律	金布	治水	置吏
亡律已	效律已	朝律	市敗	均輸	置後
捕律已	關市	獄律十七章	司空	傳食	爵律已
			鑠律	工作課	諸侯秩律

[背面]

(第1欄)	(第2欄)
傅律已	旁律廿七章
尉卒律	●凡卅四章
奔命律	
行書律	
葬律	
賜律	

이상과 같이 본 木牘에는 律의 篇名이 열거되어 있으며, 이들은 「獄律十七章」과 「旁律廿七章」으로 크게 구분되어 있다. 이것을 정리하면 아래와 같다.

獄律十七章 : 告律·盜律·賊律·囚律·亡律·捕律·雜律·具律·收律·與〈興〉律·效律·關市·廄律·復律·錢律·罷〈遷〉律·朝律

旁律廿七章 : 田律·戶律·倉律·金布·市敗〈販〉·司空·鑠律·史律·臘律·祠律·治水·均輸·傳食·工作課·齎律·外樂·秩律·置吏·置後·爵律·諸侯秩律·傅律·尉卒律·奔命律·行書律·葬律·賜律

본 木牘은 第7號井 중에서도 第7層에서 출토되었으며, 第7層에서 출토된 紀年簡은 모두 前漢 惠帝期의 것이므로[11], 본 木牘도 惠帝期에 기록되었을 것으로 추측된다. 참고로 본 木牘에서는 律의 篇名 아래에 「已」가 붙어있는 것도 있다. 이에 대해 張忠煒 씨와 張春龍 씨는 그 篇의 교정이 이미 완료되었음을 보여주는 것으로 해석하고 있다[12].

　　또한 2006년에 湖北省 雲夢縣 睡虎地 第77號墓에서 대량의 簡牘이 출토되었다. 그중에는 律文集이 포함되어 있으며, V組・W組라고 하는 두 卷의 册書로 나누어져 있다[13]. V組의 가장 바깥쪽에 위치한 第1簡의 背面에는 「□律」, W組의 第1簡 背面에는 「旁律」로 각각 기록되어 있다. 「□律」 正面에는 「盜律」, 「旁律」의 正面에는 「金布律」이 기록되어 있어, □律과 旁律은 盜律・金布律 등 통상적인 律의 篇名과는 달리, 각 卷의 표제임을 알 수 있다. 그리고 V組와 W組에는 각각 다음과 같은 律의 標題簡이 포함되어 있다고 한다.

　　V組(□律) : 盜・告・具・賊・捕・亡・雜・囚・興・關市・復・校・廄・錢・遷
　　W組(旁律) : 金布・均輸・戶・田・徭・倉・司空・尉卒・置後・傳・爵・市販・置吏・傳・賜・史・奔命・治水・工作課・臘・祠・齋・行書・葬

　　睡虎地 第77號墓의 매장 연대 상한은 文帝 後7年(기원전 157년)으로 보

11　張忠煒, 張春龍, 「漢律體系新論」 참조.

12　張忠煒, 張春龍, 「漢律體系新論」 참조.

13　이하 睡虎地漢律의 구성, 내용에 대해서는 熊北生, 陳偉, 蔡丹, 「湖北雲夢睡虎地77號西漢墓出土簡牘槪述」(『文物』 2018年 第3期) 참조.

인다.14 이 무덤에서는 文帝 10年(기원전 170년)부터 文帝 後7年까지의 「質日」이라고 하는 문서가 출토되었다. 이것은 주로 피장자 越人(人名)의 대소사를 기록한 문서이지만, 文帝 後7年의 것이 가장 느리고 기술내용이 적기 때문에, 越人은 文帝 後7年에 사망한 것이며15, 따라서 매장 연대의 상한도 文帝 後七年으로 되는 셈이다. 그러나 睡虎地漢律에는 文帝13年(기원전 167년) 이전에 제정된 것으로 보이는 조문이 있다16.

鞠獄故縱・不直及診報辟故弗窮審者, 死罪斬左止爲城旦, 它各以其罪論之. 其當(繫)城旦舂作官府償日者, 罰歲金八兩. 不盈歲者, 罰金四兩. 笞罪, 罰金一兩. 購・沒入・負償, 各以其直數負之. 其受賕者, 駕(加)其罪二等. 所受臧(贓)罪重, 以重者論之, 亦駕(加)二等. 其非故也而失不審, 各以其贖論之. 爵戍四歲及(繫)城旦舂六歲以上罪, 罰金四兩. 贖死、贖城旦舂・鬼薪白粲、贖斬・宮、贖劓(劓)・黥、戍不盈四歲、(繫)不盈六歲、及罰金一斤以上罪, 罰金二兩. (繫)不盈三歲、贖耐・贖罷(遷)、及不盈一斤以下罪、購・沒入・負償・償日作縣官罪, 罰金一兩. (告律, 第12簡~17簡)

본 조문에는 「斬左止」(왼발 가락을 자름)라고 하는 「肉刑」(死刑을 제외하고 신체에 대해 회복이 불가능한 손상을 가하는 형벌)이 보인다. 알다시피 肉刑은 文帝 13년에 모두 폐지되었을 것이다. 또한 본 조문에는 「贖斬」・「贖宮」・「贖劓」・「贖黥」이라고 하는 형벌이 보인다. 이들은 재산형으로 受刑者가 일정한 재산을 납입하지 못하더라도 「斬趾」・「宮」・「劓」・「黥」 등의 육

14　湖北省文物考古硏究所, 雲夢縣博物館, 「湖北雲夢睡虎地M77發掘簡報」(『江漢考古』 2008年 第4期) 참조.

15　蔡丹, 陳偉, 熊北生, 「睡虎地漢簡中的質日簡冊」(『文物』 2018年 第3期) 참조.

16　본 조문의 簡 번호・석문은 熊北生 등의 「湖北雲夢睡虎地77號西漢墓出土簡牘槪述」을 따랐다.

형이 적용되는 것은 아니지만, 文帝 13년의 육형 폐지에 수반해 이들 贖刑은 폐지되거나 「贖髡」 등과 같이 별도의 贖刑으로 대체되었을 것이다.

또 본 조문에는 「繫城旦舂」이라는 형벌이 보이는데, 이는 일시적으로 「城旦舂」이라고 하는 신분과 같은 노역에 종사하는 형벌이다. 文帝 13년까지는 城旦舂 등의 刑徒 신분으로 강등시키는 身分刑이 마련되어 있었으나[17], 같은 해의 刑制改革에 의해 신분형은 폐지되고 종래 城旦舂 등에는 刑期가 마련되어 勞役刑이 되었다. 별고에서 논한 바와 같이 이에 따라 「繫城旦舂」도 폐지된 것으로 생각한다.[18]

이처럼 睡虎地漢律에는 文帝 13년 이전의 형벌이 보인다. 睡虎地第77號墓의 매장 연대 상한은 文帝 後7年으로 보이지만, 睡虎地漢律의 내용은 文帝 13년보다 앞선 것으로 생각한다. 다만 睡虎地漢律에는 「收律」이 포함되어 있지 않다. 「收」란 國家가 죄인의 田宅·財物·妻子를 몰수하는 제도인데[19], 文帝 元年(기원전 179년)에 폐지되었다[20]. 따라서 睡虎地漢律은 文帝 元年

---

[17] 鷹取祐司, 「秦漢時代の刑罰と爵制的身分序列」(『立命館文學』 第608號, 2008), 「秦漢時代の司寇·隸臣妾·鬼薪白粲·城旦舂」(『中國史學』 第19卷, 2009), 陶安あんど, 「刑罰と身分」(同氏『秦漢刑罰體系の研究』 創文社, 2009) 등 참조.

[18] 拙稿, 「胡家草場漢簡「律令」と文帝刑制改革」(『中央學院大學法學論叢』 第36卷 第1號, 2022), 「「胡家草場漢簡「律令」と文帝刑制改革」修訂」(同上 第36卷 第2號, 2023), 中國語譯「胡家草場漢簡「律令」與文帝刑制改革」(王沛 編, 『出土文獻與法律史研究』 第13輯, 法律出版社, 2023) 참조. 또한 중국어 번역은 修訂濟의 원고를 바탕으로 하고 있다.

[19] 二年律令 「收律」에 「罪人完城旦·鬼薪以上, 及坐奸府(腐)者, 皆收其妻子·財·田宅」(第174簡)이 있다. 二年律令의 簡 번호·석문은 彭浩, 陳偉, 工藤元男 編, 『二年律令與奏讞書』(上海古籍出版社, 2007)를 따랐다.

[20] 『史記』 卷10 孝文本紀 文帝元年條에 「十二月, 上曰 (中略) 今犯法已論, 而使毋罪之父母·妻子·同産坐之, 及爲收帑, 朕甚不取. 其議之. (中略) 有司皆曰 (中略) 請奉詔書,

~13년의 律을 내용으로 하는 律文集이라 말할 수 있다.

다음으로 2018년 湖北省 荊州市 荊州區 胡家草場第12號墓에서 대량의 簡牘이 출토되었는데, 이 중에도 律文集이 포함되어 있다. 律文集은 3卷으로 이루어져 있는데[21], 그 목록이 몇 簡에 걸쳐 기록되어 있다[22].

[第一卷]

告律	捕律	興律	廐律	(第10簡)
盜律	囚律	關市律	效律	(第11簡)[23]
賊律	具律	襍律	●凡十四律	(第12簡)
亡律	復律	錢律		(第13簡)

[第二卷]

旁律甲

朝律	市販律	爵律	尉卒律
田律	置後律	徭律	奔命律
戶律	秩律	行書律	●凡十八律[24]

除收帑諸相坐律令」이라고 되어 있다.

21 李志芳, 蔣魯敬, 「湖北荊州市胡家草場西漢墓M12出土簡牘槪述」(『考古』 2020年 第2期) 참조.

22 胡家草場漢律 第1卷 목록의 簡 번호·석문은 荊州博物館, 武漢大學簡帛硏究中心 編著, 『荊州胡家草場西漢簡牘選粹』(文物出版社, 2021)을 따랐다. 第二卷·第三卷의 목록간은 李志芳, 蔣魯敬, 「湖北荊州胡家草場西漢墓」(國家文物局 編, 『2019中國重要考古發現』, 文物出版社, 2020) 106쪽에 컬러 도판이 게재되어 있을 뿐이지만 陳偉 씨가 이를 바탕으로 석문을 만들었고, 이 글에서도 이것을 따랐다. 「秦漢簡牘所見的律典體系」(『中國社會科學』, 2021年 第1期) 참조.

23 陳偉 씨는 胡家草場漢律 第1卷 목록의 第11簡이 第10簡 앞에 배열되었을 가능성도 지적하고 있다. 「秦漢簡牘所見的律典體系」 참조.

置吏律　　均輸律　　金布律
賜律　　倉律　　傅律[25]

[第三卷]
●旁律乙
臘律　　　工作課律　　蠻夷復除律　　上郡蠻夷間律
祠律　　　傳食律　　　蠻夷士律　　　●凡十三律
司空律　　外樂律　　　蠻夷律
治水律　　葬律　　　　蠻夷雜律[26]

　　위에 보이는 대로, 第2卷에는「旁律甲」, 第3卷에는「旁律乙」이라고 하는 卷名이 적혀 있다. 한편 第1卷의 표제간은 출토되지 않은 것으로 보이지만 어쨌든 胡家草場漢律도「旁律」과 非「旁律」로 구분되어 있었던 것은 확실하다.
　　胡家草場第12號墓의 매장 연대는 文帝 後元年(前163年)을 올라가지 않는 것으로 보인다.[27] 胡家草場漢律에는 육형 폐지의 흔적이 보이고[28], 또한

24　胡家草場漢律 第2卷 목록의 말미에는「凡十八律」로 기록되어 있지만 열거된 편명은 전부 17개로 1篇이 부족하다. 이에 대해 陳偉 씨는 篇名이 하나 빠졌거나 혹은 착오로 한 편을 더 세어 버렸다고 하는 두 가지 가능성을 제시하고 있다.「秦漢簡牘所見的律典體系」참조.

25　陳偉 씨는 胡家草場漢律 第2卷 목록의 第2簡이 第1簡의 앞에, 第5簡이 第4簡의 앞에 배열되었을 가능성도 지적하고 있다.「秦漢簡牘所見的律典體系」참조.

26　陳偉 씨는 胡家草場漢律 第3卷 목록의 第4簡이 第3簡의 앞에 배열되었을 가능성도 지적하고 있다.「秦漢簡牘所見的律典體系」참조.

27　荊州博物館,「湖北荊州市胡家草場墓地M12發掘簡報」(『考古』2020年 第2期) 참조.

28　拙稿,「胡家草場漢簡「律令」과 文帝刑制改革」,「「胡家草場漢簡「律令」과 文帝刑制改革」修訂」참조.

文帝 後元年~後七年 중 어느 한 시기에 다시 제정된 「三族刑」(죄인의 부모·
처자·同産을 모두 죽이는 형벌)이 보이므로29, 律文集의 내용도 文帝 後元年
이후의 것으로 보인다.

    이상과 같이 漢初의 簡牘에서는 律의 篇名이 「旁律」과 非「旁律」로 크게
구분되어 있는 것도 보인다. 이는 漢初에 있어서 律의 존재 형태를 이해하는
데 큰 의의가 있다. 즉 이상의 簡牘이 공표되기 전부터 『新律序略』 등을 근거
로 漢律이 「正律」과 「旁章」 혹은 「傍章」으로 크게 구분되었고, 正律이 蕭何
의 九章律, 旁章 혹은 傍章이 九章律 이외의 律을 가리킨다는 설도 있었다.30
한편 이를 부정하는 설은 二年律令에 있어서 盜律·賊律·捕律·雜律·具律
·戶律·興律이 다른 律과 함께 열거되어 있을 뿐, 특별한 위치 설정이 이루
어지고 있는 것은 아니라는 것을 하나의 논거로 하고 있었다.31 그런데 兔子
山漢律目錄, 睡虎地漢律, 胡家草場漢律에서는 「旁律」과 그 외로 분류되어 있
다. 주목되는 것은 非旁律로 분류되어 있는 律의 편명이 兔子山漢律目錄, 睡

---

29 胡家草場漢律 「賊律」에 「以城邑亭部反·降諸侯, 及守乘城亭部, 諸侯人來功(攻)盜,
不堅守而棄去之, 若降之, 及謀反者, 皆要斬. 其城邑反·降, 及守乘城棄去若降之, 及
謀反者, 父母·妻子·同産無少長皆棄市」(第21簡~23簡)이 있다. 漢初에 있어서 三族
刑의 폐지와 재제정에 대해서는 拙稿, 「漢初三族刑의 變遷」(朱騰, 王沛, 水間大輔,
『國家形態·思想·制度——先秦秦漢法律史的若干問題研究』, 廈門大學出版社, 2014.
2012년 原載) 참조.

30 堀敏一, 『律令制と東アジア世界』, p.38(1980년 原載), 張建國, 「叔孫通定≪傍章≫質
疑——兼析張家山漢簡所載律篇名」(同氏, 『帝制時代的中國法』, 法律出版社, 1999.
1997년 原載) 등 참조. 또 冨谷至 씨는 前漢 武帝期 이래 正律(九章律)과 旁章이 구분
되었다고 한다. 『漢唐法制史研究』 pp.68-72. (2000년 原載) 참조.

31 陶安あんど, 「漢魏律目考」 ; 孟彦弘, 『出土文獻與漢唐典制研究』(北京大學出版社,
2015) pp.4-6. (2005년 原載), 李振宏, 「蕭何"作律九章"説質疑」(『歷史研究』 2005년
第3期) 등 참조.

虎地漢律, 胡家草場漢律 사이에 거의 일치한다는 점이다. 兔子山漢律目錄에서는 律의 편명이 獄律과 旁律로 크게 구분되어 있는 것으로 보아 漢初에서는 正律과 旁章이 아닌 獄律과 旁律로 大別되어 있으며, 睡虎地漢律의 「□律」도 「獄律」32, 胡家草場漢律 第1卷도 「獄律」이었을 가능성이 매우 높다.

현재까지 秦・漢 律令의 조문집은 당시의 무덤에서만 출토되고 있다. 즉 부장품인 셈이다. 이것들은 피장자가 생전에 사용했던 것이거나 다른 관리가 작성한 조문집을 유족 등이 서사하여 부장품으로 작성한 것으로 생각되지만, 어느 쪽이든 공적인 法文集이 아니라 사적으로 작성된 것에는 틀림없다. 廣瀬薰雄 씨의 연구에 의하면 당시는 새로운 법률이 공포되면 관리가 자기의 직무와 관계있는 부분만을 옮겨 적고 나름대로 정리・편집하고 있었다.33 또한 그는 출토 簡牘에 보이는 「錢律」・「金布律」 등의 篇名도 국가가 정한 것이 아니라 각 관리가 적당히 명명한 것이라고 한다.34 그러나 적어도 「旁律」과 非「旁律」이라고 하는 분류에 한해서는, 이러한 분류가 睡虎地第77號墓 및 胡家草場第12號墓라는 두 기의 무덤에서 각각 출토된 竹簡에 보이는 것은 사적으로 이루어진 분류가 기약 없이 우연히 일치한 것으로는 보기 어렵고, 국가에 의해 정해진 분류였다고 생각하지 않을 수 없다.

또한 兔子山漢律目錄이 출토된 兔子山遺址는 戰國秦漢期에 있어서 益陽縣治가 설치되어 있던 곳으로 여겨진다. 第9號井에서는 簡牘 외에 瓦・磚 등의 건축 재료, 簡牘 등을 깎는 데 사용한 削刀가 출토되어35 縣廷 내의 우물이었을 가능성이 높다. 第7號井도 마찬가지였을 것이다. 그렇다면 兔子山漢律

---

32 張忠煒, 張春龍, 「漢律體系新論」 참조.

33 廣瀬薰雄, 『秦漢律令研究』 p.117, pp.160-165, pp.172-173 참조.

34 廣瀬薰雄, 『秦漢律令研究』 pp.159-160 참조.

35 湖南省文物考古研究所, 益陽市文物處, 「湖南益陽兔子山遺址九號井發掘簡報」(『文物』 2016年 第5期) 참조.

目錄은 縣廷 내에서 사용된 공적인 문서로, 후에 第7號井으로 폐기되었을 가능성도 있다. 마찬가지로 長沙郡府 및 臨湘縣廷의 것으로 보이는 우물에서 출토된 東牌樓漢簡, 五一廣場漢簡, 尚德街簡牘, 走馬樓吳簡에도 행정문서 외에 私信이나 名刺[명함]가 포함되어 있으므로, 兔子山漢律目錄은 관리의 사적인 소유물이었을 가능성도 부정할 수 없다. 어쨌든, 兔子山漢律目錄, 睡虎地漢律, 胡家草場漢律 삼자 모두 「旁律」과 非「旁律」로 大別되어 있던 셈이다.

하지만 兔子山漢律目錄, 睡虎地漢律의 표제간, 胡家草場漢律目錄 사이에는 서로 다른 점도 보인다. 그 원인은 다음 두 가지에 의한 것일 것이다.

첫째, 시대의 차이다. 收律은 兔子山漢律目錄 및 二年律令에만 보인다. 睡虎地漢律 및 胡家草場漢律은 文帝 元年보다 후대의 것이므로 收律이 포함되지 않았을 것이다. 또 遷律은 兔子山漢律目錄과 睡虎地漢律에는 보이지만, 胡家草場漢律에는 보이지 않는다. 「遷」이란 강제적으로 이주시키는 형벌인데 혹 文帝 13년의 刑制改革에 수반해 폐지되고 遷刑에 대해 정한 遷律도 폐지되었기 때문에[36] 文帝 後元年(기원전 163년) 이후 기록된 胡家草場漢律에

---

36 앞서 잠깐 언급한 바와 같이 秦·漢에서는 「城旦舂」·「鬼薪白粲」·「隷臣妾」·「司寇」라고 하는 형벌이 두어져 있었다. 이들은 본래 신분의 명칭인 동시에 이들 신분으로 강등시키는 신분형의 명칭이기도 했다. 그러나 文帝 13년의 刑制改革으로 이들 형벌들은 유기노역형이 되었다. 한편 秦 및 漢初에서는 遷刑이 두어져 있었는데 이 형벌이 당시의 형벌제도상에서 어떠한 등급에 위치하고 있었는가를 둘러싸고 논쟁이 있어 「耐」보다 가볍거나 혹은 무겁다고 하는 설 등이 있었다. 拙著, 『秦漢刑法研究』(知泉書館, 2007) p.73 참조. 耐란 수염을 깎는 형벌로 원칙적으로 「鬼薪白粲」·「隷臣妾」·「司寇」 등의 신분형과 함께 적용되었다. 身分刑과 遷刑의 사이에는 여러 가지 차이가 있지만 신분형은 신분의 강등이 있는데 비해 遷刑에는 그것이 없었던 것으로 생각된다. 따라서 遷刑이 더 가벼운 형벌로 자리매김했을 것이다. 그러나 文帝 13년에 身分刑이 有期勞役刑으로 바뀌면서, 유기노역형은 수년 만에 풀려나는 반면 遷刑은 황제의 사면령이 없는 한 유배지를 떠날 수 없었다고 여겨져 오히려 유기노역형보다 더 중대한 불이익을 입게 되었다. 따라서 遷刑은 신분형의 폐지에 수반해 함께 폐지되

는 遷律이 보이지 않는 것일지도 모른다.

둘째, 서사자의 취사선택이다. 앞에서 서술한 바와 같이 睡虎地漢律과 胡家草場漢律은 피장자가 생전에 사용하였던 것이거나 아니면 다른 관리가 작성한 조문집을 유족 등이 서사하여 부장품으로 작성한 것으로 생각되는데, 어느 쪽이라고 해도 당시 실시된 모든 律을 서사하였다고는 할 수 없다. 관리가 직무의 필요에 따라 서사한 것이라면 직무에 필요하지 않은 律은 서사하지 않았을 가능성도 부정할 수 없다. 나아가 유족이 서사한 것이라면 직무의 필요를 고려하지 않고 다른 관리가 사적으로 작성한 조문집 중 임의의 부분을 서사하였다고도 볼 수 있다[37].

非旁律에 한해 兎子山漢律目錄에서는 17개, 睡虎地漢律에서는 15개, 胡家草場漢律에서는 14개의 篇名이 보인다. 이들 非旁律이 『新律序略』에서 말하는 「正律」이라고 한다면 九章律과는 篇名의 숫자가 맞지 않는다. 또 非旁律의 篇名은 唐代의 문헌에 보이는 九章律과도 일치하지 않는다. 兎子山漢律目錄, 睡虎地漢律, 胡家草場漢律의 非旁律에는 모두 盜律・賊律・囚律・捕律・雜律・具律・興律・廐律이 보이지만 戶律은 旁律로 분류되어 있다.

그렇다면 非旁律과 旁律의 차이는 무엇일까? 冨谷至 씨는 正律을 基本法, 旁章을 追加・單行法으로 해석하고 있다[38]. 그러나 兎子山漢律目錄, 睡虎地漢律, 胡家草場漢律의 旁律 중 金布・田・徭・倉・司空・尉卒・傅・置

않았을까? 胡家草場漢律令 중 공표된 간독은 전체의 1/30에 불과하지만 적어도 그 안에서는 遷刑이 한 예도 보이지 않는다.

37 胡家草場漢律에서는 兎子山漢律目錄이나 睡虎地漢律과 달리 旁律이 甲과 乙로 분류되어 있다. 이에 대해 陳偉 씨는 胡家草場漢律 旁律의 죽간 매수가 많아 두 권으로 나누는 것이 적절했다는 것일 뿐, 분류상의 의미는 없었다.고 한다. 「秦漢簡牘所見的律典體系」 참조. 아마도 그럴 것이다.

38 冨谷至, 『漢唐法制史硏究』, p.70 (2000年 原載) 참조.

吏·傳食·齎·行書는 출토 秦簡에도 보이므로 漢初 이후에 추가된 것은 아니다. 혹은 秦律에서는 이미 正律과 旁律의 구별이 마련되어 있어 漢이 이를 그대로 이어받았을 가능성도 생각할 수 없는 것은 아니지만, 그러한 흔적은 적어도 기존 출토 秦簡에는 보이지 않는다. 따라서 旁律과 非旁律의 구별은 漢初 이후에 처음 마련되었을 가능성이 높다[39].

非旁律로 분류되어 있는 篇名을 보면 泰始律令 이후에 말하는 바의 「律」, 즉 刑事 법규에 관한 篇이 비교적 많다. 兔子山漢律目錄에서 이를 「獄律」로 부르고 있는 것도 혹은 그런 이유 때문이었을 것이다. 반면 旁律에는 泰始律令에서 말하는 「令」, 즉 行政 법규에 관한 篇이 많이 보인다.[40] 그러나 이 분류에도 예외는 있어 과연 이상과 같이 단언할 수 있을지는 확실치 않다.

참고로 1985년 湖北省 荊州市 荊州區 張家山第336號墓에서 대량의 竹簡이 출토되었는데, 그중에도 律文集인 「漢律十六章」이 포함되어 있다. 이는 二年律令과 마찬가지로 篇마다 조문이 나열되어 있을 뿐, 非旁律과 旁律의 구별은 이루어지지 않고 있다. 그러나 총 16篇의 명칭을 보면 兔子山漢律目錄, 睡虎地漢律, 胡家草場漢律의 非旁律과 거의 일치한다. 특히 兔子山漢律目錄의 獄律과 비교하면 겨우 收律만 빠져 있을 뿐이다. 따라서 漢律十六章은 非旁律만을 모은 조문집으로 여겨진다. 張家山第336號墓의 매장 연대 상한은 文帝 7年(기원전 173년), 하한은 文帝 13年(기원전 167년)으로 되어 있다[41]. 漢律十六章에서는 收律이 없고 肉刑이 보이므로 서사된 연대는 文帝 元年부터 13년 사이일 것이다. 즉 兔子山漢律目錄보다는 늦고, 睡虎地漢律과는 거

---

39 무엇보다 張忠煒 씨, 張春龍 씨는 漢律의 獄律·旁律이라고 하는 구분은 秦으로부터 계승되었을 가능성이 높다고 해석하고 있다. 「漢律體系新論」 참조.

40 兔子山漢律目錄에 대해서는 張忠煒 씨, 張春龍 씨도 마찬가지의 것으로 지적하고 있다. 「漢律體系新論」 참조.

41 荊州地區博物館, 「江陵張家山兩座漢墓出土大批竹簡」(『文物』 1992年 第9期) 참조.

의 같은 시기라는 얘기다. 漢律十六章에는 遷律이 보이는데 이는 文帝 13년의 신체형 폐지에 수반해 遷刑 및 遷律이 폐지되었다고 하는 앞서의 추론을 뒷받침한다.

또한 漢律十六章에는 朝律이 포함되어 있다. 朝律은 兔子山漢律目錄에서는 獄律, 胡家草場漢律에서는 旁律甲에 편성되어 있으며, 睡虎地漢律에는 非旁律과 旁律 모두에 포함되어 있지 않다. 睡虎地漢律에 朝律이 포함되어 있지 않은 이유는 알 수 없으나 胡家草場漢律에서는 旁律에 편성되어 있는 것으로 보아 朝律은 文帝期 중 어느 시기에 非旁律에서 旁律로 옮겨졌다고 생각된다. 漢律十六章 朝律에는 「大(太)尉」라고 하는 관직명이 보이는데, 荊州博物館은 『漢書』 권4 文帝紀 文帝3年條에 "罷太尉官, 屬丞相"이라고 하여, 文帝 3년(기원전 177년)에 太尉가 폐지되었기 때문에 漢律十六章의 朝律이 반포, 실시된 시기는 文帝 3년까지 내려가지 않는다고 해석하고 있다[42]. 따라서 朝律이 旁律로 옮겨진 것은 文帝 3년 이후라고 할 수 있다. 朝律은 朝儀에 관한 제도를 정한 것으로 刑事 법규가 아니며, 현재 漢律十六章 「朝律」에는 처벌 규정이 하나도 보이지 않는다. 따라서 獄律이라는 분류에 적합하지 않아 旁律로 옮겨진 것은 아닐까?

Ⅲ 正律 9篇의 형성

앞서 인용한 『新律序略』에 「凡所定增十三篇, 就故五篇, 合十八篇, 於正律九篇爲增, 於旁章科令爲省矣」라고 하여 新律 제정 직전에 正律이 9篇으로

---

[42] 『張家山漢墓竹簡[336號墓]』上, p.211 참조.

이루어져 있었다는 점, 正律 이외에 旁章도 있었다는 것은 확실한 사실일 것이다. 특히 9篇에 대해 『三國志』권21 魏書 衛覬傳에는 "覬奏曰, 九章之律, 自古所傳, 斷定刑罪, 其意微妙. 百里長吏, 皆宜知律. (中略) 請置律博士, 轉相教授. 事遂施行."이라고 하여 三國 魏에서도 그 실재가 확인된다. 즉 正律 9篇과 旁章이야말로 後漢 최후기 漢律의 모습이었던 셈이다.

한편 1장에서 언급한 바와 같이 兔子山漢律目錄에서는 獄律의 篇名이 17개, 睡虎地漢律에서는 非旁律의 篇名이 15개, 胡家草場漢律에서는 14개, 漢律十六種에서는 16개의 篇名이 보이는데, 이들은 혹 非旁律의 일부일 뿐, 실제로는 14개 내지 17개 이상의 篇이 非旁律에 포함되었을 가능성이 있다. 어느 쪽이든 非旁律(獄律)이 나중에 「正律」이 되었다면 後漢 최말기 「正律九篇」과 篇數가 일치하지 않는다.

따라서 正律은 늦어도 後漢 최후기까지는 9편으로 삭감된 셈이다. 그러나 漢初 이후 正律이 오로지 削減의 방향으로 갔는지는 의심스럽다. 즉 『漢書』 刑法志에 "於是招進張湯・趙禹之屬, 條定法令, 作見知故縱・監臨部主之法, 緩深故之罪, 急縱出之誅. 其後姦猾巧法, 轉相比況, 禁罔寖密. 律令凡三百五十九章, 大辟四百九條, 千八百八十二事, 死罪決事比萬三千四百七十二事. 文書盈於几閣, 典者不能徧睹."라고 하여 前漢 武帝期 이후 법률이 대량으로 제정되어 법률 문서가 책상이나 책장에 가득 차 司法을 직무로 하는 자도 모두 볼 수 없을 정도였다고 한다. 「律令凡三百五十九章」 중 몇 篇이 律이었는지 알 수 없으나 篇數가 상당히 늘어났을 것으로 추측된다. 더욱이 律 중 正律이 몇 편이었는지도 분명하지 않고, 혹은 正律의 편수가 고정되어 있어 旁律 만이 대량으로 추가되었을 가능성도 부정할 수 없지만, 이정도로 율령의 편수가 많아진 것을 고려하면 正律의 편수도 이와 무관하지 않아 어느 정도 증가했을 것으로 추측된다.

이후 漢에서는 종종 律令에 대한 개혁이 시도되었다. 『漢書』 刑法志에는 "時涿郡太守鄭昌上疏言 (中略) 若開後嗣, 不若刪定律令. (中略) 宣帝未及修

正."이라고 하여 前漢 宣帝 때 涿郡太守 鄭昌은 律令을 삭감할 것을 진언하였으나 宣帝는 이를 실행하지 않았다. 또 "元帝初立, 乃下詔曰 (中略) 今律令煩多而不約, 自典文者不能分明, 而欲羅元元之不逮, 斯豈刑中之意哉. 其議律令可蠲除輕減者, 條奏, 唯在便安萬姓而已."라고 하여 元帝는 宣帝의 뒤를 이어 황제에 즉위하자 詔를 내려 현재의 율령은 번다하고 간략하지 않아 알기 어려우므로 율령 중 폐지 혹은 형벌을 경감해도 되는 것을 조목조목 기록해 상주하도록 명하고 있다. 이것은 鄭昌의 의견을 실현하고자 한 것으로 보인다. 이 개혁이 실제로 이루어졌는지는 이 기술만으로는 확실하지 않으나 『後漢紀』 卷6 光武皇帝紀6 建武12年條 梁統의 上書에서는 "元帝法令少所改更, 而天下稱治."라고 하여 이에 의해 약간의 개혁이 이루어진 것으로 보인다. 그리고 『後漢書』 卷34 梁統列傳 李賢注에서 인용한 『東觀記』에서는 "元帝初元五年, 輕殊死刑三十四事."라고 하여 개혁의 내용이 구체적으로 기록되어 있다. 즉 初元 五年(기원전 44년) 「殊死」에 해당하는 죄 가운데[43] 34罪의 법정형을 경감한 것으로 알려져 있다. 이것이 개혁의 모든 내용이라면 篇名의 창설, 삭제, 조문의 재편, 正律·旁律으로의 편입, 이동 등이 이루어졌을 가능성은 없어 보인다.

또 『漢書』 刑法志에는 "至成帝河平中, 復下詔曰, 甫刑云, 五刑之屬三千, 大辟之罰其屬二百. 今大辟之刑千有餘條, 律令煩多, 百有餘萬言, 奇請它比日以益滋, 自明習者不知所由, 欲以曉喩衆庶, 不亦難乎. (中略) 其與中二千石·二千石·博士及明習律令者議減死刑及可蠲除約省者, 令較然易知, 條奏. (中

---

43 漢代의 「殊死」에 대해서는 종래 斬首의 뜻으로 해석해 왔다. 그러나 冨谷至 씨는 넓은 의미에서는 死刑 일반을 가리키고, 좁은 의미에서는 「두 종료의 사형 중에서 무거운 사형」을 가리키는 것으로 해석하고 있다. 『漢唐法制史研究』, pp.200-209(2006年 原載) 참조. 한편 陶安あんど 씨는 死罪가 심하다는 뜻으로 「의심 없이 처형되어야 할 진정한 死罪의 罪名」을 가리킨다고 한다. 『秦漢刑罰體系의 研究』, pp.232-238 참조.

略) 有司無仲山父將明之材, 不能因時廣宣主恩, 建立明制, 爲一代之法, 而徒鉤 撫微細, 毛擧數事, 以塞詔而已. 是以大議不立, 遂以至今."이라고 하여 前漢의 成帝도 율령이 번다하여 알기 어렵고 死刑을 법정형으로 하는 조문이 너무 많으므로 死刑을 감하거나 폐지해도 좋은 조문을 조목조목 적어 상주하도록 하고 있다. 그러나 班固에 의하면 신하들의 재능 부족으로「一代之法」을 만들지 못하고 사소한 것을 추려내어 成帝의 詔에 일단 응했을 뿐「今」즉 後漢 前半期에 이르렀다고 한다. 이에 따르면 成帝期 이후, 律令에 대한 대규모 개혁은 이루어지지 않았던 것으로 보이지만, 그러면서도『後漢紀』光武皇帝紀6 建武 12年條 梁統의 上書에서는 "至於成帝繼體, 哀・平即位日淺, 丞相嘉等猥以數年之間, 虧除先帝舊律百有餘事, 咸不厭人心, 尤妨政事."라고 하여 前漢의 哀帝・平帝期에 丞相 王嘉 등이 불과 수년 사이에 先帝의 舊律 백여 건을 함부로 폐지하였다고 한다.44『後漢書』梁統列傳 李賢注 인용『東觀記』에서는 "哀帝建平元年, 輕殊死刑八十一事, 其四十二事手殺人者減死一等."이라고 하여 哀帝期의 개혁 내용이 구체적으로 기록되어 있다. 이에 따르면 殊死에 해당하는 81罪의 법정형이 경감되고 나아가 이들 중 42罪의 경우 손수 사람을 죽이면 死刑보다 한 등급 減刑하는 것으로 개정됐다. 이것만으로는 漢律의 편명에 변경이 생겼다고 보기 어렵지만, 혹은 平帝期에는 편명의 변경으로 이어지는 어떤 개혁이 이루어졌을 가능성도 부정할 수 없다.

이후 漢 律令에 대해『晉書』刑法志에서는 "漢自王莽篡位之後, 舊章不存"이라고 하여 王莽의 황위 찬탈 후「舊章」은 존재하지 않게 되었다고 기록되어 있다. 그러나『後漢紀』卷1 光武皇帝紀1 更始元年條에는 "於是[世祖]乃遣[馮]異與銚期乘傳撫循百姓, 所至二千石・長吏・三老皆具食, 宥囚徒, 除苛政, 反漢官, 申舊章."이라고 하여 更始 元年(기원후 23년) 光武帝는 지배지역

---

44 『後漢書』梁統列傳에서는「至哀・平繼體, 而即位日淺, 聽斷尚寡. 丞相王嘉輕爲穿鑿, 虧除先帝舊約成律, 數年之間, 百有餘事, 或不便於理, 或不厭民心」이라고 하였다.

의 제도를 「漢官」 및 「舊章」으로 되돌렸다고 기록하고 있다. 비록 王莽의 新이 漢法을 폐지하였다고 하더라도 中央·地方의 각 관서에는 여러 가지 형태로 漢法의 초사가 남아있었을 것이므로 폐지 이전의 漢法을 복원하기는 비교적 용이했을 것이다. 복원 시 篇名을 재편성했을 가능성도 부정할 수 없지만 그러한 움직임은 사료상 확인할 수 없다.

後漢에 들어와 太中大夫 梁統은 光武帝에 上書하여, 哀帝·平帝期에 刑罰이 부당하게 경감되었다고 하여 그보다 앞서 행해지던 「舊典」을 준수해야 한다고 주장하였으나 그 의견은 채택되지 않았다[45].

또 『後漢書』 卷46 陳寵列傳에는 "寵又鉤校律令條法, 溢於甫刑者除之, 曰, 臣聞禮經三百, 威儀三千. 故甫刑大辟二百, 五刑之屬三千. 禮之所去, 刑之所取. 失禮則入刑, 相爲表裏者也. 今律令死刑六百一十, 耐罪千六百九十八, 贖罪以下二千六百八十一, 溢於甫刑者千九百八十九, 其四百一十大辟, 千五百耐罪, 七十九贖罪. 春秋保乾圖曰, 王者三百年一蠲法. 漢興以來三百二年, 憲令稍增, 科條無限. 又律有三家, 其說各異. 宜令三公·廷尉平定律令, 應經合義者, 可使大辟二百, 而耐罪·贖罪二千八百, 并爲三千, 悉刪除其餘令, 與禮相應, 以易萬人視聽, 以致刑措之美, 傳之無窮. 未及施行, 會坐詔獄吏與囚交通抵罪."라고 하여 和帝시기 廷尉 陳寵은 율령 조문 중 「甫刑」에서 벗어난 것을 삭제하려 하고 그 뜻을 和帝에게 상주하였다. 즉 甫刑에서는 死刑을 법정형으로 하는 규정이 200개, 死刑도 포함한 五刑을 법정형으로 하는 규정이 3,000개였다. 그러나 현재 율령은 이것들을 대폭 초과하므로 율령 중 經義에 적합하여 실시할 것만을 남기고 死刑을 법정형으로 하는 규정을 200개, 耐刑·贖刑을 법정형으로 하는 규정을 2,800개로 하고 그 밖의 규정은 모두 삭

---

45 『後漢紀』 光武皇帝紀6 建武12年條에 「梁統上書陳法令輕重, 宜遵舊典, 曰 (中略) 事下公卿. 光祿勳杜林諫曰 (中略) 上從林議」, 『後漢書』 梁統列傳에 「梁統以爲法令旣輕, 下姦不勝, 宜重刑罰, 以遵舊典, 乃上疏曰 (中略) 議上, 遂寢不報」라고 되어 있다.

제해야 한다고 주장하고 있다.

陳寵의 의견은 실시되지 않았으나 앞서 인용한 陳寵列傳의 아래 문장에 "初, 父寵在廷尉, 上除漢法溢於甫刑者, 未施行, 及寵免後遂寢. 而苛法稍繁, 人不堪之. 忠略依寵意, 奏上二十三條, 爲決事比, 以省請讞之敝. 又上除蠶室刑, 解臧吏三世禁錮, 狂易殺人得減重論, 母子兄弟相代死, 聽赦所代者. 事皆施行."이라고 하여 아들이자 尚書인 陳忠이 아버지의 의견에 근거해 23조로 이루어진 「決事比」를 상주했다. 또 宮刑을 폐지할 것, 부정하게 재물을 취득한 관리를 3대에 걸쳐 「禁錮」에 처한다는 제재를 폐지할 것, 발광하여 사람을 죽인 경우 死刑을 감형해도 된다는 규정을 둘 것, 母子兄弟가 대신 사형을 받을 경우 본인에 대한 형벌을 사면한다는 규정이 마련되어야 함을 상주하였다. 이들 상주는 모두 재가되어 시행되었다고 한다. 그러나 陳寵이 생각했던 것처럼 律令에 대한 전면적인 개혁이 아니라 부분적인 개혁에 그친 것으로 보인다. 애초 經書에 맞추어 律令을 전면적으로 개혁하거나 刑罰 법규의 수를 經書와 일치시키는 것은 당시의 현실을 무시한 것으로 실현 불가능했다고 생각된다.

주목되는 것은 陳寵이 「漢興以來三百二年, 憲令稍增, 科條無限」 즉 漢 건국 이래 「憲令」이 점차 증가하여 罰條가 끝없이 많아졌다고 말하고 있다는 점이다. 律令의 조문이 너무 많아 번잡하다는 상황은 後漢 中期에 이르러서도 개선되지 않았던 것으로 보인다.

그리고 『後漢書』 卷48 應奉列傳에는 後漢 말기 법률 상황에 대해 다음과 같이 기술하고 있다.

[應劭] 又刪定律令爲漢儀. 建安元年乃奏之曰, 夫國之大事, 莫尚載籍. 載籍也者, 決嫌疑, 明是非, 賞刑之宜, 允獲厥中. 俾後之人永爲監焉. 故膠西相董仲舒老病致仕, 朝廷每有政議, 數遣廷尉張湯親至陋巷, 問其得失. 於是作春秋決獄二百三十二事, 動以經對, 言之詳矣. 逆臣董卓, 蕩覆王

室, 典憲焚燎, 靡有孑遺. 開辟以來, 莫或茲酷. (中略) 竊不自揆, 貪少云補, 輒撰具律本章句·尚書舊事·廷尉板令·決事比例·司徒都目·五曹詔書及春秋斷獄凡二百五十篇. 蠲去復重, 爲之節文. 又集駁議三十篇, 以類相從, 凡八十二事. (中略) 雖未足綱紀國體, 宣洽時雍, 庶幾觀察, 增闡聖聽. 惟因萬機之餘暇, 游意省覽焉. 獻帝善之. 二年, 詔拜劭爲袁紹軍謀校尉. 時始遷都於許, 舊章堙沒, 書記罕存. 劭慨然歎息, 乃綴集所聞, 著漢官禮儀故事. 凡朝廷制度·百官典式多劭所立.

建安 元年(196년) 應劭의 上奏에 따르면 董卓의 폭정에 의해 「典憲」이 불타 없어지고 흔적도 없어졌다. 그러나 應劭는 律令을 삭감, 개정하여 『漢儀』를 만들고 이를 獻帝에게 상주하였다. 應劭는 상주문에서 典憲이 실전됨에 따라 『律本章句』·『尚書舊事』·『廷尉板令』·『決事比例』·『司徒都目』·『五曹詔書』·『春秋斷獄』을 저술하고 『駁議』를 편집하였다고 기술한다. 그러므로 『漢儀』는 『律本章句』 이하의 문서로 이루어진 서적, 혹은 이 문서들의 총칭이었을 것이다.

『律本章句』란 律에 注釋을 더한 책으로 여겨진다. 또한 『尚書舊事』·『廷尉板令』·『司徒都目』·『五曹詔書』에는 「尚書」·「廷尉」·「司徒」·「五曹」라고 하는 官署名이 기록되어 있어 이들 書는 각 관서에 집적되어 있던 문서를 편집한 것일 것이다. 상주문 중에는 「庶幾觀察, 增闡聖聽. 惟因萬機之餘暇, 游意省覽焉」이라고 하였는데, 應劭는 獻帝에게 정무 중 여가시간에 이들 책을 읽어 지식을 늘리도록 권하고 있다. 그러나 獻帝 만을 위해 이들 책을 편찬했다고 보기는 어렵다. 각 관서의 법제는 황제보다도 오히려 각 관서의 관리들이 알아야 했을 것이다. 그래서 이 책들은 실용서로서의 성격이 강했을 것으로 생각된다. 應劭는 典憲이 불타 없어지고 흔적도 없어졌다고 말하는 한편 「律令을 刪定」하여 이들 책을 편찬하고 있다. 그것은 당시 율령에 관한 지식을 應劭가 가지고 있었다는 측면도 있겠지만 앞서 설명한 바와 같이 王莽

시기와 마찬가지로 각 관서에 보존되어 있던 문서에서 율령 등을 복원할 수 있었기 때문일 것이다.

獻帝는 『漢儀』를 「좋다」라고 하였으나 이를 중앙 또는 지방의 각 관서에 반포하였는지는 분명하지 않다. 이듬해인 建安 2年, 應劭는 「舊章」이 소멸되고 기록도 거의 남아있지 않은 것을 한탄하며 스스로가 듣고 아는 것을 편집하여 『漢官禮儀故事』를 저술하였다. 이후 漢朝의 제도 및 百官의 典範 대부분은 應劭가 확립한 것이었다고 한다. 즉 應劭는 『漢儀』 외에도 『漢官禮儀故事』를 편찬한 것이 되는데, 이 안에 律도 포함되어 있었는지 여부는 분명하지 않다.

이상 前漢 후기 이후의 漢律에 대한 개혁 중 비교적 규모가 큰 것을 취하여 검토하였다. 이러한 개혁에서 正律의 篇數에 변화가 가해져 늦어도 後漢 최후기까지는 9篇이 되었을지도 모른다. 물론 사료에 기록되지 않은 개혁이 이루어졌으며 이 때 篇數가 개편되었을 가능성도 부인할 수 없다. 그러나 구체적으로 언제 9篇이 되었는지는 분명치 않다. 또 한 때는 9篇이 되었다가 그 후 증감하여 다시 9篇이 되었을 가능성도 있다.

Ⅳ 九章律의 형성과 正律 9篇

서론에서 언급했듯이 九章律은 漢의 國法 그 자체가 아니라 律學에 의해 편찬된 經書라는 설이 있는데 이 점에 대해서는 필자도 찬동한다. 논거에 대해 자세한 것은 선학의 연구를 참조하기 바란다. 後漢 王充의 『論衡』 謝短篇에는 다음과 같은 기술이 보인다.

> 法律之家亦爲儒生. 問曰, 九章, 誰所作也. 彼聞皐陶作獄, 必將曰, 皐陶也.
> 詰曰, 皐陶, 唐虞時, 唐虞之刑五刑, 案今律無五刑之文. 或曰, 蕭何也. 詰曰,
> 蕭何, 高祖時也. 孝文之時, 齊太倉令淳于德有罪, 徵詣長安. 其女緹縈爲父
> 上書, 言肉刑壹施, 不得改悔. 文帝痛其言, 乃改肉刑. 案今九章象刑, 非肉
> 刑也. 文帝在蕭何後, 知時肉刑也, 蕭何所造, 反具肉刑也. 而云九章蕭何所
> 造乎. 古禮三百, 威儀三千. 刑亦正刑三百, 科條三千. 出於禮, 入於刑. 禮之
> 所去, 刑之所取. 故其多少同一數也. 今禮經十六, 蕭何律有九章, 不想應,
> 又何. 五經題篇, 皆以事義別之. 至禮與律獨經也, 題之. 禮言昏禮, 律言盜
> 律何.

위의 기술에서는 儒家의 일종인 「法律之家」와 王充 사이에 가상의 문답이 전개되고 있는데, 가령 九章律은 누구에 의해 만들어졌냐고 法律家에 물으면, 法律家는 皐陶 혹은 蕭何에 의해 만들어졌다고 대답한 것이라고 王充은 기술하고 있다. 애초에 九章律이 後漢 전반기 당시 행해졌던 律 그 자체라면 皐陶가 만들었다는 답변이 나올 리 없다. 당시의 九章律이 國法과 다른 것으로 고풍스럽기 때문에 皐陶가 만들었다는 발상이 들 수 있었을 것이다[46].

앞에서 인용한『漢書』刑法志에「於是相國蕭何攈摭秦法, 取其宜於時者, 作律九章」이라고 되어 있고, 또 앞서 인용한『論衡』에도 九章律이 나타나므로 늦어도『漢書』나『論衡』이 저술된 後漢 전반기까지는 九章律이 성립되었

---

[46] 앞서 인용한『論衡』에서는「問曰, 九章, 誰所作也. 彼聞皐陶作獄, 必將曰, 皐陶也. 詰曰, 皐陶, 唐虞時, 唐虞之刑五刑, 案今律無五刑之文」이라고 하여「今律」은 얼핏 보면 그 당시의 현행법을 가리키는 것 같다. 그렇다면 九章律은 國法으로서의 律 그 자체였다고 볼 수도 있다. 그러나 廣瀬薫雄 씨는『後漢書』卷3 肅宗孝章帝紀 元和2年條에「律, 十二月立春, 不以報囚」라고 되어 있는 것을 九章律의 佚文으로 해석하고 있다. 「九章律佚文考」(『秦漢律令研究』) 참조. 이와 같이 九章律은「律」이라는 한 단어로 나타나는 경우가 있었던 것이고 그렇다면「今律」도「지금 다시 九章律을 보면」정도의 뜻으로 해석할 수 있을 것이다.

음은 확실하다. 그렇다면 九章律은 어떤 과정을 거쳐 편찬되었을까? 이 문제에 대해서는 다음의 두 가지 가능성을 생각할 수 있다.

첫째, 앞장에서 검토한 바와 같이 국가에 의해 律이 정리되어 正律이 9篇이 되고, 그것이 九章律의 기초가 되었을 가능성이다. 둘째, 後漢 전반기부터 이전의 律學者가 漢律 중 律學上 중요하다고 판단한 것 9篇을 추출하여 九章律을 편찬했을 가능성이다. 그럴 경우 반드시 正律에서만 9篇을 추출했다고 볼 수는 없고 旁律에서도 추출했을지도 모른다.

가능성 1과 2 중 어느 것이 옳은지 필자는 판단할 수 없다. 그러나 어느 쪽이라도 九章律은 後漢 전반기까지의 어느 시기 漢律 중 9篇을 기초로 한 것으로 보인다. 그 구체적인 시점이 언제인지는 분명치 않으나 대부분의 經書나 諸子百家書 등과 마찬가지로 九章律은 일시에 이루어진 것이 아니라 서서히 형성되었을 것이다. 九章律 편찬 중에도 새로운 律이 國法으로 제정되었다고 생각하지만 그것들이 일일이 九章律에 채택되었는지는 확실치 않다. 어쨌든 九章律이 일단 완성된 이후 다른 經書와 마찬가지로 그 문구는 고정되고 고쳐지는 일은 기본적으로 없었을 것이다.

그렇다면 九章律은 시대가 흐를수록 國法과의 괴리가 커졌다고 볼 수 있다[47]. 앞서 인용한 『論衡』에 보이는 바와 같이 後漢 전반기에 九章律을 皋陶의 편찬으로 보는 발상이 생길 수 있었던 것도 그 내용이 당시의 현행법과 반드시 일치하지 않고 고풍스러운 인상이 있었기 때문일 것이다. 따라서 九章律은 실무 때 참조하는 것이 아니라 다른 儒家 經書와 마찬가지로 皇帝나 中央의 高官 등이 자기의 주장에서 설득력을 증대시키기 위해 인용되는데 불과했

---

[47] 廣瀨薰雄 씨는 九章律은 經學적 논의로 현실과 괴리되어 많은 규정들이 실효성을 잃고 實用書로서의 성격을 약화시키고 古典化·經書化하였다고 말하고 있다. 「九章律佚文考」 참조. 同稿에서는 그 취지의 증명이 이루어지고 있지는 않지만 九章律이 國法과 괴리되기에 이른 원인 중 하나로서 생각할 수 있을 것이다.

다고 생각된다. 『後漢書』卷3 肅宗孝章帝紀 元和2年條에 "秋七月庚子, 詔曰, 春秋於春每月書王者, 重三正, 愼三微也. 律十二月立春, 不以報囚. 月令冬至之後, 有順陽助生之文, 而無鞫獄斷刑之政. 朕咨訪儒雅, 稽之典籍, 以爲王者生殺, 宜順時氣. 其定律, 無以十一月・十二月報囚."라고 하여 그 중「律十二月立春, 不以報囚」라는 기술이 보이는데 廣瀨薰雄 씨는 이를 九章律의 佚文으로 해석하고 있다[48]. 아마 그럴 것이다. 위 章帝의 詔에서는 九章律 인용문이 『春秋』・『月令』과 같은 儒家 經書와 함께 열거되어 있어 國法으로서의 律을 제정할 때의 근거 중 하나로 여겨지고 있다. 또 이 기술에 의하면 漢律은 오히려 九章律에 근거하여 제정되기도 했던 것으로 보인다. 앞장에서 검토한 바와 같이 前漢 후기 이후 國法을 經書에 맞게 개혁하려는 움직임이 나타나는데 이와 궤를 같이 한다고 할 수 있다.

後漢 말기, 國法으로서의 律은 董卓의 폭정으로 상실되었으나 應劭에 의해 복원되었다. 한편 九章律은 經書로서 民間에 유포되었기 때문에 상실되지 않고 三國 魏에도 계승되었을 것이다. 이와 같이 九章律이 남아 있음에도 불구하고 應劭가 國法으로서의 律을 복원한 것은, 九章律로는 종래의 國法과의 괴리가 커 국가 사법・행정의 준칙으로 삼기에는 무리가 있었기 때문으로 생각된다.

後漢 최후기의 正律 9篇도 九章律이 아니라 國法이었을 것이다. 앞서 설명한 바와 같이 九章律의 형성에 대해서는 國家가 정리한 正律 9篇을 바탕으로 만들어졌을 가능성, 律學者가 漢律에서 9篇을 추출하여 편찬했을 가능성이 있다. 어느 것이 옳은지는 분명치 않지만, 가령 후자가 맞는다면 正律이 9篇이 된 것은 오히려 역으로 九章律을 본뜬 것인지도 모른다. 九章律이 經書로서 권위를 갖기 시작한 이후 國法을 經書에 맞추려는 움직임에 따라 正律을 9篇으로 만들지 않았을까? 다만 설사 그렇다고 하더라도 따른 것은 9라는 篇

---

48 廣瀨薰雄,「九章律佚文考」참조.

數 뿐이지, 國法의 條文까지 九章律의 것으로 대체했다고 보기는 어렵다. 篇名도 正律 9篇과 九章律 사이가 일치했다고는 할 수 없다.

V 正律 9篇과 新律 18篇의 篇名

新律 18篇은 舊律 즉 正律 9篇 등을 기초로 편찬되었다. 그러나 이들 18篇과 9篇이 구체적으로 어떠한 篇名으로 구성되었는지를 놓고 여러 설이 있다.

新律 18篇의 篇名에 대해서는 『唐六典』尚書刑部注에,

> [魏氏] 乃命陳羣等採漢律, 爲魏律十八篇, 增漢蕭何律劫掠・詐僞・毀亡・告劾・繋訊・斷獄・請賕・驚事・償贓等九篇也.

라고 하여「漢蕭何律」즉 九章律에「劫掠」이하의 9篇을 더해 18篇으로 했다고 기록되어 있다. 마찬가지로『唐六典』尚書刑部注에서는,

> 魏文侯師李悝集諸國刑書, 造法經六篇. 一盜法, 二賊法, 三囚法, 四捕法, 五雜法, 六具法. 商鞅傳之, 改法爲律, 以相秦, 增相坐之法, 造參夷之誅, 大辟加鑿顚・抽脅・鑊烹・車裂之制. 至漢, 蕭何加悝所造戶・興・廐三篇, 謂之九章之律.

이라고 되어 있고 九章律이 盜律・賊律・囚律・捕律・雜律・具律・戶律・興律・廐律로 이루어진다고 되어 있으므로『唐六典』에 의하면 新律 18篇은 盜・賊・囚・捕・雜・具・戶・興・廐・劫掠・詐僞・毀亡・告劾・繋訊・

斷獄・請賕・驚事・償贓으로 이루어지게 된다.

그런데 『新律序略』에서는 新律 18篇의 篇名이 앞서 인용한 『唐六典』과 어긋난다.

舊律所難知者, 由於六篇篇少故也. (中略) 是以後人稍增, 更與本體相離. 今制新律, 宜都總事類, 多其篇條. 舊律因秦法經, 就增三篇, 而具律不移, 因在第六. 罪條例既不在始, 又不在終, 非篇章之義. 故集罪例以爲刑名, 冠於律首. 盜律有劫略・恐猲・和賣買人, 科有持質, 皆非盜事, 故分以爲劫略律. 賊律有欺謾・詐僞・踰封・矯制, 囚律有詐僞生死, 令丙有詐自復免, 事類衆多, 故分爲詐律. 賊律有賊伐樹木・殺傷人畜産及諸亡印, 金布律有毀傷亡失縣官財物, 故分爲毀亡律. 囚律有告劾・傳覆, 廐律有告反逮受, 科有登聞道辭, 故分爲告劾律. 囚律有繋囚・鞫獄・斷獄之法, 興律有上獄之事, 科有考事報讞, 宜別爲篇, 故分爲繋訊・斷獄律. 盜律有受所監受財枉法, 雜律有假借不廉, 令乙有呵人受錢, 科有使者驗賂, 其事相類, 故分爲請賕律. 盜律有勃辱強賊, 興律有擅興徭役, 具律有出賣呈, 科有擅作修舍事, 故分爲興擅律. 興律有乏徭稽留, 賊律有儲峙不辦, 廐律有乏軍之興. 及舊典有奉詔不謹・不承用詔書, 漢氏施行有小愆之反不如令, 輒劾以不承用詔書乏軍要斬, 又減以丁酉詔書. 丁酉詔書, 漢文所下, 不宜復以爲法, 故別爲〈乏〉留律[49]. 秦世舊有廐置・乘傳・副車・食廚, 漢初承秦不改, 後以費廣稍省, 故後漢但設騎置而無車馬, 而律猶著其文, 則爲虛設, 故除廐律, 取其可用合科者, 以爲郵驛令. 其告反逮驗, 別入告劾律. 上言變事, 以爲變事令. 以驚事告急, 與興律烽燧及科令者, 以爲驚事律. 盜律有還贓畀主, 金布律有罰贖入責以呈黃金爲價, 科有平庸坐贓事, 以爲償贓律. 律之初制, 無免坐之文, 張湯・趙禹始作監臨部主・見知故縱之例. 其見知而故不舉劾, 各與同罪. 失

---

[49] 「之」는 「乏」의 오기일 것이다. 沈家本, 『律目考』, 內田智雄 編, 冨谷至 補 『譯註中國歷代刑法志(補)』(創文社, 2005. 1964年 初版) p.108, 張建國, 『帝制時代的中國法』(法律出版社, 1999) p.93 등 참조.

不擧劾, 各以贖論. 其不見不知, 不坐也, 是以文約而例通. 科之爲制, 每條有
違科, 不覺不知, 從坐之免, 不復分別, 而免坐繁多. 宜總爲免例, 以省科文,
故更制定其由例, 以爲免坐律. 諸律令中有其敎制, 本條無從坐之文者, 皆從
此取法也. 凡所定增十三篇, 就故五篇, 合十八篇, 於正律九篇爲增, 於旁章
科令爲省矣.

즉 漢律 중 5篇을 남기고 새로 13篇을 정해 18篇으로 하였다고 기록되어 있다. 또한 具律을 「刑名」으로 고치고 廐律을 폐지하고, 기존의 盜律・賊律・囚律・金布律・廐律・興律・雜律・具律과 令 등 기타 법규에서 분할하여 劫略律・詐律・毁亡律・告劾律・繫訊律・斷獄律・請賕律・興擅律・乏留律・告劾律・驚事律・償贓律・免坐律을 신설하였다고 하였다. 『唐六典』과 비교하면 『唐六典』에서는 金布律・興擅律・乏留律・免坐律이 없고 廐律도 폐지되지 않은 듯하다. 반대로 『新律序略』에서는 捕律・戶律이 없다. 그러나 애초에 九章律이 盜・賊・囚・捕・雜・具・戶・興・廐로 이루어진 것은 唐代 이전의 문헌으로 보이지 않고 또 『新律序略』은 三國 魏 때에 기록된 것이므로 『唐六典』보다는 더 믿을 수 있다. 선행연구 중에서는 『新律序略』과 『唐六典』을 절충하여 18篇의 편명을 도출한 것도 있으나[50] 『唐六典』은 고려 밖에 두어야 할 것이다.

그런데 『新律序略』에 보이는 律의 篇名은 얼핏 보면 18개가 넘는다. 刑名・盜・賊・囚・金布・興・雜・劫略・詐・毁亡・告劾・繫訊・斷獄・請賕・興擅・乏留・驚事・償贓・免坐를 합하면 모두 19편이 된다. 이에 대해 滋賀秀三 씨는 囚律은 繫訊律・斷獄律, 興律은 興擅律・乏留律 등의 律 중 해소되었다고 하고 또 金布律을 18篇에 산입하지 않고 역으로 捕律과 戶律을

---

[50] 滋賀秀三 씨가 선행 연구를 정리・소개하고 있다. 『中國法制史硏究 法典と刑罰』, pp.395-399 (1955년 原載) 참조.

산입하고 있다[51].

생각하기에 金布律을 산입하지 않을 이유는 없다. 또 滋賀 씨가 捕律과 戶律을 산입한 것은 『晉書』 刑法志 등 唐代 문헌에 九章律의 篇名으로 보이기 때문일 것이다[52]. 그러나 앞서 기술한 바와 같이 이들 문헌에 보이는 九章律의 篇名은 『新律序略』에 보이는 舊律의 篇名과 어긋나 신용할 수 없다.

또한 囚律・興律이 다른 편으로 해소되었다는 해석에 대해서는 陶安あんど 씨의 비판이 있다[53]. 우선 囚律에 대해 滋賀 씨는 『新律序略』에 「囚律有繫囚・鞫獄・斷獄之法 (中略) 宜別爲篇, 故分爲繫訊・斷獄律」이라고 되어 있고 「繫囚・鞫獄・斷獄之法」이 囚律의 본래 내용으로, 이것들이 繫訊律・斷獄律에 흡수된 이상 기타 囚律에 포함되는 사항을 상상하기 어려웠기 때문에 囚律은 당연히 해소되었다고 한다. 또한 「分爲繫訊・斷獄律」의 「分」은 종래의 囚律을 새롭게 繫訊・斷獄의 두 律로 분할하는 의미로 해석하고 있다. 그러나 陶安 씨는 囚律에는 繫囚・鞫獄・斷獄 이외의 사항이 포함되어 있었다고 추측할 수 있는 점, 『新律序略』에서는 「故分爲某律」이라고 하는 표현이 반복적으로 사용되고, 종래의 篇에서 일부의 조문을 나누어 새로운 篇을 마련하려는 의도로 사용되고 있음에도 불구하고 「故分爲繫訊・斷獄律」만 두 律로의 분해의 의미로 해석되어서는 안 된다는 점을 지적하고 있다.

---

51 滋賀秀三, 「曹魏新律十八篇の篇目について」(『中國法制史研究 法典と刑罰』, 1955年 原載), 「再び魏律の篇目について──内田智雄教授の批判に答えて──」(同上, 1961年 原載) 참조.

52 滋賀 씨는 「漢의 명맥이 다해 魏가 선양을 받을 무렵 사람들이 손에 쥐고 있던 九章律의 篇目이 盜・賊・囚・捕・雜・具・戶・興・廐의 순서로 나열되어 있었다는 것은 上記의 연유를 말하는 『晉書』 刑法志의 기사 자체로 보아 의심의 여지가 없는 사실이다」라고 기술하였다. 『中國法制史研究 法典と刑罰』 p.31 참조.

53 陶安あんど, 「漢魏律目考」 참조.

또한 興律이 興擅律로 흡수되었다는 해석은 沈家本 이래 滋賀 씨를 포함하여 많은 연구자들이 무비판적으로 따라 왔다. 그러나 陶安 씨는 沈家本 등이 아무런 근거를 제시하지 않았다고 하였다. 더욱이 『新律序略』에서는 廐律의 폐지가 명기되어 있음에도 불구하고 興律의 폐지가 일절 언급되어 있지 않다는 점, 오히려 興律과 興擅律은 다른 개념으로 구분하여 사용되고 있음을 지적하고 있다.

다음으로 陶安 씨는 新律 18篇에 대해 대체로 다음과 같이 말하고 있다[54]. 즉 『新律序略』에서는 新律의 편찬 전에 설치되어 있던 편명으로서, 具律・盜律・賊律・囚律・金布律・興律・廐律・雜律이 거론되고 있는데, 이것들이야말로 『律九章』의 편명이었다. 新律의 편찬에 의해 廐律이 폐지되고, 具律은 刑名으로 개칭되었다. 그러면 盜律・賊律・囚律・金布律・興律・雜律의 6篇과 새로 마련된 刑名・劫略律・詐律・毀亡律・告劾律・繋訊律・斷獄律・請賕律・興擅律・乏留律・驚事律・償贓律・免坐律의 13篇을 합하면 19篇이 되고 만다. 그러나 刑名은 다른 편명과 명확하게 구분되어 벽두에 놓여 있는 것, 新舊 비교 후 "나누어 某律로 한다."라고 하는 서술 형식으로 되어 있지 않은 것, 다른 편이 예외 없이 「某律」로 되어 있는데 반해, 刑名만 「律」이라고 하는 글자를 수반하지 않는 것, 「律」자를 수반한 편명은 18이라고 하는 숫자에 합치하는 것, 刑名에 대해서는 「冠於律首」라고 하여 별도로 설치했음을 연상시키는 기술이 있는 것, 第1卷의 앞에 다시 卷首를 넣는 체재는 舊中國에서 흔히 볼 수 있는 것, 刑名으로 개칭된 具律을 『法經』 6篇에서 제외시키면 5篇이 되어 「就故五篇」과 일치하는 것으로 볼 때, 刑名은 18篇에 포함되지 않았다고 생각된다. 그리고 盜律・賊律・囚律・金布律・興律・雜律의 6篇 중 5篇이 「故五篇」 즉 『法經』 6篇으로, 한 篇이 漢律의 篇名으로 여겨진다. 6篇 중 어느 것이 漢律의 篇名이었는지는 명확한 기준을 제시할 수 없으

---

54 陶安あんど, 「漢魏律目考」 참조.

나 명칭에서 직감적으로 판단한다면 金布律은 다른 편과 다소 취향이 달라 『法經』에 포함되지 않았을 것으로 생각된다. 따라서 「故五篇」은 盜律·賊律·囚律·雜律·興律, 신설 13篇은 金布律·劫略律·詐律·毁亡律·告劾律·繫訊律·斷獄律·請賕律·興擅律·乏留律·驚事律·償贓律·免坐律로 결론지어진다. 이상이 陶安 씨 설의 개요이다.

그러나 그의 설에는 다음과 같은 의문이 있다. 즉 『新律序略』에 의하면 金布律은 新律 편찬에 의해 신설된 것이 아니라 舊律에도 마련되어 있었다. 따라서 신설된 13篇에 金布律을 산입해서는 안 되고, 결국 刑名을 산입하는 것이 자연스러운 해석이 아닐까? 陶安은 刑名이 18편에 포함되지 않는 것에 대해 수많은 근거를 열거하고 있으나 모두 결정적인 근거라고는 할 수 없을 것이다. 『隋書』卷25 刑法志에서는 南朝 梁律에 대해,

> 於是以尙書令王亮 (中略) 參議斷定, 定爲二十篇. 一曰刑名, 二曰法例, 三曰盜劫, 四曰賊叛, 五曰詐僞, 六曰受賕, 七曰告劾, 八曰討捕, 九曰繫訊, 十曰斷獄, 十一曰雜, 十二曰戶, 十三曰擅興, 十四曰毁亡, 十五曰衛宮, 十六曰水火, 十七曰倉庫, 十八曰廐, 十九曰關市, 二十曰違制.

라고 하였다. 또 北周律에 대해,

> 至保定三年二月庚子乃就, 謂之大律, 凡二十五篇. 一曰刑名, 二曰法例, 三曰祀享, 四曰朝會, 五曰婚姻, 六曰戶禁, 七曰水火, 八曰興繕, 九曰衛宮, 十曰市廛, 十一曰鬪競, 十二曰劫盜, 十三曰賊叛, 十四曰毁亡, 十五曰違制, 十六曰關津, 十七曰諸侯, 十八曰廐牧, 十九曰雜犯, 二十曰詐僞, 二十一曰請求, 二十二曰告言, 二十三曰逃亡, 二十四曰繫訊, 二十五曰斷獄.

라고 하였는데, 양자 모두 刑名은 첫머리에 놓여져 第1篇으로 계수되고 있다. 梁律이나 北周律이 西晉의 泰始律보다 발전한 것이라는 점[55], 泰始律도 三國

魏律을 다소나마 참조하고 있는 것으로 보아 魏律에서도 刑名은 18篇에 산입되었을 가능성이 높다.

필자는 新律 18편의 편명에 대해 다음과 같이 생각한다. 우선 적어도 具律・盜律・賊律・囚律・金布律・興律・廐律・雜律의 8篇은 舊律의 正律 9篇의 편명일 것이다. 또 한 편이 무엇이었는지는 『新律序略』에서 분명히 할 수는 없다. 그리고 신설 13편은 刑名・劫略律・詐律・毁亡律・告劾律・繫訊律・斷獄律・請賕律・興擅律・乏留律・驚事律・償贓律・免坐律이었을 것으로 생각된다. 具律은 刑名으로 개칭되고, 廐律은 폐지되었다고 해도 역시 盜律・賊律・囚律・金布律・興律・雜律의 6篇 중 어느 한 편이 제외되어야 한다. 이 문제에 대해 필자는 역시 興律이 興擅律로 흡수되었다고 생각한다. 陶安 씨는 문자의 유사성 때문에 양자를 동일시하는 것을 비판하고 있지만, 오히려 당시 사람들 입장에서 興律과 興擅律이 동시에 존재하는 것은 부자연스럽지 않았을까? 확실히 興律에 대해서는 "興律有上獄之事, 科有考事報讞, 宜別爲篇, 故分爲繫訊・斷獄律", "盜律有劫辱强賊, 興律有擅興徭役, 具律有出賣呈, 科有擅作修舍事, 故分爲興擅律"이라고 하여 다른 漢律과 마찬가지로 "漢律의 ○律에는 △・□에 관한 규정이 있고, 이것들을 ○律에서 분리해 새로 ×律을 둔다."라고 기록하고 있다. 더구나 興律은 廐律처럼 폐지가 분명히 기록되지 않았다. 당시 사람들 입장에서 보면「興擅律」이라고 한 이상 당연히 興律이 흡수되었다고 이해하는 것이 자연스러우며, 굳이 폐지를 천명할 필요도 없고 또 "漢律의 ○律에는 △・□에 관한 규정이 있어 이것들을 ○律에서

---

55 『唐六典』 尚書刑部注에「[晉氏] 命賈充等十四人增損漢魏律爲二十篇. 一刑名, 二法例, 三盜律, 四賊律, 五詐僞, 六請賕, 七告劾, 八捕律, 九繫訊, 十斷獄, 十一雜律, 十二戶律, 十三擅興律, 十四毀亡, 十五衛宮, 十六水火, 十七廐律, 十八關市, 十九違制, 二十諸侯」라고 하였는데, 이에 따르면 泰始律에서도 刑名은 한 편으로 헤아려지고 있다. 그러나 陶安 씨는 이 기술이 『晉書』 刑法志와 모순되는 것 등으로 보아 반드시 晉代 당시의 모습을 유지하고 있지 않다고 본다.「漢魏律目考」참조.

분리해 새로 ×律을 둔다."라고 하는 구문과 차이를 둘 필요도 없었던 것은 아닐까? 또 陶安 씨는 『律九章』이 具律·盜律·賊律·囚律·金布律·興律·廐律·雜律의 8篇과 다른 1篇으로 구성되어 있었다고는 하나, 나머지 1편이 폐지되었다는 것은 『新律序略』에는 기록되어 있지 않다. 그러므로 興律의 폐지가 기록되어 있지 않은 것도 이상한 것은 아니다.

참고로 『新律序略』에 의하면 正律 9篇 중 적어도 8篇은 具律·盜律·賊律·囚律·金布律·興律·廐律·雜律이지만, 이것들은 兔子山漢律目錄, 睡虎地漢律, 胡家草場漢律의 篇名과 비교하면 金布律 외에는 모두 非旁律로 분류되고 金布律만 旁律로 분류되어 있다. 篇數의 문제와 金布律을 제외하면 兔子山漢律目錄, 睡虎地漢律, 胡家草場漢律과 일치한다. 漢初의 非旁律은 바로 正律 9篇의 기원으로 개편을 가하면서도 後漢 최후기로 이어졌음을 알 수 있다.

Ⅵ 결론

이상의 검토 결과를 요약하면 다음과 같다.

兔子山漢律目錄, 睡虎地漢律, 胡家草場漢律을 통해 漢初에는 律이 非「旁律」과 「旁律」로 구별되어 있었음이 밝혀졌다. 漢初의 非旁律은 「獄律」이었을 가능성이 높고, 후에 「正律」로 불리게 된 것으로 생각된다.(1장) 漢初에는 非旁律이 14편 혹은 17편 이상 있었으나 前漢 후기 이후 律의 개혁을 거쳐 늦어도 後漢 최후기까지는 9편으로 삭감되었다.(2장)

한편, 前漢 후기 이후 後漢 전반기까지는 九章律이 편찬되었다. 九章律은 律學의 經書였으며, 국가가 제정한 國法은 아니다. 九章律은 正律이 9篇이 되었을 때 律學者가 이를 바탕으로 편찬하였거나 혹은 律學者가 漢律 중에서

9편을 추출하여 편찬한 것으로 생각된다. 九章律은 서서히 편찬된 것으로 생각되지만 그 내용은 점차 國法과 괴리되어 經書로서 고정되기에 이르렀다. 九章律은 실무 때 참조되는 것은 아니었지만 다른 經書와 마찬가지로 皇帝나 高官 등이 자기의 주장에서 설득력을 높이기 위해 인용되었다. 오히려 九章律을 근거로 해 새로운 입법이 이루어지는 경우도 있었다.(3장)

正律 9篇과 新律 18篇의 편명은 지금까지 여러 설이 있었지만, 전자는 盜律・賊律・囚律・金布律・廐律・興律・雜律・具律의 8편과 기타 1편이었다. 한편 후자 중 신설된 13篇은 刑名・劫略律・詐律・毀亡律・告劾律・繫訊律・斷獄律・請賕律・興擅律・乏留律・驚事律・償贓律・免坐律이고, 「故五篇」은 盜律・賊律・囚律・金布律・雜律로 생각된다.(4장)

이상 추측에 의한 바도 많지만 필자는 현재 이 글과 같이 이해하는 것이 가장 합리적이라고 생각하며 이에 대한 의견을 구한다.

【附記】

이 글은 2023년 1월 31일에 慶北大學校 人文學術院 HK+사업단 제5회 국제학술회의 「木簡에 반영된 고대 동아시아의 法制와 行政制度」(한국 제주도)에서 실시한 연구 보고에 기반한 것이지만 해석을 대폭 수정하거나 사료를 보충한 부분도 있다. 당일 의견을 주신 여러 학자들, 특히 토론을 맡아 주신 楊振紅 선생에게 감사의 말씀을 드린다. 또한 이 글은 科學研究費補助金(基盤研究C)「中國魏晉南北朝期の刑罰法規における犯罪處罰の研究」(課題番號 22K01125)에 의한 연구 성과의 일부이다.

【번역】

오준석 (경북대학교 인문학술원 HK연구교수)

#13

새로 발견된 封泥와
秦縣 인장 제도의 변천*

•

쑨원보(孫聞博)**

(중국 人民大學 교수)

고대 중국에서 사용한 인장인 "遺存"으로서의 封泥는 簡牘時代 문서 등을 봉인하기 위해 진흙에 인장을 찍어 만든 역사적 유물("文物"]이다. "遺存"으로 논하는 것은, 『中國大百科全書・考古學』부분의 "遺存"카테고리에 "封泥"를 포함하고 있기 때문이다.[1] "文物"로 논하는 것은, 『中國大百科全書・文物

---

* 본 논문은 國家社會科學基金 일반항목 "新出簡牘과 秦漢 縣制 研究"(項目編號: 20BZS031)의 단계연구성과이다.
  이 글은 『社會科學』 2023年 第3期 수록 논문이다.
** 孫聞博, 中國人民大學 國學院 "古文字와 中華文明 전승 발전과정" 협동 연구 혁신 플랫폼 교수

1 中國大百科全書總編輯委員會, 『中國大百科全書・考古學』, 北京: 中國大百科全書出

・博物館』의 "古器物" 카테고리에 "中國古代璽印" 항목을 설정했기 때문인데, 주로 시대를 나눠 璽印에 대해 논의하고 있다.2 封泥자료의 축적, 특히 秦封泥의 발견으로 인해 관련 遺存이 고고학 연구에서 점점 중요시되고 있다. 최근에 출판된 『中國考古學大辭典』의 경우, 고고학의 하위 분과에 근거해 封泥의 문자를 銘刻學의 범주에 넣었고, 다른 한편으로는 "기타 문자 자료" 카테고리에 "璽印"・"印章"・"封泥"・"泥封"・"芝泥" 및 "相家巷秦封泥" 등 여러 단어의 條目으로 열거하고 있으며, 秦漢이후의 역사 시기 "유물"카테고리에서 "秦封泥"를 다시 열거했음을 확인할 수 있다.3

　　封泥는 주로 秦漢魏晉시기에 사용되어 당시의 職官・地理 등 문제를 이해하는 데 매우 중요한 자료이다. 또한 정치제도를 예로 들 때, 中國의 지방행정제도의 발전에서 縣制를 가장 기본으로 삼는다. 商鞅이 縣制를 전면적으로 시행하고 李斯가 논의를 통해 郡縣制를 단일적으로 시행함으로써 후세의 지방 행정 제도에서 縣制의 규정을 확립하였으니, 그 영향은 매우 크다고 할 수 있다. 그러나 傳世史料의 한계로 인해, 이전 사람들은 "漢承秦制"의 설을 따라서 秦漢을 하나의 체제로 보고 縣制를 논의하였다. 그런 만큼 秦代 縣制와 兩漢 縣制 사이에 어떤 차이가 있었는지, 특히 처음 관련 제도를 만들 당시 秦縣의 用印制度상 특징이 무엇인지 주목해야 한다. 중국 고고학의 활발한 성장과 탁월한 성과로 인해, 새롭게 획득한 秦 封泥자료가 부단히 축적되고 있다. 그 덕분에 秦縣 用印제도의 베일도 점차 벗겨지고 있다.

版社, 2002, p.127.

2　封泥와 관련된 시대의 璽印은 주로 "戰國璽印"・"秦官私印章"・"兩漢官印"・"漢代姓名私人印"・"肖形印"・"魏晉南北朝官印"條에 수록하였다. 中國大百科全書總編輯委員會, 『中國大百科全書・文物・博物館』, 北京: 中國大百科全書出版社, 1993年, p.720, p.415, p.308, p.222, p.640, p.582.

3　王巍總 主編, 『中國考古學大辭典』, 上海: 上海辭書出版社, 2014, p.2, pp.71-72, p.578.

秦 封泥의 식별과 확인을 중시하는 것은 일련의 발전과정을 거쳤다. 초기의 대표적인 연구로 周曉陸·路東之가 편찬한 『秦封泥集』이 있다.4 이 책은 자료의 체계적 정리와 연구에 많은 기여를 하였다. 楊廣泰가 편찬한 『新出封泥彙編』5과 任紅雨 編著의 『中國封泥大系』6는 각각 2010년과 2017년 이전에 발견된 封泥를 대대적으로 정리하였고, 그중에는 대량의 秦封泥도 포함하고 있다. 王偉는 秦封泥와 璽印이라는 두 종류의 자료를 수집해서 정리하였으며, 이와 관련된 職官과 地理문제에 대해 고찰하였다.7 최근에는 劉瑞가 편찬한 『秦封泥集存』이 출판되어8, 학계에서 관련 문제를 논의하는 데 새로운 조건을 제공하였다. 劉瑞는 오랜 시간 동안 현장 일선에서 일한 秦漢 고고학자이다. 그는 淸代부터 지금까지 발견된 각종 封泥 著錄資料를 체계적으로 수집하고 정리하는 한편, 圖版을 성실히 검토해 중복되거나 위조된 것을 제거한 뒤, 2019년 9월 이전에 공포된 秦封泥(戰國秦 포함) 총 9218枚, 2350種을 수록하였다. 그렇게 수록된 封泥는 출처가 분명할 뿐만 아니라, 가능한 한 탁본의 정면 및 뒷면 사진까지 제공하여 자료의 객관성과 정보의 완결성을 크게 향상시켰다. 그 후 저자는 『秦封泥集釋』을 냄으로써9 지난 100년 동안의 秦封泥연구 결과를 수집하고 자신의 의견을 첨부하였다. 여기서는 『秦封泥集釋』에 보이는 秦縣의 封泥자료를 중심으로 하는 한편, 풍부한 선행연구에 기초하여 秦代 用印제도를 재검토해 보고자 한다.

4　周曉陸·路東之 編, 『秦封泥集』, 西安: 三秦出版社, 2000.

5　楊廣泰 編, 『新出封泥彙編』, 杭州: 西泠印社出版社, 2010.

6　任紅雨 編著, 『中國封泥大系』, 杭州: 西泠印社出版社, 2018.

7　王偉, 『秦璽印封泥職官地理研究』, 北京: 中國社會科學出版社, 2014.

8　劉瑞 編著, 『秦封泥集存』, 北京: 中國社會科學出版社, 2020.

9　劉瑞 編著, 『秦封泥集釋』, 上海: 上海古籍出版社, 2021.

I. "璽"와 "印": 秦印의 명칭 변화와 그 배경

『史記』卷6「秦始皇本紀」의 裴駰「集解」에서 말하길:

蔡邕曰: "御者, 進也. 凡衣服加於身, 飮食入於口, 妃妾接於寢, 皆曰御. 御之親愛者曰幸. 璽者, 印信也. 天子璽白玉螭虎鈕. 古者尊卑共之.「月令」曰'固封璽',『左傳』曰'季武子璽書追而與之', 此諸侯大夫印稱璽也."
衛宏曰: "秦以前, 民皆以金玉爲印, 龍虎鈕, 唯其所好. 秦以來, 天子獨以印稱璽, 又獨以玉, 群臣莫敢用."[10]

裴駰의 注는 嫪毒가 난을 일으켰을 때 "矯王御璽"의 일을 해석하는 한편, 나아가 "御"와 "璽"를 나눠서 설명한 것이다. 中華書局 點校本『史記』1959년, 1982년판 및 點校 修訂本 2013년, 2014년 판은 모두 上述한 데로 구두점을 찍어서 처리했는데, 즉 "蔡邕曰" "衛宏曰"을 근거로 하여, 두 단락으로 나눠서 글을 인용하였다. 이러한 구두점은 논의할 여지가 있으므로,[11] 여기서는 추가적인 논증을 하겠다. 文意를 자세히 살펴보면, "蔡邕曰"에서는 먼저 "御"와 "璽"의 함의를 각각 설명하고, 그 뒤 "璽"에 대해 "天子璽白玉螭虎鈕"라는 특징을 추가적으로 언급하였다. 이어지는 글에서는「月令」과『左傳』의 문구를 인용하여 "天子璽"의 "璽"라는 명칭이 "古者尊卑共之(예전에는 尊卑가 모두 사용했다)"라는 상황이 존재했음을 주로 설명하고 있다. 그리고 衛宏의 언급 "衛宏

---

10 『史記』卷6「秦始皇本紀」, 北京: 中華書局, 1982年, p.228.

11 孫聞博,「秦漢太尉·將軍演變新考──以璽印資料爲中心」(원논문은『浙江學刊』2014年 第3期에 실림), 孫聞博,『秦漢軍制演變史稿』第1章, 北京: 中國社會科學出版社, 2016, p.57 注3.

曰"]은 문맥상 앞의 문장과 연결되어 있을 뿐만 아니라 "天子璽"의 "白玉" "螭虎鈕"도 모두 똑같이 "古者尊卑共之"의 상황이 존재했음을 주로 설명하고 있다. 『文選』 卷22 謝靈運 「從遊京口北固一首」 李善의 注에서는 蔡邕의 『獨斷』에 기술된 "璽, 印也, 信也. 古者尊卑共之. 秦以來, 天子獨以印稱璽, 又獨以玉也"를 인용하고,[12] 『史記集解』에서 인용한 글과 비교 대조한 후 전반부의 문장이 蔡邕이 말한 것["蔡邕曰"]이고, 후반부의 문장이 衛宏이 말한 것["衛宏曰"]이라고 하였다. 텍스트를 완전히 인용한 것은 아니고 생략하고 줄인 부분이 많지만, "蔡邕『獨斷』曰"로서 앞서 열거한 "蔡邕曰: ……衛宏曰: ……"의 두 단락 내용을 총괄했다는 점에는 문제가 없다. 明刊本 『獨斷』에는 "衛宏曰"이라는 글을 수록했으나 그 이유를 설명하지 않았다. 後世의 『獨斷』 輯本에는 "衛宏曰"만 있어서 이를 어떻게 이해하고 받아들여야 할지 예전부터 의혹이 있었다. 현재로서는 앞서 고찰을 통해 어느 정도 처리할 수 있게 되었다. 中華書局本 『史記集解』 관련 구절의 구두점은 다음과 같이 수정되어야 한다(예시):

蔡邕曰: "御者, 進也. ……. 璽者, 印信也. ……. 「月令」曰'固封璽'. 『左傳』曰'季武子璽書追而與之', 此諸侯大夫印稱璽也. 衛宏曰'秦以前,……'."
※ 譯者 보충: 著者는 蔡邕이 衛宏의 언급까지 모두 인용한 것으로 이해.

이렇게 볼 때 관련된 논리구조가 좀 더 명확해졌음을 확인할 수 있다. 부연해서 설명하자면, 後世의 『獨斷』 輯本에는 비록 衛宏의 언급["衛宏曰"]에 대한 인용이 한 개에 불과하지만, 실제로 蔡邕이 참고한 衛宏의 설은 여기에 그치지 않았던 것 같다. 『續漢書』 「輿服志」 중 劉昭의 注에서 『漢舊儀』의 내용

---

12 蕭統 編, 李善注, 『文選』 卷22 「詩乙·遊覽」, 北京: 中華書局1977年影印淸胡克家本, 第312頁 下欄.

을 추가로 인용[補引]하여 皇帝의 "六璽"제도를 설명한 것과 비교해 볼 때, 『後漢書』 卷1上 「光武帝紀上」 중 李賢의 注에서 인용한 蔡邕 『獨斷』의 언급은 글자가 훨씬 줄어들었지만, 前者의 핵심적인 내용과 기본적으로 동일하므로, 아마 衛宏의 설을 발췌하여 기록했을 가능성이 있다.13

그밖에 蔡邕이 "璽" "古者尊卑共之"라고 칭함으로써 원래 의미가 명확해 졌다. 다만 아래 衛宏의 말을 인용하며 "秦以前" "秦以來"부분에서 두 차례 "印"이 등장하고, 그 후에 또 "天子獨以印稱璽"라고 언급하였다. 이에 대해 기존 학계에서는 秦통일 이전 제도가 통일되지 않아 璽와 印을 혼용하게 된 중요한 원인으로 생각하고 있다. 그러나 文意를 자세히 살펴보면, "秦以前"구절에서는 재질과 印細[인뉴: 도장 손잡이]가 엄격하지 않았다는 점을 중점적으로 말하고 있으며, 璽·印이 혼용되었는지, 인장의 명칭이 엄격했는지 여부에 중점을 두고 있지 않다. "秦以來"구절에서는 天子가 "璽"라는 명칭과 材質에 대한 專用에 중점이 맞춰져 있는 것이지, 이러한 專用이 璽·印명칭의 혼용에서 선택된 것이라고 설명할 수는 없다. 또한 衛宏이 인장 제도를 설명한 것이 이것에만 그치지 않는다.

秦以前以金・玉・銀爲方寸璽. 秦以來天子獨稱璽, 又以玉, 群下莫得用. (『後漢書』 卷48 「徐璆傳」 李賢注에서 衛宏曰을 인용.)14

秦以前民皆以金・玉・銀・銅・犀・象爲方寸璽, 各服所好. 自秦以來天子獨稱璽, 又以玉.(『北堂書鈔』 卷131 「儀式部下・璽十三」 "銀璽"에서 『漢舊

---

13 孫聞博, 「兵符與帝璽: 秦漢政治信物的制度史考察」 (원논문은 『史學月刊』 2020年 第9期에 실림), 孫聞博, 『初幷天下: 秦君主集權研究』 第4章, 西安: 西北大學出版社, 2021, pp.163-164.

14 『後漢書』 卷48 「徐璆傳」, 北京: 中華書局, 1965, p.1621.

儀』를 인용.)15

秦已前民皆以金・玉・銀・銅・犀・象爲方寸璽, 各服所好。漢已來天子獨
稱璽, 又以玉, 群臣莫敢用也.(『太平御覽』卷682「儀式部三」"璽"條에서
『漢舊儀』曰을 인용.)16

『書鈔』와 비교해 볼 때『御覽』에서 인용한 내용은 기본적으로 일치한다. "秦以來"를 "漢已來"로 한 것은 이미 많은 학자들이 교정하였다. 다만 "又以 玉"아래에는 "群臣莫敢用也"라는 여섯 글자가 있어 주목해야 한다. 여러 서적에서 인용한 衛宏의 언급이나『漢舊儀』에도 "秦以前"과 "秦以來"으로 나누고 "秦以來" 뒤의 문장은 蔡邕이 인용한 衛宏의 언급과 매우 유사하다. 그래서 이러한 衛宏의 언급은 아마 동일한 역사적 유래[史源]에서 비롯되었을 것이다. 이른바 "民皆以金玉爲印"은 아마도 "民皆以金・玉・銀・銅・犀・象爲方寸 璽"를 간략하게 표현한 것이며, "秦以來"[譯者 注: "秦以前"을 잘못 적은 것으로 추정] 사람들이 사용한 인장의 재질은 매우 다양했지만, 크기[尺寸]과 인장의 명칭은 상대적으로 안정되어 크기는 "方寸"이었고, 인장의 명칭은 모두 "璽"로 하였다.

傳世文獻에서 先秦시기 인장의 명칭에 관해, 秦이든 東方六國이든 기본적으로 "璽" 혹은 "鉨"라고 칭했지 "印"이라고 하지는 않았다. 예컨대『韓非子』나『戰國策』등에서는 "璽"라고 칭한 사료적 증거가 많이 보여 일일이 열거하

---

15 虞世南 編纂,『北堂書鈔』下冊, 北京: 學苑出版社, 1998, 淸光緖十四年南海孔氏三十有三萬卷堂影宋刊本印制, p.349 下欄에 근거함. 淸人 孫星衍 輯,『漢舊儀』의 글자 차이 및 考述은 孔廣陶 校注(같은 페이지) 및 周天遊 點校,『漢官六種』校勘記(北京: 中華書局, 1990, p.74)를 참고함.

16 李昉 等,『太平御覽』, 北京: 中華書局, 1960年, 商務印書館影宋本縮印, p.3045 上欄에 근거함.

지는 않겠다. 출토 문헌에서는 睡虎地秦簡「法律答問」과 「爲吏之道」에서 모두 "璽"라는 명칭이 등장하여 특히 주목해볼 만하다. 「法律答問」에서 "亡久書·符券·公璽·衡贏(累), 已坐以論, 後自得所亡, 論當除不當? 不當(146)"이라고 했고, 整理小組의 注에서 "公璽, 官印"이며, "여기서는 일반적인 官印을 璽라고 칭했으며 秦통일 이전의 제도이다"라고 하였다.[17] 또한 "說明"부분에서는 "「法律答問」에서 인용한 일부 律文의 형성연대는 매우 빠르다. 예컨대⋯⋯, 아마 商鞅시기에 제정된 原文일 가능성이 크다"고 하였다.[18] 이는 秦 초기에는 인장의 명칭을 "璽"라고 하였고 公·私로 사용하는 인장의 명칭을 각각 公璽와 私璽로 했다는 명확한 증거이다.

「爲吏之道」에도 "口者, 關 ; 舌者, 符璽也. 璽而不發, 身亦毋辞(辭)"(32伍-34伍)라고 있다.[19] "說明"부분에서는 "제4열, 5열 뒤 字跡이 비교적 거친 부분은 아마도 이후에 추가로 적었을 가능성이 있다"고 제기했는데,[20] 이는 구체적으로 말해 簡44의 4번째 열 뒤와 簡16의 5번째 열 뒤의 부분이 각각 추가로 적었다는 것을 가리킨다. 앞서 인용한 "符璽也. 璽而不發"이 바로 추가로 적은 부분에 해당한다. 黃盛璋은 이 篇의 텍스트를 여러 부분으로 세분하여, 추가로 적은 내용은 三晉계통에서 비롯되었다고 보았다.[21] 張永成은 이 부분을 "正文"과 "附文"으로 나눠서 부르는 한편, "附文"부분의 글자가 "거칠고 오른쪽 아래로 현저하게 기울어져 있어 마치 왼손으로 쓴 것처럼 보이며, 다른 사람의 손에 의해 쓰여진 것 같다"[22]고 지적했다.

---

17 睡虎地秦墓竹簡整理小組 編, 『睡虎地秦墓竹簡』, 北京: 文物出版社, 1990, 釋文 注釋, p.127.

18 睡虎地秦墓竹簡整理小組 編, 『睡虎地秦墓竹簡』, 釋文 注釋, p.93.

19 睡虎地秦墓竹簡整理小組 編, 『睡虎地秦墓竹簡』, 釋文 注釋, p.176.

20 睡虎地秦墓竹簡整理小組 編, 『睡虎地秦墓竹簡』, 釋文 注釋, p.167.

21 黃盛璋, 「雲夢秦簡辨正」, 『考古學報』 1979年 第1期, pp.15-19.

大西克也는 秦國의 常用字인 "殹"가 "附文"에서는 전혀 쓰이지 않고 모두 "也"로 쓴 것에 주목하여, "附文"은 아마 "秦隸"를 사용하는 舊楚人이 적었거나, 혹은 原史料의 字體를 존중한 寫本일 것이라고 추정했다.23 이는 戰國시기 東方지역에서 "璽"라는 명칭을 사용한 정황과 秦吏에 의해 抄寫되어 참고되었음을 반영한다. 결국 초기 官·私에서 사용한 인장의 명칭을 "璽"라고 부른 것과 "印"이라고 부른 것에는 시간적 차이가 존재했던 셈이다.24 秦封泥에 보이는 縣의 인장[縣印]으로 예컨대 "鄭璽" "旱璽" "魏璽" "陜璽" "豐璽"가 있고25 縣丞이 사용한 인장으로 "衙丞之璽" "衙□之璽"가 있어,26 秦代 縣印제도 초기의 특징을 반영하고 있다. 圖版과 대조해 보면, "○璽"라는 두 글자 縣印의 바깥쪽에는 직사각형의 테두리[界欄: 경계란]가 있으며, 두 글자 사이에는 경계란[界欄]이 없어 '口'字형태를 띠고, '日'字형태가 아니다. 그러나 "○印"의 두 글자 縣印은 '口'字형태, '日'字형태의 두 유형이 모두 있다. "璽" "印"이 출현하지 않은 두 글자의 縣印으로, 예컨대 "咸陽" "頻陽" "下邽" "櫟陽" "高陵" "雲陽"은 '口'字형태도 있고 '日'字 형태도 있다. 이것들만으로 秦制를 간단히

---

22 張永成, 「秦簡 "爲吏之道" 篇的版式及其正附文問題」, 『簡牘學報』 第10期, 1981, pp.67-71. 吳福助, 『睡虎地秦簡論考』, 台北: 文津出版社, 1994, p.176를 인용하고 참고함.

23 大西可也, 「"殹""也"の交替――六國統一前後に於ける書面言語の一側面――」, 『中國出土資料研究』 2, 1998年, p.10. 中譯本 『"殹""也"之交替――六國統一前後書面語言的一個側面』, 任鋒 譯·宋起圖校, 『簡帛研究二〇一一』, 桂林: 廣西師範大學出版社, 2001, p.618.

24 孫聞博, 『秦漢軍制演變硏究』 第一章, 博士學位論文, 北京大學歷史學系, 2013年 6月, p.37; 「秦漢太尉·將軍演變新考――以璽印資料爲中心」, 『秦漢軍制演變史稿』 第1章, pp.58-59; 劉瑞, 「秦封泥分期釋例」, 『考古』 2013年 第10期, pp.83-84.

25 劉瑞 編著, 『秦封泥集存』 中編 第2章, p.667, p.750, p.778, p.838, p.904.

26 劉瑞 編著, 『秦封泥集存』 中編 第2章, p.654.

개괄하기에는 적절하지 않다. 다만 "○印" 두 글자 縣印의 경우 '口'字형태의 인장이 '日'字형태의 인장보다 더 이른 시기에 사용되었다는 점, "璽" "印"글자가 출현하지 않은 "○○" 縣印의 경우도 '口'字형태의 인장이 '日'字형태의 인장보다 더욱 이른 시기에 쓰였다는 점, '口'字형태의 인장 중에 일부분은 "○璽"의 縣印을 사용한 시기에 상당하여 아마도 "璽"라 불렸던 시기의 縣印일 가능성을 배제할 수 없다고 지적할 수 있다.

문제는 여기서 끝나지 않는다. 傳世기록에 근거하여, 과거에는 일반적으로 秦통일 이후에 天子가 사용한 인장의 명칭을 "璽"라고 하고, 官·民이 사용한 인장의 명칭을 "印"으로 改稱했다고 생각했다. 이러한 관점은 매우 오래되어 거의 기본 상식이 되었다. 그러나 "邦尉之璽"·"邦尉之印"·"大尉之印"·"大尉府襄"封泥에 대한 분석에 근거하면, "秦代 璽印制度의 변화와 職官명칭의 변경이 결코 동시에 일어난 것이 아니며, 전자가 아마 후자보다 더 빨랐을 것이다. '秦以來'와 '秦以前'은 엄밀히 말해 秦統一과 皇帝로 칭한 시기의 전후를 의미하지 않는다"는 점을 발견할 수 있다.[27] 바꿔말해 天子만이 인장의 명칭을 璽라고 하고 玉으로 만들도록 하고, 官·民이 사용한 인장의 명칭을 "璽"에서 "印"으로 바꾸는 커다란 변화가 결코 始皇 26년 秦統一 및 皇帝라 칭한 사건을 시간적 분계선으로 삼을 수 없다는 것이다. 아래 두 가지 예시를 들어 증명하겠다. 먼저 嶽麓書院藏秦簡「爲獄等狀四種」"一四 學爲僞書案"에는 다음과 같이 기록되어 있다.

廿二年八月癸卯朔辛亥, 胡陽丞唐敢讞(讞)之: ……。【癸攺(改)】曰: ……學學史, 有私印, 章(?)曰(?)□. ……即獨撟(矯)自以爲五大夫馮毋擇子, 以名爲僞私書, 問贈, 欲貪(貸)錢胡陽少內, 以私印封, ……[28]

---

[27] 孫聞博, 「秦漢太尉·將軍演變新考——以璽印資料爲中心」, 『秦漢軍制演變史稿』 第1章, pp.59-63.

始皇 22년(기원전 225년) 8月 9日, '癸'는 '馮毋擇'장군의 아들이라고 사칭하고, 胡陽縣의 縣丞인 '熷'에게 주는 사적 서신[私人書信]을 위조하여[29] 胡陽縣의 속관기구인 少内로부터 金錢 등의 재물을 빌리고자 했다. 이 사적인 서신["私書"]은 구체적으로 말해 '癸'가 소지하는 "私印"으로 봉한 것이다["以私印封"]. 후세에는 어떤 등급에서 사용한 인장의 명칭을 "章"이라고 불렸던 것과 달리, 秦代에는 印文을 "章"이라고 불렀다. 그래서 상기 簡文의 "章(？)曰(？)□"는 印文이 "□"였음을 가리킨다. 이러한 案例는 秦통일 이전인 始皇 22년 민간에서 사용한 인장의 명칭이 이미 "璽"에서 "印"으로 제도적으로 변화했음을 분명히 보여준다. 다른 한편으로 田煒는 睡虎地秦簡과 龍崗秦簡, 『里耶秦簡壹』, 周家台秦簡에서 사용된 글자를 비교 대조하여 다음과 같이 지적했다. "睡虎地秦簡과 龍崗·里耶·周家台 등 여러 秦簡에서 사용한 글자의 정황이 서로 매우 다르며", "이는 睡虎地秦簡 중 절대 다수가 戰國시기에 抄寫된 반면, 龍崗·里耶·周家台 등의 秦簡은 주로 [통일] 秦代의 簡이기 때문이다. 用字의 변화뿐만 아니라 字形의 변화와 用語의 변화도 마찬가지이다."[30]

  우리는 睡虎地秦簡「秦律十八種·倉律」에 기록된 "縣嗇夫若丞及倉·鄕相雜以印之, 而遣倉嗇夫及離邑倉佐主禀者各一戶以氣(餼), 自封印, ……唯倉

---

28 朱漢民·陳松長 主編, 『岳麓書院藏秦簡(三)』, 上海: 上海辭書出版社, 2013年, pp.223-228.

29 整理小組 注에서는 "丞熷, 胡陽縣의 少内丞이다"(朱漢民·陳松長 主編: 『岳麓書院藏秦簡(三)』, p.232)라고 했지만 이러한 설은 믿기 어렵다. 少内는 縣아래 諸官 중 하나로 嗇夫·佐·史가 설치되지, 丞이 설치되지는 않기 때문이다. 陶安은 "'熷'이 아마도 그 전에 胡縣의 縣丞이었고……少内의 出納업무에서 縣長吏인 令·長 혹은 丞의 지시을 들었을 것이다"(『岳麓秦簡〈爲獄等狀四種〉釋文注釋(修訂本)』, 上海: 上海古籍出版社, 2021, p.157)라고 주장했는데, 이는 그럴듯하다.

30 田煒, 「論秦始皇"書同文字"政策的内涵及影響——兼論判斷出土秦文獻文本年代的重要尺規」, 『"中研院"歷史語言研究所集刊』第89本 第3分, 2018.

自封印者是度縣"(21-23)을 비롯하여, 「法律答問」에 기록된 "僑(矯)丞令'可(何)殹(也)? 爲有秩僑寫其印爲大嗇夫", "盜封嗇夫可(何)論? 廷行事以僑寫印", "甲捕乙, 告盜書丞印以亡, 問亡二日, 它如甲, 已論耐乙, 問甲當購不當？不當"(55·56·138)을 주목해야 한다.31 이처럼 "印"이라고 칭한 律文 및 여러 사법적 해석에 관하여, 언뜻 嶽麓書院藏秦簡 秦律令 및 張家山漢簡 「二年律令」과 글자 사용이 완전히 일치하는 것처럼 보이는데, 이것이 바로 秦통일 전에 이미 "璽"에서 "印"으로 명칭이 변화되었다는 중요한 例證이 된다.

추가로 언급하자면, 앞서 지적한 「爲吏之道」와 「語書」뒷부분 6枚 簡은 "동일한 텍스트의 두 부분으로 봐야 한다. …… 「語書」의 여섯 簡은 원래 '爲吏之道'뒤에 편제되어야 하며, 전체 텍스트의 마지막 부분이다."32 「爲吏之道」에는 추가로 적은 부분에 "璽"字가 등장하면서 正文부분에는 또 "比(庇)臧(藏)封印"으로 "印"字가 등장하여 약간의 설명이 필요하다.33 현재까지 발견된 바에 따르면, 始皇 26년·27년·二世元年에는 "端月"이라고 칭하고, 秦王政 7년·18년年·24년과 始皇 28년부터 37년까지는 기본적으로 "正月"이라고 칭했으며,34 二世 元年에 "殹"를 "也"로 바꿨다.35 「爲吏之道」正文부분에는 "政"을 피휘하지 않고, "黔首"를 "民"이라고 하였다. 그런데 「語書」"有(又)能自端

---

31 睡虎地秦墓竹簡整理小組 編, 『睡虎地秦墓竹簡』, 釋文注釋, p.25, p.106, p.125.

32 陳侃理, 「睡虎地秦簡"爲吏之道"應更名"語書"——兼談"語書"名義及秦簡中類似文獻的性質」, 『出土文獻』第6輯, 上海: 中西書局, 2015年, p.251.

33 睡虎地秦墓竹簡整理小組 編, 『睡虎地秦墓竹簡』, 釋文注釋, p.170.

34 陳偉, 「秦避諱"正"字問題再考察」(원논문은 『出土文獻研究』 第14輯, 上海: 中西書局, 2015에 등재), 수정고는 『秦簡牘校讀及所見制度考察』 第1章, 武漢: 武漢大學出版社 2017年, pp.1-10.

35 大西可也, 「"殹""也"の交替——六國統一前後に於ける書面言語の一側面——」, pp.12-19.

殹(也)"(9-10), "毋(無)公端之心"(11)이라고 하여 두 곳에서는 "正"을 "端"으로 바꿨다. 이는 양자가 비록 같은 사람에 의해 쓰여도, 초사된 텍스트의 형성 시기에는 차이가 있었던 것이다.

또한「爲吏之道」正文(「語書」뒷부분의 여섯 簡 포함)보다 늦은 시기 추가로 보충한 부분에서는 魏 安釐王 25년(기원전 252년) 2개의 魏律을 첨부하고 있는데,「爲吏之道」는 통일초기 戰國 魏律을 추가로 抄寫하여 참고했을 가능성이 낮기 때문에,「爲吏之道」의 正文과 附文의 시대적 배경은 秦통일 이전일 것이다. 이 역시「爲吏之道」를 초사한 시기와 텍스트의 형성연대를 구분해서 연구해야 함을 보여준다. 陳偉는 "律令과「爲吏之道」는 아마도 墓主 '喜'가 秦王政 3년 '揄史'된 이후 수집했거나 抄寫한 것이며 …… 그 하한선은 '黔首'라는 어구가 등장하지 않았기 때문에 秦始皇 25년일 것이다. 그러나 昭王시기까지 올라갈 가능성은 크지 않은 것 같다"고 추론하여,36 초사한 시기에 관해 참고할만하다. 추가로 적은 부분에 보이는 "璽"가 秦의 用字습관을 대표한다고 할 수는 없지만, 최초의 텍스트를 초록하는 것 자체가 魏 安釐王 25년의 법률을 초사해서 첨부한 魏王의 紀年을 반영하는 만큼, "印"이 등장한「爲吏之道」텍스트가 만들어진 상한 시기도 좀 더 폭넓게 고려할 필요가 있다.

이를 통해 秦代 官・私의 인장을 부르는 명칭이 "璽"에서 "印"으로 바뀐 시기는 기원전 252년에서 기원전 225년 사이이며, 주로 秦王政 시기인 기원전 246년에서 기원전 225년 사이에 집중되었을 것이다. 나아가 秦封泥 중에 발견된 "印"이라고 칭한 官印의 경우, 일부는 秦통일 이전으로 이해하는 편이 戰國후기 職官・地理를 연구하는데 도움이 된다. 앞서 논했듯이 "○印" 두 글자 縣印의 경우, '囗'字형태의 인장이 '日'字형태의 인장보다 더 이른 시기에 쓰였다. 지금 보면, "○印"의 두 글자 縣印 가운데 '囗'字 형태류가 "○璽"의 두 글자 縣印을 뒤이었고, 시대적으로는 아마 秦통일 이전일 것이다. 또한 "○印"

---

36 陳偉,「秦避諱"正"字問題再考察」,『秦簡牘校讀及所見制度考察』第1章, p.9.

의 두 글자 縣印 가운데 '日'字 형태류는 "○印"의 '口'字 형태류에 뒤이어 시대적으로는 아마 秦통일 전야나 통일 이후일 것이다.

이밖에 秦의 "同書文字"는 皇帝명칭 및 用語와 관련 있으며, 몇 가지 특징적인 변화를 보여주고 있다. 먼저 이미 있는 "帝"라는 명칭의 기초에서 "帝"보다 더 높고 더 독특한 "皇帝"라는 명칭을 창제함으로써,[37] 군주의 지위 및 그 업적을 더욱 부각시켰다. 동시에 秦통일후에는 "帝"라는 명칭보다 낮은 王이나 侯를 설정하지 않아 황제권의 독존을 실현하였다.

다음으로 "통일 후 命을 '制'라고 삼고, 令을 '詔'로 삼았는데",[38] 里耶 更名木方에 "以王令曰【以】皇帝詔. 承【命】曰承制"(8-461)라고 하여,[39] 秦이 원래 있던 "命" "令"의 기초위에 "制" "詔"을 專用하도록 제정함으로써 황제의 권위를 보여주었다. 아울러 기존의 "命" "令"은 官文書 및 관련 집단에서 여전히 쓰였다. 그리고 里耶 更名木方에는 "王馬曰乘輿馬"와 "王遊曰皇帝遊. 王獵曰皇帝獵. 王犬曰皇帝犬"(8-461)을 기록하였다.[40] 이는 통상적으로 사용되는 어휘 앞에 수식어나 한정어를 추가함으로써 존귀함을 드러내지만, 통상적인 용어의 일상사용에는 영향을 미치지 않는다. 명칭을 변경한 주요 목적은 한정적인 "王"을 "乘輿" 혹은 "皇帝"로 바꾸는 것이다.

---

37 "皇帝"라는 호칭은 "德兼三皇, 功蓋五帝"의 의미에서 취한 것이 아니라, "皇"(大)으로 수식된 특별한 "帝"를 부르는 호칭이다. 孫聞博, 『秦君名號變更與"皇帝"的出現——以戰國至秦統一政治秩序的演進爲中心』(원논문은 『"中研院"歷史語言研究所集刊』 第91本第3分, 2020에 실림), 『初並天下: 秦君主集權研究』 第3章, pp.138-150.

38 『史記』 卷6 「秦始皇本紀」, p.236.

39 陳偉 主編, 何有祖·魯家亮·凡國棟 撰著, 『里耶秦簡牘校釋(第1卷)』, 武漢: 武漢大學出版社, 2012, p.156.

40 陳偉 主編, 何有祖·魯家亮·凡國棟 撰著, 『里耶秦簡牘校釋(第1卷)』, 武漢: 武漢大學出版社, 2012, p.156, p.157.

마지막으로 "天子自稱曰'朕'(天子는 스스로를 칭할 때 '朕'이라고 한다)"이 있다.[41] 先秦시기에는 自稱으로 다양한 표현방식이 있었는데, 皇帝가 그중 하나를 專稱으로 선택하고, 官民은 그 외의 명칭을 自稱으로 사용하였다. 이같은 변화는 "君主/臣民"계층에 따라 다음과 같이 나타낼 수 있다:

(1) 帝/王·侯——皇帝/王·侯를 세우지 않음.
(2) 命·令/命·令——制·詔/命·令;
(3) 王馬·王遊·王獵·王犬/馬·遊·獵·犬——乘輿馬·皇帝遊·皇帝獵·皇帝犬/馬·遊·獵·犬;
(4) 각종 自稱——朕/("朕" 이외) 각종 自稱

이러한 기초위에서 "璽" "印"의 印稱변화를 어떻게 이해해야 할까? 衛宏이 서술한 바에 따르면, 璽/璽——璽/印은 위에서 열거한 (4)의 변화유형과 비슷해 보인다. 그러나 徐仁甫는 "璽'에 天子를 추가한 점은 '璽'가 원래 통칭이었기 때문에 구별하는 용어를 추가해야 했던 것이지, 만약 專稱이라면 구별할 필요가 없었을 것"이라고 지적했다.[42] 漢代 "天子六璽"는 점차 형성된 것으로 봐야 한다.

前漢부터 後漢초까지 君主가 사용하는 璽는 "皇帝信璽"와 "皇帝行璽" 두 종류를 위주로 한다.[43] 나아가 "璽" "印"의 印稱변화는 위에서 열거한 (3)의 변화유형과 더욱 비슷하다고 할 수 있다. 秦封泥에는 "唯王御璽"·"唯□□□"

---

41 『史記』卷6 「秦始皇本紀」, p.236.

42 徐仁甫 著, 徐湘霖 校訂, 『廣古書疑義舉例』 卷1 "上下同詞例"條, 北京: 中華書局, 2014, p.8.

43 阿部幸信, 「皇帝六璽の成立」, 『中國出土資料研究』8, 2004年 ; 孫聞博, 「兵符與帝璽: 秦漢政治信物的制度史考察」, 『初並天下: 秦君主集權研究』第4章, pp.167-170.

·"□□御璽"가 보이는 것44도 이 점을 증명한다. 이 때문에 吏民의 인장을 "印"으로 개칭한 것은 皇權이 일반자원을 독점함으로써 발생한 제도적인 압박에 의한 것이 아니라, 臣民이 제도에 대응하여 형성된 "非制度"적 행위이다(譯者 注: 특정한 제도나 규정의 영향 아래에서 강제된 현상이 아닌, 제도에 대응해 臣民들이 자발적으로 취하는 행위나 대응을 의미). 바꿔 말해 秦통일 후의 [조정에 의한] 명칭 변경은 인장의 명칭 측면에서 王璽에서 皇帝璽로의 변화를 포함하지만, "璽"에서 "印"으로 臣民의 인장 명칭 변화를 동시에 포함하지는 않은 것 같다. 秦의 官印이 "璽"에서 "印"으로 조정된 것은 아마 명칭 변경의 기본적인 내용이었던 것이 아니라, 명칭 변경으로 인해 발생한 "非制度"적 행위의 추진 아래 확립된 새로운 제도인 것이다. 문헌에서 여러 차례 출현하는 "群臣莫敢用"·"群臣莫敢用也"·"群下莫得用" 등의 표현은 아마 이러한 연유에서 비롯되었을 것이다. 관련 상황을 좀 더 진일보하게 나타내면 다음과 같다:

璽/壐──王御璽/印(명칭 변경의 내용이 아님)──皇帝信璽·皇帝行璽/印

이는 秦의 "同書文字"과정에서 "正用字""正用語"의 다양한 변동과 비교해 볼 때, 더욱 이른 시기에 발생했을 뿐만 아니라, 그 목적과 의미도 완전히 같지는 않았던 것이다.

---

44 劉瑞 編著,『秦封泥集存』上編 第1章, p.4.

Ⅱ 通官印·半通印과 小官印: 秦官印의 유형별 형태

衛宏『漢舊儀』에서는 일찍이 "秦以前民皆以金·玉·銀·銅·犀·象爲方寸璽"이라고 말했는데, "方寸璽"은 한 변의 길이가 一寸인 正方形의 인장을 가리킨다. 應劭『漢官儀』에서 또 말하기를:

孝武皇帝元狩四年, 令通官印方寸大小, 官印五分. 王·公·侯金; 二千石銀, 千石以下銅印.[45]

라고 하였다. 이것은 淸代 孫星衍이『初學記』「職官部」와『太平御覽』「儀式部」에 의거해 정리한 것이며, 현재 點校까지 한 상태이다. 中華書局本『初學記』卷12「職官部下·太常卿第十三」"龜紐 犀印"條에서도『漢官儀』를 인용하며 "令通官印方寸大小, 官印五分"이라고 구두점을 찍었다.[46] 王獻唐이 찬술한『臨淄封泥文字敍』에서도 "『太平御覽』「職官部」가『漢官儀』를 인용한 것"을 참고하여, "令通官印方寸大小, 官印五分"이라고 구두점을 찍은 한편,[47] 나아가 "通官印"과 "官印"으로 두 종류를 나눴다. 즉 "通官印은 吏員의 정식 인장으로 上行 및 본인의 이름을 적은 정식 문서에 사용되었다. 일상의 잡다한 문서에서는 官印을 사용하여 찍었다. 官印은 대략 後世의 便章과 같으며, 官署에서 스스로 비치한다"는 것이다.[48]

45　應劭 撰, 孫星衍 校集,『漢官儀』卷下, 周天遊 點校:『漢官六種』, p.188.

46　徐堅 等,『初學記』, 北京: 中華書局, 2004, p.301.

47　王獻唐,『臨淄封泥文字敍目』, 濟南: 山東省立圖書館, 1936, 葉十四正·葉二十一背. 今按:『太平御覽·職官部』에는 이 내용이 없으며, 같은 책 卷683『儀式部四』"印"條에서『漢官儀』에서 "令通官印五分"라고 한 것을 인용, p.3050 下欄.

이처럼 해당 구절에 대한 세 가지 문헌의 구두점은 완전히 동일하다. 그러나 해당 구절의 "小"를 아래 문장에 붙여서 읽으면, 해당 구절은 "令通官印方寸大, 小官印五分"으로 된다. 汪桂海는 다음과 같이 보았다: "漢初의 官印은 모두 1치 크기의 印[方寸印]이었다. 武帝 元狩 4년에 여러 官의 印을 엄격하게 구분하기 위해 官印 制度를 개혁했는데, 그 가운데 吏員의 印에 대해서는 1치 크기의 印을 通官印으로 규정하였다. 그리고 官署에서 쓰는 印의 크기는 通官印의 반으로 하여 半通印으로 명명하거나 小官印으로 명명하였다. 이로부터 通官印과 半通印의 구별이 생겨났다."49 劉紹剛도 "小官印은 通官印에 상대되는 半通印이고", "通官印은 '秩比二百石以上, 皆銅印黃綬'(『漢書』「百官公卿表」)이지만, 二百石 및 二百石이하 小官吏는 半通印을 썼다"고 지적했다.50 兩漢시기 官印과 관련해서, 과거에는 "通官印" "半通印"이라는 개념을 많이 사용했는데, 前者는 1치 크기의 인장[方寸印]에 상응하고, 後者는 1치 크기 인장[方寸印]의 절반으로 직사각형의 인장[長方形印]만 있었다고 지적하였다. 그렇다면 당시 왜 이러한 명칭을 사용하고 구체적인 함의는 무엇인지, 그리고 형태적 차이가 어떠한 맥락에서 발전한 것인지 좀 더 진일보하게 분석해 보아야 한다.

사료를 추적해 보면 "通官印"은 衛宏 『漢舊儀』의 "皇太子黃金印, 龜紐, 印文曰章, 下至二百石, 皆爲通官印", "……丞相·大將軍黃金印, 龜紐, 文曰章. 御史大夫章. 匈奴單於黃金印, 橐駝紐, 文曰章. 御史·二千石銀印, 龜紐, 文曰章. 千石·六百石·四百石銅印, 鼻紐, 文曰印. 章, 二百石以上, 皆爲通官印"51

---

48 王獻唐, 『臨淄封泥文字敘目』, 葉二十二背·葉二十三正.

49 汪桂海, 『漢印制度雜考』(원논문은 『歷史研究』 1997年 第3期에 실림), 汪桂海, 『秦漢簡牘探研』, 北京: 文津出版社, 2009, p.56.

50 劉少剛, 『漢律僞寫璽印罪與西漢的政治鬪爭』, 『出土文獻研究』 第6輯, 上海: 上海古籍出版社, 2004, p.230.

및 앞서 인용한 應劭『漢官儀』에 보인다. "半通"은『法言』「孝至」"由其德, 舜·禹受天下不爲泰. 不由其德, 五兩之綸·半通之銅, 亦泰矣"에 대한 李軌 注에서 "五兩之綸, 半通之銅, 皆有秩嗇夫之印·綬, 印綬之微者也"52를 비롯해『後漢書』卷49「仲長統傳」"身無半通靑綸之印, 而竊三辰龍章之服"에 대한 李賢 注 "『十三州志』曰: '有秩·嗇夫, 得假半章印'"에 보인다.53

兩漢시기 有秩·嗇夫는 有秩嗇夫·斗食嗇夫를 가리키고, 일반적으로 祿秩이 二百石이하이면, "通官印"을 소지하지 않는다. 그러나 후대 사람들이 말하는 "半通"·"半章"의 대응은 "通"字자체에 사각형[方形]의 의미가 있음을 반영하지 않는다. "通官"이라는 용어는 漢代에 이미 단독으로 등장한다.『後漢書』卷29「鮑昱傳」에서 "拜司隸校尉. 詔昱詣尙書, 使封胡降檄. …… 對曰: '臣聞故事通官文書不著姓, 又當司徒露布, 怪使司隸下書而著姓也"라고 했고, 李賢 注에서는 "『漢官儀』曰'群臣上書, 公卿校尉諸將不言姓. 凡制書皆璽封, 尙書令重封. 唯赦贖令司徒印, 露布州郡也"라고 하였다.54 여기서 "通官"은 皇帝에게 上書할 수 있는 官吏群을 가리킨다. 아울러 "通官文書"에서는 姓을 말하지 않는 것을 관례로 한다. 그 밖에도 "通"의 용법은『禮記』「儒行」"儒有博學而不窮, 篤行而不倦, 幽居而不淫, 上通而不困", 鄭玄 注"幽居, 謂獨處時也. 上通, 謂仕道達於君也",『正義』曰"上通, 謂身得通達於君, 有道德被用也"55 및『漢書』卷8「宣帝紀」에 수록된 黃龍元年에 四月詔로 "擧廉吏, 誠欲得其眞也. 吏 六百石位大夫, 有罪先請, 秩祿上通, 足以效其賢材, 自今以來毋得擧"56

---

51 紀昀 等 및 孫星衍『漢官儀』輯本, 周天遊 點校:『漢官六種』, p.46, p.78, p.93 참고.

52 汪榮寶,『法言義疏』卷19, 陳仲夫 點校, 北京: 中華書局, 1987, p.534.

53 『後漢書』卷49「仲長統傳」, p.1651.

54 『後漢書』卷29「鮑昱傳」, p.1022.

55 『禮記注疏』卷59, 阮元 校刻:『十三經注疏』, 北京: 中華書局, 2009年 影印淸嘉慶二十至二十一年江西南昌府學本, p.3625.

에도 보인다. "通官"은 이후에 고위직이나 명망있는 官[達官·顯官]을 가리키는 말로 확장되었다. 예를 들어 『南齊書』 卷16 「百官志」 "太尉. 司徒. 司空. 三公, 舊爲通官",57 같은 책 卷42 「王晏傳」 "晏父普曜藉晏勢宦, 多歷通官",58 『陳書』 卷17 「王沖傳」 "沖有子三十人, 並至通官"59, 『魏書』 卷18 「廣陽王建傳附嘉子淵傳」 "然其往世房分留居京者得上品通官, 在鎮者便爲清途所隔",60 같은 책 卷48 「高允傳」 "初與允同徵遊雅等多至通官封侯, 及允部下吏百數十人亦至刺史二千石, 而允爲郞二十七年不徙官"이 있다.61 南北朝시기, "通官"과 "刺史二千石"은 이미 어느정도 구분이 되어 있었으며, 中央의 청렴하고 고귀한 "上品"의 官을 가리키는 표현으로 등장한다.

兩漢시기 "下至二百石, 皆爲通官印(아래로는 二百石에 이르기까지 모두 通官印을 한다)", "二百石以上, 皆爲通官印(二百石이상은 모두 通官印을 한다)"의 문장은 官吏에게 적용되는 범위가 더욱 넓었으며, 기준은 祿秩에 의해 결정되었다는 점을 언급하고 있다. 漢代 長吏·少吏의 분계선은 일반적으로 二百石이다. 그래서 『漢舊儀』에서 언급한 바는 漢代 長吏가 "通官印"을 사용하고, 少吏가 "半通"印을 사용했음을 가리킨다. 長吏·少吏는 祿秩의 高下이외 주요 選任방식도 달랐다. 『漢舊儀』에서 또 이르길:

舊制: 令六百石以上, 尚書調; 拜遷四百石長相至二百石, 丞相調; 除中都官百石, 大鴻臚調; 郡國百石, 二千石調.62

---

56 『漢書』 卷8 「宣帝紀」, 北京: 中華書局, 1962, p.274.

57 『南齊書』 卷16 「百官志」, 北京: 中華書局, 1972, p.312.

58 『南齊書』 卷42 「王晏傳」, p.742.

59 『陳書』 卷17 「王沖傳」, 北京: 中華書局, 1972, p.236.

60 『魏書』 卷18 「廣陽王建傳附嘉子淵傳」, 北京: 中華書局, 1974, p.430.

61 『魏書』 卷48 「高允傳」, p.1076.

西漢시기, 六百石이상의 官吏는 尚書에 의해 임명되거나 조정되었다. 그리고 尚書배후에서 실제로 대표하는 자는 皇帝 본인이기 때문에, 앞서 인용한 『漢書』「宣帝紀」에서 "秩祿上通"이라고 칭했다. "上通"은 즉 위로는 皇帝에게 통한다는 것이다. 察擧제도 내용 중의 하나로 廉吏를 천거하는 것["擧廉吏"]이 있는데, 이는 地方에서 中央으로 인재를 제공한다는 의미이다. 六百石이상의 官吏는 실제로 皇帝가 직접 任命하기 때문에, 宣帝의 詔書에서 이 집단六百石이상의 官吏에 대해서는 지금부터는 地方에서 廉吏를 천거할 때 포함하지 않아도 된다고 말한 것이다. "四百石 長相부터 二百石"까지는 丞相이 임명하여 조정하는데, 이는 비록 尚書의 임명·조정과 약간 다르지만, 丞相은 百官의 수장으로서 皇帝의 任命을 받아 外朝의 업무를 주관하는 만큼, 관련 임명은 여전히 중앙과 황제를 대표한다.

六百石이상과 四百石에서 二百石까지로 조직된 長吏집단이 "通官印"을 사용하는데, 이는 황제 혹은 중앙에서 직접 임명한 官吏로서 상급과 통할 수 있음을 보여주는 것이다. 王獻唐은 "通官印은 天子로부터 반포 발행된 것으로 吏員 본인에게 사여하고, 이를 차고 다님으로써 章識으로 삼으며, 폐기할 때는 上에게 돌려준다. 이는 通官을 언급함에 漢의 通侯와 같음을 의미한다. 「班表」'通侯'下의 師古 注에서는 '그 爵位가 위로는 天子에 통한다'고 말했는데, 通官도 天子로부터 임명받았기 때문에, 名稱이 서로 같다"고 지적하여 참고해 볼 만하다.[63] 반면 地方의 "郡國百石"은 二百石이하의 少吏에 상당하며, 주로 郡國 二千石官 및 縣官이 임명한다. 그들의 印綬등급은 상대적으로 낮지만, "員"吏는 여전히 국가에 정식으로 편제된 官吏에 속한다. 武帝 元狩 4년

---

62 紀昀 등 및 孫星衍 『漢官儀』 輯本, 周天遊 點校: 『漢官六種』, p.50, p.82 참조.

63 王獻唐, 『臨淄封泥文字敍目』, 葉二十一背: "通官印頒自天子, 賜與吏員本人, 佩爲章識, 罷即繳上. 其言通官, 義猶漢之通侯. 「班表」'通侯'下, 師古注: '言其爵位上通於天子.' 通官亦由天子拜命, 故名稱相同" 필자가 표점에 대해 약간의 조정을 함.

이후, 그들이 소지하는 官印의 크기는 대부분 "通官印"의 절반이 되어 "半通"이라고 불렸다. 결국 "通官印"은 通官집단이 소지하는 인장을 강조하는 것이지, 사용하는 인장의 형태가 사각형[方形]임을 강조하는 것이 아니다. "半通"은 아마 "半通官印"의 줄임말로 사용하는 인장의 크기와 관련 있지만 곧바로 "半通印"이라 불리지는 않았다.

秦에도 이미 "長吏"개념이 있었으며 "少吏"라는 용어도 출현하지만, 兩漢 대부분 시기와 달리 秦漢初 長吏와 少吏의 분계선이 三百石이었지 二百石이 아니었다.64 秦縣에는 令만 설치되었고, 秩千石에서 六百石이었으며, 縣丞은 秩五百石에서 三百石이었다.65 秦封泥는 縣印과 관련있으며, "○○之印"의 네 글자로 된 方形의 인장과 "○璽" "○印" "○○"의 두 글자로 된 長方形의 세로 인장, 두 종류가 있다.

"璽"로 부르든 "印"이라고 부르든 관계없이 두 글자의 縣名으로는 대략 사각형 인장[方印]의 절반 정도 크기인 장방형으로 된 세로 형태의 인장이 비교적 많이 발견된다. 일례로 "鄭璽" "旱璽" "杜印" "藜印" "咸陽" "頻陽"이 있다.66 그중에서 "○印" "○○"(縣名)의 경계란[界欄]은 '囗'字 형태에도 있고, '日'字 형태에도 있다. 縣丞印에 관해서는 네 글자의 方形으로 된 인장이 자주 보인다. 예컨대 "茍丞之璽" "鹹陽丞印" "杜丞之印" 등이 있다.67

이 중에서 "○丞之璽"는 '田'字형태이고, "○○丞印" 및 "○丞之印"은 '囗'字 형태도 있고 '田'字형태도 있다. 秦封泥에 보이는 印文으로는 "臨晉", "樂成" 뿐만 아니라 "臨晉之印", "樂成之印"도 있다.68 縣丞이 사용하는 인장도

---

64 孫聞博, 「從鄕嗇夫到勸農掾: 秦漢鄕制的歷史變遷」, 『歷史研究』 2021年 第2期.

65 孫聞博, 「商鞅縣制的推行與秦縣鄕關係的確立——以稱謂·祿秩與吏員規模爲中心」, 『簡帛』 第15輯, 上海: 上海古籍出版社, 2017, pp.117-131.

66 劉瑞 編著, 『秦封泥集存』 中編第2章, p.667, p.750, p.616, p.630, p.573, p.591.

67 劉瑞 編著, 『秦封泥集存』 中編第2章, p.654, pp.574-582, p.616.

마찬가지로 "鄧丞", "盧丞" 뿐만 아니라 "鄧丞之印", "盧丞之印"도 있다.69 秦漢初 鄕嗇夫의 祿秩은 모두 有秩로 "有秩吏"의 중요한 구성 요소이지만 여전히 少吏에 속하였다. 秦封泥에 보이는 鄕印으로는 "安鄕" 뿐만 아니라 "安鄕之印"도 있다.70 이에 따라 "官印에는 通官印과 半通印의 구별이 있었다"는 점은 秦까지 거슬러 올라갈 수 있다. 다만 秦縣의 長吏·少吏가 사용한 네 글자의 사각형 인장[方印]과 두 글자의 長方形으로 된 세로 인장은 보편적으로 사용되었으며, 인장의 크기로 官吏의 높고 낮음을 엄격하게 구분하지는 않았다.

다음으로 "小官印"을 보자. 郭洪伯는 漢代 "嗇夫가 종종 半通印을 사용하며 그 크기가 비교적 작은 것이 분명하지만 '小官印'을 작은 크기[小尺寸]의 官印으로 이해하는 것은 지나치게 얕은 이해로 '小官'의 인장으로 이해하는 것이 더욱 타당하다"고 지적했다.71 그러나 그는 "秦漢의 '官'과 官員 혹은 職位는 동일한 것이 아니며", "'官'은 官員 혹은 職位가 아니라, 일정한 행정 職能을 가진 機構 혹은 組織이다"고 보았다.72 뒷부분의 의견은 재검토해 볼 필요가 있는데, 이전 학자가 이미 제기한 바가 있다. 王獻唐는 "官印의 '官'은 官署로 訓해야 한다", "이처럼 官印이라는 명칭은 官署로 해석해야 한다"고 말하며 고증을 하였다.73 이는 "通官印"·"小官印"의 함의 및 성격에 대한 기본적인 이해

---

68 劉瑞 編著, 『秦封泥集存』 中編第2章, pp.635-636, p.815.

69 劉瑞 編著, 『秦封泥集存』 中編第2章, pp.876-877, pp.941-942.

70 劉瑞 編著, 『秦封泥集存』 中編第3章, pp.971-973.

71 郭洪伯, 『稗官與諸曹──秦漢基層機構的部門設置』, 『簡帛硏究二〇一三』, 桂林: 廣西師範大學出版社, 2014, p.105.

72 郭洪伯, 『稗官與諸曹──秦漢基層機構的部門設置』, 『簡帛硏究二〇一三』, p.103.

73 王獻唐, 『臨淄封泥文字敘目』, 葉二十二正.

와 관련있다. "通官印"의 "官", "小官印"의 "官"은 官吏를 가리키는 것에 중점을 둔 것이지, 機構를 가리키는 것이 아니다. 예를 들어 "'鄕官'은 일반적으로 鄕吏를 가리키며", "鄕官'은 또한 鄕吏가 주관하는 機構를 가르킬 수도 있다."[74]

그렇다면 秦에는 "小官印"의 개념이 있었을까? 嶽麓書院에서 소장하는 秦令에는 "盜書·棄書丞·令印以上, 耐 ; 少(小)官印, 貲二甲"(1773/263)이라는 기록이 있다.[75] 또한 張家山漢簡「二年律令·賊律」에는 "僞寫徹侯印, 棄市 ; 小官印, 完爲城旦舂☒(一○)"이라는 기록이 있다.[76] 여기서 "少官"과 "令·丞", "小官"과 "徹侯"를 대비해서 말하고 있어 秦漢初에 이미 縣令·丞 등 長吏가 사용하는 인장과 상대되는 "少官印" "小官印"이 존재했음을 나타낸다. 또한 簡文에 따르면 "少官" "小官"이 少吏·小吏를 가리키므로, "官"은 官吏와 대응하지 機構가 아니라는 점도 시사한다. 秦代에는 사각형의 인장方印과 "半章"이라는 인장 사용의 등급제가 없었음에도 "少官印" "小官印"이라는 용어를 이미 사용하였던 것이다. 나아가 "小官印"이 처음에는 사각형 인장[方印]의 절반인 長方形으로 된 세로 인장을 가리키는 것이 아님을 시사한다. "少官印"의 "少"와 "少吏"의 "少"는 모두 "小"로 읽을 수 있다. "小官印"과 "少官印"은 서로 통하여 주로 少吏가 소지하는 官印을 주로 의미한다. 바꿔말해 이른바 "小官印"의 "小"는 인장이 작음을 의미하는 것이 아니라, "官"의 직위가 작음[小]을 의미한다. "小官印"은 작은["小"] "官印"을 의미하는 것이 아니라, "小官"의 인장인 셈이다.

이러한 특징은 秦代에 이미 존재하였다. 보충할 것은 앞서 인용한 『漢官儀』"令通官印方寸大, 小官印五分" 가운데, "通官印"과 대칭하는 것은 사실상

---

74 孫聞博, 『從鄕嗇夫到勸農掾 : 秦漢鄕制的歷史變遷』, 『歷史硏究』 2021年 第2期.

75 陳松長 主編, 『岳麓書院藏秦簡(陸)』, 上海 : 上海辭書出版社, 2020, p.191.

76 彭浩·陳偉·工藤元男 主編, 『二年律令與奏讞書 : 張家山二四七號漢墓出土法律文獻釋讀』, 上海 : 上海古籍出版社, 2007, p.94.

"小官印"이지 "半通印"이 아니다. 漢武帝는 通官印과 小官印의 크기를 각각 方寸과 五分으로 하도록 명했는데, 이 역시 그전에는 "通官印"·"小官印"이 반드시 구체적인 크기에 따라 대응되는 관계인 것은 아니었음을 보여준다. 나아가 "通官"이든지 "小"든지, 모두 사용하는 인장의 크기를 가리키는 것이 아니다. 물론 모든 少吏가 "少官印" "小官印"을 소지하는 것은 아니다. 縣制의 측면에서 말하자면, "少官印" "小官印"을 차고 다니는 少吏는 縣아래의 諸官 嗇夫로, "有秩吏"이기도 하다. 그들은 자신이 속한 縣아래 속관 기구의 사무를 처리한다.

Ⅲ 吏員印과 官署印: 秦官印의 성격

중국 고대 官印은 官署印과 吏員印이 존재했으며, 王獻唐이 이미 밝힌 바가 있다. 또한 그는 漢唐사이에 吏員印 위주에서 官署印위주로의 역사적 변화가 있었다고 지적했다. :

현재 官印은 대략 두 가지 유형이 있으니, 하나가 官署印으로 官署의 名稱을 찍어서 글을 작성하는 것이고, …… 다른 하나가 官名印으로, 職官의 名稱을 찍어서 글을 작성하는 것이다. …… 처음 것은 官署의 正印으로 삼고, 뒤의 것은 長官이 자체적으로 사용하는 것으로 있기도 하고 없기도 하다. 과거의 사례를 살펴보면 周·秦·兩漢이래로 이미 이러한 유형이 있었으며, 사용하는 방식이 달랐을 뿐이다. 이전에는 官名印을 正印으로 삼았으며, 그 正秩이 없는 자들은 官署印을 새겨서 사용하기 시작했다. 唐宋이후에는 官署印을 正印으로 삼고, 官署가 없는 자들이 官名印을 새겨서 사용

하기 시작했다.77

이러한 변화에 관해 일본학자들도 주목하고 많은 연구가 이루어졌다. 米田健志는 傳世史料 및 西北漢簡을 광범위하게 수집한 후 지적하길, 漢代 官吏는 야간에도 수시로 자신의 인장을 차고 다녔지만, 隋代에 이르면 官吏이 官印을 가지고 다니는 습관이 사라졌다고 하였다.78 大庭脩도 이러한 변화에 대해 다음과 같이 해석하였다: 簡牘時代에는 문장을 수정하는 것이 어렵지 않았기 때문에 官吏의 신분을 증명하는 수단으로서 官印은 매우 중요한 의미를 가지고 있었다. 그러나 종이 시대가 되면 글자를 수정하면 종이에 흔적이 남기 때문에, 문서의 신용도가 높아지고 告身이 관리의 신분증명서로서 더욱 중요해졌다.79

그렇다면 秦漢시기 官印의 성격을 어떻게 이해해야 하는가? 陳直은 "漢代官吏가 사용하는 印章에는 公用도 있고 專用도 있다. …… 예컨대 漢封泥로 縣令長 중에는 某縣의 인장이 있는데, 縣令·長·丞·尉가 공적으로 사용하는 것으로 특정 공문서에 사용하기 적합하다. 또한 某某長印, 某某丞印 등은 專用으로, 역시 특정 공문서에 사용하기 적합하다"고 지적했다.80 汪桂海는 "吏員印은 二百石이상 官吏가 차고 다니는 官印이고, 특정 官이 전용하는 인

---

77 王獻唐,「官名官署印製之變遷」, 王獻唐:『五鐙精舍印話』, 濟南: 齊魯書社, 1985, p.388. 관련 논의는 王獻唐,『臨淄封泥文字敍目』, 葉二十一正에서 葉二十四正까지도 참조함.

78 米田健志,「漢代印章考」, 冨谷至 編:『辺境出土簡の研究』, 京都: 朋友書店, 2003, pp. 297-340.

79 大庭脩,『魏晉南北朝告身雜考—木から紙へ—』(원논문은『史林』47-1, 1964에 실림),『唐告身と日本古代の位階制』, 伊勢: 皇學館, 2003, pp.26-27에 수록.

80 陳直,『漢書新證』, 天津: 天津人民出版社, 1979年 2版, p.136.

장이다. 官署印은 각각 官署에 있는 掾史 등 百石이하의 少吏들이 공동으로 사용하는 官印으로, 이러한 인장의 경우 인장을 감독하는 官吏에 의해 管理되며 사용할 때에는 허가를 받아야 하고, 사용한 후에는 돌려주어야 한다"고 여겼다.[81] 王人聰은 "秦官印에는 이미 官署公章과 吏員專用印의 구분이 있었다"고 보고자 했다.[82] 王偉는 "'任城'의 半通印에는 '任城之印'과 '任城丞印'이 있어 각각 縣官曹署用印·縣令長用印과 縣丞用印인 것 같으며", "단순히 縣名만 있는 半通印은 아마 당시 諸縣의 曹署기구에서 사용하던 인장, 즉 縣府의 公章으로 의심된다"고 제기했다.[83]

이와 달리 趙平安은 "'舂陵之印'·'茶陵'과 같은 류의 官印은 縣令 혹은 長이 專用하는 인장이며", "이른바 官署印이라는 것도 실제로는 令·長의 인장일 것"이라고 주장하였다.[84] 代國璽는 "秦漢시기의 官印이 기본적으로는 모두 官名印이며 官署印은 없었다"고 보았다. 나아가 漢唐官印이 官名印에서 官署印으로 변화한 원인에 대해서도 나름의 해석을 했다.[85] 이러한 문제를 해결하기 위한 관건은 縣 및 縣아래 吏員이 사용하는 인장의 성격을 어떻게 정확하게 파악하는 가에 달려있다.

王獻唐은 "예컨대 縣에는 令·長·丞·尉가 있으며, 秩은 모두 二百石이상이므로, 官名印을 가지고 있다. 그 이하 少吏에 이르기까지는 자신의 官號로 공문을 적으면 안되고, 縣名이나 道名의 印을 사용했으니, 封泥 중에 新豊之印, 藍田之印, 武城之印, 舞陰之印, 東阿之印, 夷道之印, 陰平道印이 바로

---

81 汪桂海,「漢印制度雜考」,『秦漢簡牘探研』, p.56.

82 王人聰,「秦官印考述」, 王人聰·葉其峯:『秦漢魏晉南北朝官印研究』, 香港: 香港中文大學文物館, 1990, p.9.

83 王偉,『秦璽印封泥職官地理研究』第5章, p.275.

84 趙平安,『秦西漢印章研究』第1章, 上海: 上海古籍出版社, 2004, pp.11-14.

85 代國璽,『漢唐官印制度的變遷及其歷史意義』,『社會科學』2015年 第8期.

그것이다. 또한 '之印'을 적지 않은 것도 있는데 그 예로 東陽·臨淄로, 무릇 半通의 封泥이다", "무릇 秦漢官印 중 官名으로 하지 않은 것은 通官正秩이 아니며 십중팔구 半通印으로 하는 것으로 안다"고 지적했다.[86] 縣丞·尉의 인장과 비교해 縣令이 사용하는 인장에 관해서는 현재 "懷令之印"[87] 이외에는 대부분 "○○之印", "○○(縣名)", "○(縣名)印"으로 나타난다. 이는 漢代 縣印으로 주로 "安成令印" "安成長印"류가 많이 나타나는 것과 다소 다르다. 그러나 "縣名道名之印(某縣之印 혹은 某道之印)"과 "不著之印(某縣이나 某道만 적힌 印)"은 縣에서 少吏가 사용한 것이 아닐 수도 있다. "秦漢 官印으로서 官名으로 하지 않은 것"에 대해서도 결코 "通官正秩"이 없었다고 할 수는 없다. 그렇다면 이러한 "○○之印", "○○(縣名)", "○(縣名)印"을 秦縣印 가운데 官署印으로 볼 수 있을까?

前漢초엽, 典章제도는 秦代를 많이 계승하였다. 張家山漢簡「二年律令」의 "二年"은 呂后二年에 해당한다. 그 중「秩律」은 縣과 都官을 함께 기술하였는데, 번거로움을 마다하지 않고 縣名과 都官機構名을 하나씩 열거하였다. 여기서 秩級이 가장 높은 千石을 예로 들자면 다음과 같다:

櫟陽, 長安, 頻陽, 臨晉, 成都, □, 雒, 雒陽, 鄧, 雲中, □, 高陵, 郭,[88] □, 新豐, 槐裏, 雎, 好畤, 沛, 合陽, …… 秩各千石, 有丞·尉者半之. 田·鄕部二百石, 司空百五十石.(443, 442, 468)[89]

86　王獻唐,『官名官署印製之變遷』,『五鐙精舍印話』, pp.391-392.

87　劉瑞 編著,『秦封泥集存』中編第2章, p.781.

88　"高陵""郭"이라는 두 縣에 대한 釋讀는 周波,「說張家山漢簡〈二年律令·秩律〉的編聯及其相關問題」,『簡帛研究二○一七春夏卷』, 桂林: 廣西師範大學出版社, 2017, pp. 202-203 참고.

89　彭浩·陳偉·工藤元男 主編:『二年律令與奏讞書: 張家山二四七號漢墓出土法律文獻

열거한 縣名은 20개이다. 과거에는 「秩律」에 반영된 정치 구역의 地理정보에 대한 관심이 많았고, 여기에는 문제가 없다. 그러나 이러한 "縣名"은 사실 職官의 생략된 명칭에 속한다. 簡文에서는 櫟陽令, 長安令, 頻陽令, 臨晉令, 成都令 등 20개 縣令의 秩級이 千石이라고 말하고 있다. 이렇게 縣令을 지칭할 때, "令"字를 생략하고 縣名을 남겨두는 서사 방식은 秦封泥에 보이는 "○○之印", "○○(縣名)", "○(縣名)印"에 "令"字가 출현하지 않는 기록방식과 일치한다.

다음으로는 秦代자료까지 거슬러 올라가 좀 더 자세히 살펴보겠다. 먼저 法律文獻을 보자. 嶽麓書院藏秦簡 秦令에는 "在郡者, 言者雜受印, 以治所縣官令若丞印封印, 令卒史上御史；……以令若丞印封, ……以治所令·丞印封印"(1161/124, 1151/125, 1142/126)[90] 및 앞서 인용한 "盜書·棄書丞·令印以上, 耐；少(小)官印, 貲二甲"(1773/263) 등 내용이 출현하였다. 이는 「二年律令·行書律」 "封毀, 更以某縣令若丞印封"(275)[91]과 기술방식이 기본적으로 일치한다. 丞印과 종종 병칭되는 것으로 이른바 "令印"은 사실 "○○之印", "○○(縣名)", "○(縣名)印"에 대응하는 것이 많으며, 주로 吏員印의 특징을 보여주고 있다. 다시 행정문서를 보자.

釋讀』, p.260, p.259, p.293. 編聯은 郭洪伯, 「張家山漢簡〈二年律令·秩律〉編連商兌」, 『簡帛研究二○一二』, 桂林: 廣西師範大學出版社, 2013, pp.90-93；孫聞博, 「秦漢中央宿衛武官演變考論——以宿衛體系確立與中郎將·校尉的發展爲中心」(원논문은 『國學學刊』 2015年 第4期에 실림), 『秦漢軍制演變史稿』 第1章, pp.81-83；周波, 「説張家山漢簡〈二年律令·秩律〉的編聯及其相關問題」, 『簡帛研究二○一七春夏卷』, pp.200-206 참조.

90　陳松長 主編, 『岳麓書院藏秦簡(伍)』, 上海: 上海辭書出版社, 2017, p.109.

91　彭浩·陳偉·工藤元男 主編, 『二年律令與奏讞書: 張家山二四七號漢墓出土法律文獻釋讀』, p.203.

☑獄南曹書二封, 遷陵印: 一洞庭泰守府, 一洞庭尉府. ·九月☑(8-728+8-1474)

☑己亥餔時, 牢人誤以來. ☑(8-728背+8-1474背)

尉曹書二封, 遷陵印, 一封詣洞庭泰(太)守府, 一封詣洞庭尉府. Ⅰ 九月辛丑水下二刻, 走□以來. Ⅱ(8-1225)

獄東曹書一封, 令印, 詣洞庭守府. ·九月戊戌, 水下二刻, 走佁以來. ☑(8-959+8-1291)

書三封, 令印, 二守府·一成紀. ·九月庚寅, 水下七刻, 走佁以來.(8-1119)[92]

위에서 언급한 것은 秦代 遷陵縣廷이 외지로 발송한 문서의 登記기록이다. 縣廷의 列曹, 예컨대 "獄南曹"·"尉曹"·"獄東曹"는 印綬가 없으며, 발송될 문서에 대해 반드시 縣長吏의 인장을 찍어야만 보낼 수 있다.[93] "遷陵印"과 "令印"은 印章 文字에 대한 엄격한 기록이 아닌 대략적으로 말한 것이다. 前者가 印文의 정보에 좀 더 중점을 두었다면 後者는 인장 사용의 屬性에 좀 더 중점을 두지만, 양자가 같은 업무에 속함을 나타내며 원래의 印章문자는 "遷陵" 혹은 "遷陵之印"으로 간주할 수 있다. 여기서 "遷陵印"을 곧바로 "令印"으로 기록한 것은 秦法律 조문에서 종종 "令印"이라고 칭한 것과 일맥상통한다. 그래서 秦의 縣名印은 縣令이 사용하는 인장에 상응하고 印文에서 "令"字를 생략하며, 그 성격상 주로 吏員印에 속한다고 할 수 있다.

縣의 下屬기구인 鄕·倉·少內 등에 대해서는 "官"이라고도 칭하며, 官을 주관하는 자는 嗇夫이다. 印文에는 "安鄕" "安鄕之印" 및 "倉印" "少內" 등 機構의 명칭만 나왔기 때문에 이러한 종류의 官名印도 官署印으로 많이 간주

---

92 陳偉 主編, 何有祖·魯家亮·凡國棟 撰著, 『里耶秦簡牘校釋(第1卷)』, p.211, p.295, pp.253-254, p.279.

93 孫聞博, 「秦縣的列曹與諸官——從〈洪範五行傳〉一則佚文說起」, 『簡帛』第11輯, 上海: 上海古籍出版社, 2015, pp.78-83.

하고 있다. 그러나 앞서 인용했던 睡虎地秦簡「法律答問」"僑(矯)丞令'可(何) 殹(也)? 爲有秩僞寫其印爲大嗇夫", "·封嗇夫可(何)論? 廷行事以僑寫印"(55, 56) 및 「二年律令·戶律」"民宅園戶籍, 年細籍·田比地籍·田命籍·田租籍, 謹副上縣廷, 皆以箧若匣匱盛, 緘閉, 以令若丞·官嗇夫印封, 獨別爲府, 封府戶"(331, 332)[94]에서 有秩嗇夫·大嗇夫·官嗇夫가 인장을 사용했음을 보여주고 있다. 有秩嗇夫·官嗇夫는 주로 縣아래의 倉嗇夫·少內嗇夫·司空嗇夫·鄕嗇夫류의 嗇夫를 가리킨다. 大嗇夫는 縣令을 가리킨다. 그들은 행정문서에서 職官의 약칭을 보편적으로 사용하여, "倉+人名", "少內+人名", "司空+人名", "○鄕+人名", "○(縣名)+人名"으로 하였다. 이러한 大小嗇夫가 사용하는 官印의 印文은 사실상 "○鄕", "○鄕之印", "司空" 류 및 縣名印이지만, 그 성격은 오히려 屬官嗇夫 및 縣令의 吏員印에 속한다는 것을 볼 수 있다. 따라서 秦縣에서 사용하는 인장의 성격은 주로 吏員印임을 더욱 확실히 알 수 있다. 秦官印의 전체적인 성격도 이와 같을 것이다.

문제는 아직 끝나지 않았다. 秦縣의 主官과 下屬機構의 主官이 인장을 사용할 때 職官을 약칭하여 서사하는 방식을 많이 사용하며, 약칭한 후 실제로 표현되는 것은 縣廷과 縣아래 諸官의 機構명칭이다. 이러한 현상은 간과할 수 없으며, 설명을 필요로 한다.[95] 즉 縣令이 사용하는 인장은 印文에서 職官

---

94 彭浩·陳偉·工藤元男 主編, 『二年律令與奏讞書: 張家山二四七號漢墓出土法律文獻釋讀』, p.223.

95 馬孟龍은 "秦代 縣長官이 사용하는 印에는 '令·長'이 출현하지 않았는데, ……縣級정치구역(縣·道·邑)의 장관은 모두 '令'이라고 했기 때문에, 印章에 地名만 표시해도 되었다(『張家山漢簡秩律"縣道邑缺失"問題辨析』, 『出土文獻』2022年 第2期, p.7 ; 『出土文獻所見秦漢"道"政區演變』『民族硏究』2022年 第2期, p.113)"고 주장하여, 하나의 설이 될만하다. 물론 秦代 郡의 長官은 모두 太守로 하였고, 심지어 縣令처럼 秩級의 分等이 존재하지 않지만, 印章에는 郡名을 표시하지 않았다. 또한 前漢 初期 縣에는 "令·長"의 분화가 나타났지만 「二年律令·秩律」에 기록된 것은 職官을 생략

의 약칭을 縣名으로 하는 방식을 선택했고, 縣아래 官嗇夫의 小官印은 職官의 약칭을 機構名으로 하는 방식을 선택했는데, 이러한 측면도 당시 機構를 주관하는 官[主官]의 吏員印이 官署印의 특징도 겸하고 있음을 반영하고 있다.

嶽麓書院藏秦簡 秦令에는 "不審. 其別有所繇(徭)傳(使)而毋將吏, 及雖有將吏, 將吏毋縣官印及印不行縣官者, 其過及居所縣道官·部部亟聽告及受將吏奔牒, 移其縣官及士吏, 令求之. •十一"(1462/29、1452+C5-9-1/30)이 있으며,96 그중 "縣官印"과 "印不行縣官者"이라는 표현에 관해 유의해야 한다. 상술한 상황은 縣에 한정되지 않는다. 사실상 中央의 諸卿이 관할하는 都官 및 지방 都官의 主官이 사용하는 인장도 職官을 약칭하는 방식을 사용함으로써 機構의 명칭을 드러낸다. 郡守가 사용하는 "○○大守", "○○守印"은 어떤 의미에서는 "○○大守府"의 약칭으로 볼 수 있으며, 太守府라는 함의를 나타낸다.97 이러한 상황에서 행정 운용과정 가운데 문서의 봉인, 전달, 수발은 주로 기관 정보를 나타내며, 기관의 권한과 책임은 실제로 여기에 해당하는 주관 官吏[主官]가 맡게 된다. 결국 唐代와 달리, 秦官印은 주로 吏員印이다. 그 중 都官·縣·鄕·司空 등 中央과 地方의 각종 기구에 관하여, 그 기구의 주관 官吏가 사용하는 인장으로서 吏員印과 官署印의 속성이 하나로 합쳐져 있는 것이다.

끝으로 "吏員印→官署印"의 변화에 관해 다음과 같이 초보적인 해석을 할 수 있다: 機構정무의 운용, 특히 대외사무는 機構印과 서명(혹은 吏員印)을 병행해서 사용하여 권위와 책임을 나타낸다. 秦代 機構의 주관 官吏는 대다수가 機構名의 인장(실제로는 主官의 약칭인데, 일례로 中都官, 都官, 縣, 縣아

하고 地名만 표시하였다.

96　陳松長 主編, 『岳麓書院藏秦簡(陸)』, p.57.
97　孫聞博, 『說東牌樓漢簡〈桂陽大守行丞事南平丞印緘〉』, 『文物』 2010年 第10期.

래 諸官이 있다)을 사용하고, 소수가 주관 官吏의 인장(실제로는 郡처럼 機構의 약칭으로 볼 수 있기도 하다)을 사용하여, 秦代 機構의 主官은 여전히 吏員印을 사용하지만, 吏員印 자체는 機構印의 屬性을 가지고 있어 吏員印과 官署印의 속성이 하나로 합쳐진 것이라고도 할 수 있다.

이는 역사 초기의 簡牘時代에는 人名으로 서명하는 경우가 비교적 적었던 것과 관련 있으며, 약칭하는 방식을 통해 하나의 인장이 두 가지 속성을 발휘하는 기능을 드러냈다. 漢代에는 吏員印을 사용하는 동시에, 서명을 사용하는 경우도 점차 늘어났다. 簡牘時代에서 紙質時代로의 전환과정에서 서명이 기존과 비교해 더욱 편리하게 처리할 수 있고 점차 보편적으로 사용됨으로써 吏員印에서 官署印으로의 변화가 나타났다. 이러한 秦制를 단순히 역사 초기 시대의 제도적 허술함으로 보는 것은 적절하지 않는 것 같다. 秦官印을 예로 들면 '機構가 이미 성립되었고——官署名', '권한과 책임을 명확히 하였던——吏員印' 것이다. 따라서 秦漢시기 機構조직을 중심으로 官을 설치하고 職을 나누는 것을 결코 중시하지 않았다고 할 수 없다. 이러한 진전은 아마 기술 조건과 管理제도의 발전 속에서 "官署印+서명[簽署]"의 조합이 더욱 실행하기 편리했기 때문에 나타난 역사적인 변화이다.

Ⅳ 用字·경계란[界欄] 및 鄕印·部印: 기층의 用印제도 여측(蠡測)

秦封泥는 당시 지리 구획과 행정 체제를 이해하는 중요한 자료를 제공하며, 일부 글자 사용방식이 전세 문헌과 차이가 있다. 秦郡을 예로 들면 三川郡은 "參川"이라고 하고, 潁川郡은 "穎川"이라고 하며, 泗水郡은 "四川", 東海郡

은 "東晦", 遼東郡은 "潦東"이라고 하였다. 더욱 구체적으로 秦縣에 이르면, "泫氏"은 "玄氏", "海陵"은 "晦陵", "海鹽"은 "晦鹽"이라고 하였다. 이것들은 그 당시 특정 단계에서 사용하는 글자의 실제적인 정황을 정확하게 반영하고 있다. 封泥에 보이는 秦縣 縣名은 서로 다른 표기법이 있으니, 예를 들어 "灋丘"와 "廢丘", "裏德"과 "壞德", "綿者"와 "綿諸", "襄成"과 "襄城"이라고 하여, 이는 秦통일후의 "정확하게 글자를 사용하는[正用字]" 정책과 관련있다. 里耶 更名木方의 背面에는 "·九十八"(8-461)이라고 기록되어 있어, 이 자체가 여러 更名木方 중의 하나임을 시사한다. 그중에는

者如故, 更諸. AX
灋如故, 更廢官. AXⅡ(8-461)98

라고 되어 있다. 이는 "者"의 경우 일반적인 상황에서는 기존과 같이 사용하되, 여럿[諸多]을 의미하는 諸를 나타낼 때는 "者"를 "諸"字로 바꾸도록 한다는 의미이다. "灋"의 경우도 法律의 "法"을 나타낼 때는 기존과 마찬가지로 사용하지만, "廢官"의 "廢"를 나타낼 때는 "灋"을 "廢"字로 바꾸도록 했다. 秦封泥에는 "綿諸丞印"도 보이지만 "綿者丞印"도 확인된다.99 두 종류 모두 '田'字 형식의 경계란이 있는 형태이고, 後者는 前者에 비해 필획이 좀더 세밀하고 섬세하다. "綿者丞印"은 분명 秦통일 이전에 사용한 인장이고, "綿諸丞印"은 秦통일 이후에 사용한 인장이다. 또한 秦封泥에는 "廢丘"·"廢丘丞印"도 있고, "灋丘"·"灋丘丞印"도 있다.100 현재 "廢丘"와 "灋丘"를 비교해 보면, "廢丘"는 모두 '日'字 형태의 인장이고, "灋丘"는 모두 '口'字형태의 인장이다. 다시 "廢

---

98 陳侃理,『里耶秦方與"書同文字"』,『文物』2014年 第9期.

99 劉瑞 編著,『秦封泥集存』中編第2章, pp.688-689.

100 劉瑞 編著,『秦封泥集存』中編第2章, pp.624-630.

丘丞印"과 "灋丘丞印"을 비교해 보면, "廢丘丞印"는 모두 '田'字형태의 인장이고, "灋丘丞印"은 '口'字형태의 인장도 있고, '田'字형태의 인장도 있다. "丞"字를 살펴보면 초기에는 "了"부분의 가로획이 비교적 짧고, 획을 꺾을 때 가로획의 왼쪽 끝에 접근하거나 중간위치에서 아래로 꺾어 내려간 것이 많다. 후기에는 "了"부분의 가로획이 비교적 길고, 획을 꺾을 때 가로획의 왼쪽 끝까지 이른 후에 획을 아래로 꺾은 것이 많다.[101] 초기 "了"의 상단은 비교적 소랑(疏朗)하고 자유롭지만, 후기 "了"의 상단은 편평(偏平)하고 반듯하다. 그리고 "廢丘丞印"·"灋丘丞印"의 "丞"은 각각 후기와 전기 "丞"字의 서법 방식에 대응한다. 이 때문에 "灋丘"·"灋丘丞印"은 秦통일 이전의 인장으로 사용되었으며 ; "廢丘""廢丘丞印"은 秦통일 이후의 인장으로 사용되었다.[102] 나아가 두 글자의 縣印 가운데 '口'字형태의 인장이 '日'字형태의 인장보다 더 이른 시기이며, 印稱으로서 "璽""印"의 교체는 秦통일이전에 이루어졌다는 것이 추가로 확인되었다. 이는 秦封泥의 斷代 구분에서 중요한 의미를 가지고, 많은 자료의 年代를 더욱 세밀하게 구분할 수 있도록 한다. 네 글자 縣印의 상황은 더 복잡한데, '田'字형태의 인장보다 '口'字형태의 인장이 대부분 더 이른 시기에 사용되었다. 이전 學界에서는 戰國 秦國과 통일후 秦代 官印을 구분하기 어렵다고 보았기 때문에, 秦官印이라고 통칭했다.[103] 이러한 상황은 이제 변할

---

101 孫慰祖는 "'丞'字 중 수직선과 마지막 획이 연결되는 부분이 굵고 반원형을 이루며, 혹 굵은 획이 없더라도 마지막 획이 비교적 짧고 양쪽 끝이 상향하는 경우가 있다. 어떤 '丞'은 '📷'으로도 적었는데 이는 古體이다"(『封泥的斷代與辨僞』(원 논문은 『上海博物館集刊』第8期, 上海: 上海書畫出版社, 2000에 실림), 『可齋論印新稿』, 上海: 上海辭書出版社, 2003, p.96 ; 『封泥: 發現與硏究』, 上海: 上海書店出版社, 2002, p.99)라고 하였다. 여기서 지적한 것도 초기 서법으로서 참고 할만하다.

102 학자들은 다른 자료를 인용하여 "'灋丘'를 사용한 시기는 '廢丘'보다 이르다고 하였다. ……그러나 실제로 '廢丘'가 秦통일 후의 서법인지 통일전에 이미 시작되었는지 현재 자료로는 확정하기 어렵다." 劉瑞, 『秦封泥分期釋例』, p.86.

수 있게 되었다.

秦封泥에 보이는 縣丞印으로는 네 글자 印을 많이 하였지만, 일반적으로 "縣"字는 출현하지 않는다. 설자 한 글자의 縣名이라도 "杜丞之印"·"鄧丞之印"·"盧丞之印"류로 많이 하였다. 그러나 "琅邪縣丞"처럼 특수한 예도 있다.[104] 이는 여타 두 글자 縣名으로 "琅邪丞印"이라 한 것과 다른데, 아마도 琅邪가 秦郡의 명칭이기도 하기 때문에, 琅邪郡의 丞相과 구별하기 위한 것이다. 그밖에 두 글자 縣名의 縣丞印으로 비록 "○○丞印"이 많지만, 소수의 "○○之丞"도 있으며, 심지어 宜陽縣의 경우 "宜陽丞印" 뿐만 아니라 "宜陽之丞"도 보인다.[105] "丞"字를 쓰는 방식을 비교해보면, "宜陽丞印"·"宜陽之丞"의 "丞"은 대체로 각각 후기와 초기 "丞"字를 쓰는 방식과 대응한다. 그렇기 때문에 이러한 두 형식은 시대적인 선후관계가 존재하여 "宜陽之丞"이 시기적으로 좀 더 이르고, "宜陽丞印"이 좀 더 늦고 더욱 정제되었다. 그러나 秦縣의 印격식이 엄격하지 않았음을 반영하는 것이 아니다.

秦封泥에 보이는 縣아래 鄕印은 두 글자 인장과 네 글자 인장으로, 두 종류가 있다. 전자는 "○鄕"로 하고, 후자는 "○鄕之印" "○○鄕印" "○○○鄕"으로 한다. 圖版을 자세히 보면 縣印과 현저하게 달라서, 절대다수의 두 글자 鄕印, 네 글자 鄕印에 사실상 경계를 짓는 형식[界格]이 없다.[106] 예컨대 이는

---

103 "현재자료에 근거해서는 戰國 秦國과 秦統一後 秦代의 官印을 완전히 구별할 수 없기 때문에, 현재 볼 수 있는 戰國秦의 官印과 통일 후의 秦代官印을 秦官印으로 통칭해서 소개한다." 中國社會科學院考古硏究所 編著, 『中國考古學·秦漢卷』第十一章, 中國社會科學出版社, 2010, p.833.

104 劉瑞 編著, 『秦封泥集存』中編第2章, p.919.

105 劉瑞 編著, 『秦封泥集存』中編第2章, p.839.

106 孫慰祖가 이미 이점을 지적하였다. 『中國古代封泥』第三章, 上海: 上海人民出版社, 2002, p.86 참고.

'田'字형식의 인장 중 "十"字내부의 경계란界欄 뿐만 아니라, "囗"字외각의 테두리[界欄: 경계란까지 포함한다. 동시에 경계란界欄이 있는 소수의 사례에서 '日'字형식, '囗'字형식, '田'字형식이 있다. 문자 측면에서 경계란界欄이 없는 鄕印의 "鄕"은 모두 "卿"으로 표현하고 필획이 다소 조잡하다. 일례로 "安鄕", "安鄕之印", "安國鄕印"이 있다.107 日字형식, 囗字형식, 田字형식으로 된 鄕印의 "鄕"은 "卿"으로 표현한 것이 많으며 필획이 비교적 세밀하다. '日'字형식의 인장으로는 일례로 "池鄕" "丘鄕"이 있다.108 '日'字형식, '囗'字형식으로는 예컨대 "郜鄕" "郝鄕" "南鄕"이 있다.109 '田'字형식의 인장으로는 "長陵鄕印"이 있다.110 개별적인 '日'字형식 인장의 "鄕"은 "鄕"으로 표현하여, 예컨대 "棼鄕" "西鄕"이 있다.111 里耶更名木方에는 다음과 같이 기록되어 있다:

卿如故, 更鄕. AVIII(8-461)112

이는 "卿"이 公卿의 "卿"을 표현할 때는 예전과 같이 하고, 鄕里의 "鄕"을 표현할 때는 "卿"을 "鄕"으로 바꾸도록 했다는 의미이다. 秦封泥에 보이는 鄕印의 경우, "鄕"字의 두 가지 표기법이 병존하지만, "鄕"字가 더 많았던 것이다. 그래서 "卿"字로 표현된 '日'字형식·'囗'字형식·'田'字형식의 鄕印은 秦통일 이전에 사용한 인장이고, "鄕"으로 표현된 것으로서 '日'字형식을 비롯해

---

107 劉瑞 編著, 『秦封泥集存』中編第3章, pp.971-974.

108 劉瑞 編著, 『秦封泥集存』中編第3章, pp.980-981, p.1004.

109 劉瑞 編著, 『秦封泥集存』中編第3章, pp.989-990, p.993, p.999.

110 劉瑞 編著, 『秦封泥集存』中編第3章, p.978.

111 劉瑞 編著, 『秦封泥集存』中編第3章, p.987, p.1008.

112 陳侃理, 『里耶秦方與"書同文字"』, 『文物』2014年 第9期.

數量이 더 많은 경계란이 없는 鄕印은 秦통일 이후에 사용된 인장이다.113 鄕印으로서 경계란界欄이 있는 형식에서 경계란이 없는 형식으로 발전하는 것은 縣·都官印이 '口'字형식의 인장에서 '日'字형식의 인장으로 나아가는 것과 다소 다르며, 서로 다른 계통에 속한다고 할 수 있다.

끝으로 縣아래 "部"印에 관한 자료가 나날이 풍부해지고 있다. 예컨대 "都部"·"源部"·"洛部"·"略部"·"西部"·"畦部"·"邽部"·"武部"·"治部"·"渠部"·"沈部"·"下部豔部"가 있다.114 동시에 "縣名+部名"의 경우도 보이는데, 일례로 "綿者略部"·"綿者□部"·"綿□略□"·"□者□部"·"綿□魏部"·"義渠中部"가 있다.115 "綿者"·"義渠"가 모두 西戎에 속함을 고려하면, 후에 秦에 의해 정복된 것이다. 張家山漢簡「二年律令·秩律」에는 "縣〈緜〉諸·義渠道"가 있으며,116 『漢書』「地理志下」"天水郡"條에는 관할 縣으로 "緜諸

---

113 王偉는 岳麓書院藏秦簡의 簡87과 簡1200에 근거하여, "卿類로 된 鄕印의 시대적 배경은 비교적 일러서 아마도 秦統一이전일 것이다"(『秦璽印封泥職官地理研究』第5章, p.303)라고 추측했다. 또한 秦통일 후의 글자 사용의 조정 및 변동은 반복해서 계속 발생했을 것이라고 추측했다. 陳偉는 硏究를 통해 지적키길 "私家의 奴隸로서 초기에 유행한 '臣妾'奴妾'이라는 명칭은 始皇 28년 8월부터 31년 10월 혹은 32년 6월사이에 '奴婢'로 바꾸었다. 始皇 30년 5월부터 32년 6월 사이에는 '皋'字를 폐기하고 '罪'로 바꿔썼다", "始皇 26, 27년 및 二世시기에는 '端'字로 '正'字를 대체하였지만, 秦王政-秦始皇이 재위한 다른 시기에는 '正'字가 여전히 쓰였다", "문서를 개봉하는 정식용어로서 '半'이 '發'로 바뀐 것은 秦始皇 30년 6월부터 9월 사이다".(『秦簡牘校讀及所見制度考察』第1章, 第2章, 武漢: 武漢大學出版社, 2017年, p.25, p.80). 이는 秦印의 用字문자 및 형식이 통일 이후에도 새로운 변화가 있었고, 특정 문자의 사용이 반복적으로 나타날 수 있음을 보여준다.

114 劉瑞 編著, 『秦封泥集存』中編第3章, pp.1027-1037.

115 劉瑞 編著, 『秦封泥集存』中編第2章, p.689-691, p.697.

116 彭浩·陳偉·工藤元男 主編, 『二年律令與奏讞書: 張家山二四七號漢墓出土法律文獻釋讀』, p.270, p.269.

道"가 있으며, "北地郡"條에는 관할 縣으로 "義渠道"가 있어,117 前漢시기 여전히 당지에 蠻夷가 집거하고 있었기 때문에 道를 설치했음을 알 수 있다. 「二年律令·秩律」중에 기록된 道의 主官으로는 六百石令과 五百石長이 있다. 後者에 관한 竹簡은 재차 편련(編聯)을 거쳤으며 내용은 다음과 같다:

□室=仆=射=(□室仆射·□室仆射)大(太)官, 未央食官, 食監, 長信食官·□□三楊關, 長信詹事和〈私〉官長, 詹事祠祀長, 詹事廄長, 月氏(467)118 陰平道·蜀〈甸〉氏道·縣〈緜〉遞道·湔氏道長, 秩各五百石, 丞·尉三百石. 大(太)醫·祝長及它都官長, 黃鄕長, 萬年邑長, 長安廚長, 秩各三百石, 有丞·尉者二百石, 鄉部百六十石. 未央宦者, 宦者監仆射, 未央光〈永〉巷, 光〈永〉巷監, 長信宦者中監, 長信光〈永〉巷, 光〈永〉巷, 衛〈衛〉將軍·衛〈衛〉尉五百將, 秩各三百石.(465, 466, X4)119

『漢書』「地理志下」"安定郡"관할 縣에는 "月(支)[氏]道"가 있다.120 郭洪伯는 "여기서 등장한 '月氏'는 '月氏道'일 수밖에 없다. 그리고 簡465의 開頭부분이 마침 4개의 '道長'으로, '月氏道'와 같은 범주에 속한다"고 보았다.121 여기서 한 가지 문제가 있는데, 과거에는 별로 주의를 기울이지 않았다. 三百石 縣長이 다스리는 縣은 어떠한 이유로 작은 鄕·邑에서 升級되어 온 것이고,

---

117 『漢書』卷28下『地理志下』, p.1612, p.1616.

118 郭洪伯, 「張家山漢簡〈二年律令·秩律〉編連商兌(續)」, 『簡帛研究二〇一七春夏卷』, p.198.

119 周波, 「說張家山漢簡〈二年律令·秩律〉的編聯及其相關問題」, 『簡帛研究二〇一七春夏卷』, p.208.

120 『漢書』卷28下『地理志下』, p.1615.

121 郭洪伯, 『張家山漢簡〈二年律令·秩律〉編連商兌(續)』, 『簡帛研究二〇一七春夏卷』, p.198.

"有丞‧尉者二百石"뒤에는 "鄕部百六十石"을 언급하고 있다. 五百石 道長이 다스리는 道는 "丞‧尉三百石"이라고 곧장 칭하지만, 다른 등급의 縣처럼 鄕部嗇夫의 秩級을 언급하지 않는다. 게다가 관련 내용은 모두 簡465에 속하여 글자의 누락이 있을 수 없다. 이를 뒤집어 보면, 「二年律令‧秩律」에서 六百石 縣令‧道令‧都官令에 관하여 "有丞、尉者半之, 田‧鄕部二百石, 司空及衛〈衛〉官‧校長百六十石"(簡450)[122]이라 했지만, 여기서 "鄕部"가 반드시 道官과 상응한다고는 할 수 없다. 나아가서 흥미로운 문제 하나가 떠오른다: "道"官아래에는 아마 鄕이 설치되지 않고, 주로 "部"가 설치되어 관리된다는 것이다. 秦封泥에 보이는 縣아래 "部"印이 아마 이러한 종류에 속한다.[123]

馬王堆漢墓「地形圖」에서는 前漢초기 長沙國 남부지역을 묘사하는데,[124] 표시된 80여개의 거주민 지역은 기본적으로 두 등급으로 나눠져 있다: 縣級 거주지역은 8개로, 직사각형 부호를 사용해서 표시했고, 鄕里 거주지역은 식별할 수 있는 것이 74개로, 원형 부호를 사용해서 표시했다.[125] 鄕里취락으로는 "深平"‧"甲卑"처럼 명칭을 곧바로 적은 것이 있고, "壘部"처럼 "部"를 적은

---

122 彭浩‧陳偉‧工藤元男 主編, 『二年律令與奏讞書: 張家山二四七號漢墓出土法律文獻釋讀』, p.264.

123 王偉는 "秦封泥 가운데 '某部'類의 封泥도 鄕級 職官과 機構에서 사용한 印이다"(『秦璽印封泥職官地理研究』第5章, pp.304-305)고 보았다. 그러나 "○部" 등을 "鄕部機構"와 동일시하고 "鄕部用印"으로 보는 것은 재검토가 필요하다. 일반적으로 "鄕部"는 "部"로 줄여서 부르지는 않는다.

124 이 그림의 성격에 관해 學界에서는 "前漢초기 長沙國의 深平防區圖"로 보는 것이 주류지만, 최근에는 郡國에 흔히 가지고 있는 일반적인 행정 지역도로 보는 견해도 있다. 譚其驤, 「二千一百多年前的一幅地圖」, 『文物』1975年 第2期 ; 邢義田, 「論馬王堆漢墓"駐軍圖"應正名爲"箭道封域圖"」, 『湖南大學學報(社會科學版)』2007年 第5期.

125 馬王堆漢墓帛書整理小組, 「長沙馬王堆三號漢墓出土地圖的整理」, 『文物』1975年 第2期.

것이 있기도 하며, "蛇君"으로 "君"을 적거나, "□官"처럼 "官"을 적든지, "□鄑"처럼 "鄑"을 적기도 했다. 그리고 다수의 里가 있다. 그중 部를 적은 것으로 "壘部" "牆部" "佟部"가 있으며, "箭道封域圖"에는 "袔部"만 보인다. 張修桂는 다음과 같이 지적했다: "'地形圖'에서 그린 鄕里는 4개 지역에 밀집되어 있다: 深水 源流 지역 및 牆水·壘水·佟水 3流域이다. 그리고 이 4개 지역에는 각각 '部'가 설치되어 있다. 예를 들어 牆水 流域에는 牆部가 있고, 壘水 流域에는 壘部가 있으며, 佟水 流域에는 佟部가 있고, 深水源 지역은 帛圖이 파손되어 식별하기 어렵지만 駐軍圖을 통하여 여기도 마찬가지로 하나의 部, 즉 袔部가 설치되어 있었음을 알 수 있다. 각 流域의 간류(幹流)는 모두 部의 이름을 하고 있다. 여기서 주목할 만한 것은 '部'가 아마도 縣과 里사이에 있는 鄕級의 行政機構라는 점이다."126 邢義田은 "駐軍圖"를 "箭道封域圖"로 봐야 한다고 여겼다.127 만약 앞서의 주장이 타당하다면, "箭道"는 縣道의 "道"에 속했다. 이러한 지역에는 인가가 비교적 적으며, 遷徙해 온 일부 漢民이외 당지 토착인들이 광범위하게 분포하고 있다. 馬王堆 地圖에 보이는 "部"는 秦封泥에 보이는 "部"와 유사한 성격을 가지고 있는 것이다.

秦封泥는 비록 형태가 작고 재질도 일반적이지만, 오히려 당시 행정관리에서 중요한 부분을 대표한다고 할 수 있다. 맹렬한 불길 속에 공문서들은 이미 잿더미가 되어 버렸지만, 封泥는 오히려 되살아났다. 이는 과거 官吏들의

---

126 張修桂, 「馬王堆地形圖測繪特點硏究」, 曹婉如等編: 『中國古代地圖集』(戰國—元), 北京: 文物出版社, 1999, p.6, p.10에서도 어떤 학자가 "部는 戰國시기에는 鄕보다 작은 행정단위였다. 漢代가 되면 일반적으로 鄕·亭政府가 소재한 지역을 '部'라고 하였다"라고 여겼다. 傅擧有, 「馬王堆出土的駐軍圖」, 曹婉如等 編: 『中國古代地圖集』(戰國—元), p.10.

127 邢義田, 「論馬王堆漢墓"駐軍圖"應正名爲"箭道封域圖"」, 『湖南大學學報(社會科學版)』2007年 第5期.

바쁜 일상을 드러낼 뿐 아니라, 유구한 印制의 역사도 함께 시사하고 있다.

【附記】
　　글을 수정하는 과정에서 日本 京都大學 宮宅潔, 武漢大學 魯家亮, 復旦大學 馬孟龍 선생 등의 도움을 받았다. 특별히 감사함을 표하는 바이다. 이 글의 원문은 「新見封泥與秦縣印制變遷」이라는 제목으로 『社會科學』 2023年 第3期, 43-56쪽에 수록되었으며, 이번 총서에 수록되는 과정에서 약간의 조정을 했다.

【번역】
　　김종희 (경북대학교 인문학술원 HK연구교수)

編·著者 소개

編者

윤재석 尹在碩 jasyun@knu.ac.kr
경북대학교 사학과 교수, 인문학술원장 겸 HK+사업단장

[대표연구업적]

「秦의 新地 인식과 점령지 지배」(『中國古中世史硏究』, 2017)

「漢代武威地區喪葬禮俗文化的性質 —以磨嘴子漢墓出土幡物爲中心—」(『中國古中世史硏究』, 2019)

『睡虎地秦墓竹簡 譯註』(소명출판, 2010)

「東アジア木簡記錄文化圈の硏究」(『木簡硏究』43, 2021)

「秦漢代의 算學敎育과 '구구단'木簡」(『동서인문』 19, 2022)

著者 (執筆順)

부셴췬 卜憲群 buxq9794@sina.com
중국 中國社會科學院 古代史硏究所 소장 겸 연구원

[대표연구업적]

「从简帛看秦汉乡里的文书问题」(『文史哲』, 2007年第6期)

「中国古代"治理"探义」(『政治学研究』, 2018年第3期)

「乡论与秩序：先秦至汉魏乡里舆论与国家关系的历史考察」(『中国社会科学』, 2018年第12期)

「秦汉乡里社会演变与国家治理的历史考察」(『中国社会科学』, 2022年第3期)

이용현 李鎔賢 yhyist@naver.com

전 경북대학교 인문학술원 HK연구교수

[대표연구업적]

『한국목간기초연구』(신서원, 2003)

「城山山城 木簡에 보이는 신라의 지방경영과 곡물·인력관리-城下麥 서식과 本波, 喙의 분석을 중심으로」(『동서인문』 17, 2021)

「慶山 所月里 文書 木簡의 성격-村落 畓田 基礎 文書-」(『木簡과 文字』 27, 2021)

「함안 성산산성 '壬子年'목간의 재검토」(『신라사학보』 80, 2020)

하시모토 시게루 橋本繁 sige1023@yahoo.co.jp

경북대학교 인문학술원 HK연구교수

[대표연구업적]

『韓国古代木簡の研究』(吉川弘文館, 2014)

「관문성 명문석과 신라의 역역 동원 체제」(『신라문화』 62, 2023)

「경산 소월리 목간의 성격에 대한 기초적 검토 -신라 촌락문서와의 비교 및 형태적 특징을 중심으로」(『목간과 문자』 29, 2022)

「함안 성산산성 목간의 '王私'와 '城下麥'」(『신라사학보』 54, 2022)

홍승우 洪承佑 knows999@knu.ac.kr
경북대학교 역사교육과 부교수

[대표연구업적]

「「신라촌락문서」의 기재 내용과 수취제도-戶口 관련 기재 내용을 중심으로-」(『한국고대사탐구』 42, 2022)

「대구 팔거산성 출토 신라 목간 검토」(『大丘史學』 149, 2022)

「경산 소월리 목간의 내용과 성격」(『동서인문』 16, 2021)

「창녕 교동11호분 출토 명문대도 재검토」(『韓國古代史硏究』 101, 2021)

「함안 성산산성 출토 부찰목간의 지명 및 인명 기재방식과 서식」(『木簡과 文字』 22, 2019)

이치 히로키 市大樹 chm-i@kcn.jp
일본 大阪大学 大学院 人文学研究科 教授

[대표연구업적]

『飛鳥藤原木簡の研究』(塙書房, 2010)

『すべての道は平城京へ』(吉川弘文館, 2011)

『飛鳥の木簡』(中央公論新社, 2012)

『日本古代都鄙間交通の研究』(塙書房, 2017)

구와타 구니야 桑田訓也 kuwata-k8v@nich.go.jp
일본 奈良文化財研究所 都城発掘調査部(平城地区) 연구원

[대표연구업적]

「文献からみた灯明皿」(奈良文化財研究所編『灯明皿と官衙・集落・寺院』, 2020)

「伊場遺跡群出土文字資料総論」(『木簡研究』 40, 2018)

「日本의 구구단・暦 관련 출토 문자자료와 연구 동향」(『木簡과 文字』 17, 2016)

「9・10世紀の給料学生」(奈良文化財研究所編『文化財論叢Ⅳ』, 2012)

「神亀五年・天平二年の「学制改革」に関する基礎的考察」(『史林』 92-3, 2009)

마루야마 유미코 丸山裕美子

    일본 愛知縣立大學 교수

[대표연구업적]

「円珍の位記・智証大師諡号勅書と唐の告身」(『国立歴史民俗博物館研究報告』 224, 2021)

「医疾令と日本古代の医療」(『鍼灸』 132, 2019)

『本草和名 : 影印・翻刻と研究』(汲古書院, 2021)

『正倉院文書の世界―よみがえる天平の時代』(中央公論新社, 2010)

『日本古代の医療制度』(名著刊行会, 1998)

김진우 金珍佑 woohist@hanmail.net

    경북대학교 인문학술원 HK연구교수

[대표연구업적]

『동아시아 고대 효의 탄생-효의 문명화 과정』(평사리, 2021)

「漢初 律典의 律名體系와 刑罰體系의 變化-『胡家草場漢簡』律令簡을 중심으로-」(『동서인문』 21, 2023)

「새로운 자료, 새로운 방법론, 중국고대사 연구의 진전-2020~2021년 연구 동향과 과제-」(『역사학보』 255, 2022)

「秦・漢初 官修 大事記類 記錄物의 書寫와 流行-荊州 胡家草場漢簡・歲紀를 중심으로-」(『중국사연구』 136, 2022)

「잊혀진 기억, 사라진 기억들, 그리고 각인된 하나의 역사-『淸華簡』繫年・『北大簡』趙正書와『史記』의 비교를 중심으로-」(『중국고중세사연구』 59, 2021)

금재원 琴載元 goldsnail@hanmail.net

경북대학교 인문학술원 HK연구교수

[대표연구업적]

『진한제국의 지정학 - 인프라, 영역지배의 변천』(진인진, 2023)

「秦代 內境의 형성과 변용 - 秦律令 용어 故徼 와 新地의 분석을 중심으로」
(『동서인문』 22, 2023)

「古代 中國 遺址 出土 簡牘文書 정량 분석 시론 - 里耶秦簡 行政文書를 중심으로」
(『동양사학연구』 163, 2023)

「時間을 加工하다 - 西北漢簡을 통해 본 漢代 年號 改元과 문서 행정의 관계」
(『중국고중세사연구』 67, 2023)

「秦漢 墓葬 出土 簡牘文書 유형 분류의 시론적 고찰 - 南郡 관할 지역 내 출토 사례를 중심으로」(『동양사학연구』 160, 2022)

마멍룽 馬孟龍 mamenglong@fudan.edu.cn

중국 復旦大學 歷史學系 부교수

[대표연구업적]

『西汉侯国地理』(上海古籍出版社, 2021)

「汉初侯国制度创立新论」(『历史研究』, 2023年第2期)

「出土文献所见秦汉"道"政区演变」(『民族研究』, 2022年第2期)

「东郡之置与汉初关东控御政策」(『历史研究』, 2021年第4期)

리잉춘 李迎春 jinshulai@163.com

중국 西北師範大學 簡牘研究院 교수

[대표연구업적]

「走马楼简牍所见"私学"身份探析」(『考古与文物』, 2010年第4期)

「秦汉郡县属吏与长官关系考论——兼谈东汉"君臣之义"的政治实质与作用」(『社会科学战线』, 2014年第5期)

「居延汉简所见广陵王临终歌诗及相关问题研究」(『国学学刊』2015年第4期)

「西汉后期河务与清河郡行政变迁——兼论汉郡职能与郡都尉职掌之关系」(『中国历史地理论丛』, 2019年第3期)

「悬泉汉简与汉代文书行政研究的新进步——以公务用券和简牍官文书体系为中心」(『出土文献』, 2023年第2期.)

미즈마 다이스케 水間大輔 mizuma@mc.cgu.ac.jp

일본 中央學院大學 法學部 교수

[대표연구업적]

『秦漢刑法研究』(知泉書館、2007)

『國家形態・思想・制度——先秦秦漢法律史的若干問題研究』(朱騰・王沛・水間大輔 공저, 廈門大學出版社、2014)

「張家山漢簡「奏讞書」と嶽麓書院藏秦簡「爲獄等狀四種」の形成過程」(『東洋史研究』第75卷第4號、2017)

「秦・漢における里の編成と里正・里典・父老——嶽麓書院藏秦簡「秦律令」を手がかりとして——」(但見亮・胡光輝・長友昭・文元春編『中國の法と社會と歴史 小口彦太先生古稀記念論文集』成文堂、2017)

쑨원보 孫聞博 007swb@126.com

중국 中國人民大學 國學院 "古文字와 中華文明 전승 발전과정" 협동연구 혁신플랫폼 교수

[대표연구업적]

「從鄕嗇夫到勸農掾: 秦漢鄕制的歷史變遷」(『歷史研究』, 2021年第2期)

「秦君名號變更與"皇帝"的出現──以戰國至秦統一政治秩序的演進爲中心」
　　(『中央研究院歷史語言研究所集刊』第九十一本第三分, 2020)

「秦及漢初的司寇與徒隸」(『中國史研究』, 2015年第3期)

「商鞅"農戰"政策推行與帝國興衰──以"君─官─民"政治結構變動爲中心」
　　(『中國史研究』, 2020年第1期)

『秦汉军制演变史稿』(中国社会科学出版社, 2016)

『初幷天下:秦君主集权研究』(西北大学出版社, 2021)